中國收藏拍賣年鑑

中石題

CHINESE FINE ART & ANTIQUES AUCTION YEARBOOK 2020

中国收藏拍卖年鉴 2020

文物出版社

主编 张自成

图书在版编目（CIP）数据

中国收藏拍卖年鉴 . 2020/ 张自成主编 . -- 北京 : 文物出版社 , 2021.8

ISBN 978-7-5010-7084-8

Ⅰ . ①中… Ⅱ . ①张… Ⅲ . ①收藏－中国－ 2020 －年鉴②拍卖－中国－ 2020 －年鉴 Ⅳ . ① G262-54 ② F724.59-54

中国版本图书馆 CIP 数据核字 (2021) 第 099805 号

中国收藏拍卖年鉴 2020

主　　编　张自成
责任编辑　陈　峰
装帧设计　王　鹏
责任印制　陈　杰
出版发行　文物出版社
社　　址　北京市东城区东直门内北小街 2 号楼
邮　　编　100007
网　　址　http://www.wenwu.com
经　　销　新华书店
制版印刷　鑫艺佳利（天津）印刷有限公司
开　　本　889mm × 1194mm　1/16
印　　张　37.25
版　　次　2021 年 8 月第 1 版
印　　次　2021 年 8 月第 1 次印刷
书　　号　ISBN 978-7-5010-7084-8
定　　价　580.00 元

中国收藏拍卖年鉴 2020

专家顾问委员会

按姓氏笔画排列：

余　辉　国家文物鉴定委员会委员，故宫博物院研究馆员

邵大箴　中央美术学院教授，中国美术家协会美术理论委员会名誉主任

张忠义　中央文史研究馆文史资料征集工作专家委员会委员，中国人民大学徐悲鸿艺术研究院研究员

周卫荣　中国钱币博物馆馆长、研究员，博士生导师

罗伯健　中国收藏家协会会长，专家咨询鉴定委员会主任

郑欣淼　中国收藏家协会顾问，故宫博物院原院长

岳　峰　中国收藏家协会副会长，专家咨询鉴定委员会秘书长

胡德生　国家文物鉴定委员会委员，故宫博物院研究馆员

耿东升　中国国家博物馆研究馆员、陶瓷研究所所长

徐庆平　中国人民大学徐悲鸿艺术研究院院长，徐悲鸿纪念馆馆长

崔晓东　中央美术学院教授，炎黄艺术馆馆长

阎崇年　北京社会科学院研究员，中国紫禁城学会副会长

蒋奇栖　牛津大学考古学博士，中博协 MPR 理事

彭卿云　中国文物学会名誉会长，国家文物局原副局长

覃志刚　全国政协书画室副主任，中国文学艺术界联合会原副主席

詹长法　中国文物保护基金会秘书长，上海视觉艺术学院文物保护与修复学术委员会主任

熊光楷　中国收藏家协会顾问，上将，中国人民解放军原副总参谋长

薛永年　中央文史研究馆馆员，中央美术学院教授

戴志强　国家文物鉴定委员会委员，中国钱币博物馆首任馆长

中国收藏拍卖年鉴 2020

指导单位

（排名不分先后）

南京博物院
四川博物院
河南博物院
福建博物院
吉林省博物院
湖北省博物馆
湖南省博物馆
浙江省博物馆
湘潭市博物馆
宜兴市博物馆
陕西历史博物馆
中国园林博物馆
北京奥运博物馆
广州艺术博物院
景德镇中国陶瓷博物馆
中国（海南）南海博物馆
北京孔庙和国子监博物馆
国家发展和改革委员会价格监测中心
国家发展和改革委员会信息中心
国家对外文化贸易基地（北京）
中国保险学会文化体育旅游专业委员会
北京易拍全球文物艺术品产业发展研究院（筹）
艺商传媒（北京）有限公司

序言 Preface

自20世纪90年代中国大陆第一家现代意义的拍卖企业成立起，拍卖成为文物艺术品交易和收藏的重要途径之一，文物艺术品收藏受到越来越多藏家的青睐，同时也成为个人和企业进行投资增值的一个渠道。中国的文物艺术品拍卖行业经过二十余年的发展，以蓬勃之势占据全球市场份额的前三位。在经济保持稳定发展中的2019年，中国文物艺术品市场在深度调整中砥砺前行。虽然在高速发展中存在着行业生态不健康、管理不规范、专业人才匮乏、发展环境有待优化等问题，但整个中国文物艺术品市场对标国际，仍然朝着健康的方向迈进。

作为国内最早、并具有权威性和影响力的收藏拍卖类年鉴，《中国收藏拍卖年鉴》自2017年改版之后，以更专业、更学术的面貌出现在大众面前。《年鉴》立足全球视野，以中国文物艺术品在全球拍卖行的真实交易大数据为依托，致力于全面、客观、公正地反映全球中国文物艺术品收藏和拍卖市场的真实状况及发展趋势。对于各相关机构及大众收藏，具有不可替代的参考价值，并得到社会广泛认可。政府相关部门、文博机构、国家级各大图书馆及高校均将其列为购藏书目。

《年鉴》作为一部紧扣市场脉搏、深具现实意义的行业工具书，始终坚持与时俱进，时刻以行业记录者、思考者的敏锐视角观察中国以及全球文物艺术市场的变化，并不断对《年鉴》做出内容上的调整扩充，精益求精，对其思想深度不断开拓提升。《中国收藏拍卖年鉴2020》基本沿用了上一年的编写体例，撰写视角有所创新，更加开放，在侧重市场研究的基础之上，兼顾全书的文化内涵。该年度《年鉴》仍由七个章节组成。今年做出创新性调整的章节为：第一章由此前的中国文物艺术品市场综述转变为全球文物艺术品市场综述，在“全球一体化”和“命运共同体”的时代大背景下，分析全球文物艺术品市场的新变化、新趋势，以及中国文物艺术品市场在其中的地位变化和国际影响；为丰富全书的文化底蕴，在第三章重点艺术家艺术市场分析部分之外，增设一节对其作品学术价值研究的内容；第四章增设了每个细分品类重点拍品的细节展示和翔实介绍，为年鉴增添更多可读性与鉴赏性。

作为《年鉴》最具独创性的艺拍指数，今年将继续发挥其在大数据整合与应用上的优势，一如既往地对中国书画、油画及瓷器市场进行分析，同时重点推出了中国现代美术的奠基人之一的潘天寿先生的艺术市场指数分析，从宏观市场与微观变量两个方面展开深入剖析，力求做到“致广大，尽精微”，争取全面客观地反映其文物艺术品市场的真实状况，为读者提供真实可靠的决策参考。

《中国收藏拍卖年鉴》的编辑出版离不开国家相关部门及领导的重视和支持，知名专家与学者的指导和建议。尤其是新冠肺炎疫情席卷全球，影响深远，我们的编辑团队同心同力，确保《年鉴》内容的严谨客观，并能如期与读者见面，实属不易。时至今日，《中国收藏拍卖年鉴》已走过九个年头，九年中有积淀、有传承、有创新。在即将迈入出版发行的第十年，希望《年鉴》在继续为行业提供权威参考的道路上，脚踏实地，继往开来。

励小捷

2020 年 7 月于京

目录

Contents

Chapter 1

Global Antique and Art Market Overview

第一章 全球文物艺术品市场综述

2019 市场总述

Market Overview in 2019

2019 年世界政坛风云变幻，大国博弈加剧，治理赤字上升，全球经济持续低迷。全球化和多元化依然在坎坷中前行。第一大经济体美国继续奉行单边主义和保护主义，试图恢复美国“再次伟大复兴”，国际政治秩序受到冲击。越来越多的国家在合作与对抗、多边与单边、开放与封闭的较量中，做出艰难抉择。英国“脱欧”进程缓慢推进，只在年底通过“脱欧”协议相关法案，耗时三年多的“脱欧”带来重重问题，负面效应不断发酵外溢，欧洲一体化进程面临停滞乃至倒退的风险。

2019 年全球国际贸易出现负增长，经济增速持续减缓。全球贸易屡开新战，美国四处出击，先后对中国、墨西哥、印度、欧盟等输美产品加征关税，法国也未能避免其数字税的关税报复。其中的中美贸易冲突一度升温，致使其贸易增速迅速下滑。在经济全球化深入发展的今天，美国奉行单边保护主义，美联储三次降息，促使美元升值，引发了新一轮的全球货币政策宽松潮。各国利率再次下调，贸易保护主义冲击了全球贸易和产业链，致使全球贸易萎缩。贸易环境继续趋紧，局部金融风险加大，主要新兴经济体货币出现不同程度的贬值，全球贫富差距进一步扩大。

2019 年全球主要经济体的经济增速均出现回落。国际货币基金组织（IMF）公布今年全球经济增速为 3%，降至 2008 年国际金融危机以来最低水平，世界 GDP 增长率比 2018 年下降 0.6%，其中发达经济体的 GDP 增速为 1.7%。除日本外，其他主要发达经济体增速明显下滑。新兴市场与发展中经济体 GDP 增速为 3.9%。虽然亚洲新兴经济体保持了世界上最高的增长率，但整体增速同比 2018 年仍然下降了 0.5 个百分点，各国经济下滑幅度不等，在 0.2% ~ 3.5% 之间移动。

然而面对全球化的种种逆流，东亚自由贸易区的建设正在迈出新步伐。《区域全面经济伙伴关系协定》（RCEP）第三次领导人会议发布联合声明：宣布十五个成员国结束全部文本及所有市场准入问题的谈判，正式启动法律文本审核工作。RCEP 谈判旨在进一步扩大和深化区域价值链，支持在区域营造开放贸易投资环境的共同承诺，为强有力的多边贸易体制提供支持，促进区域内各经济体发展，并将显著增强地区的未来发展前景，为全球经济做出积极贡献。联合声明的发表标志着世界上人口数量最多、成员结构最多元、发展潜力最大的东亚自由贸易区建设取得了重大突破，凸显多边主义与自由贸易仍是世界主流。

文物艺术品市场是政治经济变化的一面镜子，如实反映它的真实状况。面对2019年风云诡谲的国际政治经济发展形势，全球文物艺术品市场也随之发生了变化。

一　全球市场格局稳固，回落与上扬并存

面对国际经济增速下滑的趋势，2019年全球文物艺术品市场总额出现缩减。据巴塞尔艺术展与瑞银集团联合发布的《2020年艺术市场》报告显示：2019年全球文物艺术品成交额达到641亿美元，同比去年下滑5%，略高于2017年的水平。虽然成交额有所下滑，但仍保持着一个理性的姿势，在合理的市场区间内震荡，全球文物艺术品市场进入深度自我调整时期。

美国、英国、中国三大国的文物艺术品市场份额占据全球文物艺术品市场的82%，全局市场格局稳定，受全球经济总体增速减缓的影响，这一占比同比去年轻微下滑2%。文物艺术品市场和经济发展程度高度相关，美国、英国、中国是当前全球重要的经济体，这也决定了三国文物艺术品市场交易活跃的基本面。

美国仍然是全球文物艺术品成交额最高的国家，拥有最大的市场份额。2019年，美国文物艺术品市场成交额为283亿美元，占据全球成交额的44%，同比去年下滑2%，但是达到了美国文物艺术品市场交易额历史上的次高。美国自二战后逐渐发展为全球第一大经济体，拥有最多的高净值群体以及大量的中产阶级。其高度发达的文化基础建设、配套体系和专业服务，促使本土文物艺术品市场的形成。纽约逐渐成为世界重要的文物艺术品交易中心。2008年金融危机之后，美国文物艺术品市场经历触底反弹，重回稳步增长之路。

但美国在对外贸易中实行单边保护主义，激起与中国和欧洲其他国家的贸易战，对其文物艺术品市场也造成不利冲击。2019年9月1日，美国对中国进口的艺术品如画作、素描、雕刻、雕塑、版画、邮票以及逾100年历史的古董加征15%的关税，并适用于世界上任何国家的中国文物艺术品，此举无疑在两国的文物艺术品市场交易中设置了重重藩篱，显然不利于文物艺术品市场的良性发展。直接受到影响的是秋季举行的纽约亚洲艺术周的成交状况，堪称中国文物艺术品市场的风向标之一的春秋两季纽约亚洲艺术周，吸引众多亚洲藏家积极参与。随着美元走势增强，不少藏家在秋季购藏文物艺术品时出现犹疑态度。与本年度春季纽约亚洲艺术周成交额

相比，秋季成交总额有所回落，与往年秋拍成绩往往高于春拍截然相反。除了提高进口美国的中国文物艺术品的关税之外，美国对待欧盟的文物艺术品也实行了限制政策。10月18日，在世界贸易组织同意美国反制欧盟的关税政策之后，美国在印刷品、宣传册以及从欧盟或者德国进入美国的近20年的设计、绘画等艺术品领域，且包括名酒类的奢侈性食物，实行了高关税，此举亦对于欧盟和德国的当代艺术品市场板块造成损失。

美国之所以能够在二战之后逐渐成为全球文物艺术品最大的交易中心，零关税是其中成功的关键因素之一。然而，伴随着这一利于艺术品市场繁荣的优厚条件的消失，美国文物艺术品市场的未来发展将进一步受到不利影响。

英国文物艺术品市场2019年成交额达127亿美元，占据全球文物艺术品交易总额的20%，同比去年下滑9%。但仍连续两年稳居第二。可见“脱欧”政治风云并未对文物艺术品市场产生强烈冲击。虽然在全球经济下行压力下，文物艺术品销售总体紧缩。当英国的脱欧“渐渐”显露眉目时，其文物艺术品市场反而提振，稳居全球文物艺术品市场份额的亚军，呈现出其面对政治经济不稳定时特有的韧性和强劲的抗风险能力。

欧洲市场最亮眼的莫过于法国文物艺术品市场的表现。2019年，法国电信大亨收购苏富比，将百年老牌拍卖公司私有化，为法国市场注入了新鲜的血液，令法国艺术品市场景气值提升，取得了令人瞩目的成绩：文物艺术品交易额在全球文物艺术品市场占比为7%，高达42亿美元，全球占比同期提升1%，一扫其近年来的市场颓靡之势，预计明年的法国文物艺术品市场仍然会带来新的期待。德国占据全球文物艺术品市场份额为2%，瑞士为2%，西班牙为1%，与去年同期相比出现了小幅度的提升。

2019年，中国文物艺术品市场有所紧缩，成交额为117亿美元，占全球文物艺术品市场份额的18%，与去年同期相比回落1%。受全球经济增速减缓的国际环境影响，支撑中国文物艺术品主要交易额的拍卖领域出现了下滑趋势，中国大陆地区拍卖成交额下滑了9%，香港地区由于地缘政治原因，买家充满焦虑情绪，买气不足，造成了拍卖成交额下滑25%。因而也导致了整体文物艺术品销售额的下降。这是中国文物艺术品市场连续两年呈现下降趋势。即使如此，中国文物艺术品市场整体表现保持了平稳发展的态势，市场份额占据全球文物艺术品市场第三。

从全球文物艺术品市场发展的历史来看，英国、法国和美国曾是全球三大文物艺术品市场交易国。中国则伴随着20世纪80年代改革开放之后经济的腾飞催生了文物艺术品的现代市场，并逐年提升在全球中的文物艺术品市场份额，在21世纪初坐稳全球市场的前三把交椅，与美英文物艺术品市场比肩而立。2003至2007年，中国的 GDP 连续五年保持了两位数的高增长率，2007 年达到峰值 13%。中国宏观经济的高涨，客观上与国际宏观经济进入景气周期步调一致。经济的高速发展，促进社会对文物艺术品投资和收藏需求的急剧扩增，以拍卖为主导的中国特色的文物艺术品市场迅速崛起。2008 年是中国经济非常重要的节点，在有效化解全球金融危机带来的风险之后，中国进入中等收入国家，人们的消费模式发生了由生存型消费向享受型消费的转变，中国文物艺术品市场迎来了春天。2009 年中国文物艺术品市场跨入“亿元时代”，引发全球文物艺术品市场格局大变动，并一度在 2011 年成为全球最大的文物艺术品交易体。香港、北京等国际化都市成为与纽约、伦敦齐名的全球文物艺术品交易中心。2012 年之后，中国文物艺术品市场开始出现后劲不足的状态，暴露出前期迅速成长期中的一些问题和不足。以画廊为代表的艺术品创作生产机制的缺失，造成一级市场发展相对缓慢，二级市场优于一级市场的中国文物艺术品市场特色。中国文物艺术品市场由飓风式发展进入深度调整的平台式发展阶段，遵循经济周期的变化规律。近年来由于供给侧改革力度的不断加深，促进了产业融合和消费升级，文物艺术品市场从高热度逐渐走向冷静理性，日趋完善和成熟。其市场参与机制、市场培育机制、人才培养机制等体系的日益完善将中国文物艺术品市场引向更为良性的发展道路。

二 直接销售发力，中低端需求扩大

2019 年全球文物艺术品销售总额虽然下滑，一级市场与二级市场之间的钟摆开始向艺术品直接销售的方向转移。包含画廊和艺术经纪人的一级市场份额比去年提升了 2% 至 368 亿美元。艺博会仍然是画廊的重要收入来源，众多知名画廊选择参加艺博会，成绩斐然。

然而，值得注意的是各大拍卖行的私人洽购业务却大部分实现了增长。佳士得（Christie's）公布私人洽购销售总额增长 24% 至 8.11 亿美元，占拍卖行销售总额的 15%；富艺斯（Phillips）的私人洽购业务增长 34% 至 1.72 亿美元，占拍卖行销售总额的 19%；苏富比（Sotheby's）的私人洽购销售总额显示小幅下降，从 10 亿美元降至 9.9 亿美元，但相比 2016 年私人洽购销售额已大幅增长 70%。私人洽购之所以在大部分拍行呈现增长态势，是因为在相对多变的市场里，私洽显得相对安全可控，对自信并信任品牌中介的交易双方来说，是很有必要的选择。高质量的拍品虽然具有一定的确定性，但仍然具有潜在的低于落槌价或流拍的不确定性。拍卖前进行私洽，不仅可以避免流拍，而且可能以高出竞拍的价格进行交易，是市场调整期抬高艺术品基本价格的一种方法。对于藏家而言，一方面可以降低保证金的额度，减少在竞拍中投入大量精力；另一方面不必受制于拍卖节奏的影响，随时可以进行。对于拍行而言，可以有针对性地激活长期积累的客户群体，满足藏家的具体购藏需求。此举不仅是赢得新客户信任的有效方法，而且避免了藏家拖欠货款甚至跑单的现象。因而私洽具有无限的扩展性。由于其私密性，购藏的随时性，买卖意愿的确定性，透明的佣金结构（通常在5%～10%左右，远低于拍卖佣金），五年“保真”的承诺（如苏富比拍行）等优势与公开拍卖形成优势互补，正在成为拍行进入竞争市场日益重要的途径。

随着收藏行为的成熟和交易纵深的拉长，国际拍卖巨头间的较量已从声势浩大的拍场，逐渐转向私人洽购、网络销售、咨询以及艺术金融等多个领域中。未来的文物艺术品交易形态将呈现出多元化的态势，但未来各大拍行的私洽竞争将逐步升温，是一个不可忽视的趋势。

在全球文物艺术品二级市场中，成交额与去年同期比较下滑了17%至242亿美元。高端拍品多年来一直决定着拍卖市场成交额的多寡。2019年顶层市场开始降温，只有少量高价作品出现，价值1000万美元以上的作品表现欠佳，其交易额同比2018年下降39%，成交量同比减少35%；价格超过100万美元的作品占据拍卖总成交额的55%，而拍品成交量不足拍品总量的1%。由于近年来全球经济下行的压力，时局不稳，顶级藏家选择保留最具升值潜力的藏品，以确保其资产配置的合理性，减少投资风险，因而对市场持观望态度，较少释出。艺术基金或机构收藏的高端拍品多纳入资产管理，或者成为美术馆的镇馆之宝，基本不会释出。因而博物馆品质的拍品，供不应求，高端拍品的欠缺严重影响了拍卖市场的总成交额。

虽然高端拍品出现市场稀缺状态，顶级藏家按兵不动。中低端藏家近年来则持续发力，成为支撑整个文物艺术品市场的中流砥柱。据巴塞尔艺术展与瑞银集团联合发布的《2020年艺术市场》统计，全球文物艺术品市场的交易量约为4050万件，达到十年来的最高点，同比增长2%，这一令人提气的数据说明了市场基础容量进一步扩大，中低端市场得到更多藏家关注。文物艺术品市场是一个重要的投资领域，人们对于精神生活的基本需求将长期存在并持续支撑起文物艺术品市场发展的基础和空间。

三　区域开启新联动，机构合作多跨国

在2019年全球贸易屡开新战的情况下，区域新联动的开启，艺术机构的跨国合作，为多边主义与自由贸易在文物艺术品市场中保持地位坚定了信心。在全球经济增速缓慢、二级市场降温的大环境下，以画廊、艺博会等机构为代表的一级市场

的经营主体，通过扩大国际合作规模，加深跨区域合作的程度以谋求发展。

从画廊的合作规模来看，2019 年跨国合作范围更广，合作领域更加多元。以中国为例，2019 年度中国共有 21 家画廊及艺术空间联手跨国合作，其中包含 7 个上海艺术空间携手 14 家来自伦敦、洛杉矶、东京、墨西哥城和危地马拉城等地的国际画廊，共同展示其所代理的艺术家作品。3 月份举行的北京画廊周特设“艺访单元”（Visiting Sector）与苏黎世艺术周（Zurich Art Weekend）达成交换合作，展开深入交流，共同探讨业界当下面临的机遇和挑战。

从画廊的经营模式角度来看，跨国合作模式 / 项目正在成为发展的重要方向之一。其中“Condo”的经营模式稳步扩张。7 月 13 日，第二届 Condo Shanghai 在上海拉开帷幕。“Condo”之名取自“Condominium”（共治），旨在通过本地主办画廊与外国画廊共同策划一个展览，或分享画廊空间等途径，实行多元化合作方式，实现一种叠加式展览模式。此举凸显了国际画廊当下面临的一大需求：即寻找适应全球艺术品市场迅猛发展的势头，以社区为基础的展览新形式。在“Condominium”模式下不存在任何租金或销售提成，海外画廊只承担运输费用，并与主办画廊一起承担开幕运营成本。该模式在资金成本上拥有巨大优势和发展潜力，预计在今后几年内将会出现更多类似的跨地区展览模式 / 项目。

从画廊经营对象——主推的艺术家来看，国际画廊在以本土艺术家市场为主导的同时，对海外蓝筹艺术家的推广也不遗余力。2019 年度中国地区推出了一系列海外市场蓝筹艺术家个展，旨在激活当代艺术品市场板块。在北京、上海等地先后推出了日本艺术家草间弥生、英国艺术家大卫·霍克尼、诺贝尔文学奖获得者鲍勃·迪伦（Bob Dylan）、印度裔英国当代艺术家安尼施·卡普尔（Anish Kapoo）、英国女性艺术家莎拉·卢卡斯（Sarah Lucas）等在艺术史上留有浓重一笔的大艺术家的个展。优秀的艺术家从来不缺市场。同样，中国富有潜力的艺术家近年来也受到国际机构的青睐，如中国青年艺术家贾蔼力、刘野等分别签约国际画廊高古轩和卓纳。据不完全统计，2019 年度纽约 30 家画廊代理了 63 位中国艺术家；伦敦 20 家画廊代理了 40 位中国艺术家；巴黎 15 家画廊代理了 29 位中国艺术家。雅典、罗马、日内瓦、苏黎世、那不勒斯、都柏林、慕尼黑等地区画廊也对中国当代艺术产生了浓厚的兴趣，代理中国艺术家。画廊通过在多个国家为其代理的艺术家举办个展，扩大其国际影响力，以期获得国际艺术品市场的认可。这种对于本土艺术家与海外艺术家的系列连环战略，跨越式提升推广艺术家的举措，共同促进了全球一级市场的升温。

艺博会作为画廊的主要收入来源之一，在一级市场处于重要位置。2019 年艺博会规模扩大，主要体现在国际化程度进一步加深，并具有文化传播的社会担当。

2019艺术北京博览会艺术平台项目“视界！世界”与北京塞万提斯学院、丹麦文化中心、北京匈牙利文化中心、墨西哥驻华大使馆展开合作，集中展现西班牙、丹麦、匈牙利、墨西哥四国的艺术和文化力量，共同推动世界各国艺术文化的普及与交流，使观众近距离接触国外最前沿的文化艺术，承担起艺术教育和传播的使命。澳门特区政府6月6日启动长达五个月的大型国际综合性文化艺术盛会“艺文荟澳”（Art Macao）。其主体核心活动“Art Macao 国际艺术大展”选址澳门艺术博物馆，以“多样性”为首届大展主题，凭借政企合作，打通文化壁垒，开启艺术品市场新合作，推动澳门艺术品市场的国际化转型进程。

艺博会的合作国际化，不仅带来了文物艺术品市场的空前活跃，而且推动了发展中国家的文物艺术品市场与国际接轨的速度，并促进世界各国文化艺术的普及与交流。区域新联动模式的开启，为艺术品市场全球化做出了有益的尝试，伴随着全球化程度的不断加深，区域联动模式将在未来几年得到更广泛的应用。

文物艺术品进入市场流通之后，其经济价值主要通过产业链条的分配得以实现，除了遵循市场发展基本规律之外，文物艺术品的历史价值、审美价值和学术价值也是衡量其市场价值的重要参照因素，其中美术馆、博物馆等机构对艺术价值综合评判的贡献不容忽视。

2019年中外美术馆的运营中，“跨国合作”是突出的关键词。其合作主体多样，合作项目多元。从公立艺术机构间合作筹建博物馆，到企业、机构基金会参与运营，再到民营美术馆创新合作开发、共享展览和项目等活动，国际化合作现象凸显，合作成果将在未来数年中逐步得以呈现。如4月份，上海余德耀美术馆、洛杉矶郡艺术博物馆（Los Angeles County Museum of Art）和卡塔尔博物馆群（Qatar Museums）的合作领衔民营美术馆的国际合作，三家机构宣布联合开发、共享展览和项目；6月，国有企业上海陆家嘴（集团）与英国泰特美术馆群（包括泰特不列颠、泰特现代、泰特利物浦和泰特圣艾夫斯）就筹建中的浦东美术馆签署了合作谅解备忘录。就美术馆运营、展览和人才培养等方面进行广泛合作；10月初，巴黎罗丹美术馆（Musée Rodin）与筹建中的深圳罗丹艺术中心就出售罗丹作品事宜达成协议；11月初，上海西岸集团与巴黎蓬皮杜艺术中心共同筹建的西岸美术馆正式向公众开放，“蓬皮杜驻沪”尘埃落定，两者的合作体现了国内美术馆寻求与国外顶级美术机构合作的新模式，这一新模式既能让更多藏于国外美术馆库房中的作品有机会与观众见面，也能为国内美术馆的运营带来新的启发；11月，北京798文化创意产业投资股份有限公司与法国巴黎国立毕加索博物馆、法国巴黎阿尔贝托与安妮特·贾科梅蒂基金会启动798 CUBE五年合作计划项目。同月，香港康乐及文化事务署先后与意大利乌菲兹美术馆和大英博物馆签署谅解备忘录并建立长期合作关系。

2019年度，美术馆、博物馆国际合作项目可谓是遍地开花，花团锦簇。博物馆、美术馆的国际馆际合作，在展览质量、展品销售、公共教育、人才培养，运营管理等诸多方面将大幅度得到提升，全球重要的博物馆美术馆系统将跃升新台阶。区域新联动，艺术无国界，他国艺术将走出国门，接受国外观众的洗礼，无疑对促进民族融合，共同提升艺术审美能力起到积极推进作用，艺术价值的评判标准将更加多元和“去中心化”，一个更加开放的文物艺术品市场将逐渐形成。

四　聚焦亚洲艺术，明清瓷器为亮点

自20世纪80年代以来，伴随着经济全球化的日渐加深，亚洲文物艺术品市场逐渐全面打开，其中日本古董会虽然始于19世纪末至20世纪初，但基本为小范围内的高级古董商经营，规模甚小，本土拍卖行的创建在80年代初期，鉴于保护本土拍卖行的经营策略，国际拍行很难打入日本拍卖市场，即使如苏富比和佳士得这样的老牌拍行也一筹莫展，未能在日本立足。据北京易拍全球文物艺术品产业发展研究院（筹）[以下简称易拍全球研究院（筹）]的统计数据显示，日本拍卖行业绩在亚洲文物艺术品市场中处于第二位，但成交量只占5.5%，成交额也只占2.2%。新加坡拍行的成交量占据亚洲文物艺术品拍卖成交量的0.4%，成交额占0.2%。其他国家地区的市场成交量只占亚洲文物艺术品成交量的0.2%，成交额占0.1%。中国文物艺术品市场无论量额均遥遥领先于亚洲各国占比，其中成交量占93.9%，成交额占97.5%。因而主导着整个亚洲地区的文物艺术品市场。中国文物艺术品市场自2011年跃居全球文物艺术品市场份额首位后，近十年来，一直保持着前三名的卓越成绩，充分说明了以中国为首的亚洲文物艺术品市场的爆发力和可持续性发展潜力。据易拍全球研究院（筹）的统计数据显示，2019年全球中国文物艺术品拍卖成交额约为468.4亿元人民币，占全球文物艺术品拍卖总额的28.5%，足以证明以中国文物艺术品为主要标的物的亚洲拍卖市场的强劲势头。

亚洲文物艺术品市场的卓越表现吸引了全球藏家的注意力，尤其是具备经济实力的亚洲藏家。欧美近年来举办的“亚洲艺术周”应运而生，即是这种市场趋势的真实反映。2009年“亚洲艺术周”诞生于世界文物艺术品交易中心之一的纽约，亚洲画廊协会以开放日的形式推出长达一周的画廊展览。这种形式成为后来各届纽约亚洲艺术周的原型。经过多年演变，亚洲艺术周在纽约分为春秋两季，地域扩展至北美多个重要城市，时间由一周延续到一月有余，参与主体有重要的博物馆、美术馆、画廊、顶级拍行等艺术机构，由初创期的旨在将亚洲艺术融入纽约文化结构并在世界范围内传播其魅力转向具备亚洲文物艺术品市场“风向标”的综合文化、经济的市场活动。近年来英国伦敦和法国巴黎也相继出现了“亚洲艺术周”活动。

2019 年是纽约亚洲艺术周举办的第十一个年头，中国、日本、韩国、新加坡、越南等亚洲国家的文物艺术品汇集于此，来自四十五个国家的藏家参与其中。以拍卖而言，佳士得、苏富比、邦瀚斯、Doyle NewYork、iGavel、Heritage 等国际和本土拍卖行也积极参与，在亚洲艺术周期间收获颇丰。根据易拍全球研究院（筹）大数据显示，2019 年纽约春秋季亚洲艺术周，伦敦秋季亚洲艺术周和巴黎春天亚洲艺术周四场活动共成交 15.9 亿元人民币，占据整年度海外地区中国文物艺术品拍卖成交额的 57.0%，说明了“亚洲艺术周”在海外市场上的引导地位，其中又以纽约春秋季亚洲艺术周为重中之重，其成交额占“亚洲艺术周”总额的 78.0%。其中“鬃金饰玉：欧云伉俪珍藏”“洁蕊堂：康熙瓷器珍品专场”“琼肯珍藏：中国高古艺术”“罗伯特·杨门中国玉器收藏”等专场取得亮眼成绩。亚洲艺术主题的确立、国际拍卖行的深度挖掘、著名藏家和机构的高品质藏品、收藏来源清晰等因素使成交率高达 80.2%，领跑欧美亚洲文物艺术品市场。

纵观亚洲艺术周藏家所关注的品类，中国陶瓷器依然是其聚焦板块。据易拍全球研究院（筹）统计，陶瓷器成交额为 4.5 亿元，占总成交额的 29.1%；成交量为 2874 件（套），占总成交量的 35.4%。市场份额占比居“亚洲艺术周”各品类首位。再观察各时期（高古瓷、明清瓷、民国以后瓷器）的瓷器拍卖额占比，尤以明清瓷为最，成交量为 2246 件（套），成交额为 3.8 亿元，占瓷器比例达到 83.8%。其中表现亮眼的有 39.9 万美元成交的明万历五彩鱼藻纹大蒜头瓶，51.9 万美元成交的清乾隆青花龙穿花纹大天球瓶，87.9 万美元成交的清嘉庆粉彩百花不落地灯笼瓶等重要瓷器。

明清瓷之所以成为亚洲艺术周的重点成交品类，主要原因在于几个方面，一是明清瓷在海外民间市场存量最多。其中包含历代外销瓷、官窑瓷和民间瓷等品类。中国陶瓷外销始于汉代，至明清时期达到顶峰。伴随着陆上、海上“丝绸之路”的开辟，精美的中国陶瓷在亚非、欧美等国受到欢迎，从大众日常用器到宫廷贵族定制，中国陶瓷进入世界的文化体系中。据联合国教科文组织 2005 年的数据显示，中国流失海外文物多达 164 万件，其中以瓷器为主，除了一部分进入世界 47 家博物馆之外，大多数均散落在民间，其中官窑瓷与民间瓷为主体。二是明清时期制瓷业在烧造技术方面达到了历史顶峰，尤其彩瓷的烧造达到空前绝后的水平，并开创了“郎窑红”“粉彩”“五彩”“珐琅彩”等新工艺。这些瓷器纹饰精美，富丽堂皇，器形新颖，制作精良，深受宫廷王公贵族的青睐。民间瓷的烧造也受到影响，追求纹样繁复，工艺复杂的瓷器，也受到海内外藏家的喜好。三是明清瓷的收藏受众广泛。由于中国书画和古籍文献、青铜铭文等凝聚着中国古典文化精髓的品类，其审美价值和艺术价值需要具备深厚的汉文化修养方能进入该领域。而瓷器作为日常用器，器物之美集中于纹饰、器形、色彩与品相等较为直觉的视觉图像，审美判断更为直接，是藏家拥有的天然能力，因而形成海外瓷器收藏的广泛受众基础。

五　新老藏家迭代共生，“千禧一代”表现亮眼

2019年由于受到全球贸易战、地缘政治紧张局势的影响，全球文物艺术品市场藏家结构出现新的状况，新老藏家迭代，阶层分化更为清晰。据巴塞尔艺术展与瑞银集团联合发布的《2020年艺术市场》中根据出生时间和活跃阶段，结合国际上对代际的划分标准，将全球藏家的年龄段进行了五大分级，分别是“沉默的一代”(Silent Generation，生于20世纪20年代至40年代)“婴儿潮”一代(Baby Boomer，生于20世纪40年代至60年代)“X一代”(Generation X，生于20世纪60年代至80年代)“千禧一代”(Millennial，生于20世纪80年代至90年代)以及“Z一代”(Generation Z，生于20世纪末至21世纪初)。经过对五代1300多名高净值藏家收藏情况的调查，全球各年龄阶段藏家所占比重中，“千禧一代”在市场中表现亮眼，两年的平均支出为300万美元，甚至超过了X一代；在苏富比2020年度报告中，有近40%的竞投年龄低于45岁；在佳士得的年度报告中，“千禧一代”藏家人数占其藏家总量近20%。

各年龄层级的藏家对于文物艺术品收藏的关注度迥然不同，直接影响到市场表现。老一辈藏家在面对不确定的局势时，持谨慎态度，且不急于释出高端拍品，由此造成了文物艺术品顶层市场开始降温，中低端市场近两年持续发力。“千禧一代”则表现突出，敢于买大货，挑大梁，显示出强劲的购买力，同时兼顾中低端的艺术消费品，是线上文物艺术品消费的最大贡献群体。

在文物艺术品市场拍卖顶层，“千禧一代”热衷于战后及当代艺术板块，收藏视野更为开阔，能够以饱满的热情在全球当代艺术中找到审美与情感的共鸣，更关注艺术家的全球知名度、艺术史地位、艺术价值及升值空间等因素，理解欣赏作品的内涵，并以经济实力满足内心需求。香港苏富比春季拍卖会上，KAWS的作品《THE KAWS ALBUM》以1.12亿港元的高价成交；佳士得纽约春拍中，杰夫·昆斯(Jeff Koons)的雕塑《兔子》以9110万美元成交；香港苏富比秋拍中奈良美智的作品《背后藏刀》，以1.96亿港元成交等顶层市场中，接手者均为80后年富力强的藏家，他们正在成为全球当代艺术品市场的重要支撑者。

近年来，伴随着科技的高速发展，“潮流”文化应运而生。“千禧一代”除了在当代艺术领域大显身手之外，他们认可追逐潮流文化，充分利用社交新媒体平台，

热衷便捷的在线交易方式等，这些有别于传统的收藏意识和方式，带来了艺术品市场新气象。相比于老一辈的藏家倾向而言，“千禧一代”藏家推崇前卫新潮的消费观念，奢侈品与艺术衍生品也是他们投资的重要领域。对于古代文物的诸多品类的收藏，他们更多考虑到藏品的普适性和流动性，以及接触和研究的难易度等四个因素。

“千禧一代”藏家是在线交易的主力用户。据巴塞尔艺术展与瑞银集团联合发布的《2020 年艺术市场》报告中显示，2019 年的文物艺术品在线销售中，92%的“千禧一代”曾使用这种方式，其中 36%的藏家通过在线艺术品交易平台支付超过 5 万美元，9%的人超过 100 万美元。年轻藏家的潜力不容小觑，中国藏家群体也在增长，多年来积累的艺术鉴赏力和市场上的实操经验，促使这些年轻的藏家跻身国际市场，参与国际项目，对话国际机构，在国际文物艺术品市场占据一席之位。

“千禧一代”的财富来源大致可以分为两类：一类是源于父辈财富的继承；一类是靠自身努力快速完成财富积累,如从事投行、IT、设计等高薪职业的高净值人群。随着生活的稳定，文化艺术消费成为必不可少的精神需求，财富来源的稳定，可以满足其进入文物艺术品市场的资金需要。“千禧一代”主要收藏目的是艺术投资，多元化的资产配置同样是他们的经济诉求。据《艺术经济学》和《瑞银投资观察》在全球范围内七个市场收藏家的调查显示，“千禧一代”藏家以极高的转售率和极短的藏品保存时间（平均不超过四年）领先于其他高净值藏家群体。

无疑,年富力强的“千禧一代”正在成为市场新的增长点。德勤会计事务所指出，“千禧一代”随时准备在未来几年获取财富，他们即将从年迈的父母那里继承大笔财产。到 2020 年，他们的财富可能会达到 24 万亿美元。“千禧一代”在未来十到二十年将成为社会价值的主要创造者和消费者，对文物艺术品线上线下的市场均会产生深远持续的影响。

六　艺术联姻新科技，探索应用新模式

2019 年，数字技术、区块链等新科技手段与艺术创作的融合，在文物艺术品市场方面的探索应用成为该年度的突出亮点。“新媒体艺术”通常是指以数字技术为核心，利用录像、计算机、网络等新科技手段作为创作媒介的艺术作品。新媒体艺术创作在全球范围内迅速扩张蔓延，成为创作新趋势。新媒体艺术在画廊、美术馆和博物馆等机构的展览中日渐兴起。探索艺术媒介的边界。3 月 23 日，上海油罐艺术中心举行了“Teamlab：油罐中的水粒子世界”展览，观众体验到团队打造出的数位世界，而数位会根据每位观众的不同动作和反应与人互动，互动的结果成为

艺术作品的组成部分。日本艺术小组 teamLab 团队旨在将作品“永远在变化”的特质表现出来，模糊了科学、技术、艺术和设计之间的边界。8 月 19 日，北京今日美术馆开幕的“今日未来馆·机器人间 DE JA VU”展览，将主题聚焦在人工智能 AI 与人机互动的艺术创作，试图探索未来艺术与人类世界的共存空间；台北故宫博物院年末的展览“经典之美——新媒体艺术展”，用新媒体手段引导观众感受文物艺术品的审美内涵。尽管对于这些联姻新科技的艺术创作形式人们褒贬不一，但是结合新科技进行艺术创作已成为艺术家群体未来发展趋势。

2019 年，区块链、大数据等新技术在文物艺术品市场中得到更加深入的创新应用。区块链是一个具有去中心化、分布式存储、加密算法、全程留痕、可以追溯、集体维护、公开透明等特征的分布式共享账本和数据库，凭借其技术优势，主要被应用于文物艺术品市场交易中的溯源、鉴伪、安全等痛点问题。早在 2016 年，区块链初创公司 Everledger 一直以保护商品来源和真实性为主要工作内容，展览数据库服务公司 Vastari 提供商品流通过程中的信息追踪，两个公司合作研发，将艺术品的完整生态链信息放到区块链上，为艺术品博物馆和私人藏家提供稳定可靠的平台支持。2018 年，IBM 研究部门发布了一款人工智能赝品检测工具 Crypto Anchor Verifier，宣称使用手机相机配合区块链技术来验证文物艺术品的真伪。其原理为用 AI 技术提取文物艺术品的关键特征，将其与区块链分布账本中的数据库进行比对。如果匹配，AI 可以认定文物艺术品的真实性。它所依赖的计算机图像处理技术，可以看到人类无法看到的细节和信息。区块链的本质是一种旨在消除信任需求的技术。虽然 IBM 的人工智能鉴定技术已经问世，但是短时间内无法实现技术的实际场景应用。因为手机制造产业需要漫长的研发时期，厂家需要在产品出厂前预选在区块链上登记正品数据（包括防伪信息），以便上市后用于验证。数据库的另一项应用则涉及文物艺术品图像和分类。国际上，ICONCLASS 图像志分类系统是西方艺术史领域重要的图像分类受控词表，由荷兰艺术史研究所（RKD）发展和维护，其应用程序被广泛接受，作为可视化文档分类系统，同时支撑荷兰“文化史图像数据库”中的 80 万件藏品；英国文化遗产领域于信息标准工作形成的 FISH 词表（Forum on Information Standards in Heritage Vocabularies）包含 23 部中小型各类型主题词表，用于记录和标引英国文化遗产机构相关文物；V&A 博物馆于 2019 年发布的中国图像志索引典（CIT）项目，为中国文物图像内容的分类体系，将中国文物图像内容分为七类，已关联伦敦维多利亚与亚伯特博物馆、美国大都会艺术博物馆和台北故宫博物院的部分藏品，标引方式主要依靠人力。在中国，区块链技术和大数据在文物艺术品市场中的应用主要集中在为国家提供文物艺术品市场真实状况分析，作为决策参考，并试图解决文物艺术品交易流转中的版权、安全等问题。7月5日，中发改智慧城市规划设计研究院与深圳文交所调研合作，共同开启“区块链技术在文化艺术品版权流转交易应用研究——文版通应用模式的课题合作”，探讨区块链技术在文化艺术领域的应用场景搭建，为区块链技术在文化艺术领域的创新发展和应用夯实基础。在大数据应用方面，一批具有创新和科技能力的文物艺术品电子商务平台积极探索大数据在艺术品市场方面的应用，如易拍全球。作为中国首家文物艺术品电子商务第三方平台，易拍全球拥有覆盖全球156 个国家及地区，约 7 万名艺术家、超过 1 亿条文物艺术品拍卖结果的庞大数据库。以此为基础，文物出版社与易拍全球研究院（筹）联合研发，历时两年，经过多轮专家认知评审和指导，采用国际上广受研究论证的特征回归模型（Hedonic Regression）算法，对每一件文物艺术品进行多维度特征分类，并将其标准化，消除作品因本身的特征因素变动对价格的影响，研发出全球文物艺术品拍卖价格指数（艺拍指数），科学公正地解读文物艺术品市场发展趋势，填补了中国对文化相关产品和服务价格的监测空白。艺拍指数同时广泛运用于国家政府部门，画廊、艺博会等相关机构的市场判断参考；高校关于文物艺术品市场分析的学术研究，收藏家及文物艺术品研究者、爱好者等相关从业者的市场投资参考。

科技是一把双刃剑，在对全球文物艺术品市场推进的同时，也带来了一些问题。行业的网络化、电子化、产业化链条的变化，将会加深文物艺术品一、二级市场的裂痕，出现强者愈强，弱者愈弱的两极分化问题。对于画廊业而言，技术革新会让“超级画廊”变得更强，让小型画廊的生存愈发艰难。如高古轩、白立方、贝浩登等大型画廊在 2019 年以足够的资金支持去建设自己的网站和销售平台，在社交媒体上做宣传，线上销售表现优异，在一级市场中持续发力。这些画廊人脉、资金充足，足以维护现有客户关系、发掘新藏家乃至从小型画廊中挖走最具潜力的艺术家，反观小型画廊，虽然以人脉为主导的线下销售同样是它们的主要营销手段，但是面对越来越贵的租金、房价、收费越来越高的艺博会、精心培养的艺术家被大型画廊挖走的情况，开拓线上市场实为无奈之举。面对种种不利状况，画廊主们退而求其次转移到经济负担更小的市区。例如纽约曼哈顿下城区就成为中小型画廊的“欢乐谷”。据巴塞尔艺术展与瑞银集团联合发布的《2020 年艺术市场》报告统计，虽然 2019 年线上艺术品市场份额突飞猛进，销售额为 59 亿美元，但是实际上不到 10% 的经销商占据了超过半数的市场份额。诚如一些学者所言，尽管短时间内画廊业会呈现出数据增长的态势，但是长远看来，超级画廊的市场垄断和对资源的过多占用已经造成了对画廊行业整体生态的破坏。

与科技的联姻将加速二级市场的集中化。大型拍行在对全球文物艺术品市场的运营中，拥有更为通畅的科技信息渠道，雄厚的资金和人脉，因而当新科技出现时，率先比中小拍行投入新科技与相关业务紧密结合的技术开发，而研发成果对于其拍品的展示，交易的空间，销售网络的扩张等多维度的促销有极大的效能的提高，更能吸引来优质藏家，有效完成文物艺术品的交易。而中小拍行由于信息的不对称，资金的匮乏和资源的局限，在新科技到来之时，可能会延期投入其与自身经营的应用研发，局限于现有的营销模式，错失更多交易机会。如苏富比 2018 年收购 Thread Genius，并邀请 Richard、Ahmad 及 Andrew 加入团队，进行一系列策略性数据收集及应用相关的创新项目，改善内部运作过程，为客户提供更多元化的服务。2019 年 6 月在数字业务方面投入了更多资金，发展在线拍卖业务，以迎合购买力愈发强劲的“千禧一代”藏家和潜在消费人群。无疑，这些举措促升了苏富比的在线成交。2019 年度苏富比在线拍卖成交额达到 8000 万美元，共计举办了 129 场网上拍卖专场。佳士得的线上成交额则达到 1.2 亿美元。中小拍行的在线交易与国际拍行相比，则是天壤之别。从市场经济发展规律来看，高科技的发展，将会导致市场的垄断化，并相继改变人们的消费观念和行为，触及更多的贫富分化问题。

综上所述，艺术与科技的联姻，使艺术家们拥有更多创作媒介和渠道，并给艺术全球化提供了更多探讨角度与合作机会。其次，区块链、大数据等新技术在经过一段时间的探索与尝试之后将逐步走上正轨，日益在文物艺术品市场的交易、溯源、安全等方面发挥其不可替代的作用。但科技在给文物艺术品市场带来利益之时，也产生了一些副作用。一、二级文物艺术品市场将更加集中化，拍卖行业的两级鸿沟将更加深化。文物艺术品市场的本质是人与人之间通过文物艺术品建立精神、情感和金钱链接的桥梁，但是新科技的发展在更大程度上偏重文物艺术品的商品属性，未来新技术如何与文物艺术品的艺术价值产生联系，新科技是否真的能够带来新的艺术价值的增长？一切值得期待。

2019 一级市场

The Primary Market in 2019

2019 年，纷至沓来的地缘政治冲突、贸易冲突、政治变动等不确定因素陡增，导致了全球文物艺术品市场趋向谨慎。在如此背景之下，作为全球文物艺术品市场重要构成之一的一级市场，也受到不同程度的影响。全球文物艺术品一级市场在 2019 年的表现与 2018 年相比，紧跟全球局势变化做出适应性调整：画廊经营的两极分化趋势日益凸显，出于战略与生存需要，扩张与退出共生；在艺术家代理经营方面继续深耕本土，放眼海外；艺术博览会则更为积极地促进更大范围的艺术品交易，以更周到的服务和灵活多变的经营策略全方位培育市场。

从数据上看，全球文物艺术品的一级市场 2019 年销售总额相比上一年同期上涨 2%，为 368 亿美元，占据该年全球文物艺术品市场总销售额的 58%。其中全球艺术博览会的销售总额为 166 亿美元，同比增长不到 1%。从画廊的开放与关闭的比例来看，2018 年画廊的开放与关闭的比率为 2∶1，2019 年降至 1.2∶1。2019 年全球新开放的画廊数量进一步减少，关闭的画廊数量也在减少。随着运营成本的上升，销售业绩的变化给画廊的业务开展带来了不容忽视的压力。从全球的画廊生存期限来看，2019 年全球画廊的平均营业年限为 23 年（略低于 2018 年的 25 年）[1]，中国的画廊平均营业年限则低于此平均值，这与中国全面发展市场经济之后具有现代画廊性质的中国本土画廊才兴起的客观事实有一定关系。

艺术家代理经营方面，不同层级的画廊重点面向的艺术家群体则各不相同，近年来形成了一定趋势：即大型画廊一般侧重于和已具备一定市场基础、相对高层次的艺术家展开合作；中小型画廊则承担着开发新兴艺术家以及支持他们早期职业生涯的成本。随着新兴艺术家队伍的不断扩大，全球各规模的画廊也将目光向新兴艺术家，加以不同程度的关注。这也构成了如今多数画廊的艺术家代理在各自有所侧重的情况下，也保持着多层次化的选择，其代理包括了各个职业生涯阶段的艺术

---

1 Dr.Clare McAndrew,The Art Market 2020, An Art Basel & UBS Report,p54

家。通过对 Wondeur AI 数据库调研显示，2015 年至 2019 年，全球画廊代理各层级的艺术家数量的平均比例为：新兴艺术家 46%、成熟艺术家 33%、明星艺术家 22%。具体到各国则略有不同，日本画廊对新兴艺术家的关注度最大，占代理比例为 56%，巴西画廊对新兴艺术家的关注度最小，占代理比例为 37%。另外，在代理艺术家的国别范围上，所有的画廊都倾向于将当地和国际艺术家同时兼顾，事实上则是画廊代理的艺术家中的 66% 来自于本地，这些本土艺术家在 2019 年也创造了画廊销售额的 57%，同比增长 3%[2]。本地艺术家仍属各层级画廊代理的主流，处于不同职业生涯阶段的艺术家均在不同程度得到画廊的关注。

艺博会方面，2019 年全球艺术博览会的数量同比下降 7%，但数量仍高于 2018 年之前的任何一年。其中，51% 的艺术博览会在欧洲举办。从各国举办的艺术博览会数量占比来看，美国仍然是举办艺术博览会最多的国家，占总数的 28%，英国占 13%、法国占 7%、中国占 6%。全球画廊在 2019 年平均参加了 4 次艺博会，与 2018 年持平，但与 2016 年和 2017 年的平均出席率相比略有下降[3]。欧美国家举办艺博会的场次稍有减少，但与其他国家相比，仍处于领先位置。

一　画廊日趋集中化，两极分化突出

市场的瞬息万变，使得一级市场的重要组成部分——画廊，在 2019 年更加紧跟市场变化，不断调整与优化自身结构，争取利润最大化。根据巴塞尔艺术展与瑞银集团联合发布的《2020 年艺术市场》显示，不同规模的画廊情况各不相同：平均年收入在 25 万至 50 万美元之间的画廊，以及平均年收入在 3000 万美元以上的画廊，分别获得了 17% 和 16% 的增长；然而，平均年收入在 50 万到 100 万美元之间的画廊，则在 2019 年下滑 9%。另外，在画廊销售量的统计中，百万美元以上的作品在数量上只占据 2%，但贡献了 42% 的销售额。同时，5 万美元以下的低价作品，在销售数量上占据绝对主流为 84%，却只贡献了 27% 的销售额[4]。由此可见，画廊的销售现实继续呈两极分化的状态，处于业内分层两端的大型画廊与小型画廊销售额有所增长，中层画廊则出现了销售业绩的下滑。另外，从已售出的作品来看，价格较低的作品更容易销售，且销量可观；而高价位作品，虽销量相比甚小，但以一当百，提高了总体销售额。

2 Dr.Clare McAndrew,The Art Market 2020, An Art Basel & UBS Report,p54
3 Dr.Clare McAndrew,The Art Market 2020, An Art Basel & UBS Report,p198
4 Dr.Clare McAndrew,The Art Market 2020, An Art Basel & UBS Report,p99

1. 大型画廊稳扎稳打，开拓占有更多资源

2019 年，大型画廊凭借过往已有的品牌效应与市场优势，应用专业的眼光与营销手段，进一步开拓业务，完成更高的业绩。因此，无论是从代理艺术家的选择与更迭，参加艺博会的布局与频次，还是对新老藏家的维护与发掘，经营场所的调整与升级等方面，大型画廊在该年的行动都更为扎实稳健。

在代理艺术家的选择与更迭方面，大型画廊将目光聚集在已有一定市场基础以及成熟艺术家的身上，从而省去了前期培养艺术家成熟的时间与资金成本，把更多的精力放在推广盈利层面。诸如，2019 年豪瑟·沃斯画廊（Hauser Wirth）新代理了来自美国、法国、意大利、瑞士等国家的数十位艺术家以及麦克斯·比尔与乔治·范顿格鲁基金会（Max Bill Georges Vantongerloo Stiftung）；卓纳画廊（David Zwirner）新代理了美国艺术家奈特·娄曼（Nate Lowman）、中国艺术家刘野等艺术家，并与施布特玛格画廊（Sprüth Magers）联合代理了美国艺术家芭芭拉·克鲁格（Barbara Kruger）；立木画廊（Lehmann Maupin）与佩斯画廊（Pace Gallery）也分别新代理了数位美国艺术家。纵观以上各大型画廊在 2019 年度的艺术家代理情况，易拍全球研究院（筹）通过调研发现，上述艺术家均在本国已取得艺术与商业的双重认可，其中不乏具有国际声誉的艺术家。与此同时，大型画廊将代理范围扩大到相关艺术基金或机构，如果没有丰厚的运营管理经验，难以形成如此强强联合的代理模式。优质资源进一步集中在大型画廊之下，这也为中小画廊的生存环境与可选择资源带来不容忽视的挑战。

再从输出艺术家作品的平台来看，艺博会已成为大型画廊收入来源的极其重要的渠道之一。尽管需要支付不菲的参展费用和投入较大的运营成本，但艺博会对大型画廊的吸引力依然不减。艺博会在一定程度上甚至成为大型画廊之间的博弈擂台，而中小画廊的参与感与获得感与大型画廊相比则明显逊色。2019 年，新开设的艺博会同样吸引了诸多大型画廊竞相参与，当中小画廊在斟酌是否参展之时，大型画廊则抢占先机，提前布局。该年，首届弗里兹洛杉矶艺博会（Frize Los Angeles）在美国西部开幕，这也是继 2003 年弗里兹伦敦、2012 年弗里兹纽约以来的第三个弗里兹艺术博览会。与伦敦和纽约展会相比，洛杉矶展会的画廊阵容则更为精简，共有 70 家画廊参展。其中包括豪瑟·沃斯画廊、卓纳画廊、立木画廊、佩斯画廊、里森画廊等在内的大型画廊占据了参展画廊的多数，而参展的新画廊仅有 10 家。形成两极分化局势的艺博会，2019 年新开幕的首届台北当代艺术博览会情况类同。

收揽优质艺术家，高频参与大规模艺博会，已成为大型画廊不断开拓与垄断资源的常态化模式，集中化的趋势也会随着其业务能力的不断提升而进一步加速。

2. 中小型画廊坚守阵营，积极争取销售机会

大型画廊的扩张，在一定程度上挤压了中小型画廊市场空间，从2019年诸如巴塞尔、弗里兹等国际艺博会上对中小画廊的让步优惠政策来看，中小型画廊面临着严峻的生存困难，大型画廊的发展或会进一步拉大未来画廊市场的两极分化。面对行业市场寡头化进程加速，以及2019年不稳定的政治经济形势，中小型画廊则各有对策，开源节流，争取更多市场。

从全球来看，2019年，区域性特征尤其反映中小画廊的生存境况。诸如从南美洲加勒比海沿岸到南太平洋沿岸，拉美地区的贫富差距分化造成了大规模的抗议和社会动荡。极端抗议对当地经济产生不利影响，导致智利贸易活跃度下降，也波及画廊业的经营。对于阿根廷的画廊来说，国内经济局势使得画廊的销售额，远低于平均水平。此种情形之下，拉美画廊将目光转向了国际市场，迈阿密艺术周成为他们年度业绩的主要驱动力。易拍全球研究院（筹）通过调研发现，在2019年的迈阿密展会中，“Untitled”单元拥有的拉丁美洲画廊最多，约占15%；“ABMB”单元约占9%，“Nada”单元约占5%。以上数据表明，在内乱和经济动荡时期，该年拉美的画廊更为重视在国际市场上争取更多销售机会。由此可见，在特殊情况下，不稳定因素导致国内销售陷入停滞，本国货币贬值，使得此类画廊比以往任何时候都更加依赖全球观众和国际市场。尽管参加国际性展览与艺博会对中小型画廊而言是一笔不小的开支，但在本土市场环境堪忧的情境下，转向国际市场不失为一计救市良策。

再观中国本地中小型画廊，则是积极参加本国艺博会，争取更多展示机会。本国艺博会在一定程度上侧重对本土画廊的支持，毕竟，本土画廊才是构成本国艺博会的主体，世界大型画廊的加入仅是起到锦上添花的作用，以此提升艺博会的国际视野。作为亚洲深具影响力的博览会之一，“艺术台北”（ART TAIPEI）是台湾重要的艺术交易与学术交流发生地。2019年共有来自12个国家和地区的141家画廊参展，当中包含台湾本地画廊65家、其他地区画廊68家和8家新人推荐特区。诸如此类中小型画廊高度集中的本土艺博会，在中国遍地开花，有如开设时间较早的“艺术北京”，以及近两年新兴的“艺术成都（Art Chengdu）”“艺术021（ART 021）”“艺览北京”“北京当代”等艺术博览会。

另外，2019年是中华人民共和国成立70周年，在此特殊节点，中国的中小型画廊一方面利用节日策划活动表达爱国之情，另一方面以此为契机联合众画廊形成聚集之势，争取更多销售机会。如，“见证与表达：北京画廊协会庆祝建国70周年优秀作品展”在宋庄美术馆举办，北京画廊界以本次展览向国庆献上贺礼。北京画廊协会由北京行政区内的八十余家经营当代艺术的画廊单位以及机构组成，是中国

画廊界的第一个行业组织。本次展览包括站台中国、艺·凯旋、唐人当代艺术中心、蜂巢当代艺术中心等在内的中小型画廊十余家，展出了其各自代理艺术家的作品60余件。此举可视为中小型画廊联合共荣，把握一切时机，积极扩展销路的举措。

3. 市场布局调整，扩张与退出共生

受到地缘政治紧张，经济整体下行等因素的影响，2019年全球画廊市场的一个重要变化是部分实力画廊除了继续深耕原有画廊之外，开辟了新的发展空间，扩张了自己的版图。诸如，高古轩（Gagosian Gallery）第17家画廊空间于瑞士巴塞尔开幕，卓纳画廊在巴黎揭幕其全球第6家新空间，白立方画廊（White Cube）宣布计划将在巴黎开设新展厅，德国König画廊于东京开设了新空间，伊娃·培森胡柏画廊（Eva Presenhuber）将于2020年1月在瑞士苏黎世开设其第二个画廊空间。这些老牌画廊向区域市场扩张的动态一方面反映了画廊市场受到原有市场所在地不确定因素的影响下积极调整经营策略，不断挖掘地区藏家资源，扩大画廊的影响力，逐步建立艺术品全球销售网络；另一方面也可看到，以法国为代表的区域市场发展势头强劲，瑞士有着深厚的艺术氛围和藏家潜力，税收政策的优势成为艺术品交易的避税港湾。区域市场的未来市场潜力是画廊扩张最为重视的因素。

该年，国际画廊在中国的布局渐趋南移。3月，英国里森画廊的上海空间于上海外滩正式开放，这是里森在亚洲设立的首个画廊空间。6月，法国画廊阿尔敏·莱希（Almine Rech）宣布登陆上海，开设继他们在巴黎、伦敦、纽约和布鲁塞尔之后，全球第五间的画廊空间。阿尔敏·莱希成为继贝浩登（Perrotin）画廊和里森等画廊之后，最新一家在上海开设空间的西方画廊。在此之前，豪瑟·沃斯和厉为阁（Levy Gorvy）在上海均开设了办事处。值得关注的是，国际画廊的北方布局发生了转变，7月初佩斯画廊宣布关闭其在北京798艺术区的画廊空间，主要原因在于中美贸易战的激烈交锋，对于画廊业务中的进出口贸易受到冲击，生存困难；同时，南北地域监管政策的完善和服务贸易的便利，均是画廊需要考虑的重要因素，因而画廊为了更好的生存，适时会在经营策略上进行地域调整。国际画廊在中国南北方地域上的调整，确切地说是在画廊集中之地上海与北京，之所以出现此消彼长的局面，一方面来自于画廊自身业务拓展的实际需求，另一方面也与南北方在经济、文化以及当地对画廊业发展的诸多倾斜政策差异相关。

此外，随着国际画廊业务能力的不断提升与资源的垄断性聚集，其业务内容在不断扩展，深入到一级市场的各环节。诸如，该年美国高古轩推出艺术咨询公司为个人、家族办公室、遗产和机构客户提供收藏管理服务，并向初涉全球艺术品市场的新晋藏家给予指导。此举可视为国际画廊在市场全方位布局中的前瞻性探索与细化深耕。

二　立足本土体系，兼顾海外主流

在艺术家代理及推广上，不同层次的画廊一般倾向于代理本土和海外艺术家的复合结构，并有所侧重，从而完成国际性的布局。从数据上看，2019 年，全球画廊所代理的本土艺术家数量占比与本土艺术家的销售额占比分别为 66% 与 57%，处于主导位置。虽然，画廊代理的海外艺术家数量低于本土艺术家的数量，但海外艺术家的销售额不断上升，同比增长 9%。画廊这一代理结构的组成，与买家群体的构成存在一定关系。在 2019 年的购买群体中，有 61% 的买家来自本地，这一比例同比增长了 4%，他们的资金投入占画廊总销售额的 58%[5]。以上数据表明，画廊在进行销售时无时无刻不在考虑市场的供应与需求双方的匹配关系。

1. 深耕本土，健全本土市场体系

画廊凭借地缘优势，一般从本土艺术家代理做起，本土艺术家已成为各梯队画廊的代理主体。2019 年，各画廊皆延续了此种代理艺术家结构，并在艺术、学术与商业之间寻找平衡，不断完善本国的艺术市场体系，深挖具有历史价值与市场潜力的艺术家与艺术作品，以求为画廊带来更大的销售收益。

从国际各梯队的画廊代理本国艺术家的原有基本占比以及 2019 年新代理艺术家的推广情况来看，可窥见画廊在深耕本土市场所做的努力。在全球大型画廊中，如创立于 1992 年的豪瑟・沃斯画廊，在瑞士苏黎世、英国伦敦和萨默赛特郡、美国纽约和洛杉矶、中国香港等地设有画廊空间，代理超过八十余位现当代艺术家，其中以画廊所在地的艺术家居多。从 2019 年其新代理的 11 位艺术家及艺术机构阵容来看，有 9 位（家）来自画廊所在地，尤以美国艺术家占大部分，这也与近年业务主要集中在纽约空间有关。2019 年豪瑟・沃斯画廊纽约空间为该年新代理的美国艺术家举办多场展览，并携新代理的本土艺术家参加包括巴塞尔、迈阿密艺博会、洛杉矶弗里兹在内的国际性博览会，同时本土艺术家的作品频频在该画廊专为藏家开设的收藏展中亮出，可看出画廊对本土艺术家所做的侧重性推广。诸如此类的国际中型画廊有 1993 年创立于欧洲的白立方画廊，其代理的艺术家主要为欧洲本土艺术家。在 2019 年，该画廊继续开拓欧洲艺术家资源，代理了匈牙利艺术家朵拉・莫里（Dóra Maurer）并于该年 9 月至 11 月在白立方伦敦柏蒙塞空间（White Cube Bermondsey）呈现其同名个展；同时也代理了比利时艺术家布拉姆・博加特 (Bram Bogart) 的艺术资产，并宣布在伦敦梅森苑空间 (Mason's Yard) 为其举办个展。处于第三梯队的小型画廊，在对本土艺术家及艺术作品的市场推广上，几乎成为其业

5 Dr.Clare McAndrew, The Art Market 2020, An Art Basel & UBS Report, p83

务的主要内容。诸如亚洲和中东地区的天线空间（中国上海）Empty Gallery（中国香港）Nova Contemporary（泰国曼谷）Experimenter Gallery（印度加尔各答）Dastan Gallery（伊朗德黑兰）各画廊；欧美的 Emalin 画廊（英国伦敦）Anne-Sarah Bénichou（法国巴黎）Société（德国柏林）Ortuzar Projects（美国纽约）Isla Flotante（阿根廷布宜诺斯艾利斯）的各画廊以及成立于非洲埃塞俄比亚的 Addis Fine Art 空间等近年新兴的画廊，他们均不遗余力地推广本土艺术家，在健全本土艺术市场体系做出了突出贡献。

就中国大陆的画廊而言，他们对中国各时期艺术家及作品的挖掘从未间断，尤其在完善构建中国近代以来的艺术市场方面，此种趋势在 2019 年尤为鲜明。诸如，专注于研究与推广中国近现代艺术的势象空间，从深度的学术研究出发，推出了吴大羽、李瑞年、古元、宗其香、李斛等近现代名家的专题展览，进一步发掘其艺术市场的商业价值。还有于 2019 年在选择艺术家方面做出了较大转变的站台中国，通过推出丁立人、吴杉等人的个展，尝试发掘一些早期被市场低估的现当代艺术家，借此发现更深层次的中国当代艺术价值。再有于 2019 年改变运营模式的长征空间，通过陆续开展“长征计划”，更多立足于中国当代艺术现场，以长期、深入、系统地研究艺术家个案为核心。该年长征空间也宣布成立“长征资本”，并且开展“长征收藏”，这一完整的从学术到商业的运营模式，对健全中国本土艺术市场体系具有探索性的意义。

2. 放眼全球，提升国际收藏品位

2019 年，一级市场的国际视野更加开阔，无论是画廊在代理推广非本土艺术家走向国际舞台，频频露面国际性艺术博览会；还是艺博会进一步国际性扩张，争取更多本国外的销售机会。它们均在深耕本土市场的同时，加快了全球化的布局。

艺术家代理方面，西方大型画廊对中国艺术家的关注度依旧不减。卓纳画廊 2019 年 3 月宣布代理中国艺术家刘野，于该年香港巴塞尔艺博会展销其作品，并计划于 2020 年在纽约空间为其举办个展。厉为阁画廊于 9 月宣布在全球代理中国艺术家屠宏涛，并于 11 月在香港中环空间举办其个展，计划在 2020 年秋在伦敦展出其新作。从该年西方大型画廊对中国艺术家的选择上，更加体现了大型画廊代理国外艺术家的基本规律：艺术家正值创作盛年，且已在国内获得一级市场和二级市场的多年认可，从而省去了画廊前期培养艺术家的运营成本和部分风险。

对国外艺术家的推广方面，各画廊一方面于画廊所在地全面推广，另一方面也结合参加国际性的艺博会，“双管齐下”已成为推广国外艺术家最广泛的方式之一。如，高古轩香港空间 5 月展出设计师马克·纽森 (Marc Newson) 的新作，是该设计师首次在中国展出其限量版家具；9 月开幕的德国艺术家阿尔伯特·厄伦（Albert

Oehlen）首场亚洲展览，展出其一系列布面水彩新作；高古轩纽约空间3月推出中国艺术家贾蔼力在纽约的首次个展，亦是他被代理以来在高古轩举办的首场展览；9月首次策划呈现赵无极个展，致敬赵无极与建筑师贝聿铭之间深厚悠长的友谊。将欧美艺术家介绍到中国市场，以及将中国艺术家推广至欧美，已成为跨国画廊代理艺术家国际化运营的主要方式之一，此种方式取决于画廊在各地设有销售空间的优势。此外，代理艺术家参加国际性艺博会则大大提高了所代理艺术家的国际曝光度。

中国本土画廊所代理艺术家的国际化进程，同样也随着参加世界性的博览会而加快了脚步。例如，巴黎亚洲艺术博览会（2019 ASIA NOW）参展画廊首次突破50家，二百余位来自中国、韩国、日本、中亚和东南亚等地区的新锐艺术家的作品在此聚集。本次参展的中国画廊有25家，包括北京公社、没顶画廊和当代唐人艺术中心等，占参展总量的二分之一，超过往届数量。本届ASIA NOW不仅让欧洲观众通过展览看到亚洲当代艺术的现状，更看到近十年的发展脉络与未来发展趋势，以及艺术发展背后的社会生态与基本逻辑。

三　艺博会策略灵活，培育新市场

艺博会常被喻为艺术市场的晴雨表，它通过对艺术资源的整合，以画廊为单位聚集而成，通过短时间内的资源聚集效应，形成一个对艺术品进行集中展示和销售的场域。在发展的过程中，逐渐形成了面对不同消费能力和不同区域艺术品收藏者的博览会。2019年，全球各地艺博会为扩大市场吸引力，在服务参展商与藏家以及创造社会文化氛围等方面下足力气。

1. 服务群体多层次，运营策略再调整

随着艺博会的全球扩张，其面对的购买群体不断扩大，此种情形下需要艺博会主办方与参展商一道，尽可能满足不同分层消费者的购买需求。服务群体的多元化，使得艺博会运行策略不断做出适应性调整。

为满足不同藏家的购藏需求以及进一步挖掘相对偏远地域的艺术作品，在2019年法国巴黎第四届AKAA博览会，展示了来自非洲和散居海外的当代艺术品。专注“异域风情”营销策略的第三届梅卡博览会（Mercado Caribeío）在美国波多黎各（Puerto Rico）举办。本次博览会的参展画廊包括拉丁美洲经销商，博览会的战略逐渐向中东和拉丁美洲等其他当代艺术展区延伸，以引起消费群体对相对陌生地区艺术的关注与兴趣。需要注意的是，这种跨地区博览会的展出，也容易引起该地区的艺术家过度贩卖“异国情调”。国际性博览会开展如何体现“在地性”并真正成为艺术创作的助力，需要组织者进行严密的考量。具体到对参展商的服务，2019年科隆艺术展显示出其充分的人性化的考虑，积极扶持市场新生力量。该艺术展的参展画廊分为四个等级：主参展画廊、新市场、合作展位和新位置。由于场地的限制，科隆艺术展近几年把参展画廊的数量严格控制在170家上下。为了给新成立画廊和中小画廊提供展示的舞台，新市场板块为13家年轻画廊提供展位；合作展位则是允许两家画廊共用一个展位；新位置的设置在于允许画廊在主展位之外的部分空间给一位艺术新人提供展示的机会。各地艺博会对不同消费层级与喜好的买售双方所做出的实际性努力。

2019年，艺博会在面向不同消费群体的运营策略上，中国大陆的艺博会具有代表性。11月，"第六届西岸艺术与设计博览会"与"ART021"在上海同期开幕，其中40余家画廊同时参加了以上两个艺博会，通过艺博会的运营策略引导，画廊挑选了适合不同博览会受众与风格的参展作品。西岸艺术与设计博览会经过六年的积淀，已跻身世界一级博览会水准，因此其面对的参展商与消费者趋向于国际高端路线。ART021则延续年轻化与去中心化的风格主题，展现当下的艺术潮流风向，故参与ART021的画廊呈现出以下特点：画廊以群展方式呈现价格区间跨度较大的作品，对应到更多消费层级的藏家；部分画廊带来年轻艺术家作品，主打潮流艺术，博览会加入时尚品牌跨界合作元素，希望通过活跃的交易气氛吸引新藏家；阿联酋、非洲等画廊的参与展现了包容的未来发展空间，以期建立新兴市场。在"消费降级"的宏观经济环境下，两家艺博会的销售成绩依旧斐然，从客户需求角度选择艺术品呈现，是参会画廊重要策略之一，也是打造博览会品牌的关键。西岸艺术与设计博览会的"高端国际"与ART021的"潮流多元"形成了鲜明的对比。

2. 配套项目多元化，全方位促成交易

如今，艺博会已不是单纯的艺术作品大卖场，主办方为了争取更多的销售机会，使参展商的收益最大化，在全方位"包装"卖场上精心设计，配套推出多元化的现场项目，使消费者在进行艺术收藏之时参与到主办方安排的各个项目中去，从而进一步消解其挑选作品的枯燥性。同时在这类配套的项目中，也引导收藏者产生更多消费的可能性。2019年，艺博会的配套项目则呈现出：主题沉浸式体验、场外延伸空间、营造竞卖氛围的新象。

2019年2月，弗里兹艺术博览会首次进入洛杉矶，这是继伦敦、纽约以来的第三个城市，也标志着弗里兹这个老牌艺术博览会版图的一次重要扩张。洛杉矶是美国西海岸第一大城市，坐拥好莱坞的"电影之都"。洛杉矶本土文化是美国电影、移民混居和街头潮流交织形成的缩影，是美国西海岸最为活跃的城市之一。近年来，随着当地艺术博物馆的复兴和大型画廊的跟进入驻，以洛杉矶和旧金山为代表的西海岸艺术市场备受关注。如此背景之下，本届展会将弗里兹标志性的白色帐篷会场设置在派拉蒙影业之内，与周围的电影布景一起让人产生奇妙的出离感。除了展会本身的会场，弗里兹还启用派拉蒙影业的外景场地，充分利用在无数电影中出现过的小规模城市场景，将其打造成庞大艺术景观，让参观者在会场之外也能在此流连忘返。一些非营利机构、艺术家运营的组织在园区内设置了艺术讲座、特约艺术家项目和电影展映，营造出浓厚的艺术氛围。此外，受洛杉矶的街头文化特色影响，一些创意企业也将潮牌快闪店设置在洛杉矶弗里兹的展区中，为观众提供了多样的消费层次。主办方的精心选址与策划，使消费者和售卖方沉浸在好莱坞式的电影情境中，极大地丰富了购藏体验。

2019 年 6 月，已经举办了五届的艺术厦门如期举行，由原来综合性的艺术博览会转型为集中关注当代艺术的博览会。本届博览会联合厦门 Amoy 艺术馆，面向参加艺术厦门的所有画廊，在博览会之外，可在该艺术馆举办更长期的展览项目，为画廊提供更丰富的服务。此举将促使艺术厦门进一步提升整个城市的艺术收藏氛围。

另外，针对规模较小的画廊，一些艺博会主办方为其提供在线展示平台，提前进行宣传，让更广泛的收藏群体预览作品，并标明画廊所在的具体摊位。线上提前预展将潜在买家尽早汇集，待开幕当天形成买家有目的性的聚集，以促成高成交率。如此便形成了与拍卖一样的单室兴奋和竞争能量，为画廊销售提供一种新的聚客方式。这样做的目的是通过在有限的时间内对销售产生紧迫感，从而激励买家尽快达成交易。

四　探索多样化经营，精准定位藏家

为扩展更多产生交易的可能性，争取到更多的藏家，画廊与艺博会在传统的经营模式上继续探索。在资源全球化的当下，各画廊与艺博会主办方已不再各自为阵，而是积极展开合作，加强区域联动，运用网络技术，拓展线上市场，满足各层级的藏家需求。

1. 画廊“美术馆”化，加强区域联动

在画廊方面，2019 年的一大变化趋势就是以纽约为中心的许多大画廊进一步扩建，超级画廊正逐步向集学术、市场、娱乐为一体的综合性艺术空间转型。4 月，棚屋艺术中心正式对外开放，兼具表演、展览等多种实体功能；9 月，佩斯画廊总部新空间在纽约正式开放，该空间前身为惠特尼美国艺术博物馆，7 层博物馆式的画廊为观众带来全新体验。佩斯画廊此举可视为国际性画廊正依托庞大完整的收藏体系，逐步以美术馆标准的架构来构建自身。易拍全球研究院（筹）通过调研发现，

近些年高古轩、豪瑟·沃斯等行业领头画廊均对原有结构做出了调整和扩大，丰富了观众在进入画廊时的体验，也使得一级市场更加公众化，在设施、功能与服务上呈现越来越美术馆化的特征。以纽约为代表的画廊扩建以及向综合性建筑体迈进的趋势，为画廊发展提供了新的导向，对整体画廊市场生态与架构产生一定积极影响，此进程不仅能引导更多藏家和公众对一级市场的介入，也将巩固纽约作为全球艺术市场中心的地位。

2019 年在市场区域联动方向上可以看到中外艺术机构的深入合作，通过艺术文化机构进行资源互换、文化交流，加强彼此的联系，达到互利共赢的效果。例如，在经济形势面临巨大风险的环境下，法国政府不断削减公共开支，而各大艺术机构通过“授权”合作等文化输出的方式找到了一种双赢的方式。从蓬皮杜艺术中心与中国上海建立合作，罗丹美术馆入驻深圳，再到毕加索博物馆和贾科梅蒂基金会与北京 798 艺术区签署长达 5 年的合作项目协议，法国艺术机构在 2019 年的新举措表现为不断在本土之外地区设立分馆，向外输出文化“品牌”。此外，10 月，余德耀美术馆、洛杉矶艺术博物馆和卡塔尔博物馆群宣布联合开发、共享展览和项目，馆际联动不止在中国与其他国家的合作，中东地区与欧美等国的合作也越发活跃。此种艺术机构间的合作既包括合作建馆、共同运营、策划展览等常见的合作方式，也包括建立联动基金会和共有收藏这样新的尝试。中外艺术机构间合作交流不再仅仅停留在展品资源共享层面，而是开始寻求更为深入的跨文化交流。

2. 数字化运营，线上再发力

互联网交易的普及化，其便利性也被广泛应用到画廊及艺博会的销售之中。2019 年，一些画廊、艺博会开设了自己的线上展厅或与第三方线上交易平台展开合作，以促进线上销售的提升。

近年来博览会与网络艺术交易平台的合作愈加密切，网络交易平台具有成本低、传播度广、低风险性等优势，使得这种合作成为必然趋势。2019 年诸多国际大型画廊首次配合所参加的艺博会线上平台部署进行在线销售。如巴塞尔在各地的艺博会首次启动线上交易平台，卓纳画廊通过“线上巴塞尔”（Basel Online）平台展出丰富的艺术家阵容及重量级艺术作品，在虚拟空间为更多观众提供展览。豪瑟·沃斯画廊参加 2019 年巴塞尔迈阿密海滩展会期间，推出首个“艺术家之选线上展厅”，推出其代理的重要艺术家作品。2019 年伦敦弗里兹艺术博览会同时启动线上展厅，其中参展商高古轩线上展厅呈现了 7 件首度亮相市场的精选作品，截至该艺博会结束，高古轩的线上展厅已有 4 件作品售出，其中不乏新买家。对于各种规模的画廊而言，线上销售是接触新客户的重要方式之一。

五　拓展与紧缩并存，重心偏移中北欧

2019 年，国际形势风云诡谲，局部地区社会不稳定因素陡增，全球经济增速放缓。面对如此情形，使一级市场的各组成部分，不得不直面风险，并从中求寻机遇。

1. 全球政治与经济变动，促艺术市场中心调整

由于欧洲近两年一直笼罩在英国脱欧的气氛之中，使得原来在英国有市场布局的画廊不得不未雨绸缪，在尘埃落定之前重新进行市场版图规划。尤其是一些国际大型画廊，更是凭借其敏锐的市场觉察力，寻找除英国之外的欧洲其他国家，进行新一轮的扩张。由于法国具有深厚的艺术底蕴，瑞士作为中立国的长期和平稳定，吸引了国际画廊纷纷入驻，欧洲的艺术市场中心也将进一步调整。

2019 年 10 月，总部位于伦敦的白立方画廊宣布将在巴黎马提尼翁大道（Avenue Matignon）开设新的办公室和展厅。这条街上的其他画廊包括 Maurice Garnier（法国）、Taménaga（日本）和 Daniel Malingue（法国）等。10 月中旬，卓纳画廊在巴黎揭幕其新空间，与法国巴黎国际当代艺术博览会（FIAC）同期举行。此外，佩斯画廊的巴黎入驻计划也在进行中。以白立方、佩斯以及卓纳为代表的国际画廊，之所以选择巴黎作为完善其全球体系的下一站，主要原因有二：一方面由于巴黎此前一直是欧洲传统的艺术中心，文化底蕴深厚，市场机制相对成熟；另一方面，则是对即将到来的英国脱欧感到担忧，防止伦敦区域艺术市场受到不利的影响。

11 月，曾常驻纽约的伊娃·培森胡柏画廊宣布，于瑞士苏黎世开设其第二个画廊空间。除此之外，早在 2018 年下半年，豪瑟·沃斯就已宣布将在瑞士圣莫里茨新增开设分画廊；高古轩于 2019 年 6 月也表示，将在巴塞尔增设一家分画廊。国际画廊如此偏爱瑞士，其背后原因主要有三：尽管瑞士土地面积狭小，但博物馆、美术馆数量众多，艺术氛围浓郁；其次，瑞士艺术市场本身也十分活跃，根据欧洲美术基金会（Tefaf）的市场报告，瑞士占据全球艺术市场份额第六位，拍卖市场位于全球第五，藏家买气十足且数量众多，私人基金会和企业艺术收藏尤其发达；最后，瑞士银行业发达，政治稳定，金融政策具有亲和力，出口的艺术品可以免除附加税，诸多因素的结合造就了瑞士繁荣的艺术生态，吸引大型画廊纷纷入驻。

2. 负重前行，多举措稳市止损

2019 年艺博会在诸多不利或突发因素中及时调整，最大限度保证艺博会平稳运行。诸如美国军械库艺博会，由于主展厅建筑结构问题，为规避风险，三分之一的参展画廊被紧急转移到其他展馆，主展馆位置的变更，致使主办方不得不采取摆渡车的方式，来联结主展馆与附属展馆的观众，争取更大客流。此外，巴塞尔艺博

会母公司 MCH 集团在 2019 年相继撤出了数个区域性的艺博会，包括印度艺博会、杜塞艺博会和新加坡艺博会。一成不变的跨国模式在面临日益细分的市场需求的时候逐渐失效，但博览会的重要性不言而喻，毕竟每年展会的销售额仍然占画廊年营业额的很大一部分，艺术家们希望能在博览会上获得更多的关注曝光。为了应对危机，博览会和画廊在 2019 年已经做出一些调整。

在援助扶持中小型画廊方面，2019 年的迈阿密巴塞尔艺博会采取了区别化的租金征收方式，规模较大的画廊每平方米的展位费增加 9%，规模较小的画廊每平方米的展位费则减少 8%，并暂停了每年 5% 的固定涨幅。首次参与主展区的画廊在参展第一年可获得每平方米租金减征 20% 的附加折扣，第二年可享 10% 的折扣。此举减轻了中小型画廊的生存压力，是维持良好艺术生态的重要手段。展位租金区别化征收不仅是主办方向中小型画廊伸出的援助之手，也可视为是维持画廊圈生态系统的善意行动。艺博会应当重视中小型画廊在市场中的积极作用，此类画廊不仅能够吸引更多入门藏家，并帮助整个艺术市场更好地应对藏家换代和多样性等问题。

2019 年局部地区的不稳定因素突发，使原本计划开幕的艺博会和画廊、美术馆的日常经营受到了威胁，甚至迫使其延期举办或关停。10 月，智利当代艺术博览会（Ch.ACO）因当地社会服务和公共利益问题冲突暂停了其 2019 年的展览，诸多画廊也因此事件而暂时关闭。卡拉奇双年展展览和 MOMA 开幕展均因当地社会问题爆发而停办。艺术市场是宏观经济与政治的晴雨表，艺术产业的发展离不开良好的法制与稳定的社会环境。

此外，由于客流量与销售额不断下滑，一些艺博会不得不选择关停或延期以达到止损的目的。10 月份，亚洲当代艺术展（The Asia Contemporary Art Show）宣布由于展会出席率和销售额极低，加之香港地缘性不稳定因素激增导致观众下降，将延期举办下一届展会。同年 12 月，德国博览会主办商也宣布，将不再举办 2020 年柏林艺博会（Art Berlin）。易拍全球研究院（筹）通过调研发现，早在 2017 年该主办商接手该艺博会之时，柏林艺博会本身已难以为继——2016 年仅有 62 家画廊参加，且销售惨淡。柏林艺博会暂停举办的原因，一方面，与科隆和杜塞尔多夫等德国西部经济发达城市相比，柏林在地理位置上相对欠缺和德国西部与西欧经济繁荣区联系更加紧密的优势，藏家数量方面稍显逊色；另一方面，相比其他地方政府对城市艺博会的大力支持，柏林市政府对柏林艺博会的推动相对乏力。由此观之，德国西部博览会市场的竞争将会更加激烈，而柏林艺博会的发展前景有待观察。

2019二级市场
The Secondary Market in 2019

受全球贸易紧张、金融环境收紧、政策不确定性上升以及商业信心疲软等多重因素影响，继 2017 年和 2018 年上半年的强劲增长之后，全球经济活动自 2018 年下半年起明显放缓。2019 年，延续了上一年经济增速明显放缓的趋势，加之全球经济在中美贸易战愈演愈烈的裹挟之下，股市、债市大幅波动，避险资产黄金价格快速攀升。在如此世界经济背景之下，2019 年全球文物艺术品二级市场呈现出多种变化：整体上全球成交额下滑，但法国市场表现亮眼；行业结构进行微调，供给端高端拍品缩水；中国的成交额随市下行，香港地区的景气有所降温；现当代板块市场紧缩，“潮流艺术”备受关注；需求端的藏家群体年轻化更加明显，其结构分层也日渐清晰。

从数据上看，2019 年，全球文物艺术品拍卖市场的销售额（包括线上与线下的公开拍卖成交额和拍卖行的私洽销售额）占市场份额的 42%，同比下降 4%。其中公开拍卖（不包括拍卖行私洽销售）的成交额达到 242 亿美元，在经历了两年的增长后，随着全球主要拍卖中心的市场紧缩，成交额同比大幅下降了 17%，回到略高于 2017 年的水平。全球三大拍卖市场中心美国、中国和英国在 2019 年依然保持主导地位，合计占市场总成交额的 84%，同比下降 4%。 法国则是表现最好的市场之一，其在全球成交额的占比中增加了两个百分点，达到 7%。全球文物艺术品市场交易量在 2019 年达到十年来的最高点，增长 2%，交易量达到约 4050 万件（套）[6]。从中可以看出，2019 年虽然全球文物艺术品市场成交额下滑，但拍品供给量增加，藏家群体扩大，成交量攀升，文物艺术品的消费特征进一步显现；也从侧面反映出具有收藏与投资级别的高端拍品的缺失，将从很大程度上影响全球文物艺术品的整体销售额，对“精、稀、生”拍品的挖掘工作仍然任重而道远。

反观中国文物艺术品二级市场，拍卖行业在中高端拍品方面持续推行增质减量、

6 Dr.Clare McAndrew,The Art Market 2020, An Art Basel & UBS Report,p126

品类多元化的策略，在中高端交易规模缩小的情况下，成交率有所提升，尤其是油画及中国当代艺术板块市场，出现逆势上涨。在经历震荡后，中国文物艺术品市场正逐渐步入稳定的良性循环中，有序、理性、升级、多元成为2019年中国文物艺术品市场的关键词。

毋庸置疑，全球经济运势及施行政策对文物艺术品市场交易产生了重大的影响。从资金链上来看，全球文物艺术品市场内流动的资金减少趋势明显，投资者交易信心回落，在未来两三年内，文物艺术品的成交将愈加谨慎理性。从行业的长期发展来看，低谷将迫使行业内部调整，回归文物艺术品及其交易市场的本质，投资资源的合理分配，拍行品牌的重塑升级等方面，都将成为行业可持续发展的新方向、新动能。

一　全球销售总体收缩，法国艺术市场表现亮眼

1. 三大拍卖中心主导，整体市场遇冷收缩

全球文物艺术品市场拍卖成交额尽管在2019年有所下降，但美国、中国和英国三大拍卖市场中心在该年仍保持了主导地位，其所占全球市场总额的84%，同比下降4%。具体来看，美国依旧领跑市场，所占市场份额最大，占全球拍卖总额的37%，比2018年下降了3%。该年成交额为90亿美元，同比下跌了23%。中国的成交额为71亿美元，同比下降16%，占全球拍卖总额的29%。英国在2019年的成交额下降了20%，为43亿美元，所占全球拍卖总额的18%。英国的市场表现拖累了欧盟市场的总体增长，尽管法国在2019年市场强劲，但增不抵跌，欧盟国家的总体成交额同比下降13%，减少至68亿美元。在欧洲其他国家中，德国与瑞士分别占全球拍卖总额的2%，奥地利占1%。其他国家的拍卖额占全球拍卖总额的4%，同比持平。

纽约市场作为全球文物艺术品市场的主要风向标，尤其是秋季大拍，集中体现其市场走势。不过，从2019年的秋拍成绩来看，距离市场复苏还有一段路途。从两大国际拍卖行佳士得和苏富比的表现中透露出市场的疲弱态势。佳士得共拍获6.71亿美元的成交额，其中印象派及现代艺术成交额为1.92亿美元，较去年同期下降28%，战后及当代艺术下降了3%。而苏富比以6.34亿美元的成交额紧随其后，其中，印象派和现代艺术成交额为2.09亿美元，远低于去年同场成交价3.15亿美元，下滑34%；当代艺术晚间拍卖总成交额为2.69亿美元，表现相对稳健。从高价拍品的市场表现来看，本次秋拍也不尽如人意，多数重磅作品以略超最低估价的金额成交，其中佳士得最高价拍品为美国当代艺术家埃德·拉斯查（Ed Ruscha）的作品《伤

害文字Radio2》落槌价为4600万美元；苏富比以德库宁（Willem de Kooning）《无题ＸＸⅡ》成交价3010.5万美元领衔。

值得关注的是，亚洲力量为本次纽约拍卖的寒冬带来了些许暖意。11月15日，在苏富比纽约战后与当代艺术晚间拍卖会上，来自亚洲的私人藏家包揽了整场拍卖会最贵作品的前三甲。其中，来自亚洲的一位藏家以电话竞投的方式拍下了前三甲中的两件作品，分别是以3010.5万美元（含佣金）的价格拍下德库宁的《无题ＸＸⅡ》（1977年）和以2430万美元的价格拍下了克莱福德·斯蒂尔（Clyfford Still）的《PH-399》（1946年），这两件拍品占据了当场总成交额的20%。当晚第二大拍卖品马克·罗斯科（Mark Rothko）1953年的《蓝中带红》（Blue Over Red）、韦恩·蒂埃博（Wayne Thiebaud）的《包装蛋糕》（Encased Cakes，2010-11）也分别以2650万美元、850万美元的价格由亚洲买家拍得。

总体来看，纽约秋拍高价作品相对减少，仅有五件作品的估价高于或等于1000万美元，现当代艺术大师仍占据市场主流，战后及当代艺术仍呈现较为稳定的价格趋势无太大波动，市场氛围趋于冷静，印象派及现代艺术仍为第二大热点。其中值得注意的是亚洲藏家的强势表现及其对西方艺术不断增长的兴趣。苏富比拥有丰厚的亚洲藏家资源，据其最新公开数据显示：2018年苏富比亚洲拍卖总成交额达到成立45年以来最高值76.8亿港元，连续第三年超越亚洲其他拍卖行，领跑亚洲拍卖市场。苏富比全球拍卖成交总额中，26%来自亚洲藏家；全球成交价最高的20件拍品当中，6件由亚洲藏家投得；购藏西方艺术品的亚洲藏家人数增长32%。在亚洲藏家购藏的整体发展趋势及苏富比独特的资源优势下，亚洲藏家涌入纽约购西方艺术品已不足为奇。

另外，2019年意大利拍卖市场的表现则是一落千丈。2018年意大利的拍卖总额占全球份额的1%，但2019年1%的份额也已然失守。从近两年的现象来看，重要拍行在意大利的活力下降，影响到整体二级市场的交易量。如2018年苏富比取消了在弗里兹艺术周期间举办的意大利艺术品专场拍卖，2019年也未设置。佳士得在2019年10月4日举办的“Thinking Italian”意大利专场拍卖也表现不佳，成交额仅为3830万美元，相比去年总成交额6754万美元，下降了43.2%。随着意大利政府危机和经济形势的恶化，意大利艺术专场的销售表现也相较往年明显疲态。虽然拍卖选择在藏家云集的弗里兹周期间拍卖，然而2019年收藏投资者市场信心受挫，对拍卖结果产生了一定的影响。

2. 法国拍场表现亮眼，高端拍品力能扛鼎

法国市场是2019年表现最好的市场之一，拍卖成交额增长16%，超过16亿美元，其全球份额上升了两个百分点达到7%。 该年，法国五大拍卖行的总成交额达到了

9.28 亿欧元，成绩斐然，相比 2018 年 7.73 亿欧元，增长了 20%。前五位拍卖行——苏富比（Sotheby's）佳士得（Christie's）艾德（Artcurial）奥古特（Aguttes）和米伦（Millon）的销售额分别增加 4% 到 41% 之间不等。其中苏富比以 3.54 亿欧元，同比增长 41%，再次位列第一，这也是进驻法国之后的最高销售纪录。位列第二的佳士得相比 2018 年增长 9.6% ，2.57 亿欧元的总成交额是其在 2009 年和 2017 年之后的第三高销售纪录。法国本土拍卖行艾德以 2.03 亿欧元位列第三，相比去年增加了 4%。

法国作为纵横几个世纪的艺术圣殿，拥有极其深厚的艺术沉淀，甚至拥有一些不为人知或被人遗忘的宝藏。而恰恰是这些重见天日的艺术品高价成交提振了拍卖市场。该年出现在拍场上的主要有卡拉瓦乔（Caravage）、契马布埃（CIMABUE）和维西布罗德（VyssiBrod）的作品。其中，维西布罗德的作品《圣母与圣子》（La Vierge et l'enfant en trône），仅有 22 厘米，创作于 1350 年左右，最终以高出估价的十倍价格成交，金额接近 700 万美元。它既是 2019 年法国最高价拍品，也是西方古典大师拍价最高的作品。另外，卡拉瓦乔的画作《朱迪斯与赫罗弗尼斯》（Judith et Holopherne），作品最终私洽成交，正是此件作品在法国拍场上成交将改变 2019 年全球拍品成交额排行榜。

再从国际拍行在法国的表现来看，苏富比当代艺术部门 2019 年在巴黎的总成交额达 1.12 亿美元，其年度总收入同比 2018 年，大幅增长了 15%，刷新了历年成交纪录。12 月 4 日，苏富比“当代艺术晚拍”在巴黎以 4471 万美元的成交额落下帷幕。佳士得“当代艺术晚拍”成交额为 1484 万美元。也应注意到，从近年巴黎的苏富比、佳士得当代艺术晚拍的成交价格可以看出，苏富比在当代艺术板块的成交额一直高于佳士得。同时，香港苏富比当代艺术拍卖总成交额高达 2.1 亿美元，创下了亚洲史上年度拍卖最高纪录，当代艺术越来越成为市场中重要的板块。2019 年法国拍场除了当代艺术板块的抢眼表现，重要藏家的艺术珍藏也给苏富比和佳士得该年的法国拍卖增加了筹码。2019 年，苏富比巴黎向公众提供了二十世纪前卫艺术家莱兰夫妇（Lalanne）的私人珍藏，拍品悉数成交，总成交额达 1.09 亿美元；佳士得则带来了贝聿铭夫妇和马蒂斯·科勒伉俪的艺术珍品。结合今年苏富比的私有化及部门人员调整等新变化、英国脱欧的不确定性影响、收藏家群体变化等因素来看，苏富比及时调整市场应对策略及区域战略是其取得佳绩的重要原因。

相比佳士得和苏富比在当代艺术板块的优势，法国本土拍卖行则在大师稀有画作和拍品的丰富性上更胜一筹。以位列第三的艾德为例，2019 年其拍卖纪录包括女性艺术家简·真蒂莱斯基的作品《la Lucrèce》（575 万美元成交）、高更罕见画作《Te Bourao Ⅱ》（1138 万美元成交）和文艺复兴前期代表画家契马布埃的《受嘲弄的基督》(2887万美元成交)。除此之外，法国拍卖行在名车、书籍和名贵手稿等方面也表现突出。

法国拍场在2019年的优异表现，一方面来源于罕见高端拍品的现世；另一方面更大程度上是受英国脱欧影响，众多拍卖行在英国脱欧之前将库存从英国移至法国所成，可视为拍行做出的未雨绸缪的策略。法国市场是否能持续增长尚存有争议，在法国拍场2019年火热的同时，更应注意到法国日益过度严苛的文物艺术品交易监管制度和税收制度将持续成为阻碍法国市场增长的重要因素。

二　行业结构微调整，高端拍品大幅缩减

1. 顶级拍行排位调整

根据易拍全球研究院(筹)的调研发现：2019年几乎所有主要拍卖行的成交额都在下降，市场的主导权仍高度集中在几家顶层拍行。全球前五大拍卖行(佳士得、苏富比、保利拍卖、中国嘉德和富艺斯)占全球公开拍卖成交额的一半以上，佳士得和苏富比的合计份额略高于40%。在佳士得、苏富比和富艺斯等顶级拍行中，文物艺术品的市场份额随着时间的推移而有增加，平均占2019年总成交额的76%左右，同比下降4%。不过，在中国各大拍卖行中，文物艺术品所占比重较大，2019年文物艺术品的成交额占拍卖成交额的59%，同比上升7%。此外，从巴塞尔艺术展与瑞银集团联合发布的《2020年艺术市场》统计中，可见各顶级拍行在2019年的具体销售情况如下：

佳士得在2019年继续领跑公开拍卖市场，公开拍卖成交49亿美元，同比下跌19%。 包括私人销售在内，佳士得的总收入达到58亿美元，比2018年下降了17%。虽然公开拍卖销售额下降，但私人销售额增长了24%，达到8.11亿美元，同比第二次增长，并从2017年和2018年的9%提高到总销售额的15%。此外，佳士得拍卖行的在线销售额也增长了3%，占总收入的1%。

苏富比的公开拍卖销售额同比2018年下降9%至48亿美元，总销售额达到58亿美元，比2018年下降了5%。其中包括9.90亿美元的私人销售，比2018年10亿美元略有下降，但比2016年提高了70%，占公司总收入的17%。

保利拍卖再次成为第三大拍卖公司，公开拍卖成交额为11亿美元，同比2018年下降8%，成交额已是连续第二年下滑。从该拍行的各地成交额来看，其中北京的成交额占总收入的80%，香港的成交额占14%，其他地区包括山东、厦门等在内的保利拍卖分公司的成交额占总收入的6%。

中国嘉德在全球排名中重新夺回第四位，尽管2019年中国嘉德的成交额为9.52

亿美元，同比下跌了 9%。其中，北京拍场的成交额占总收入的 89%，香港拍场占 11%，比 2018 年 13% 的占比有所紧缩。

富艺斯在该年的总成交额为 9.08 亿美元，比 2018 年的 9.16 亿美元仅下降了 1%。2018 年的成交额是该公司有史以来记录最高的年份。 2019 年虽然公开拍卖减少到 7.36 亿美元，但私人销售上升了 34%，达到 1.72 亿美元，这是两位数增长的第二年，占公司总销售额的 19%。

2. 业态更为丰富

2019 年全球二级市场的行业新象频出，在面对全球新的经济形势之下，以尽最大可能促成交易为核心，业态随之变得更为丰富。其中，个别顶级拍行的退市与人事变动，对关税豁免的积极争取以及第三方担保业务量的递减等方面，均在不同程度上影响了该年二级市场的走势。

苏富比拍卖行在 2019 年的一系列革新动作，值得引起行业内的关注。苏富比拍卖行自从在 6 月被法国电信大亨帕特里克·德拉希（Patrick Drahi）收购并重归私有化之后，苏富比的高层人员和业务架构经历了一系列的变动和调整。苏富比重新划分“美术部”（fine arts）和“奢侈品、艺术及器物部”（luxury, art and objects）这两个全球部门。新成立的奢侈品部门包括珠宝、手表、葡萄酒、20 世纪设计艺术、亚洲艺术、书籍和装饰艺术等。经过几番高层管理人员洗牌和大幅裁员之后，苏富比内部来自咨询、法律和金融等领域的员工越来越多，艺术专业人员的比例显著下降。实际上，随着竞争的加剧，全球各大拍卖行纷纷试图拓展业务板块以谋求新的增长点。在专业领域更为多元和混杂的情况下，为了减少美术、商业发展和地域之间的沟通隔阂，苏富比才做出了将主要业务划分为“美术”和“奢侈品”两大板块的决定。2019 年苏富比亚洲区在全球艺术市场中的表现出色，此次将亚洲艺术（包括古代与经典绘画、陶瓷和家具等门类）归入奢侈品部门虽然受到了部分专家的质疑，但也令人期待其日后在亚洲区的表现。

除艺术品拍卖之外，苏富比逐渐将更多的重心转向了私人洽购、零售、金融服务和数字化等领域。苏富比现任首席执行官在 2019 年宣布启动建立结合科技、产品开发和数据分析处理的新部门。其实，这一趋势在前任首席执行官任职期间便已显露，在他的领导下苏富比进行了一系列的收购，包括梅摩艺术品指数（The Mei Moses Art Indices）、数据分析公司猎户座分析（Orion Analytical）、人工智能方向的机器学习创业公司线程天才（Thread Genius）和线上室内设计零售商维也特（Viyet.com）等。

另外，在 2019 年上海西岸艺博会中，苏富比首次以“S|2 画廊”身份在中国内地艺博会上亮相，带来“LEGENDS: 沃荷与巴斯基亚”大展。本次展售主要为了向公

众与藏家介绍独特的艺术家与艺术主题，并且提供私人洽购服务，为客户观众提供拍卖以外的艺术购藏途径。苏富比开设“画廊”，介入一级市场，引起业内关注。诸多中小型画廊担心生存空间将被进一步压缩。而事实上，其实不必过分焦虑——从艺术家资源来看，拍卖行主要出售成熟艺术家作品，而中小型画廊主要展售成长中的艺术家；从客户上看，拍卖行画廊与中小型画廊藏家客群也不同，加上中国藏家对西方蓝筹艺术家的作品需求不断增长，此举也满足了市场的需要。拍卖行以画廊形式参与博览会的目的不仅仅在于达成交易，为拍卖预热、拓展拍卖会预展时空限制、扩大拍卖受众、创造和探索艺术市场趋势，不同地区优质艺术推介等都是拍卖行画廊进入博览会的原因。其中拍卖行画廊还将承担拍卖行私人洽购这一重点业务，极大地提升拍卖行运作空间；由于拍卖行不代理艺术家，它将展售更多元的艺术家作品，并为艺术市场带来更综合的考察角度，这对于一、二级市场都有积极的拓展意义。

随着中美贸易战的实质性打响，佳士得向美国贸易代表办公室（USTR）申请豁免对中国艺术品和古董征收的新关税，成为首批要求免税的企业之一。如果该申请获批，佳士得将免缴对来自中国的七种艺术品和古董征收的15%的关税——包括素描、油画、版画和雕塑等。但最终佳士得的请求并未得到回应。中美贸易战对艺术品市场的冲击是显而易见的，美方对于艺术品的加征关税也引起了许多业内人士的批评。美对华进行贸易战的主要目的在于减少贸易逆差，迫使中国主动增加从美国进口、削减出口；迫使中国减少对国有企业的支持；迫使中国放弃在科技前沿领域与美国竞争等。然而艺术品不如同一般的科技、工业产品，来自中国的文物古董、现当代艺术品、工艺品并不与美国的艺术家和作品产生竞争关系。关税最终只会影响在美成交的中国艺术品数量，反而会更加激励收藏家在美国境外出售中国艺术，从而减少美国二级艺术市场份额。佳士得在此时提出豁免申请是明智之举，美国政府必须重新考虑调整具体的税收政策。

也应注意到，在拍卖业经历了2008年金融危机影响的惨淡后，“第三方担保”作为一种减少损失的方式在过去的十年中受到了西方拍卖行的欢迎。根据易拍全球研究院（筹）的调研发现，2017年，具有第三方担保的艺术品成交总价超过20亿美元，达到了有史以来的最高值。2018年具有第三方担保的艺术品总交易额则为18亿美元，下降了10%。这种下降趋势在2019年仍在继续。在5月份纽约的当代艺术晚间拍卖中，第三方担保的艺术品数量相较于2017年的峰值下降了近25%，从62件下降到47件。在11月纽约的当代艺术晚拍上，这一数量下降至41件。近年来在伦敦、纽约和香港的主要晚间拍卖中，越来越多具有第三方担保的拍品未能达到预期估价，这意味着担保者可以获得艺术品而非从差价中取得收益。担保者以担保价购得拍品的比率逐年上升，随着经济的波动和竞争的加剧，国际拍卖行为获得优质资源而开始对拍品进行担保。然而，这一手段所带来的财务压力促使拍卖行转而谋求以金融机构为主体的第三方担保。诸如价值1.57亿美元的莫迪利亚尼《向左侧卧的裸女》和以4.50亿美元成交的达·芬奇《救世主》在拍卖前均有第三方提供担保。通常而言，若落槌价高于担保价格，担保方则可获得高出担保价差额的20%～30%的收益。近年来高端市场的下跌导致艺术品无法达到高价，收益的减少使得第三方在进行担保时更为谨慎。然而从另一方面来看，一些专家学者则将担保数量的减少视为更稳健的、具有信心的市场的信号。

3. 高端拍品市场大幅缩减

2019年全球文物艺术品拍卖市场的顶层市场开始降温,只有少量高端拍品出现，成交价在1000万美元以上的拍品在2019年表现欠佳，该价位的成交额下降39%，成交量减少35%。尽管2019年5月在苏富比拍卖行以1.10亿美元的价格拍卖了估价超过5000万美元的作品——克劳德·莫奈的《干草堆》，但全球文物艺术品市场中高端拍品的数量骤降已是不争的事实。在2019年的市场低迷中，一个关键的驱动因素就是售出的最高价拍品的成交量的减少，因为它们在市场价值中所占的份额过大。

从各国的高端拍品上拍情况来看，在成交价超过1000万美元的作品中，98%的销售额来自美国、中国、英国这三个市场，其中美国市场占大多数，占高端拍品总成交额的62%。再从高端拍品的细分品类来看，近几年艺术品市场售价最高的作品大多集中在战后及当代艺术板块，但绝大多数战后及当代板块成交的价格水平要低得多，2019年在该板块有91%的作品售价低于5万美元。

对拍卖公司而言，最为看重也最能给其带来巨大收益的莫过于中高端市场，但目前由于市场疲弱态势持续，各拍卖行高价位的拍品数量均在下降，主要原因一是就买方角度而言，高价位作品很难找到下一个接手人，买方更为谨慎，在市场占据主动权；二是藏家对精品比较惜售，高价位拍品很难从藏家手中征集到，买售双方交易意愿不统一也就造成了高端拍品在市场上的量额双减。

三　中国销售额下滑，香港地区景气微降

1. 不利因素纷扰，致销售额下滑

2019年中国文物艺术品拍卖市场销售额下降16%，至71亿美元。 中国大陆的拍卖销售额为44亿美元，同比下降了9%，占全国拍卖总额的62%。反映在拍场上，造成销售额下降的主要原因是由于高价拍品的骤减，该年估价在1500万美元

或以上的作品数量减少了26%，实际成交额下降了17%。在众多不利因素困扰之下，中国经济增长放缓以及与美国长期而动荡的贸易战对买家和卖家参与市场产生了负面影响，新买家也因近期拍卖业绩不佳而望而却步。

造成2019年中国艺术品拍卖市场成绩不理想的原因众多，其中较为重要的原因有：首先，从全球宏观经济层面来看，目前世界经济已从此前的快速上升通道进入放缓甚至是下降通道，产能过剩，新的产业难以发力，整体经济遭遇瓶颈期。对中国而言，该年爆发中美贸易战，外汇订单大幅缩减，国内民营企业抗风险能力待增强，这些因素直接影响中国艺术品拍卖市场下行，且将长期保持低迷运营状态；其次，以往中国艺术品市场的主要购买力来自民营企业及企业家，现今这些企业自身生存状况堪忧，发展遇阻，纷纷进入调整期，积极寻求转型，因此重要藏家的购买欲望及实力也很难与高峰期相比，中国文物艺术品拍卖市场价格走低正反映了经济的变化；另外，在现阶段，精品很难创出高价，导致卖家惜售，只有经济繁荣期，精品在价格上才能获得最大限度的认可，除非卖家出现资金周转不灵，急于出货，否则大多会拒绝参与交易，加上买家经济实力也有所减弱，拍卖行征集难度急剧增大。

此外，还应注意到，尽管从2018年开始，中国已经降低进口增值税，从3%降至1%，一定程度上促高了市场的积极性。但根据从2018年7月开始的税改要求，拍卖行只能为其获得的佣金收入开具增值税发票，而出售的物品的增值税发票必须由卖方直接开具。目前在中国拍卖市场，90%以上的卖家是不具备开具发票能力的个人，需要向税务部门申请开具发票。在发行过程中，需要交换关于买卖双方的信息，这与中国拍卖行业之前的行业规则大相径庭。因此，在一年多的时间里，买家无法获得他们所要购买的物品的全额发票，从而减少了交易，尤其是对一些公司和机构买家来说，它们又恰恰是在拍场上买大货的主要群体。从拍卖行的角度来看，这些新规定也造成了买家进一步的付款延迟，甚至取消了交易。针对此种情形，易拍全球研究院（筹）通过实际考察了解到，中国拍卖协会正在积极与中国税务部门协调，期望这一问题能够早日解决。

值得关注的是，尽管中国文物艺术品市场的总体销售额有所下降，但在纯艺术品方面的成交率上则不断地精耕细作，取得了一定的成绩。根据易拍全球研究院（筹）的调研数据显示：2019年中国文物艺术品拍卖市场的上拍量达到151490件，成交量为66106件，同比2018年分别下降了14.1%、18.4%，成交总额为41.0亿美元，同比缩水8.5%。与西方纯艺术拍卖市场相比，2019年，西方市场上拍了73.1万件，成交量为48.4万件，成交总额达到92.2亿美元，同比缩水16.5%。本年度，从量价层面来看，尽管中国纯艺术品拍卖市场呈持续下行趋势，但在诸多方面释放出积极的信号：我们从过去连续八年的成交率变化情况来看，2019 年，中国纯艺术品拍卖市场成交率为 43.6%，比 2012 年至今的平均成交率高出 1.7%，这缘于拍卖市场连续几年的结构调整、增质减量的策略有效提升了拍品的品质，稳定了市场交易的信心，获得了更多新藏家的信任，从而降低了流拍率。

2. 地缘局势紧张，香港市场稍减

2019 年中国香港地区局势复杂，由于社会局势紧张以及经济下行在某种程度上还是影响到了香港文物艺术市场中的成交表现。来自易拍全球研究院（筹）的统计结果显示：从 2017 年秋拍开始，占据香港拍卖市场核心的四家拍行——苏富比、佳士得、保利和嘉德的总成交额合计呈逐季下跌趋势。以 2019 年秋拍为例，四家拍卖的总成交额合计为 73.3 亿港元，同比 2018 年秋拍下降 7.5%，环比 2019 年春拍下降 4.1%。苏富比与保利在本季香港秋拍的总成交额均较春拍时有所回落。

其中，香港苏富比秋拍成交额达 33.5 亿港元，诞生了 5 件亿港元级别的拍品和 44 件千万港元级别的拍品。本季秋拍重量级拍品几乎全部售出，由乐从堂珍藏乾隆料胎包袱瓶领跑本季秋拍，现当代艺术板块总成交额占据香港苏富比 2019 秋拍总成绩的半壁江山，常玉、奈良美智、刘野、郑午昌等艺术家纷纷刷新了个人拍卖纪录。33.5 亿港元的成交总额虽然较之 2018 年同期（36.3 亿港元）和 2019 年春拍（37.8 亿港元）有所下降，但是各板块的表现相对稳健，让香港乱局中的艺术品市场吃了一颗定心丸。可以看出，蓝筹艺术家的精品受环境影响较小，而中低价位作品的成交率则与经济情况息息相关。佳士得香港秋拍成交额为 26.3 亿港元，同比 2018 年秋拍 27.5 亿港元下降 4.4%；保利香港秋拍成交额为 7.4 亿港元，同比 2018 年秋拍 8.6 亿港元下降 14.0%；中国嘉德（香港）秋拍成交额为 6.2 亿港元，同比 2018 年秋拍 6.9 亿港元下跌 10.1%。四家在香港的重要拍行各家均在 2019 年秋拍同比纷纷下跌，说明香港的不稳定因素与全球经济下行态势已对香港这个国际市场在整体上产生一定的消极影响。

目前纽约、伦敦、香港是全球三大文物艺术品交易中心，它们跻身经济最发达城市之列，云集了世界上最富有的人群，艺术品交易政策宽松，艺术生态健全完整。这些因素都是成为全球性艺术品交易中心的客观条件。香港作为连接中国大陆与海外市场的重要集结城市，其文物艺术品市场则更易受到来自中国大陆、香港本地以及全球等多重因素的左右。2019 年香港文物艺术市场受外部环境影响而发生变化，加之中美贸易摩擦持续深化等多重因素叠加，导致香港文物艺术品市场景气降温。

四　现当代板块差距拉大，“潮流艺术”成新宠

1. 现代艺术板块量额双减，拉大当代艺术板块差距

经过两年的强劲增长，2019 年现代艺术板块二级市场销售额大幅下滑，下跌 32% 至 29 亿美元，占美术品拍卖市场总成交额的 25%，成交量占比 27%，两者在全球板块占比均同比下降 4%。据统计，自 2011 年以来，现代艺术板块的成交额一直低于当代艺术板块，而在 2019 年两者之间的差距进一步扩大，相差达到 28%。

在现代艺术板块的二级市场交易中，处于主导位置的美国、英国和中国在该领域市场内的表现则各不相同。最大的变化在于，2019 年中国接替美国成为现代艺术板块交易的最大市场，占该板块总销售额的 41%，同比增长 8%。虽然中国位居第一，但不可否认的是，中国现代艺术板块市场经过两年的增长，2019 年的销售额同比下降了 16%，降至 12 亿美元，市场规模缩小到 2011 年最高峰时的一半不到。退居第二位的美国市场，在该板块的成交额紧缩尤甚，同比下降 49%，降至 9.0 亿美元，占该板块总销售额的 31%，同比下降 10%，为 2016 年以来最低水平。英国市场仍处于第三位，成交额下跌了 42%，至 4.6 亿美元，为 10 年来的最低水平。法国市场的表现则夺人眼球，成交额增长了 23%，达到 1.5 亿美元。

现代艺术板块面临的最大问题是需求受限，每年大型拍卖行均会推出一两件毕加索、莫迪里阿尼或莫奈的重量级作品。但就作品供应方面而言，这两个创作时期的市场很可能已达到极限。2019 年的拍场上未出现毕加索或莫迪里阿尼的作品，而在 2018 年这两位艺术家的作品都曾拍出 1 亿美元以上。2019 年只有莫奈的一幅油画突破 1 亿美元大关。因供给端的收紧，藏家们逐渐把目光转向那些被市场忽视的艺术家作品之上，比如巴黎拍卖的尼古拉·德·斯塔（Nicolas DE STAËL）的巨幅油画《足球员（王子公园）》Parc des Princes（Les grands footballeurs），以超过 2200 万美元的价格成交。这笔交易几乎占佳士得巴黎“先锋艺术家专场”总成交额的一半。同样，代表性作品稀缺对纽约年末的拍场也产生了负面影响，其现代艺术板块的总成交额同比下跌 38% 至 8.4 亿美元。比如，11 月 11 日的佳士得纽约“印象派与现代艺术”专场只成交 1.9 亿美元，而去年同期则有 2.8 亿美元。究其原因，从该专场 90% 的成交率来看，并非市场表现低迷，而是“精、生、稀”拍品的缺位。

由此反观当代艺术板块，该板块再次成为 2019 年美术品拍卖市场最大的板块，占全球美术品拍卖成交额的 53%，同比增长 3%，达 41 亿美元。在这一领域，美国处于领先位置，其成交额占该板块总成交量 42%，同比增长 1%，成交额占 23%，同比增长 3%。值得注意的是，在这一板块的高价位拍品，大多数在纽约拍场成交。2019 年，当代艺术板块成交价前十的作品，有 9 件在纽约成交，另外一件在

巴黎。诸如，该板块成交价最高的作品杰夫·昆斯（Jeff Koons）的《兔子》在纽约佳士得拍卖行以9110万美元成交。罗伯特·劳森伯格（Robert Rauschenberg）的《水牛城Ⅱ》以8880万美元成交，安迪·沃霍尔（Andy Warhol）的《双猫王》以5300万美元拍出等等。中国在2019年当代艺术板块排名第二，占总成交额的28%，同比下降3%，占总成交量的16%，同比下降了7%。该板块在中国市场2019年总成交额最高的艺术家是赵无极，成交额超过2.4亿美元。香港作为连接亚洲和西方的桥梁，随着拍品的高端化和国际化，近年来超越北京成为亚洲当代艺术的龙头，占亚洲当代艺术市场近乎一半的市场份额。以伦敦为主的英国市场，受脱欧影响，拍卖业绩下滑显著。英国市场在经历了两年的增长后，在该板块的成交额下降了19%，仅为10多亿美元，占该板块总成交额的17%。法国市场则再度飙升，成交额增长31%，达到3.1亿美元，为历史最高水平。

2019年这一板块成交额高度集中在赵无极、安迪·沃霍尔（Andy Warhol）、吴冠中、大卫·霍克尼（David Hockney）和让·米歇尔·巴斯奇亚（Jean Michel Basquiat）这五位艺术家身上，他们作品的成交额占该板块总成交价的14%。总体而言，2019年该板块的价格集中度更加提高，排名前20名艺术家的作品成交额占总成交额的44%，比2018年的37%有所增加。根据易拍全球研究院（筹）的调研统计显示：当代艺术板块全球平均成交率稳定在61%左右，总体价格指数呈不断上涨趋势。与上一年相比，当代艺术品市场呈现更高的需求和成交额，在世艺术家的作品价格水涨船高，整体市场更成熟、稳定、集中。美国、英国、中国三大巨头将持续主导市场。

2.“潮流艺术”如日方升，影响力不断扩大

潮流艺术登陆2019年艺术市场高地，成为艺术市场新名词。多家拍卖行纷纷举办潮流艺术专场，拍卖作品价格增幅较大且屡破纪录。苏富比香港春拍推出了私人收藏拍卖专场“NIGOLDENEYE® Vol 1”，33件拍品全部成交，KAWS的作品《KAWS专辑》（The KAWS Album）破亿元成交；进入秋拍季，苏富比伦敦拍场中班克斯（Banksy）所作的《解散的议会》（Devolved Parliament）以990万英镑售出，超越了弗朗西斯·培根（Francis Bacon）同样以猩猩为题材的作品的价格；奈良美智的《背后藏刀》于苏富比香港拍场以1.96亿港元成交，使其在一年中两次刷新个人纪录并成为日本单件作品最贵的艺术家。

在中国香港市场，2019年遭遇了复杂的外部环境，拍卖行要如何在逆境中还能尽量保持稳中有进，延续上一季热点趋势是各家拍行的共同策略。“潮流艺术”依然是拍卖行为吸引千禧新藏家的首选，在拍品选择上也尽量贴合新藏家口味，大

量选择偏于视觉系的日本艺术家和西方年轻艺术家。这样的策略也确实保障了成交的活力。基于此基点，佳士得推出了全新的"HI-LITE"专拍，汇聚了当今全球最炙手可热的艺术家力作，为追求艺术新气象、有意开拓收藏新版图的藏家提供购藏良机。该专场的拍品有着极强的共性：以源自商业艺术、卡通和街头文化的当代流行新美学，大胆的平面形式，绚丽的色彩，以及从大众媒体中借用的意象，树立起各自鲜明独特的艺术风格，来获得全球瞩目的知名度和影响力。这个新设立的专场以100%的成交率印证了潮流文化在拍卖场的热度。

实际上，"潮流艺术"作为中国艺术市场中特有的概念，始终都没有一个明确的定义。追溯其学术渊源，则是对20世纪50年代以来西方波普艺术（POP ART）的当代中国化解释，对波普艺术之艺术形式与内容的不断丰富扩充，亦有学者将"潮流艺术"命名为"新波普艺术"。"潮流艺术"不是某种固定的风格和流派，而是由时下的流行和趣味决定的——潮流文化、时尚、大众媒体及当代人的生活状况，并以多种艺术形式呈现。这股浪潮或许不会退去，但可能会改变潮向。

"千禧一代"藏家是推动这个浪潮的重要力量之一。据佳士得官方数据统计，其2019年香港秋拍的买家中20%以上是"千禧一代"，藏家群年龄层下调。潮流艺术不仅囿限于艺术家的原作，同时由此衍生出的IP类产品也广受欢迎。因此潮流艺术作品的原作频频售出高价，以及诸如KAWS和优衣库的联名T恤供不应求、年轻人热衷购买IP艺术版限量盲盒成为一种社会现象，正是年轻一代人在审美趣味层面的集中体现。艺术全球化的趋势也使得潮流艺术进入到美术馆殿堂，受众更加广泛。除英美、日韩和我国香港等地区外，2019年9月KAWS在澳大利亚墨尔本的维多利亚国家美术馆（NGV）举行了大型个展，潮流艺术的全球化进程再加速。

随着班克斯（Banksy）、让·米切尔·巴斯奎特（Jean Michel Basquiat）和凯斯·哈林（Keith Haring）等街头艺术家受到藏家的认可与追捧，涂鸦艺术这种边缘的艺术形式已经全面过渡到了主流艺术界，涂鸦元素频频出现于流行品牌的产品和招贴海报中，涂鸦艺术作品在艺术品市场中成为"潮流艺术"的主力军。2019年12月，首家涂鸦艺术博物馆（Museum of Graffiti）在迈阿密正式开放，并将以收取门票费用和出售衍生品的方式营利。涂鸦艺术现今似乎已经难以脱离商业环境，成为多个领域的企业实现价值与影响力双收的快速通道。

五　藏家群体年轻化，结构分层清晰

2019年，在二级市场的需求端，藏家群体的构成逐渐发生变化。根据巴塞尔艺术展与瑞银集团联合发布的《2020艺术市场》数据统计显示：在2019年二级市场的销售额中有22%是由新藏家贡献，同比下降2%。与卖方存在五年交易关系的长期客户则贡献了38%的市场销售额，同比上升了6%。其中，大部分（83%）是40岁以上的买家。年轻买家的成交额贡献占比同比2018年略有上升，涨幅达2%。年轻的藏家更愿意以更高的价格在网上购买文物艺术品，其中有36%“千禧一代”的藏家在网上购买的文物艺术品价格超过了5万美元，其中也包括超过100万美元作品的线上成交。随着“千禧一代”藏家群体的扩大，其消费方式与习惯也影响了拍行的上拍策略，无论是从交易方式还是品类设置上，都有意向新兴的年轻藏家群体倾斜关注，毕竟他们才是日后市场的主力，需要拍行投入更大的精力去培育该群体的消费市场。藏家群体的年轻化的趋势将是日后市场存在的特点之一。

易拍全球研究院（筹）也注意到，藏家群体收藏品位的国际化的趋势也日益明显，且结构分层不断清晰化。2019年末国际知名艺术类杂志《艺术新闻报》（The Art News Paper）登出了全球前200位收藏家排行榜。易拍全球研究院（筹）从中发现：94%的藏家关注当代艺术；7位藏家将非洲及有色人种艺术家的作品作为收藏重点；中国藏家由2009年的2位增加至13位；42位藏家来自欧洲国家；美国藏家仍占据过半比例。今年榜单的特点是出现了更多不同类型的收藏家，其中包括帕梅拉（Pamela）、雷蒙德（Raymond）、麦克拉里（McCrary）等，这些收藏家都建立了严谨的有重要文化及投资意义的艺术家作品收藏体系。通过易拍全球研究院（筹）的进一步观察发现：自英国《艺术新闻报》发布全球前200位收藏家榜单30年以来，从名单上可以看见艺术市场发生了显著的变化。随着20世纪90年代中期经济衰退后的复苏，市场充满活力，价格屡创新高，全球化步伐不断加快。2019年榜单所表现出的藏家品位多样化和新藏家的加入，都与艺术世界的全面开放紧密相关。如今艺术品和市场的信息更易获得,作品的销售方式不断创新，社交媒体也帮助艺术在跨文化人群中找到了地位。这些变化使得更多不同层次的收藏家出现在艺术市场，也促使藏家开始关注更多元化的艺术家作品，品位转向历史上被忽视或排斥的艺术家。如今的藏家显然更加注重其收藏体系性和多样化，而不仅仅关注少数顶尖艺术家。此外，根据易拍全球研究院（筹）的调研结果显示，亚洲文物艺术品市场仍以亚洲藏家为主，这个与欧美市场以欧美藏家为主一样，且这种趋势短时间仍将持续。苏富比和佳士得有意将香港打造成和纽约、伦敦一样销售西方现当代艺术品的重镇，但他们仍必须要兼顾亚洲藏家的喜好需求。对比伦敦和纽约市场，伦敦的现当代艺术拍卖交易额仍要比纽约逊色不少。在香港主要销售西方艺术品仍需要相当一段时间去引导和培育。随着老一辈藏家的陆续离世，欧美市场中高品质的中国文物艺术品日益减少，经过国内市场近30年的发展，能回流的中国文物艺术品大部分都回流到了亚洲市场，这是客观现实。在未来一段时期内，对亚洲艺术品市场的关注喜爱仍以亚洲藏家为主。

另外，根据私人财富咨询机构 Wealth-X 发布的《2019 年家庭财富转移报告》显示，从 2019 年到 2030 年，将出现史上最大的财富转移，这一全球现象被经济学家和金融专家们称为“巨大财富转移”（Great Wealth Transfer），估计有 15.4 万亿美元的资产将被世界上最富有的人世代相传，其中包括艺术品收藏。据统计，房地产等“非流动资产”和激情投资（investments of passion）（包括文物艺术品）占总资产的 1.9 万亿美元以上。该报告估计，美国“婴儿潮”时期出生的人，目前年龄在 60 多岁左右，经过数十年的繁荣和经济增长，这代人积累了大量金融财富。他们将把资产移交给 40 多岁和 50 多岁的“X 世代”成员，并在较小程度上移交给现在 20 多岁和 30 多岁的“千禧一代”。宏观来看，艺术品代际传袭总会带来艺术品市场的新变化。除艺术品价格易受收藏品味变化的影响外，对艺术资产处置方式也在转变。传统收藏思想驱使的上一辈藏家倾向于将作品捐赠给博物馆等非营利机构，以达到公益精神的满足和减少税收的目的，而对艺术的金融有更多认识的后世收藏家，更希望将艺术品作为保值增值的资产。面对“婴儿潮一代”藏家购买的 20 世纪 60 年代至 80 年代价值显著上升的艺术品，未来二十年里，或将有大量收藏品上市。面对如此庞大的供给，文物艺术品市场将更加期待一个具有全球深度的需求市场，来支撑繁荣时期收藏家所积累的众多各价位的文物艺术品。

2019 艺术新科技

Integration of Art and New Science & Technology in 2019

一 大数据渐成趋势，重力深耕

大数据，正日益对全球生产、流通、分配、消费活动以及经济运行机制、社会生活方式和国家治理能力等方面产生越来越重要的影响。它是以容量大、类型多、存取速度快、应用价值高为主要特征的数据集合，大数据目前虽然没有一个明确的定义，但其核心价值是明确的：即利用已有的历史数据作为分析和剖析的基础，在实际应用过程中不断验证、调整数据基础以及算法模型等真实利用场景，最终以成型的模型和大数据基础对未来的价值和趋势做出稳定可信的预测。2019 年，大数据在文物艺术品的一级市场、二级市场以及其相关领域的应用已渐成趋势，其应用在文物艺术品领域正得到更为深化的拓展与不断延伸。

就全球文物艺术品的一级市场而言，目前仍然以线下销售为主，且画廊规模越大，对线下的销售模式依赖性越强。根据巴塞尔艺术展与瑞银集团联合发布的《2020 年艺术市场》中的数据来看，在 2019 年的总销售额中，其中 3% 是通过画廊的官方网站或线上平台完成，2% 是通过第三方线上平台。线上销售额仅占整体销售额的 5%。不同体量的画廊线上销售所占据的份额亦不相同，规模越小的画廊对于线上交易的依赖性越强。年度销售总额少于 100 万美元的画廊 12% 的销售额来自线上；销售总额在 100 万美元和 1000 万美元之间的画廊线上销售额占比 6%；销售总额超过 1000 万美元的画廊，仅有 1% 的销售额来自线上平台，其他大部分销售额来自实体画廊以及艺博会。据 Artsy 统计，在全球 700 家画廊中，虽然已经有超过 90% 的画廊开设了线上销售业务，但是线下销售仍旧是各类型画廊的主要营销方式。究其原因，一方面是因为线上画廊同样以私人洽购的方式进行交易，数据不公开；另一方面因为线上业务只是线下销售的小规模替代和虚拟补充，藏家也更倾向于线下交易，因此涉及以网络留痕为基础的海量数据分析、建模与未来价格预测的程度不高；分开来看，大型画廊（7 位工作人员及以上）资金充足，愿意投入更多的精力来拓展画廊的客户源渠道，中型（2～6位工作人员）和小型画廊（2位及以下工作人员）迫于租金、市场维护等生存问题则倾向于通过线上数据分析、用户挖掘与网站运营来进一步开拓线上市场以求更多销售机会。

尽管线下销售仍然是一级市场主要销售模式，但是大数据技术在全球一级艺术市场内的应用正在用户数据挖掘与艺术品数据展示两个层面快速发展。大型国际画廊开设线上展厅，主要目的是作为线下展览的虚拟补充。卓纳画廊、高古轩画廊与豪瑟·沃斯画廊相继于2017年、2018年与2019年分别开设了线上展厅并推出展览，深度挖掘新的收藏家。通过对卓纳画廊的市场调研发现：自其线上画廊开设起，通过在线展示空间购买的10幅价格最高的作品全部流向了没有画廊实体分店的城市，来自安特卫普、旧金山、多伦多和休斯敦等地的新藏家皆是通过线上空间被发掘的。画廊的公开数据显示，大约47%的销售咨询来自于新买家。在数据展示方面，在线展示空间囊括了与艺术家相关的画册与媒体报道、历史图片、展览历史、文献资料、导览视频乃至艺术家参与制作的视频等诸多以专题形式呈现的内容。例如常青画廊的“线上展厅（Viewing Room）”板块。与此相关的艺术品大数据展示一定程度上将会在未来吸引全球范围内更多的藏家群体与新客户。因为线上交易突破了时空限制，互联网用户可以对不同区域与时代的艺术家作品了解与购藏。同时这也为画廊提供了进行深入分析艺术家作品与用户匹配的基础。如高古轩画廊在2019年提出将在2020年推出代理艺术家的指数分析并将其与艺术家的作品一并在网站上展示，以获得更多的收藏群体资源。

中小型画廊对大数据技术的应用主要体现在对新老客户的精心维护与挖掘上。以美国的仙那度画廊(Xanadu Gallery)为例。该画廊将客户区分为艺术家的粉丝、画廊的老客户与完全陌生群体三大类以进行不同的营销策略。比如针对艺术家的粉丝，画廊的工作人员就会将艺术家的新作通过邮件、官网推送、博客社区、INS等网络渠道进行艺术品数据展示以吸引该群体和新用户进行购买。类似的还有如Monya Rowe和Silas Von Morisse之类较小的画廊。据Artsy统计，线上推广营销活动的销售转化率与画廊体量成反比。意味着中小型画廊在网络渠道营销上具有优势。

总体来说，大数据技术在一级艺术市场内的应用目前主要体现在数据的挖掘与展示阶段，线下交易依然是大中小型画廊的主要销售方式。线上市场的特征和线下售卖类似，价格并不公开，透明化程度低，买卖双方在线上进行私人议价，因此画廊的数据只能在各自为政的单个机构范围内产生意义，并不能像二级市场一样通过运用大数据分析对整体市场情况具有基本的判断。长远来看，由于2019年年底发生的新型冠状病毒肺炎疫情，各画廊预计会加速使用大数据技术进行网站建设，运用艺术品数据分析对新老藏家进行挖掘与维护，以承载未来时间中大量因疫情足不出户的线上客户。

与一级市场内不同体量的画廊各自为政的情况不同，二级市场中大数据技术的应用则更为成熟。一方面，开放的交易数据与稳步扩大的线上文物艺术品市场基数为第三方服务平台提供了市场观察、行情分析、调查报告、指数监测、价格预测等一系列基于文物艺术品市场数据进行建模分析与应用从而预测未来行业发展状况的基础。根据易拍全球研究院（筹）的调研显示：2019 年苏富比亚洲区网上拍卖专场增加至 10 场，成交额翻了四倍，网上买家人数较往年增加了一倍。2019 年，富艺斯网上拍卖总成交额达到 7500 万美元，比前一年增长了 50%；在其全球的现场拍卖会上，有 35% 的拍品由网上竞投买家获得，65% 的拍品有网上买家参与竞投。由于 2019 年底突发的新冠肺炎带来的禁足与习惯使用网络渠道的“千禧一代”藏家的崛起，可以预见文物艺术品线上市场将进一步扩大。基于二级市场中海量的历史成交数据，近年来国内外基于文物艺术品数据进行建模分析与应用的各类文物艺术品指数产品应运而生。值得关注的是，2019 年由易拍全球研究院（筹）研发的中国瓷器全球指数正式上线，应用于市场分析并公开出版，弥补了当前文物艺术品指数只局限于中国书画和油画的市场分析，开创了文物艺术品器物类指数的先例。

另一方面，以苏富比、佳士得为代表的大型拍卖行正在朝着运用大数据技术，进行图像识别与用户品位预测的方向探索。苏富比拍卖行从 2018 年初开始在艺术大数据领域发力，加强软件开发、机器学习、区块链技术应用，先后收购了 Thread Genius、Zocdoc、Zillow 与 Spotify 以发展数字科技。概而言之，苏富比对大数据技术的探索是研发了基于已有知识库来理解用户的艺术品位并推荐相关艺术品的系统。来自 Thread Genius 的工程师首先基于苏富比包含逾 5 万张艺术品图片的数据库 The Mei Moses Art Indices，用户数据（年龄、地区、职业、性别等用户数据）与文物艺术品数据（作品尺寸、创作年代、作者、成交价格、艺术家档案、成交量、拍卖结果等拍卖数据）三大数据库，结合文物艺术品的视觉特征与用户搜索历史、购买记录、同类型用户的数据构建算法，以此判断用户的艺术品位并将其量化，以精准定向推荐相关类型的艺术家作品，并希望通过此举将平台的影响力扩大到更多层级的用户。也应注意到，对于将艺术品收藏视为投资的高阶藏家而言，在宽裕的资金与明确的投资意图的条件下，他们并不意愿通过大数据推荐而来收藏相似艺术家的作品。而对中低端市场的藏家而言，大数据技术推荐的中低端拍品既符合了二级市场下沉的趋势，也提供了更多的选择，满足藏家对收藏、投资、审美等诸多方面的需求。预计将来在中低端市场上，大型拍卖行将通过该技术获得更多用户，尤其是以“千禧一代”为代表的新藏家将成为他们最瞩目的客户群体。

从应用大数据技术的深度来看，二级市场已领先于一级市场。在以画廊为代表的一级市场中，大数据技术目前还主要体现在用户数据挖掘与艺术品数据展示的阶段，但是大型画廊开始在大数据应用领域深耕。可以预见的是，大数据技术在一级市场中的应用将逐步深化，在二级市场则更加普及化。

另外，大数据技术在防范和打击文物犯罪方面，也发挥着更加重要的作用。例如中国被盗（丢失）文物信息发布平台采集新中国成立以来文物被盗、丢失的文物信息数据，由公安机关和文物部门审核后录入平台，分批向公众公布。每件文物的名称、编号、类型、年代、尺寸、质量、工艺技法、完整状态、被盗详细地址等基本信息数据皆会公布于众，公众亦可在发现被盗物品后通过该平台举报，此举一定程度上有效遏制了中国丢失文物艺术品交易的非法行为。

二　区块链再成新焦点，谨慎探行

广义来讲，区块链技术是利用块链式数据结构来验证和存储数据、利用分布式节点共识算法来生成和更新数据、利用密码学的方式保证数据传输和访问的安全、利用由自动化脚本代码组成的智能合约来编程和操作数据的一种全新的分布式基础架构与计算范式[7]。

从技术的分类来看，区块链的本质是一种数据记录技术，其特征为去中心化、分布式存储、哈希（Hash）算法加密、公开透明。具体而言，即在区块链模式中，多人同步记账即“去中心化”；每一方对每笔经费的使用情况进行记录，叫“分布式存储”；通过哈希算法给每笔经费的具体使用情况生成的序列编号，即“哈希值”；把序列编号和下一笔经费使用情况进行存储，即“全证据链”；每位记账方的账本都对外可见，即“公开透明”；对每一笔经费的使用情况进行追索和查询，即是“溯源”；当数据持有者在区块链中将数据传输给数据需求方时，只要满足自动化脚本代码组成的计算机协议预设的条款和条件，这笔交易就会被强制执行，且可追溯和无须第三方参与，此即“智能合约”。如果任何一方要对某笔记录进行篡改，需要篡改至少51% 记账方的账本和后续的所有记录，这就表明了区块链技术篡改信息的难度极高。这不仅是技术上的革新，且代表着观念的更新。区块链技术的这些特点，决定了它的应用范围极其广泛，在文物艺术品领域里的作用也将大有可为。

在全球文物艺术品市场中，艺术机构主要是利用区块链技术不可篡改的技术特征在提升交易安全、交易公平以及信息透明化等方面进行探索，解决艺术家的著

---

[7] 工信部《中国区块链技术和应用发展白皮书》，2016 年，第 5 页。

作权、版权混乱，卖家诚信缺失等行业痛点。2019 年 5 月艺术数字生态项目 DIP Chain 在北京启动。该项目使用由两百多位随机数构成的私钥来对应每件艺术品流转数据，以此消除市场上的盗版行为，保护了艺术家的版权。由于 DIP Chain 具有去中心化，数据不可篡改，实时记录等特点，因而也为艺术家提供了一个"智能合约"平台。对于艺术家和其作品具有更加公平合理的保障。同月，在中国国际大数据产业博览会上，百度发布区块链品牌：Xuper。该品牌包含六大项目，其中 XuperIPR 从版权确权、交易、维权三端切入，为各类数字内容（包含但不限于图片，音视频）提供版权存证、版权交易、侵权监测、取证、维权、司法服务全链路版权保护解决方案，实现创作即确权、使用即授权、发现即维权的愿景。7 月 5 日，中发改智慧城市规划设计研究院与深圳文交所合作推出"区块链技术在文化艺术品版权流转交易应用研究——文版通应用模式的课题合作"。该平台以担保实物资产为核心手段，解决文化艺术品版权溯源、鉴真、确权、确价和流通中出现的问题。在此平台上，艺术品信息可以通过智能芯片技术进行实时数据记录，通过一键式查询，获得艺术品的最新数据，这些数据真实可信，无法篡改，实时同步，与 DIP Chain 类似，因而保证了艺术品交易流转过程中的信息透明化，提升交易中的信任度。

艺术品数字化与虚拟货币交易在一级文物艺术品市场上也有推进。如 2019 年，俄罗斯特列季亚科夫画廊实施了一项基于区块链技术的艺术赞助计划。该项目邀请个人和企业作为艺术品的赞助人进行捐赠。画廊方面从诸多收藏品中选择一个主题，将关于捐赠者和项目的信息放到区块链平台上，顾客能够在区块链平台上创建配置文件，并存储和共享有关捐赠数字化项目的信息。Ronchini 画廊早在 2018 年的纽约军械库博览会上接受比特币作为交易货币，荷兰当代艺术家 Berndnaut Smilde 的作品"Nimbus powerstation"以标价"一比特币"（约 10750 美元的时价）出现在军械库的展览会场上进行售卖。这一举动，对区块链在艺术品交易虚拟化的探索上具有重要的意义。

二级市场上，拍卖行利用区块链技术不可篡改的技术特征向交易数据透明化方向探索。2018 年年底，佳士得纽约通过与数字艺术注册机构 Artory 的合作完成了总成交额达到 3.18 亿美元的收藏家 Barney A. Ebsworth 的珍藏拍卖，是区块链记录的最高额单批艺术品拍卖。佳士得纽约此次采用了 Artory 的以太坊私链（The Registry）来执行拍卖详情的记录，反映了二级市场对于利用区块链技术探索对文物艺术品安全数字的兴趣。

此外，二级市场在区块链技术的探索中涉及了艺术品交易方式，在去中心化虚拟拍卖上前进了一步。如美国艺术家安迪·沃霍尔生前创作的油画《14 把小电椅》通过以太坊区块链举行了虚拟拍卖，共 110 名藏家参与。由伦敦梅费尔区的

Dadiani Fine Art 与区块链平台 Maecenas Fine Art 合作举办。该平台通过使用智能合约进行竞拍，成功拍卖了总价值 560 万美元，其中有大约 170 万美元来自加密货币。此次竞拍将来自全球的每个艺术品市场参与者（包括艺术品持有者、文交所、竞拍者等）的身份以及交易信息，均加密存储在区块链数据库上，确保了每一方都能随时查看，不会出现内幕交易的情况。除此之外，当交易出现问题时，整个交易过程都能被追溯，为监管部门举证和追查提供证据，大大提高了管理效率。这种交易方式属于艺术品份额化交易，相较于我国自 2010 年出现的艺术品份额化交易尝试，该探索成功利用了区块链去中心化的技术特征，让所有竞拍者实时跟进拍卖进度和作品最新情况，实现了多方同时"记账"，避免了在传统艺术市场中信息不对等和内幕交易的问题。

从全球区块链在艺术市场中的应用版图来看，目前区块链的应用仍然处于摸索阶段,并未大规模发展。区块链技术在文物艺术品市场领域中的探索虽然极其广泛，但亦有其局限性，比如在文物艺术品的确真、确值等方面显得无能为力。文物艺术品上链并不代表文物艺术品原件的真实性，因为即使其在后面的交易流转中确保信息真实有效，但无法保证原始件的真伪。确值方面，文物艺术品因其是融艺术价值、文化价值、历史价值与市场价值等诸多方面的聚合体，对其估值需从多方面深入分析与认识。如何对文物艺术品的价值达成共识从而记录入链，凭借目前的区块链技术还无法达成。

2019 年，区块链技术在文物艺术品市场领域中做了积极的多方面的探索与尝试,也取得了令人欣喜的进展,其独有的优势推进了文物艺术品市场的良性健康发展,解决了一些多年来的行业顽疾，为文物艺术品市场的交易创造了更加公平公正的环境，为其交易方式提供了新的模式，在保护艺术家的创作和版权方面也做出了重要突破。虽然，区块链技术在文物艺术品市场的确真、确值方面的应用仍然受到局限，在全球文物艺术品市场中尚属摸索阶段，但是，我们依然可以预见其在将来文物艺术品领域中广阔的应用空间。

Chapter 2

Chinese Antique and Art Collection Market

第二章　中国文物艺术品收藏市场

2019 大众收藏
Ordinary People Collection in 2019

大众收藏作为艺术生态链中的有机一环，基础庞大，影响广泛，对艺术市场的发展具有重要作用。近十年来，中国大众收藏经历了一个高速发展的时期，收藏人数急剧增加，收藏活动此起彼伏，收藏组织不断涌现，藏品门类逐渐扩大，各类市场成交活跃。目前，民间大众收藏活动已从当年少数人的“私藏”“雅好”演变成为大众喜闻乐见的重要文化生活。2019 年是新中国成立 70 周年，70 年以来，大众收藏市场也逐步形成具有中国特色的风格特征，尤其是近年来国家层面积极引导与规范民间文物艺术品流通市场，不断出台新的政策法规对大众收藏保驾护航。2018 年至 2019 年，国家文物局先后出台相关政策条款，将民间文物艺术品收藏市场的各环节加以规范，确保文物艺术品市场的健康有序发展。随着互联网业态的不断丰富，主导大众收藏的文物艺术品市场各经营主体积极探索多元的经营模式，平台化电商直播功能的日益完善，为文物艺术品市场带来新的机遇。在文化自信的氛围之中，中国传统工艺美术作品如瓷器玉器等古玩市场容量进一步扩大，承载文化记忆的古籍文献深受大众收藏群体喜爱。据易拍全球研究院（筹）大数据统计显示：2019 年中国大陆地区二级市场成交价在 10 万元以内的中国文物艺术品成交量为 2.2 万件（套），同比增长 26.2%，占该年总成交量的 67.2%；该年成交价在 10 万元以内的拍品成交额为 8.0 亿元，同比增长 24.7%，占该年总成交额的 8.2%。二级市场的数据从侧面表明了大众收藏的体量日益增长，收藏热情不断提高，市场不断继续下沉。中国地大物博，各时期文物艺术品品类繁多，地方特色明显，由此也形成了大众收藏群体的地域性分布与各地区收藏品类偏好各有千秋。

一　政策法规积极引导，民间收藏日益规范

随着人们生活水平的提高和文化需求的日益增长，民间文物艺术品收藏和交易活动呈现出空前活跃的发展态势，其流通领域也随之出现一些“乱象”：一些夹带

出土出水文物经营活动的古玩旧货市场游走于监管的“灰色地带”；一些不法商贩通过虚假鉴定、虚假拍卖等非法手段骗取高额费用；网络平台文物艺术品交易活动操作不规范，诚信缺失等问题屡屡出现。这些在民间文物艺术品收藏市场中出现的各种问题亟待解决，经营发展的方向需要指引。近年来，为进一步加强对民间收藏文物艺术品经营活动的管理，促进文物艺术品市场健康有序发展，国家先后出台了一些政策法规给予引导和监管。自从2016年国务院发出《关于进一步加强文物工作的指导意见》之后，其中涉及民间大众文物艺术品收藏的第十一条“促进文物市场活跃有序发展。制定关于引导民间收藏文物保护利用促进文物市场健康发展的意见，开展文物流通领域登记交易制度试点。建立全国文物购销拍卖信息与信用管理系统，接入全国信用信息共享平台，开展守信联合奖励和失信联合惩戒。规范文物鉴定机构发展，多层次开展文物鉴定服务。适时扩大享受文物进口免税政策的文物收藏单位名单，促进海外文物回流”。在近年来不断得到具体实施，并出现阶段性成果。2018年底，国家文物局在北京召开鼓励民间合法收藏文物座谈会，邀请11位各级文物收藏、流通、鉴定行业组织（或筹建组织）负责人进行座谈，广泛听取社会各界的意见和建议。此次座谈会的召开，初衷在于贯彻落实国务院《关于进一步加强文物工作的指导意见》，制定、完善鼓励民间合法收藏文物的政策措施。

2019年度，针对文物艺术品收藏市场的问题也相继出台了政策法规，对民间大众收藏活动积极正向引导、保驾护航。在2月份的《国家文物局2019年工作要点》中，明确提出“促进文物市场活跃有序发展。推动出台《关于引导民间收藏文物保护利用 促进文物市场健康发展的意见》，完善社会文物领域管理服务措施。推进文物流通领域登记交易制度试点工作”。该年，上海市在民间收藏文物管理工作上走到了全国前列，12月份，上海市率先出台了《上海市民间收藏文物经营管理办法》（以下简称《办法》）与《上海市民间收藏文物鉴定咨询推荐单位工作规程》。该《办法》明确了文物经营主体，创新规定形成政府管市场、市场管商户的监管模式，将古玩旧货市场内商户的文物经营活动纳入监管范围。针对文物经营监管的重点领域和薄弱环节，《办法》指出古玩旧货市场主办单位、电子商务平台经营者的管理责任，以及文物经营的禁止行为。针对民间收藏文物鉴定的大量需求，《办法》中要求建立民间收藏文物鉴定咨询服务机制。与此同时，《上海市民间收藏文物鉴定咨询推荐单位工作规程》经由国家文物局通知转发各省，号召各地参考借鉴并结合本地区具体情况，积极探索开展民间收藏文物鉴定工作。上海市民间收藏文物鉴定咨询服务模式的建立，将对借文物鉴定名义实施诈骗活动的市场乱象进行有效遏制，以实际举措维护和保障文物收藏爱好者的正当权益，同时增强了大众依法收藏文物的意识，进而能产生良好的社会效益。该年，全国工商联民间文物艺术品商会创建的民间文物艺术品传承流转信息大数据库正式面向公众开放，该数据库为民间文物艺术品保护及传承，规范与活用，交流与交易提供公正、客观的信息档案服务，对民间文物艺术品市场管理规范起了重要作用。

2019 年也是《电子商务法》正式实施的第一年，文物艺术品在线交易得到有效管控。3 月 29 日，国家市场监管总局发出《关于深入开展互联网广告整治工作的通知》，对收藏品市场重点查处，在整治的第四项中指出："对未来效果、收益等相关情况做出保证性承诺，明示或暗示保本、无风险或保收益的金融投资理财、收藏品、招商广告。"监管力度的加大，将有效抑制民间收藏中的虚假保值或增值宣传，进一步保障收藏者的权益。此外，针对民间大众收藏文物艺术品交易来源的问题，除了国有文物商店与各省市公布的文物艺术品拍卖机构的名单之外，一些省市在文物职能部门的官网上进行实时信息公布更新，比如，北京市文物局、上海市文物局以及广西壮族自治区文化和旅游局在其官方网站上分别公布了 80 家、49 家、2 家具有文物艺术品经营权的合法单位。山东省、陕西省、江苏省、四川省、广东省则需收藏者自行在文物职能部门官网上提交查询具有文物艺术品经营权合法单位的申请，并未主动公布。其他省份则暂时未向大众公布具有文物艺术品经营权合法单位的查询入口。可见，对民间合法文物艺术品经营机构的摸底与公示工作，正在逐步展开。

二 经营模式多元发展，电商直播悄然兴起

从民间文物艺术品收藏的卖方市场来看，在 2019 年全球经济增速放缓，不确定性因素增多的背景之下，民间文物艺术品的经营者，为应对出现的市场新挑战，积极拓展消费市场，在经营模式上不断探索，并尝试借助平台经济的市场效应，试水电子商务直播平台，文物艺术品领域的直播带货与直播在线鉴定悄然兴起，与此同时出现的新风险也不得不引起交易双方的注意。

就线下文物艺术品经营主体而言，文物商店和古玩城在原有经营模式基础上，不断加强区域联动，互通有无。2019 年，全国国有文物商店跨省联合举办文物艺术交流会的频次较此前更为密集。自 2012 年起举办的"全国国有文物经营单位文物艺术品交流会"一直延续至今，该年，来自全国各地 40 余家文物艺术品经营单位携具有各地特色的书画、瓷器、玉器、杂项、翡翠等深受大众喜爱的文物艺术品汇聚北京琉璃厂文化街，满足普通文物爱好者的收藏需求。诸如此类的跨区域交流会，还有湖南省文物总店、安徽省文物总店、辽宁省文物总店、杭州文物有限公司参加的"北京古玩城 2019 春季古玩艺术品博览会"，此次博览会为自创建以来首

次邀请国有文物商店参展。再如，山东烟台举办了首届“国有文物商店文化艺术品交流会”，邀请22家国有文物商店参展，成为继北京之外最大的全国性国有文物商店交流博览会。国有文物商店的保真招牌，成为各地举办文物艺术品交流会吸引消费者的关键要素。此外，民营文物艺术品经营主体也不断加强各区域之间的有效合作，趋利借势，不断丰富经营模式。如北京潘家园旧货市场联合华盈拍卖举办的“2019第一届大众艺术品拍卖会”，此次拍卖会共征集300余件文物艺术品，涵盖珠宝、翡翠、和田玉、钻石、彩色宝石、珍珠、回流首饰、陶瓷、漆雕、奢饰品等多个门类。全场珠宝类拍品均附带CTI鉴定证书，拍卖方承诺凡买家认为保真拍品是赝品，凭合法机构出具的证据可全额退款。潘家园旧货市场的目标消费人群定位准确，与保真拍卖优势相得益彰，经营模式得到顺利转换。此举可视为潘家园古玩行业拓展新业态的一种尝试，突破了以往地摊淘宝的单一模式，增加了消费群体新体验。

2019年也是互联网平台经济不断发力、健康全面发展的一年。8月8日，国务院办公厅印发《关于促进平台经济规范健康发展的指导意见》，指出互联网平台经济是生产力新的组织方式，是经济发展新动能，对优化资源配置、促进跨界融通发展和大众创业万众创新、推动产业升级、拓展消费市场尤其是增加就业，都有重要作用。文物艺术品交易主体迅速抓住机遇，与相关网络平台联手，积极拓展经营新模式，取得新收益。如目前有19家国有文物商店与文物艺术品交易第三方平台“藏宝传家”开展深度合作，将部分线下业务转移到线上，突破地域空间限制，利用第三方平台的目标消费者众多、支付便捷、物流服务周全等优势，有效促进国有文物商店的营业额增长。对于民营文物艺术品经营者而言，同样也借助第三方平台的客流量与新技术优势，积极拓展经营渠道。诸如文玩艺术品拍卖线上平台“微拍堂”“玩物得志”等平台于2019年纷纷上线直播功能，入驻商家可在线“直播带货”，同时平台开设在线直播鉴定板块，邀请业内专家开展免费鉴定业务，一定程度上消除了消费者的购买疑虑。也应注意到，此类平台的直播与在线鉴定虽然走在了行业前列，但也存在商品质量良莠不齐与鉴定专家并不专业的问题，如何有效地避免买假误鉴，仍需消费者自行谨慎判断，线上平台监管机制急需建成。

三　瓷玉杂项受众广泛，古籍文献热度升高

就大众收藏市场的收藏品类而言，2019年延续了上一年的基本市场格局，大众所关注的品类仍然集中在瓷玉杂项。与此同时，随着社会对传统文化的不断重视和重新挖掘，古籍文献市场呈现热度上升。

瓷玉杂项作为中国文物艺术品交易门类的一大宗，因市场存量巨大、入藏门槛相对较低、工艺技术与品类丰富等因素，吸引了众多收藏者入市购藏。从更为直观的二级市场数据统计来看：2019 年，成交价在 10 万元以下的瓷玉杂项总成交量为 22515 件（套），同比增长 24.2%，市场容量进一步扩大。通过进一步数据剖析可发现，在 10 万元以内成交的瓷玉杂项各品类中，以陶瓷器、玉石器、佛像唐卡以及竹木牙角类文物艺术品的市场增量最为明显，统计数据显示：2019 年上述价位中，陶瓷器的成交量同比增长 23.3%；玉石器的成交量同比增长 68.7%；佛像唐卡的成交量同比增长 27.5%；竹木牙角的成交量同比增长 28.0%。成交价在 10 万元至 50 万元以内的瓷玉杂项总成交量为 7772 件（套），同比也增长 24.2%，市场容量均在进一步扩大，其中各品类成交量平均涨幅 39.7%，又以玉石器的成交量涨幅作最为明显，为 85.9%。由此可以看出，二级市场中的数据表明了 50 万元下的瓷玉杂项收藏容量大幅扩增，收藏基数增大。二级市场与一级市场固有的互动与互补性，也侧面反映了一级市场的真实状况。

近年来随着大众对于自身文化历史的认同感的不断加深，收藏群体的文化自信程度不断加强，市场中能够直接呈现文化内容的古籍善本、书信手札、碑石拓片等深具文献价值的文物艺术品深受藏家喜爱与追捧。2019 年，古籍文献及手稿这一品类的市场份额较 2018 年发生显著变化。根据易拍全球研究院（筹）大数据统计显示：二级市场中，2019 年中国大陆地区古籍文献及手稿的成交量为 8752 件（套），成交额为 10.0 亿元，两项指标同比 2018 年分别上涨 20.6% 与下跌 25.5%。数据表明，该年二级市场中古籍文献及手稿市场的存量在不断扩大，藏家的购买力被进一步激发，购藏热度不断攀升，但是普遍成交价格同比有所降低，市场下沉趋势显现。间接反映出一级市场的类似变化趋势。主要原因在于伴随着近年来掀起的民国热风潮，使得民国时期诸多文人、学者的藏书、书札手稿等文献资料一旦出现在市场上，便获得藏家的普遍关注。又因民国时期距今时间相对短暂，文献类作品存世量较多，交易的供应源头充足。

细察一级市场古籍文献类的成交品类，主要集中在碑石拓片和连环画两大板块。碑石拓片的收藏市场又以清代碑拓走俏，原因在于宋、元、明时期拓本的流通量较小，民国拓本在文物价值上相对较低，故而清代碑拓成为市场中重要的流通类型。清代碑拓的经营品类主要分为早、中、晚三个时期，其中不同时期的价格也存在相应的特征，并且与碑刻文字的类型、品相、流传等不同因素存在密切联系。通常而言，清代碑拓的价格随着早、中、晚三个时期而渐降，此现象的形成与清代“早、中、晚”期的文化动向有着直接关系，伴随着金石学的勃兴，清乾隆、嘉庆时期碑学开始逐步流行，且清代中期之后的碑学理论研究日渐兴盛，文人更加重视碑拓，捶拓成风，在当代市场中清中期碑拓的数量高于前期。当考据之风在清代不断蔓延，金石学逐渐在晚清发展至鼎盛，从而形成清代晚期文人访碑浪潮的高峰；由于清末民国时期的碑拓大多无明显区别，使得很多清末民初碑拓仍以晚清标注，故而市场中清代晚期碑拓的存世量最为庞大。此外，连环画也因其趣味性与可读性，符合普通民众的审美需求，广为流通。目前市场上流通的连环画版本可分为民国版（1920 ~ 1949）、老版（1949 ~ 1966）、“文化大革命”版（1966 ~ 1976）、20世纪七八十年代版（1976 ~ 1990）和新版（1990 年至今）。在众多版本中，老版连环画的收藏价值最高，其中古典文学题材和革命战争题材最受欢迎。但随着网络化、信息化时代的到来，纸质媒体与传统出版业迅速式微，致使连环画的创作、阅读逐步被边缘化。收藏群体多以 60 后、70 后藏家为主，年轻一代藏家较少关注此类，连环画市场的可持续发展需要引起重视。

四　中低价位基础扩大，市场下沉趋势明显

近年来，“生活艺术化”的大众需求愈加明显，博物馆观展热潮迭起，文创艺术品成为热议话题，以及线上交易额的迅速攀升等现象从一定程度上反映出大众对精神生活的更高需求。“亿元时代”的到来把中国文物艺术品市场推向了制高点，引发了民众的关注。从文物艺术品市场近年来的发展来看，各级市场正逐步向大众消费靠拢，不仅仅聚集在千万元以上的高端市场，而是从种类上、价位上去迎接更多新藏家进场。诸如紫砂、茶叶、名酒佳酿等与生活消费息息相关的品类交易量不断攀升，尤其在二级市场中无底价拍品数量的增加，篆刻、鼻烟壶、漆画、艺术衍生品等小众门类的加入，不仅增加了拍品的多样性和趣味性，也降低了市场准入门槛。中低价位文物艺术品的基础扩大，反映出文物艺术品消费结构升级的新需求或将成为带动文物艺术品行业新的经济增长点。

2019 年各地组织的文物艺术品消费季活动，进一步激活和扩大了中低端文物艺术品的市场份额。以北京地区为例，“金秋文物艺术品拍卖月”是北京惠民文化消费季的重要活动之一，自 2013 年创办以来已经连续成功举办六届。拍卖月期间，北京拍卖行业协会响应京津冀一体化发展战略，联合天津、河北等地拍卖行业协会共同开展“文化产品大联拍”活动，进行一批面向大众的无底价拍卖，促进京津冀地区的紧密合作与共同发展，充分体现文化惠民政策。北京市文物局组织北京匡时、北京德宝、北京海王村等北京地区拍卖公司开展一系列惠民拍卖活动。同时“拍卖月”还充分吸收融合了国内优秀艺术电商平台，在易拍全球艺术品电商平台推出“藏宝”系列线上惠民艺术品销售活动，陆续推出书画、陶瓷、玉石、碑帖拓

片、杂项五大品类的多个专场。该平台所售文物艺术品均源自国有文物艺术品经营单位，保证了大众收藏的来源可靠性。从数据上看，根据易拍全球研究院（筹）大数据统计显示：2019 年北京地区“金秋文物艺术品拍卖月”的成交量为 3572 件（套），成交额为 2.2 亿元，拍品平均单价为 6.2 万元 / 件（套），其中，成交价在 50 万元以下的拍品为 3489 件（套），占该活动总成交量的 97.7%。此外，值得关注的是成交价在 1 万元以下的拍品，其成交量为 2448 件（套），占该活动总成交量的 68.5%。由此可见，万元以下市场在 2019 年仍属大宗，大众消费型文物艺术品市场格局正在形成。

五 区域聚集成势，地方特色明显

2019 年，大众收藏的区域性特征持续彰显，受地域文化、历史积淀、城市空间等多方面因素的影响，一方面，传统文物古玩市场交易的地方特色业已形成，另一方面，当代艺术品市场随着城市的文化定位不同，其发展也各有千秋。

在传统文物古玩收藏分类市场，基本延续着旧有分布格局。北京地区的古籍、书画的交易主要集中在琉璃厂一带，其中又以海王村的古籍文献经营最具特色；瓷玉杂项的交易则主要集中在北京古玩城与潘家园片区，因品类繁盛与交易主体流动频繁而深具活力。从品类经营的空间分布上可看出北京地区大众收藏者关注品类的多样性与集中性。除北京之外的其他地区，大众收藏的品类因所在地物产和历史文化积淀的差异而各具特色。诸如南京六合市场成为雨花石交易的聚集地；海南新港则是黄花梨的主要输出地；西安则多秦汉至唐时期的仿古艺术品；和田玉作为近年来畅销不衰的品类，除了新疆和田与乌鲁木齐的玉石巴扎上集中交易外，还广泛分布于广东揭阳、河南石佛寺以及苏州观前街等几大聚集地；除京津冀之外的书画大规模交易则集中在山东青州、河南周口、甘肃天水以及广东肇庆等地。这些各具地方特色的民间文物古玩收藏，形成了丰富多样的地方文化，既活跃了民间文物古玩市场，又提升了大众的生活品质，成为中国独有的多样化地域收藏特色。

就大众收藏中的当代艺术品市场而言，京沪两地依然是拥有成熟体系的艺术品交易中心城市。继它们之后，成都、厦门、深圳等城市也正如火如荼地成长为新一线当代艺术市场交易中心。作为西南中心城市与经济重镇的成都，近年来经济的快速增长与政策的支持加速了艺术品市场的发展。连续举办两届艺术成都（Art Chengdu）艺术博览会，逐渐激发了当地对艺术品的收藏热情。据 2019 Art Chengdu 官方数据显示，本届总参观人数为 5.8 万人次，相比首届 3.2 万人次增长了 81%，展出作品约为 1000 件，销售作品总数量超过 500 件，作品成交均价在 8

万元至10万元之间，更贴近普通大众的收藏投入范围。厦门作为东南沿海的门户城市，依靠厦门港在艺术品运输、仓储方面的优势，已成为文物艺术品集散地与海外艺术品回流聚集地。在继北京、上海之后试水“文化保税区”，此举吸引了大小画廊与各大拍行在此驻地经营、巡展，激发了大众收藏的积极性。深圳则凭粤港澳大湾区的区位优势，“艺术深圳”、深圳国际艺术博览会、城市双年展等大型艺术展会相继落地，吸引相当数量的画廊南下进驻，艺术市场的生态正进一步改善。

2019年，大众收藏市场的在地性与国际化特征在上海则表现得淋漓尽致。11月份，“上海国际艺术品交易月”由上海市委宣传部、市文旅局、徐汇区委、区政府共同发起举办。活动以“艺术西岸，全城联动”的主题形式开展，为期一个月，通过政策引领、平台建设、品牌打造，按照“政策集中、主体集中、交易集中、效益集中”的“四集中”要求，集聚整合艺术品领域上、下游的所有要素资源，聚集百场艺术品系列活动、建立一个艺术品交易中心、形成一套艺术品交易服务政策。针对当前艺术品交易领域存在的交易成本较高、流通环节手续较为繁杂、配套服务不够完善等问题，交易月探索实施专门的扶持政策，打造艺术品交易更好的营商环境和政策体系。通过一站式通关服务、建立报批绿色通道、加大资金扶持力度等措施，助力交易月活动顺利进行。通过交易月逐步推动上海形成艺术品交易产业链成熟的千亿级规模的艺术品交易市场。交易月期间推出的百场系列活动，包括3场大型艺术博览会、14场拍卖活动、52场展销活动、35场展览活动、8场外延活动，共112场活动。其中文物古玩部分，由上海市社会文物行业协会牵头，联合上海文物商店、朵云轩、上海市文物保护研究中心、上海市收藏协会等，组织了近40场相关活动，带领观众感受艺术前沿和历史传承的碰撞与交流，呈现一场当代艺术与传统艺术的隔空对话。当代艺术部分，聚集百余家国内外知名画廊的西岸艺术与设计博览会和ART021上海廿一当代艺术博览会等国际化大型博览会同期开展；国际知名拍卖行苏富比在西岸呈献“LEGENDS：沃荷与巴斯基亚”展售会；展览部分，西岸美术馆开启了与法国蓬皮杜中心为期五年的展陈合作项目。如此可见，该年，上海的大众收藏凭借城市的地缘优势以及政府的大力扶持等有益条件，藏家群体不仅能够在传统文玩领域有的放矢，同时利用国际艺术品交易月中大量海内外文物艺术品聚合效应，使收藏行为变得更为便利，市场活力在短时间内得到积极释放。

2019 机构收藏

Organization Collection in 2019

机构收藏作为推动和提振中国文物艺术品中高端市场景气的重要角色，在2019年仍然发挥着不可替代的作用与影响。根据《中国收藏拍卖年鉴》编委会与易拍全球研究院（筹）的调研发现：中国机构收藏的发展大致经历了三个阶段：第一阶段，机构负责人的个人收藏爱好形成规模，为机构或企业的收藏奠定一个坚实的基础。此阶段，收藏发起人的个人收藏趣味和选择方向，将决定着未来机构收藏的主题和发展方向；第二阶段，个人收藏转化为机构收藏，当藏品数量和质量上达到一定规模之后，机构收藏的目标将与自身品牌文化建设结合，拓宽经营业务，并注重公众形象的塑造；第三阶段，完善机构收藏建设机制，推动艺术教育的发展，扩大社会影响力。机构收藏不再仅仅是企业的自身行为，它被赋予了更多的社会责任，承担着文化艺术的推广和传播，提升大众审美的教育功能。

中国众多机构收藏正处于上述三种发展阶段的某一阶段，2019年，在整体经济增速放缓的背景之下，机构收藏市场也呈现出一些新的发展状态与趋势。从规模上看，民营博物馆与美术馆扩增迅速，观众流量与国有博物馆或美术馆比肩；从地域上来看，新兴收藏机构集中出现在东南沿海地区，尤以上海与广东为最；从经营模式看，跨国合作成为突出亮点。随着机构收藏者与经营者的全球化收藏背景不断加深，国家文化政策的积极引导，机构收藏的跨国合作与交流愈加频繁；从藏品来源看，机构收藏的藏品购藏渠道呈现多样化的特点；从对藏品价值的研发、转化利用上看，机构收藏经营策略多元化，并与科技前沿紧密结合，推出观众喜闻乐见的形式，以寓教于乐的方式提升大众审美和文物保护意识。其中少数机构对藏品公共化转型积极探索，公益性质不断显现；此外，良性经营与持续性发展仍然是机构收藏面对的关键问题。

一　民营美术馆区域性聚集，上广两地成新点

随着国际经贸的全球化发展和资源竞争的日益激烈，中国机构收藏对国外机构收藏的成功经验的认知度逐年提高，逐步意识到艺术收藏对于机构的重要作用，在2019年度，个人收藏向机构收藏的转型达到新高度，呈现出民营博物馆或美术馆遍地开花的繁荣景象，其中以东南沿海地区为最。

北京地区，由北京实创科技园开发建设股份有限公司开发的壹美美术馆6月份正式开馆，该馆位于科技创新的主阵地中关村壹号。美术馆的落成，为科学和艺术的融合提供了平台，同时优化了社区功能，满足了科技人员生活文化审美需求。另外，由花样年华控股集团、在田资本、北京道朴文华资产运营公司共同组建的幸福七和园区内落成青美术馆。青美术馆依托幸福七和周边社区业态，集合77文创和“青年艺术100”的优势资源，通过对青年艺术的赞助，举办一系列展览与公共项目，打造一个拥有持续活力和创造力的文化聚集地和艺术发生场，从而实现民营美术馆的社会责任。

上海与广东地区的民营博物馆与美术馆建设成绩显著。上海市政府发布的《2019年度上海市美术馆运营大数据》显示：截至2019年底，上海市共有对外开放的各级各类美术馆83家。其中，国有美术馆25家，非国有美术馆58家，非国有美术馆数量占据美术馆总量的三分之二。其中新增美术馆11家，国有美术馆5家，非国有美术馆6家。国有美术馆接待观众437万人次，非国有美术馆接待观众404万人次。可见非国有美术馆在对上海的发展与对公众的服务上与国有美术馆平分秋色。如此情势，与当地政府的正确引导密切相关。2019年，上海市政府推出“1+16”美术馆市民共享计划，以“看展览，游上海”为主题，通过梳理发布2019年度全市美术馆名录，推出美术馆小程序为市民提供线上服务，与市信用办共同策划诚信优享美术馆计划，发布美术馆参观礼仪等系列活动，掀起了公众参观美术馆的高潮，也为民营美术馆的开馆运营提供了良好的社会氛围。另外，广东省博物馆（含美术馆）的建设规模和质量也取得令人关注的提升。根据广东省文化和旅游局公布的《广东省2019年度博物馆名录》显示：截至2019年底，国有博物馆238个，非国有博物馆97个。通过易拍全球研究院（筹）对比《广东省2018年度博物馆名录》发现，2019年，广东省非国有博物馆同比增长了13%。其中值得注意的是珠三角地区的民营美术馆的建设再添新秀。深圳开设了木星美术馆，定位于中国当代艺术的收藏与推广；广东佛山的和美术馆年底落成，并举行了开馆大展。数据表明：机构建立博物馆或美术馆的浪潮已从北京、上海等国际化都市，蔓延至经济发达的珠三角地区。

处于西南地区的准一线城市成都，其民营美术馆的建设步伐也在有条不紊地跟进。2019 年，成都当代影像馆落成，该年共举办了七场展览，极大地丰富了当地文化生活。在不断扩充馆藏摄影作品之余，成都当代影像馆筹建的让 · 吕克图书馆也面向公众开放，进一步提升了影像馆的公益性。

除民营博物馆与美术馆 2019 年新增规模显著之外，拥有实力的部分美术馆实现了持续扩张，其中以北京木木美术馆与上海民生现代美术馆最为注目。位于北京 798 艺术区的木木美术馆在 8 月份成立了新空间，新场馆位于北京东城区隆福寺社区，紧邻故宫、中国美术馆、嘉德艺术中心、人艺剧场等文化地标，有效地吸引了该区域内已形成的文化消费群体。另外，上海民生现代美术馆早在 2019 年初就完成了“静安 · 临港新业坊开园暨上海民生现代美术馆入驻仪式”。相对于公共艺术资源丰富的市中心而言，此次上海民生现代美术馆将目光聚焦于原上海传统的老工业区，同时也是上海新兴的住宅区域，民生美术馆的入驻将为当地社区注入全新的艺术活力。

民营博物馆与美术馆规模的不断扩大，不仅促进了艺术展示从单一到多元的变化，体现了艺术的繁荣发展，而且对社区文化艺术建设起到了推动作用。随着美术馆的落成，周边的艺术机构与艺术配套服务也逐渐发展完善，新型的城市生态正在逐步形成。

二 国际化合作日益显著，聚焦欧洲艺术

近几年来，随着民间资本对美术馆运营模式的逐渐成熟和对“造血”模式的不断探索，民营美术馆的力量开始凸显，尤其在维持常态化经营之后，民营美术馆的决策者以更为开放的态度和视野，一方面寻找各自的清晰定位，另一方面在全球当代艺术的语境中，施展新拳脚。2019 年对于中国的美术馆机构来说，国际合作成为其核心的关键词。北京、上海、深圳、香港等地的中外美术机构呈现出密集合作的新趋势：共同合作开发、共享展览项目，尤其以民营美术馆力量为主。2019 年，上海余德耀美术馆、上海西岸集团、上海陆家嘴集团、浦东美术馆、北京 798 文化创意产业投资股份有限公司、深圳罗丹艺术中心纷纷与海外重要艺术机构例如巴黎蓬皮杜文化艺术中心、法国巴黎国立毕加索博物馆、洛杉矶郡艺术博物馆、卡塔尔博物馆群、罗丹美术馆等签订长期持续合作协议。他们的合作项目将在未来数年内，为中国观众提供诸多西方重要艺术展览，为美术馆管理的整体提升，人才培养机制的建立，文创研发的深入等方面将带来质的飞跃，进一步提速美术馆国际化的进程。同时，中国传统文化艺术精粹和中国当代前卫艺术也将赴海外展出，文化艺

术的交流将共同促进全球文明的传播和市场的活力。

纵观国内民营美术馆2019年发展的总态势，这些国际的机构合作，是基于更坚定的对未来长期的规划和自身定位的深刻认识上。以上海、北京地区的民营美术馆为例，龙美术馆的收藏涵盖中国传统艺术、近现代艺术、“红色经典”系列和世界现当代艺术等，该年，除了继续对国际艺术家个展项目的推介之外，也加强了对中国当代艺术个案的展览推荐比重；以收藏中国当代艺术为主的北京民生现代美术馆接连推出当代一线艺术家的回顾展及大型个展。在当代艺术收藏方面，无论是上海余德耀美术馆的国际合作，昊美术馆关注的先锋艺术，还是明当代美术馆对新媒体艺术的推崇，美术馆的特色定位越来越清晰。今日美术馆持续打造的中国当代艺术学术品牌，武汉的合美术馆、成都知美术馆则是为当地大众了解最新的中国当代艺术提供阵地，兼顾引进当代国际艺术家的展览。以上说明民营美术馆正在进入一个细分阶段，它们在立足本土艺术推广的同时，在中国不同的区域内精细化运营，并通过不断增加的国际合作机会完善自身。

从国际艺术市场的流动趋势而言，民营美术馆的国际合作正在经历从经济发达国家和地区向发展中国家和地区流动的阶段，并构成双赢的发展局面。一方面经济发达国家和地区凭借其雄厚的经济优势和文化资源，通过国际合作，跨出国门，在世界更大范围产生经济效益并完成文化输出的使命；另一方面发展中国家在与发达国家之间馆际合作时，既提升了知名度，打造品牌效应，也完善了自身的运营机制和管理水平，为可持续性发展提供了保障。同时也应注意到，虽然美术馆的跨学科、跨地域、跨文化合作是未来发展的客观诉求，但是需要警惕的是，民营美术馆所热衷的国际明星艺术家个展，近几年已然成为国际画廊进军中国市场的标准展厅。所以无论是公立还是民营美术馆，在不断引进国际明星艺术家展览时，应注意建立本土的学术品牌，实现“在地化”的切实转变。

三　藏品资源是硬核，购藏渠道多元化

企业或机构进行有序的收藏，尤其是打造一座精良的民营美术馆或博物馆，藏品是立馆之本，重中之重。如果没有优质的藏品资源和相应的典藏研究，美术馆建设将成为一句空谈。与个人藏家相比，企业的经济实力更为雄厚。随着对艺术品价值认识程度的提高，诸多企业逐渐建立了艺术收藏的战略，有计划、成系统地建构自身收藏体系。例如新疆广汇集团每年拿出1亿元进行企业艺术品收藏，收藏重点主要集中在中国近现代书画名家的作品上。在具体的收藏策略上，国内企业开始走专业化、精品化路线。诸多企业拥有专门的艺术顾问团队研究艺术品的市场行情和

艺术价值，在收藏选择上保持理性。2019 年，根据国内重要收藏机构与企业的公开信息显示，南方企业的购藏表现引人注意。比如，周春芽一件估价在 200 万元至 300 万元的《石头系列——褐色风景》，成都现代艺术馆最终以接近估价三倍的 828 万元购藏。2019 年上海龙美术馆的购藏步伐也从未停下，该机构在二级市场上拍回了多件作品，有以 385.25 万元成交的李瑞年《什刹海的冬天》；贺慕群《水果系列 31》以 310.5 万元成交。如此动向可看出龙美术馆在近现代艺术收藏体系尤其是对中国 20 世纪油画家的深度发掘与战略性收藏眼光。此外，70 后艺术家屠宏涛的《最后一幕》也被龙美术馆以 40.25 万元购得。再如中国嘉德 2019 年春拍中，吴冠中《狮子林》为第二次出现在拍卖市场中的“熟货”，最终是以 1.44 亿元的价格成交，稍稍高出此前的价格，这对于高价拍品而言，已属不易，尤其是在经济增速放缓的当下。古代书画板块的董诰作品亦是如此，其《万有同春》是第三次出现在拍卖市场中，首次是在 2007 年以 770 万元的价格成交，市场热度最高点是 2011 年以 3910 万元成交，2019 年度则是以 5807 万元的高价成交。根据中国嘉德拍卖透露，上述两件作品均为具有实业背景的机构所收藏。

另外，机构收藏的藏品资源不仅是撑起机构形象的光鲜门面，在一定程度上也是企业进行资产配置，扭转经济态势的重要资本。例如在 2019 年度拍卖中持续抛出藏品的山东某大型企业，为解企业资金运转燃眉之需，其藏品的出手价格低于当年购入价；再有某综合性民营娱乐集团在该年也选择出售集团的藏品用于缓解面临的财务危机。上述举措是艺术品作为机构投资属性的一个重要表现，当持有者面临着资金压力时，选择变现以助企业度过危机。

作为机构藏品的文物艺术品，其购藏途径不仅仅存在于二级市场的竞价购买之中。一级市场画廊与艺博会、私人洽购、接受捐赠、赞助回报以及企业间的藏品资源互通有无等方式也是机构收藏中藏品来源的重要途径。机构收藏的出现，标志着艺术品市场进入了新的、更加成熟的阶段。如同股票市场：过去以散户为主，市场显现出一种无序、或者说是稍显混乱的状态；而有了机构参与之后，市场的购买力在深化，各个价位层次的艺术品都有了特定的购买人群，这对艺术品市场的健康发展大有裨益，也是市场发展到一定阶段的必然表现。收藏机构的资金实力通常比较雄厚，不仅可以觊觎目前市场上超高价位的精品力作，且可以进行系统性、规模化的收藏。如果能够行美术馆之实，成为国有文博机构的有益补充，将对社会文化事业有很大的促进作用。但需要提醒的是机构需要明确自己在艺术市场中的位置。无论是投资还是真正的收藏，都应该作为“买方”，而非艺术中介，成为艺术家的经纪人，运用一些金融手法，比如囤货、炒作、拉升、出货的方式牟利，造成艺术市场的乱象。针对此种可能性，监管机构急需出台相应的指导意见与政策。

四　机构收藏公共化，渐成新趋势

企业艺术收藏的公共化逐渐成为共识，国内企业开始认识到艺术收藏品不仅是企业的资产，而且也是全社会的文化财富，因此将推动企业收藏的公共化视为彰显自身社会责任、文化使命的重要方面。建立企业收藏馆或企业美术馆是一种长效机制，既有利于保护和管理收藏品，又可提供一个企业收藏公共化的窗口和途径。

2019 年，机构收藏的公众化之路较 2018 年又向前推进了一步，尤其是在业内已经取得一定知名度的民营收藏机构，它们的收藏公众化为其他机构或企业的藏品转化提供了探索性的经验。3 月 21 日，泰康集团的美术馆规划项目正式启动，该项目将加快当前非营利艺术机构泰康空间向兼具理事会、董事会、筹款机制的民营美术馆方向发展，泰康集团的企业收藏也将作为公共资源通过美术馆的平台回馈于社会。在中国民营美术馆蓬勃发展的当下，泰康集团的收藏基础和未来的美术馆将成为公立美术馆体系又一新的补充，它一方面推动中国企业收藏进程，为其他收藏机构或企业提供经验，另一方面未来的美术馆收藏藏品集中在 1942 年之后的艺术作品，这在一定程度上促进了中国现当代艺术的发展。再观文化与经济高速发展的上海地区，11 月 6 日，余德耀美术馆在与洛杉矶郡艺术博物馆合作的基础上，又与卡塔尔博物馆群开启合作，通过建立新的基金会共同保存余德耀个人捐赠的中国当代艺术藏品，打造展览项目。藏品将永久留在中国，供中国乃至世界各地的展览和学术研究所用。此举意味着余德耀私人管理藏品转由基金会共同管理。此举为私人馆藏迈向公共化提供了新的经营模式。

作为公立美术馆的有力补充，企业成立美术馆不仅可以更好地树立自己品牌的文化内涵，彰显企业性格和文化理念，同时还可丰富所在地区和城市的文化生活，为大众提供欣赏高雅艺术的公共空间。国内企业艺术收藏热情的高涨带动了一波私立美术馆的兴建热潮。诸多拥有庞大收藏数量的企业已经在筹备建立企业美术馆，将企业收藏作为馆藏作品，在企业内部展示或直接面向公众开放。企业兴办美术馆，不仅是企业藏品很好的归宿，也是一个艺术资源再分配和分享的方式，更是凸显企业责任和社会责任重要的显性指标。通过兴办美术馆、建立企业艺术基金会等方式，企业使得其收藏由机构收藏转变成为公共收藏，转变过程将吸引社会公众广泛的关注与参与，使企业的事业变成公共性的事业。企业收藏向社会开放，在进行文化传播方面大有裨益，但是否都需要用成立美术馆的方式还应慎重考虑。成立美术馆不难，但对于欠缺经验的企业来说，要运营和维护好美术馆并非易事。对于目前暂不具备成立美术馆条件的企业而言，可以通过举办藏品展览等其他方式与公众进行文化资源的交流和分享。总之，如何用最恰当和最佳的方式通过收藏来回馈社会，是很多企业应该深入思考的重要问题。

五 良性经营成难题，持续性发展是关键

纵观国内收藏机构的经营，其运营资金主要源于自筹。如果收藏机构与民营美术馆长期存续经营，没有完善的资金运转体系，仅仅依赖于个人投资，则会面临巨大风险。如何保持民营美术馆的良性经营，实现自我造血机制的完善，是所有收藏机构与民营美术馆需要面对的现实问题。

2019 年，国内众多收藏机构在良性可持续经营上做出实质性探索，取得了一些成效。1 月份，“ART 4(for)YOU” 在北京举办，主办方红砖美术馆、今日美术馆、松美术馆和 UCCA 尤伦斯当代艺术中心以四馆年度联票 ——“艺术护照”的形式，将四家美术馆联接起来，为公众提供更加经济、便捷的观展途径。根据 2019 年这四家美术馆展览全价门票价格估算，观众购买此联票比单独购买全价门票节省 50% ~ 60%。民营美术馆此种抱团联合的售票方式，不失为探索良性经营的途径之一。

将企业收藏与其特有的商业空间深度融合，打造新式艺术品展示推广模式，是 2019 年度机构收藏的另一种对经营模式的探索。12 月份北京 SKP 百货的艺术新空间“SKP-S”正式对外开放，该空间以“数字——模拟 未来”(Digital-Analog Future) 为主题，将艺术、科技与商业空间融合，为消费者营造出一个沉浸式购物空间。该百货公司将艺术藏品并未按常规放置在美术馆之类的白盒子空间内展示，而是置于商场各角落，成为吸引客流的重要装饰，由此藏品的展示与价值得到进一步彰显。此举可视为继 K11、侨福芳草地、蓝色港湾等艺术与商业体结合的又一值得瞩目的艺术商场案例。由以往案例看，此类商场更多的是通过艺术品陈列打造成具有艺术氛围的购物空间或通过定期展览活动来吸引人流。从其营销与经营概念来看，在试营业前以先锋性的时尚艺术定位引发高度关注，以前卫科技、网红打卡增加宣传亮点，可视为一种迎合潮流的探索。但应注意到，网红效应能带来多少消费转换，是否能够实现艺术与商业双方的深度结合和增值赋能，仍需要时间证明。

在众多民营收藏机构积极探索良性经营模式的同时，也有个别机构因经营环节出现纰漏或失误而被推至风口浪尖。如木木美术馆新空间的开馆展中的纪录片因擅自使用了掘火字幕组成员的翻译字幕，引起了媒体的质疑，为该美术馆的品牌形象造成一定程度的负面影响。另外 8 月份，证大集团董事长、上海喜马拉雅美术馆创始人因涉嫌挪用资金、非法借贷诈骗而向警方投案自首，被立案调查，为美术馆运营带来致命性打击。上述实例表明，民营美术馆当下的经营过程中仍存在知识产权

意识淡薄、风险监测管控机制不完善等现实问题，急需美术馆自身加以重视与解决。

除此之外，目前国内一些企业收藏在发展的过程中仍存在一系列问题，具体表现如下几个方面：一、目标定位不明确。国内很多的企业收藏依然属于临时性的行为，缺乏系统性的长期规划，容易受到市场的左右，导致在收藏面貌上的重复和单一化。二、决策程序随意化。由于国内企业收藏大多以民营企业为主，企业制度管理相对薄弱，企业领导者个人的趣味好尚往往成为企业收藏的决策依据，决策和程序的随意化制约了企业收藏的学术性高度。三、藏品管理意识弱。藏品管理是企业收藏专业化的重要考核指标，也是提高企业收藏效用的重要依托，藏品管理既包括了如何做好日常的藏品登录、藏品保护等工作，更包括了藏品学术研究、藏品展览策划以及藏品衍生品开发等内容。目前国内企业收藏的藏品管理意识淡漠，管理队伍素质和专业化程度不高，从而直接影响了藏品管理的发展水平。四、收藏亟待专业化。现在国内企业收藏处于“收”的阶段，暂未达到“藏”的阶段。从“收”的角度而言，企业收藏什么样的藏品，决定着企业收藏的定位和发展方向。收藏应是基于艺术史价值判断基础上呈现出的企业收藏价值观，在此基础上才会使收藏目标定位明确、富有特色。从“藏”的角度而言，企业美术馆或博物馆必须先行在藏品的收藏、展示、研究和管理等方面做足功课。五、缺乏学术研究。已经初步建立了企业收藏的企业或者集团目前大都还没有能够对于收藏的作品进行系统性深入的梳理和研究，缺乏具有学术深度的研究，没有组建专家研究团队。只有对藏品进行透彻全面深入的研究，才能更好地挖掘藏品的价值。因此，国内企业需要提高学术研究能力。中国的民营收藏机构在解决以上任何一个问题时，都需要充分考虑实业是否具有完善与解决这些问题的精力与财力。

未来中国企业的艺术收藏将会继续快速发展，企业收藏艺术、赞助艺术将不会只是企业与艺术之间一种简单交换资源的方式，而是强调双方的互动参与程度。在企业赞助艺术的策略性合作规划中，企业的参与程度将逐渐深入，不仅仅只是向艺术提供单纯的金钱资助，看重藏品所带来的附加值，而应拓展在更多领域中的深入合作。

Chapter 3

Global Auction Market Report of Chinese Art & Antiques

第三章　中国文物艺术品全球拍卖市场报告

扫码解析艺术市场

说明
Introduction

数据来源

本报告所使用数据均来自易拍全球研究院（筹），拍品信息经过专家及编辑的人工专业筛选。作为一个中立的开放平台，易拍全球研究院（筹）与艺术类高等学府、相关政府机构、行业组织、金融机构展开多角度合作，通过研究各细分领域下艺术品在不同历史时期、不同交易市场、不同交易形式及不同法律法规下的交易表现及特性，揭示艺术品真实价值及文物艺术品行业的发展规律、趋势及方向。

地区划分

中国大陆：除香港、澳门、台湾三地以外，中国其他各省、自治区、直辖市；

亚太其他地区：包括中国香港、中国澳门、中国台湾、日本、韩国、新加坡等地区；

海外地区：包括北美洲、欧洲、大洋洲及除中国大陆和亚太其他地区外的地区。

统计范围

1. 时间范围：

2019 年数据：2019 年 1 月 1 日 ~ 2019 年 12 月 31 日

2. 拍卖企业范围：

报告所使用数据经过对数据库收录的全球上千家拍卖企业从规范性、服务水平、经营业绩、诚信度等四个维度进行考量，甄选来自全球的 410 家拍卖企业的拍品数据用于本报告。中国大陆地区入选的拍卖企业共 185 家，均符合《中华人民共和国拍卖法》《中华人民共和国公司法》等相关法律，具备国家文物局批准的文物拍卖企业资质，并着重参考了国家标准《拍卖企业的等级评估与等级划分》以及中国拍卖行业协会发布的行业标准；亚太其他地区及海外地区入选的拍卖企业共 225 家，入选资质参考各行业自律协会的评定。

3. 拍品范围：

(1) 中国文物艺术品：在中国境内及海外交易的中国艺术家创作的或原产地为中国的文物、艺术品、收藏品等；

(2) 最低估价不低于 5000 元人民币（包括以咨询价上拍）的中国文物艺术品；

无底价拍品不包含在本报告中；

撤回的拍品不包含在本报告中。

拍品分类

中国大陆、亚太其他地区和海外地区的拍品数据均采用统一的分类标准：

中国书画：中国画、中国书法；

油画及中国当代艺术：油画、雕塑 / 装置、版画、综合媒材、水粉 / 水彩、影像等；

瓷玉杂项：陶瓷器、玉石器、古典家具、佛像唐卡、文房雅玩、金属器等；

收藏品：古籍文献、手稿、碑帖、邮品钱币等；

珠宝尚品：钟表、珠宝翡翠等。

汇率

拍品信息涉及多国外币，统一使用拍品成交当年平均汇率，以换算后的人民币为最终统计样本。

其他

报告中所有百分比及“万”以上单位的绝对数值均保留小数点后一位。为与市场保持一致，报告中出现的拍品成交价，均保留小数点后两位。

成交价格包含佣金。

由于本报告是对公开拍卖市场的直接客观反映与解读，因此私人洽购以及结算进度未纳入数据考量范围。

全球中国文物艺术品拍卖市场概览

Global Chinses Art & Antiques Auction Market Overview

2019年，国际政治变幻不定，美国继续推行单边政策，引起国际关系的高度紧张，英国脱欧进程不断受阻，对地区内的贸易造成负面影响，欧洲格局重组。旷日持久的国际贸易战为全球经济带来了不利影响。世界经济增速放缓至近十年来的最低水平，主要经济体呈现同步减速的状况。全球制造业活动趋向疲软，国际贸易增长趋低，外国直接投资增速下滑，各国货币政策转向宽松。

作为真实反映各国经济状况的文物艺术品的拍卖市场，也相应受到强烈冲击，据巴塞尔艺术展与瑞银集团联合发布的《2020年艺术市场》分析，2019年美术、装饰艺术和古董艺术品公开拍卖的销售额（不包含拍卖行私人销售）达到242亿美元，同比下跌17%，结束了连续两年上升的趋势，但仍然比2016年的拍卖市场提高了8%，以10年的市场变化来看，比2010年降低了13%[8]。由美国、中国、英国主导的全球文物艺术品拍卖市场贡献了84%的市场份额，同比下降了4%；其中，美国拍卖市场销售额为90亿美元，占比全球市场份额的37%，同比下滑3%；中国拍卖市场份额占据全球份额的29%，下降了16%至71亿美元；英国拍卖市场销售为43亿美元，占据全球艺术市场份额的18%，同比下降13%，拖累了整个欧洲文物艺术品拍卖市场；法国的文物艺术品拍卖市场表现优异，占据全球文物艺术品市场份额的7%，同比2018年提升了16%，超过16亿美元；这主要得益于几家顶级拍行的鼎力支持，尤其是巴黎苏富比拍行3.6亿美元的成交额同比提高了41%[9]，提振了整个法国市场买气。

由于5000万元以上的高端精品数量大幅减少，供应不足，藏家惜售，由高端精品主要支撑的整个文物艺术品拍卖趋势因而走低。尽管公开拍卖的销售额有所下降，但私人洽购却有所增长，佳士得和苏富比的私洽总额均超过18亿美元。全球

---

[8] Dr.Clare McAndrew, The Art Market 2020, An Art Basel & UBS Report, 2020, p124

[9] Dr.Clare McAndrew, The Art Market 2020, An Art Basel & UBS Report, 2020, p134

政治局势的不稳定，给藏家带来了焦虑情绪，对公开的拍卖市场持犹豫观望态度，其中一部分高端藏家转向选择更为谨慎安全的私洽业务。

2019 年，中国文物艺术品全球拍卖市场的发展与全球文物艺术品拍卖市场总体趋势基本保持一致，局部发生变化。据易拍全球研究院（筹）大数据统计，中国文物艺术品全球拍卖总销售额为 468.4 亿元，比上一年下降 11.1 亿元，同比微降 2.3%，呈现出较为平稳的市场态势。以 2015 年至 2019 年近五年的文物艺术品市场发展变化趋势来看：2017 年的销售额居于五年中的峰值；2019 年的销售额比 2016 年销售额高出 3.6 亿元；比 2015 年销售额高出 63.1 亿元，略低于 2018 年的销售额，处于五年来销售额的第三位，市场发展趋势相对稳定，是中国文物艺术品拍卖市场进入深度调整期的正常表现。

如果从区域市场的分布格局、拍品价格分布、藏家关注的重点品类的变化、重点拍卖行的突出表现等四个维度观察 2019 年中国文物艺术品的全球拍卖状况，则呈现出以下特征：

一 区域市场格局未变，中国大陆地区占主导

2015~2019年中国文物艺术品全球成交额
（单位：十亿元）

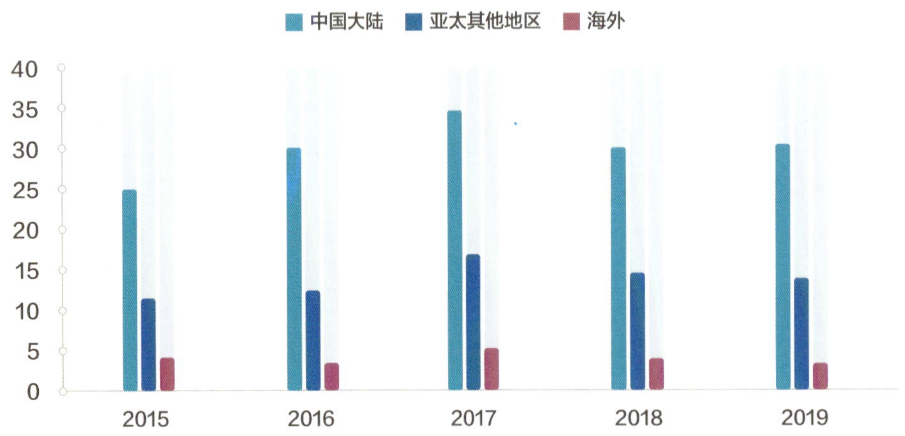

2019 年度全球公开拍卖的中国文物艺术品成交总额为 468.4 亿元人民币，其中中国大陆成交额为 304.2 亿元，约占三大区域市场总额的 64.9%，依然以绝对优势位居三大区域市场首位；亚太其他地区（包含中国香港、中国澳门、中国台湾地区、日本、新加坡等地）成交额为 136.3 亿元人民币，约占据市场总额的 29.1%，成交额连续两年出现较大幅度下滑；海外地区（除中国大陆及亚太其他地

区以外）的中国文物艺术品拍卖成交额为27.9亿元人民币，约占市场总额的6.0%，连续两年出现下滑。

从以上三大区域市场的占比可以看出，2019年度全球中国文物艺术品市场的三大区域市场份额总体结构并未出现较大浮动：依然由中国大陆主导，亚太其他地区位居第二，海外市场居末位。在整体市场稳中微缩的状况下，中国大陆地区拍卖销售有所上升，更深化了该地区市场在全球拍卖的领军地位；亚太其他地区市场仍然由香港拍卖市场主导，但由于不稳定因素的干扰，拍卖市场受到不良影响，销售下降；海外地区市场除了古典家具和金属器等杂项板块上升，其他板块均出现了大幅度紧缩，总体成交额继续下滑至三大区域市场之末。

三大区域的中国大陆地区文物艺术品拍卖市场与去年同期相比产生较大变化，具体而言，大陆地区成交额上升了6.8亿元，同比提升2.3%。主要是因为山东、福建等省份市场在2019年度表现亮眼，这些地区由于政治、经济、文化等多方面因素，一直是拍卖领域潜藏的价值洼地，大型拍行在一线国际性大都市的拍卖市场站稳脚跟之后，目光转向二线城市的文物艺术品市场，近年来经过对市场的精心培育，终于形成了稳定的客户群体。本年度，这种前期的精准投入获得了回报，举行了大量精品专场，提质保量，专精专业，比去年同期提升了7.5亿元，大幅促升交易额，成绩瞩目；同时，稳固原有的成熟市场，京津冀、长三角地区市场均提升1.5亿元。珠三角地区市场则下降了3.0亿元。虽然2019年珠三角的经济增速为7.22%，高于全国平均经济增速，但是在文物艺术品拍卖集中的广州，2019年GDP总量为2.36万亿元，经济增速只有3.37%，远远低于全国平均经济增速，影响到文物艺术品拍卖市场的买气下降。亚太其他地区成交额下滑约11.0亿元，同比下滑7.6%。亚太其他地区向来是中高端拍品的聚集地，香港地区一直主导着该地区的市场成交额，但是由于自2月份肇始的政治事件，对于文物艺术市场拍卖造成了不利的影响，成交额同比下滑19.7亿元。日本和中国台湾地区的中国文物艺术品拍卖市场表现坚挺，同比分别增长了3.6亿元、3.8亿元，略可挽回亚太其他地区的颓势；海外地区成交额下滑约6.8亿元，同比下降19.7%。海外地区中国文物艺术品市场总体收紧，其中北美市场基本持平，显示出较为稳定的市场态势，而欧洲市场则出现大幅度下滑，比去年同期降低了7.8亿元。

三大地区的成交率次序在2019年度有了较大改变。从高到低依次为：中国大陆地区市场为63.0%，亚太其他地区市场为59.1%，海外地区市场为58.9%。中国大陆地区今年的拍品成交率达到五年来最高水平，说明了该地区在藏家对于市场的期望值与实际市场需求匹配度提高，拍行对于供需双方市场的景气度权衡更为确切，整个市场呈现出逐渐成熟的业态。亚太其他地区的成交率也大幅提升，尽管受到局部不稳的影响，文物艺术品成交额整体下滑，但是从藏家而言，吸取了 2018 年度对于拍卖市场过高期望值，盲目自信导致众多本可成交的高端拍品流拍的遗憾教训，今年的拍品估价趋于保守，反而促升了成交率；拍行也重新审视市场的变化，一改去年稳券在握却遭遇滑铁卢的高端精品专场的流拍状况，稳扎稳打，谨慎估价，对藏品宣传加大力度，对藏家精细化分层，更有针对性地推荐拍品，促升成交率。海外地区的中国文物艺术品市场成交率出现轻微下滑，没有太大浮动。

2019年中国文物艺术品全球平均成交单价
（单位：元）

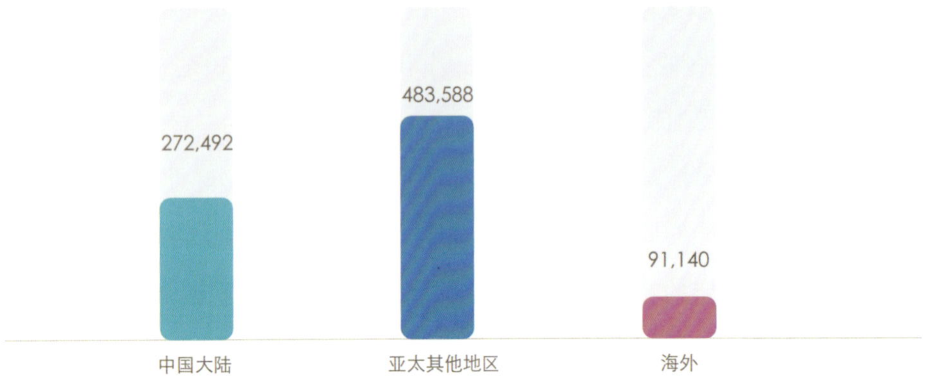

从 2019 年度全球三大区域的中国文物艺术品市场的平均单价来看，承袭了多年来的交易状态。亚太其他地区以 48.4 万元 / 件（套）的平均单价位居榜首；中国大陆地区的平均单价为 27.2 万元 / 件（套）；海外地区平均单价则位居末位，为 9.1 万元 / 件（套）。三大区域的平均单价均总体比上一年有所下滑，其中最为突出的是亚太其他地区，单件拍品平均成交价格同比下降了 21.6 万元，跌幅为 30.9%。作为全球最大的文物艺术品交易中心之一，以香港为主导的亚太其他地区向来是高端精品的聚集地，走中高端路线，然而 2019 年拍品平均单价的大幅趋低，缩小了与中国大陆地区之间拍品价格的差距，基础市场得以扩容，高端精品市场渐趋压缩。虽然亚太其他地区拍品总体价格仍然体现出在三大区域市场的绝对优势，但也降到了五年内的最低水准。中国大陆地区和海外地区的拍品平均成交价格同比亦出现下滑，降幅在 14.0% ~ 15.1% 之间。平均价格趋低表明了市场的两种发展趋势：一是由于外围经济整体发展趋缓，同一件拍品在拍卖市场上的价格也随之降低；去除通胀因素造成的价格趋低之外，收藏群体的扩容是不容忽视的另一个重要因素。伴随着多年来政府政策的扶持，博物馆、美术馆、画廊等美术机构的文物艺术品展览的举办，潜移默化地不断激发大众对文物艺术品市场的兴趣。因而大众收藏意识、投资意识不断得到提升，基础市场逐年得以扩增。

2015～2019年中国文物艺术品全球平均成交单价

（单位：万元）

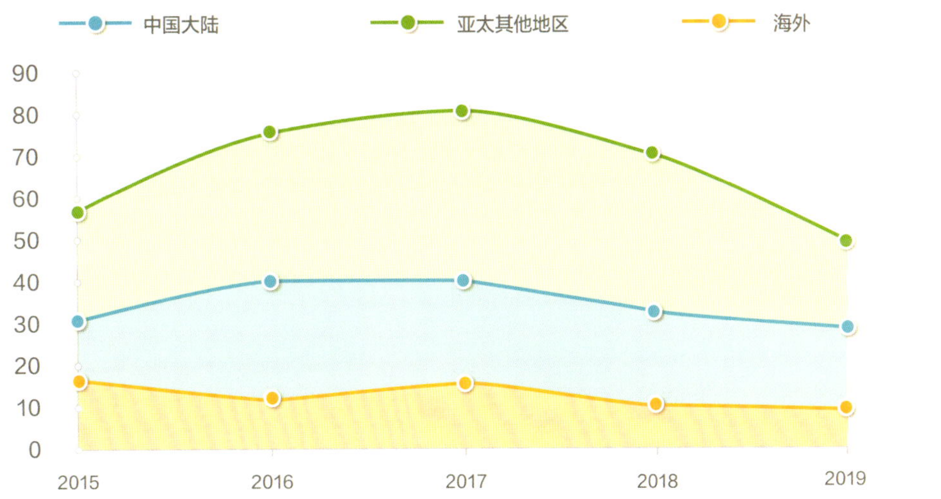

纵观近五年来的中国文物艺术品全球平均成交价格曲线图，可以发现：三大区域市场整体走势基本相同，以 2017 年为界，2015 ～ 2017 年间，三大区域拍品平均价格逐年攀升，市场一路上扬，至 2017 年达到顶峰；2017 ～ 2019 年间，三大地区市场逐年回落，几乎回到五年前的市场水平。这与近两年的全球经济增速放缓密切相关，文物艺术品市场是经济状况发展反映的一面镜子，真实映照出国民经济与国民收藏之间的真实关系。其中亚太其他地区市场回落速度更快，平均单价几近探底，侧面反映出文物艺术品市场虽然是以文物与精神产品为主的市场，仍然与社会发展的局势稳定性密切相关。

二 中低端市场持续发力， 高端市场紧缩

据易拍全球研究院（筹）大数据显示，2019 年度全球中国文物艺术品拍卖总成交额为 468.4 亿元人民币，较上一年减少 11.1 亿元人民币，同比上一年下滑了 2.3%，降幅较低，基本处于平稳状态。2019 年度全球中国文物艺术品的上拍量为 27.7 万件（套），同比上一年提升了 3.4%，连续四年持续上升。虽然整体经济出现增速放缓，但上拍量的连续攀升现象反映出整个文物艺术品拍卖市场的热度不减；成交量达到 17.0 万件（套），同比增加 15.9%，成交量亦是四年连续上升；成交率为 60.3%，比去年提升了 6.6%，在近五年内成交率处于次高，市场整体下沉，基础收藏市场行情回暖。

虽然 2019 年度全球中国文物艺术品拍卖市场整体降低了 11.1 亿元，体现在各个地区市场的表现则完全不同。中国大陆地区在全球经济增速放缓的大环境下，

未降反增，突出体现出其市场的稳固与坚挺。亚太其他地区同比下滑了 7.6%，主要由香港地区主导的市场受到自 2 月份开始的不稳定局势影响，造成经济整体不景气，艺术市场不可避免地出现趋冷。海外地区市场同比下滑 19.7%，幅度较大。海外地区接连两年成交额出现下滑情况，主要在于欧洲地区各个市场的相当不稳定，英国脱欧进程的延宕，对其拍场有些不良影响，而德国和比利时、瑞士等地区的中国文物艺术品拍卖市场成交额同比亦是下跌，法国虽然整体的文物艺术品市场上涨，但具体到中国文物艺术品市场板块，业绩回落。在 2018 年欧洲地区的中国文物艺术品市场攀升之后，出现反弹尚属正常。北美地区的中国文物艺术品市场比较稳定坚挺，略有上涨，这与纽约的中国文物艺术品市场的抗压能力较强密切相关。

从中国文物艺术拍卖市场表现出来的成交拍品价格分布来看，各地区市场反映不同,藏家关注的价位区间亦有区别。我们将成交拍品大体上划分为四个价格区间：大于或等于 5000 万元的拍品为高端精品；500 万元至 5000 万元之间的为高端拍品；50 万元至 500 万元之间的为中端拍品；50 万元以下的为低端拍品。2019 年的中国文物艺术品拍卖市场总体而言，中低端拍品持续发力，市场下沉明显，高端拍品稀缺。

具体而言，中国大陆地区的中国文物艺术品市场的稳中有升，主要反映在中低端拍品发力，大幅上升。高端精品量、额双减，市场规模与市场销售收紧。从成交量上来说，1000 万元以下的拍品均有不同幅度的上升，总体成交量同比增加了 17892 件（套），其中高端拍品同比上升了 11 件（套），提升了 1.5%，但成交额却降低了 8.6%；真正发力的为中低端拍品。其中中端拍品的成交量同比增加 633 件（套），上升 8.2%，成交额增加 6.5 亿元，同比上升 6.2%；低端拍品成交量同比增加 85298 件（套），上升 469.1%，近乎翻了 5 倍，成交额提升 9.2 亿元，同比上升 13.3%。

亚太其他地区的情况与中国大陆地区市场状况存在较大差异，其拍卖总成交量同比提升 7132 件（套），同比增加 33.9%，主要体现在 50 万元以下的低端拍品的成交量变化上，同比增加了 7247 件（套），提升 40.5%；亚太其他地区的拍卖总成交额同比下降 11.1 亿元,下降 7.5%。主要集中在 5000 万元以上的高端精品板块，成交额下滑了 14.4 亿元，同比下降了 38.5%。中端拍品量额双减的幅度与高端拍品的量额双增的幅度类似，增减几乎可以相互抵消。亚太其他地区市场尤其是香港地区向来是高端精品的聚集地，而且主导着整个亚太其他地区的文物艺术品拍卖市场的走势，高端精品的供应欠缺，造成了整个市场的销售下滑。但通过数据我们可以看出，低端拍品虽然在整个市场的销售额占据较少的比例，但其市场规模的扩增剧烈，整个地区成交量的剧增几乎全部由低端市场贡献。市场下沉趋势鲜明，基础市场容量扩大。

海外地区的中国文物艺术品市场总体量额下滑，市场全面收紧。除了低端拍品在 5 万元至 10 万元的档位上同比提升了 110.4 万元，高端精品只有一件古典家具“御制御用剔彩云龙福庆有余纹宝座”，由伦敦佳士得在 2019 年春拍中以 5361.1 万元拍出以外，其他所有价格区间均出现不同程度的下滑状况，突出表现在中高端拍品板块，成交量下跌同比在 22.0% 至 33.3% 之间，成交额下跌幅度在 22.3% 至 38.1% 之间。不同于其他地区的市场状况，海外地区的低端拍品板块没有提升而出现下滑趋势，相较于 2018 年的文物艺术品基础市场规模扩增，市场下沉的状况，2019 年海外市场整体趋冷。

2019年中国文物艺术品各品类成交价位分布
（单位：万件/套）

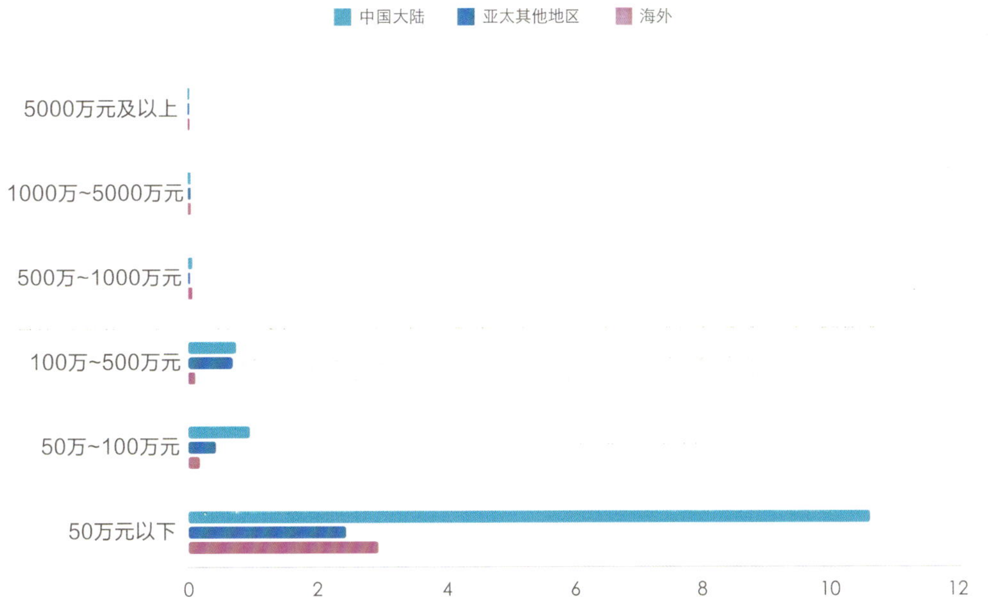

从上图可以看出，中国文物艺术品的低端市场在全球三大区域占据成交量的绝对优势，中国大陆地区文物艺术品的低端市场表现尤其亮眼。低端市场自 2018 年开始崛起，连续两年大幅度攀升。我们可以看出，50 万元以下的拍品在三大区域的交易量上占据主导地位，其中中国大陆地区，该价格区间的成交量达到 106935 件（套），占据其总成交量的 95.8%，是整个大陆地区市场的中流砥柱。成交额为 78.2 亿元，占据其总成交额的 25.7%；亚太其他地区的成交量为 25159 件（套），占据其总成交量的 89.2%，支撑起亚太其他地区的主要板块市场。成交额为 21.2 亿元，占据其成交额的 15.5%；海外地区的该价格区间的成交量为 29855 件（套），占据其市场总量的97.5%，居于绝对主导地位，成交额为11.7亿元，占据其市场总额的41.9%，也近乎占据市场的半壁江山。三大区域市场低端拍品量额份额占比均比上一年有所提升，平均单价趋低，说明了全球中国文物艺术市场持续下沉，低端市场基础进一步扩大，大众收藏文物艺术品的热情逐年上升。

三　中国书画稳居首位，瓷玉杂项逆势攀升

据易拍全球研究院（筹）的数据显示，2019年度中国文物艺术品全球拍卖市场各品类的成交量额平稳，品类市场构成与近年来状况大致相似，只有局部结构发生了起伏变化。

全球范围内中国书画板块拍卖成交额为203.8亿元元人民币，占据五大品类总体市场额度的43.5%，依然稳居首位，比去年同期下降了2.4亿元，降幅为1.2%，渐趋平稳；瓷玉杂项成交额为164.1亿元，占据整个市场份额的35.0%，同比上升了19.1亿元，升幅为13.2%。止降攀升，成绩显著。虽然市场整体下沉，但回暖趋势明显，基础市场焕发出蓬勃的活力；油画及中国当代艺术板块成交额为57.4亿元，占据整个市场份额的12.2%，比去年同期降低了4.5亿元，降幅为7.2%；收藏品成交额达到21.4亿元，占据整个市场份额的4.6%，比去年同期降低了2.9

2019年中国文物艺术品各品类全球成交额
（单位：亿元）

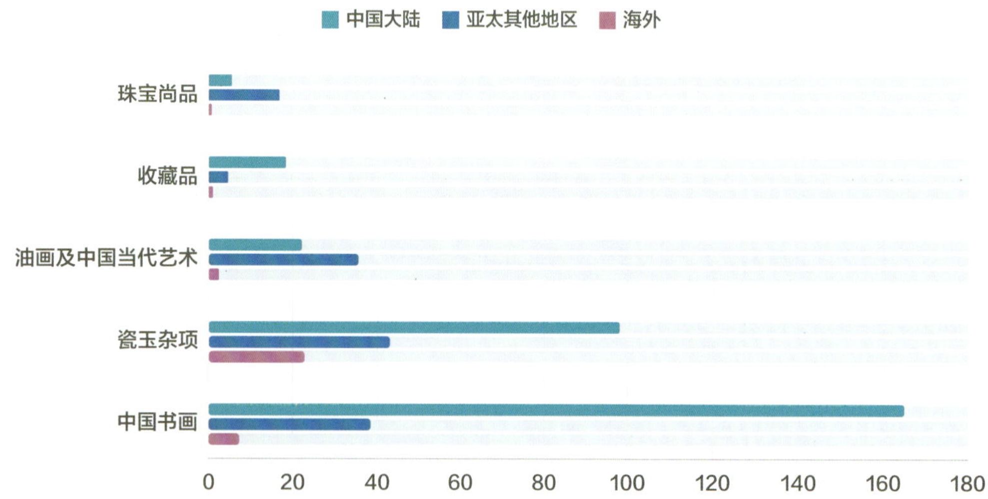

2019年中国文物艺术品各品类全球成交量
（单位：万件/套）

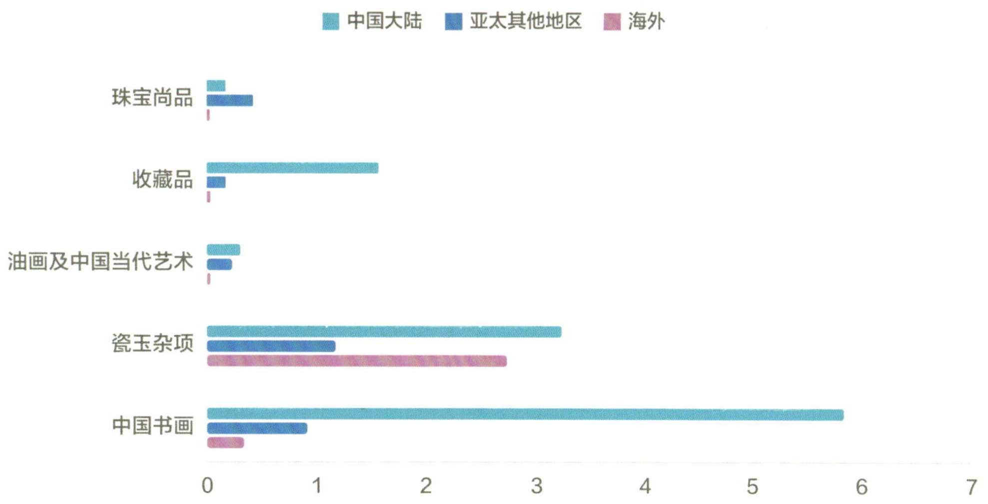

亿元，降幅为 11.8%；珠宝尚品板块 2019 年度成交额为 21.8 亿元，占据整个市场份额的 4.7%，同比下滑了 20.6 亿元，下滑幅度为 48.5%。连续两年出现下滑趋势，显示出人们从消费转移到收藏的趋势变化。

具体而言，中国书画量、额在全品类的拍卖市场份额中依然坚挺，延续着近年来占据着半壁江山的优势。瓷玉杂项板块表现亮眼，量额均有大量提升，藏家对于整个文物艺术品市场，起到稳定的支撑作用。纵观三大区域的瓷玉杂项的拍卖市场成交额变化，我们发现：中国大陆地区瓷玉杂项板块以强劲的势态比上一年大幅攀升，而亚太其他地区与海外地区该板块出现了大幅下滑，市场收紧。因而瓷玉杂项板块主要集中在中国大陆地区发力，不仅弥补了亚太其他地区和海外地区的下降额度，而且比上一年出现大幅上升，瓷玉杂项所包含的陶瓷器、玉石器、佛像唐卡等、金属器、文房雅玩、古典家具、竹木牙角等各个细分品类成交额均比上一年有不同程度的上升。具体到价格分布层次，除了 1000 万元以上的拍品供应紧缩，下滑了 12.7 亿元外，其他价位的拍品逆势出击，均有不同程度的提升，尤其是 5 万元 ~10 万元之间，100 万元 ~500 万元之间，500 万元 ~1000 万元之间的价位分别比上一年提高了 5.3 亿元，4.1 亿元和 3.9 亿元。5 万元 ~10 万元之间价位拍品成交额贡献最高，说明市场下沉显著，大众收藏市场规模扩大，基础市场容量扩增迅速。油画及中国当代艺术板块成交额为 57.4 亿元，比去年同期降低了 4.5 亿元，降幅为 7.2%。主要是由于中国大陆地区此板块量额双减，即使亚太其他地区的该板块稳中略升，也未能抵减其下滑幅度。海外地区市场该板块向来占比和成交额较低，不占重要地位，也呈现出微降趋势。收藏品板块 2019 年拍卖成交额结束了连续五年的攀升态势，首次出现下滑状况。但该板块的无论是上拍量、成交量和举办专场的数量以及成交率，均远远高于上一年，只有成交额略低，由此可以看出该品类所包含的邮品钱币和古籍文献及手稿的平均价格走低，市场下沉明显。珠宝尚品在全球三大区域拍卖市场均出现下滑状况，尤其是该板块处于领军地位的亚太其他地区，成交额为 16.8 亿元，下滑了 6.2 亿元，同比下跌 49.1%，近乎一半，下滑幅度较大。尽管海外地区的珠宝尚品板块提升了 876.1 万元，但远远不足以弥补亚太其他地区的下滑空间。

根据中国文物艺术品全球各品类成交量、额的数据我们发现，分布在全球三大区域的拍卖市场各有其主导的收藏领域。中国大陆地区以中国书画收藏为主，成交额为 162.1 亿元，占据三大地区市场总额的 79.6%，主导着中国文物艺术品拍卖板块的走向。这与中国大陆地区的收藏传统密切相关。瓷玉杂项的情况类似，中国大陆地区占据三大区域市场总额的 59.6%，占据二分之一强；而油画及中国当代艺术的板块在亚太其他地区凸显其优势，成交额占据三大区域市场份额的 60.1%，说明了油画及中国当代艺术的国际认可度在以香港为主导的亚太其他地区市场更受到藏家青睐。收藏品板块在中国大陆地区拍卖成交额为 21.4 亿元，占据三大地区市场总额的 86.4%，居于三大区域市场的领军地位。珠宝尚品板块主要的拍卖领地在亚太其他地区的香港地区，罕世的珠宝翡翠经过珠宝设计师的匠心设计，美轮美奂，价值不菲，备受女性藏家群体的青睐。

四　全球拍卖企业中国文物艺术品成交额排行榜

2019 年全球中国文物艺术品的拍卖总成交额约为 468.4 亿元，其中位列前五名的拍卖行的成交额为 205.1 亿元，占据总成交额的 43.8%，比 2018 年占比下降了 2.0%；位列前二十名的拍行成交额为 335.2 亿元，占据总成交额的 71.6%，比上一年的下降 2.9%。重点拍行的业绩格局分布基本保持稳定。

综合近几年的数据，我们发现：中国文物艺术品全球拍卖成交额主要集中在前二十家拍行，其成交额占据总额高达 70.1% 以上的比例。几乎操控着整个拍行行业的发展走向，成为文物艺术品市场变化的风向标，尤其是市场排名前五的拍行这一作用更为突出，其成交额往往占据成交总额的近半，长期以来形成了稳定的格局，凸显出在资金、拍品、人脉等多方面具有雄厚实力的拍行引导着整个行业的发展动向。

虽然拍卖行业的整体格局没有发生大的变革，但面对充满风险的极其不稳定的经济形势和激烈的商业竞争环境，各大拍行在应对各种复杂状况时如逆水行舟，不进则退，体现在年终整体业绩排名上，则有升有降，更有拍行被淘汰出了前二十。如2018年尚在榜单上的敬华（上海）拍卖股份有限公司，意大利坎比·卡斯塔拍卖行，2019年度则无缘榜单。取而代之的是日本横滨国际拍卖公司，上海匡时拍卖有限公司。拍卖行成交业绩排名的变化，侧面反映出拍行在行业中综合经营状况的优劣。

纵观近几年拍行前二十名的排名变化，稳定不变的是前四名，从第五名开始各个拍行的排列顺序有所出入。资本从来都是流向实力雄厚的拍行，青睐具有创新活力的企业。实力雄厚的拍行在守住已有的江山之外,在应对复杂多变的经济环境中，与时俱进，不断开拓新的业务，探索新的发展模式，稳住在行业中的龙头地位。新晋拍行做精做强，专业精深，走特色发展道路。

2019年 TOP 20

排名	企业名称	成交额（元）
Top1	北京保利国际拍卖有限公司	6,213,134,765
Top2	中国嘉德国际拍卖有限公司	4,496,393,608
Top3	香港苏富比有限公司	3,890,652,291
Top4	佳士得香港有限公司	3,207,816,455
Top5	西泠印社拍卖有限公司	2,699,169,215
Top6	广州华艺国际拍卖有限公司	2,021,916,524
Top7	中贸圣佳国际拍卖有限公司	1,547,348,345
Top8	北京荣宝拍卖有限公司	1,383,868,558
Top9	保利香港拍卖有限公司	1,175,455,625
Top10	中国嘉德（香港）国际拍卖有限公司	802,172,290
Top11	中鸿信国际拍卖有限公司	757,244,348
Top12	北京匡时国际拍卖有限公司	711,689,112
Top13	北京翰海拍卖有限公司	667,598,100
Top14	佳士得纽约有限公司	655,219,414
Top15	上海明轩国际艺术品拍卖有限公司	636,719,150
Top16	保利（厦门）国际拍卖有限公司	631,154,500
Top17	纽约苏富比有限公司	560,765,366
Top18	广东崇正拍卖有限公司	549,383,560
Top19	上海匡时拍卖有限公司	503,412,500
Top20	日本横滨国际拍卖公司	410,052,214

2018年 TOP 20

排名	企业名称	成交额（元）
Top1	北京保利国际拍卖有限公司	5,355,209,484
Top2	中国嘉德国际拍卖有限公司	5,101,469,704
Top3	香港苏富比有限公司	5,008,606,919
Top4	佳士得香港有限公司	4,095,644,837
Top5	北京匡时国际拍卖有限公司	2,398,937,759
Top6	西泠印社拍卖有限公司	1,880,316,125
Top7	保利香港拍卖有限公司	1,649,970,071
Top8	北京荣宝拍卖有限公司	1,504,125,825
Top9	中贸圣佳国际拍卖有限公司	1,185,725,320
Top10	广州华艺国际拍卖有限公司	1,169,556,420
Top11	上海匡时拍卖有限公司	899,404,075
Top12	广东崇正拍卖有限公司	828,741,175
Top13	中鸿信国际拍卖有限公司	732,225,000
Top14	北京翰海拍卖有限公司	708,249,810
Top15	纽约苏富比有限公司	704,747,270
Top16	上海嘉禾拍卖有限公司	586,030,225
Top17	保利（厦门）国际拍卖有限公司	544,086,735
Top18	佳士得纽约有限公司	498,310,880
Top19	意大利坎比·卡斯塔拍卖行	477,942,801
Top20	敬华（上海）拍卖股份有限公司	379,019,070

北京保利2019年度的中国文物艺术品的成交额为62.1亿元人民币，占据前五大拍行成交额的18.5%，占比与去年同期相比下降了5.9% ，集中化的趋势有所减弱。保利拍卖系2019年度共成交86亿元（包含海外文物艺术品），保持亚洲艺术品拍卖行业成交榜首，并连续10年领跑全球中国文物艺术品市场。其中5件（套）拍品过亿元，134件（套）拍品过千万。各板块取得了突出的成绩，中国书画板块成交额达35.5元，古董珍玩板块成交额为32.0亿元，中国现当代艺术板块春秋两季大拍共成交5.5亿元。当代水墨、紫砂沉香、珠宝钟表、古籍文献、邮品钱币等专场总成交约为6.8亿元人民币。（数据来源：北京保利官网）

在拍卖市场进入深度调整期，北京保利在多个板块依然能够保持市场坚挺，与其开阔的市场长期区域性规划，针对供需双方有的放矢的经营策略和随着市场变化积极调整市场结构密切相关。

2019年度，保利拍卖完成了区位战略的空间布局，启动了保利香港、保利山东、保利厦门、保利义乌、保利华谊、保利澳门等地区市场的拍卖，并推进艺术品门类细化经营的措施，对其所在区域内艺术品市场进行专业细分，便捷高效地服务藏家、行家，挖掘潜在客户群体，及时察觉市场经济环境变化与社会关注焦点的转移，准确把握市场脉络。

在各个板块的经营中，保利根据每个品类藏家不同的需求，有针对性地定点推介，有效提高了成交率。比如在中国古代书画领域，保利以高质量拍品为基础，依托精准的学术研究，设立古代书画夜场中"百代标程"专题，获得藏家关注与好评。供方数量、购藏买家较以往有所增加。藏家对传承著录清晰、在中国美术史上已有定论与时间检验的书画名家精品、学术力量深耕的杰作，依然一掷千金。市场活力较上年度大幅回升，市场沿着理性而稳健的方向前行。现当代艺术板块调整上拍拍品结构，积极适应买家需求，通过精准分析市场，整理出不同学术板块内成熟艺术家名单，构建合作平台，培养市场购买习惯，提升高价位拍品成交比率。中国当代艺术板块中，深度挖掘艺术品蕴含的实用品质，让其自高阁之上回归生活，赋予其更多的人文内涵，并最终通过拍卖这一透明度高、参与度强的途径，向公众宣传值得收藏、传家的艺术珍品，以稳健踏实的步伐来向世界证明中国当代艺术的价值与意义。

北京保利拍卖主要业绩集中来源于春秋大拍、高端私洽和四季拍卖。春秋两季大拍，成交额超过62.2亿元人民币；高端私洽成交额逾22.4亿元人民币；四季拍卖取得了成交额1.4亿元人民币的成绩。经营模式多元并举，优势互补，实现了效益最大化的目标。

品类经营方面北京保利继续坚持以高端拍品为核心，多品类共同拓展的经营模式开展业务。在2019年春拍中，瓷玉杂项板块中"清雍正 御制青花釉里红云海腾龙大天球瓶"以1.47亿元成交，成为当季全球范围内唯一成交过亿元的古董器物类拍品。现当代书画板块中李可染的《万水千山图》以2.07亿元人民币高价成交，夺得中国近现代书画作品成交之最；古代书画板块中王蒙《芝兰室图》以1.46亿元成交，成为该板块的翘楚。常玉的《聚瑞盈香》以7705万元成交领衔油画及中国当代艺术板块。除了精品频出的春秋两季大拍之外，北京保利也注重对于大众藏家的培养，四季小拍中每个门类专场均能立足本专业，充分发挥平台优势，主动积极扩大保利拍卖的品牌影响力，延展了保利拍卖的交易品类，维系了广大相关专业领域藏家，获得藏家的青睐。

2019年中国嘉德全年实现总成交57亿元，其中中国文物艺术品成交额为

45.0 亿元，4 件（套）拍品成交价过亿元，70 多件（套）拍品成交价超过千万元，其中有 53 件（套）为中国文物艺术品，成交额为 20.6 亿元；五百万元以上的高端拍品为 142 件（套），成交额高达 26.9 亿元，占据中国文物艺术品市场成交总额的 59.8%，相比于近几年来高端拍品的占比动辄 70% 以上的状况来看，2019 年高端拍品集中化开始分散减弱，市场整体下沉趋势明显。

中国书画板块是中国嘉德重力深耕的领域，2019 年中国书画拍卖年度总成交额为 27.7 亿元，年度成交率逾 80%，4 个白手套专场，4 件（套）作品过亿元成交，其中赵孟頫的《致郭右之二帖卷》以 2.67 亿元成交，位居年度全球中国书画拍卖之冠。瓷玉杂项板块成交额为 7.2 亿元，油画及中国当代艺术板块成交额为 6.4 亿元，收藏品板块成交额为 2.9 亿元，珠宝尚品板块成交额为 7264 万元。由此可以清晰地看出中国嘉德在各品类的市场布局。

中国嘉德一方面在传统市场上深耕细作，一方面顺应时代发展，不断探索创新经营新模式。中国嘉德自 2018 年推出 E-BIDDING 嘉德网拍，经过 2019 年的发展，共举办了 12 期网络拍卖，39 个专场，20 多个品类，注册交易人数增长了 4 倍，交易额从每场几十万元增长到数百万元。数千位藏家使用手机参与嘉德网拍和同步拍，嘉德建立了适用于网拍的制度规范与流程，为新晋藏家提供了安心的收藏新渠道，推出了更贴近生活和当代审美的品类，促进新型的艺术品消费。网拍发展态势热度上升。中国嘉德对新技术的应用与实践，对传统拍卖实行电子化管理，利用新的传播手段、传播平台开拓市场，致力发掘新门类、新项目、新拍品的做法，赢得了市场的积极回馈。中国嘉德成立 27 年以来，多年来以稳扎稳打的实干态度，拍品的高质量、价格的务实，业务的专精度和高度社会责任感，获得了业内的肯定，2019 年保持了稳健前行的良好势头，为拍卖市场发挥了重要的风向标作用。也为中国艺术品市场国际地位的不断提升奠定了重要基础。更重要的是，中国嘉德不仅是中国拍卖行业的见证者与引领者，在社会公益方面也为行业树立了标杆。履行社会责任，投身公益慈善事业，中国嘉德作为东润慈善夜的支持单位，在慈善拍卖的组织、策划、现场竞投等环节给予了全方位的支持，助力贫困家庭儿童的教育与成长。

香港苏富比 2019 年度中国文物艺术品的拍卖成交额为 38.9 亿元，占据五大拍行总额的 19.0%，虽然拍卖成交额比去年降低了 11.2 亿元，仍稳居全球第三位，凸显了老牌拍卖行的笃定实力。2019 年度斩获 5 个白手套专场，过亿元拍品 6 件（套），与上一年持平，但分布的板块有所变化，不再集中在瓷玉杂项方面，转向油画、国画、陶瓷器与珠宝的板块。其中油画板块的过亿元作品为赵无极 1958 年作的《无题》、常玉 1965 年作的《曲腿裸女》、吴冠中 1974 年作的《荷花（一）》；国画为张大千 1969 年作的《伊吾闾瑞雪图》；陶瓷器为“清乾隆 料胎黄地画珐琅凤舞牡丹包袱瓶”；珠宝为一枚罕见的艳彩紫粉红色钻石戒指。64 件（套）过千万元拍品，成交额为 22.3 亿元；134 件（套）500 万元以上拍品，成交额为 27.2 亿元，占其中国文物艺术品成交额的 69.9%，高端拍品仍然主导着苏富比香港的中国文物艺术市场。

2019 年苏富比全球拍卖中参与竞投的新客户人数逾 10000 人，新客户占亚洲苏富比拍卖整体买家人数 31%，在苏富比全球拍卖成交总额中 30% 来自亚洲藏家。这些数据足以证明苏富比不断开拓新藏家的收藏兴趣，在亚洲的市场影响力日渐扩大，而且藏家趋于年轻化：在所有藏家中 25% 的亚洲买家小于 40 岁。苏富比针对年轻客户群，紧贴数码时代，网上拍卖专场增加至 10 场，成交额翻了 4 倍，网上买家人数较往年增加一倍。

佳士得香港地区市场 2019 年度依然以亮眼的中国文物艺术品拍卖市场业绩位居第四，成交额为 32.1 亿元，占据全球前五拍卖公司中国文物艺术品成交额的 15.7%，相比上一年下降了 8.9 亿元，占比下降 3.0%。过千万元的高端拍品为 54 件（套），成交额 18.9 亿元，占据其总额的 58.6%；500 万元以上的拍品为 104 件（套），成交额为 22.2 亿元，占其总额的 69.2%。由此可以看出：高端拍品亦主导中国文物艺术品拍卖市场。

现当代艺术板块为佳士得香港重力深耕的领域，2019 年度斩获的 6 个白手套专场中，三个为“20 世纪与当代艺术”的日场与夜场拍卖，2 件过亿拍品由此产生，均为油画领域，分别为常玉 1950 年作《五裸女》，成交价为 2.73 亿元，为本年度亚洲成交金额最高的艺术品；赵无极 1987 ~ 1988 年作《三联作》，成交价为 1.54 亿元。另外两场白手套专场一是“离心力 /ICONOCLAST”，专场汇集 18 件（套）生于 1969 ~ 1989 年的年轻艺术家作品，深受藏家喜爱，获得 100% 成交。另一专场为一件珍稀陶瓷器特设的“圆梦——康熙珐琅彩千叶莲碗（A Dream Realised: Kangxi's Ultimate Falangcai Bowl）”，佳士得倾心打造，定位准确，最终以 7825.88 元的高价成交。

佳士得香港 2019 年继续坚持科技创新与艺术市场相结合，举办 Art+Tech 艺术科技峰会，推出全新 HI-LITE 专拍及微信小程序，并继续推进艺术大师杰作及私人珍藏拍卖。推行一系列独具创意和前瞻性的拍卖策略，不断开拓新的拍卖领域，并不断发掘培育新的藏家阶层。经过短短一年的努力，2019 年度“千禧一代”藏家比上年度增加了 20%。尽管面对一些持续的地区政治因素，个别板块受到一些不利影响，但香港拍卖市场总体依然显示出信心和活力。

西泠印社近几年在行业中业绩突出，排名一直居于前十名，2019 年度稳中有进，成交额高达27.0亿元，替代匡时国际跃居第五名，占据前五名全球拍行中国文物艺术品市场成交额的13.2%。过千万元的拍品19件（套），成交额为3.1亿元，过五百万元的拍品76件（套），成交额达7.0亿元，占其全年成交额的25.9%。由此可以看出，西泠印社的高端拍品只占其四分之一的市场份额，而近乎75%的成交额由中低端拍品贡献，这一点与前四名拍行的拍品结构相当不同。能够取得如此不凡成绩，与西泠印社在经营策略上步步为营，顺势而为，灵活转变经营战术密切相关。

2019是西泠印社成立十五周年的纪念之年，这一年，西泠印社遵循着“保存金石、研究印学，兼及书画”的创社宗旨，笃行深耕，从篆刻、砚台的单一门类中深挖细耕，开创“首届田黄石专场”“首届历代名砚专场”“晚清名家专场”“印石三宝专场”“名家闲章专场”等印砚书画金石方面独具特色的专场，并发展成品牌，深受藏家信赖；在传统专长的拍品品类之外，他们秉承“少而精”的理念，深入挖掘其他门类的潜力，诸如名家篆刻，名贤书札，历代青铜器等板块。举办多个专场，各品类举办专场均高于去年，并斩获4个白手套专场。其中清乾隆御铭宋代端石七光砚以1380万元成交；商晚期青铜奚卣以2530万元成交；赵之谦、潘祖荫《互致信札三册》以920万元成交，创赵之谦信札最高成交纪录；郁达夫唯一存世完整著作手稿《她是一个弱女子》以897万元成交，创下郁达夫手稿拍卖最高纪录。

西泠印社春秋两季大拍几乎总览全年主要成交额，成交率高达85.8%，远远高于同行业水准，体现出极其专业的拍卖素养。他们推行线下线上同时并举，有效提升了资源配置效率，使藏品资源流通变得更为顺畅。同时发挥区域优势，发掘特色资源，将西泠印社的文化传承与品牌优势相结合，集中突出拍卖业务竞争优势，为西泠拍卖稳定发展奠定了雄厚的文化基础。

中国大陆地区市场
Mainland China Art & Antiques Market

一　市场总体稳中趋升，应对性调整见成效

2019 年，中国大陆地区文物艺术品市场克服了在中国宏观经济增速放缓、全球资金流动性进一步紧缩、市场信心受挫等不确定性影响的诸多困难，极力扭转 2018 年市场大幅下跌的不利态势，实现了该年市场的总体稳定发展，并呈现微升的势头。纵观近五年中国大陆地区文物艺术品市场发展趋势可以发现，由于市场主体随市不断做出应对性调整，自我调节能力逐渐加强，市场的供求关系朝着健康理性的方向持续深入发展：2015 年是中国大陆地区市场由此前高峰转向下行发展的转折性一年；2016 年企稳回暖信号释放，由此止跌回升，成交量与成交额均出现增加，并在 2017 年成交额达到新峰值，之后开始新一轮的调整；2018 年市场再次出现下行态势，成交量提升、成交额骤降，市场下沉明显，直至 2019 年止跌趋稳微增。

2015～2019年中国大陆地区中国文物艺术品成交额
（单位：亿元）

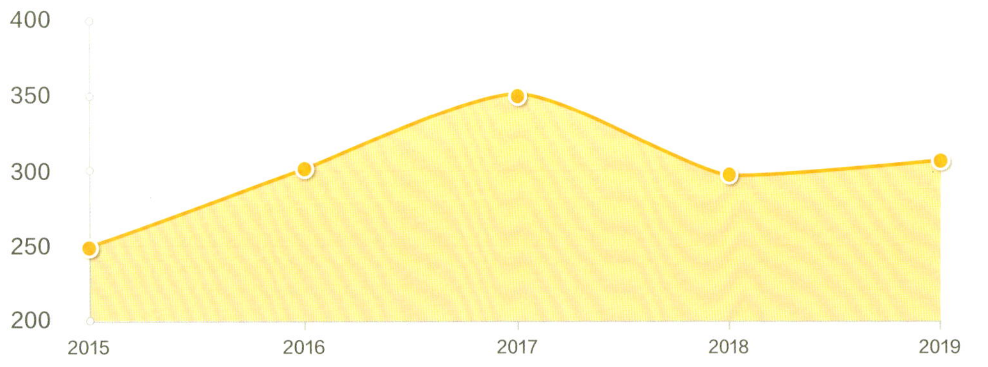

2015～2019年中国大陆地区中国文物艺术品成交量

[单位：万件(套)]

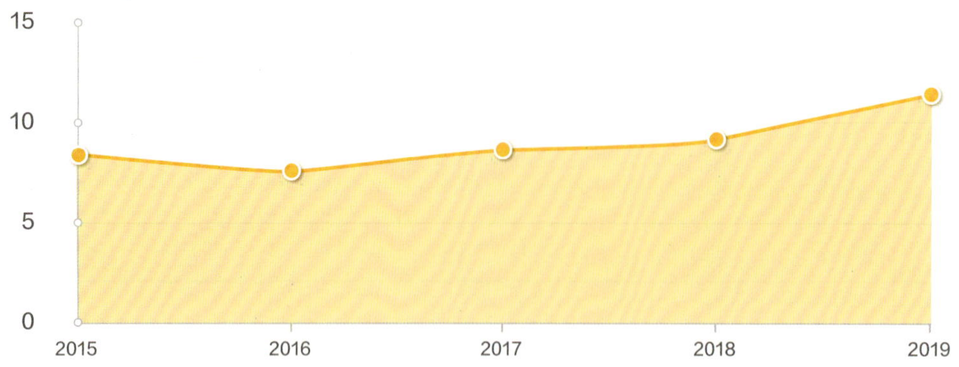

具体而言，2019 年中国大陆中国文物艺术品拍卖成交总额为 304.2 亿元，同比小幅上升了 2.3%，成交量为 11.2 万件（套），比 2018 年提高了 19.0%。从成交价格区间来看，2018 年中国大陆地区在 1000 万元以下的各价位拍品，其成交量与成交额均同比出现增长，其中成交量的增长主要来自于成交价在 50 万元以下的低端拍品。根据易拍全球研究院（筹）大数据统计显示：2019 年中国大陆地区成交价在 50 万元以下的中国文物艺术品成交量为 10.2 万件（套），同比增长了 20.2%。此外，在成交额增长的各价位拍品中，又以成交价在 10 万元以下的拍品总成交额增量最为明显，涨幅达 17.3%。以上数据表明，随着文物艺术品拍卖市场的大众化趋势，尤其是网络拍卖的广泛普及，50 万元以下成交的拍品占比增多。该年中国大陆地区的拍卖企业在拍品选择上为适应市场新需求，采取了“增量保质”的策略，积极应对市场反应，市场向低档的大众拍品下沉，此档拍品成交数量的增多，也反映出随着高端拍品资源受限收缩，拍卖收藏市场进入消费市场的脚步进一步加快。

观察 2015 年至 2019 年中国大陆中国文物艺术品拍卖市场的成交率起伏走势可以看出：成交率与成交额呈正相关性。自 2015 年后，成交率企稳回升，该阶段拍卖行进行了经营策略的局部调整，“增质减量”的策略被进一步实施，以高端市场为主导，市场精品趋于集中化，从而加速了 2017 年成交率的一路上扬。2018 年受整体经济增长下行压力加大的影响，市场信心减弱，拍品的过高估价与藏家心理预期不符而造成流拍较多，成交率回落。在经历了 2018 年的较低成交率后，2019 年中国大陆地区各拍行迅速做出反应，积极应对上一年出现的挑战，尽最大可能满足交易双方的期望值，不至拍场流标过多。根据易拍全球研究院（筹）大数据统计显示：2019 年中国大陆地区中国文物艺术品成交率为 63.0%，较上一年大

2015～2019年中国大陆地区中国文物艺术品成交率

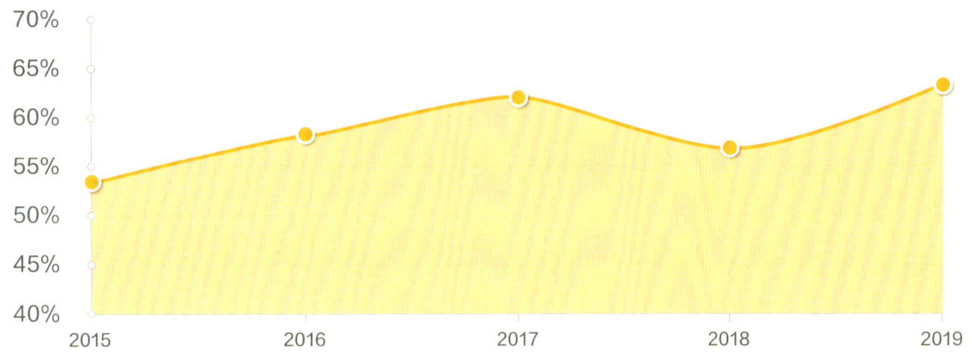

幅增长了6.6个百分点，为近五年来统计最高值。中国大陆地区中国文物艺术品成交率的提升，很大程度上得益于“白手套”专场的数量增多，从数据上看，2019年中国大陆地区“白手套”专场为167个，同比增加15个。值得关注的是，该年名家旧藏专场的拍卖表现优异。如中国嘉德推出的“仁妙轩藏手卷小品专辑”专场、“通钵堂藏扇”专场、“松涛园旧藏宜兴紫砂”专场、“葱郁亭藏近现代书画集珍”；北京保利的“十面灵璧山居甄选重要明式家具”专场、“翦淞阁精选文房名品”专场以及广东崇正的“端木蕻良旧藏”专场等，成交率接近100%，并且多个专场成交额超过千万元。可见名家旧藏成为拍品高成交率的有效背书。

二　中低端市场扩容，高端市场紧缩

2019年中国文物艺术品拍卖市场在中国大陆地区的表现，在成交价位分布上呈现出：中低端市场继续扩容，高端市场进一步收紧的局面。

2019年中国文物艺术品拍卖中，中国大陆地区成交价在500万元以下的中低端拍品成交量约为11.1万件（套），同比增加19.1%，成交额为190.00亿元，同比上涨9.0%。其中，50万元至500万元的中端拍品成交额占据中低端拍品总成交额的58.9%，但其成交量仅占该价位总成交量的7.5%，说明了中端拍品在市场中以质取胜，而低端拍品则是靠巨大的成交量优势在市场份额贡献中立足。细观2019年中国大陆地区成交价在500万元以下的中低端市场，成交量同比增长幅度最大的品类是收藏品，为1.6万件（套），上涨27.7%；成交额同比上涨幅度最大的品类是瓷玉杂项，为65.2亿元，提升14.4%。以上数据表明，收藏品受到更多藏家的关注，市场在不断地扩容，瓷玉杂项则是不断提高拍品质量，保持了较高

2019年中国大陆地区中国文物艺术品各品类成交价位分布

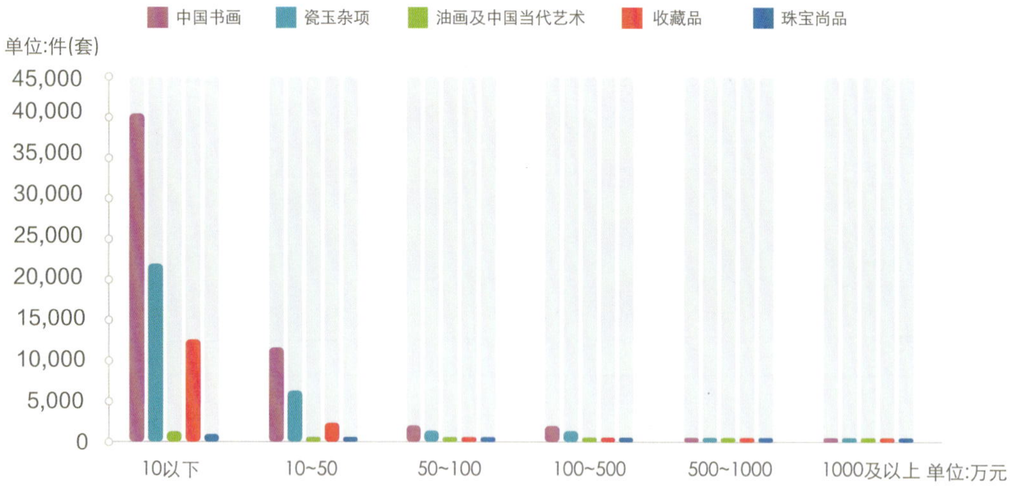

的成交额增长。此外，也应关注中国大陆地区成交价在500万元以下的中国书画，其成交量为5.8件（套），同比上涨16.2%；成交额为97.83亿元，同比微升1.60%，其中成交增量较为明显的是1万元以下的中国书画作品，为7359件（套），同比攀升39.9%。可见，中国大陆地区市场藏家对中国书画的关注度升温，受众的审美层次得到提高，但须更加警惕低价位中国书画的真伪问题。总体来看，在经济下行的调整阶段，拍卖市场能够敏锐察觉并做出迅速反应，随着拍品品类与价格的深化调整，该年市场向中低端拍品倾斜的下沉趋势明显。

再观2019年中国大陆地区成交价在500万元以上级别的高端拍品市场，该价格区间的成交量为800件（套），同比去年多成交8件（套），其成交总额为114.2亿元，占据中国大陆地区中国文物艺术品市场总成交额的37.5%，同比去年缩减8.8亿元。来自易拍全球研究院（筹）的大数据统计显示：2019年中国大陆地区500万元以上价格区间的文物艺术品的成交总额虽同比去年减少了7.2%，但在500万元至1000万元价格区间成交的拍品数量与成交额分别增长14.1%与12.4%，比如中国书画同比增加55件（套）、陶瓷器同比增加9件（套）、古籍文献同比增加2件（套）等。值得关注的是，该年成交价在千万元以上的拍品成交量与成交额分别缩减57件（套）与12.8亿元，其中成交价过亿拍品9件（套），同比去年减少1件（套）。

通过对比2018年高端市场可发现：藏家在2018年对亿元精品市场的追逐稍事放缓，而对千万元高端市场的资本注入热情依旧不减，2019年则是藏家对千万元以上的高端市场投入收窄，将购买力集中在500万元至1000万元价格区间，反映出在经济下行调整时期，高端拍品市场也呈现出下沉的发展态势。

三 书画市场持续主导，瓷玉油画浮动明显

2019年中国大陆地区细分品类成交量占比

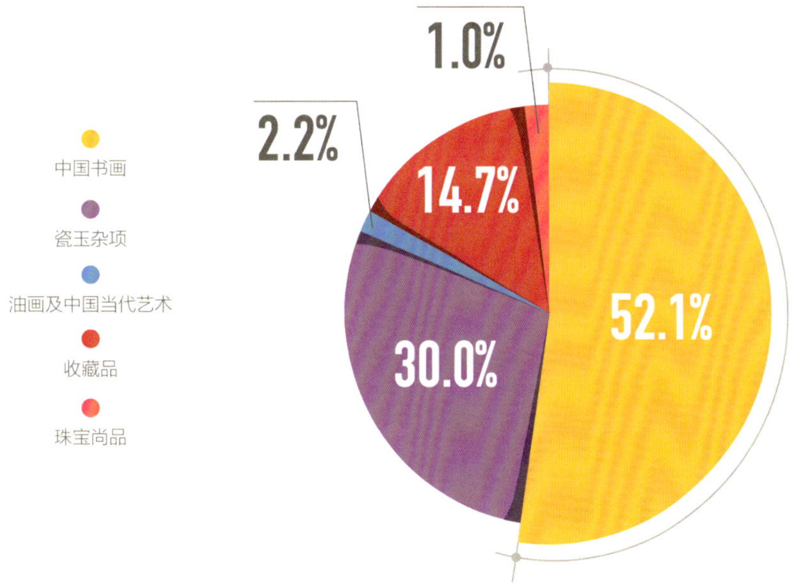

2019年中国大陆地区细分品类成交额占比

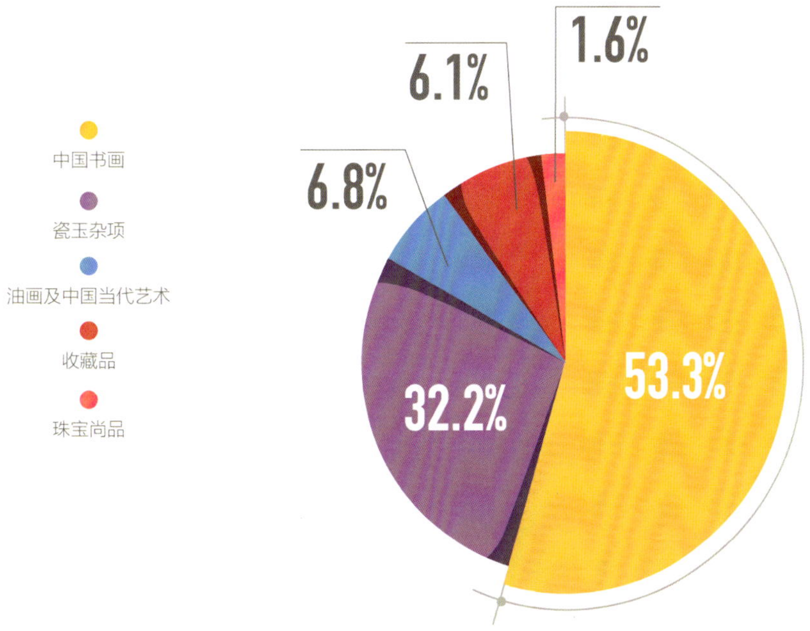

2019年，中国大陆地区中国文物艺术品市场的品类分布延续了近年来在成交量与成交额占比上的基本格局，并在局部分布中出现了一些细微调整。该年中国大陆地区中国书画以162.1亿元的成交额与5.8万件（套）的成交量，持续占据中国大陆地区文物艺术品拍卖市场的半壁江山有余，分别占该地区总成交额的53.3%与总成交量的52.1%。瓷玉杂项在市场份额占比上继续紧跟中国书画之后，成交额为97.8亿元，占据市场总额的32.2%；成交量为3.3万件（套），占据市场总额的30.0%。在成交额占比上，油画及中国当代艺术与收藏品紧随瓷玉杂项之后，分别占比6.8%与6.1%，珠宝尚品占比最小，占总成交额的1.6%。来自易拍全球研究院（筹）的大数据统计显示，2019年中国大陆地区中国书画的平均价格为27.9万元/件（套），比瓷玉杂项的平均价格低2.7万元/件（套）。中国书画的平均价自2013年以来首次出现低于瓷玉杂项的平均成交价，说明往年门槛较高的书画品类市场下沉趋势更加明显，高价拍品缺位增大，中低端拍品市场持续扩容受到更多大众关注。相对于中国书画来看，瓷玉杂项的均价较往年也有所下降，中国书画与瓷玉杂项的平均成交价同比去年分别下降了13.8%与4.5%，说明聚集在中低端藏品市场的大众藏家仍占据多数。

另外，从2019年中国大陆地区总体成交量来看，该年总成交量为11.2万件（套），同比增长19.0%，各品类的成交量较2018年皆有所上升的情况不同，2019年中国大陆地区各品类的成交额涨跌并存，其中瓷玉杂项的成交额以21.4%的涨幅引领该区域市场；中国书画涨幅微弱，只有0.1%；油画及中国当代艺术、收藏品和珠宝尚品的成交额在2019年均出现收紧的趋势，尤以珠宝尚品市场的大幅紧缩为甚。

1. 中国书画

中国大陆地区2019年中国书画的成交量与成交额同比均出现上涨的走势，分别上涨16.1%与0.1%。在细分二级品类中，该年的中国书画市场中的古代书画、近现代书画及当代书画各板块的成交量与2018年均有所上升的趋势不同，古代书画与近现代书画成交量分别实现24.1%和22.2%的较大涨幅，当代书画的成交量则下跌7.8%。古代书画与当代书画板块成交额同比去年紧缩，分别下降1.9%和12.6%；近现代书画成交额同比微涨3.7%。具体来看，近现代书画板块成交额高达101.4亿元，占据整个书画市场的62.5%，古代书画的成交额为42.7亿元，占据书画市场总体份额的26.3%，当代书画占据了书画市场的11.2%，比2018年的占比有所减少。

古代书画在2019年中国大陆地区市场中，其成交量的增加主要来自于成交价

2018~2019年中国大陆地区中国书画品类细分成交额

(单位:亿元)

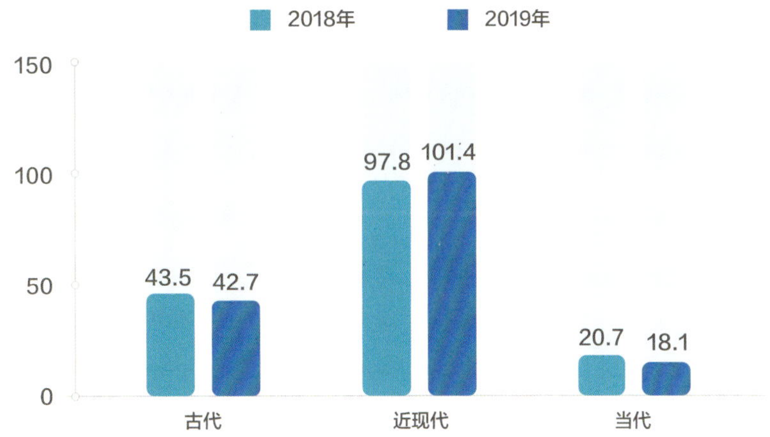

2018~2019年中国大陆地区中国书画品类细分成交量

[单位:件(套)]

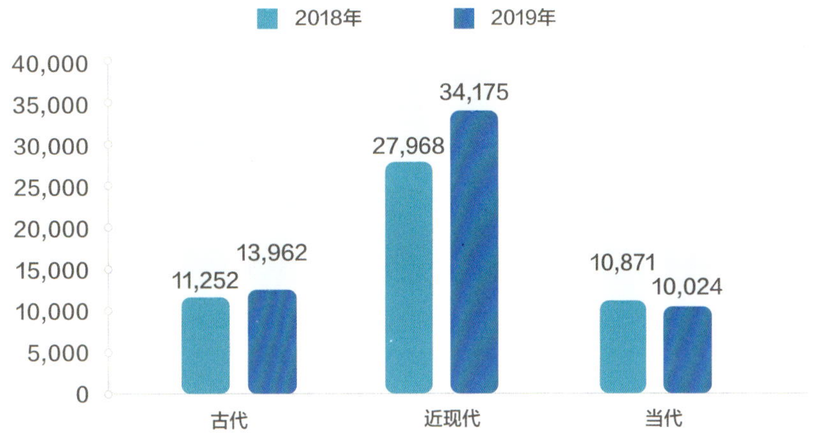

在 100 万元以下的中端拍品，为 1.3 万件（套），同比增加 2737 件（套），处于该价位段的成交额也同比上涨 10.9%，达 12.2 亿元。该年中国大陆地区中国书画成交额涨幅最为明显的则为成交价在 5000 万元以上的高端精品部分，该价位成交量为 9 件套，同比增加 1 件（套），成交额为 8.6 亿元，同比增加 38.7%。易拍全球研究院（筹）通过调研发现，该年中国大陆地区古代书画成交价前十名当中，明确皇室收藏著录的作品达 5 件（套），流传有序且著录清晰的作品是拍出高价的重要因素之一；十件拍品中，此前曾在拍卖会中出现的作品高达 7 件（套），“熟货”仍是高端市场的主力，其中有 6 件（套）拍品在该年的拍卖市场中成交价较最近一次上拍成交价平均提升 12.8 倍。随着古代书画市场结构日趋完善，其未来市场的发展将更加稳健。

近现代书画在该年度实现量额双增的良好发展态势，依然对中国书画市场起关键主导作用。在 2019 年的近现代书画拍卖成交价前 10 名中，主要集中在李可染、傅抱石、潘天寿、张大千等在中国美术史中颇有成就的大家之列。易拍全球研究院（筹）观察各价位近现代书画的成交量发现，2019 年成交价在 1000 万元以下的标的成交量达 3.4 万件（套），同比上涨 22.3%，成交额同比增加 10.8%；成交价超过 1000 万元的拍品数量与成交额同比分别减少 7 件（套）与 3.9 亿元。2019 年近现代书画高端精品市场份额的收窄，一方面说明市场供应方在挖掘精品资源上拍已面临征集难度加大的问题，藏家惜售、高端“生货”难寻等不利因素亟待拍行勠力克服；另一方面，受全球经济增速放缓的大势影响，购藏群体的入藏预算也同步出现紧缩的局面，将目光更多转向千万元以下的市场，也可视作买方市场的适应性调整。

当代书画是该年中国大陆地区中国书画板块唯一在成交额与成交量同比去年均呈下行的部分，与 2018 年成交额与成交量双双上扬的利好形势相悖，成交额同比下降了 2.6 亿元，成交量缩减了 847 件（套）。从中国大陆地区当代书画的平均成交价来看，2019 年为 18.0 万元 / 件（套），成交的作品大多集中在 1 万至 5 万元的价格区间，成交量为 4280 件（套），占中国大陆地区该品类总成交量的 42.3%，市场进一步出现下沉趋势。由于当代书画作品在艺术创作风格上存在着不确定性以及部分当红艺术家的市场存在严重炒作的行为，这在一定程度上影响了部分艺术作品价格的合理性。当市场经济规模出现紧缩时，当代书画的市场热度则首先受到影响，其市场仍需长时间的积淀与培养。

中国古代书画TOP10（中国大陆地区）

序号	地区	拍卖行	拍卖会及专场	作者	作品名称	拍卖时间	人民币成交价(含佣金)
1	北京	中国嘉德	中国嘉德2019秋季拍卖会 大观——中国书画珍品 之夜·古代	赵孟頫	《赵孟頫致郭右之 二帖卷》	2019.11.19	267,375,000
2	北京	北京保利	北京保利2019秋季拍卖会 仰之弥高——中国古代书画夜场	王蒙	《芝兰室图》	2019.12.03	146,050,000
3	北京	中国嘉德	中国嘉德2019秋季拍卖会 大观——中国书画珍品 之夜·古代	钱维城	《苏轼舣舟亭图》	2019.11.19	74,750,000
4	北京	北京保利	北京保利2019春季拍卖会 百代标程——从宋人至金农	恽寿平	《花卉册》	2019.06.03	74,750,000
5	北京	北京保利	北京保利2019春季拍卖会 百代标程——从宋人至金农	董其昌	《松杉茆堂图》	2019.06.03	67,850,000
6	北京	北京保利	北京保利2019春季拍卖会 百代标程——从宋人至金农	倪瓒	《墨竹图》	2019.06.03	63,250,000
7	北京	北京保利	北京保利2019秋季拍卖会 仰之弥高——中国古代书画夜场	董诰	《万有同春》	2019.12.03	58,075,000
8	北京	北京保利	北京保利2019春季拍卖会 百代标程——从宋人至金农	丁观鹏 张为邦 戴洪 陈善	《清宫廷画家合绘 寿意图册》	2019.06.03	57,500,000
9	北京	中国嘉德	中国嘉德2019秋季拍卖会 大观——中国书画珍品 之夜·古代	石涛	《杜甫诗意册》	2019.11.19	55,200,000
10	北京	东方大观	2019年春季拍卖会 翰墨承绪——重要中国书画专场	陈洪绶	《花鸟湖石草虫册绢本》	2019.06.05	49,450,000

中国近现代书画TOP10（中国大陆地区）

排名	地区	拍卖行	拍卖会及专场	作者	作品名称	拍卖时间	人民币成交价(含佣金)
1	北京	北京保利	北京保利2019秋季拍卖会 中国近现代书画夜场	李可染	《万水千山图》	2019.12.02	207,000,000
2	北京	中国嘉德	中国嘉德2019秋季拍卖会 大观——中国书画珍品之夜 近现代	潘天寿	《初晴》	2019.11.18	205,850,000
3	北京	中国嘉德	中国嘉德2019春季拍卖会 大观——中国书画珍品之夜 近现代	吴冠中	《狮子林》	2019.06.02	143,750,000
4	北京	中国嘉德	中国嘉德2019秋季拍卖会 大观——中国书画珍品之夜 近现代	李可染	《井冈山》	2019.11.18	138,000,000
5	北京	北京荣宝	2019秋季艺术品拍卖会 中国书画·荣名为宝	李可染	《漓江天下景》	2019.12.01	86,250,000
6	广州	广州华艺	2019春季拍卖会 近现代书画	傅抱石	《韶山诗意》	2019.08.10	58,075,000
7	北京	北京保利	北京保利2019春季拍卖会 中国近现代书画夜场	张大千	《黄山奇松通景》	2019.06.04	57,500,000
8	广州	广东崇正	2019年春季拍卖会 国光·中国近现代书画	李可染	《高岩飞瀑图》	2019.05.23	55,430,000
9	北京	北京保利	北京保利2019秋季拍卖会 中国近现代书画夜场	傅抱石	《听泉图》	2019.12.02	51,865,000
10	广州	广州华艺	2019秋季拍卖会 近现代书画	吴冠中	《野藤明珠》	2019.12.28	51,175,000

2. 瓷玉杂项

在中国大陆地区各品类中国文物艺术品市场中，瓷玉杂项板块在2019年的表现最为亮眼，市场热度明显高于其他品类。来自易拍全球研究院（筹）的大数据统计显示：该年瓷玉杂项的成交量为3.3万件（套），同比增长27.2%，成交额为97.8亿元，同比上涨21.4%，为近五年来成交额最高值。从各价位分布的成交量统计表明，成交价在500万元以下的中低端瓷玉杂项成交量实现了大幅度提升，500万元以上的高端拍品成交量总体上出现收紧的态势；从各价位分布的成交额统计发现，只有成交价在1000万元至5000万元之间的成交额同比2018年出现6.2%的微降，其他各价位的成价额均实现了不同程度的上涨。由此可知，中国大陆地区2019年瓷玉杂项的市场呈现出中低端拍品通过继续扩大市场份额，以量取胜；而500万元以上的高端拍品市场则通过"增质减量"的方式，提升单件拍品的成交价，以实现高端拍品对市场的带动作用。

2015～2019年中国大陆地区瓷玉杂项成交额
（单位：亿元）

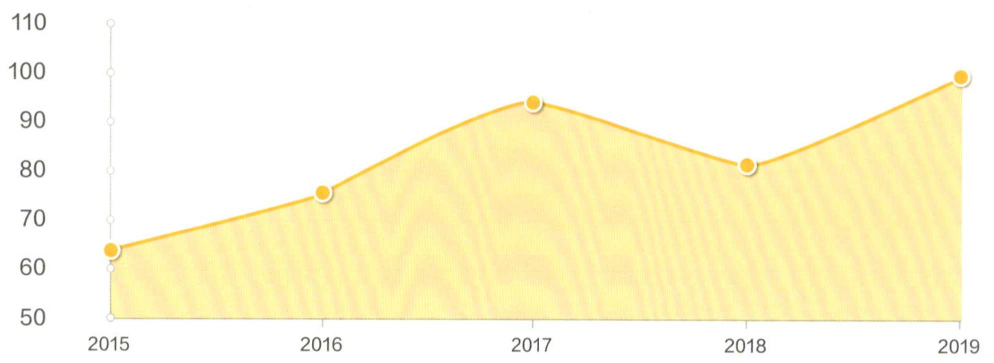

在中国大陆地区2019年的瓷玉杂项板块中，成交价超过500万元的拍品达8件（套），同比增加1件（套），以1.49亿元成交的"清乾隆　外粉青釉浮雕芭蕉叶镂空缠枝花卉纹内青花六方套瓶"领衔，此套瓶来源清晰，传承有序，最早由俄罗斯藏家所藏，后由其家族递藏，此后于1984年在纽约上拍，之后由中国香港著名藏家购入，后由中国台湾私人美术馆收藏，于2005年在香港上拍，由北美知名收藏机构所藏。十三年后，再于中国大陆地区现世，并创造了2019年中国大陆地区瓷玉杂项最高成交价，流传有序的购藏记录无形中赋予该套瓶更多市场价值。在此8件（套）瓷玉杂项中，以"清三代"御制瓷器占比最多，其成交额占此8件（套）总成交额的69.0%，可见该时期御制瓷器的重要市场地位。此外，中国大陆地区玉

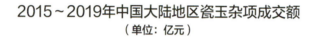

石器以 9430 万元成交的“清乾隆五十一年御制白玉交龙纽‘信天主人’宝玺”拔得头筹，佛像则是以 6325 万元成交的“清康熙御制铜鎏金释迦牟尼佛”高位领衔。纵观此 8 件（套）高价拍品，宫廷御制已成为创造更高市场价值的重要标签。

3. 油画及中国当代艺术

油画及中国当代艺术的成交总额与中国书画和瓷玉杂项板块相比，其差距在 2019 年进一步拉大，中国大陆地区的成交额为 20.9 亿元，占中国大陆地区文物艺术品拍卖总成交额的 6.8%。比去年同期下跌了 20.2%，下行趋势开始显现；成交量同比缩减了 15.1%，为 2445 件（套），平均每件（套）价格 85.4 万元，比 2018 年降低了 6.0%，其中油画的平均价格为 134.2 万元，价格较 2018 年微升。细观 2019 年中国大陆地区油画及中国当代艺术板块各价位的分布可发现，成交量与成交额均实现上涨的是成交价在 50 万元至 100 万元和 5000 万以上的拍品，其中 50 万元至 100 万元市场份额的增长来并非来自于油画，而是来自于水粉 / 水彩、雕塑以及版画等品类的市场贡献，该年水粉 / 水彩的成交量为 19 件（套），成交额为 1258.4 万元。占除油画之外油画及中国当代艺术其他品类成交总额的三分之一有余，其创作者多为 20 世纪早期的留法艺术家，如常玉、吴冠中、朱德群等人。上述艺术家的油画作品在拍场屡创高价的积极影响，也带动了其水粉 / 水彩市场的进一步繁荣。该年中国大陆地区成交价在 5000 万元以上的作品达 5 件（套），同比增加 3 件（套），成交额为 3.2 亿元，同比大幅上涨 72.3%，集中在常玉、赵无极、靳尚谊和冷军四位艺术家的油画作品之上，以 7705 万元成交的常玉《聚瑞盈香》领先，可见留法艺术家作品与写实油画仍然是拍场备受藏家青睐的蓝筹拍品。

2015～2019年中国大陆地区油画及中国当代艺术成交额
（单位：亿元）

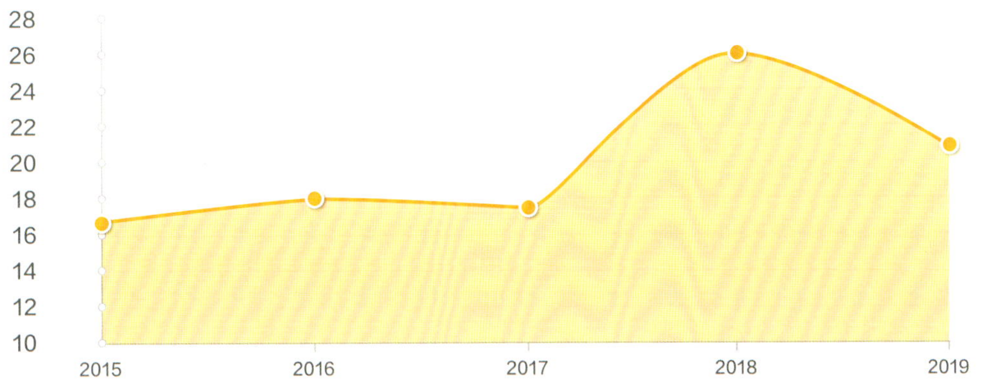

尽管50万元至100万元和5000万以上的拍品在成交量额实现了双增，但依然不抵其他价位区间市场份额的大幅缩减。市场份额紧缩程度较大的价位区间为1000万元至5000万元与1万元以下的油画及中国当代艺术作品，其成交额分别下降35.3%与26.8%。1000万元至5000万元高价位拍品的大规模缺位，一方面在于能支撑起该价位的拍品上拍量已出现减少的局面，拍行的征集遇到现实挑战；另一方面藏家谨慎入藏的心态在经济下行期更加显现，让市场流动资金做到利益最大化的理性选择驱使藏家群体目光转向其他投资渠道，流入艺术品市场的资金量收窄。此外，以往支撑起1000万元至5000万元高价位拍品的主力为中国当代艺术，而2019年该价位区间以往常出现的诸如周春芽、曾梵志、张晓刚等人的作品也出现缺位，一定程度上反映出藏家群体购藏风向的转变。

4. 收藏品及珠宝尚品

2015～2019年中国大陆地区收藏品成交额
（单位：亿元）

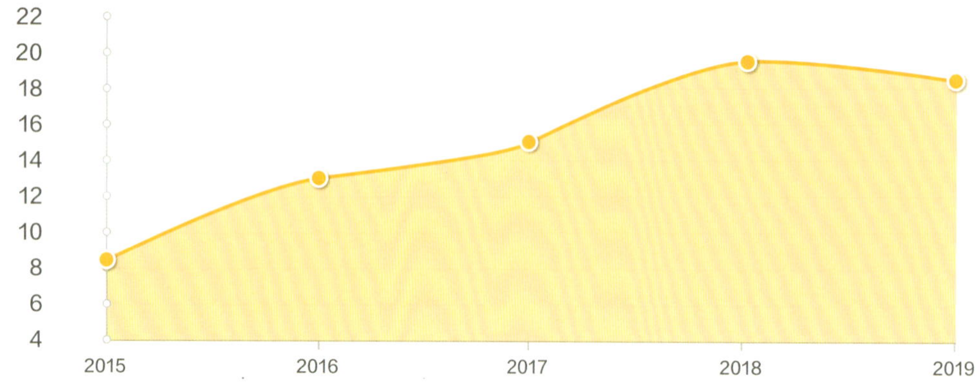

中国大陆地区收藏品板块在2015年和2018年的期间，保持在8.4亿至19.3亿之间的成交额，一直稳步上涨。2019年收藏品成交额进入止涨阶段，同比稍降4.3%，为18.4亿元，所占中国大陆地区市场总成交额的6.1%；成交量为16425件（套），同比增加27.6%；平均价格为11.2万元/件（套），同比下跌24.8%。细观收藏品板块下属各品类可发现：与2018年邮品钱币增速缓慢、古籍文献及手稿大幅增长的局面不同，2019年邮品钱币市场在本年度实现量额双增，成交额与成交量分别提升10.5%与14.1%，其中古籍文献及手稿虽然成交量增多20.5%，但成交额同比收窄34.3%。原因在于，2018年共有2件亿元拍品出自古籍文献及手稿板块，一件为《石壁精舍音注唐书详节》以1.1亿元成交；另一件《安思远藏

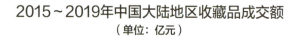

善本碑帖十一种》以1.9亿元高价成交，过亿元精品的上拍，直接拉动了该年度收藏品板块的增势。而2019年古籍文献成交价最高的为2932.5万元《启功旧藏金石碑帖、法书影本672种》，高价精品的释出与否直接影响当年该品类的市场成交额高低。

2019年中国大陆地区珠宝尚品成交量为1117件（套），成交额为4.9亿，二者同比平均涨幅下跌三成左右，其平均成交价为43.9万元/件（套），同比下降23.6%。以上数据表明，该年中国大陆地区珠宝尚品市场趋势进一步收紧。客观上随着该年设置珠宝尚品专场的拍行同比减少十余家，导致该年的上拍量与成交量相应减少，此与具体拍行的业务板块调整有直接关系。之所以出现上述现象，一方面来自于珠宝尚品本身的特殊属性。由于珠宝尚品多为当代工艺品，文化烙印相对欠缺。因此珠宝尚品缺少像中国古代书画、古籍善本与瓷器等所具备的文化历史属性与艺术价值，其增值空间常常仅取决于材质的稀缺性。同时，珠宝尚品之间的差异小，设计品质多有雷同，同质产品较多，对于大部分珠宝尚品而言，其稀缺性不足。在一级市场的珠宝店中有极大可能性买到与二级市场中上拍的类似珠宝尚品，因而珠宝尚品在二级市场上对买家常常不具备足够的优势与吸引力。相对具有投资意义的稀缺资源，诸如品质独特的“孤品”翡翠、大克拉高净度钻石或彩色宝石以及具有历史传承的高档珠宝尚品，在拍卖市场上却难得一见。另一方面，由于藏家群体的收藏理念多侧重于有快速增值属性的文物艺术品，相对快速增值的属性而言，珠宝尚品则是在装饰属性上更胜一筹。此外，也因内地藏家对于价值较高的古得收藏心理习惯还未广泛形成。珠宝尚品作为中国大陆地区五大品类中所占份额最小的一部分，其市场发展随着本就相对较为小众的藏家群体的收缩而放缓。

四　地区分布格局赓续，新晋城市释放活力

从中国大陆地区各区域市场发展的维度来看，2019年京津冀区域市场仍然延续多年来的主导地位，成交额为200.1亿元，占中国大陆地区市场份额的65.8%；成交量为5.9万件（套），占中国大陆地区市场总份额的53.1%，成交量、成交额比去年同期均增长了21.2%和0.7%。该区域市场的拍品平均成交价为33.8万元，居其他区域市场拍品平均成交价之首，中高端文物艺术精品多集中在该区域。根据易拍全球研究院（筹）大数据统计结果可发现，促高京津冀市场量额双升的直接原因在于该区域瓷玉杂项板块市场的活力释放。2019年京津冀区域市场瓷玉杂项的成交量为1.9万件（套），成交额为64.4亿，同比去年分别上涨了28.4%与12.9%，中国书画市场也实现微升，尽管除此之外的其他板块市场出现一定程度的

缩减，但在瓷玉杂项与中国书画两个板块的共同带动下，实现了京津冀区域市场份额总体向好发展。

2019 年，长三角区域拍卖市场成交额为 61.8 亿元，占据中国大陆地区市场份额的 20.3%，处于第二位，同比提高了 2.6%，涨幅较小。其成交量 3.2 万件（套），占整个市场份额的 28.6%，同比提高了 16.6%，拍品的平均成交价普遍低于京津冀。与 2018 年相比，变化较小，市场保持稳定。珠三角区域主要拍卖交易集中在广州，中国大陆其他区域虽然占比整个中国大陆地区市场份额较小，但其在 2019 年的发展表现可圈可点。具体而言，中国大陆其他区域的成交量为 7384 件（套），成交额为 17.2 亿元，同比均出现大幅上涨，涨幅分别为 65.0% 与 78.5%。各品类在本地区的拍卖成交量额均出现同比大幅提升。之所以出现如此令人瞩目的增速，得益于部分城市在 2019 年进一步开展业务，国内大型拍行快速扩张在这些城市的市场布局，本土拍行也借助大拍行的扩张之势提升自身市场能力。2019 年中国大陆其他区域文物艺术品拍卖集中在厦门、福州、青岛、济南等城市。以厦门为例，近年来厦门文物艺术品市场持续走热，无论是一级市场本土中小型画廊，还是二级市场香港佳士得、北京保利等国内外知名拍卖行，相继将厦门锁定为重点关注城市，纷纷在厦门举办预展。北京华辰、北京保利相继在厦门设置分支机构，其原因一方面在于作为东南沿海的门户城市，厦门在艺术品运输、仓储等方面有着明显的优势，另一方面本地藏家群体随着厦门经济的高速发展而进一步壮大，一级市场与艺术博览会的跟进发展，为二级市场的活跃提供了后备力量。根据易拍全球研究院（筹）的大数据统计显示：2019 年仅在厦门上拍成交的文物艺术品为 2887 件（套），占中国大陆其他区域市场总成交量的 39.1%，成交额为 11.7 亿元，占中国大陆其他区域总成交额的 68.3%。以上数据足以说明厦门这一城市在 2019 年的良好表现，其市场潜力仍在进一步发掘之中。

亚太其他地区市场（含中国香港、中国澳门、中国台湾地区）

Asia-Pacific Art & Antiques Market (Including HongKong,Macao and Taiwan)

一　量额变化呈反向，下沉趋势加大

从近年来中国文物艺术品在全球拍卖状况的地域分布来看，亚太其他地区市场（包括中国香港、中国台湾、日本、新加坡等地）的成交额一直仅次于中国大陆地区，平均所占市场份额维持在 30% 左右，并以此为中心进行局部调整。2019 年，亚太其他地区的中国文物艺术品拍卖市场成交额为 136.3 亿元人民币，同比去年下降了 7.6%，占据当年中国文物艺术品全球市场总成交额的 29.1%，成交量为 2.8 万件（套），同比上年增加了 33.9%。以上数据表明，随着 2019 年全球经济增速放缓，中国文物艺术品拍卖在亚太其他地区市场热度并未大幅降温，而是针对新出现的经济挑战做出适应性调整，成交量进一步增大，成交额小幅减少，市场呈现出下沉现象，部分品类交易中不乏亮点。

2015～2019年亚太其他地区中国文物艺术品成交量
[单位：万件(套)]

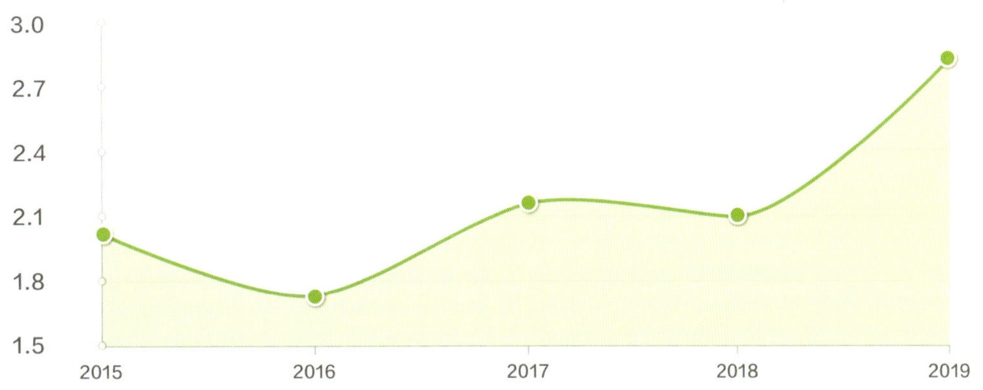

2015～2019年亚太其他地区中国文物艺术品成交额

（单位：亿元）

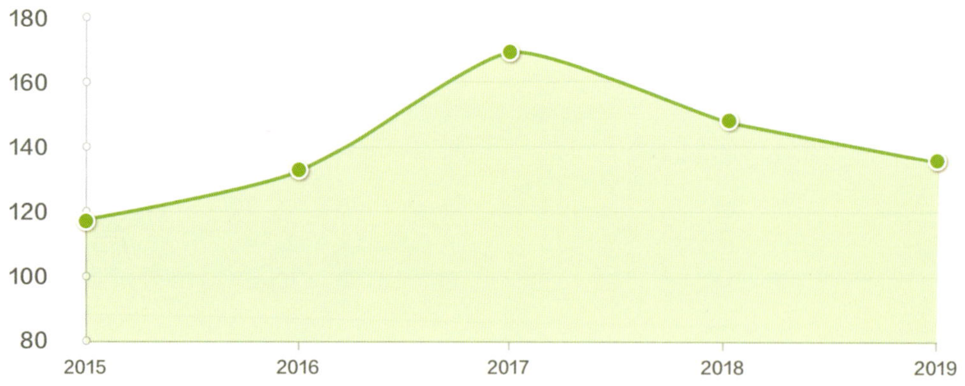

通过观察 2015 年至 2019 年亚太其他地区的中国文物艺术品成交量与成交额的整体走势可发现：近五年来，亚太其他地区中国文物艺术品的成交量整体呈现出上升发展的趋势，尤其是在 2019 年，其成交量出现显著提升，高于此前任何一年的成交量，市场占有量进一步扩大，更多中国文物艺术品现身亚太其他地区市场。成交额方面，2015 年以来，亚太其他地区的中国文物艺术品的成交额不断攀升，并于 2017 年达到峰值 169.7 亿元人民币，2018 年转势下跌至 147.5 亿元人民币，同比下跌 14.0%，2019 年成交额下跌趋势较上一年有所放缓，成交额略高于 2016 年。该年亚太其他地区中国文物艺术品市场成交量额走势呈反向的数据表现在：50 万元以下的低端拍品市场与 500 万元至 5000 万元的高端拍品市场热度不减，50 万元至 500 万元的中端市场以及 5000 万元以上的高端精品市场出现了不同程度的下滑。具体来看，亚太其他地区中国文物艺术品中，成交价在 50 万元以下的低端拍品成交量为 2.5 万件（套），同比增长 40.7%，成交额为 21.1 亿元，同比增长 13.4%；成交价在 50 万元至 500 万元的中端市场拍品成交量为 415 件（套），同比增长 6.4%，成交额为 54.4 亿元，同比增长 4.8%；如此可见低端拍品市场的拍场活跃度更加高涨。反观其他价位拍品市场，表现则相对低迷。来自易拍全球研究院（筹）的数据表明：该地区成交价在 50 万元至 500 万元的中端拍品成交量为 2595 件（套），同比减少 130 件（套），成交额为 37.7 亿元，同比缩减 1.7 亿元；成交价在 5000 万元以上的高端精品成交量为 22 件（套），同比缩减 10 件（套），成交额为 23.0 亿元，同比下降 14.4 亿元。以上数据显示的结果，一方面来自于该地区市场主体为应对增速放缓的宏观经济环境做出的应对性调整，在拍品价位上各拍行积极开拓市场的两端，低端市场进一步扩容，在高端拍品市场勠力深耕，以引导藏家的投资方向；另一方面，中端市场与高端精品市场的紧缩，可视为经济下行调整期买售双方的理性回归，买家谨

2015～2019年亚太其他地区中国文物艺术品成交率

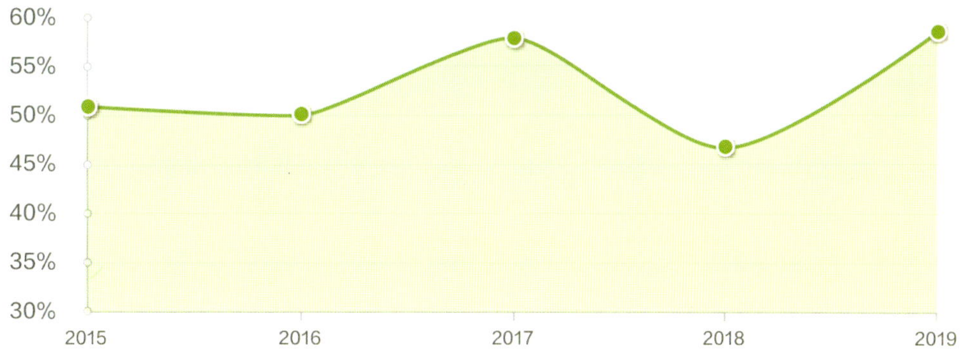

慎入场与卖家“捂货”伺机缓出，均是对资产配置的保护性回应。

易拍全球研究院（筹）通过对 2015 年至 2019 年亚太其他地区中国文物艺术品的成交率统计发现：2019 年为该地区中国文物艺术品成交率五年来最高的一年，同比提升了 12.4 个百分点达到 58.9%，表明市场买气回升。从数据上看，2019 年该地区的上拍量为 4.8 万件（套），同比去年缩减了 2604 件（套），成交量并未因为上拍量的减少而受影响，反而大幅提升。以亚太其他地区的“白手套”专场为例，2019 年该地区“白手套”专场数量为 72 场，同比增加了 20 场。该地区中国文物艺术品各品类成交率大部分品类成交率同比均有所提升，其中中国书画成交率上升 15.4 个百分点，瓷玉杂项成交率上升 20.3 个百分点，油画及中国当代艺术上升 4 个百分点，收藏品上升 4 个百分点，珠宝尚品则微降 0.2 个百分点。亚太其他地区品类成交率之所以大幅提升，一方面得益于专场设置上以著名藏家为主题的旧藏专场进一步增多，拍品质量得到有效保障；另一方面拍行在价位设置上做足功夫，保证了该地区市场的高成交率。

纵观近五年的亚太其他地区中国文物艺术品的平均成交价格，从 2015 年不断

2015～2019年亚太其他地区中国文物艺术品平均成交单价
（单位：亿元）

攀升至 2017 年达到高峰，为 79.4 万元/件（套），随即在 2018 年出现下调趋势，此年该地区中国文物艺术品的平均成交价格为 70.0 万元/件（套），同比 2017 年下跌了 12.0%。2019 年则继续上一年的下探趋势，平均成交价格为 48.4 万元/件（套），为五年来最低点。造成平均价格下跌众多因素里主要在于普品市场成交量的不断攀升，一定程度上拉低了总体成交价。50 万元以下的拍品占比达 89.2%，同比增加 4.2 个百分点；同时高价精品领衔力相比上一年更加式微，这两种情形直接导致了该年平均成交价格下降，加速市场下沉的趋势。

二　中国香港市场仍统领，日本市场增速显著

2019 年亚太其他地区的各细分市场基本延续原有分布格局，个别地区存在一定变化。易拍全球研究院（筹）数据显示：2019 年中国香港的成交量为 1.6 万件（套），成交额为 118.2 亿元，分别占据整个亚太其他地区市场份额的 58.0% 与 86.7%，以绝对优势处于整个地区的主导地位。日本则紧随中国香港之后，成交量为 7691 件（套），占亚太其他地区总成交量的 27.3%，同比增长 7.4 个百分点，成交额为 9.8 亿元，尽管与中国香港相比逊色，但明显领先于其他几个地区，其成交额增速在 2019 年得到大幅提升，同比上年增加 58.1%，市场份额占比也进一步扩

2019年亚太其他地区市场各细分市场成交量占比

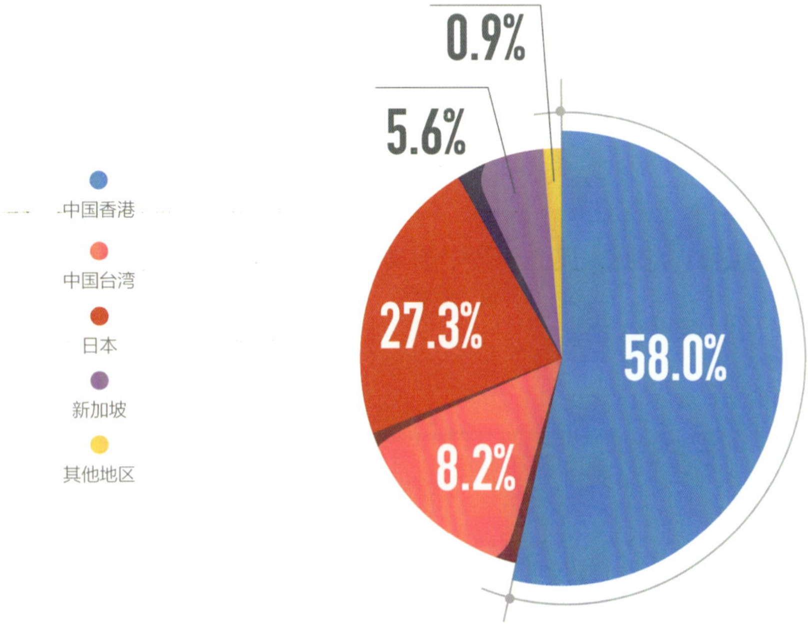

2019年亚太其他地区市场各细分市场成交额占比

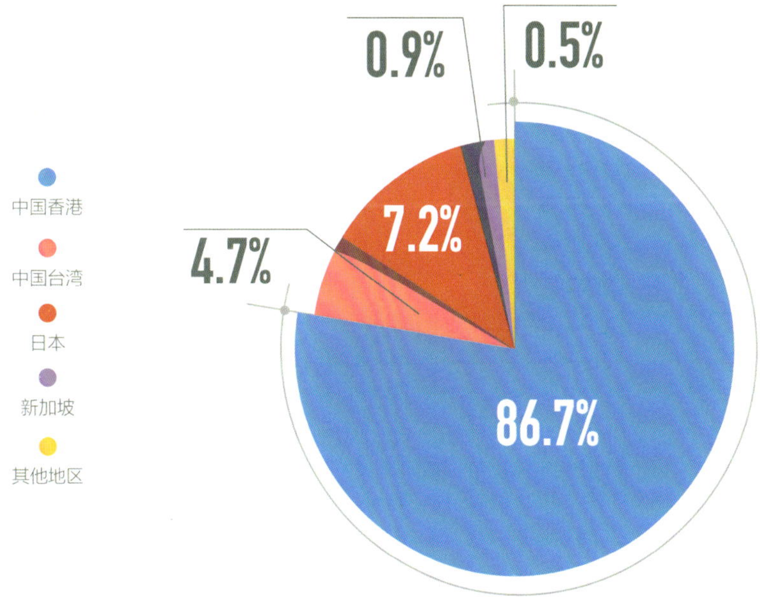

大，较比上年上涨3个百分点。排列在亚太其他地区第三的是中国台湾，第四的则是新加坡，中国台湾该年的中国文物艺术品成交量为2319件（套），同比上涨1.1倍，成交额为6.5亿元，同比上涨1.4倍；新加坡该年的中国文物艺术品成交量为1565件（套），同比上涨2倍，成交额为1.3亿元，同比提升85.7%；除中国香港、日本、中国台湾和新加坡之外的亚太其他地区的市场占有量也实现不同程度的量额双升。

中国香港在2019年继续凭借其便利的地缘优势和诸多优惠政策，进一步发挥其亚洲经济、金融、艺术中心的引领作用。也应注意到该年受不确定因素的影响，虽然中国香港的中国文物艺术品市场在亚太其他地区独占鳌头，但其成交额与所占该地区市场占比份额呈现出同比上一年下滑与收紧的态势。来自易拍全球研究院（筹）的统计数据显示：2019年中国香港的中国文物艺术品市场总成交额同比2018年缩减了19.3亿元，成交量与成交额的市场占比分别下降了13.1个百分点和6.5个百分点。纵观中国香港近五年的中国文物艺术品市场发展可发现，2015年的成交额随着世界经济活力的短期释放，由107.6亿元实现了连续两年的上涨攀登，并于2017年到达峰值为149.7亿元，2018年随着世界经济不稳定因素增多的影响，该年有了较小幅度的回落，为137.5亿元，较2017年下降8.2%，2019年则延续上一年的下探动势。再观其近五年的成交量，由2015年的1.5万件（套）

2015～2019年中国香港中国文物艺术品成交额

（单位：亿元）

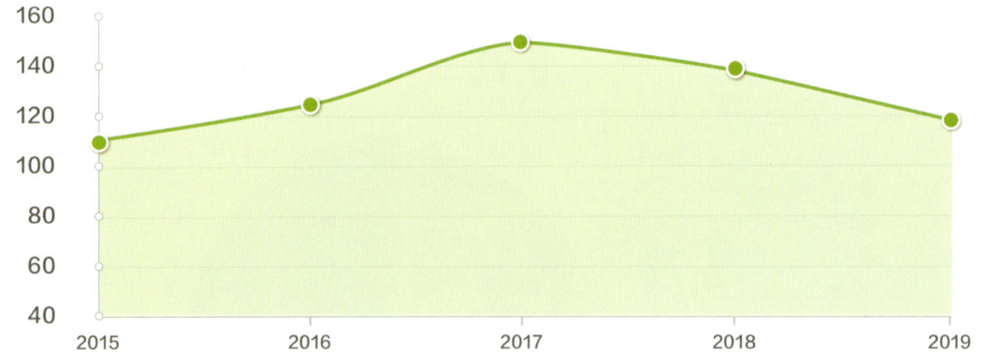

于 2016 年跌至近五年谷底为 1.3 万件（套），跌幅为 13.3%。随即于 2017 年开始呈上涨趋势，2018 年为 1.5 万件（套），较 2016 年增幅达 15.1%，市场的买气开始继续回升，实现 2018 年与 2019 年连续上涨。2019 年中国香港在成交额上同比微跌，在成交量上同比上涨，说明中国香港的中国文物艺术品市场发展能够在瞬息万变的外部环境中不断做出适应性调整，“以量取胜”的市场策略在一定程度上发挥了其在下沉市场中的关键作用，中国香港在亚太其他地区的主导性作用持续增强，影响该地区在全球市场中的格局。

二级市场中拍品的平均成交价直接反映出拍品的总体质量，中国香港该年的平均成交价格为 72.3 万元 / 件（套），依旧领先于亚太其他各地区的平均价格，但比 2018 年则下跌了 20.2%。中国台湾文物艺术品拍品平均成交价为 27.8 万元 / 件

2015～2019年中国香港中国文物艺术品成交量

[单位：万件(套)]

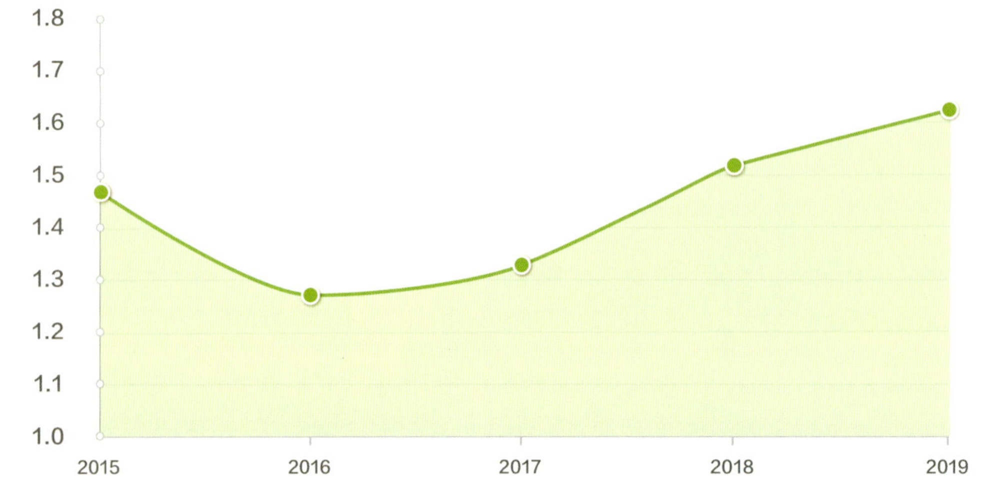

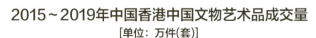

（套），排列第二，拍品质量平均较比上年有所提高。日本的平均成交价格为12.7万元/件（套），比中国台湾的平均成交价格低1.2倍，二者差距进一步拉大，说明该年在日本拍卖市场上成交的中国文物艺术品总体质量继续走低。在2019年成交的17件（套）过亿中国文物艺术品中，亚太其他地区拍出了8件（套），均集中在中国香港，5000万以上的拍品共22件（套），有20件（套）在香港拍出。在香港成交500万以上的高端拍品占亚太其他地区总成交额的53.4%。由此看出，中国香港仍是高端拍品的集散地，巨额资本的青睐之所。另外，从2019年全球拍行中国文物艺术品成交额排名来看，成交总额位列前五的拍行里，其中有两家拍行来自香港，它们是香港苏富比与香港佳士得，分别位列第三与第四，香港保利与中国嘉德（香港）则排名第九与第十。

此外，值得关注的是日本地区市场在2019年有较好表现，实现了量额双升，其在亚太其他地区的市场占有比重进一步扩大。根据易拍全球研究院（筹）的统计显示：2019年日本地区市场的中国文物艺术品成交量与成交额分别增长了83.8%和57.0%。具体而言，如此显著的增速直接源于各品类交易市场的活跃。该年日本地区中国书画的成交量为2337件（套），同比增长55.1%，成交额为3.9亿元，同比增长15.5%；瓷玉杂项的成交量为4966件（套），同比增长95.4%，成交额为5.5亿元，同比增长1.1倍；油画及中国当代艺术成交量与成交额同比分别增长130.0%与31.4%；收藏品与珠宝尚品也均实现了成交量与成交额超过50%的增幅。日本市场之所以呈现出如此活跃的生机，一方面来自于更多的日本拍行加入到上拍中国文物艺术品市场的行列。数据显示，2019年参与上拍中国文物艺术品的日本拍行数量同比增加了11.1%；另一方面，也与中国香港地区地缘不稳定因素陡增从而导致部分藏家转入日本购藏有一定关系。

三 瓷玉杂项交易活跃，珠宝尚品买气降温

2019年亚太地区的市场止涨从跌，对世界经济形势的变动做出了灵敏反应。同时，近两年来亚太其他地区市场的拍品构成在规模上也有所调整，从中国文物艺术品细分品类的成交量占比情况来看：2018年中国书画在成交额上以微弱优势占据第一，瓷玉杂项厚积薄发，则在成交量上位居首位，油画及中国当代艺术板块在成交额占比方面同比上升。2019年板块轮动，呈现出新的趋势，瓷玉杂项在成交量与成交额皆占据主导地位，中国书画市场全面退居第二位；油画及中国当代艺术板块“增质减量”，成交额市场占比继续扩增；收藏品板块的拍品质量不抵上年，量增质减，成交额占比同比呈下滑态势；珠宝尚品板块在该年无论是成交量还是成交额皆同比大幅紧缩，买

气降温。

易拍全球研究院（筹）统计数据显示：2019 年瓷玉杂项成交量为 13641 件（套），同比上年增加了 6.0%，占据市场的 48.3%；其成交额为 43.3 亿元，占据市场的 31.7%，同比上年提升了 17.6%。中国书画在该年的成交量为 8855 件（套），同比上年增加了 37.3%，占据市场的 31.4%；其成交额为 38.8 亿元，占据市场的 28.4%。油画及中国当代艺术的成交量为 1005 件（套），同比减少了 31 件（套），占据市场的 5.3%；其成交额为 34.9 亿元，同比上涨 1.2 亿元，占据市场的 25.6%。收藏品的成交量为 1087 件（套），同比增多 505 件（套），占市场总量的 3.9%；其成交额为 2.7 亿元，下降幅度达 38.5%，所占市场总额的 2.0%。珠宝尚品的成交量为 3130 件（套）、成交额为 16.8 亿元，同比分别下滑 29.9% 与 49.1%。

瓷玉杂项板块该年在亚太其他地区继续显示出其后来居上的优势，其下各品类除佛像唐卡市场出现下行发展之外，其他各品类市场均在该年取得了市场量额双增的提升。其中，陶瓷器与玉石器仍占瓷玉杂项类之大宗，2019 年陶瓷器的成交额为 21.2 亿元，占瓷玉杂项板块总额的 49.0%，其市场的引领地位不容小觑。该年，陶瓷器成交价在 5000 万元以下的各价位的成交额与成交量均实现了不同程度的增长，5000 万元以上的高端精品市场则较比 2018 年出现明显的紧缩，从数据上看，其成交额为 3.8 亿元，同比减少了 50.0%，如此说明“尖货”市场欲想保持稳定增长难度极大，在精品资源日渐稀缺的情形之下，如何深挖出更多上拍资源，如何保证精品的高价位顺利成交，不仅在于拍行的精心策划与培育藏家的力度，更在于市场购买力能够在不断变化的经济环境中，始终对文物艺术品市场保持垂青。2019 年，瓷玉杂项板块中金属器的市场成绩令人欣慰，该年金属器的成交量为 1368 件（套），成交额为 4.3 亿元，同比分别大幅上涨了 1.1 倍与 1.3 倍，其增长的主要原因在于香港本地拍行着重推出青铜器专场，大量流传有序的青铜器集中上拍，促高了金属器整体市场的占有率。

值得关注的是，2019 年亚太及其他地区的油画及中国当代艺术的市场成交量占比仅为 5.3%，但其市场成交额的占比却达 25.7%，说明该年油画及中国当代艺术市场持续走高端市场路线。从 2019 年全球中国油画及中国当代艺术成交额排名前十中，有 8 件（套）成交于中国香港，而这 8 件（套）作品的创作者集中在常玉、赵无极、吴冠中等三位留法艺术家。引人注目的是，常玉平生创作尺幅最大油画《五裸女》以 1.9 亿港元起拍，最终以 3.04 亿港元成交，成为该年亚洲艺术拍卖最高价拍品。文物艺术品进口关税高昂仍是大部分高价油画作品依旧流通在大陆以外地区的重要原因之一。2019 年亚太其他地区油画及中国当代艺术板块成交额的同比显著增长，主要来自于 500 万元至 5000 万元之间的高端拍品的大量上拍与成交。数据显示，2019 年亚太地区油画及中国当代艺术板块 500 万元至 5000 万元之间拍品的成交量为 108

2019年亚太其他地区细分品类成交量占比

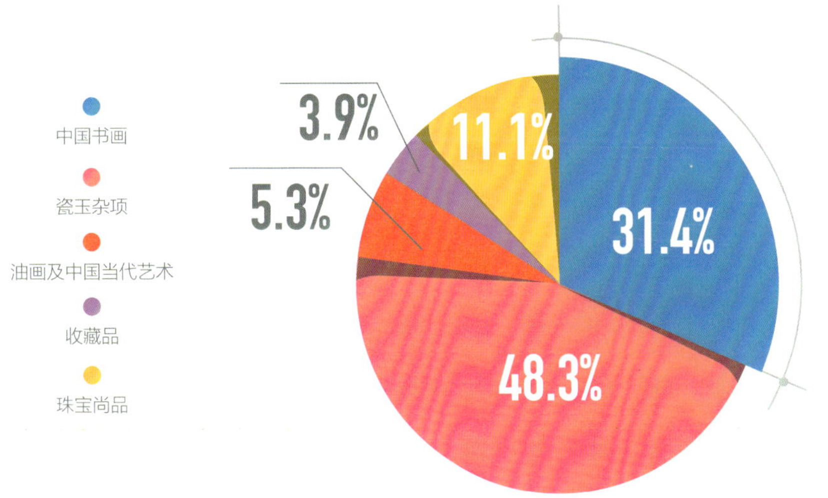

2019年亚太其他地区细分品类成交额占比

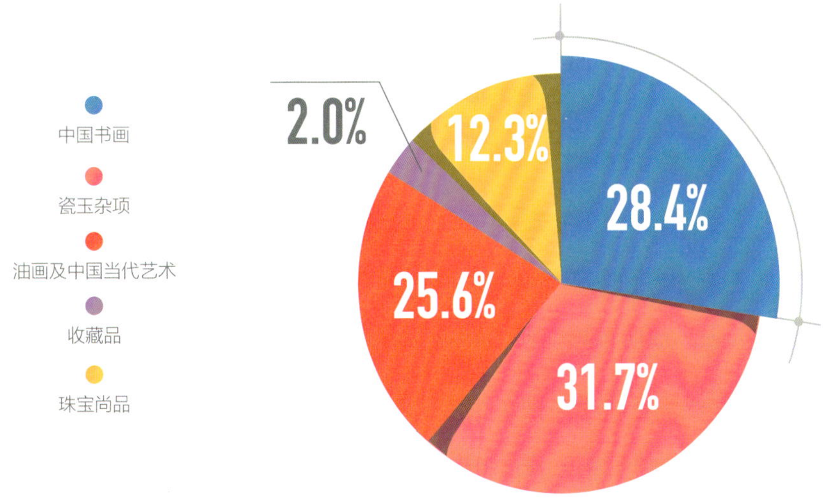

2019年亚太其他地区细分价位与品类成交量

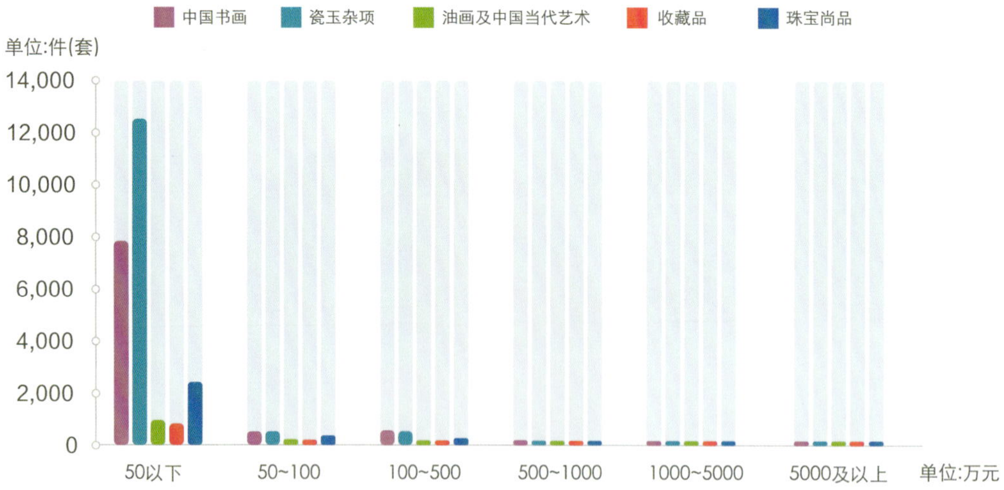

件（套），同比增 9 件（套），成交额为 15.6 亿元，同比增长 2.4 亿元，直接拉动了该地区油画及中国当代艺术的市场繁荣。从 500 万元以上的艺术家分布来看，除了上述常玉、赵无极和吴冠中这三位现代艺术家之外，中国大陆的当代艺术家刘野也在该地区不断刷新拍卖纪录。

2019 年亚太其他地区收藏品板块成交量市场份额总占比较上年微升，提高 1.1 个百分点，其成交额的市场份额总占比较上年下调了 0.9 个百分点。具体而言，该年亚太其他区收藏品的成交量总占比为 3.9%，市场规模较小；其成交额为 2.7 亿人民币，同比 2018 年缩减了 38.5%，总占比为 2.0%，成交额大幅紧缩的主要原因来自于罕见精品的缺席。回顾 2018 年春拍，香港苏富比举行了“佛慧昭明——宣德御制大般若经”的单品专场拍卖会，明宣德御制《大般若波罗蜜多经》十卷以 2.39 亿港元成交，刷新了佛教文献世界拍卖纪录，也由此抬高了 2018 年亚太其他地区成交额的市场占比。2019 年收藏品板块，成交额在 1000 万元以上的拍品成交量为零，高精端拍品未释出市场，直接影响了该年收藏品板块的总体市场格局。再细观成交额在 1000 万元以下的各价位收藏品则实现了量额不同程度的增长，来自易拍全球研究院（筹）的市场统计显示：2019 年成交价在 1000 万元以下的收藏品成交量为 1087 件（套），同比增长 87.7%，成交额为 2.7 亿元，同比提升 0.7 亿元，数据表明，在高精端拍品缺位的情形之下，亚太其他地区在下沉市场积极开拓，取得成绩值得关注。

珠宝尚品在亚太其他地区一直以来是不可忽视的一大品类，自 2016 年以来其一直占据市场各品类份额的第三位置，但在 2019 年出现了变动，其成交额呈下行发展趋势，由各品类成交额排名第三下落至第四的位置，被油画及中国当代艺术板块超越。

2019年其成交量为3130件（套），占据市场总量的11.1%，比上一年减少了1335件（套）；成交额为16.8亿元，占据市场总额的12.3%，比上年下降了10.1个百分点；平均成交价格为53.6万元/件（套），继续上一年的下降态势，同比下调了27.5%。该年度亚太其他地区珠宝尚品成交量与成交额均同比出现大幅度的下滑，主要原因在于珠宝翡翠板块的大幅紧缩，数据显示：该年珠宝翡翠的成交量为1325件（套），成交额为11.2亿元，分别收紧29.9%与49.1%，如此大幅度调整影响到珠宝尚品整个品类的市场份额占有量。从珠宝翡翠的成交价格分布来看，只有成交价在10万元以下的拍品数量有所增多，10万元以上的拍品则全面收紧。如此数据进一步表明，在地缘政治不确定因素陡增与经济增速放缓的条件下，珠宝翡翠作为资产投资的持久性遭到严峻的市场考验，日常消费类珠宝市场开始上扬，随着收藏群体在宏观经济环境下的投资取向的变化，珠宝尚品市场将进一步随市不断调整。

海外地区市场

International Art & Antiques Market

一　量额双减，市场整体紧缩

受全球贸易摩擦加剧，经济增长放缓导致需求疲软的影响，加之海外中国文物艺术品市场自身结构性的制约，2019 年海外地区中国文物艺术品市场增长动能进一步减弱，投资不振，二级市场成交量与成交额皆呈现同比缩减，成交额下滑幅度较为明显，该地区市场进入深度调整期。

2015～2019年海外地区中国文物艺术品成交量
[单位：万件(套)]

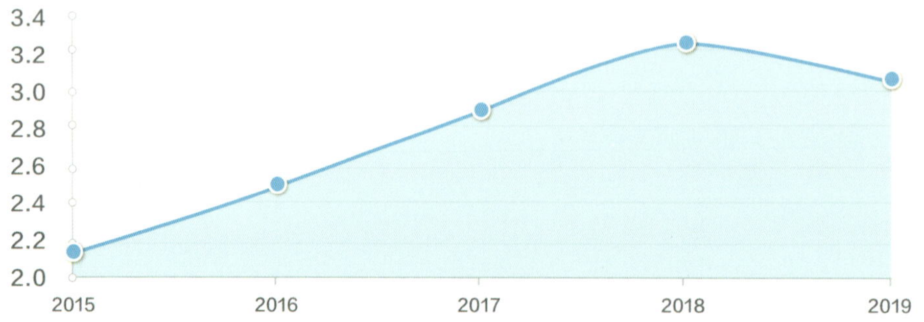

易拍全球研究院（筹）通过大数据统计发现：2015 年以来，海外地区中国文物艺术品成交量呈现逐年上升的趋势，并于 2018 年达到近五年成交量的高峰，2019 年则扭转增长势头，出现下行发展态势。2014 年的成交量为 1.8 万件（套），至 2018 年增长了近乎一倍，为 3.2 万件（套），创近五年成交量新高，2019 年其成交量式微，为 3.1 万件（套）。成交额方面，2015 年至 2017 年总体上呈现波动上升趋势，于 2017 年达到近五年成交额峰值 47.9 亿元，此后 2018 年同比下降 27.6%，2019 年延续上一年的市场趋势持续下降 19.7%，为 27.9 亿元，直抵近五年成交额最低值。从近五年的海外

2015～2019年海外地区中国文物艺术品成交额
（单位：亿元）

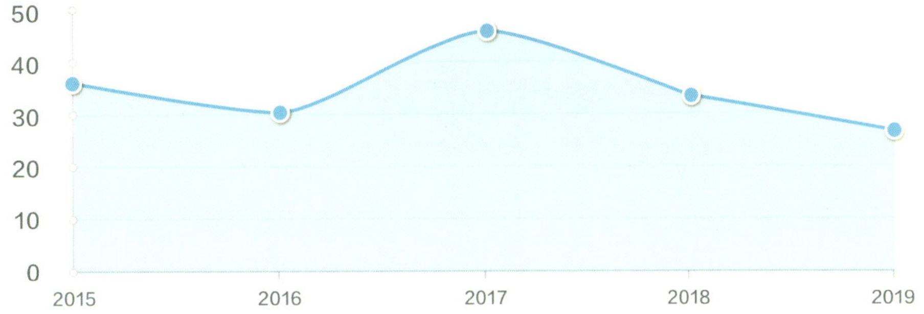

2015～2019年海外地区中国文物艺术品平均成交单价
（单位：万元）

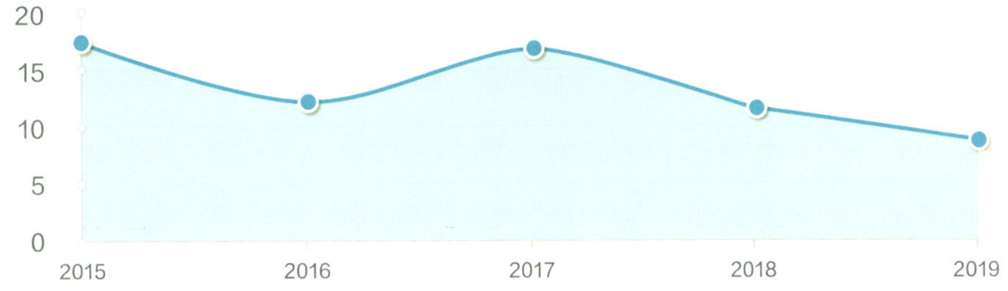

地区中国文物艺术品平均成交价总体走势来看，2015 年海外地区中国艺术品平均成交价格为 17.0 万元 / 件（套），在此后的四年当中，除 2017 年初为 16.4 万元 / 件（套）之外，其他三个年份均围绕着 10 万元 / 件（套）左右的平均单价上下浮动，呈现出以低端拍品主导市场的下沉趋势。2019 年下沉趋势持续发展，平均单价为 9.1 万元 / 件（套），其成交量占该年海外地区市场总成交量的 88.6%，同比 2018 年低端市场仅仅扩容了 1 个百分点，基本延续了上一年的整体趋低的市场状况。数据表明：海外地区中国文物艺术品市场持续下沉，除了受市场结构性变化影响之外，与海外政治经济局势不稳定性增加有一定关联。英国脱欧加速，欧元区受到震荡影响，加之欧美之间新增的贸易对垒，都在一定程度上影响了海外地区中国文物艺术品市场的价格水平。

就 2019 年中国文物艺术品的成交价格分布情况而言，5 万元以下的拍品总成交量达到 2.4 万件（套），占据该地区成交总量的占比高达 78.8%。其中，拍品成交量多集中在 1 万元至 5 万元之间，为 1.4 万件（套）。5 万元至 10 万元成交量为 2992 件（套），同比减少 19 件（套）。随着成交价格的逐步增高，成交量递减，10 万元至 50 万元成交的拍品为 2743 件（套）；50 万元至 500 万元的中端拍品成交量为 692 件（套），同比缩减 23.7%；500 万元至 5000 万元的高端拍品成交量也同比减少为 58 件（套）；与 2018 年 5000 万元以上拍品的成交量为零不同的是，2019 年该价位区间产生一件超过 5000 万元的拍品，为 2019 年 5 月在伦敦佳士得以约 5361.1 万元人民币成交的"清乾隆 御制御用剔彩云龙福庆有余纹宝座"。总体来看，2019 年成交价格整体分布状况与 2018 年接近，主要集中于成交价在 50 万元以下的低端拍品，这一现象表明低端市场的艺术品消费市场在海外接受程度仍然最高，受众基础最为广泛，高端拍卖市场出现低迷状况，一方面由于经济大环境的不良影响所致；另一方面中国文物艺术品高端拍卖市场在海外相对小众。

2015～2019年海外地区中国文物艺术品成交率

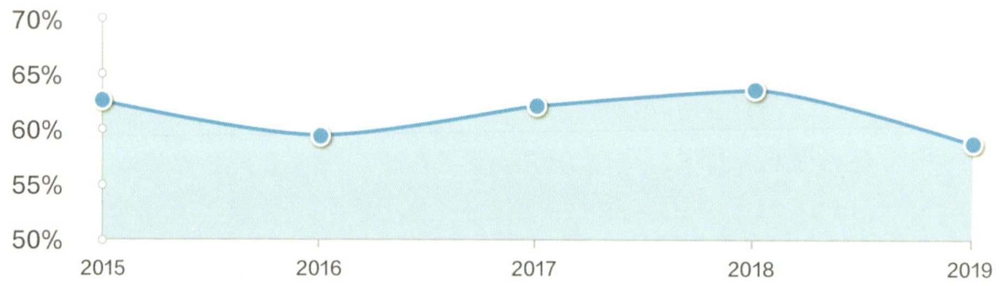

另外，海外地区市场的成交率一直居全球三大区域市场的首位，近五年的成交率范围在 59.1% ~ 63.0% 之间。其中 2018 年成交率为近五年峰值 63.0%，相比于同年的大陆地区及亚太其他地区的成交率，分别高出 21.4 个百分点和 6.5 个百分点。2019 年海外地区的成交率未能延续去年的良好势头，下降 3.9 个百分点为 59.1%，在近五年的成交率中触底，但仍略高于中国大陆地区成交率。影响海外地区的成交率因素在于拍行的估价与藏家期望值是否精准应对，以及藏家对中低端价格区间的拍品的关注度与购买力的实际情况。根据易拍全球研究院（筹）大数据统计显示：2019 年海外地区的中国文物艺术品的上拍量为 5.2 万件（套），同比微增 1.5%，与中国大陆地区和亚太其他地区相比，其上拍量的增幅最小。拍行对其拍品平均估价中值为 5.6 万元 / 件（套），远低于平均成交价 9.1 万元 / 件（套），成交率依然出现微降，表明海外拍行在考虑到市场环境出现变动及时适当下调了拍品估价，以提振市场，实际拍场表现未能如愿，整体稳中趋低。

二 北美市场平稳提升，欧洲市场止涨从跌

通过细分海外地区中国文物艺术品市场可以发现，北美与欧洲两大区域仍继续引领海外市场，2019 年两者的二级市场成交额之和占据海外市场成交总额的 99.7%，其成交量占比达到 99.3%，主导地位依旧突出。

2019年海外地区各细分市场成交量占比

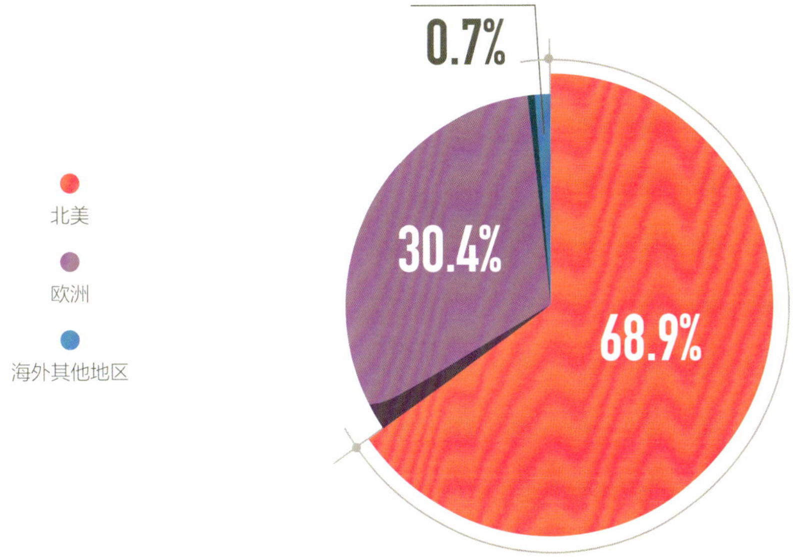

2019 年海外地区各细分市场成交量与成交额占比同比 2018 年呈现不同程度的变化，成交量方面，北美地区市场占比进一步扩张，在 2018 年基础之上增长 5.7 个百分点，数值达 2.1 万件（套），同比上涨 4.9%。成交额方面，北美地区成交额整体市场占比扩张显著，增长 13.3 个百分点达 3540.1 万元，同比上涨 2.1%。欧洲地区与海外其他地区各市场指标则出现不同程度的下跌，2019 年欧洲地区市场成交量为 9312 件（套），同比缩减 19.3%，对应市场占比收窄 5.5 个百分点；该年成交额为 10.3 亿元，同比大幅下降 40.1%，对应市场占比紧缩 12.6 个百分点。该年海外其他地区市场成交量为 214 件（套），对应市场占比收窄 0.2 个百分点；其成交额为 949.6 万元，对应市场占比紧缩 0.7 个百分点。以上数据直观表明，2019 年海外地区市场的三大板块格局已然发生改变，北美地区市场，在面临全球经济增长受阻的风险

2019年海外地区各细分市场成交额占比

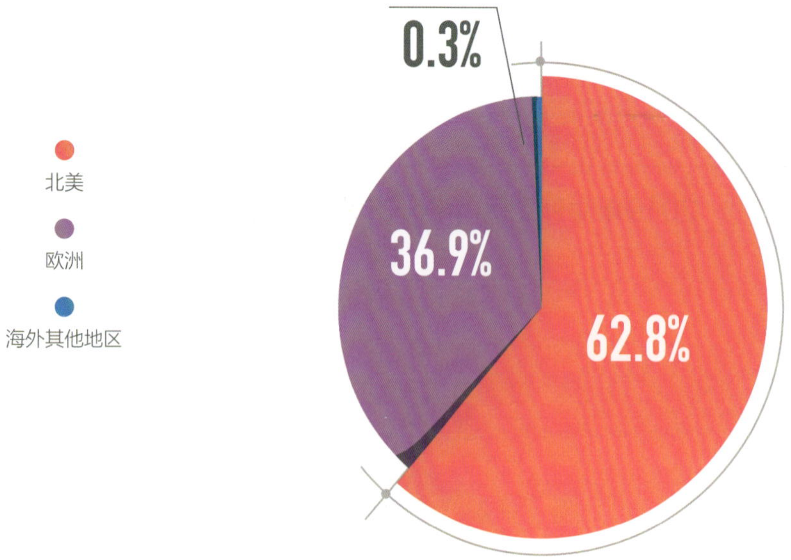

中，其市场韧性经受住市场的考验，实现了逆境中上涨；欧洲地区市场则在不利经济环境中顺势下滑，终止了上一年的上扬发展势头；海外其他地区市场则是大幅紧缩。作为反映拍品质量重要数据之一的平均成交价，北美市场与欧洲市场在2019年均出现不同程度的回落，北美地区平均成交价同比下降2.7%为8.3万元/件（套），一定程度上反映出拍品质量微降；欧洲地区，平均成交价也随势同比下调25.8%为11.1万元/件（套），但比北美地区平均成交价高出33.7%。可以看出，2019年北美市场与欧洲市场在成交量与拍品质量上差距加大，两地区之间市场韧性呈现出巨大的差异性。如此变化，也反映出在全球经济发展不稳定因素增多影响下，中国文物艺术品拍卖在海外市场做出的区域适应性调整。

细观北美地区市场，近五年来其成交量呈现稳定上升的趋势，每年平均增幅达16.6%。根据易拍全球研究院（筹）的大数据统计发现：2019年北美地区市场各大品类中国文物艺术品的成交量均实现不同程度的上涨，中国书画的成交量同比增长13.4%，瓷玉杂项的成交量同比增长3.5%，油画及中国当代艺术的成交量同比增长105.3%，收藏品的成交量同比增长19.5%，珠宝尚品的成交量同比增长9.4%，这些品类的大量成交拉高了北美市场的成交总量。其中增量最为明显的是油画及中国当代艺术，由于上拍量近乎为2018年上拍量的2倍，成交量也顺势增多，该年北美地区

2015～2019年北美及欧洲中国文物艺术品成交量

[单位：万件(套)]

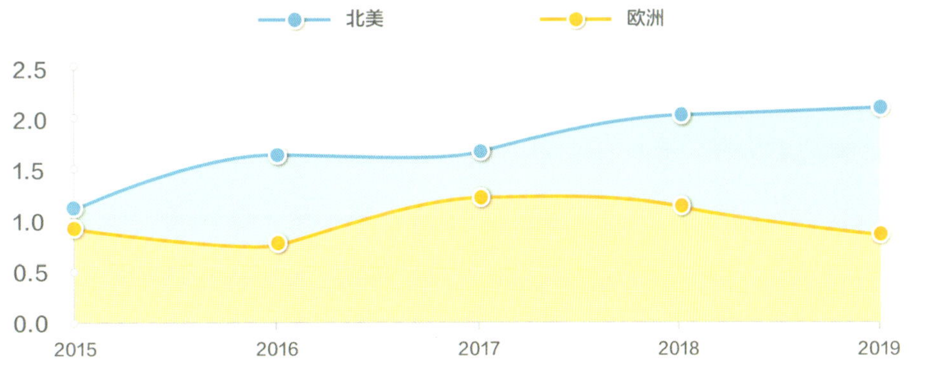

2015～2019年北美及欧洲中国文物艺术品成交额

（单位：亿元）

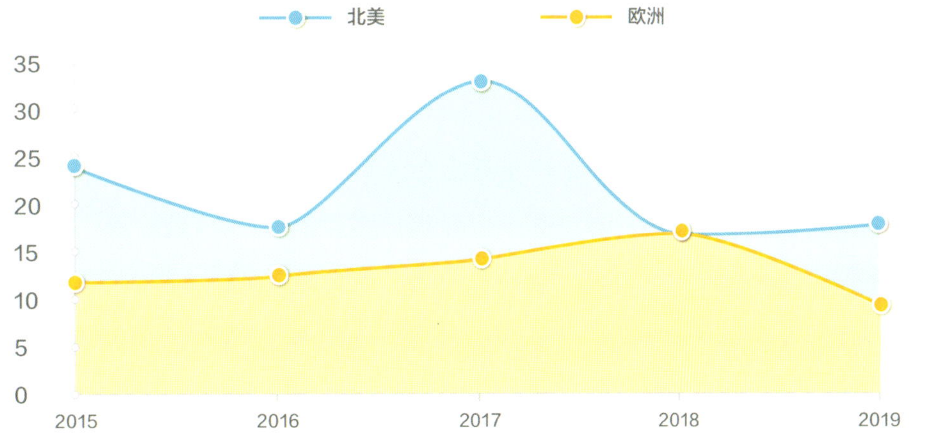

油画及中国当代艺术板块成交作品主要集中于赵无极、吴冠中、丁雄泉等三位艺术家之列，赵无极作品共成交 14 件(套)，吴冠中作品成交 13 件(套)，丁雄泉作品 6 件(套)。此外，该年北美地区油画成交价最高的为曾梵志作品“UNTITLED 08-4-6”以 98 万美元于纽约苏富比成交，约合人民币 664.2 万元。通过以上成交作品可以发现，在北美地区成交的油画作品以抽象性与表现性的画面风格居多，与中国大陆地区以具象性与写实性油画大量交易的市场情形迥异，也进一步说明海内外藏家审美取向的差异直接体现在二级市场的竞投当中。

再观北美地区市场其近五年成交额的变化，由 2015 年高位下滑至 2016 年后，市场蓄力增长，于 2017 年达到近五年最高值为 33.3 亿元人民币，同比增长 90.4%，此后 2018 年迅速回落至 17.2 亿元，同比下降 48.5%，2019 年则未继续上年的下行态势，而是通过进一步扩大上拍量的具体策略，实现了2019年成交额的小幅回升，达17.5亿元，同比增加0.3亿元，市场在平稳中前行。美国依然是北美地区统领中国文物艺术品市场的主力，2019年其成交量与成交额分别占北美地区市场的95.6%与98.1%，纽约则是美国市场的艺术交易中心，对美国的成交量与成交额贡献分别达到51.2%与85.8%。纽约作为美国的文化和经济中心，完善的赋税制度与金融服务吸引着高净值人群在此聚集，同时也一如既往地吸引着来自全球的收藏者汇集于此。

欧洲地区受欧美贸易摩擦、外需回落以及内部政局不稳等因素影响，2019年，欧洲地区中国文物艺术品市场出现回落，中止了上一年的上涨利好形势。其近五年成交量显示出：2015年后经历了2016年微降之后，于2017年实现了短暂小幅上涨，成交量达1.2万件(套)，此后市场成交量出现连续下行的趋势，2018年下降0.6%，2019年仍然下滑，同比下滑幅度达19.3%，为9312件(套)。根据易拍全球研究院(筹)的大数据统计结果发现：2019年欧洲地区的上拍量为14175件(套)，遭遇同比下跌27.4%的市场挑战，紧缩之势骤显。欧洲地区中国文物艺术品上拍量收窄，一方面可视为欧洲拍行对世界经济以及艺术市场研判之后做出的策略性调整，将更多的精力放诸西方文物艺术品市场。另一方面随着中国近年来加大对海外回流文物艺术品持续关注，欧洲地区中国文物艺术品上拍资源进一步缩减。

再观欧洲市场中国文物艺术品成交额近五年走势可以发现，2015年至2018年，其成交额呈持续稳步上升的形势，并于2018年达到了近五年来成交额最高值17.2亿元，2019年其市场出现下行的趋势为10.3亿元。来自易拍全球研究院(筹)的大数据统计结果显示，2019年欧洲地区市场中国文物艺术品除珠宝尚品这一品类成交额实现上涨之外，其他四大品类诸如中国书画、瓷玉杂项、油画及中国当代艺术、收藏品皆出现成交额缩减的情形，平均降幅为50.1%。该年，欧洲地区珠宝尚品的成交额为1124.3万元，同比提升6倍之多，其成交额实现飞速增长的原因在于该年重点拍品的偶然释出，比如2019年苏富比伦敦拍卖上拍成交一座约1790年乾隆时期广州作坊珐琅及贴装音乐自动机钟，成交价为121.5万英镑，约合人民币1076.0万元，其成交价占据该年欧洲地区珠宝尚品总成交额的95.7%。如此可见，如排除高端精品释出的偶然因素之外，欧洲地区珠宝尚品这一品类在该年仍属下行发展之势。2019年欧洲地区的中国文物艺术品交易以英国、法国、比利时、德国为主要市场。从成交额上看，英国4.0亿元，法国3.4亿元，比利时5250.9万元，德国2096.6万元，四个地区占整个欧洲中国文物艺术品市场的87.2%，其中英国依旧延续上一年的势态，成交额赶超法国，成交量方面英国为3272件(套)，法国为1610件(套)。从这两项数据来看，英国处于欧洲市场中的领先位置，是中国文物艺术品的重要交易地区，但平均成交价格却与法国相差甚大。英国平均成交价格为12.2万元/件(套)，法国为20.9万元/件

(套),法国几乎为英国的两倍。可见欧洲地区的中国文物艺术品拍卖总体处于基础价位，质量相对优良的拍品集中在法国，英国对于中国文物艺术品的接受程度则更加普遍大众，以量取胜。

三 品类分布结构稳定，局部上升

2019 年，中国文物艺术品海外市场品类占比分布并未因为市场总体收缩而发生明显变化，基本延续了此前的格局，仍然以瓷玉杂项为主导，中国书画、油画及中国当代艺术位列其后，收藏品与珠宝尚品市场总量仍占比极小。

从成交量看，瓷玉杂项占比 90.1%，该年成交 2.8 万件(套)，同比上年减少了 4779 件(套)，下降 16.3%，依旧以绝对优势统领海外中国文物艺术品市场。中国书画紧随其后，占比 7.8%，同比提升了 0.8 个百分点，成交 2402 件(套)，比上年增多 148 件(套)。油画及中国当代艺术板块在 2019 年共成交 358 件(套)，同比增加 33.3%，其他艺术品类占比均不足 1.0%，市场份额微小。

2019年海外地区细分品类成交量占比

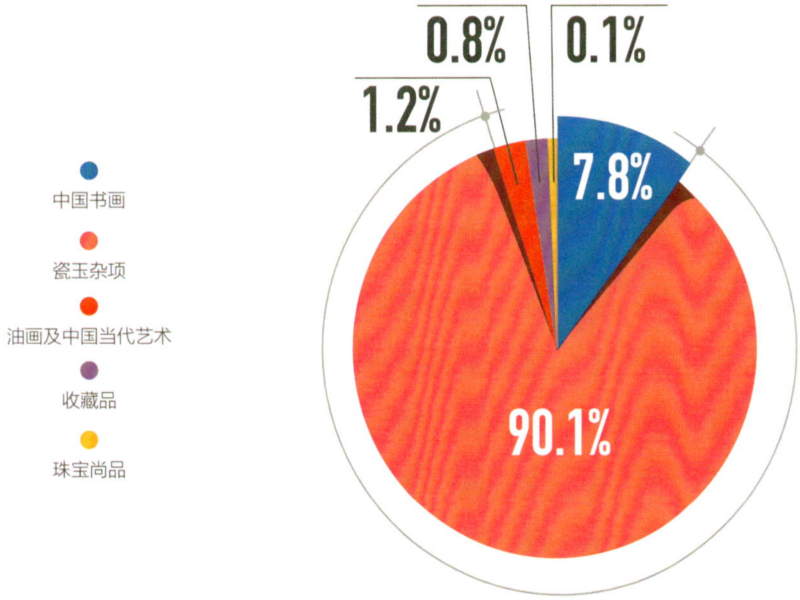

2019年海外地区细分品类成交额占比

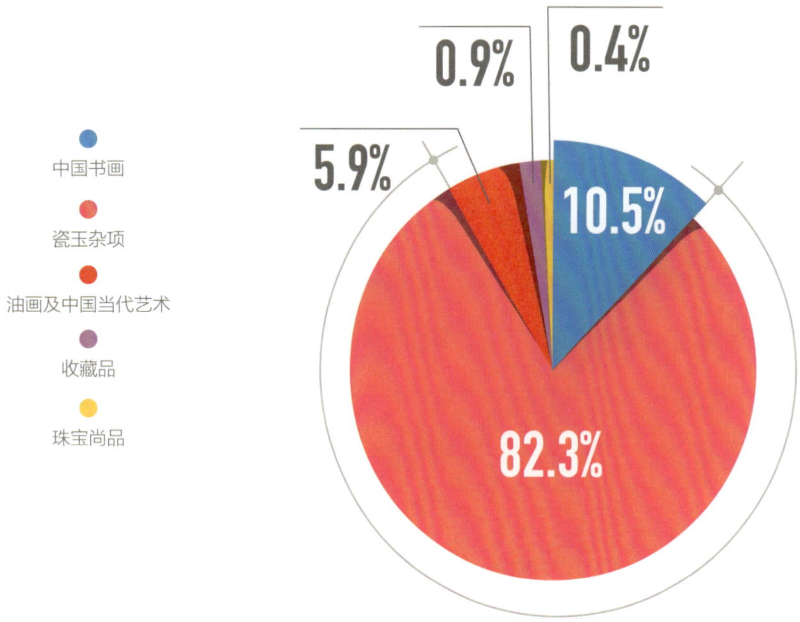

从成交额来看，2019 年瓷玉杂项为 23.0 亿元，同比缩减 4.6 亿元，占据 82.3% 的海外市场份额，较上一年扩张 3 个百分点，平均成交价格为 8.3 万元，同比下调了 11.7%，向更加亲民的价位靠拢，总体呈现出量额双减的情形，但具体到该板块的下属各品类的市场表现则各不相同。根据易拍全球研究院（筹）对 2019 年海外市场瓷玉杂项板块之下的各品类大数据统计显示：古典家具的成交量为 1275 件（套），同比增加 13.8%，成交额为 2.3 亿元，同比增高 48.4%；文房雅玩的成交量为 1361 件（套），同比上涨 21.5%，成交额为 9388.8 万元，同比提升 17.5%；金属器的成交量为 3089 件（套），同比增高 14.3%，成交额为 3.4 亿元，同比上涨 21.2%。另外，虽然在该年度玉石器的成交量同比下降了 19.1%，但其成交额却同比提升了 10.3%，表明该年玉石器的质量得到普遍提升，平均成交价达 7.7 万元 / 件（套）。

该年，海外地区古典家具这一品类增速明显，市场增量分别来自于成交价在 10 万元以下的普品以及成交价在 500 万元以上的高端拍品。普品以量取胜，成交量与成交额分别上涨 15.7% 与 15.6%，实现了量额双增；成交价在 500 万元以上的高端拍品则是增质减量，虽然成交量同比紧缩 50.0%，但其成交额同比上涨 1.2 倍，做工精良的中国古典家具备受藏家追捧。古典家具之所以出现较好的市场行情，一方面由于古典家具的实用性较比其他品类更胜一筹，因此，大量 10 万元以下的普品纷纷成交，文

2019年海外地区细分品类成交率

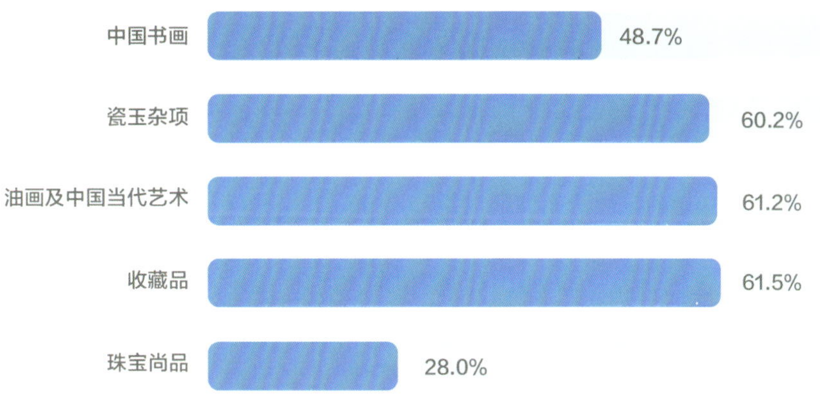

物艺术品的消费性质得以显现；另一方面也由于拍行与卖家群体的努力，向市场释放出高端拍品，在为卖家资金流转回笼与买家投资收藏两个方面发挥效用。再观2019年海外地区中国书画板块，其成交量与成交额分别为2402件（套）与2.9亿元，同比分别增加了6.6%与缩减了35.5%。根据易拍全球研究院（筹）大数据统计发现，海外地区中国书画成交量的增量主要来自于成交价在5万元以下的近现代书画与当代书画，2019年其增量高达1.1倍，成交额的增量则主要由当代书画贡献，该年当代书画成交额为1252.0万元，同比提升61.7%，拍品集中在王子武、刘国松、贾又福等具有艺术开拓精神，鲜明艺术风格的当代艺术家之列。由此可见，海外市场正在积极参与当代书画艺术家的二级市场运行。2019年油画及中国当代艺术在海外市场的成交额虽然占比很小，只有5.9%，成交额为1.6亿元，但是平均成交额为45.7万元，成为海外中国文物艺术品市场门类中平均价格最高的板块。海外市场收藏品板块与珠宝翡翠板块则双双出现紧缩，成交额分别下降58.7%与79.3%，可见相对其他品类而言，更易受到经济环境的影响。

从成交率上看，此前连续五年在三大区域保持成交率第一的海外地区，在2019年其成交率排名下滑至第二位。2019年，海外地区市场的成交率为59.1%，同比下跌了3.9个百分点。再观海外地区市场各品类的成交率可发现，各品类均出现了不同程度的回落。其中，虽然收藏品板块的成交额出现紧缩，但其成交率为61.5%，依然延续了此前五大品类最高成交率的记录，但同比下降了8.8个百分点。珠宝尚品在该年的成交率下滑程度最大，同比下跌了23.3个百分点。究其原因，首先从最为直接的数据来看，根据易拍全球研究院（筹）的大数据统计显示，2019年海外地区珠宝尚品的上拍量为157件（套），同比增加了34.2%，但其成交量仅为44件（套），同比紧缩了 26.7%，由于拍行进一步扩大珠宝尚品的上拍量，未能准确估量市场的现实情况，估价过高，导致大量拍品流拍，造成珠宝尚品板块的成交率下滑；另一方面则直接来自于入藏群体在经济遇冷期投资领域的转向。另外，油画及中国当代艺术和瓷玉杂项的成交率下滑程度较为温和，跌幅平均控制在 2.3 个百分点左右。成交率一定程度上反映了市场的购买力与活跃度，以上数据反映出海外市场正在经受诸多不稳定因素的考验。

中国书画／油画全球指数

Fine Chinese Paintings & Calligraphy /Oil Paintings: Global Index

中国书画作为中国文物艺术品的重要门类之一，在全球范围内的中国文物艺术品拍卖市场中始终保持着举足轻重的地位。即使是在中国文物艺术品拍卖市场的波动调整期，中国书画的成交额也占据着该市场整体份额的半壁江山，而在中国文物艺术品拍卖市场的蓬勃时期，中国书画这一板块的成交额能够超过市场总成交额的三分之二。由此可见，中国书画对中国文物艺术品拍卖市场走势的影响巨大，透过中国书画这一板块市场行情的分析可以对整个中国文物艺术品拍卖市场有一定程度的把握。通过对文物艺术品的成交额、成交量、成交率、平均成交价格等常见指标进行的统计描述能够反映一部分市场表现，然而由于这些指标较为单一，且文物艺术品市场本身受内外部多重因素的影响，仅凭以上数据指标的统计分析难以深入理解文物艺术品市场，因此，艺拍全球文物艺术品指数应运而生，通过多维度捕捉文物艺术品市场大数据，结合前沿统计学原理，构建起能够更为全面体现文物艺术市场的指数模型。

中国近现代油画的发展历史经历百余年，油画作为通行世界的画种，在中国文物艺术品拍卖市场上逐年被广大藏家接受。尽管目前中国油画成交额只占到中国文物艺术品年总成交额的 10.9%，但最近五年的数据显示，中国油画在拍卖市场的专场数量和平均成交价大幅度上升，屡屡出现超高价拍品，逐渐在中国拍卖市场上崭露锋芒占据一席之地，并贡献了当代艺术品类中绝大部分成交额，可以被看作中国当代艺术市场的风向标。

文物艺术品区别于其他商品的一大特性就是其异质性，即每件文物艺术品均独一无二，不同文物艺术品之间没有直接可比性，无法通过简单的算数方法来计算多件艺术品的平均价格水平。为了解决这一问题，近年来，构建标准化的文物艺术品指数的研究蓬勃发展。文物艺术品理论和实践表明：构建文物艺术品指数最大的挑战在于控制文物艺术作品的异质性。目前，国际上广泛研究与应用的文物艺术品价格指数建模方式有两种：重复销售回归和特征回归。重复销售回归 (Repeat Sales Regression)，采用同一件文物艺术品在两个时间点的销售价格变化（又称为一对重复销售数据）构建文物艺术品指数。此方法认为文物艺术品的基本特征（如材质、尺寸等）不随时间而变化，从而解决文物艺术品的异质性问题。由于文物艺术品拍卖成交的频率普遍较低，因此重复销售数据只占全部交易数据的很小一部分，采用该方法构建艺术品指数时存在样本选择偏差的问题。但当重复销售的数据对数很大或样本期数超过 20 年时，推荐使用此方法构建文物艺术品指数。特征回归（Hedonic Regression)，基于文物艺术品的基本特征构建文物艺术品指数。该方法将文物艺术品价格变动中的特征因素进行分解，以显现出各项特征的隐含价格，并从价格的总变动中剔除特征变动的影响，达到反映纯价格变动的目的，在此基础上构建文物艺术品指数。通常所选取的特征包括：艺术家、尺寸、材质、题材等。采用此方法构建指数时可以选用所有的文物艺术品交易数据。在已有研究文献中，特征回归方法已经被普遍地应用于文物艺术品指数的研究，特征回归模型也已经被广泛地应用于各类文物艺术品指数的编制。

由于目前国内已有的文物艺术品指数存在一定局限：或用平均数计算模型，较为简单，无法反映文物艺术品市场真实趋势；或指数体系较为笼统单一；或数据范围仅局限于中国大陆地区市场，缺少海外地区市场的数据。本报告基于国内外已有的指数模型，结合专业的艺术史研究，推出中国书画、中国油画全球指数，意在通过科学的模型编制以及全球范围的拍卖数据对中国书画、中国油画等具有代表性的文物艺术品门类在全球文物艺术品市场的走势做出解析。

一　中国书画 / 油画全球指数说明

中国书画/油画全球指数来自于艺拍全球文物艺术品指数,其体系下设综合指数、地区指数、分类指数以及艺术家个人指数。艺拍全球文物艺术品指数基于数据库的海量数据，对拍卖行以及拍品进行严格筛选，并对纳入指数计算的每一件拍品进行多维度特征分类，将其标准化，再以多元线性回归法拟合出作品的价格水平，从统计学角度分析市场整体价格水平随时间的变化走势。

每类指数均分为价格指数与溢价指数两种，分别从价格水平与市场热度对目标市场进行解析。所有指数均以 2007年为基期,对近十三年的文物艺术品市场进行分析,基期指数值为 100，指数每一年更新一次。

艺拍全球文物艺术品指数模型介绍：

（1）价格指数

价格指数包含中国书画价格指数和中国油画价格指数两大类，其各自又下设各种子类价格指数，用于反映一定时期内中国书画/油画，拍卖市场的价格水平变动趋势和程度的相对数指标。该指数模型采用国际上广泛采用的特征回归模型（Hedonic Regression），为了确保模型的有效性，不同分类的指数编制会选取不同的具体特征变量。中国书画模型考虑的特征因素包括但不限于作品尺寸、幅式、题材、技法、创作年代、成交时间；中国油画模型考虑的特征因素包括但不限于画面材料、绘画风格、内容、创作年代、尺寸、成交时间等等。该指数消除了作品本身的特征因素变动对价格的影响，可以真实、准确地反映中国书画/油画作品标准化后的纯价格变动。此外，中国书画/油画价格指数都能够与上证指数 SSEC、香港恒生指数 HSI、标准普尔指数 SPX 等金融指数，以及狭义货币供应量 M1、居民消费价格指数 CPI、国民生产总值 GDP 等宏观经济指标进行标准化比较分析，为市场分析与投资决策提供科学可靠的依据。

（2）溢价指数

溢价指数包含中国书画溢价指数和中国油画溢价指数两大类，其各自又下设各种子类溢价指数，表示一定时期内中国书画或中国油画拍品的实际成交价格超过估价水平的相对数指标。指数值越高，则表明该板块的拍卖市场整体热度越高、景气度越高。该指数的编制参考了香港恒生 AH 股溢价指数模型。

需要说明的是，溢价指数是对成交价格相对估价水平的考察，因此以咨询价上拍的文物艺术品没有纳入模型考虑范围。同时，由于咨询价上拍的拍品一般为难以估价的罕见精品，数量极少，因此对溢价指数整体的走势不会有明显影响。

二　中国书画全球指数结果分析

数据说明

（1）时间：2007 年 1 月 1 日~ 2019 年 12 月 31 日。

（2）数据量：15.5 万条全球范围内公开拍卖的成交记录。

（3）样本拍卖行：从中国大陆、亚太其他地区、海外地区共选取了 50 家经营规范、成交结果透明度高、规模级别不同的具有代表性的拍卖企业。

（4）样本艺术家：综合考虑时期、作品风格、艺术造诣、美术史地位与成就、拍卖市场活跃度等因素后选取了 100 位具有代表性的中国书画艺术家。为了保证年鉴内容的完整性，指数样本艺术家对古代、近现代、当代的书画艺术家均有收录。

（5）时期划分：在中国书画的历史时期划分上，目前最通用和约定俗成的划分方法是将 1911 年辛亥革命发起、清朝覆亡作为重要参考点，辛亥革命之前的时间段称为“古代时期”；辛亥革命至新中国成立的时间段称为“近代”；“现代”时期指新中国成立至改革开放；“当代”则是在改革开放后至今。而对于艺术家的时期划分来说，难以严格采用中国书画这种历史事件的时间划分，因为有些艺术家跨越了两至三个时期，如果按其生卒年来说，很难定义艺术家属于哪一个时期。

基于此，《中国收藏拍卖年鉴》对于中国书画艺术家年代的划分，以中国书画历史划分为基础，结合其创作活跃时间及艺术影响两大参考依据，将书画家分为三个时期：古代、近现代、当代。1911年爆发的辛亥革命结束了中国封建社会的历史，各种西方美术思潮及流派不断影响着中国艺术家，这是近代美术的开始。因此，作品集中在辛亥革命之前的书画家称为古代书画家。近现代中国画是在引入西方美术思潮的文化环境中，中国画家继承中国传统艺术思想和艺术表现形式，经过创新与尝试，最终发展起来的具有鲜明时代特色的中国画。所以，书画作品创作年代及其活跃期集中于清末至20世纪下半叶、经过创新形成时代与自身风格的书画家称为近现代书画家。当代书画家则是活跃在当今书画市场中，不断产生新作品、新影响的艺术家。此划分方法也许仍然存在不足之处，但我们力求做到客观，给广大读者和专业人士一个相对完整、清晰的书画脉络。

1. 书画市场随市下行发展

2019年，我国发展面临诸多困难挑战。世界经济增长低迷，国际经贸摩擦加剧，国内经济下行压力加大。反观中国书画在全球范围内公开拍卖的市场表现，受中国整体经济发展态势的主要影响，相比2018年，中国书画全球市场呈现出随市回落，下沉发展的局面。虽然总体成交量有所上升，但从成交额与成交量来看，较2018年都有较大幅度的下降。具体而言，将2019年与前两年全球拍卖市场上中国书画作品超过亿元成交量进行比较可知，2017年全球拍卖市场中共有23件（套）中国书画作品超过亿元成交，在2018年仅8件（套），2019年同样也仅有8件（套）超过亿元的中国书画成交，这是中国书画市场转向理性放缓发展，进入深入调整期的直观表现。根据中国书画全球价格指数的总体走势来看，中国书画的全球价格指数经历了2016年至2017年市场短暂回暖上升之后的首次下行回落，在2018年以指数230点的低位发展，2019年中国书画全球价格指数比中国书画全球价格指数的平均值233点低出6个点，延续2018年的发展态势，继续下探。

就2019年中国书画全球价格指数而言，这是自2010年以来，连续两年出现中国书画全球价格指数比中国书画全球价格指数平均值数低的情形，如此表明了中国书画全球价格在整体经济下行压力态势下继续做出适应性调整，合理回落，在经济发展不确定性因素增多的不利环境下，反映出藏家的总体收藏投资方向较上一年更加谨慎稳健。

近十三年来，中国书画全球价格指数走势整体波动较大，呈现波动上升的趋势，

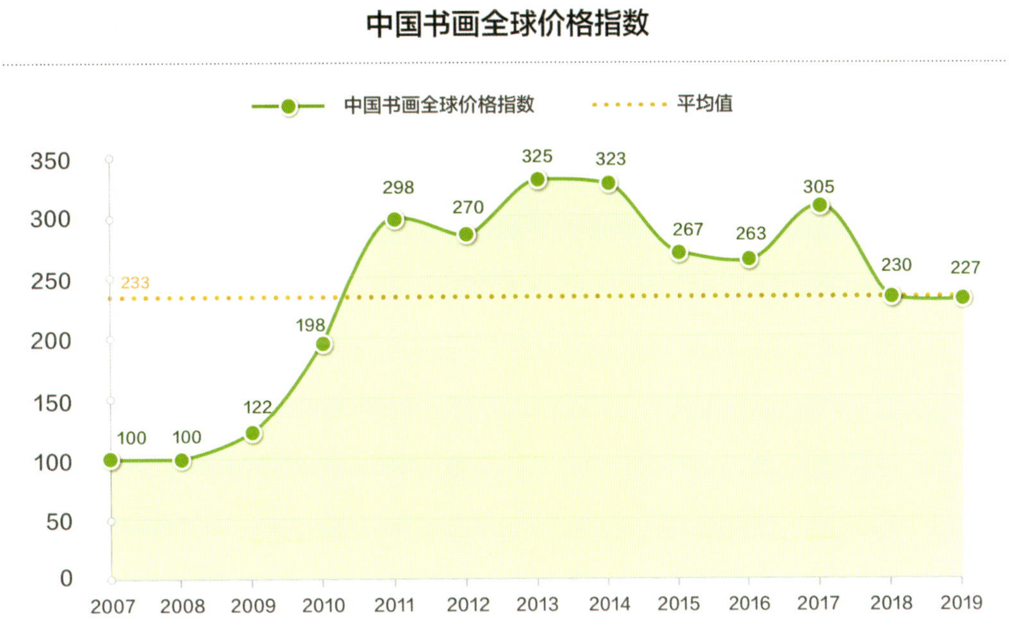

最高点（2013 年的 325 点）与最低点（2007 年基期的 100 点）相差达 225 点。指数均值为 233 点，远高于基期 2007 年的 100 点，表明近十三年中国书画的价格水平涨幅显著。

通过价格指数走势图可以看出，自 2007 年至 2019 年的十三年间，中国书画在全球文物艺术品市场经历了四个阶段：

（1）低位发展期（2007 年至 2009 年），2007 年，由美国次贷危机引发的世界金融危机致使全球文物艺术品拍卖市场连续剧烈下跌，但从中国书画全球指数走势来看，其价格水平并未受到明显影响，指数值较为稳定地保持在 100 点到 122 点之间。中国书画首件过亿拍品——宋徽宗赵佶的书法珍品《临唐怀素圣母帖》在这一时期诞生，但少量高价位的精品并不能代表整体市场，中国书画价格水平仍处于低位。

（2）爆发增长期（2009 年至 2011 年），全球文物艺术品市场正在经历金融危机之后的回升期，同期中国文物艺术品市场中金融资本的大量涌入和雅贿需求的不断膨胀，致使中国书画价格水平大幅快速上涨，从 2009 年的 122 点连续攀升至 2011 年的 298 点，涨幅达 2.4 倍。在这一阶段，北宋诗人黄庭坚的书法《砥柱铭》于 2010 年北京保利春拍以 4.36 亿元人民币成交，成为中国古代书画拍卖第一高价。这一时期，中国书画频现天价亿元拍品，诸如齐白石《松柏高丽图・篆书四言联》以 4.26 亿元成交、“元四家”之一王蒙的《稚川移居图》以 4.02 亿元成交等，市场真正进入“亿元时代”。

（3）徘徊震荡期（2011 年至 2016 年），中国书画在文物艺术品市场经历了短暂的爆发式增长之后也开始了漫长的调整期。受到经济环境和资金不稳定情况的影响，此时期全球文物艺术品拍卖市场的成交量与成交额呈现出显著波动，书画指数值波动起伏明显，最高点（2013 年的 325 点）与最低点（2016 年的 263 点）相差 62 点。

（4）下行调整期（2016 年至 2019 年），经历了前一阶段徘徊震荡的调整之后的文物艺术品市场从 2017 年释放出回暖信号，书画指数开始回升，通过一年短暂的回升后，2018 年急转直下为 230 点，下降幅度为十三年以来幅度最大，同比上年下跌 75 点。2018 年市场下行的趋势在 2019 年继续显现，表明中国书画市场在遭遇经济发展不稳定因素增多的情况下，正迅速挤掉泡沫，积极地向更为理性的市场靠拢。纵观这一时期，从 2017 年重新反弹至高点，到 2018 年迅速回落略低于价格平均值，再到 2019 年继续下探的形势，表明了中国书画艺术市场正在继续深化变革，实际成交趋向于重质求精。外在经济问题导致买家更为谨慎入藏。自 2018 年起迎来新一轮的调整，从其近两年的发展态势来看，中国书画板块的下行趋势在 2019 年之后可能仍将继续。

中国书画全球溢价指数

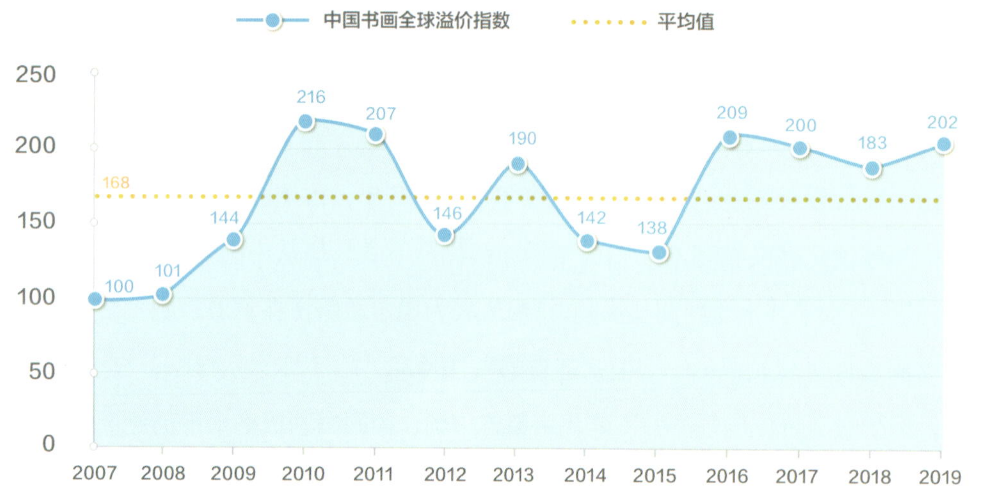

自 2007 年至 2019 年的十三年间，中国书画溢价指数的平均值为 168 点，高于基期的 100 点，说明市场整体热度较高。对比中国书画溢价指数与价格指数走势图可以发现，溢价指数的走势相对起伏较小，反映出金融危机对文物艺术品市场热度的影响高于价格水平的影响。

中国书画在全球文物艺术品市场共出现了三次热度较高的波峰，分别为 2010 年至 2011 年、2013 年、2016 年。三次溢价波峰与中国书画全球价格指数的三次上升走势基本相符。值得关注的是，中国书画溢价指数与价格指数在最近一年的走势稍显不同，中国书画价格指数在 2018 年至 2019 年出现了小幅下降，而溢价指数却是呈现出逆势上行的态势。2019 年中国书画全球溢价指数为 202 点，比 2018 年增长 19 个点，更比中国书画全球溢价指数平均值 168 点高出 34 点。如此走势说明，在藏家审时度势、谨慎入藏之时，随着拍品质量的提升，对精品的追逐热度并未削减。此种形势更加说明了中国书画市场正在经历全新的调整期，挑战与机遇并存。

2. 三大区域市场均下行，亚太其他地区尤甚

中国书画作为全球文物艺术品拍卖市场中的主要门类，始终占据着拍卖市场的半壁江山，同时，其在不同的区域市场也有不同的市场表现。从中国书画区域指数走势来看，中国大陆地区、亚太其他地区和海外地区三大区域市场，表现各有其特点。

中国大陆地区的中国书画价格水平与中国书画全球价格指数走势基本相同，在 2008 年开始出现持续上升，2011 年达到波峰 305 点，之后出现小幅震荡，并于 2014 年达到自 2007 年基点统计以来的最高值 350 点，比 2011 年首次波峰高出 45 个点。自 2007 年基点统计以来，中国大陆地区的中国书画价格水平始终高于亚太其他地区和海外地区，表明书画市场仍以大陆市场为主导。2019 年中国大陆地区的中国书画价格指数为 221 点，同比下跌了 22 个点。2019 年中国大陆地区中国书画的过亿拍品共 7 件（套），其中又以成交价为人民币 2.67 亿元的赵孟頫书法作品《致郭右之二帖卷》为本年度中国书画板块最高价拍品，同时也刷新了赵孟頫个人拍卖最高价纪录。

中国书画各地区指数比较

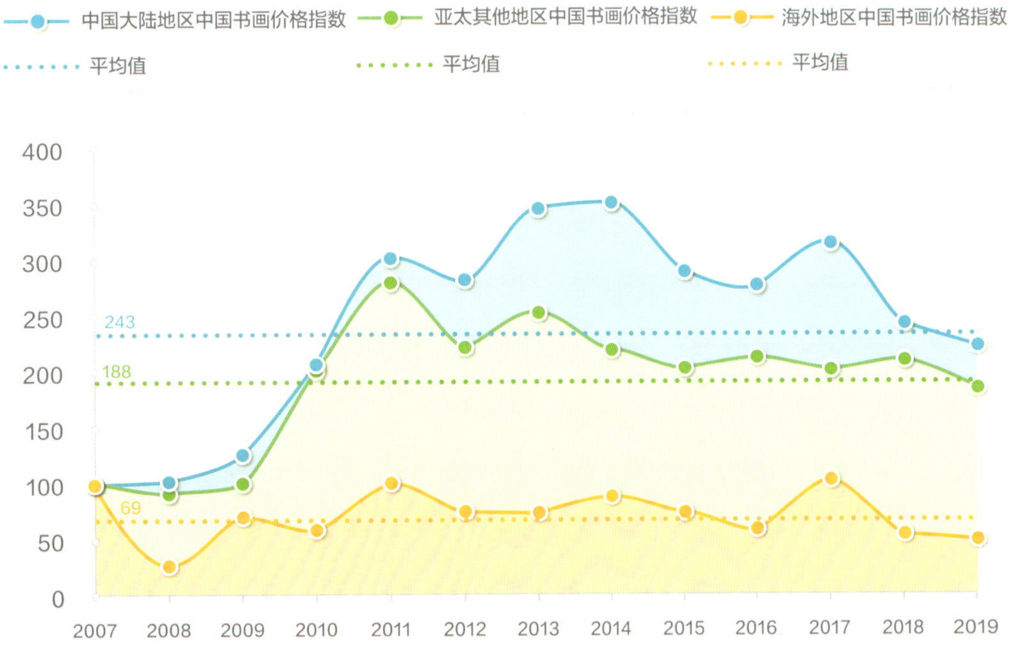

中国大陆地区中国书画价格指数

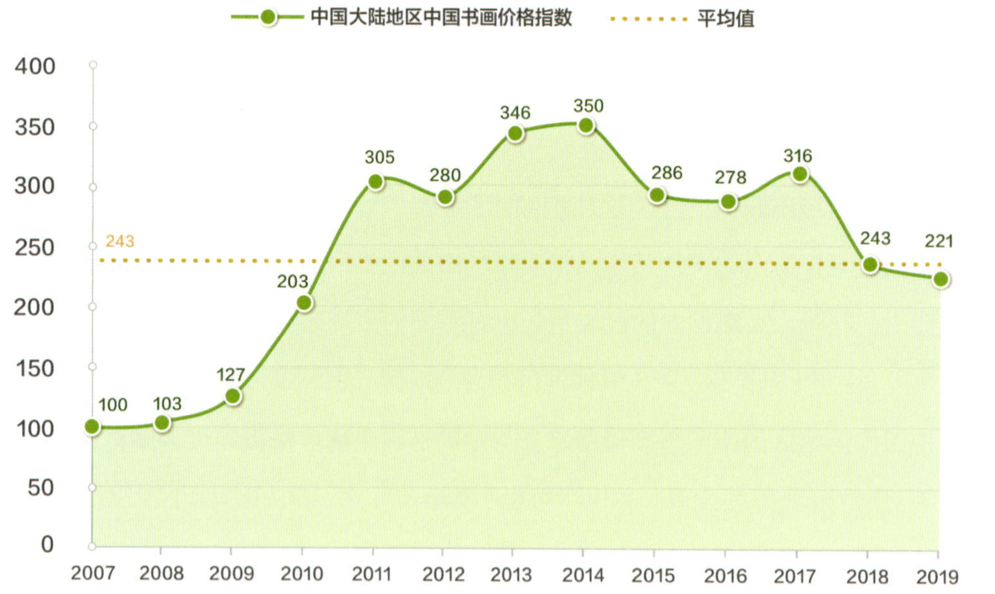

亚太其他地区的中国书画价格水平在 2011 年达到历史高点，之后呈现连续的小幅震荡趋势，渐趋平稳。2012 年是全球文物艺术品市场进入调整期的开始，拍卖市场遇冷。另外，易拍全球 研究院（筹）的亚太其他地区市场半年指数统计表明，亚太其他地区市场在 2011 年下半年出现小幅下降，进入震荡期，比中国大陆市场提前半年，说明亚太其他地区市场的价格水平对市场变化更为敏感，更易受到经济波动与外部环境的影响。2019 年亚太其他地区中国书画指数为 179 点，同比 2018 年下跌 28 个点，跌幅较其他两个区域最为明显，至 13.5%。值得注意的是，2018 年中国书画拍卖市场成交价排名前十之中，亚太其他地区包揽了第一与第五，而在

亚太其他地区中国书画价格指数

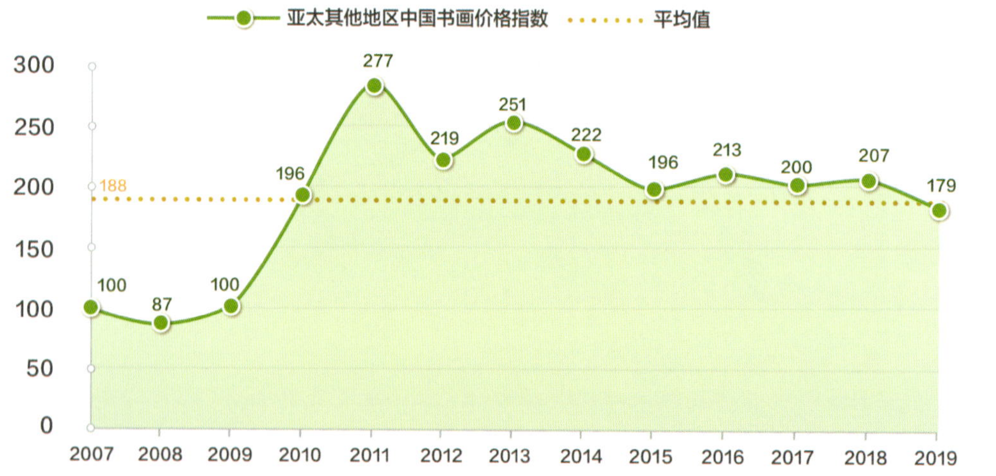

2019年中国书画拍卖市场成交价排名前十中，亚太其他地区仅占有一个名额，且排名为第六。高端拍品的带领作用缺失以及该年度亚太其他地区局部社会动荡危机等因素共同导致了该区域中国书画指数的大幅下跌。

海外地区中国书画价格指数

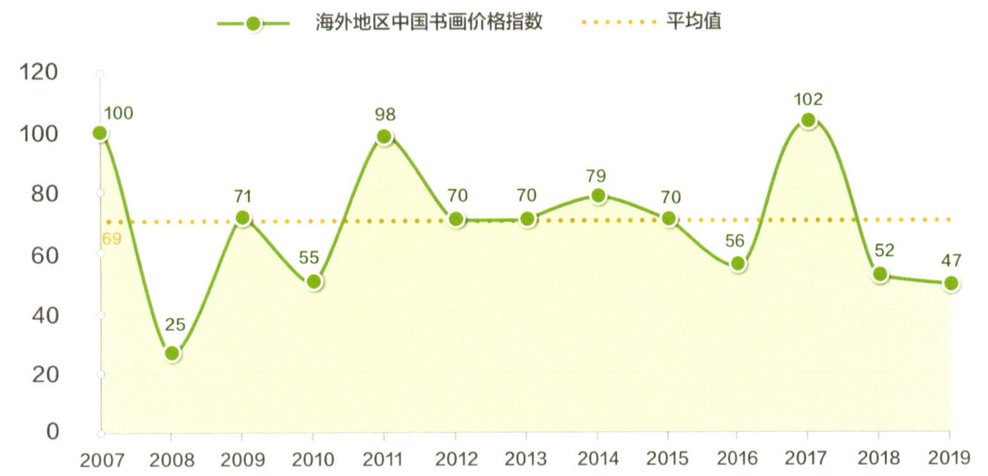

海外地区市场的中国书画价格水平在2007年至2011年之间发展极不稳定，出现了大幅震荡。十三年间海外市场的价格指数出现了三次波峰：2007年、2011年与2017年，波峰基本维持在基期100点上下浮动，其他年份则是围绕在该地区平均值附近上下摆动。其中2008年引人注目，该年世界金融危机全面爆发，席卷美国、欧盟和日本等世界主要金融市场，海外地区市场的中国书画指数剧烈下挫，出现了历史性断点25点，为统计以来最低值。2018年海外地区市场持续遇冷，遭遇了自2008年出现断点之后的再次低位，2019年延续上一年的发展态势，指数为47点，同比2018年下跌5个点。由此可见，中国书画海外市场仍在持续性收缩，无论从上拍精品数量上还是藏家竞拍率上均逊色于中国大陆市场和亚太其他地区市场。

3. 书法市场稳中有升，市场热度逆市而上

书法和国画是中国书画的两大分类，2019年，将书法和国画的拍卖市场相比来看，呈现出国画市场随势下行、书法市场稳中有升两种不同的发展形势。从近十三年的书法与国画的价格指数基本走势对比来看，两者的走势基本趋同，书法的平均价格指数比国画的平均价格指数高出21个点，以相对高的市场优势与国画市场齐头并进而又各有千秋。

国画与书法价格指数对比

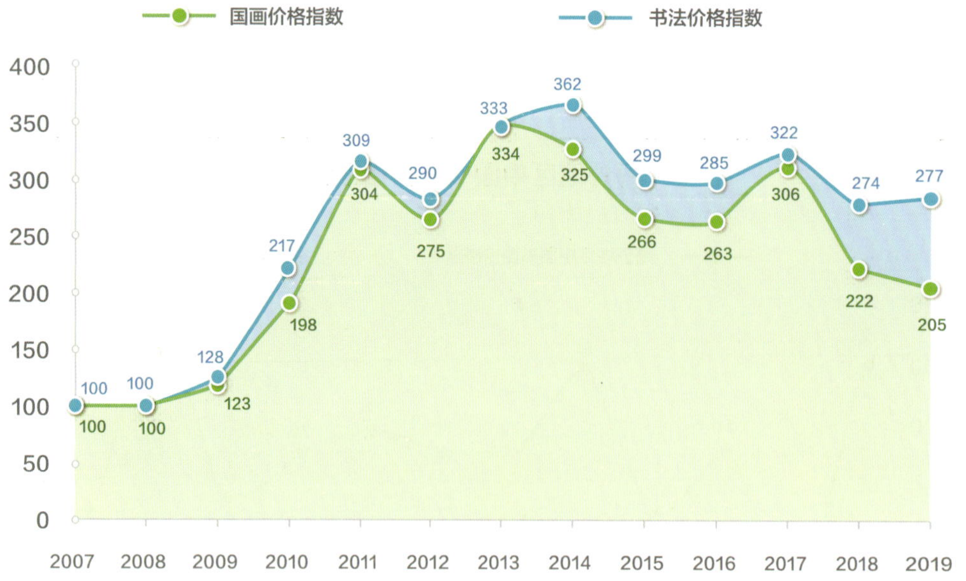

十三年来，书法与国画市场的价格指数走势与中国书画整体大致相同，都经历了快速增长、震荡波动与深度调整的阶段。2011 年至 2016 年，书法和国画市场都经历震荡阶段，波动明显，这与文物艺术品市场在经历深度持续性调整有直接关系。在这期间，书法与国画市场都经历了结构性初步调整，以适应整体市场与藏家需求。自 2017 年开始，书法与国画市场开始同步持续短暂回升，尤其国画市场在 2017 年涨幅明显，说明市场经过初步调整之后，升温迹象明显。2019 年，受整体书画市场回落大势的影响，书法和国画均随势做出调整，但在各自的调整过程中呈现出各异的势态。书法的市场价格指数从 2018 年 274 点稍涨至 2019 年的 277 点，涨幅为 3 个点，且高于书法价格指数平均值 24 个点；国画的市场价格指数从 2018 年 222 点跌至 2019 年的 205 点，跌幅为 17 个点，且低于国画价格指数平均值 27 个点，跌幅相对明显。由此可见，在市场下行态势下，书法市场相对国画市场具有一定的抗跌性。细观该年书法市 场，成交价排名前三的作品中最高价拍品在北京拍出，为赵孟頫书法作品《致郭右之二帖卷》以 2.67 亿元人民币成交，其余 2 件（套）均在中国香港成交，分别为文徵明《行书七言卷》以 8322.75 万元成交、黄道周《石斋逸诗》以 4293.50 万元成交。

从书法与国画的溢价指数的对比来看，2007 年至 2019 年，两者溢价指数的走势出现较大波动，但总体趋势保持了与中国书画溢价指数走势的一致性。自 2007 年基期统计以后，国画的溢价指数一直高于书法溢价指数，平均每年相差值约为

国画与书法溢价指数比较

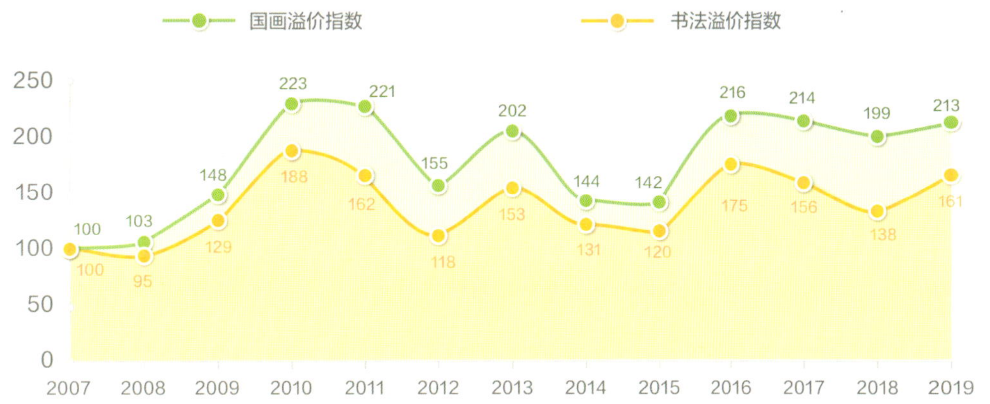

35 点，由此可以看出国画的市场热度相对高于书法的市场热度。2019 年书法市场溢价指数为 161 点，高于其市场溢价指数平均值 21 个点，而该年国画溢价指数为 213 点，高于其市场溢价指数平均值 38 点，从书法与国画溢价指数对比各自溢价均值来看，说明该年藏家对书法的收藏热度相比国画锐减，呈现出相对国画市场更为谨慎入市、理性入藏的特点。

4. 不同时期市场表现各异，特点显著

中国书画从创作时期的维度可划分为古代、近现代、当代三个时期。2019 年，在整体文物艺术市场环境继续进行下行调整之时，中国古代书画与中国近现代书画这两大市场稳中求进，踏实前行；而中国当代书画市场则是持续走低。总体来看，中国书画市场处于自 2017 年以来的下行调整期，经历了 2016 年至 2017 年的小波峰回暖，2018 年和 2019 年连续受国际及国内整体经济形势的影响，从最近一年的市场价格指数与平均市场价格指数的吻合度来看，古代书画与近现代书画的市场价格指数向各自的平均价格指数趋近，当代书画市场价格指数则大幅跌破其价格指数平均值。这说明拍卖行与藏家在针对全球整体经济形势考量后做出的冷静市场行为，双方遵循市场规律，将市场焦点对准精品与名家，这也是整个市场稳步发展的根基。从整个投资领域来看，书画成为越来越多投资者关注的重点，层次分明的藏家与藏品是未来市场发展的基石。随着市场与拍卖行的调整深入，藏家也越来越专业与成熟，不再盲目跟风。对于中国书画来说，藏家看重画作质量与未来潜力，重点关注古代珍品和近现代名家精品，以及创作实力突出的当代书画家之作。

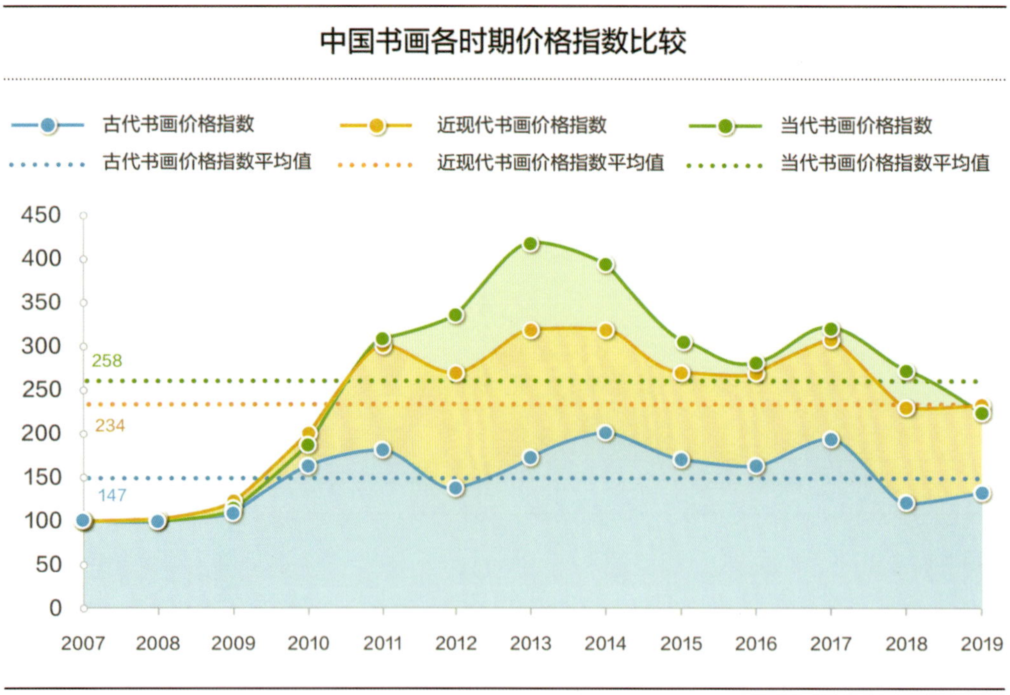

（1）古代书画市场深耕发力

将2019年中国古代书画的价格指数放置在自2007年起为统计基点的中国古代书画价格指数可以发现：2007年至2019年，古代书画价格指数平均值为147点，比基期高出47点，与十三年来近现代书画市场和当代书画市场各年指数相比，处于稳扎稳打、不断深耕的阶段。从指数走势来看，古代书画出现了三次较为明显的波峰：第一次波峰为2011年的179点；第二次波峰为2014年的202点；第三次为2017年的191点，平均每三年迎来一个波峰，每个波峰之间则是连续两年的低位调整期，这与中国文物艺术品拍卖在全球的指数走势表现基本一致。2017年至2019年，古代书画指数表现出由波峰转入低位调整期的走势，在世界经济环境影响下，2018年调整期的跌幅较为明显，2019年则是“卧薪”发力，扭转继续下跌的趋势。总体来看，较近现代及当代书画，古代书画因其无比珍贵的史料价值、艺术价值以及资源几近匮乏的稀缺性，保持着相对稳定的市场发展态势。很多藏家对市场持观望态度，暂时不愿将精品再次投入市场中，加之博物馆和美术馆藏有大量精品无法释出，市场中流通的精品越来越少。货源的紧缺正是造成中国书画古代高端拍品市场紧缩的重要原因。

中国古代书画所蕴含的艺术价值以及升值潜力一直是收藏者和投资人关注的焦点。2018年古代书画市场经历了自2012年以来的首次价格指数触底，低于古代书画的平均价格指数31个点，市场遇冷明显。在此种不利局面下，2019年中国古代

古代书画价格指数

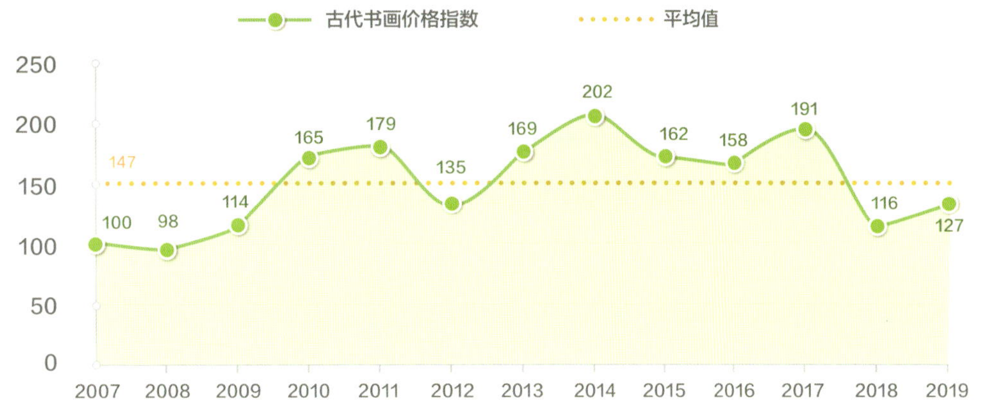

书画市场发力扭转，指数值为 127 点，仍低于平均值 20 个点。具体而言，2019 年中国古代书画同比 2018 年虽然成交量有所上升，但是成交额和平均成交价均未超越去年的数值，说明该年的中国古代书画市场高端级别拍品同比上年有所减少，更为直观地反映在价格上就是 500 万元以上高端古代书画作品成交数量骤降。来自易拍全球研究院（筹）大数据统计显示：2019 年 500 万元以上的古代高端书画作品其成交量为 149 件（套），与 2018 年持平；其成交额为 27.6 亿元，同比 2018 年减少 3.3 亿元，缩减幅度为 10.7%。占据市场主要份额的高端拍品的成交额紧缩则拉低了该年古代书画价格的总体走势。

古代书画的溢价指数在近十三年的平均值为 119 点，比基期略高出 19 个点，市场热度相对平稳。溢价指数的高低可以反映市场的热度增减，从 2019 年统计的古

古代书画溢价指数

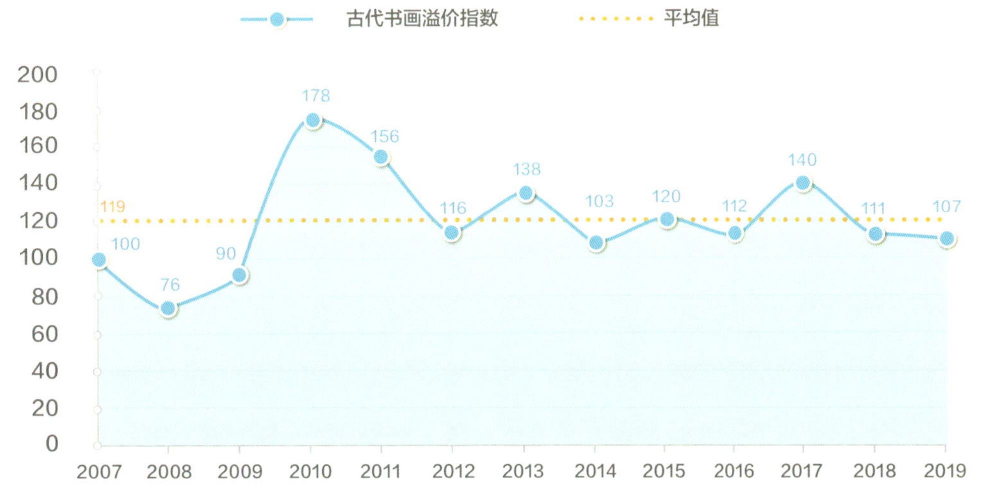

代书画溢价均值及该年的溢价数值来看，古代书画的市场热度明显低于近现代和当代书画市场，这与古代书画的收藏与投资门槛较高有很大关系。从古代书画溢价指数整体走势可以看出，古代书画市场前期热度不高，从2009年开始连续走高，在2011年出现大幅下跌，之后持续震荡，至今仍然处于较为规律的波动状态。结合古代书画价格指数来看，古代书画价格水平正在进入成熟稳定的发展阶段，投资环境依旧是影响市场热度与信心的最大因素，未来古代书画市场将继续保持理性回归的态势。

（2）近现代书画市场稳中求进

近现代书画市场长期以来一直占据文物艺术品拍卖市场的重要地位，纵观中国书画在拍卖市场的一贯表现，以“近现代书画为主”的格局已然形成。2019年，不论在成交数量、成交价格、市场影响还是单幅作品成交价方面，近现代书画作品仍是中国书画市场主力。李可染、潘天寿、张大千等名家作品均以高价成交。在中国书画拍卖市场成交价排名前十当中，近现代书画占据六成，巩固着近现代书画不可撼动的市场地位。

近现代书画价格指数

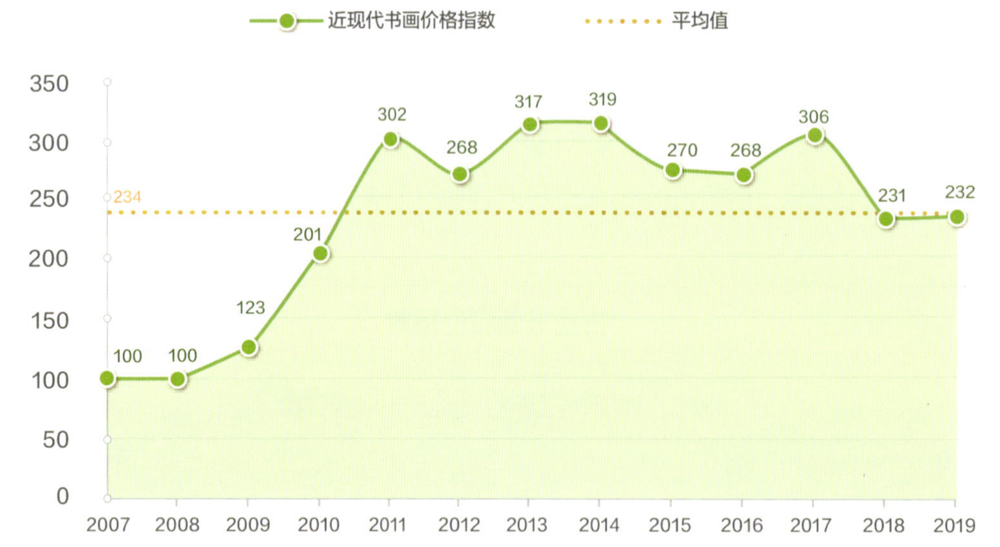

纵观近十三年近现代书画的市场走势，其价格平均值是234点，总体呈现出前期快速增长、中期高位小幅波动、近期随势回落调整的趋势。2011年至2017年，近现代书画的指数值都高于平均水平，2012年，中国文物艺术品拍卖市场出现大幅下滑，之后一直处于深度调整状态，但从当年中国近现代书画价格指数来看，并未受到经济大环境变化过多的影响。自2012年至2017年一直在平均值以上温和震荡，

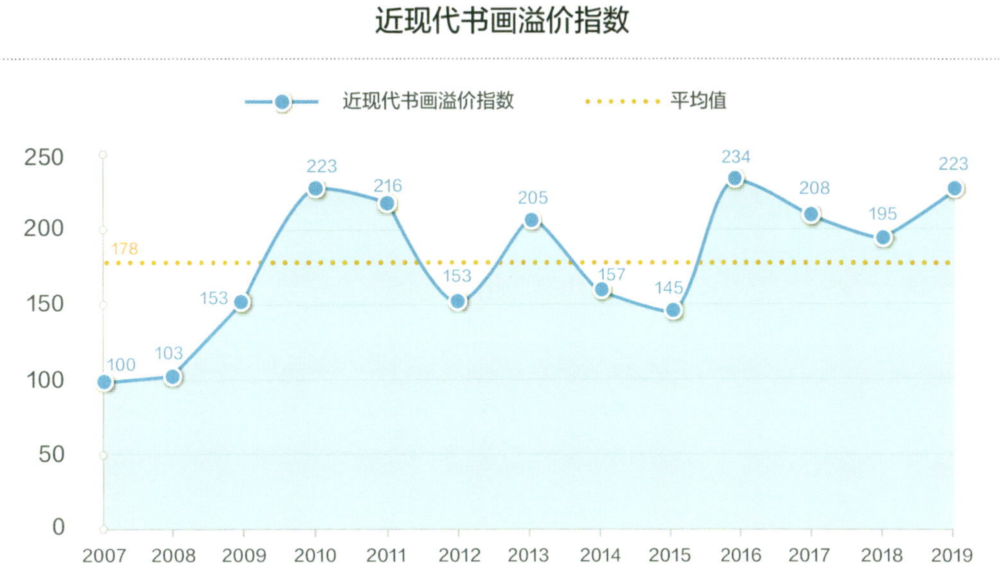

经历了2013年与2014年的连续高峰，随即于2016年降至268点后，马上2017年再高升至306点的波峰，以上震荡表明市场转型仍在持续，藏家出手谨慎，但他们对中国近现代书画保持着较高的认可。2019年近现代书画价格的整体走势降中有进。值得注意的是，2018年近现代书画价格指数自2012年以来首次出现单年价格指数与平均价格指数最为接近的情况，相差3个点，2019年则是继续向平均值接近，仅相差2个点。近现代书画作品的价格指数有小幅度的上升，具有了市场回暖的迹象，说明在未来近现代书画市场将迎来新一轮的价格走势，随着名家精品的深度挖掘与相关学术研究的不断跟进，中国近现代书画的市场潜力仍然巨大。

结合近现代书画溢价指数近期的表现来看，其经历了2012年与2015年的两次较大的市场降温调节，溢价指数在2016年激增89点，达到234点，之后两年出现持续性小幅回落，整体仍处于较高水平发展，市场热度与信心仍然处于高位。在经历了2018年随着整体市场的内部调节之后，2019年近现代书画的溢价指数呈现出与中国书画溢价指数同步上调的变化，溢价值为223点，同比增长28点。一方面说明在卖方市场为了保证在经济增长不确定因素陡增的环境下，能够尽可能地保证高成交率，从而适当降低上拍品的估价；另一方面也说明在买进市场的藏家群体对近现代书画市场的信心依旧坚挺，尤其是对高端精品的追逐热情从未削减。

（3）当代书画市场深化调整明显

当代书画市场作为中国书画市场的重要组成部分，它的市场表现力已成为把握当代艺术发展脉搏的关键性依据。一方面，随着当代书画艺术家创作呈现出形式与内容的多样化格局，投入市场的当代书画作品较为全面地呈现出与中国古代与近现代书画作品相迥异的面貌；另一方面，由于当代书画创作群体年龄跨度较大，因此在老中青三代的当代书画创作与市场活力呈现出明显的差异，从市场活跃度与表现力来看，整体呈现出老一代高位领跑、中年砥柱中流、青年后来居上的特点。当代书画正以其可持续发掘的潜力不断地为中国整体书画市场注入新的活力，同时在为规范中国书画艺术品价格，画作真实价值回归方面，继续进行深度结构性调整。

当代书画价格指数

纵观自 2007 年以来的中国当代书画市场的价格指数走势，总体呈现出由“谷底”稳攀“高峰”，由“高峰”迈入“高原”的趋势。从 2007 年开始，各大拍卖公司对中国书画市场进行了品类细化，当代书画作为独立类别专场活跃于拍卖场。从价格指数走势来看，中国当代书画的整体趋势是前期快速增长、中期高位起伏、近期理性调整。各时期指数走势波动较大，最高点（2013 年的 419 点）与最低点（2007 年的 100 点）相差达 319 点。当代书画指数在 2007 年至 2009 年保持了平稳的增长，从 2009 年开始，指数值持续走高，很大程度上因为市场需求量突增，艺术家仅迎合市场进行作品的创作，经过“包装”与“炒作”的艺术品直接导致了当代书画市场价格水平虚高，藏家盲目跟风现象屡见不鲜；加之当时中国文物艺术品市场整体价格偏高，泡沫化严重，当代书画市场在 2013 年达到顶峰。随着“礼品市场”的终结，当代书画市场受到直接冲击，2013 年到 2016 年，指数值下降幅度达到 142 点，投资变现困难导致市场信心持续下降。以上三年，拍卖整体成交量、成交价跌落明显，一些书画家价格跌幅较大，名家作品价格坚挺，但销量缩减。经过起伏的当代书画市场由投资变现转向理性收藏，收藏价值和市场潜力成为藏家关注重点。2016 年至 2017 年，指数值出现缓慢上升，由“高峰”过渡到“高原”，其涨幅为 38 点，增长态势相对平缓，2018 年由增转降，2019 年延续回落的趋势。

观察 2019 年当代书画市场价格指数的走势可以发现：当代书画价格指数为 226 点，比平均价格指数低 32 个点，呈下行趋势。2019 年当代书画市场价格指数出现跌破平均价格指数的原因在于：当代书画市场受整体文物艺术品交易市场与中国经济形势的影响，随势下行不可避免；由于过去几年当代书画市场的价格泡沫随着整体经济投资环境趋稳和藏家投机运作心理的现实回归，正在逐步被击破，愈加接近当代书画本身应有的价值；从当代书画的创作水平而言，重虚名轻画作的艺术家个人炒作或联合藏家炒作的不合理现象进一步得到遏制和管控，此类作品的减少说明了市场内部的深层调整力度不断加大，当代书画价格正在回归更为健康的状态。对于 2019 年的当代书画市场来说表面上是接受了重重挑战，深层上则是迎来“去虚火、正市风”的市场机遇。当下，名家精作仍受市场青睐，尤其是老一辈画家吴冠中、朱曜奎和后起之秀郝量等人的佳作正为当代书画市场不断注入新的价格活力。

通过观察当代书画溢价指数近十三年来的发展趋势可以看出，当代书画的投资热度经历了两个高峰，分别是 2010 年的 267 点和 2017 年的 268 点，这两个高峰的出现和两个高峰之间跌宕起伏的市场曲线，反映了当代书画市场制造“泡沫”与挤压“泡沫”的过程。尤其是 2012 年以后，随着国家反腐倡廉力度的不断加深，充当“雅贿”的当代书画作品市场泡沫被一针刺破，市场热度不断下调，趋向正常轨道发展。

中国书画各时期溢价指数比较

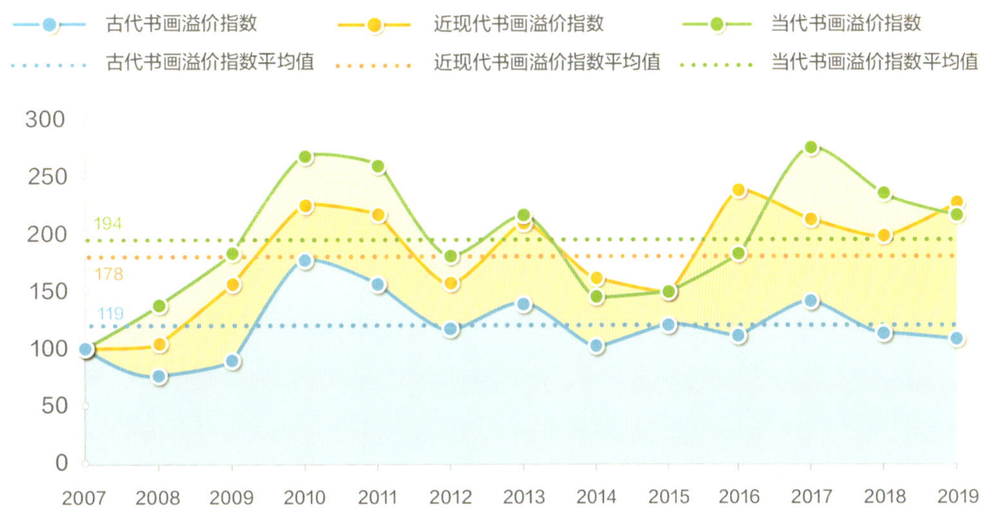

此后随着市场不断内部调整，真正有价值的当代书画作品被不断发掘，造就了2017年的又一个投资热潮。近两年由于国内外投资市场环境的不利因素增多，对当代书画投资的热度有所降低，不断向其溢价指数的平均值194点靠近。2019年当代书画的溢价指数214点，同比下跌15个点。在藏家投资理性企稳，艺术家作品重视质量的趋势之下，未来当代书画市场在对中国书画市场所起到的维稳作用将不断显现。

三　中国油画全球指数结果分析

数据说明

（1）时间：2007年1月1日~2019年12月31日。

（2）数据量：1.3万条全球范围内公开拍卖的成交记录。

（3）样本拍行：从中国大陆、亚太其他地区、海外地区共选取50家经营规范、成交结果透明度高、规模级别不同的具有代表性的拍卖企业。

（4）样本艺术家：综合考虑艺术家所处时期、美术史地位与成就、作品在专业书刊出版、重要拍卖机构图录、样本数据计算条件等因素选取75位具有代表性的中国油画艺术家。

（5）时期划分：

从明代西方传教士带来油画作品至19世纪末土山湾画馆本土画师的创作，进入20世纪之前，油画已经在中国存在四百余年。但中国油画真正接轨西方近现代油画，始于19世纪末至20世纪初走出国门求学海外的艺术学子。在中国近现代油画的一百余年发展历程中，由于时代背景的复杂性，经历了五四前后、抗战时期、新中国时期、新时期等若干发展高峰。油画艺术家的时期划分，因其各自的经历与艺术生涯的长短，无法严格依据历史事件做严格的界定。

因此，在综合考虑中国近现代油画发展历程、各时期总体风格、艺术家个人创作高峰期及艺术家个人风格的基础上，《中国收藏拍卖年鉴》以1949年新中国成立为时间点，将中国油画艺术家划分为“20世纪早期”和“当代”两个时期。20世纪早期的油画艺术家或留学海外或间接受教于留学归来的艺术家，西方绘画功底深厚，不论研习欧洲学院传统或取当时流行的后印象派、野兽派、抽象主义等为发展方向，作品都具有较为浓厚的西方韵味。新中国成立后，由于历史背景的转变，我国油画具有了更多的民族特色和时代特色，逐渐走上新的发展道路。当代油画艺术家中的绝大多数，依然在不断进行新的创作，使中国当代油画艺术与西方当代油画艺术形成呼应、并行且独立的关系。

此种两段时期划分法可能会存在不能详尽表达中国近现代油画和中国当代油画各细分时期特点的不足，但我们希望给读者呈现出一个相对宏观、清晰且客观的中国近现代油画百年发展历程及中国当代油画的发展脉络，为此我们还加入了“留法艺术家”和“70/80 后艺术家”两个专题作为补充，更为精细地反映中国油画市场状况。

1. 油画市场阶段性特征明显

2007 年至 2019 年的中国油画全球价格指数的均值为 125 点，高出基期值 25 点，表明近十三年来中国油画价格水平总体呈上升趋势。最高值为 2019 年的 155 点，最低值为 2009 年的 72 点，相差 83 点，指数值相差较大，说明中国油画市场近十三年来经历多变，市场表现呈现出阶段性特征。

油画全球价格指数

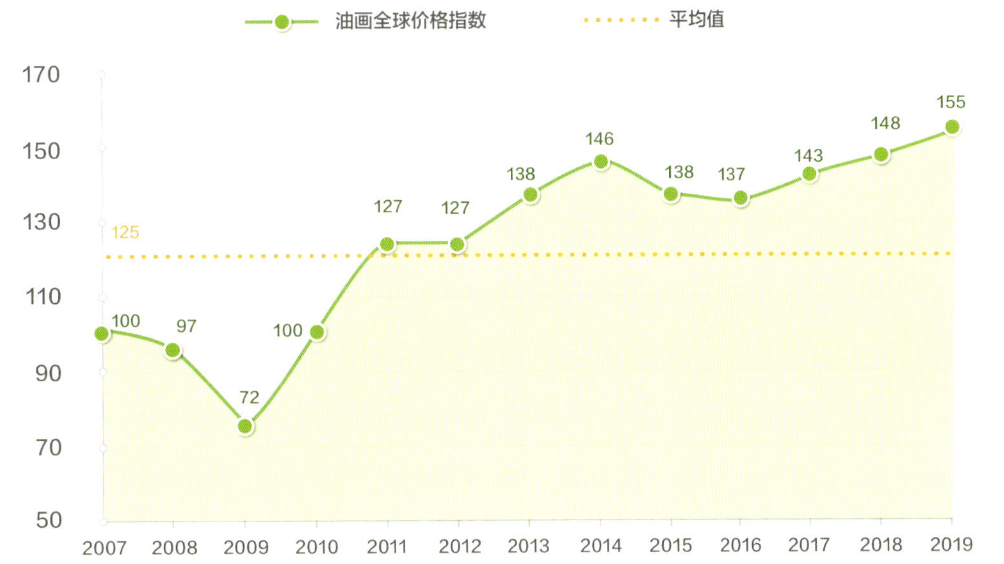

从价格指数走势图可以看出，近十三年中国油画在全球文物艺术品市场中经历了三个阶段：

（1）低位骤降期（2007 年至 2009 年）：自 2007 年基期统计之时，经历了海外资本连续几年对中国当代艺术的炒作，其价值泡沫不断膨胀，市场开始显现出脆弱状态。2008 年开始的全球性金融危机使得海外资金骤然紧缩，由于此时中国当代艺术市场主要以西方买家为主，因此对中国油画市场冲击较大，使指数值在 2008 年开始明显下跌，并于 2009 年跌至历史最低点 72 点。

（2）艰难回升期（2009 年至 2012 年）：跌至谷底的中国油画艺术市场开始在

2010 年出现反弹，价格指数艰难回升与基期 100 点持平。经过 2010 年一整年的市场培育，2011 年，指数从 2010 年的 100 点攀升到 127 点，增长幅度与 2010 年基本持平。2012 年则维持了 2011 年的市场平稳发展态势。在当时全球经济形势处于低迷状态下，此高点的出现传递出海外资本急于撤出中国油画艺术市场的信号。

（3）波动上升期（2012 年至 2019 年）：在此期间，指数整体呈现出平缓上升的趋势，虽然在 2015 年经历了一次中等幅度下跌，从 2014 年较高值 146 点跌至 138 点，但此下跌态势并未持续，而继续缓慢增长，2016 年至 2019 年中国油画市场呈现逐渐平稳并小幅度上升状态，并于 2019 年出现自 2007 年基点统计以来的价格指数最高值 155 点，表明中国油画市场状况趋向稳中见涨的良好态势。

油画全球溢价指数

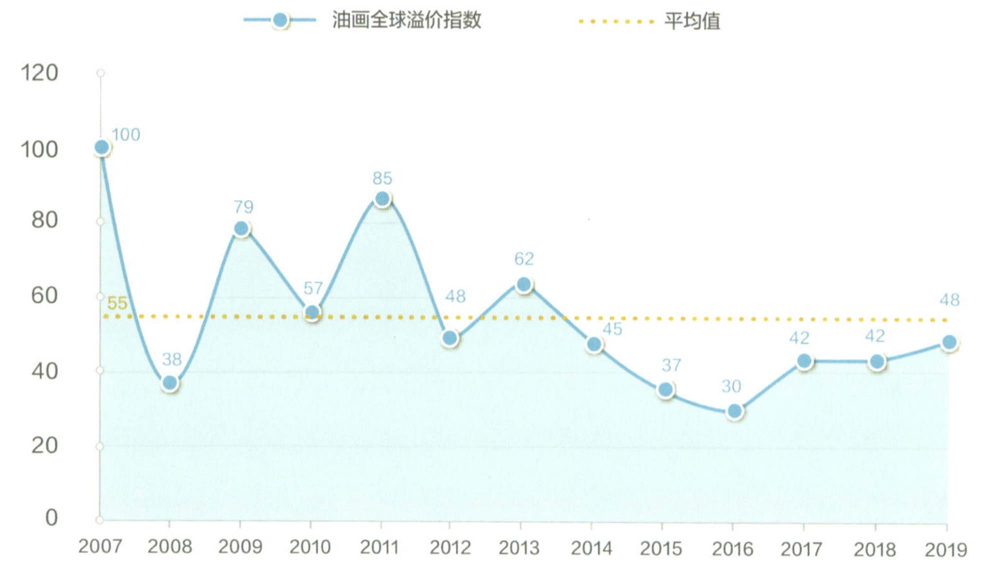

中国油画溢价指数近十三年的平均值为 55 点，低于基期水平 45%。前期（2007 年至 2011 年）指数曲线起伏剧烈，反映出海外过多投机性热钱的参与让中国油画市场对外部经济环境十分敏感。中国文物艺术品市场自 2012 年开始进入调整期，这一轮调整对中国油画品类的影响尤其明显，市场热度持续处于低位。但自 2012 年开始，溢价指数起伏明显缓和，说明市场调整显现效果，前期热钱涌入造成的泡沫经过挤压，市场逐渐回归到理性平稳的发展轨道上。2013 年之后至 2016 年溢价指数连续小幅度下滑，但基本处于正常状态。2017 年溢价指数回升至 42 点，同期油画价格指数也出现小幅度上扬，此番市场热度的回升与精品集中出现及企业大手笔购藏相关，这种现象在 2017 年与 2018 年尤其明显。2019 年油画溢价指数在经历了 2017 年与 2018

年这两年的平稳发展后，较此前实现了小幅度上涨，为 48 点。尽管在全球经济环境不确定性因素的影响下，2019 年油画溢价指数仍释放出较高的市场活力，与该年的油画价格指数走势呈正相关，其主因在于供给端在保持前两年不断挖掘精品力作的前提下，在估价策略上有意识地价格下沉，表现出让利藏家的姿态，积极推动与激发买入方的入市需求心理，由此促高了买气。

2. 不同时期艺术家作品价格走势各异

近现代油画在中国存在时间较短，从时间上可划分为“20 世纪早期”和“当代”两个时期。通过观察从 2007 年起这十三年的价格指数及溢价指数走势，可以发现两个不同时期作品对应的油画市场各有特点。

20世纪早期油画价格指数

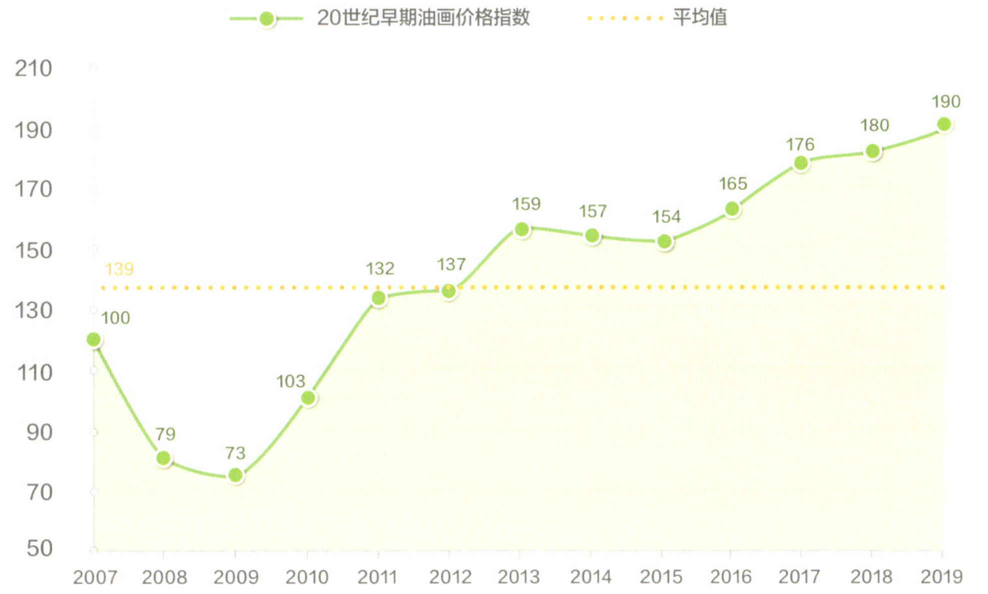

（1）20 世纪早期艺术家作品市场持续上涨

20 世纪早期油画价格指数走势和中国油画价格指数总趋势大体一致，但在 2007 年至 2008 年之间指数走势与中国油画指数相反，可见在中国油画整体处在价格上升的 2007 年至 2008 年，20 世纪早期油画并未受到藏家的太多关注。20 世纪早期油画市场同样受经济危机影响，2008 年至 2009 年一直处于低谷，2010 年价格指数回到经济危机前水平。自 2010 年始到 2017 年处于波动上升趋势，并于 2013 年达到一次高峰，在 2015 年价格指数微降之后持续攀升，于 2019 年达到最高 190 点，同比上涨 10 个点。该板块价格指数平均值为 139 点，比基期值高出 39 点，说明该板块市场发展较为平稳合理。自 2012 年开始，20 世纪早期艺术家价格指数上升幅度大于中国油画上升幅度，这种幅度一直保持在一个相对平稳的状态，反映了 20 世纪早期油画市场表现稳步上升并且行情向好的趋势。20 世纪早期油画市场溢价指数曲线起伏较大，溢价指数平均值为 95 点，高于中国油画平均溢价 40 个点，说明该板块的市场热度与整体中国油画市场热度相比要高，同时也说明了 20 世纪早期油画已备受藏家关注,市场潜力正在进一步发掘。在 2019 年度的 20 世纪早期油画的市场中,促进市场上扬的主要集中在常玉、赵无极、朱德群、吴冠中等留法艺术家的作品之上。由于 20 世纪早期油画的创作数量较为稀少，近年来其学术价值被进一步挖掘，加之公私机构的大规模购藏等原因，使得该时期的油画在拍卖市场中表现不俗，深受热衷推崇，呈现出与中国书画市场截然不同的市场形势。

当代油画价格指数

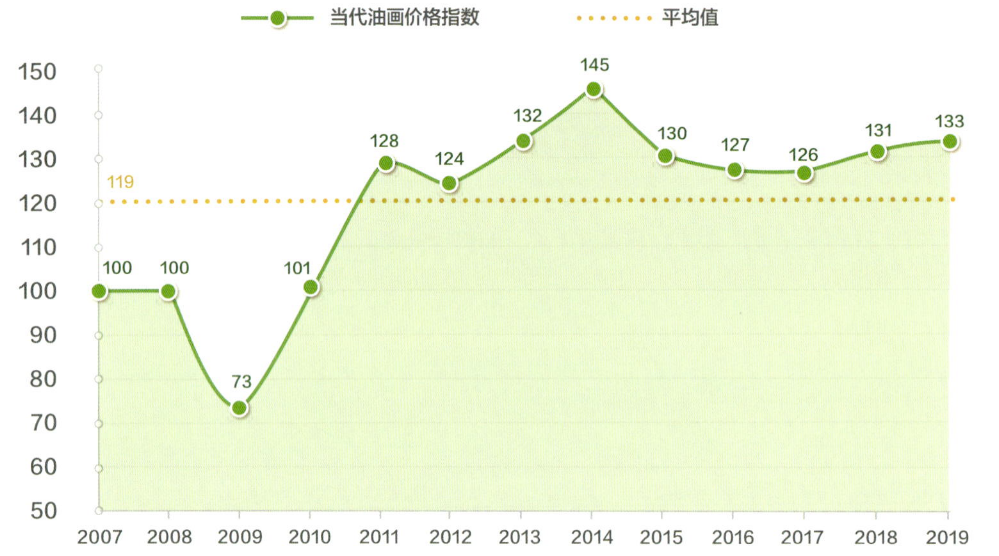

（2）当代板块平稳中回暖

当代油画主要由活跃在新中国成立之后的艺术家作品构成，其中又以“文化大革命”之后的作品占大多数，这些作品在新世纪开始后，因国内外投机性热钱的涌入而经历了一次行情上涨。2008 年国际性经济危机、礼品市场整治等一系列事件引发了中国文物艺术品市场的结构性调整，行情的大起大落使得藏家对待当代油画，尤其是创作年代较近的作品越发谨慎。当代油画板块中，老中青三代的市场表现迥然不同，老一代以靳尚谊、王怀庆等为代表的艺术作品市场表现持续高价位稳健发展，中年一代以周春芽、曾梵志、方力均等已被写入当代艺术史的中坚力量为代表，市场表现以精品高价位走俏，而中等价位的作品流拍率极高，这也说明了市场对精品的追逐与精益求精。当代油画板块里青年艺术家整体市场呈中低价位的拍品居多，由于创作质量与风格的多变与部分存在盲目炒作的嫌疑，其市场发展态势起伏不定，艺术品消费的趋势明显多于长期收藏的趋势。青年艺术家的作品仍需在一级市场中经历考验与积淀之后，才能在二级市场中长远健康发展。

当代油画价格指数走势基本符合中国油画价格指数的走势。在经历 2008 年至 2009 年度低潮期后，价格指数于 2011 年达到 128 点的高位，随后由于外资热钱撤离再次小幅度回落，但此后，国内资本接盘，并于 2014 年达到 145 点的峰值。2015 年以后价格指数在小范围内向下波动明显，2018 年朝着更高点发展，并在 2019 年达到了 133 点，比 2018 年增长 2 个点。从 2018 年开始，当代油画市场较过去两年的起伏不定，短时间内呈现出向上攀升的趋势，说明该年藏家对当代油画市场的热衷与推崇处于逐步升温的状态，市场升温回暖的背后，离不开大量当代油画的经典力作频频成交。比如冷军的超写实油画《肖像之相——小姜》以 7015 万元成交，创造了艺术家个人拍卖纪录；靳尚谊的《双人体》以 6325 万元成交；刘野的《烟》以 4683.07 万元（5218.20 万港元）在香港成交，刷新了该艺术家的拍卖纪录；刘小东的《电脑领袖》以 4600 万元成交，创造了他个人在中国大陆地区单幅（非联幅）作品的拍卖纪录。从以上高价拍品的成交中可以看出具象油画在当代油画市场中的重要地位。

当代油画溢价指数

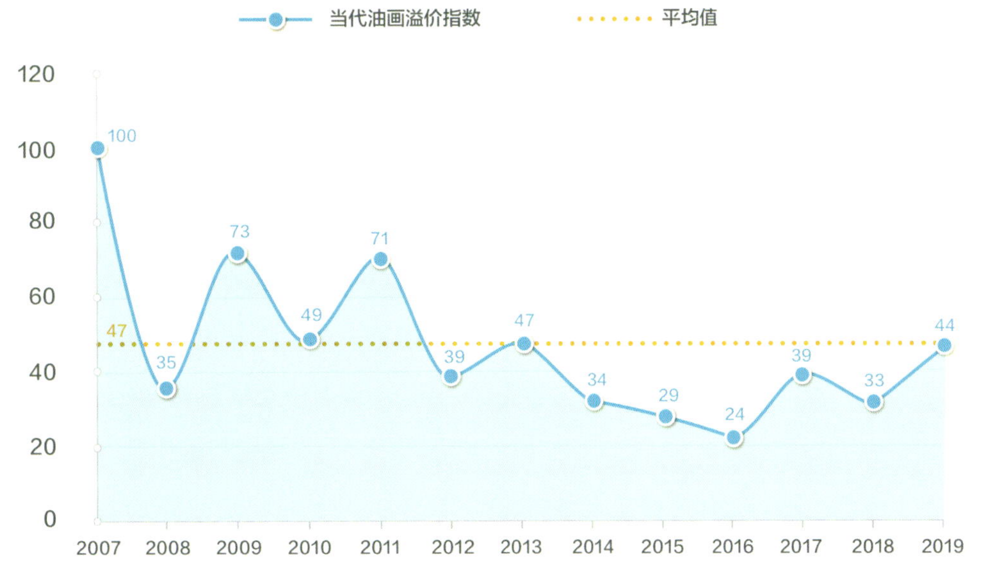

当代油画溢价指数近十三年的总体趋势呈前期起伏剧烈，后期小幅度波动的趋势，这与 2012 年之前热钱涌入，市场泡沫化现象相对严重有关。后期溢价指数虽然处于低位，但价格指数均高于前期的曲线走势也表明该板块市场泡沫正在逐渐退去。

2016 年到 2017 年，溢价指数呈现短暂上升趋势。2018 年当代油画溢价指数出现明显回落，与 2014 年的溢价指数基本持平，2019 年当代油画溢价指数同比增长了 11 个点，为 44 点，向该板块溢价指数的平均值 47 点靠近。需要注意的是，近年来当代油画的溢价指数始终低于平均溢价指数，说明当代油画市场一方面卖方市场存在价格虚高的情况，另一方面表明多数藏家谨慎投资，买卖双方仍处于不断磨合的状态。从 2019 年的最新走势来看，经过 2012 年以后的市场不断调整，随着“挤泡沫、去虚火”的功效进一步显现，未来当代油画市场将朝更加健康有序的方向发展。

3. 留法艺术家油画市场稳步攀升

留学(包括游学)是 19 世纪末 20 世纪上半叶兴起的中国历史，尤其是文化史中最富时代特征的现象之一。具体到美术领域，留法艺术家吴法鼎、颜文樑、徐悲鸿、刘海粟、方君璧、林风眠、司徒乔、吴大羽、刘开渠、庞薰琹等人大多选择在法国的美术学院游学，以油画、雕塑为主要研究科目。在这里，他们既接受了西方学院派古典主义、现实主义、写实主义美术，也带回了西方现代主义诸流派，为 20 世纪中国美术带来了传统书画体系之外的油画(西画、西洋画)、雕塑、色粉、水彩等新的美术类别、新的美术观念，甚至与之相关的新的生活方式，从而成为活跃在中国 20 世纪上半叶的重要群体之一，奠基、开拓、改变、丰富了 20 世纪上半叶中国美术的发展。近年来随着中国油画艺术品市场的崛起，这些当时留学海外的艺术家的作品价值重新被市场发掘，他们之中以赵无极、吴冠中、常玉、吴大羽等最具代表性，一些重要作品纷纷回流至国内，价格与市场认可度迅速推高。

留法艺术家油画价格指数在经历了 2008 年国际金融危机造成的低谷期之后，价格指数总体呈上升趋势，至 2019 年达到最高值 273 点，高出 2008 年最低值 199 点，近十三年的平均价格指数为 180 点，市场表现不断向好。2019 年留法艺术家油画市场延续了此前的良好发展态势，市场被进一步拓展，更多的留法油画艺术家的重要作品集中出现并以高价成交，对拉高价格指数再次起到主要促进作用。2019 年中国油画高价榜单 TOP10 之中，留法艺术家赵无极、常玉、吴冠中仍是领跑市场的主力军，其中包括赵无极的作品 5 件(套)、常玉的作品 3 件(套)、吴冠中的作品 1 件(套)。常玉的艺术作品随着近年来被市场不断发掘与积极推进，大尺幅、高质量的作品在 2019 年终于释出市场，其中巨作《五裸女》以 1.9 亿港元起拍，最终以 2.66 亿港元落槌，加佣金以 3.039 亿港元成交，合人民币 2.72 亿元，成为 2019 年为止亚洲艺术拍卖最高价拍品，也是迄今为止价格最高的华人油画。同年还有其创作的《曲腿裸女》以 1.98 亿港元(合人民币 1.77 亿元)高价成交。

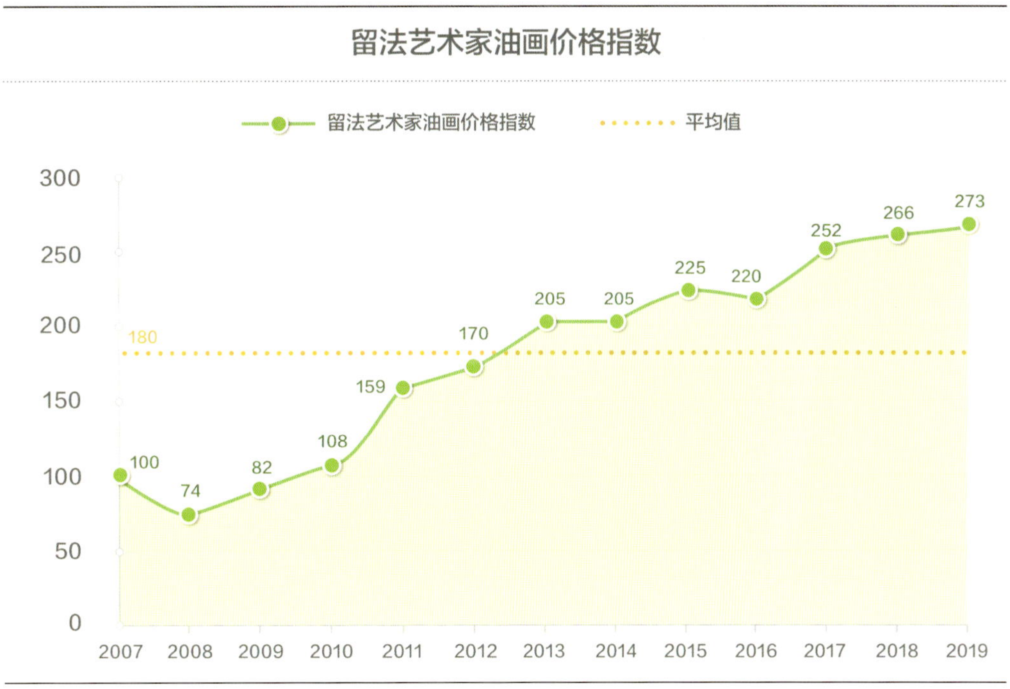

4. 70/80 后艺术家作品市场遇冷

70/80 后艺术家作品市场近十三年来的价格指数总体走势与当代油画价格指数的走势基本同步，大致可分为四个时期：

（1）急速骤降期（2007 年至 2009 年）：自 2007 年基期统计以来，70/80 后艺术家作品市场在 2008 年世界经济危机席卷之下，导致该板块的投资热钱退去，价格指数出现急速骤降，下跌至 2009 年的 59 点，与基期相差 41 点，为统计以来历史最低点。

（2）低位震荡期（2009 年至 2013 年）：金融危机过后，市场经济向好发展，遭遇重创的 70/80 后艺术家作品市场开始出现好转倾向，但由于热钱大多转向市场相对较为稳定的中国书画等板块，对 70/80 后艺术家作品市场的关注度与信心相对不足，导致该市场在这一时段内处于低位震荡发展状态，各年指数值均低于价格指数平均值。

（3）高位发展期（2013 年至 2018 年）：经历了上一阶段的适应性调整，2014 年 70/80 后艺术家作品市场随着经济快速发展的大势，恢复至金融危机之前的水平，与基期 100 点持平。2016 年随着整体艺术市场回暖信号的释放，达到统计以来价格指数最高点 105 点。此后，在基期 100 点之上波动发展，总体呈上升趋势。

（4）全新调整期（2019 年至今）：进入 2019 年之后，随着全球经济增速放缓，70/80 后艺术家的油画市场首当其冲，由此前的高位发展阶段进入到全新的调整阶段。

总体来看，尽管自 2014 年 70/80 后艺术家作品市场呈上升趋势，但是与油画全球市场指数和当代油画市场指数相比，仍然处于低水平发展状态，具有较大差距。体现在数据上则是：70/80 后艺术家油画的平均价格指数为 89 点，而油画全球市场

70/80后艺术家油画价格指数

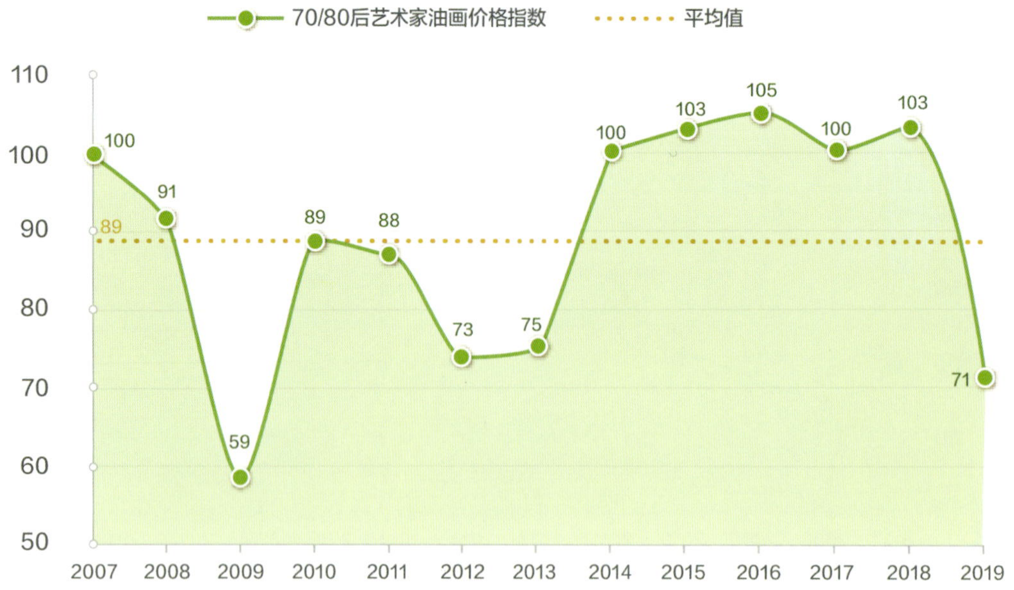

的平均价格指数为 125 点，当代油画的平均价格指数为 119 点，70/80 后艺术家油画市场的平均价格指数与前两者的差距显而易见。尤其是在 2019 年，该年龄段艺术家的油画价格指数出现断崖式下跌，同比上一年削减 32 个点，也是自 2009 年以来的市场最低值。之所以造成如此的市场表现，一方面在于，当市场经济出现紧缩，资本向艺术市场投入的选择范围就变得更为谨慎小心，在同等价位上，藏家更愿意将资金投入市场表现相对更为稳健的板块，比如近现代名家的作品之上；另一方面，由于经历了此前五年的市场高涨，作品被大量成交，加之该年龄段能在拍场上崭露头角的艺术家相对较少，上拍量的缩减也影响了该年价格指数的走势变化。此外，还需注意的是，在拍行“增质减量”策略的一贯执行下，70/80 后艺术家的油画作品筛选上拍条件较之前更为严苛，尤其是在投机性市场热钱大势已去的现状之下，高质量的作品成为畅通市场的“通行证”。而那些曾经在拍场上炙热一时的炫技讨巧作品，也因缺少深刻的思想内涵而被市场淘汰。

70/80 后艺术家油画溢价指数总体走势曲折，前期起伏剧烈，后期逐渐变稳。热钱的快速流进流出打击了藏家信心，使得该板块热度难以持续，造成溢价指数前期大幅度起落并出现自统计以来的两次数值低谷。自 2013 年起溢价指数总体呈现下滑趋势，但和前期相比变化幅度逐渐平稳，符合中国油画溢价指数的走势，表明市场调整的作用已经初步显现，拍行的减量增质策略和买家的理性回归让市场逐渐回稳。2014 年之后全球经济增速放缓，不确定性因素增多，市场热钱的大规模褪去直接影响了 70/80 后艺术家油画溢价指数的走势，连续四年处于平均溢价指数之下，直到

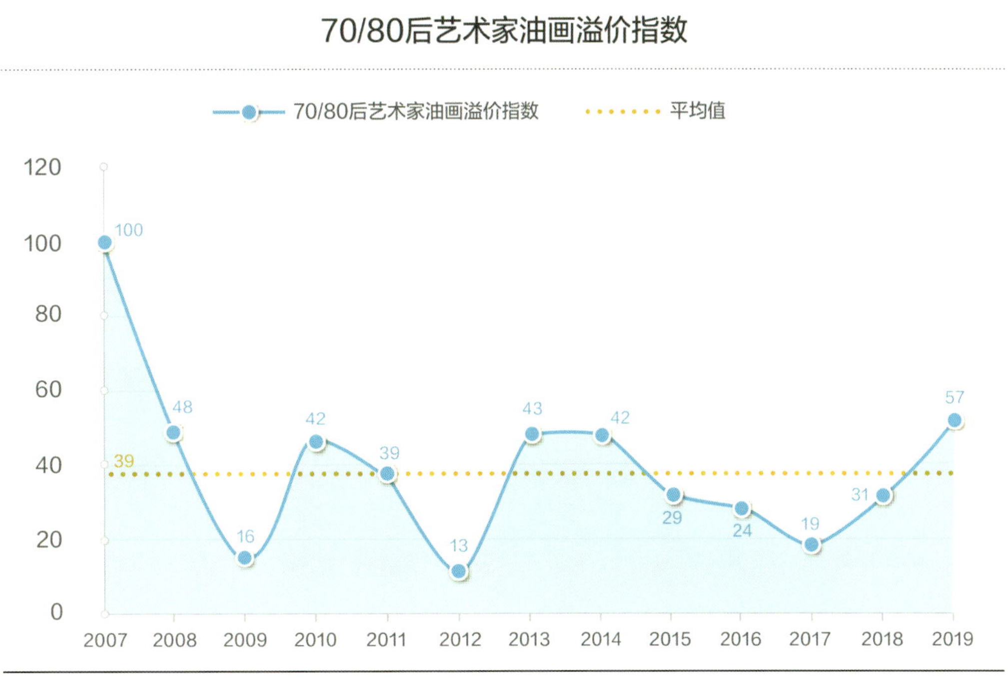

2018 年溢价指数小幅度回升，但仍低于溢价指数的平均值。2019 年，70/80 后艺术家油画溢价指数经历了前四年的低于平均值发展阶段之后，在该年实现了较大提升，指数为 57 点，高于平均值 18 个点。之所以出现该年 70/80 后艺术家油画溢价指数与价格指数截然相反的走势，主要在于拍行为了增加该板块的市场成交率，从作品起拍价上做出适应性下调，以调动藏家的购藏热情，也由此促高了溢价指数的上扬。但从目前的市场表现来看，拍行的此番策略并未能够挽回 70/80 后艺术家油画市场下行发展的大势，70/80 后艺术家油画市场仍需长期接受市场的考验。

四 重点艺术家分析 ：潘天寿

1. 名家品鉴：潘天寿的笔墨实践与“格调说”[10]

潘天寿的绘画和画论有两大贡献，一是笔墨结构，二是格调说。从笔墨方面看，潘天寿对于绘画创作和绘画教育所做的贡献，是他创下了一套属于自己的笔墨结构，即绘画形式语言的风格性体系。这个体系的成就高低、难度、复杂性，以及评价标准、依据，都是从绘画作品背后的金字塔结构而来，从人格理想、人格信仰的追求和旨归而来。明确认识“笔墨结构”作为“人格迹化”的表征系统，才能深入体会、阐释潘天寿的画作与画论。格调说是后期士夫画尤其近现代以来正在形成中的评价标准。也只有对背后的金字塔结构、人格理想、人格信仰有一个深入的理解，才能

[10] 潘公凯《潘天寿的笔墨实践与“格调说”》,《美术》2017 年第 6 期，第 53 页至第 60 页。

初晴 潘天寿 设色纸本 140.5×364cm 1958 年作

理解潘天寿提出的格调说，这是潘天寿在画论方面的重要主张。

（1）潘天寿的笔墨实践

潘天寿的笔墨实践，是从笔墨结构的角度对中国绘画体系作出的独创性发展。他对于传统艺术观的领悟，对于艺术史传统体系的宏观把握，最终集中于笔墨结构方面的继承与发展，尤其体现在实践中的进一步推进。

笔墨的主要内涵就是绘画意象所呈现出来的笔墨结构，这里当然也包括物质性的笔与墨，比如毛笔在纸上的运用，墨迹在宣纸上的变化，比如宣纸绢帛，具体说又有熟宣、生宣等等，以及笔毫上的各种讲究，所有这些，都包括在笔墨这个大的范畴之内。现在谈到笔墨的时候，主要指的就是笔墨结构，是笔墨所构成的相互关系，是痕迹作为一种形式语言的相互关系，正是从这种内在的关系当中，传达和表达出

背后那些深刻、复杂的精神性因素。笔墨结构在中国画当中，尤其是在后期士大夫画当中，具有特别重要的地位。

笔墨结构大致可以分成五个层面，以下借文章写作之比喻来加以说明。

第一个层面，笔线和笔触的单独形态。笔毫蘸了墨，在水的混合下，落到宣纸的纸面之上，可以形成一种独立的形象、状态。在很多情况下，呈现为点、线，或者比较宽的线，甚至类似于面，但是线的成分、比重仍占主导，在点线面三者当中仍然主要是线，积点成线，积线成面。这是一种以笔线为主、有点有面的单独形态。把落笔所成的这种单独形态看成是笔墨的单字，这就是笔墨结构的最小单元。如果把吴昌硕、齐白石、黄宾虹乃至徐渭、八大等人作品中的这种笔墨“单字”切割出来，进行单独的比较，可以看到每一位大家的所谓笔墨“单字”，一笔一墨其实都有他们自己的风格。比如，齐白石的一笔一墨，就显得比较率性、通畅，但其一笔一墨的运行速度恰到好处，既不过快、也不过慢，如果慢了就会有滞涩的感觉，快了又会显得轻飘。相对而言，黄宾虹的笔墨“单字”，笔触显得小，比齐白石小得多，他是用细小的毛笔画出来的，在曲折变化上比齐白石更多，一笔一墨当中有很多独到的追求。黄宾虹有所谓“五笔七墨”，说得很复杂，但是细看其每一笔每一墨，并不必然兼具“五笔七墨”的所有特点，因为某一笔可能以中锋为主，旁边一笔可能主要运用侧锋，它们总体上合成一团，能够体现出“五笔七墨”的综合特点，但就单字来说，不一定每笔每墨兼具所谓“五笔七墨”。又如，八大与徐渭有很大的不同，八大的笔墨相对比较润，显得比较圆混，而徐渭的很多作品是直接画在熟绢或熟宣上，笔墨比较狂野，其率意成分要大得多。一笔一墨这种不同的变化，是造成笔墨结构在更高层次变化的基础单元。以潘天寿来说，其单独的一笔一墨比前人更加讲究，原因就在于，潘天寿的画是以减笔为主，要论一笔一墨的数量，远不如黄宾虹多，甚至比齐白石都要少，更为简略、扼要，所以潘天寿在一笔一墨上的讲究就明显比齐、黄要多，是更加精心地予以掌控，在笔墨意识上显得更为自觉，其要求更为严格。

第二个层面，由笔墨单字或者单元组成的笔墨组合。如果用文章来加以类比，这个笔墨组合就相当于词和词组。词往往是两个字组成，词组可能是四个、五六个字。笔墨组合的比较典型的例子，就是《芥子园画谱》当中的那些画法。比如画竹叶，有个字形和介字形两种画法，这就是一种组合；又比如梅花，一般是五片花瓣加上中心的花蕊，构成一朵梅花，这相当于文章的词和词组；兰花也是这样，兰叶三撇是非常有讲究的，如何穿插交错，组成不同的形态，这也可以类比为词和词组。这个层面，可以联系到黄宾虹的一个讲法，所谓“齐与不齐三角觥”，而潘天寿的讲法是“三点”和“三角”，三个点的关系和三角形之间的关系。第一个层次的一笔一墨，这是一个基础单元，第二个层面的笔墨组合，是在基础单元之上的三点或三笔或三团之间的关系。这个层面在笔墨结构当中也非常重要，跟黄宾虹所说的三角觥、潘天寿所说的三角形有关，都认为三角形状是中国画笔墨当中关键的、甚至核心的组织原则。这种组织原则的意义在于，使得中国画的笔墨可以避免呆板，获得灵动性，使其组织方式具有更多的变化。《芥子园画谱》中有很多程式化的图形表达，都可以归属于这种三角组合。在一些名家那里也一样，从其作品的局部也可以抽取出大量的例子，三点、三笔、三角，每位画家的组织方式是不一样的。

举例来说，三角之间的关系，在黄宾虹那里尤为强调，从其细致的笔墨解析上就可以看得出来，而在齐白石那里，有时会变成很多平行线；黄宾虹画的山，皴法虽然也会有平行线，但其树枝造型，特别是树叶和花朵的摆布，基本上仍然是三角形的变化。这种变化在虚谷那里更为突出，画树枝特别强调拉长了的三角形，就笔墨组合来说，虚谷呈现出非常明显的不等边三角。相对而言，潘天寿在笔墨组合这个层面，除了重视三角之外，还会突出一些方块形支撑，同时让这些方块形跟画边或者跟另一个方块形又组成三角形，以三角形来破解方块形的骨架支撑；或者在方块形石头的外缘与外轮廓，通过一些苔点，或者一些草和藤，把这种方块形结构给破解掉。这就是所谓笔墨组合，约略相当于文章的词组层面，它既有相当大的程式化的共性，比如画竹叶、兰花、梅花、梧桐树叶等等，都有一定的程式性，这种程式化的共性充分体现在《芥子园画谱》这样的教材和基础训练当中；与此同时，笔墨组合又带有艺术家个人的特色，呈现出鲜明的个性，通过仔细地分析和比较，可以得到清晰的揭示。在笔墨组合这个层面;潘天寿与另几位大家不同之处在于,其作品尺幅大,笔墨的单字、单元显得粗重，线条很粗，线条的组合关系、亦即结体比较开张，而且线的组合与点的组合、面的组合，有着不同的组合方法。

第三个层面，由笔墨组合构成的笔墨体势。所谓体势，体是结构的形状，势是形状的趋势。体势相当于文章写作当中的句子、复句，或者不同的句式、两三个分句组成的一个长句结构等等。在不同的艺术家那里,这种笔墨体势是带有不同趋势的语言。比如在任伯年的作品中，往往是几种不同的体势结合在一起，花朵是一种体势，树干是一种体势，人物的衣纹又是非常独特的体势，就像文章中非常独特的句式排列。这些不同的体势在画面当中的搭配，会造成各个艺术家不同的韵律节奏，这又是构成艺术家作品风格的非常重要的语言组织因素。比如，体势在吴昌硕的作品当中，代表性地表现出对角线方向的一种结体和趋势的组合；在黄宾虹那里,就体现为一种成团状、成絮状交织的既厚重又有空隙的组合。笔墨体势在水墨画的画面构成当中，起着非常大的作用，使得第一层面的一笔一墨和第二层面的笔墨组合得以有机组织起来，这是形成画面韵律感的最重要的环节、最重要的层面。笔墨体势在不同的画家风格中，有着不同的追求目标、处理方式和特色表现。画家的风格，很大程度体现在笔墨体势上。比如，八大和石涛就非常不同，石涛在画面组织方面非常多变，山的造型可能会由几种体势组成大块山体，树也是这样，由不同体势的树组合在一起。每个艺术家对于体势的建构，其实也是形成自己风格的重要过程、关键环节。潘天寿在体势这个层面，有非常鲜明的个人特色，总的来说，潘画的体势比较方，而且非常简洁，多以粗笔大墨的勾勒为主 , 内部皴擦相对比较少，这是他与别的艺术家不同之处。笔墨体势的创造和构成，就像书法家的字体和字的组合一样，每个人都有自己的个性风格，吴昌硕跟赵之谦不同，齐白石与吴昌硕也不同，黄宾虹与他们的区别就更大，潘天寿与上述这些大家都有很大差异。艺术家的风格特色，就体现在笔墨体势的差异性、独特性上面。

第四个层面，笔墨体势组成通篇的布局。这个层面，相当于文章的段落组合，由自然段组成大篇章。通篇布局更加关系到画面整体，用现在的说法就叫构图。在

耕罢 潘天寿 设色纸本 227×121cm 1958 年作

中国画当中往往是用一些局部的组合、团块，形成通篇的构造、布置。在这个层面，每位艺术家也有不同的方法。比如，黄宾虹基本上是以团状结构组成比较浓墨的大块，其中又用云气和一些空白来加以区分、间隔，形成山体的脉络和云烟的气脉，并用空白来衬托出山间小屋、树木和人。这种通篇布局方法，跟吴昌硕、齐白石有很大不同。潘天寿在通篇布局方面，主要以方形布局为主，但又有倾侧的斜势，使这种方形不跟纸边平行，而是相对于纸边来说有着角度上的扭转；这样的一种通篇布局，既是为了使画面饱满，显得有重量感，同时又让画面不至于呆滞、闭塞。潘天寿在笔墨结构的这第四个层面，有着最多的创造性发挥，其构图理论也一向受到人们的重视。

第五个层面，由画面的多种因素共同组成整幅作品。这是从整篇文章的层面上来说的，也就是整体的文本。其中包括多种因素：一、画面的笔墨结构，以及笔墨结构所共同组成的画面内容表达；二、题款、诗文及其位置与结体，印章；三、由绘画内容、题款、诗文、印章等多种因素共同组成的意境，构成画面的格调。这就像一篇文章，在全文完成之后，文章整个的横排或竖排、字体字号等等，多种因素共同组成文本整体，在视觉层面完整呈现全貌。

这五个层面，都属于笔墨结构的组成成分。所以完整地理解笔墨，要比一笔一墨这个狭义的解释宽泛得多。不同的论者，在不同的场合，针对不同的作品，回应不同的问题与要求，对于笔墨的阐释有时只谈及某一个层面，有时能够兼及几个层面，还有的时候，是专指五个层面共同构成的复杂的、总体性的笔墨系统。笔墨或者笔墨结构，可以作为人格理想、人格信仰的表征系统，因为它是一个结构性的存在，可以承担表征系统的功能。

由五个层面组成的笔墨结构，如果再进行仔细分析，可以看出其中既有先天因素，也有后天因素。先天方面，就是艺术家的本性、天性，这在画面上体现为每个人各不相同的笔性。所谓笔性，严格说来也就是神经系统与肌肉系统的类型差异与习惯方式，对这种笔性的研究是现代笔迹学的基础。如果以对于笔性的判别去考察诸位大师作品笔墨的第一个层面，其先天因素是很明显的，它与每个人不同的性格、气质、性情有关。比如，黄宾虹早年的作品，笔触比较小，在继承前人的山水画基本程式的基础上，显得比较清秀，带有轻意散漫的风格，又清秀又随意。这种笔性，跟潘天寿早年的作品有很大的不同，潘天寿从最初开始作画，风气就非常狂野，其笔触痛快，笔线显得粗。笔性上的差别，作为笔墨风格的底色，几乎贯穿每个艺术家风格演变的始终，因为人的性格是很难彻底改变的。笔性这种本性的、先天的因素，当然也存在着高低之分，并非所有的笔性在审美、鉴别上都处于同一个档次、等级。比如，有的人的笔性散漫到无法控制，有的人又特别拘谨，怎么练都放不开，还有的人的笔性特别张扬、外露，呈现特别多的圭角，就像浑身长满了刺。笔性上的特点，往往到了晚年都难改，无论过于刻露、过于拘谨还是过于散漫难收，都是层级不高、也很难改好的笔性，一般不受肯定。在以往师傅带徒弟的教学过程中，如果徒弟的笔性生来就有毛病，显得特别“野狐禅”，老师多半就不会收这个学徒，因为觉得他改不好，没有必要白费力气走艺术之路。

后天的因素与本性相对，这是一种习得性的因素。每个人都需要学习不同的前人程式、图式和法度，而前人的这些语言系统和方法，本身也存在着高低雅俗之别。后天的这种习得，既是自己在学习过程中的一种积累与解悟，同时也是通过练习使自己的语言和图式获得矫正，这在本质上是对于前人成法的接收、熟悉、内化。这种学习、习得，本身也有高低之别，其所学的前人到底是三流还是一流 . 对于学习者的后天因素培养也有着非常深远的影响。过去在老先生的教学当中，往往会指定学生学某某人，不能学某某人，因为跟着比较差的前人学，会把自己学坏了。因此，后天的习得因素也有高低之分。

除了本性与习得之外，笔墨当中还有一个非常重要的因素，就是个人的创造性。它是以前两种因素，即以本性与习得为基础，加上自己有意识的创造性改变，最终形成自己的个人风格。这种个人风格同样也有高低层级之分。区分高与低、卓越与平庸，要以对于本性的判断、对于习得的判断为基础，通过综合鉴别，审视这种个人风格的创造性改变能否获得画面自身整体的自洽和圆满。而且即使达到了自洽、甚至圆满，仍然存在着高低之分。古代的画论、画评，把高层级称为神品、逸品，低层级称为“野狐禅”，因为后者显得粗野、庸俗、靡弱、张狂，虽然也能达到一定的自洽，但格调不高，无论从先天与后天的因素来说都如此，起点不高，达到的境界也不会高。

以潘天寿为例。笔墨结构的后天因素，即习得方面，其早年作品之所以画得狂放，实际上是有来路的，主要来自于徐渭。潘天寿早年在很多画法上，跟徐渭有着某种相近的气质和追求。徐渭作品十分狂野而格调很高，潘天寿年轻时的作品，笔墨风格很像徐渭，虽然因为太野而被吴昌硕批评，但是他对艺术的感觉，在笔性上虽然狂野，却没有俗气，属于比较高级的狂放。正因为如此，吴昌硕才会给予高度评价。在听取吴昌硕的意见之后，潘天寿的学习对象有了改变，首先是认真学了一段时间吴昌硕，又迅速脱开，博采众家之长，其作品当中已不再有非常明显的某家格法。在笔触繁复的路子上，他学过石溪，学过石涛，学过八大。他广泛研究、吸取前人法度，大大增加了积累，大大加深了对中国水墨画的解悟，并且通过练习，矫正了自己在见吴之前的狂野画风。对于画的“理”，亦即苏东坡所说的理，潘天寿显然有了更深入的解悟和实践，在练习当中愈益深入地接受了以画理为基础的前人法度。至于在本性与习得之上的那种创造性因素，潘天寿是以习得因素为基础，尤其是通过对吴昌硕的深入研究，做出了自己的创造性改变。这种创造性改变，主要是相对于吴昌硕的笔墨结构而言，其中也包括最基础的一笔一墨的那种单元形态的改变。吴昌硕的一笔一墨，相对来说水分变化更多，枯湿浓淡的变化也更多，显得比较圆浑，而潘天寿则变圆为方，在图形上显得更加方直明豁，有人以隶体来予以类比，而吴昌硕被类比为行草结构。从圆到方的这种改变，潘天寿是有意识进行的，跳开吴昌硕以后，通过杭州艺专十年的笔墨磨炼，逐步形成了自己的风格，从狂野趋向严谨,从草书笔法趋向隶书笔法,从笔墨形态的快速书写趋向于较为迟缓的运笔。

在先天本性、后天习得和创造性因素这三大方面，都可以看出潘天寿在不同方向上对于法度的深刻理解,以及对于画面呈现效果的高低层级的价值判断。反过来说，潘天寿不论是先天本性、后天习得还是创造性因素的整合，都是以境界高低作为主要的判断指标。这个指标不是倾向于技术性，而是倾向于精神性，说到底就是作品整体的格调，而这又表征着作者的心性与人格。

（2）潘天寿的“格调说”

格调说，是潘天寿画学理论的核心，格调与心性、精神境界直接相关。无论是在画论中,还是在中国画教学当中,潘天寿频频谈及格调,而且多次专门谈格调问题,认为格调与人的修养、性格、人品有着密切联系。

潘天寿在 20 世纪 50 年代向学生介绍古画名迹的时候，曾经着重指出 :“画如其人。展出的这些作品，有的大方，有的超脱，有的古雅，有的厚重，境界各有不同。高格调的境界，要有高远的修养才能体味和鉴赏。”又说“格调与思想绝对有关。”在中国画教学当中，潘天寿多次以写意花鸟画为例，比较各家各派作品的格调高下 :“格调境界是重要的。例如任伯年、朱梦庐、吴昌硕、齐白石、八大都画松树，八大的松树就高，朱梦庐的就低，这就是境界，原因是人的品质、格调和修养问题。修养低就无法体会松之高华挺拔。八大画松针很疏，老干枯枝是简练，高华挺拔是意趣。八大山人不点搭、不噜苏，故高。点搭噜苏，调子就不高。太白是才华大气，李商隐就雕琢了。”又说，“格调是比较抽象的东西，很难讲清楚，要靠多看、多比较，慢慢体会。格调说到底就是精神境界。各种文艺作品都有格调高低之分，人也有格调高低的不同，这里面的因素是很复杂的。思想水平、哲学、宗教、人生观、性格、才智、经历、审美趣味、学问修养、道德品质，都与格调有关。文艺作品，归根结底是在写自己、画自己，它不是江湖骗术，而是人的内心精神的结晶”。格调在根本上就体现了精神境界，对心灵境界的体味构成了潘天寿画论的重要方面。

潘天寿的格调说，虽然在阐述上不够系统化、理论化，但其内在理路已经与诗论中的格调说拉开了距离。清代沈德潜的格调说，指的是诗歌形式方面的格律声调所呈现的一种品位、格趣，其中包括对平仄、用韵、转韵、格体、声调等方面的讲究和推敲。潘天寿画论当中的格调，更多的是指形式中所包含的心性、人格因素，是一种精神境界与人生理想。潘天寿曾说："中国诗之最高原则，为意境、节奏、趣味、格律，以及意境中之渊深、静穆、雅逸、超妙诸项，融于绘画之中，绝非六法所能解释。"这种精神性的意境，超出了技法、技艺的层面，直接成为心灵的迹化、人格的表征。在潘天寿看来，格调指的就是心灵的精神境界，"不论何时何地，崇高之艺术为崇高精神之产物，平庸之艺术为平庸精神之记录，此即艺术之历史价值"。这实际上就是高尚其志的文人、士大夫，把他们的精神贯注于诗词书画，通过人格的自我砺砥而达到崇高的艺术境界。

在中国画理论的演进历程中，格调是晚近出现的一种新的价值核心，具有重要价值与意义。中国画的主线，其实与文人有着深刻的内在联系。所谓文人画、士夫画，其整个创作实践背后，都是对人格理想的追慕、信仰，是对理想人生的践行。在这种艺术实践当中，格调是一种精神量度，实质是对于人格境界的一种品评，既可以直接用于对人的品评，也可以用于对作为表征系统的笔墨和绘画作品的品评。

纵观整个中国绘画的发展过程，早期绘画从顾恺之开始一直到唐，神韵这个范畴居于主导地位，是对于人物作为对象的一种品评和表征。相对来说，神韵是一个客体化的标准，评价艺术家的对象表达是否有神韵。意境是对于主客体互动所产生的审美意象的品评，这是主客互动的标准。宋元画以意境为核心价值，这个范畴是意与境、情与景的组合。意境作为品评核心，持续时间很长。清代金石学兴起以后，中国绘画的笔墨进一步独立，更多地包含了超出物境之外的文化性、审美性价值。绘画作品中的景的因素逐渐减少，画家的主题也从山水画更多地转向了花鸟画。在这种情况下，意境作为绘画品评的核心范畴就显得不太适用，而格调作为价值标准的核心范畴开始出现，近代以来正在逐渐形成当中。潘天寿画论中的格调，特指艺术家精神境界的品评，通过笔墨这种痕迹载体来表征的艺术家的心性与人格理想，这是一种主体化的标准。

心性是中国思想学术的核心内容。格调跟心性之学的形成和发展有着内在的深层联系。潘天寿说"绘画之事，宇宙在乎手"，成熟的、圆满的笔墨结构，再加上其他画面因素，融合起来达到总体的和谐，画家创作艺术作品，如同创造一个小宇宙。这里所谓宇宙，就是指复杂的笔墨结构与其他因素所组成的矛盾统一体，共同达到高度的和谐、圆满。可以说，这个小宇宙正是一个表征系统，它是一种比拟和象征，象征着艺术家的个体心性和人格精神，象征着艺术家主体的人生理想。格调所度量的，是呈现于纸上的艺术家心性，是艺术家人生剧目演练的整体能力和精神境界。人格境界，决定了表征系统的格调、境界，也决定了艺术作品整体的水平。

潘天寿的中国画创作、鉴赏与教学，以及他在绘画理论上的继承与创获，都围绕着笔墨而展开，而对笔墨的体悟、实践与品鉴，又无不根源于对心性境界、人格理想的追慕与持守。潘天寿说得好，“人生须有艺术。然有人生而后有艺术，故最艺术之艺术，亦为人生”。他的笔墨实践与格调论述，都是其人生艺术的迹化，都表征着其信守终生的人格理想与人格信仰。笔墨作为人格表征，格调作为人生旨归，在潘天寿这位最后的儒士身上得到了最为集中的体现。

2. 艺术市场分析

潘天寿（1897~1971）原名天授，字大颐，号阿寿、寿者、雷婆头峰寿者等。浙江宁海人。潘天寿是中国近现代著名画家，美术教育家。他精于写意花鸟、山水，偶作人物，兼工书法篆刻，尤擅指墨，亦能诗词。潘天寿一生著述丰富，对艺术思想、美术教育、画史画论、诗书篆刻等均有深入研究，并建立了一套完整的迄今影响深远的中国画教学体系，被称为现代中国画教育的奠基人之一。其作品构图险峻，破中有立，善于造景，别具一格；画风沉雄奇险，苍古高华，大气磅礴，具有慑人的力量感和强烈的现代意识。本文以潘天寿相关学术研究为重要依据，以近十三年来的拍卖市场大数据为研究基础，从市场经济的视角全面分析潘天寿艺术作品的市场价值与近年来艺术市场真实的变化趋势。

近三年来，潘天寿的作品每年均有突破亿元的拍卖成交记录，正在成为近现代艺术板块备受瞩目的新星，市场不断释放其潜在的活力。从高价拍品来看，2018 年 11 月 20 日《无限风光》以 2.87 亿元成交，创目前潘天寿最高书画成交记录；2019 年 11 月 18 日以 2.05 亿元成交的《初晴》赓续此前的亿元市场旺势；2017 年是潘天寿诞辰 120 周年，该年举办了多场潘天寿书画艺术创作的展览与研讨会，其中以在中国美术馆举办的“民族翰骨——潘天寿诞辰 120 周年纪念大展”为代表，从学术层面上全面地梳理了潘天寿的艺术成就。正是在 2017 年，潘天寿的《耕罢》以 1.58 亿元于北京成交，开启了潘天寿艺术市场的“亿元时代”。在学术研究日益精深与市场表现日益活跃的双重背景之下，跟进对潘天寿艺术市场的研究恰如其时。

（1）潘天寿书画全球市场指数分析

潘天寿书画价格指数近十三年的均值为 394 点，与中国书画全球价格指数均值 233 点相比高出 161 点；与中国近现代书画全球价格指数均值 234 点相比高出 160 点；与 2007 年基期对比，潘天寿书画价格指数涨幅显著。潘天寿书画价格指数的走势曲线总体呈波动上升趋势，阶段性特征明显，近期呈现出回落发展态势。十三年来，潘天寿书画价格指数于 2017 年达到最高点，比最低值（2007 年 100 点）高出 506 点，说明潘天寿书画作品市场近十三年来潜力得到逐步深掘，行情在调整中趋稳向好。2018年随着全球经济不确定因素增加的外部影响，以及此前几年数件（套）精品“熟货”均已纷纷现市，并赢得了良好的市场的反应，该年在精品暂时缺位于拍场的情形之下，潘天寿书画价格指数随市做出新的调整，于2018年跌至409点，接着2019年指数重新上升至483点，市场回暖迹象显现。

潘天寿书画价格指数与中国书画价格指数走势和中国近现代书画价格指数走势总体较为一致。十三年以来，潘天寿书画价格指数总体经历了三次指数峰值，分别是2011年、2014年、2017年，以上三年也与中国文物艺术品市场发展的三个发力

潘天寿书画价格指数

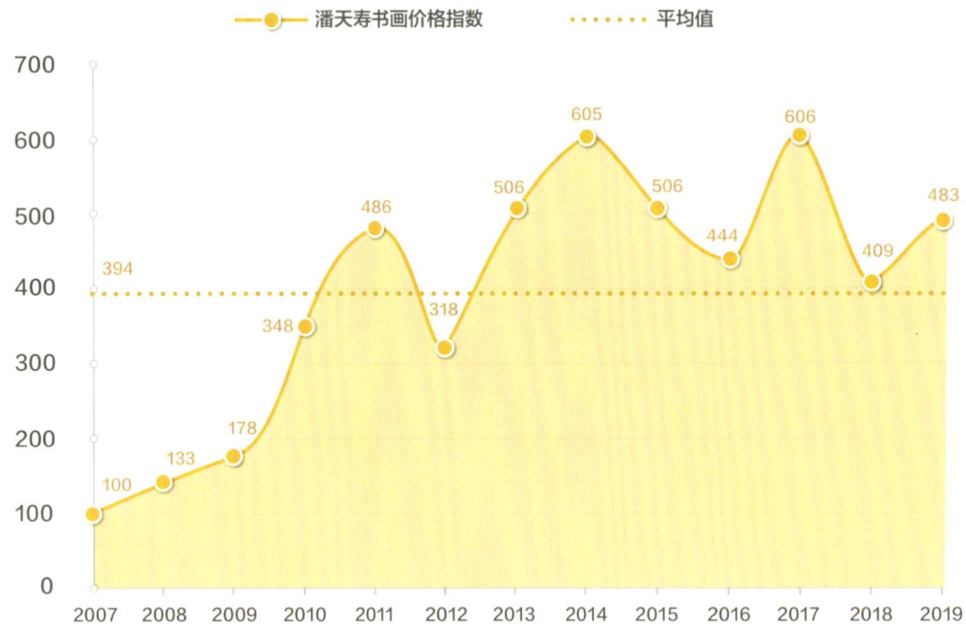

点时间大致吻合。纵观潘天寿书画价格指数发展经历大致分为三个阶段：

① 蓄力增长期（2007年至2012年），2007年，受国际金融危机影响，全球文物艺术品拍卖市场连续剧烈下跌，反观中国书画全球价格指数和中国近现代书画全球价格指数的走势，其价格水平并未受到明显干扰，潘天寿书画价格指数亦表现出类似特征。在经历了2007年至2009年三年的平稳蓄力后，于2010年开始，潘天寿书画价格指数出现了跳跃式增长发展。此阶段内诞生了潘天寿拍卖市场的首次过千万的作品《耕罢》，该作于2008年12月在上海朵云轩拍卖有限公司拍出1176万元的高价，刷新了以往潘天寿书画的拍卖纪录，成就了潘天寿作品价格由百万元到千万元的跨跃。2010年与2011年，是市场集中涌现潘天寿上千万级别精品佳作的重要年份，2010年2800万元成交的《鹰石图》、1680万元成交的《微风燕子斜》、

1536万成交《鸡石图》以及2011年4715万元成交的《江天新霁》和1207万元成交的《西湖荷塘》等。该阶段潘天寿书画价格指数的猛增与这一时段内精品的集中释出有关，在投资群体经历了全球经济危机之后将投资目光逐渐转移到溢价空间大、回报率高的近现代书画市场。

②高位发展期（2012年至2016年），上一阶段精品的不断涌现为潘天寿书画市场的高价位发展奠定了坚实的基础，2012年经历了短暂的市场冷却后，连续两年以较高幅度上升，并于2014年出现了第二个价格指数峰值。2013年至2014年潘天寿书画价格指数分别高出其价格平均指数112个点与211个点，表明该时期内市场表现平稳向好。这一时期内，潘天寿上千万成交的作品为15件（套），同比上一阶段增长7件（套）。2015年至2016年较比此前两年呈下行趋势，但总体上仍处于高位发展阶段，价格指数均高于平均值。

③ 深度调整期（2016年至2019年），伴随着中国文物艺术品市场进入理性调整期，受到经济环境和资金不稳定情况的影响，此时潘天寿书画市场的成交量和成交额出现较大幅度的调整，尤其是近三年其价格指数波动幅度较为明显，最高点（2017年的606点）与最低点（2018年的409点）相差197点。2018年的价格指数仅高于平均价格指数15个点，为自2012年以来的最低值。2019年潘天寿书画价格指数为483点，同比出现微涨趋势。总体来看，2016年至今，潘天寿书画市场基本处于逐步回落、随市上升的深度调整阶段，2017年之所以达到峰值，是与该年借潘天寿诞辰120周年的东风，官方与民间集中推行潘天寿的艺术及思想，学术界再度深入研究其学术成就，从而直接影响到市场价格有关。潘天寿书画价格指数在经历了自2017年以来由高走低的波动以后，在未来，潘天寿书画的价格将迎来持续性调整，逐渐向符合市场规律的稳健态势发展。

潘天寿书画作品价格近十三年来溢价指数均值为278点，高于基期178个点，高于中国书画全球溢价指数平均值110个点，高于中国近现代书画全球溢价指数平均值100个点。从潘天寿书画溢价指数的曲线走势上看，基本符合中国近现代书画溢价指数的走势，但局部波动较为明显，2015年最高点与2018年最低点相差433个点。潘天寿书画溢价指数近十三年来的走势经历了两个阶段，分别是：2007年至2011年的高速发展期，世界经济历经2008年金融危机之后开始出现好转，潘天寿书画溢价指数从基期持续向上攀升，并于2011年春到达第一个峰值，此为第一阶段。该阶段中国文物艺术品市场中金融资本的大量涌入和雅贿需求的不断膨胀，致使中国书画价格水平大幅快速上涨，潘天寿书画作品也随之“水涨船高”，价值千万

潘天寿书画溢价指数

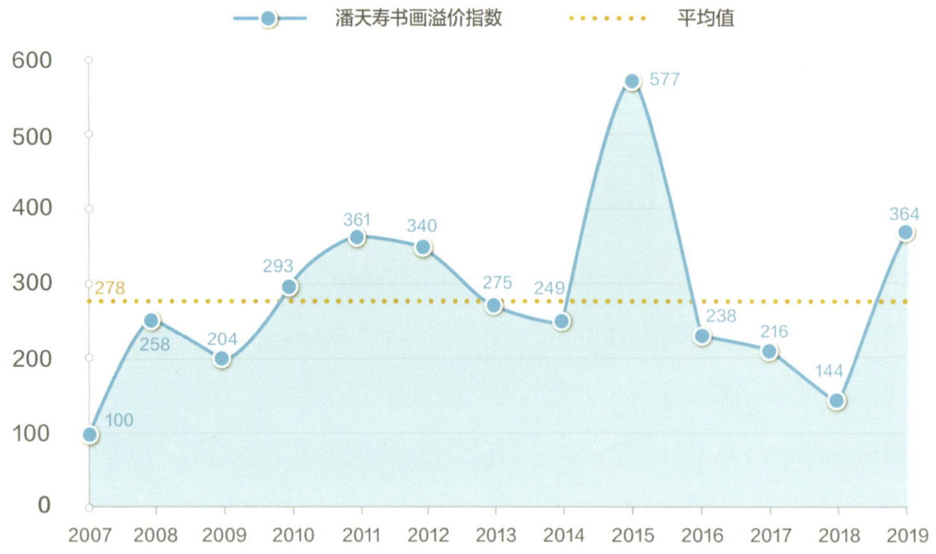

元的作品开始成交。2012年至今是潘天寿书画溢价指数发展的第二阶段，该阶段受相关政策因素，雅贿需求的骤然下降的影响，大量市场热钱逐步收紧，造成溢价走势总体呈现由高走低的态势，购藏愈加冷静，大部分年份低于溢价均值，偶有个别年份溢价出现大幅飙升。值得关注的是2015年，潘天寿书画溢价指数飞升至577点，创十三年以来的最高值，究其原因：根据易拍全球研究院（筹）该年的样本数据统计显示，2015年度有70.67%的拍品以高于拍行最高估价的价格成交，直接促高溢价指数的数值；从具体拍品来看，也与该年大量来源明确、具备参展著述记录、流传有序的精品集中上市有关。正是在2015年，潘天寿的《劲松》以高于最高估价1.05倍的价格的9315万元成交，创造了当时潘天寿的最高拍卖记录，也预示着潘天寿亿元市场即将到来。之后，溢价指数从顶点逐渐跌落，2017年几乎回到了2014年的状态，再次进入调整时期，至2019年，潘天寿书画溢价指数为364点，终止了此前连续两年市场热度下降的态势，出现了较大幅度的回升，此种现象也与该年拍场集中释出精品有关。

（2）潘天寿作品全球市场统计分析

2007年至2019年，根据市场上拍潘天寿作品的门类分布来看，主要集中在中国书画这一品类，以及少量其他品类，诸如手稿、信札等。据易拍全球研究院（筹）统计的十三年来全球拍卖市场上公开拍卖的潘天寿中国书画与其他品类的数据来看，近十三年来潘天寿作品在全球成交总量为997件（套），其中中国书画成交990件（套），其他品类成交7件（套），总实际成交率为74.2%，处于较高水平。其中中国书画成交率为74.1%，其他品类成交率为100%。纵观潘天寿作品的二级市场，较同时期的艺术家比如徐悲鸿、张大千等人，潘天寿作品在市场上流通量甚少。主要原因在于潘天寿作品尤其是大尺幅精品总体创作量上较少，这是实际的历史原因；另外，潘天寿的作品基本被潘天寿纪念馆、潘天寿美术馆、中国美术学院美术馆等博物馆性质的机构入藏，流通在拍卖市场上的大尺幅精品则少之又少。

自2007年以来的十三年中，潘天寿作品在全球拍卖成交的品类分布中，以中国书画数量最多，占全部拍品的99.3%，其中绘画作品成交量占90.9%，书法作品成交量占9.1%；其他品类成交量仅占总体成交量的0.7%。拍卖市场上中国书画部分几乎构成了潘天寿作品的全部，因此，以下各专题的研究数据均以潘天寿书画作品为重点，展开深入研究。

① 成交量、成交额地理分布

基于近十三年的数据统计，潘天寿书画作品成交997件（套），成交额为28.7亿元，其中833件（套）成交于中国大陆，占总成交量的83.6%，成交额为26.6亿元，占总成交额的92.7%；127件（套）成交于亚太其他地区，占总成交量的12.7%，成交额为1.7亿元，占总成交额的5.9%；37件（套）成交于海外地区，占总成交量的3.7%，成交额为0.4亿元，占总成交额的1.4%。从潘天寿书画的成交量与成交额的地理分布来看，中国大陆仍然是潘天寿书画最大的市场，这与潘天寿的从艺创作经历与收藏群体分布有直接关系。

结合潘天寿的从艺创作经历与目前拍卖市场上流通的潘天寿书画作品来看，潘天寿二级市场中的作品主要创作于20世纪40年代之后，这是潘天寿艺术创作逐渐成熟并形成个人风格的重要阶段。该时期的创作内容又以山石、丛花、飞禽等为主，画中托物言志，表达了顽强不屈的抗争精神同时又兼具海派雅俗共赏的审美意味。此类的创作内容更易引起中国大陆藏家的情感共鸣，潘天寿的山石、飞禽等题材成为市场一度追逐的对象。由于题材内容深具中国传统文化精神，因此收藏潘天寿的藏家群体主要为华人，华人收藏群体的分布决定了潘天寿作品流通市场区域。亚太其他地区是继中国大陆之外潘天寿作品上拍最多的地区，但与中国大陆地区不同的是，该地区上拍的潘天寿作品主要以海外回流为主，多是亚太其他地区及海外重要藏家的作品，以及潘天寿作品为海外友人及侨居海外华人所藏，尺幅相对较小。这也说明了亚太其他地区的收藏依托于当地与国际市场的便利联系，成为潘天寿作品在大陆之外重要的交易集散地。

从成交量和成交额在三大区域的不同占比可看出，潘天寿的作品在中国大陆地

潘天寿作品全球成交量占比

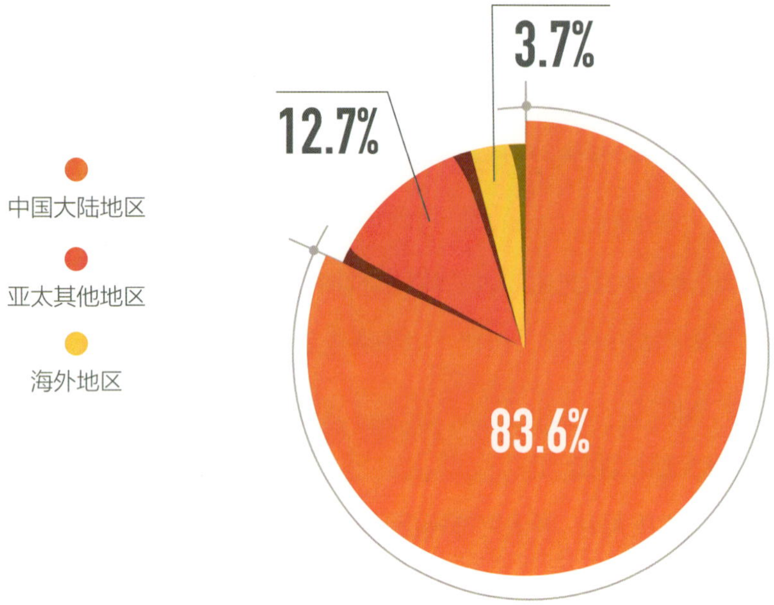

潘天寿作品全球成交额占比

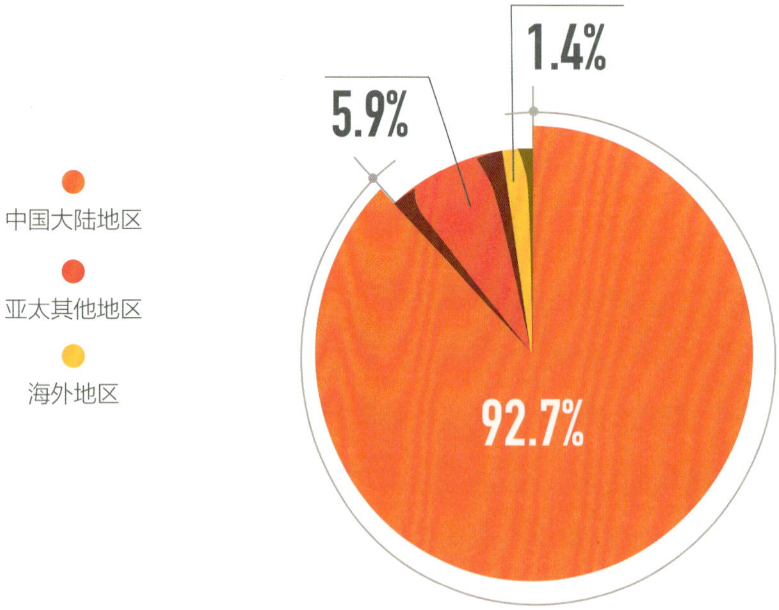

区价格水平较高，而在亚太其他地区较低。这种状况反映了中国大陆市场对潘天寿作品的追捧，使得高价精品主要集中于中国大陆市场，而亚太其他地区市场和海外地区市场则相对冷静。从城市分布上来看，北京作为全国的政治文化中心，是中国大陆主要交易主体的所在地，其成交量保持着较其他地区不可撼动的地位。杭州与上海作为潘天寿作品在南方市场的交易重镇，也因潘天寿一生主要生活、创作在杭州、上海的缘故，成交量与成交额位居国内前列。广州在近年来随着市场的不断深掘，具有后起之秀的发展态势。香港则成为潘天寿海外回流作品的主要市场，在亚太其他地区首屈一指。

② 成交作品价格区间分布

在潘天寿作品的成交价格区间统计中，按照成交作品的数量降序来看，成交数量最高的集中于 50 万元以下区间，占总成交量的 37.7%；其次 100 万至 500 万元区间的占成交总量的 34.2%；50 万至 100 万元区间占总成交量的 18.9%；500 万至 5000 万元区间占总成交量的 8.7%；5000 万元以上的成交量最少，仅占总成交量的 0.5%。将各区间成交量与成交额进行对比可知，成交价在 100 万至 500 万、500 万至 5000 万及 5000 万以上的这三个区间，其成交量与成交额的区间分布基本一致，说明处于以上三个区间的潘天寿作品价格合理平稳，符合市场规律。而 50 万至 100 万和 50 万以下的区间作品，成交量与成交额区间分布各异，说明在此区间的作品存在一定数量与市场规律相悖的情况，与该区间部分作品的质量有直接关系，平均价

潘天寿作品成交量分布
[单位：件(套)]

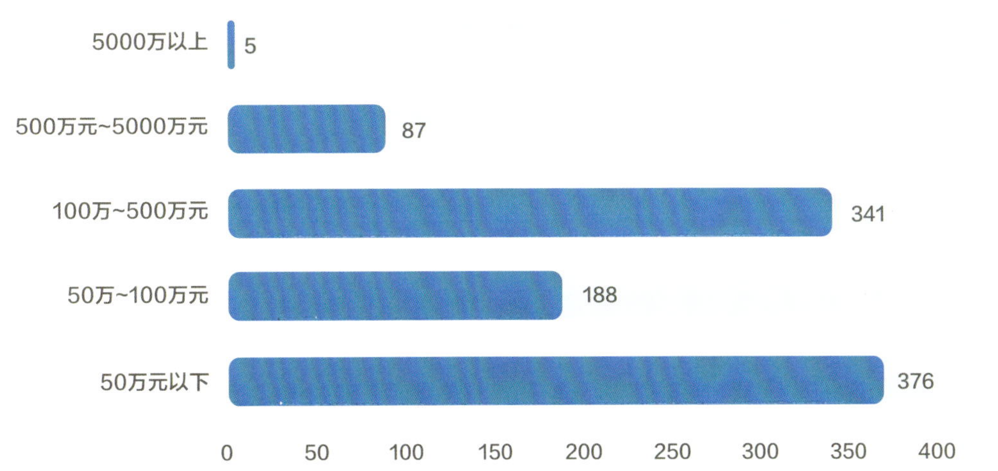

潘天寿作品成交额分布
（单位：亿元）

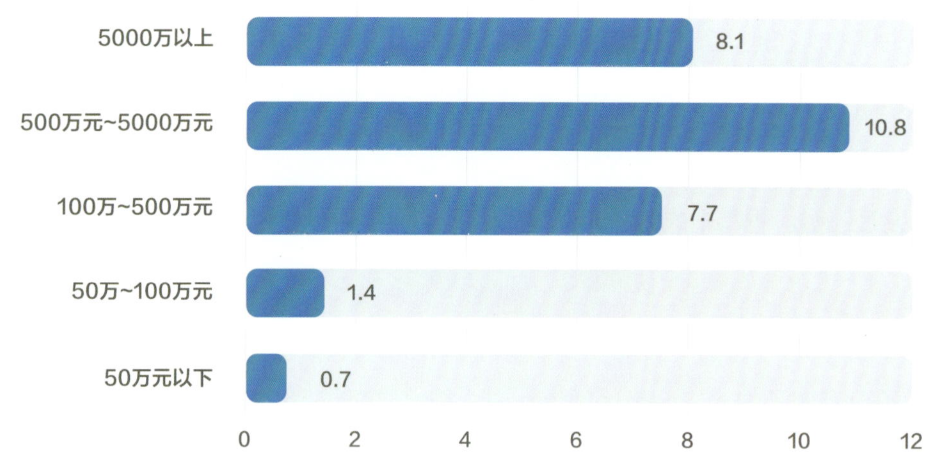

格相对较低。

从成交额的价格区间分布来看，100 万至 500 万和 500 万至 5000 万区间的作品占据了潘天寿作品总成交额的三分之二，同时在成交量上也领先于其他区间，说明成交额在 100 万至 5000 万之间的作品是构成潘天寿书画市场的主力，其中数量上又以 100 万至 500 万价格区间的作品为主。随着学界不断对潘天寿作品的学术与艺术价值挖掘，其艺术市场的价格洼地也会同步补涨，近十三年来流通于潘天寿书画市场的作品仍有发掘精品的潜力。另外，也应注意到，成交价在 50 万（含）元以下的拍品占潘天寿作品成交量的 37.7%，但该价格区间的成交额却只占总成交额的 2.4%，说明由于平均价格较低，低价位拍品带动了大众进入书画收藏领域的积极性，同时也应注意该价位拍品的质量问题。

具体分析成交额在 5000 万以上的潘天寿书画作品可以发现，位于此价格区间的有 5 件（套）书画作品，分别是《无限风光》（2.87 亿元成交）、《初晴》（2.05 亿元成交）、《耕罢》（1.58 亿元成交）、《劲松》（9315 万元成交）、《朝霞》（6900 万元成交），成交价上亿元的拍品有 3 件，皆为潘天寿创作成熟期的指墨代表作，也是不断在拍场上创造拍卖纪录的“熟货”，表明潘天寿所作指墨花鸟题材深受市场青睐，在未来潘天寿大尺幅及主题性创作倾向明显的作品将是创造高价的领头军。

③ 成交作品拍行分布

2007 年至 2019 年统计数据显示，潘天寿作品的拍卖主要集中出现在中国嘉德、北京保利、北京匡时、西泠拍卖、北京诚轩等十家拍行。其中中国嘉德、北京保利和西泠拍卖三家拍行，成南北对峙状态。北方的中国嘉德和北京保利成交量分别占

拍行名称	成交额(元)	成交额占比	成交量(件/套)	成交量占比
中国嘉德	1,300,271,658	45.2%	135	13.5%
北京保利	361,159,660	12.6%	90	9.0%
北京匡时	248,965,800	8.7%	99	9.9%
西泠拍卖	200,839,700	7.0%	106	10.6%
北京诚轩	87,295,300	3.0%	26	2.6%
广州华艺	77,268,847	2.7%	21	2.1%
香港苏富比	45,468,548	1.6%	20	2.0%
上海朵云轩	41,345,200	1.4%	29	2.9%
中贸圣佳	41,333,700	1.4%	25	2.5%
佳士得香港	41,102,754	1.4%	29	2.9%
其他	431,523,330	15.0%	417	41.8%

到 13.5% 及 9.0%，成交额分别为 13.0 亿元和 3.6 亿元，两家拍卖行的成交额占据了潘天寿书画拍卖总额的半壁江山有余，是潘天寿作品在中国大陆地区拍卖的主要阵地。地处杭州的西泠拍卖凭借其地缘优势以及在传统收藏领域的特色业务能力，使其在南方的潘天寿书画市场独当一面。潘天寿创作作品量较少，且流通于市场作品量更少的前提下，国内拍行一方面不断充分挖掘“生货”，积极开拓卖方市场；另一方面，通过联合学术界积极探索研究潘天寿的学术成就，进一步培育藏家群体的鉴赏能力，引起买家群体对潘天寿作品艺术成就与市场价值的足够关注与重视；同时，在适当时机引出曾创造拍卖记录的“熟货”为拍场添彩。可见，大陆拍行对潘天寿作品市场经营的良苦用心。

中国大陆之外的亚太其他地区是近十三年来潘天寿作品成交的主要聚集地，其中苏富比香港与佳士得香港是潘天寿作品的主力拍行，成交量分别占 2.0% 与 2.9%，相应的成交额分别占到 1.6% 与 1.4%，总体成交量与成交额较小，也说明潘天寿作品在亚太其他地区和海外地区占据极少市场份额，与潘天寿的创作数量与国际影响力有直接关系。此外，地处杭州与上海的拍行，利用自身地处潘天寿主创作地的地

潘天寿作品品类成交量占比

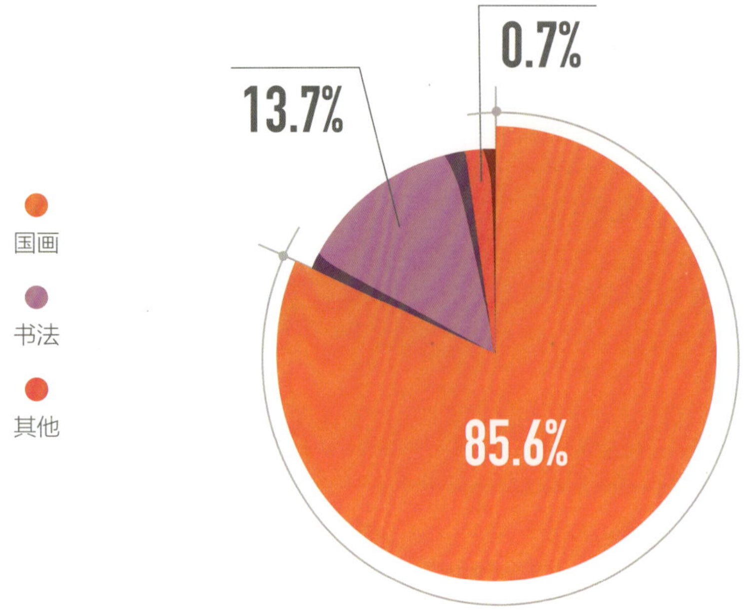

潘天寿作品品类成交额占比

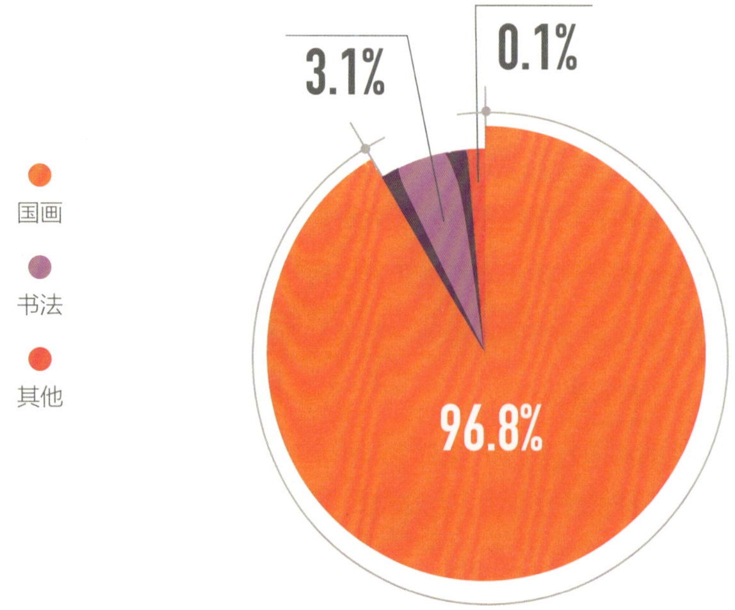

理优势，能够在长三角地区不断深耕潘天寿作品市场，以小尺幅的精品与新发现的"生货"为主营路线，对潘天寿书画市场成交额亦有贡献。

④ 拍品品类分析

潘天寿作为中国现代美术教育的先驱者之一，其创作集中在中国书画领域，以国画花鸟见长。在历年上拍的作品中，以中国画和书法居多，偶见手稿。因此在分析中根据潘天寿作品实际市场占有量的比例情况，择要就中国画与书法展开论述，兼顾其他品类。

2007 年至 2019 年潘天寿作品各品类统计中，中国书画成交量为 990 件（套），其中中国画成交量为 853 件（套），书法成交量为 137 件（套），各占成交总拍量的 85.6% 与 13.7%；中国书画成交额是 28.7 亿元，占各品类总成交额的 99.9%。从以上数据的分布显示，可明显看出潘天寿中国书画在市场上的主导性地位。同时也应注意到，近年来，潘天寿的书法作品屡有上拍，行情也在步步高升。如 2014 年中国嘉德秋拍中，潘天寿《雁荡纪游杂诗卷》曾拍出 483 万元的高价；2016 年北京保利将潘天寿的草书《无谓斋屑谈》拍出 253 万元；2018 年北京保利春拍中，潘天寿的《行书三首诗》以 212 万元成交。可见，拍卖市场近年来逐渐发掘了潘天寿书法的价值。宋元以降的文人艺术家强调以书入画，多求线条的圆润、和谐、浑厚或秀雅，潘天寿

品类	价格区间 (元)	成交额 (元)	成交额占比	成交量（件/套）	成交量占比
国画	5000万以上	814430000	29.3%	5	0.6%
国画	500万~5000万	1079437373	38.8%	87	10.2%
国画	100万~500万	733750209	26.3%	320	37.5%
国画	50万~100万	103500016	3.7%	141	16.5%
国画	50万以下	54031404	1.9%	300	35.2%
书法	100万~500万	39995440	44.6%	21	15.3%
书法	50万~100万	33763038	37.6%	46	33.6%
书法	50万以下	15961566	17.8%	70	51.1%
其他	50万~100万	805000	14.3%	1	14.3%
其他	50万以下	900450	85.7%	6	85.7%

潘天寿作品题材细分市场成交量占比

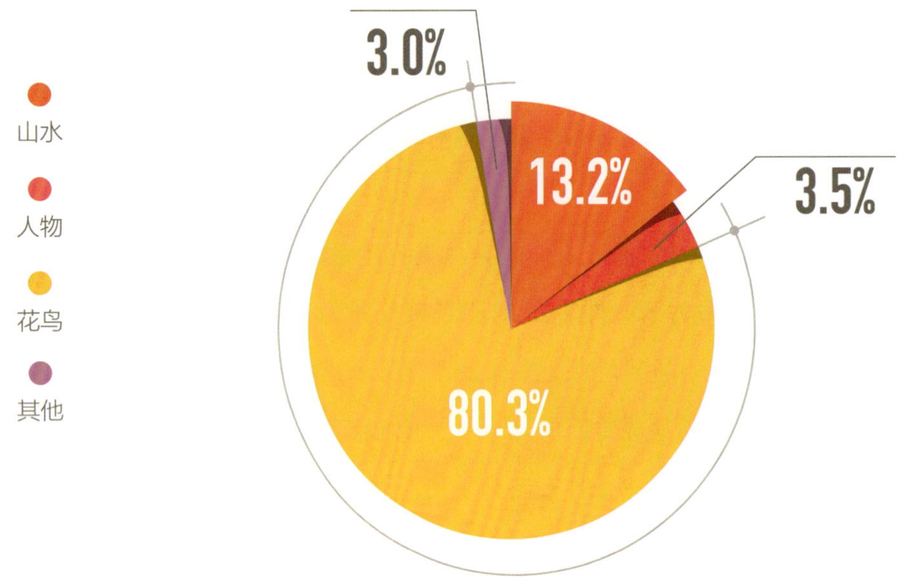

潘天寿作品题材细分市场成交额占比

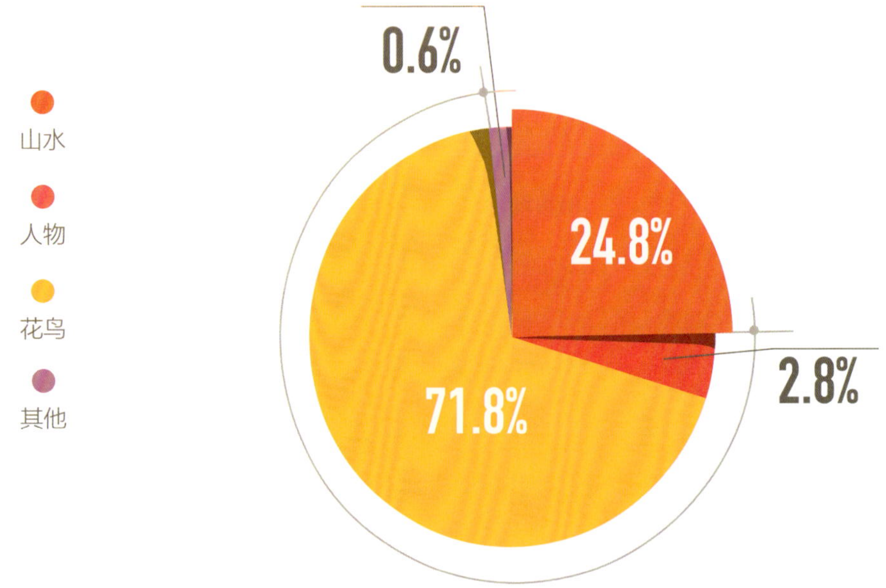

则求方折挺拔、生辣和雄劲。潘天寿的书法霸悍奇崛、充满金石气，反映在绘画中则是无论在用笔和构图上则引入隶书和魏碑体，化圆为觚。这两种书体在他的大写意山石中发挥了重要功效，他笔下的山石轮廓用线遒劲肯定、体积厚重敦实，棱角分明，得益于其深厚的书法功力。

2007 年至 2019 年的潘天寿中国书画与各品类成交价格统计中：国画成交量的 47.7% 价格在 100 万元至 5000 万元之间，超过 5000 万元的仅占 0.6%，说明潘天寿国画市场构成基本处于稳定状态，有待发掘更多精品来冲刺高价位成交；书法品类中以 100 万元至 500 万元之间的拍品为主，成交额占据近乎一半；虽然 50 万元以下的书法作品在成交量上呈现出占比较高的现象，但成交额只占到 17.8%。由此看来，潘天寿书法作品的拍卖市场以中端以上作品为主流；其他品类的成交价因其数量稀少，其价格水平维持在 50 万元以下，仅有 1 件作品成交价超过 50 万元，为 2018 年在北京以 80.05 万元成交的《觅食图・致显道信札》。以上数据显示潘天寿作品的价格区间分布具有多样化的特点，不同品类及价位的组合可以满足各类藏家的收藏及投资需求。

⑤ 拍品题材分析

近十三年来，潘天寿书画的上拍作品中，中国画的上拍量始终占据着重要的市场份额，因此本小节着重分析潘天寿中国画作品中各类题材的拍卖市场表现。

2007 年至 2019 年拍卖成交的 853 件（套）潘天寿中国画作品中，花鸟题材成交 685 件（套），成交量占比 80.3%，成交额为 20.0 亿元，占比 71.8%；山水题材成交 113 件（套），成交量占比 13.2%，成交额为 6.8 亿元，占比 24.8%；人物题材成交 30 件（套），成交量占比 3.5%，成交额为 7850 万元，占比 2.8%；其他题材成交 25 件（套），成交量占比 3.0%，成交额为 2379 万元，占比 0.6%。通过对比以上数据可以发现，花鸟题材作品以最高成交额与成交量的优势主导潘天寿书画市场的整体走向，山水题材近十三年来虽然在成交量上只占总成交量的 13.2%，但是成交额却占总成交额的 24.8%。由此可见，拍卖市场上潘天寿花鸟题材较山水题材而言，更受到藏家追逐。之所以潘天寿花鸟题材更易拍出高价的原因是多方面的：从拍品来源上讲，花鸟题材相对其他题材创作量多，具有较为广泛的受众群体；从艺术价值上讲，潘天寿所提倡的深研中国传统文化的理念，主要体现在创作的花鸟画题材上，笔墨精髓在花鸟画创作上得以彰显，因而花鸟是潘天寿艺术思想显现的代表性题材；基于以上两点，在大多数花鸟题材画作已被博物馆入藏的情形之下，流传于民间的花鸟题材一旦出现，便引得众藏家争相竞价，由此促高了潘天寿花鸟画题材的成交价。比如在潘天寿作品最高成交价前三甲中，花鸟题材的作品成交价占据两席且价格过亿，分别

潘天寿花鸟题材价格指数

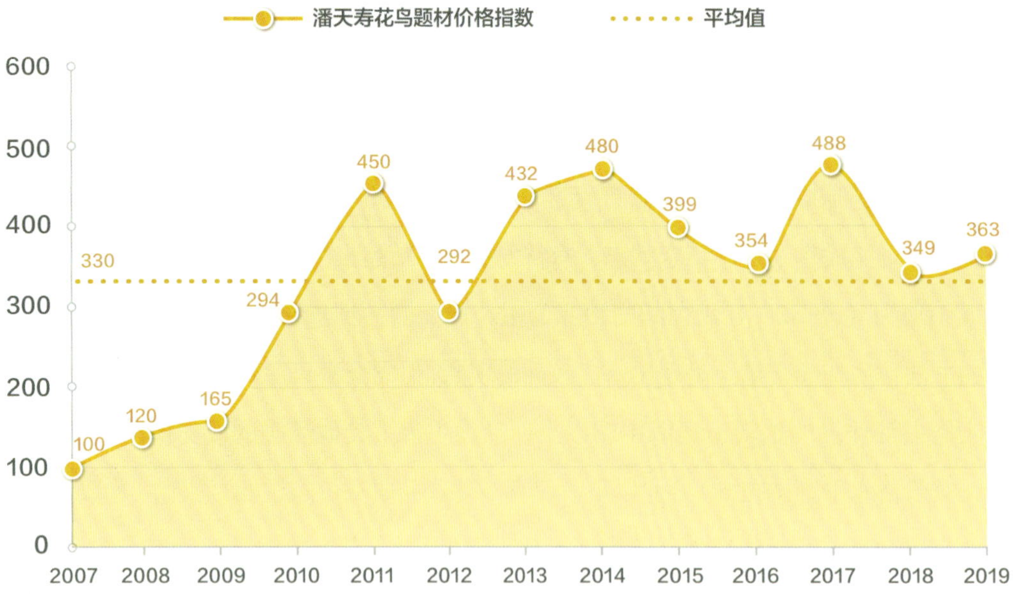

是 2.05 亿元成交的《初晴》与 1.58 亿元成交的《耕罢》。纵观潘天寿的中国画创作，涉及的人物画题材创作较为鲜见，因此能够流通于拍卖市场的画作更为稀少。截至 2019 年，潘天寿人物画题材的拍品最高成交价为 3220 万元的《松下高士图》。

从潘天寿花鸟题材近十三年的价格总体走势来看，与潘天寿书画指数走势大体一致。十三年以来，潘天寿花鸟题材价格指数总体经历了三次指数峰值，分别是 2011 年、2014 年、2017 年，发展经历大致分为三个阶段：蓄力增长期（2007 年至 2012 年）、高位发展期（2012 年至 2016 年）和深度调整期（2016 年至 2019 年）。价格指数最高点（488 点）与最低点（100 点）相差 388 点，说明近十三年来潘天寿花鸟题材作品市场不断调整起伏，值得注意的是，潘天寿花鸟题材价格指数从 2013 年至今，七年间都在平均值 330 点以上高位运行，2014 年始向平均值接近，个别年份出现短期飞涨，之后又回归平均值附近。此波动现象说明，潘天寿花鸟题材作品的二级市场基本呈现不断夯实基础、扎实发展的形势。在外部经济环境与内部上拍作品的双重调整与影响之下，以花鸟题材为主导的潘天寿书画作品市场的未来发展将更为稳健。

从潘天寿花鸟题材的溢价指数发展趋势来看，自 2007 年基期统计以来，十三年中其溢价指数只有五年出现过高于平均溢价指数（230 点）的情况，其他八年均处于平均溢价指数之下，说明潘天寿花鸟题材市场的购藏热度总体处于理性发展的阶段，尤其是当宏观经济环境出现增速放缓之时，其市场热度则随即出现不同程度的回落。值得关注的是 2019 年，该年潘天寿花鸟题材溢价指数触底反弹至 355 点，

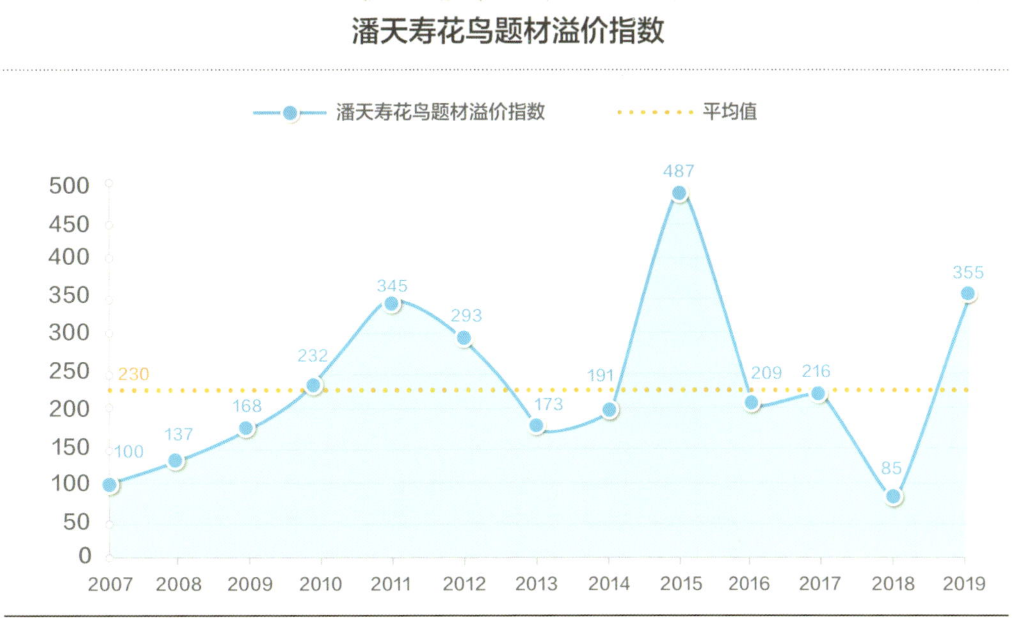

高于溢价平均值125个点，仅次于2015年的487点，市场热度较此前的三年出现大幅度提升，其原因主要在于该年精品的集中释出有关，另一方面拍行的估价策略也从一定程度上促高了该年溢价指数的提升。具体而言，在文物艺术市场投资紧缩的氛围之中，国际拍行与地区大拍行为确保高成交率，在拍品估价上显示出“让利买家”的姿态，普遍将估价范围不同程度地降低，以带动市场的购藏热情。根据易拍全球研究院（筹）的大数据统计表明，2019年有64.7%的潘天寿花鸟作品以平均高于最高估价2.9倍的价格成交，由此可见拍行的估价策略对指数的走势影响力度。

⑥ 禽石题材拍卖市场研究

潘天寿艺术最大的特点之一就是经营布局上的造险，将巨石放置于画面中心，通过植物破险，以动物表现精神。在潘天寿禽石题材的作品中，往往画面正中矗立一块巨石，奇崛而孤兀，呈不规则矩形，几乎填塞了整个画面，而石块上的禽鸟和石下的野草又平衡了画面，不仅使画面转危为安，且获得与众不同的新奇意境。也正因如此新奇意境，在潘天寿的花鸟画题材作品中尤以禽石题材广为市场接受与追捧。禽石类题材的作品近年来稳居潘天寿作品拍卖市场高成交价的前列，值得进行较为深入的研究。

纵观潘天寿禽石题材近十三年的市场价格指数走势，2007年至2011年总体呈现大幅上升的趋势，最高点（638点）与基期（100点）相差538点，这与该时间段内市场大量热钱的涌入、作品被市场进一步挖掘有关。2012年~2015年，潘天寿禽石题材随总体艺术市场的大势开始出现降温调整式发展的走势。自2015年始至今，该题材价格指数一直处于平均值（228点）以下低位前行。如此指数走势表明，潘

潘天寿禽石题材价格指数

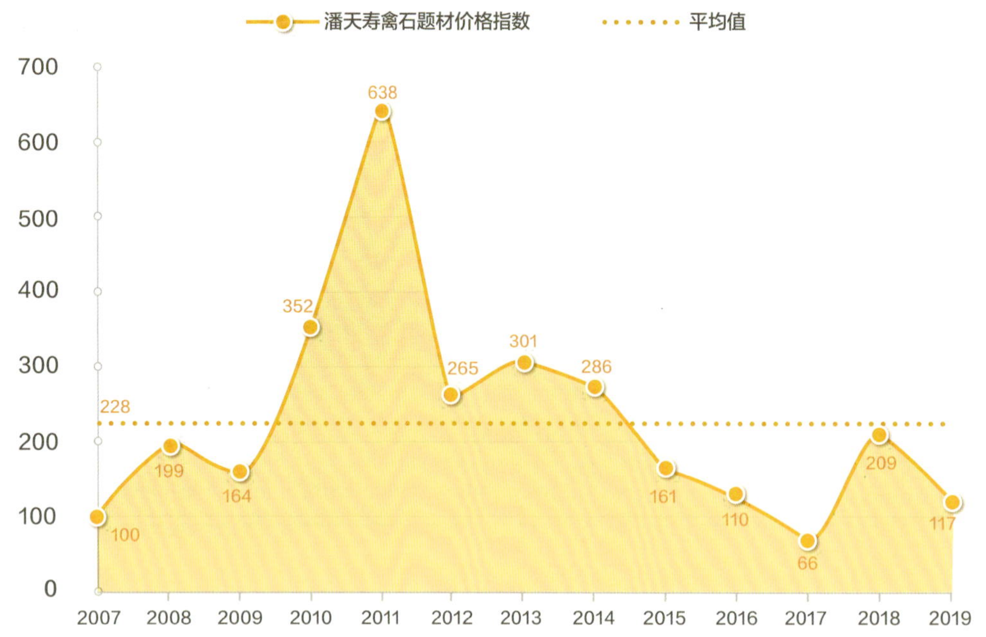

天寿禽石题材比其花鸟题材的二级市场发展更为扎实稳健，一方面在于禽石题材为潘天寿艺术成熟期的代表性创作题材，如今流通于市场此题材的作品数量与质量呈现少而精的状态，伴随着市场泡沫被进一步挤压的状况频频出现，投机性购藏因素不断减弱，该题材的市场趋于稳定发展；另一方面，由于此题材作品多为潘天寿使用“指墨”技法而绘成，技法上的独特性与复杂性也使得潘天寿此题材作品的造价仿制之作相比其他用笔作画的作品大大减少，从根源上奠定了潘天寿禽石题材市场的稳定性。

从潘天寿禽石题材的溢价指数来看，近十三年来该题材溢价指数的平均值为192点，其中有7年其溢价指数高于平均值，最高值（362点）与最低值（53点）相差309点，说明该题材作品的市场热度不同年份差异性较大。总体而言，2012年是潘天寿禽石题材溢价指数的分水岭，2012年之前处于市场高涨阶段，尤其是2010年至2012年的三年中，其平均溢价指数高于该题材平均溢价指数149点；自2012年之后，潘天寿禽石题材溢价指数震荡幅度显著，一方面来自于“雅贿”市场的进一步收紧，短期偶发性热钱注入减少，造成其低位发展；另外，随着学术研究跟进与民间精品的释出，以及大型机构收藏的投资注入，促进个别年份该题材溢价指数飙升。

通过潘天寿禽石题材价格指数与溢价指数的总体走势来看，未来潘天寿禽石题材仍然是其花鸟题材大类中的重要交易品类，并在一定程度上影响潘天寿书画价格

潘天寿禽石题材溢价指数

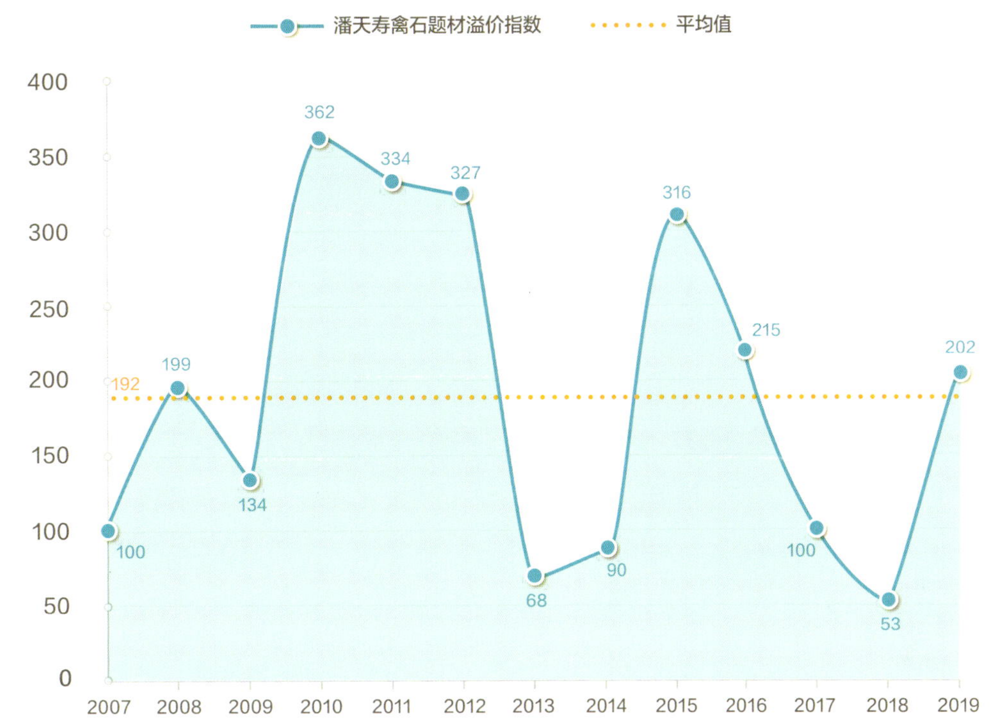

的总体走向。就艺术家的历史地位而言，潘天寿是中国现代美术史中举足轻重的关键人物，他所坚持的传统主义理念，丰富了中国现代美术的民族基因，是传统文化在现代中国文化中的延续与创新；从艺术价值上来讲，潘天寿禽石题材融合了山水画与花鸟画的精髓，指墨的应用拓宽了中国现代美术创作的技法局限，它代表了潘天寿独特的个人艺术风格；潘天寿禽石题材中又以苍鹰和秃鹫等猛禽为主要刻画对象，此类猛禽较少出现在传统中国绘画当中，潘天寿引入此类加以描绘，不仅拓展了花鸟题材的表现对象，而且猛禽所蕴含的坚韧不屈、桀骜不驯的文化精神，象征了处于近现代动荡时期的一种处世姿态；从市场价值来看，由于大多数禽石题材精品均藏于美术馆、博物馆等公共收藏机构，流传于民间收藏市场的精品佳作随着近几年的挖掘几乎均已公布于众，加之近年来对仿制造假的打击力度不断加大，以及指墨造假的难度极高，潘天寿禽石题材市场基本趋于理性扎实发展的态势。

中国瓷器全球指数

Chinese Porcelain: Global Index

中国瓷器的精密制造技术和悠久的历史传统举世瞩目，是人类物质文化史上的重要研究对象。中国瓷器精美的外形，蕴含的历史文化底蕴，一直受到世界各地人们的喜爱，并在历史的发展长河中，成为中国的一张文化名片。中国瓷器作为中国文物艺术品的重要门类之一，在全球范围内的拍卖市场中与中国书画一样，始终保持着重要的地位，甚至在某些区域超越了中国书画的市场份额。其市场容量与藏家数量甚为可观，是众多藏家关注的焦点文物艺术品类。

近十一年来，中国瓷器成交额平均已占到中国文物艺术品总成交额 11.8%，即使是在中国文物艺术品拍卖市场的波动调整期，中国瓷器的成交量也未有削减之势，其对中国文物艺术品拍卖市场走势的影响作用不容小觑，透过对中国瓷器这一板块市场行情的分析，可以清晰地把握中国瓷器市场的发展规律与未来发展方向。通常情况下，通过对中国瓷器的成交额、成交量、成交率、平均成交价格等常见指标进行统计描述，能够反映一部分市场表现，然而由于这些指标较为单一，且中国瓷器市场本身受内外部多重因素的影响，仅凭以上数据指标的统计分析难以深入理解中国瓷器市场的发展特征。因此，艺拍全球中国瓷器指数应运而生，通过多维度分析文物艺术品市场大数据，结合前沿统计学原理，构建起能够更为全面体现中国瓷器市场的指数模型。

文物艺术品区别于其他商品的一大特性就是其异质性，即每件文物艺术品均独一无二，不同文物艺术品之间没有直接可比性，无法通过简单的算数方法来计算多件艺术品的平均价格水平。为了解决这一问题，近年来，构建标准化的文物艺术品指数的研究蓬勃发展。文物艺术品理论和实践表明：构建文物艺术品指数最大的挑战在于控制文物艺术作品的异质性。目前，国际上广泛研究与应用的文物艺术品价格指数建模方式有两种：重复销售回归和特征回归。重复销售回归 (Repeat Sales Regression)，采用同一件文物艺术品在两个时间点的销售价格变化（又称为一对重复销售数据）构建文物艺术品指数。此方法认为文物艺术品的基本特征（如材质、尺寸等）不随时间而变化，从而解决文物艺术品的异质性问题。由于文物艺术品拍卖成交的频率普遍较低，因此重复销售数据只占全部交易数据的很小一部分，采用该方法构建艺术品指数时存在样本选择偏差的问题。但当重复销售的数据对数很大或样本期数超过 20 年时，推荐使用此方法构建文物艺术品指数。特征回归 (Hedonic Regression)，基于文物艺术品的基本特征构建文物艺术品指数。该方法将文物艺术品价格变动中的特征因素进行分解，以显现出各项特征的隐含价格，并从价格的总变动中剔除特征变动的影响，达到反映纯价格变动的目的，在此基础上构建文物艺术品指数。通常所选取的特征包括：年代、尺寸、材质、题材等。采用此方法构建指数时可以选用所有的文物艺术品交易数据。在已有研究文献中，特征回归方法已经被普遍地应用于文物艺术品指数的研究，特征回归模型也已经被广泛地应用于各类文物艺术品指数的编制。

由于目前国内已有的文物艺术品指数存在一定局限：或为简单的平均数计算，模型较为单一，无法反映文物艺术品市场真实趋势；或指数体系较为笼统；或数据范围仅局限于中国大陆地区，缺少海外地区的数据。本报告基于国内外已有的指数模型，结合专业的陶瓷史研究与艺术史研究，推出中国瓷器指数，意在通过科学的模型编制以及全球范围的拍卖数据对中国瓷器这一具有代表性的文物艺术品门类在全球文物艺术品市场的走势做出解析。

一 中国瓷器全球指数说明

中国瓷器全球指数来自于艺拍全球文物艺术品指数，其体系下设综合指数、地区指数、各时期指数。艺拍全球文物艺术品指数基于数据库的海量数据，对拍卖行以及拍品进行严格筛选，并对纳入指数计算的每一件拍品进行多维度特征分类，将其标准化，再以多元线性回归法拟合出作品的价格水平，从统计学角度分析市场整体价格水平随时间的变化走势。

每类指数均分为价格指数与溢价指数两种，分别从价格水平与市场热度对目标市场进行解析。所有指数均以 2009 年为基期，对近十一年的文物艺术品市场进行分析，基期指数值为 100，指数每一年更新一次。

艺拍全球中国瓷器指数模型介绍：

（1）价格指数

价格指数包含中国瓷器全球价格指数、中国瓷器各地区价格指数和中国瓷器各时期价格指数三大类，其各自又下设子类价格指数，用于反映一定时期内中国瓷器拍卖市场的价格水平变动趋势和程度的相对数指标。该指数模型采用国际上广泛采用的特征回归模型（Hedonic Regression），为了确保模型的有效性，不同分类的指数编制会选取不同的具体特征变量。中国瓷器指数模型考虑的特征因素包括但不限于釉色、器形、年代、尺寸、款识等。该指数消除了作品本身的特征因素变动对价格的影响，可以真实、准确地反映中国瓷器标准化后的纯价格变动。此外，中国瓷器价格指数均能够与上证指数 SSEC、香港恒生指数 HSI、标准普尔指数 SPX 等金融指数，以及狭义货币供应量 M1、居民消费价格指数 CPI、国民生产总值 GDP 等宏观经济指标进行标准化比较分析，为市场分析与投资决策提供科学可靠的依据。

（2）溢价指数

溢价指数包含中国瓷器全球溢价指数、中国瓷器各地区溢价指数和中国瓷器各时期溢价指数三大类，其各自又下设各种子类溢价指数，表示一定时期内中国瓷器拍品的实际成交价格超过估价水平的相对数指标。指数值越高，则表明该板块的拍卖市场整体热度越高、景气度越高。该指数的编制参考了香港恒生 AH 股溢价指数模型。需要说明的是，溢价指数是对成交价格相对估价水平的考察，因此以咨询价上拍的文物艺术品没有纳入模型考虑范围。同时，由于咨询价上拍的拍品一般为难以估价的罕见精品，数量极少，因此对溢价指数整体的走势不会有明显影响。

二　中国瓷器全球指数结果分析

数据说明

（1）时间：2009 年 1 月 1 日~ 2019 年 12 月 31 日。

（2）数据量：10.5 万条全球范围内公开拍卖的成交记录。

（3）样本拍卖行：从中国大陆、亚太其他地区、海外地区共选取了 78 家经营规范、成交结果透明度高、规模级别不同的具有代表性的拍卖企业。

（4）时期划分：

纵观中国陶瓷发展史，东汉时期（25~220 年）青釉瓷器烧制成功（含铁量在 2% 以下，烧成温度可达 1200℃ ~1270℃），其胎质缜密，釉色青润，正式揭开了中国瓷器的第一篇章。三国两晋时期是青瓷普及与发展的阶段。唐代瓷器名窑中的河北邢窑与定窑的“影透白瓷”烧制成功，更是符合当今国际通用的“瓷器”标准——“透影性”，成为中国陶瓷史上的一次质的飞跃。北方白瓷与浙江越窑等地的青瓷在地理上交相辉映，形成了“南青北白”的制瓷格局。宋代是我国陶瓷空前发展的时期，该时期与制瓷业相关科技的发展，为制瓷业提供了有利条件，此时的瓷器无论从质量还是数量上均超过了此前历史上任何时期。例如举世闻名的“五大名窑”——定、汝、官、哥、钧窑，以及驰誉古今的磁州窑、耀州窑、龙泉窑、建阳窑、景德镇窑等都是其中最高的典范。元代的制瓷业则是在继承宋代的基础上仍然有所创新，其中以景德镇窑的青花和釉里红瓷器最为出色。中国古代制瓷业发展到明代，瓷器的生产进入了一个崭新的历史阶段，通过设置御器厂（官窑）专为宫廷供应瓷器的景德镇窑瓷器争奇斗艳，发展突出，晚明景德镇的民窑青花瓷与五彩瓷的制造也独树一帜，此时中国瓷器的对外贸易和制瓷技术的对外传播变得更为频繁。清代初期的康熙、雍正、乾隆三朝景德镇制瓷工艺盛况空前，除以景德镇的官窑为中心外，各地民窑也极为昌盛兴隆，并取得很大的成就，尤其随着西风渐进，瓷器外销，西洋原料及技术的传入，使中国制瓷业更为丰富多元。如果说清初阶段我国瓷器的制造发展达到了历史的又一高峰，则以后由于社会经济、政治的日渐衰落，加之科学技术的保守落后与制瓷工艺的粗制滥造，导致了晚清与民国初期的瓷器质量开始下降，此种局面直到 20 世纪 50 年代以后才得到逐渐改变。基于中国瓷器的历史发展脉络，《中国收藏拍卖年鉴》同时结合中国文物艺术品市场对中国瓷器时期划分的普遍习惯，将中国瓷器按照时期划分为：高古瓷、明清瓷、民国及以后瓷器三大门类。高古瓷是相对于明清瓷的概念，泛指包括东汉在内的魏晋南北朝、隋唐五代、宋元各朝代所制作烧成的各类瓷器，尤以宋代的“五大名窑”瓷器与元代的青花瓷为典型。明清瓷则是指明代及清代这五百余年间烧造的各类官窑与民窑瓷器。民国及以后的瓷器包括 1912 年至 1949 年之间的民国瓷器与 1949 年新中国成立之后的现当代瓷器。

1. 中国瓷器市场止涨从跌，理性调整

2019 年中国瓷器市场在全球经济发展继续放缓、地缘不确定因素增多的市场环境下，中止了 2018 年的增长态势，2019 年转势下行发展，与中国文物艺术品市场其他板块的市场发展走势趋同。近十一年来，中国瓷器全球价格指数整体走势未出现巨大波动，在不同经济环境下理性调整，变化幅度相对较为缓和。中国瓷器全球价格指数最高点（2012 年的 144 点）与最低点（2016 年的 90 点）相差 54 点，与其他板块诸如中国书画、油画等动辄上百点的指数差值相比，则显得更为平稳。中国瓷器全球价格指数均值为 111 点，略高于基期 2009 年的 100 点，说明该板块的市场发展稳扎稳打，基础坚实，未来发展仍具潜力。通过价格指数走势图可以看出，2009 年至 2019 年这十一年期间，中国瓷器在全球文物艺术品市场经历了三个阶段：

（1）高速增长期（2009 年至 2012 年），中国瓷器市场经历了 2007 年与 2008 年全球经济危机波及影响之后，于 2009 年出现高速增长的态势，截至 2012 年连续四

中国瓷器全球价格指数

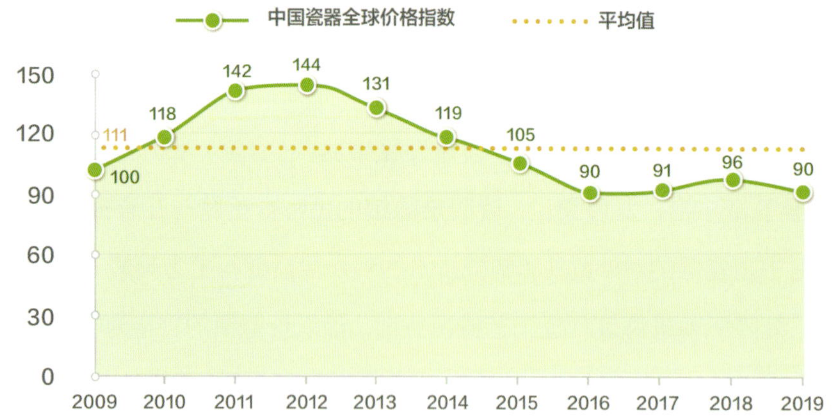

年上涨，涨至 144 点，为统计以来的最高值，与基期 100 点相比，高出 44 点。这一时期内中国瓷器市场亿元级别拍品不断涌现，2010 年，一件清乾隆粉彩镂空“吉庆有余”转心瓶在伦敦以 5.54 亿元人民币改写了中国瓷器拍卖纪录，也创下了当时全球范围内中国文物艺术品交易的最高价格，中国瓷器市场的“亿元时代”发展正酣。

（2）理性回落期（2012 年至 2016 年），受全球经济环境遇冷和资金供给不稳定情况的影响，全球文物艺术品市场受到波及，中国瓷器市场也在此调整期内不断做出理性回落的动作给予回应。自 2013 年起由此前的 144 点，逐步下降至 2016 年的 90 点，该年为自统计以来的指数值最低值。中国瓷器市场全球价格指数不断进行下探性动作，只是在 2014 年下探动作的幅度有所放缓。

（3）蛰伏发展期（2016 年至 2019 年），经历此前四年的理性回落调整之后，中国瓷器市场于 2017 年释放出短暂的回暖信号，上升到 91 点，尽管此时指数的发展水平仍处于指数平均值之下，但在全球经济发展放缓的 2018 年，其他板块的中国文物艺术品市场大部分处于下行态势之时，中国瓷器全球价格指数在 2018 年呈现出逆市攀升之举，同比 2017 年再增 5 个点。2019 年中国瓷器市场则随市回落，进入蛰伏发展的阶段。

自 2009 年至 2019 年的十一年之间，中国瓷器全球溢价指数的平均值为 171 点，高于基期 2009 年的 100 点 71 点，说明该板块市场整体热度尚好。从易拍全球研究院（筹）统计的中国瓷器全球溢价指数走势来看，2016 年是市场热度的分水岭，虽然在经济相对较好的年份，出现了三次小高峰，分别是 2010 年的 144 点，2014 年的 149 点和 2016 年的 154 点，但增长幅度并不大，且一直处于平均值之下。市场热情的集中爆发则是出现在 2017 年与 2018 年，尤其是在 2018 年达到统计以来最高峰 362 点，比平均值高出 196 点，更比基期 100 点高出 262 个点，溢价达到前所未有的峰值。2019 年中国瓷器全球溢价指数在全球经济发展不稳定因素增多的影响之下，未能继

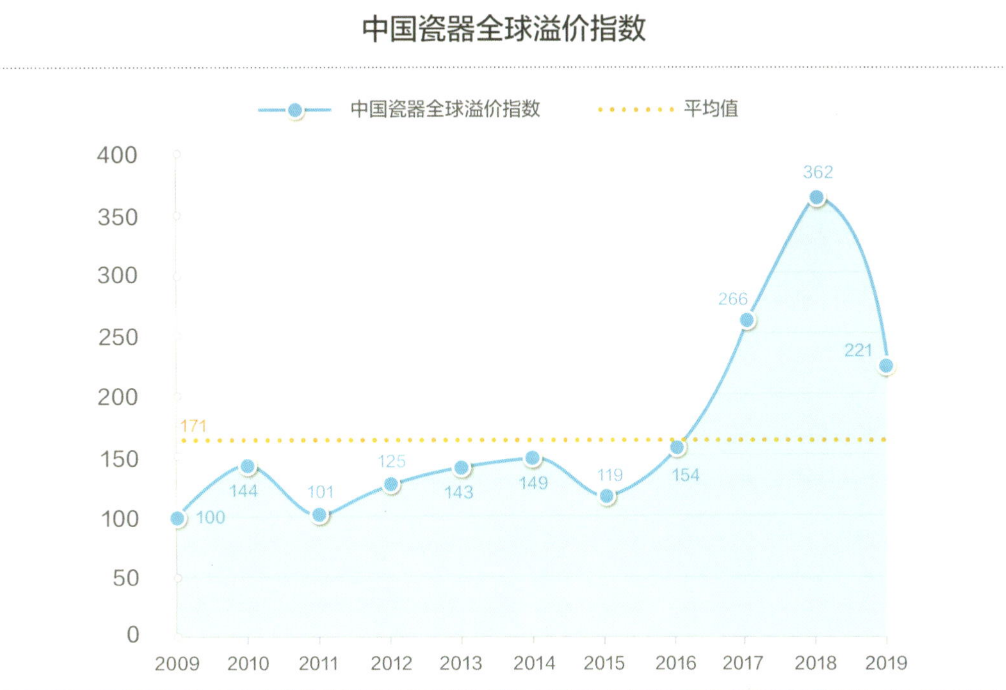

续此前一路高歌猛进的高亢态势，大幅下跌 141 个点至 221 点。市场情势的变化则取决于卖方市场保持清醒的头脑，给出更加合理的估价范围，而处于买方市场的藏家群体也更加审时度势，量力而行。

2. 三大地区市场遇冷额度缩减，亚太其他地区市场容量扩增

中国瓷器有着广泛的收藏群体，遍布世界各地，从易拍全球研究院（筹）对中国瓷器市场统计区域划分来看，其在中国大陆地区、亚太其他地区以及海外地区的市场表现各有千秋，发展特征明显。

中国大陆地区的中国瓷器价格指数与中国瓷器全球价格指数的走势基本一致，保持着相对稳定、变化幅度较小的发展态势。中国大陆地区中国瓷器指数的平均值为 108 点，仅比基期高出 8 个点，说明市场发展相对扎实稳健。2011 年，中国大陆地区的中国瓷器价格指数与中国瓷器全球价格指数的走势基本一致，保持着相对稳定、变化幅度较小的发展态势。该年，中国大陆地区中国瓷器指数达到了近十一年统计的最高值 137 点。之所以出现上述现象，一方面大陆拍行基于中国瓷器已在 2010 年市场的大好形势，藏家群体的数量可观与兴致正盛的现实，在拍卖专场设置上重推中国瓷器来赓续上一年的市场活力；另一方面在于该年随着中国大陆地区房地产等产业再受调整，大陆拍行明显察觉到社会上部分资金开始转向文物艺术品市场中入行门槛相对较低的瓷器板块，新藏家面孔频现，热钱的大量集中涌入促高了大陆地区中国瓷器的市场走势。经历了 2011 年的短暂激增之后，此后中国大陆地区中国瓷器市场不

中国瓷器各地区价格指数比较

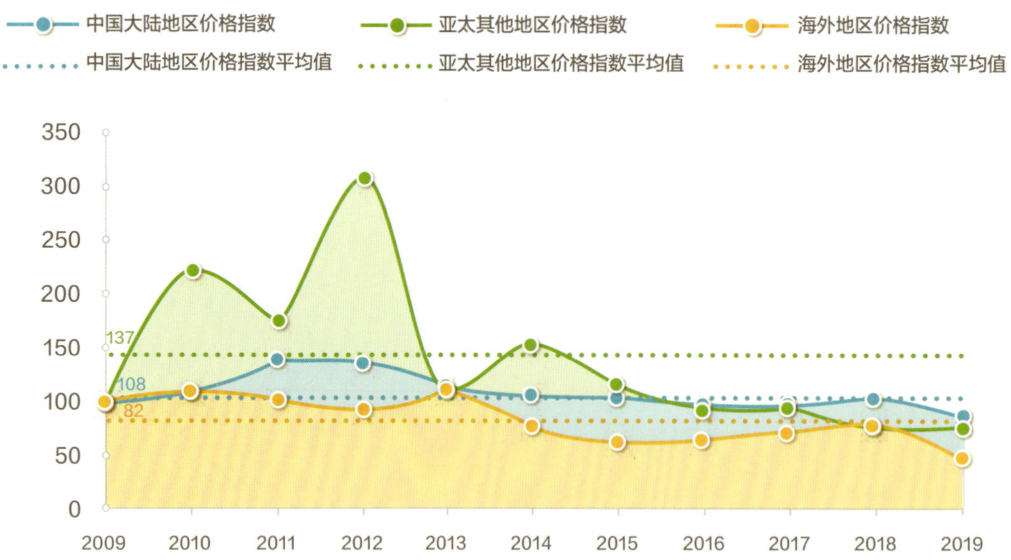

断下调，并于 2016 年开始，其价格指数值连续低于基期的 100 点，该年也为中国大陆地区中国瓷器指数的最低点 96 点。值得注意的是，尽管 2016 年的中国大陆地区中国瓷器指数为 96 点，但仍高于另外两个统计区域的指数值，并自 2016 年始，逐年以微小升幅努力回归至基期价格水平。2019 年中国大陆地区中国瓷器市场价格指数同比下跌 15 个点，下跌幅度仅次于 2013 年。根据易拍全球研究院（筹）的统计数据显示，影响 2019 年中国大陆地区中国瓷器市场指数的主要原因一方面来自于该年中国大陆地区中国瓷器下沉市场的基础在不断扩大，尤其集中在成交价 50 万元以下的拍品，其成交量与成交额同比 2018 年分别增长 23.4% 与 20.4%，大量相对较低价位的拍品成交一定程度上影响了该年市场价格指数的走势；另一方面在经济增速放缓的背景之下，二级市场的供货方审时度势在定价上更加务实合理，买方入藏时更为谨慎，在供需双方的共同协调作用下，2019 年中国大陆地区瓷器市场表现为整体下沉。

亚太其他地区在 2016 年之前一直领衔其他地区，高位发展，是中国瓷器市场中的佼佼者，其价格指数最高值在 2012 年出现，高达 308 点，远远高于该区域平均值 137 点，此后市场急剧下滑，并在平均值以下低位前行。2019 年亚太其他地区的中国瓷器价格指数为 73 点，为自十一年统计以来的历史新低。该年，在中国大陆地区和海外地区这两大市场纷纷大幅下跌之时，亚太其他地区的市场也随势下行，但与其他两个地区市场的下跌幅度相比，跌幅甚微，仅跌 3 个点，其抗跌性的优势开始显现。细观 2019 年亚太其他地区的中国瓷器市场表现，尽管亚太其他地区局部出现地缘性紧张局势，但该地区市场的总体交易量同比增长了 63.9%，各价位的文物艺术品交

中国瓷器各地区溢价指数比较

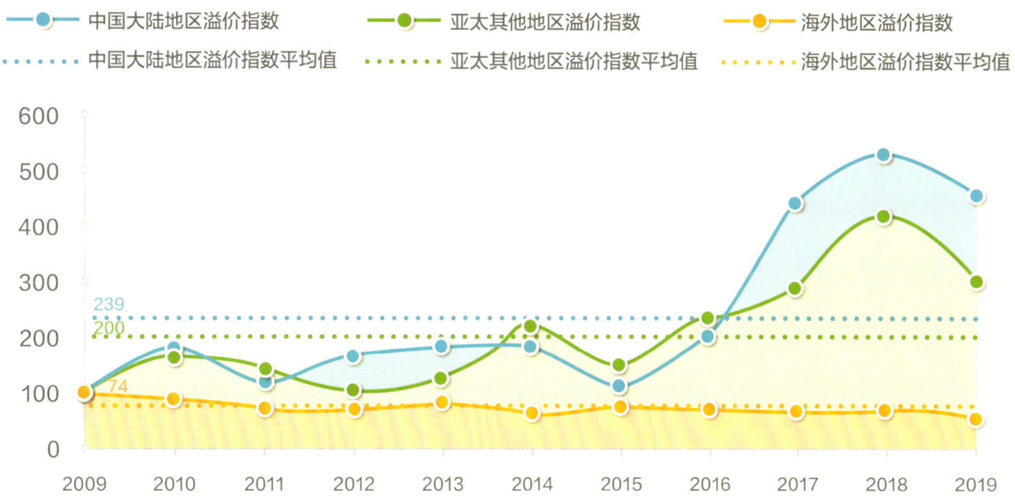

易量均得到了提升，市场容量持续性增长。同时由于缺少高端精品的强力拉动以及中低端市场的进一步下沉的双重影响，亚太其他地区中国瓷器市场在 2019 年的走势中下调。

海外地区的中国瓷器收藏群体的市场容量与参与度的作用一直不可小觑。近十一年来，海外地区中国瓷器的价格指数与全球中国瓷器价格指数发展趋势大致相同，并向中国大陆地区看齐，几乎保持着同样的发展步调。其价格指数平均值为 82 点，低于基期的 100 点，一直以来处于低位发展的状态，这与中国瓷器的大量精品与收藏群体主要集中于中国大陆地区和亚太其他地区有关。2019 年，海外地区的中国瓷器价格指数为 43 点，同比 2018 年大幅下跌 33 个点，为自统计以来的最低值。当全球经济增速放缓，海外拍行在中国瓷器板块的业务推进上则面临了全球资本流通紧缩的严峻考验。从易拍全球研究院（筹）的大数据统计来看：2019 年海外地区的中国瓷器成交额为 7.5 亿元，同比下跌 27.9%，其中各价位档次的中国瓷器的成交量与成价额比 2018 年也有不同程度的下跌。

通过对比中国大陆地区、亚太其他地区与海外地区的中国瓷器溢价指数来看，三大区域的市场热度均不同程度回落。总体来说，中国大陆地区和亚太其他地区的市场热度明显高于海外地区。具体而言，2009 年至 2016 年之间，中国大陆地区与亚太其他地区的溢价指数不分伯仲。2016 年后，中国大陆地区的溢价指数实现了进一步飞跃，市场热度大涨，一度大幅超越亚太其他地区，2018 年到达 524 点，比其溢价平均值高出 285 点，比亚太其他地区该年的溢价值高出 109 点。2019 年，中国大陆地区和亚太其他地区藏家的买气随着该地区的文物艺术品的市场大势急转下行，基本略高于2017年的市场热度，该年中国大陆地区与亚太其他地区的溢价指数分别为449点与296点。再观海外地区中国瓷器溢价指数，近十一年来其保持在基期100点之下，稳步低位前行，其平均溢价值为77点。自2016年以来，在其他两个区域买气高涨之时，海外地区一直保持了惯有的冷静与谨慎，2019年溢价指数仅为48点，为历史最低值，也更加说明海外地区的藏家能够根据经济环境的变化量力而行。

3. 中国瓷器各时期细分市场表现各异

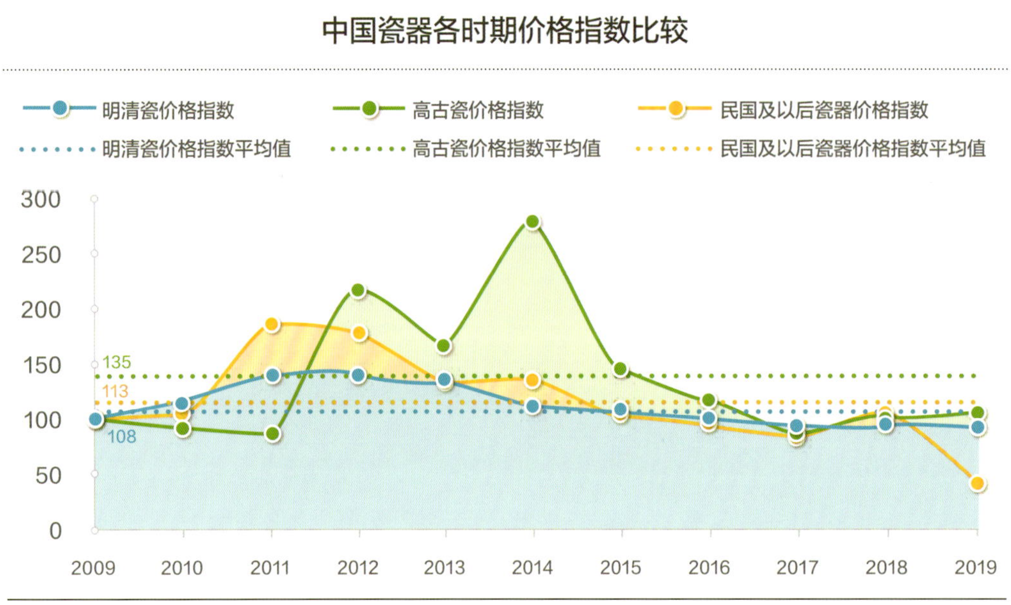

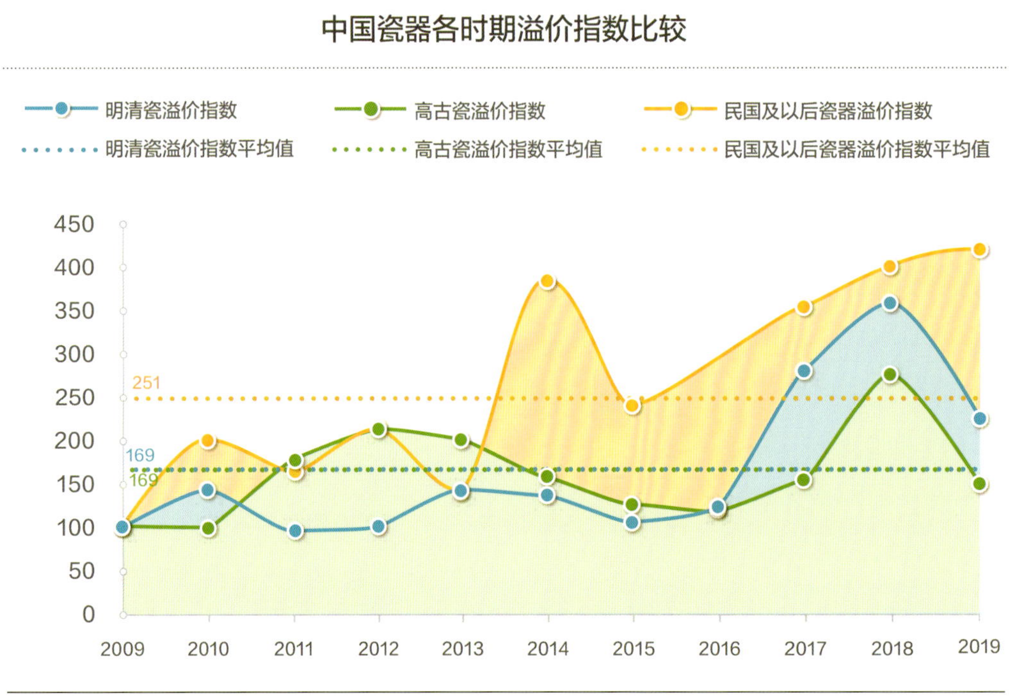

本年鉴根据中国陶瓷史发展和中国文物艺术品市场对中国瓷器时期划分的普遍习惯，将中国瓷器按照时期分为：高古瓷、明清瓷、民国及以后瓷器三大门类。近十一年来，这三大时期的中国瓷器市场发展特点显著，形势各异，共同构成了中国瓷器市场的丰富业态。总体来看，近十一年来，这三大时期的中国瓷器市场发展愈加理性，能够在不同经济时期做出相应的调整，不断向价格指数平均值靠近，尤其是在经济发展复杂的环境中，2019 年，它们同步出现了止涨回落的市场发展态势，与其他板块的中国文物艺术品市场亦步亦趋。

（1）高古瓷市场负重前行，景气骤降

高古瓷是中国瓷器市场的重要组成部分，由于年代久远，作品存世量普遍较少，尤其是精品，存世量与上拍量凤毛麟角，但其重要的历史价值与古朴大方的工艺价值深得海内外藏家喜爱。加之中国大陆地区对高古瓷的上拍一直处于严格审查的监管状态，仅许流传有序、记录在案的高古瓷进入市场流通，因此高古瓷市场在中国大陆地区市场表现较为紧俏，而在亚太其他地区和海外地区市场更为宽裕。

高古瓷价格指数

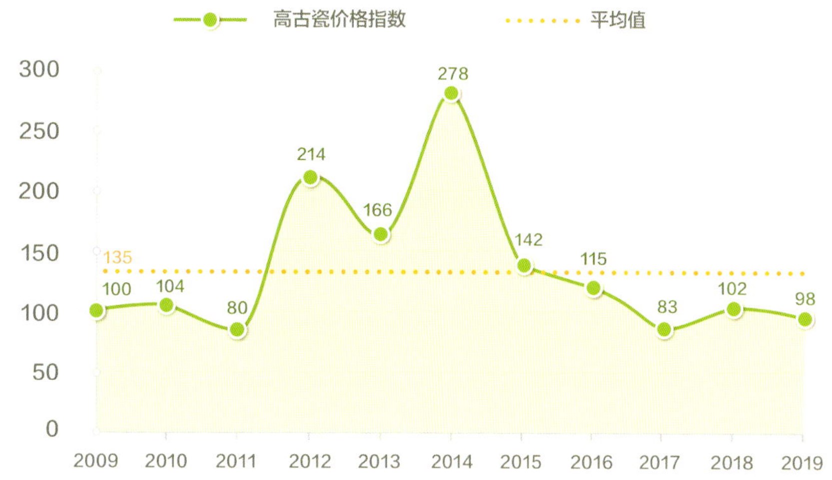

十一年来，高古瓷价格指数较明清瓷和民国及以后瓷器的市场走势相比基本处于高位发展状态，尤其是 2012 年至 2014 年，其各年份指数值均高于其他两个时期中国瓷器指数值。2014 年高古瓷价格指数的一路飙升则得益于亚太其他地区和海外地区的国际大拍行在高古瓷拍场上的集中式发力，该年诞生了首件过亿元的高古瓷，“北宋定窑划花八棱大碗”以 1.16 亿元的天价成交，使得高古瓷市场备受鼓舞。高古瓷器价格指数的均值为 135 点，比基期高出 35 点，分别比明清瓷价格指数平均值和民国及以后瓷器价格指数平均值高出 27 点和 22 点，可见其市场的“硬核”实力。2018 年，高古瓷价格指数由 2017 年的 83 点飞速增长至 102 点，涨幅达 22.9%，其增长速度也同样赶超另外两个时期的中国瓷器，并向其价格指数平均值逐渐靠近。2018 年中国瓷器成交价 TOP10 中，仅一件元青花缠枝“福禄万代”大葫芦瓶以 5681 万元位居前十，可见其市场有待进一步深掘。2019 年，高古瓷此前一路高涨的市场受宏观经济与可流通量等多重因素的左右而负重前行，该年其价格指数为 98 点，同比回落 4 个点，比平均值低 37 个点。来自易拍全球研究院（筹）的最新统计显示，高古瓷缺席 2019 年中国瓷器成交价 TOP10 榜单之列。2019 年，成交价最高的高古瓷“官窑海棠式花盆”在苏富比香港以 3851.4 万港元成交，与该年中国瓷器成交价 TOP10 榜单之末“清乾隆 粉青釉刻仿古夔龙纹罍式大尊”相差近乎 1100 万元，可见高古瓷“拔尖”之作的市场发掘工作仍需加倍努力。

近十一年来，高古瓷价格指数的最高值与最低值相差近 200 点，说明其市场波动较大，这与各年份高古瓷的成交量与拍品质量，以及政策的宽紧程度有着较为紧密的关系。另外，在高古瓷高位发展的同时，也存在市场低位发展的价格洼地。以价格指数的均值作为高古瓷市场价格水平的判断指标来看，十一年间，仅有 2012 年、2013 年、2014 年及 2015 年四个年份的年度指数高于均值，其中 2015 年仅以 7 个点的微弱幅度勉强站在均值线之上，其他年份则以 20 多点至近 60 点的幅度处于均值线之下。2011 年和 2017 年的价格指数甚至不及基期水平，说明了高古瓷市场仍存在投资收藏的价值空间。随着我国对文物艺术品交易制度和相关法律法规的不断完善，拍行与藏家对高古瓷市场的不断深入开拓，高古瓷的未来市场将更为健康。

结合高古瓷的溢价指数来看，其平均值为 169 点，十一年来，有五年的溢价值在平均值之上，尤以 2012 年和 2018 年溢价最为明显；与基期 100 点相比，仅有一

高古瓷溢价指数

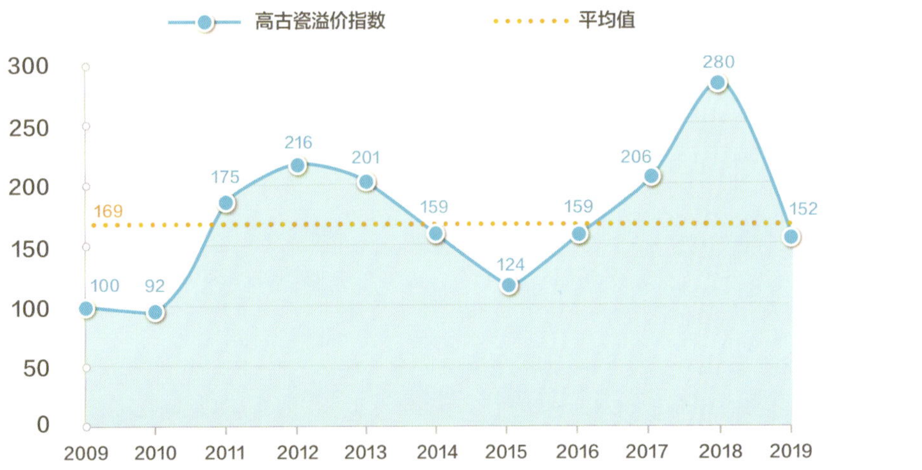

个年份低于100点，其他年份均高于基期值。从近五年的发展态势来看，市场热度在2016～2018年之间有了显著的提升，并于2018年达到了自统计以来的历史最高值280点，比溢价平均值高出111个点，反映出藏家的入藏热情高涨，市场信心处于高位。2019年在诸多不利于市场高速发展的因素增多之时，高古瓷市场的交易景气也受到了不可避免的影响，该年高古瓷溢价指数以低于溢价平均值17个点负重前行。

（2）明清瓷市场随市而行，下沉明显

明清瓷作为中国瓷器市场的重要板块，因其收藏群体众多，对市场成交额贡献最大，故而其价格走势可看作是中国瓷器市场的晴雨表。2019年，明清瓷包揽了该年中国瓷器成交价TOP10榜单，又以清代康熙、雍正、乾隆"清三代瓷"为主将，其中"清乾隆料胎黄地画珐琅凤舞牡丹包袱瓶"以2.07亿港元在香港苏富比"有凤来仪——乐从堂珍藏乾隆料胎画珐琅包袱瓶"专场中拍出，拔得该年中国瓷器成交价的头筹。根据易拍全球研究院（筹）的大数据统计显示，2019年明清瓷的样本数据中，该年成交量与成交额分别增长了53.6%与10.8%，但平均分成交单价却同比降了27.9%，以上数据表明市场下沉态势显著。

明清瓷价格指数

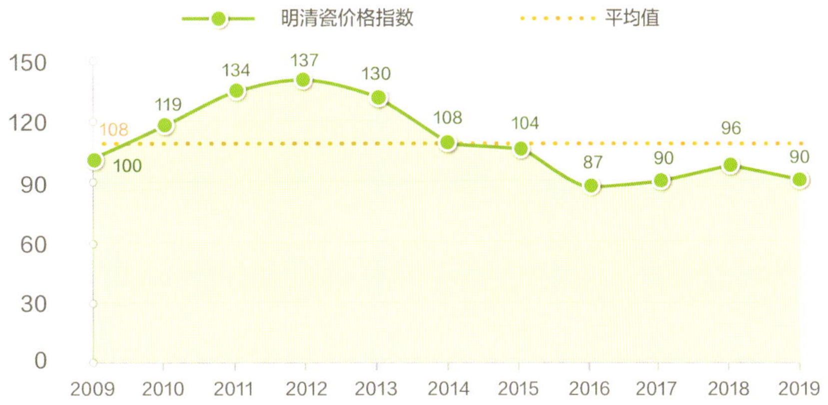

明清瓷十一年来的价格指数走势与中国瓷器全球指数的发展形势与涨跌幅度基本趋同，同样经历了高速增长、理性回落和蛰伏发展的三个历史时期。自2012年始，明清瓷市场出现下探性发展趋势，并于2016年年底完成探底动作，此后市场开始出现回暖迹象，连续两年稳步增长，于2018年达到96点，向其价格指数平均值上扬靠近。2019年明清瓷市场则随市同步进行调整，同比下降6个点，与2017年持平。明清瓷市场十一年的平均价格指数为108点，略高于基期2009年的100点，最高值（2012年的137点）与最低值（2016年的87点）相差50点，此差值明显低于

明清瓷溢价指数

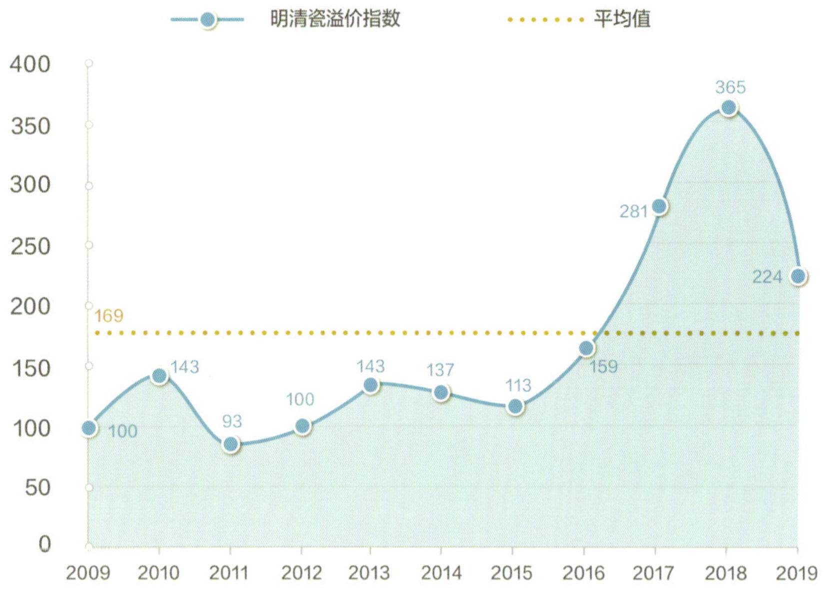

高古瓷与民国及以后瓷器的指数差值，说明其市场发展相对较为稳定扎实。根据易拍全球研究院（筹）的明清瓷市场样本统计数据显示，2019 年明清瓷成交价在 50 万元以下的拍品数量同比增长了 56.8%，在 2019 年经济发展疲弱的环境下，各大拍行调整策略，在具有广泛收藏人群的中低端拍品上积极开拓，进一步刺激大众市场的购藏活力。

从明清瓷十一年来的溢价指数来看，其溢价指数平均值为 169 点，2016 年之前各年份的溢价指数值均在平均值之下低位发展，波动起伏较小。2016 年之后，明清瓷市场的热度不断大幅攀升，并于 2018 年达到历史峰值 365 点，藏家信心空前高涨。2019 年，明清瓷溢价指数为 224 点，同比骤跌了 141 个点，市场热度大幅回落，藏家在对明清瓷的资本注入上更加谨慎。

（3）民国及以后瓷器市场下行探底，溢价上扬

民国及以后瓷器是中国瓷器市场领域中的新生力量，由于其存世时间相比高古瓷与明清瓷显著较短，以及制瓷工艺良莠共存等诸多因素影响，其收藏群体相对其他两大时期的瓷器基数较小，更易受到整体经济环境的左右而出现较大的价格波动。

民国及以后瓷器的价格指数自 2009 年基期 100 点以来，在十一年内经历了由稳步增长到高速攀升再到理性调整，随势而动的市场发展态势。具体来看，民国及以后瓷器的市场价格指数 2011 年达到统计期内的历史最高值 179 点。2012 年，受全球经济发展放缓的普遍影响，其价格指数随中国文物艺术品市场出现同步起伏，螺旋式下跌动作一直延续到 2017 年的 85 点。以 2012 年为例，横向比较高古瓷、明清瓷和

民国及以后瓷器价格指数

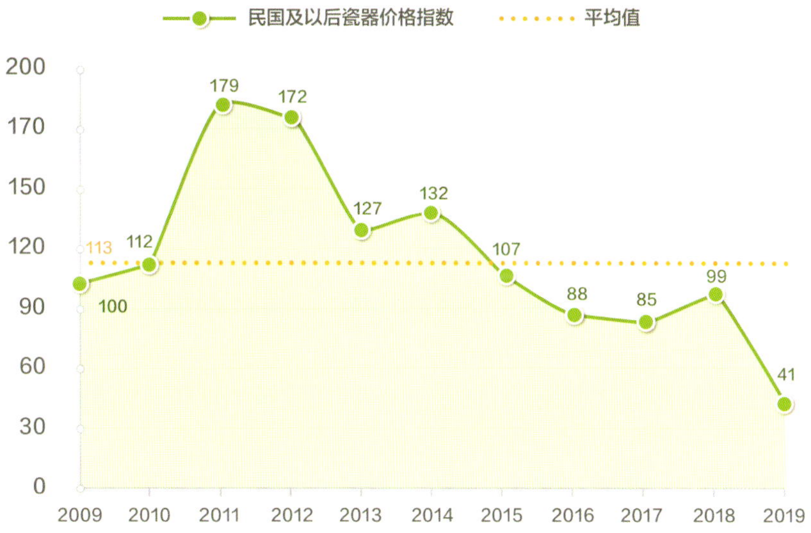

民国及以后瓷器溢价指数

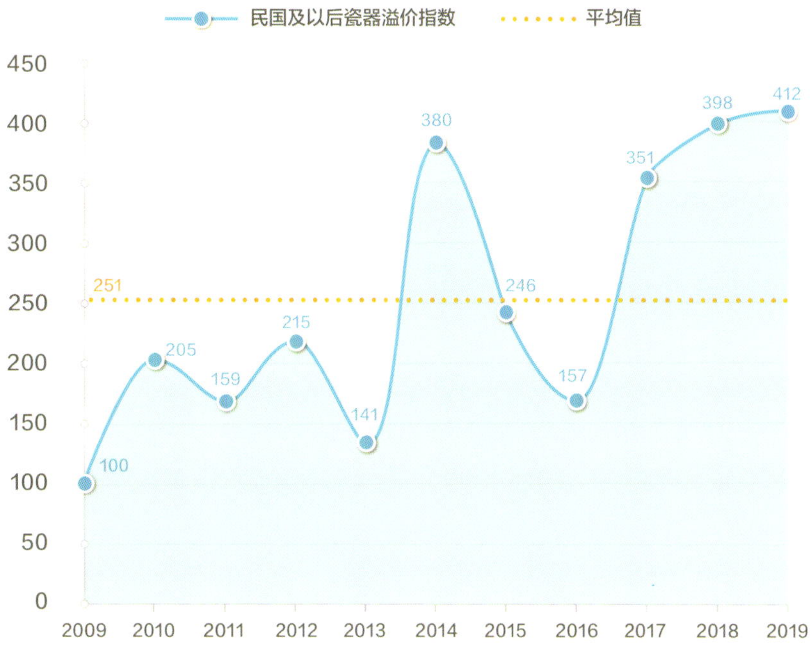

民国及以后瓷器的价格指数趋势可以发现：在 2012 年，除了民国及以后瓷器价格指数下跌之外，其他两大时期的瓷器价格指数均出现了不同程度的上涨，且都在该年达到了价格指数最高值。数据表明，民国及以后瓷器由于其本身的特质与藏家群体的小众化，难以在经济遇冷的年份抵御市场寒冬。2018 年，民国及以后瓷器的价格指数经历了多年市场沉淀之后出现了小幅回升，2019 年当外部经济环境出现稍变之状，民国及以后瓷器市场则极其敏感地做出了强烈反应，该年其价格指数同比下跌58个点，为自基期统计以来的最低值。

纵观民国及以后瓷器溢价指数，其溢价平均值为251点，出现比平均溢价值高的年份在2014年、2017年、2018年与2019年。2014年其溢价指数一路飞升，高于此前各统计年份的指数值。究其原因则在于一批精美的民国时期仿明清瓷以较低估价上拍，实际成交价高达上百万元，由此整体抬高了该年的溢价值。2019年，民国及以后瓷器溢价指数为412点，再创历史新高，拉高其溢价指数的主要原因在于众多中国大陆知名拍行在民国及以后瓷器市场的起拍价运行策略上，借鉴此前明清瓷市场尤其是以大众收藏为基础的普通类明清瓷的上拍价定价经验。拍行将估价往往定在万元以内，实际成交价则达十万元左右，溢价值近十倍，又因该价位的成交量所占市场容量巨大，由此促高了该年总体溢价值的提升。细观各拍行的春秋两季大拍的溢价值，其平均溢价率基本维持在1倍左右，藏家入藏心态相对理性。故而近年来民国及以后瓷溢价主要来自于四季小拍的高溢价率。通过易拍全球研究院（筹）的大数据统计显示，2019年民国及以后瓷器市场的容量正在收紧，该年成交量与成交额同比分别减少了5.7%与25.1%，减少的部分主要来自于现当代瓷板块，民国瓷板块的交易则相对稳定。由此也进一步显现出，在全球资本周转与增速放缓之时，此前市场积攒的沉疴尽显，急需整治与完善参与市场运行的各个环节。

Chapter 4

High Value Lots in 2019

第四章 年度重要拍品图录

扫码解析艺术市场

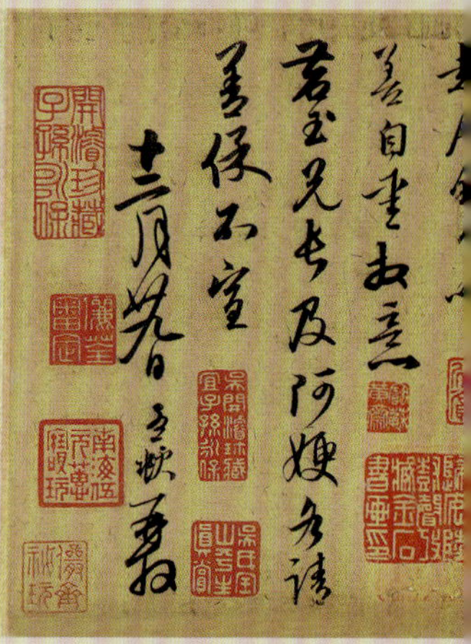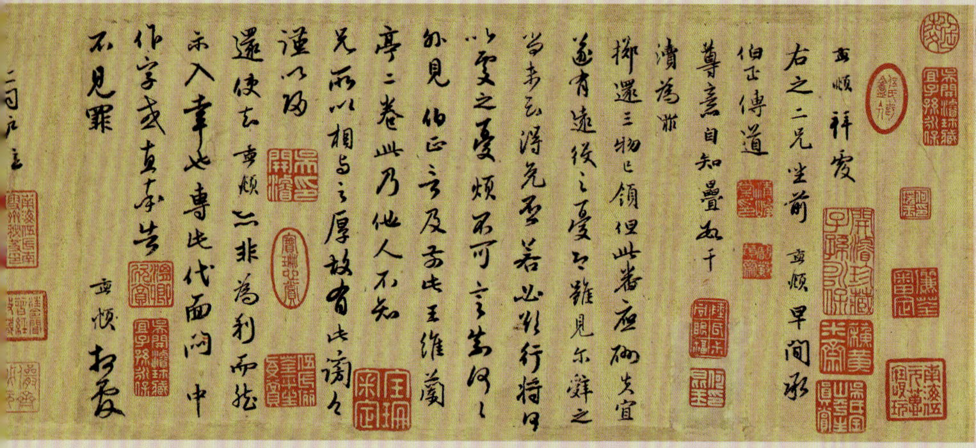

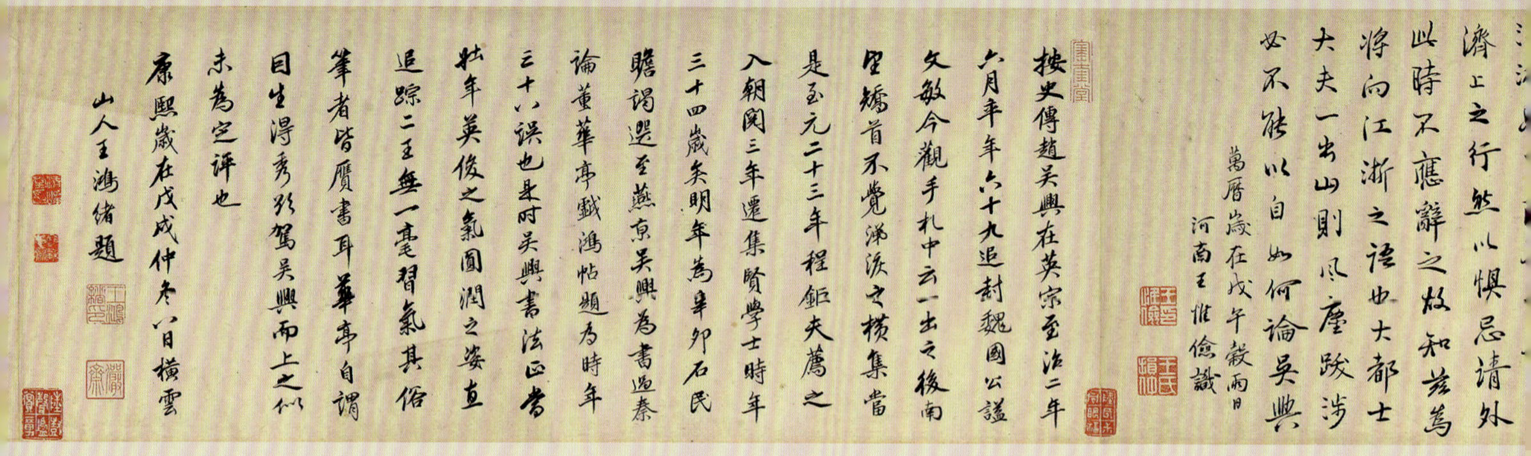

鉴藏印

王鸿绪（1645~1723）：俨斋秘玩（二次）

汪廷璋（约 1700~1760）：汪令闻曾经收藏

何昆玉（约 1815~1889）：何昆玉

何瑗玉（1828~1896）：何瑗玉印（三次）、端溪何叔子瑗玉号蘧庵过眼经籍金石书画印记

伍元蕙（1824~1865）：伍氏迁庵主人、俪荃审定（二次）、南海伍元蕙宝玩（二次）、伍氏俪荃平生真赏（二次）、南海伍氏南雪斋秘笈印（二次）、伍元蕙俪荃甫评书读画之印、伍氏澄观阁书画之印

赵润卿（1856~1915）：清峻堂印（三次）、宝苏黄斋（三次）、润卿欣赏（二次）、赵氏金石、苏黄米斋

陆树声（1882~1933）：陆氏叔同眼福（二次）、陆树声鉴赏章、归安陆树声金石书画印

吴宝珊（1918~1992）：宝珊心赏（三次）、延陵（二次）、吴开濬珍藏宜子孙永保（四次）、吴开濬印（二次）、吴氏宝珊、宝山所藏、吴氏宝山平生真赏（二次）、开濬珍藏子孙永保、宝珊审定（二次）

流传序列

此卷经明代王惟俭，清代王鸿绪鉴藏并跋文于卷末；清代现于广东，经何昆玉和何瑗玉兄弟，伍元蕙，陆心源和陆树声父子递藏；咸丰年间收刻于伍元蕙的《南雪斋藏真》中，并著录于陆心源的《穰梨馆过眼续录》中；近代流入日本，经山本悌二郎、赤羽云庭收藏，多次出版、展览。

著　录

1.[日]《书苑》第六卷第四号，法书会出版，1916 年。

2.[日]山本悌二郎《澄怀堂书画目录》（卷一），文求堂，1932 年，第 134 页至第 136 页。

3.[日]《书道》第六卷第二号，泰东书道院出版部，1937 年，第 3 页至第 4 页。

4.《书品》特集赵子昂尺牍第七三号，东洋书道协会，1956 年第 2 页至第 8 页。

5.[日]《中国宋元美术展目录》，东京国立博物馆，1961 年，图版 373。

6.[日][元]赵子昂玄妙观重修三门记·尺牍八首，《书迹名品丛刊》第八三回配本，二玄社，1970 年，第 31 页至第 40 页。

7.容庚编《南雪斋藏真十二卷》，《丛帖目》（第二册），中华书局，1981 年第 8 页至第 12 页。

8.[日]《中国书法丛考》，《西川宁著作集》第二卷，二玄社，1991 年，第 238 页至第 254 页。

9.王连起《赵孟頫书画真伪的鉴考问题》，《故宫博物院院刊》，1996 年，第 28 页。

10.[清]陆心源《穰梨馆过眼续录·卷二》，《中国历代书画艺术论著丛书》（39），中国大百科全书出版社，1997 年，第 78 页至第 83 页。

11.[日]《日中书法之传承：谦慎书道会展 70 回纪念》，谦慎书道会，2008 年，第 156 页至第 157 页。

12.张珩《木雁斋书画鉴赏笔记》（肆），上海书画出版社，2015 年，第 2274 页至第 2275 页。

13.陈永胜《赵孟頫致郭天锡〈应酬失宜帖〉考》，《书法》，上海书画出版社，2015 年，第 54 页至第 57 页。

14.[清]伍元蕙《南雪斋藏真》，《广州大典》（子部艺术类·第四十七辑），广州出版社，2015 年，第 73 页至第 75 页。

15.赵华《关于赵孟頫致郭天锡〈应酬失宜帖〉的几点意见》，《书法》，上海书画出版社，2016 年第 8 期，第 57 页至第 59 页。

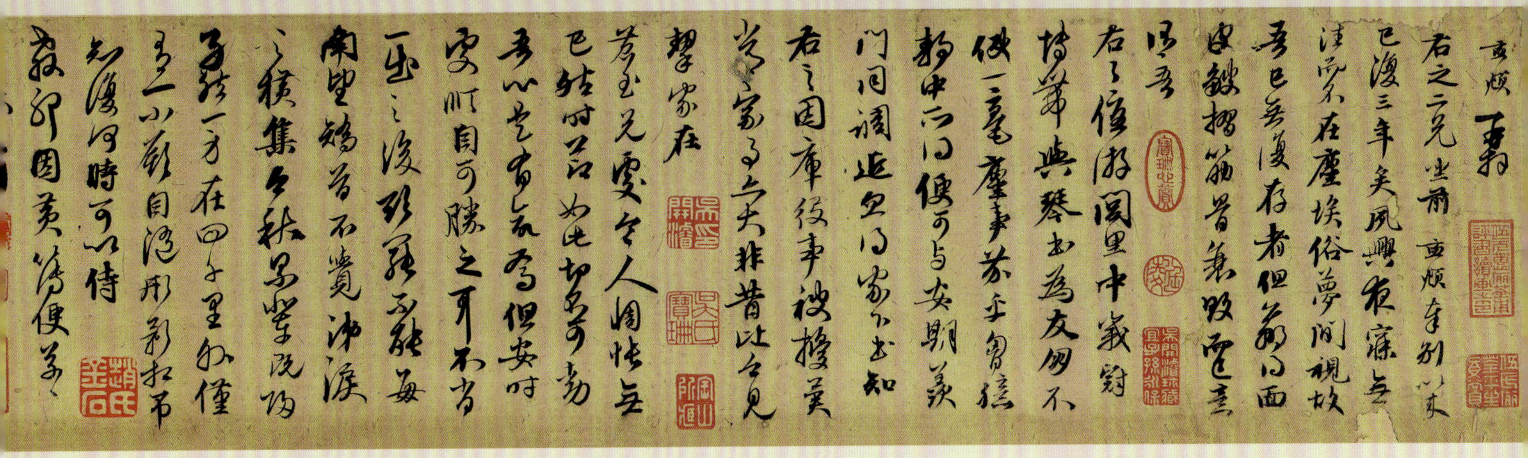

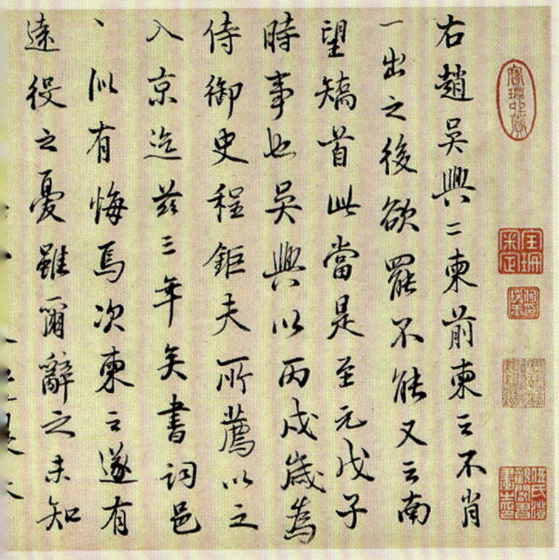

赵孟頫　致郭右之二帖卷
中国嘉德　2019/11/19　LOT 1381
手卷 水墨纸本 奉别帖　16.1×74.8cm 应酬失宜帖　16.1×38.8cm；　后跋 20.5×98.3cm
成交价　RMB 267,375,000

16.《赵孟頫书画全集》（第十卷），故宫出版社，2017 年，第 6 页至第 7 页。

17. 王连起《赵孟頫早期书札考》，《中国书法》（总 329 期），2018 年，第 98 页至第 101 页。

18. 王连起《中国书画鉴定研究·王连起卷》（下），故宫出版社，2018 年，第 467、474、475 页。

展　览

1. "中国宋元美术展"，东京国立博物馆，1961.4.22~1961.5.21
2. "日中书法之传承：谦慎书道会展 70 回纪念"，东京美术俱乐部，2008.3.13~2008.3.22

释　文

孟頫再拜，右之二兄坐前：孟頫奉别以来，已复三年矣。夙兴夜寐，无往而不在尘埃俗梦间，视故吾已无复存者，但赢得面皮皱折，筋骨衰败而已。意谓吾右之优游闾里中，峨冠博带，与琴书为友朋，不使一毫尘事芥乎胸臆。静中所得，便可与安期羡门同调。近忽得家下书，知右之因库役事，被扰异常，家事亦大非昔比。今见挈家在苕玉兄处，令人惆怅无已！然时节如此，切不可动吾心，是有命焉。但安时处顺，自可胜之耳。不肖一出之后，欲罢不能。每南望矫首，不觉涕泪之横集。今秋累举既归，孑然一身，在四千里外，仅有一小厮自随，形影相吊，知复何时可以待教耶？因黄簿便，草草奉状，拜问起居，时中唯善自爱。拜意。苕玉兄长及阿嫂，各请善保。不宣。十二月廿九日，孟頫再拜。

孟頫拜覆，右之二兄坐前：孟頫早间承伯正传道尊意，自知叠数干渎为罪。掷还三物已领。但此番应酬失宜，遂有远役之忧。即虽见尔辞之，尚未知得免否？若必远行，将何以处之？忧烦不可言。奈何，奈何！外见伯正言及前此王维、兰亭二卷，此乃他人不知兄所以相与之厚。故有此谤。今谨以归还，使知孟頫亦非为利而然。示入幸也。专此代面。冈中作字，或直率告。不见罪。孟頫拜覆，二司户位。

按　语

赵孟頫是中国艺术史上承前启后的大艺术家，集诗书画印于一体，在绘画、书法领域开创先河，倡导复古，提出"若无古意，虽工无益"的艺术观点，并首次提出"以书入画"的创作新论，开创了文人画创作新境界，树立文人画的新的艺术审美标准，并历经千年不衰。他追慕晋唐，书法上承二王而有新拓，雍容朴茂，流丽婉转，自有一种高华气貌，创立"赵"体。

《致郭右之二帖卷》均为赵孟頫较早之作，其中《奉别帖》为赵孟頫三十九岁时作品，风格腾跃朴厚，行草兼备，在以楷行立世的赵孟頫书法中较为罕见。内容叙述其家事变故，自身远游在外，孤独清寂的落寞情怀。书法随着作者的情绪起伏而波澜迭起，真率恣意，在多谨严华美的赵孟頫作品中较为少见。《应酬失宜帖》为赵孟頫三十三岁时作品，内容书写即将踏入仕途的忧虑和北行的无奈，正如他后来诗中所写"昔年东吴望幽燕，长路北走如登天"。反映了赵孟頫仕元的复杂心态。作品楷行错综，流丽俊美而应规入矩，上追二王，隽秀从容，宛若游龙。具有极高的审美价值和研究价值。

两通书札，一通可窥其师承和深厚功力，一通可见其直抒性灵的书道新境。一件理胜，一件意高，学二王而有新意，复古以求出新，具有丰厚的文化底蕴。

八大山人　群鹿图
上海明轩　2019/04/28　LOT 176
立轴 设色纸本　75×122cm
成交价　RMB 41,400,000

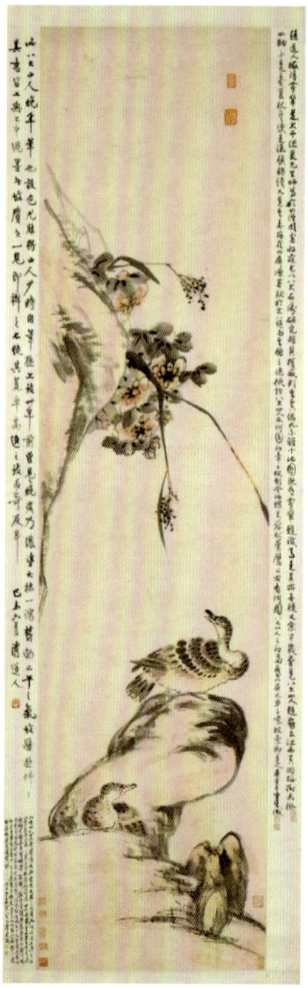

八大山人　芙蓉芦雁
苏富比香港　2019/04/01　LOT 2563
立轴 设色纸本　199 x 56cm
成交价　RMB 14,669,625

八大山人　荷花翠鸟图
西泠印社　2019/12/14　LOT 973
立轴 水墨纸本　121×66cm
成交价　RMB 13,800,000

八大山人　荷鹭图
佳士得香港　2019/05/27　LOT 928
立轴 水墨纸本　106 x 34.3 cm
成交价　RMB 5,293,164

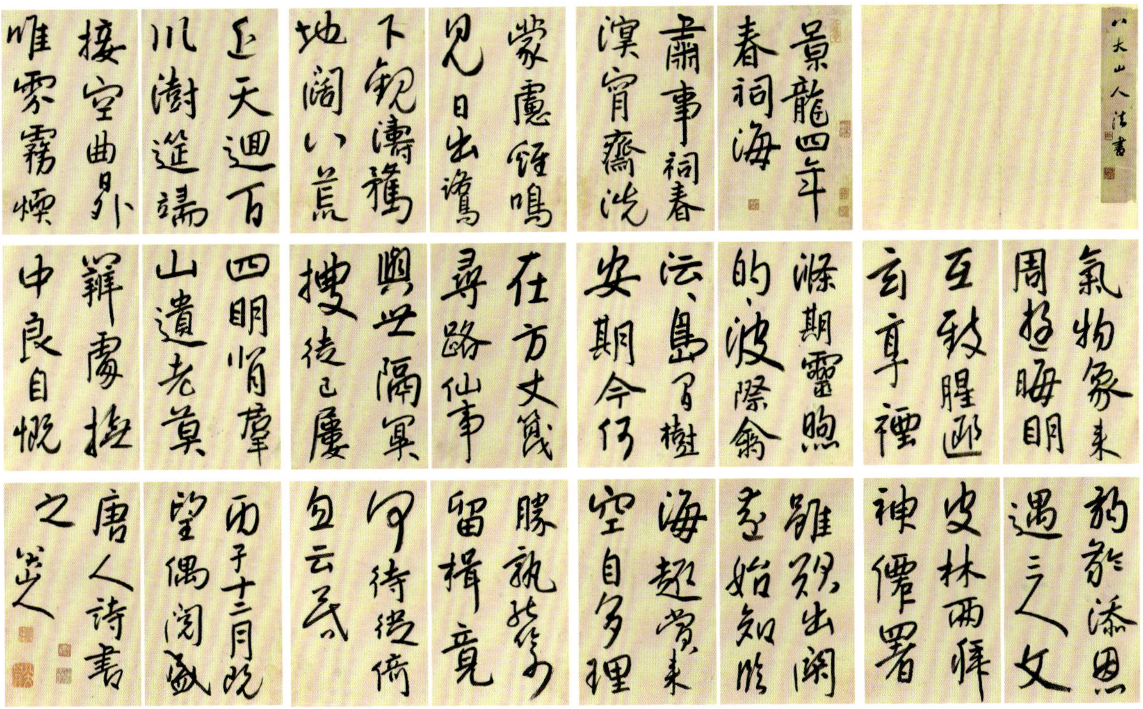

八大山人 宋之问诗
佳士得香港 2019/05/27 LOT 927
册页（二十二开）水墨纸本 31.1x19.5cmx22
成交价 RMB 26,033,724

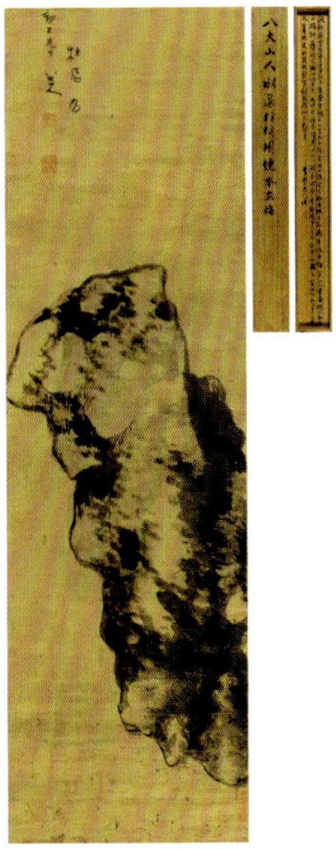

八大山人 柱石图
中国嘉德 2019/06/02 LOT 466
立轴 水墨绫本 162×48cm
成交价 RMB 9,200,000

八大山人 山水图
佳士得香港 2019/05/27 LOT 926
立轴 设色纸本 158 x 45 cm
成交价 RMB 33,180,575

八大山人 蕨瓜图
苏富比香港 2019/10/06 LOT 2552
立轴 水墨纸本 25 x 39.7cm
成交价 RMB 8,772,574

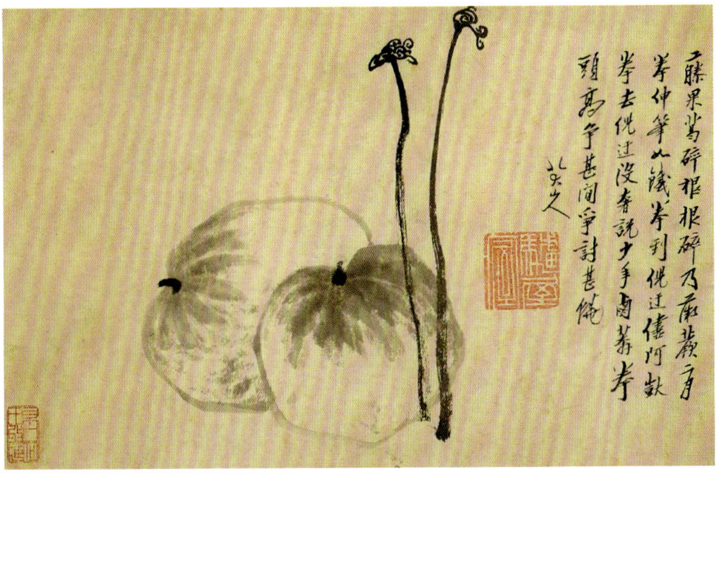

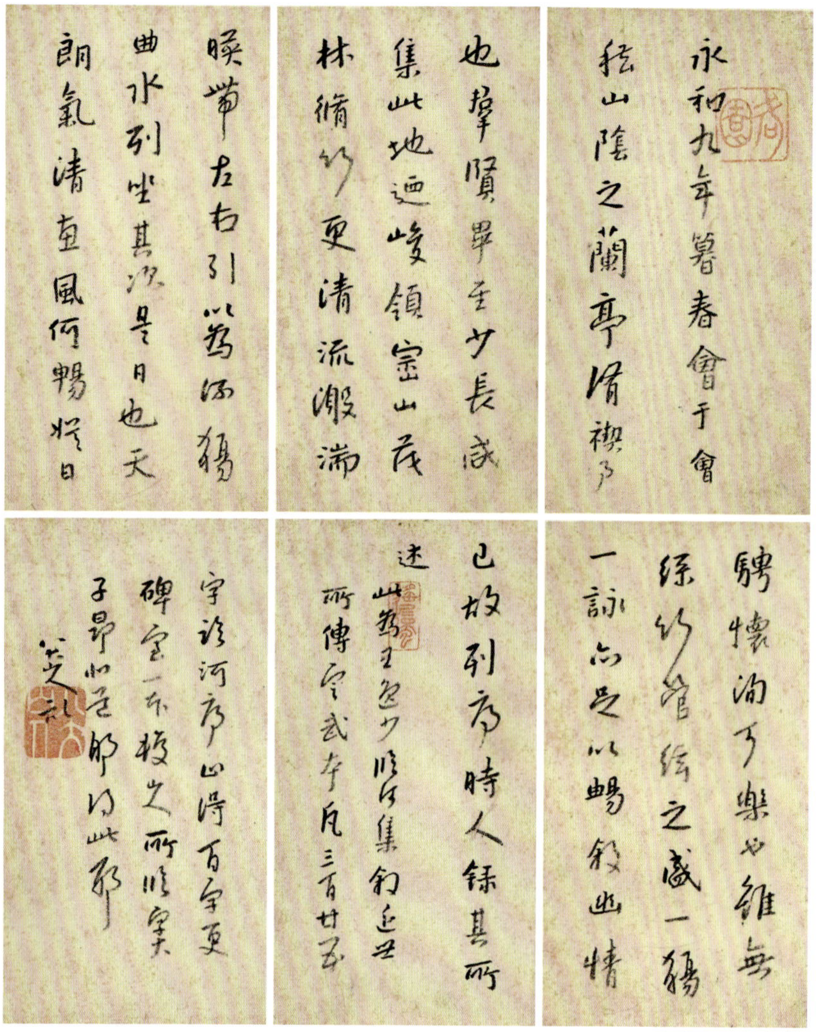

八大山人　临河集序
佳士得香港　2019/11/25　LOT 1000
册页 水墨纸本 镜框三幅　每页 24x13cm
成交价 RMB 27,035,681

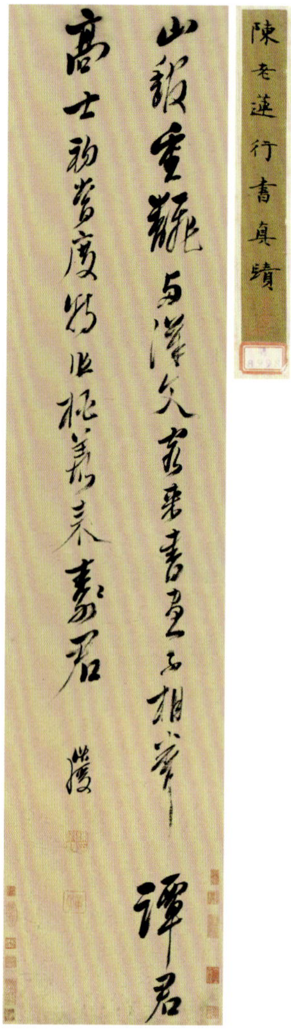

陈洪绶　行书　画桃花寄寿范三
中国嘉德　2019/11/19　LOT 1374
立轴 水墨纸本　125×27cm
成交价　RMB 5,175,000

陈洪绶 1648 年作　松石图
西泠印社　2019/12/14　LOT 942
立轴　设色纸本　100.5×52cm
成交价　RMB 16,675,000

陈淳　草书自书诗
苏富比香港　2019/10/06　LOT 2514
手卷 水墨纸本　31.8 x 390.8cm
成交价　RMB 5,003,284

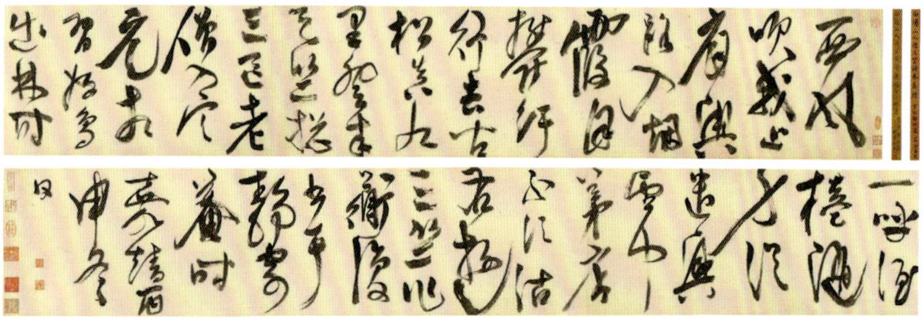

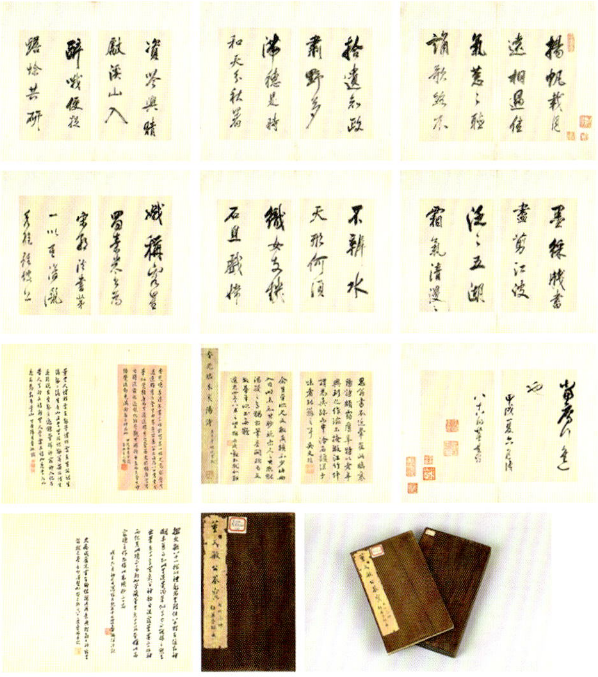

董其昌　1614 年作　行书临米襄阳诗册
北京东方大观　2019/06/05　LOT 369
册页 水墨纸本　20×13.5cm×14
成交价　RMB 8,050,000

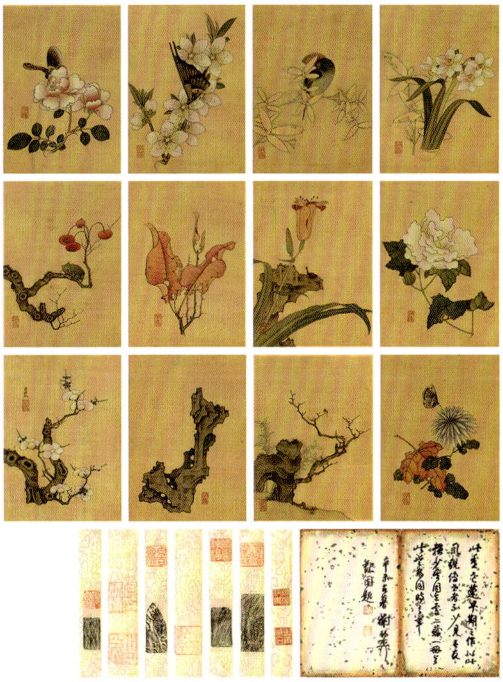

陈洪绶 花鸟湖石草虫册
北京东方大观　2019/06/05　LOT 385
册页 设色绢本　画心 22×16cm×12；题跋 30×42cm
成交价　RMB 49,450,000

董其昌 山水
佳士得香港　2019/11/25　LOT 930
立轴 水墨金笺　98 x 42.5 cm
成交价　RMB 5,496,881

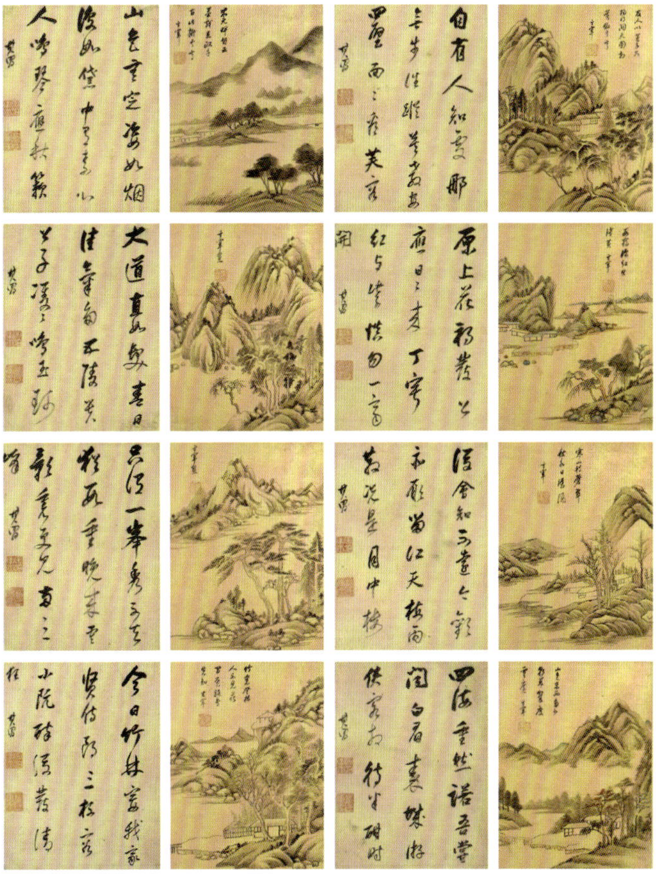

董其昌 书画合璧册
西泠印社　2019/12/14　LOT 897
设色泥金纸本 水墨泥金纸本 绫本　31.5×24cm×16
成交价　RMB 8,510,000

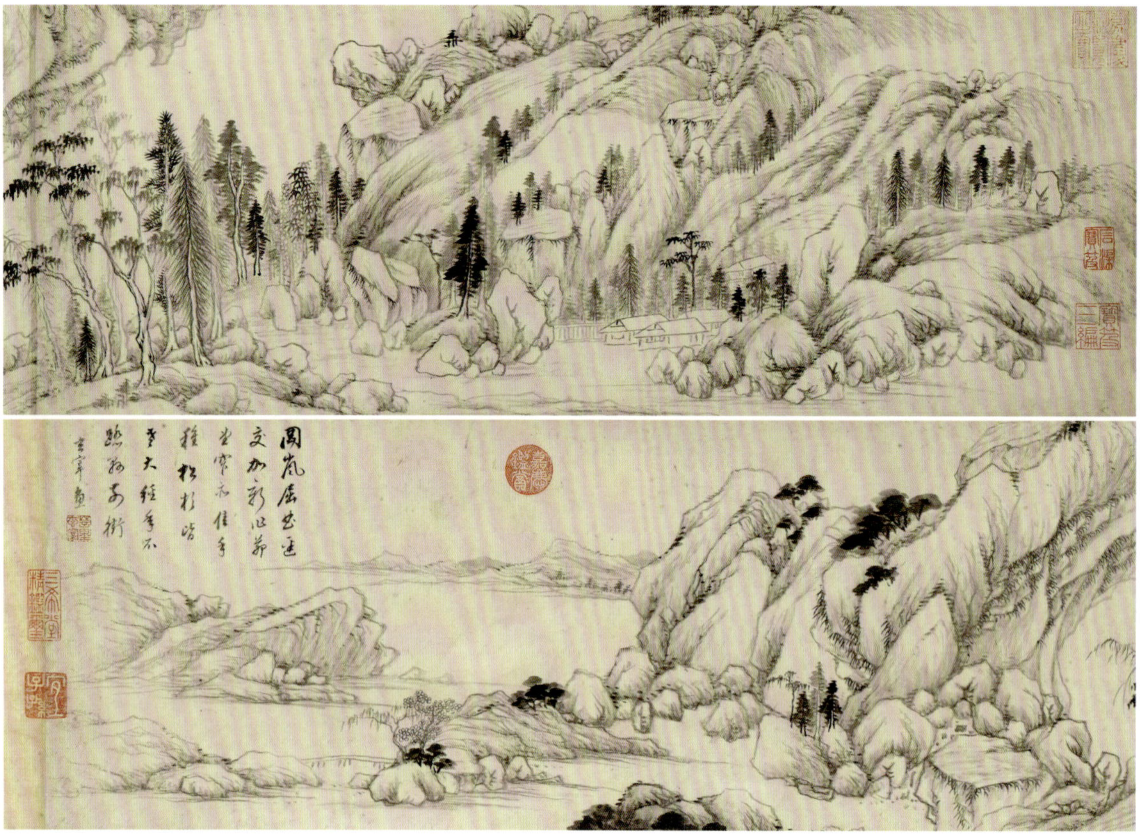

董其昌　松杉茆堂图
北京保利　2019/06/03　LOT 4044
手卷 水墨纸本　26×146cm
成交价　RMB 67,850,000

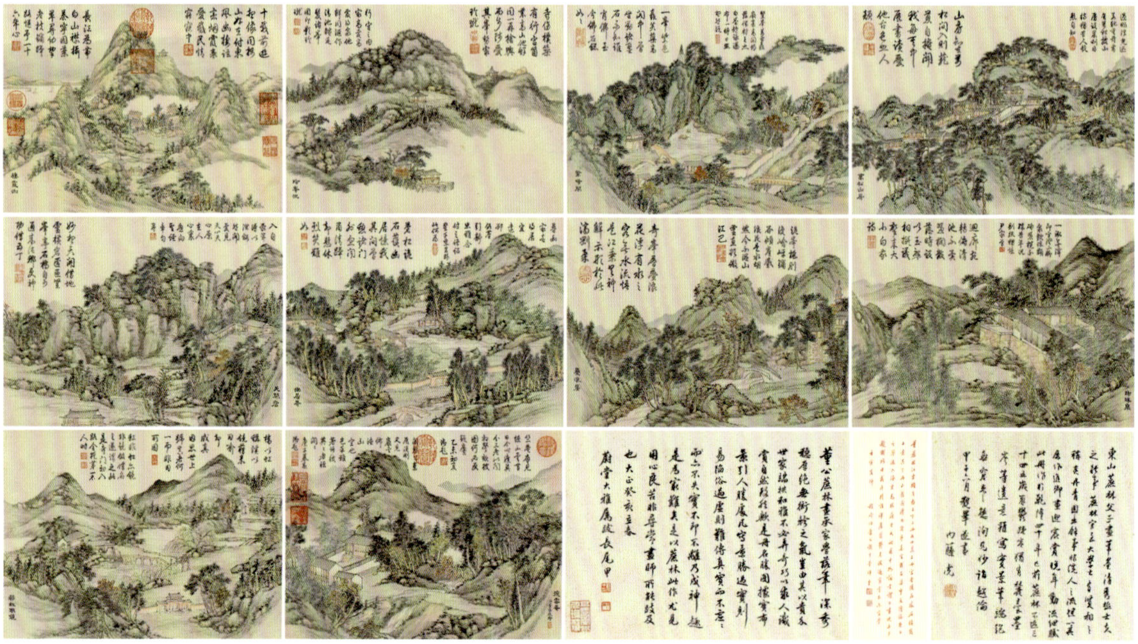

董诰 1775 年作　金陵十景图册
广州华艺　2019/11/24　LOT 18
册页（十开）设色纸本　28.7×39.5cm×10
成交价　RMB 75,188,361

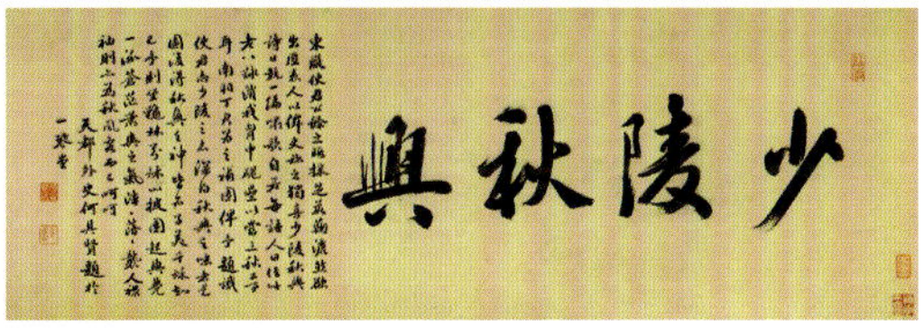

丁云鹏 1586 年作 少陵秋兴图
中国嘉德 2019/11/19 LOT 1380
手卷 设色纸本 引首 32×97.3cm；画心 32.3×138.2cm
成交价 RMB 28,750,000

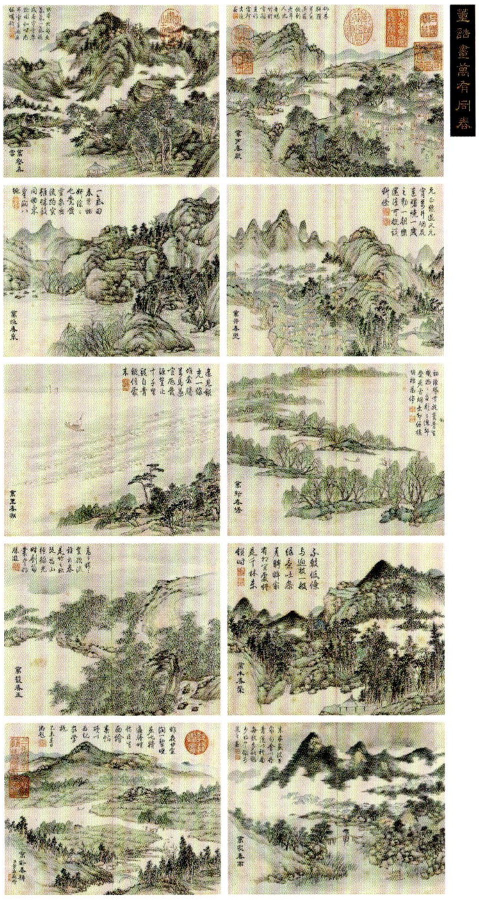

董诰 万有同春
北京保利 2019/12/03 LOT 3546
册页（十开）设色纸本 20×26cm×10
成交价 RMB 58,075,000

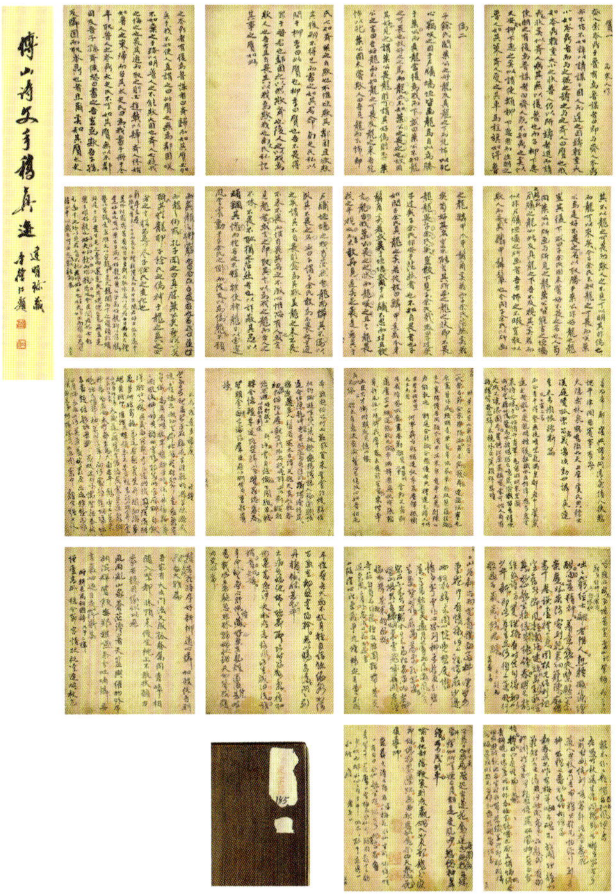

傅山 已刊及未刊诗稿册
西泠印社 2019/07/06 LOT 291
册页（共十八页）纸本 24.5×19.5cm×12；24.5×20cm×6
成交价 RMB 5,520,000

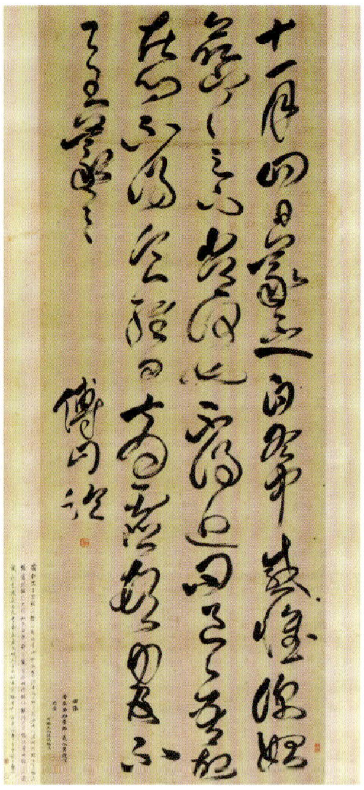

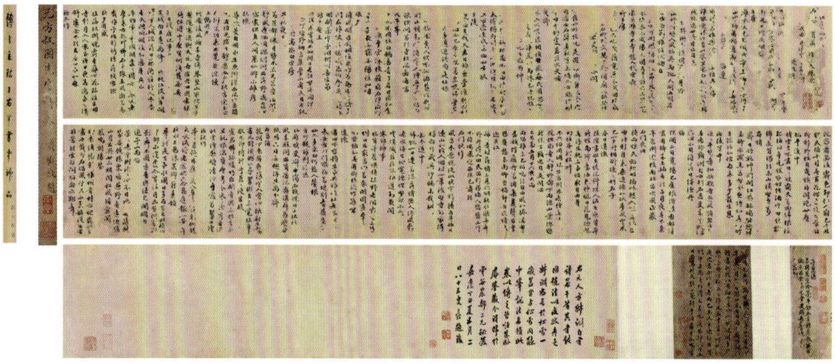

方澜 行书自作诗卷
中贸圣佳 2019/06/07 LOT 847
手卷 水墨纸本 本幅 23.5×331cm
题跋 22.5×16cm；题跋 23×113cm
成交价 RMB 6,382,500

傅山 临王羲之“冬中帖”
中贸圣佳 2019/11/30 LOT 762
立轴 水墨纸本 224×83.5cm
成交价 RMB 5,750,000

费丹旭 韬光蜡屐图
佳士得香港 2019/11/25 LOT 992
手卷 设色纸本 331.5 x 45.5 cm
成交价 RMB 9,373,865

冯宁 平安騚图
保利（厦门）2019/01/06 LOT 81
立轴 设色绢本 161×107cm
成交价 RMB 8,050,000

龚贤 1689 年作 培芝图
中国嘉德 2019/11/19 LOT 1379
立轴 水墨绢本 183.5×55cm
成交价 RMB 9,200,000

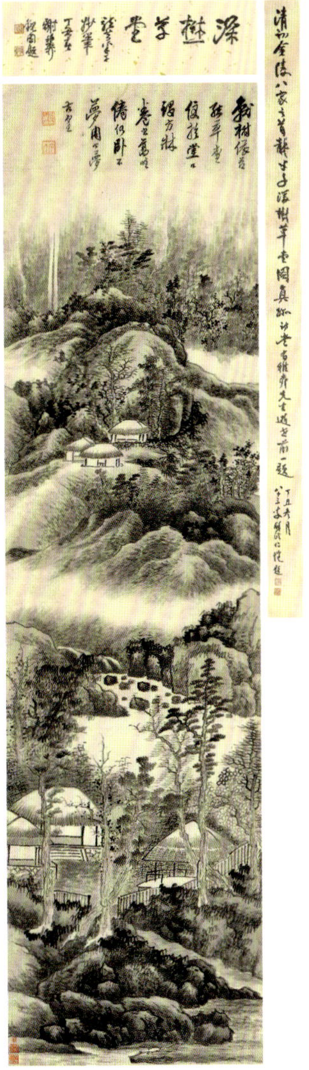

龚贤 深树草堂图
中国嘉德 2019/11/19 LOT 1378
立轴 水墨纸本 本幅 187×50cm；
诗堂 15×50cm；边跋 113×8.5cm
成交价 RMB 7,935,000

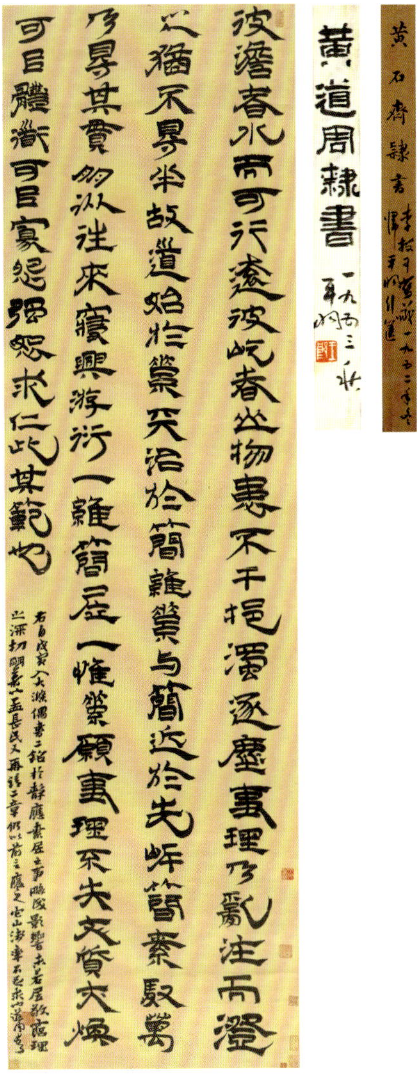

黄道周 隶书 大涤山偶作篇
西泠印社 2019/12/15 LOT 3086
立轴 绫本 185.5×53cm
成交价 RMB 10,925,000

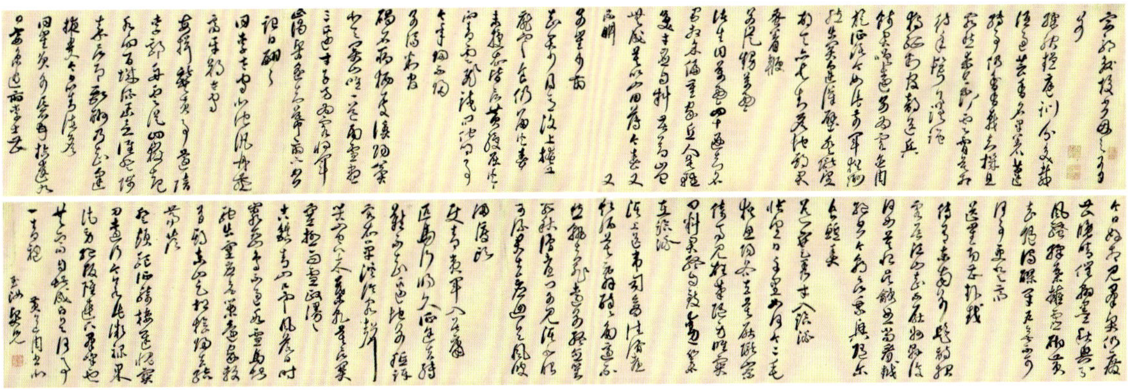

黄道周 草书高适诗十一首
上海匡时 2019/06/21 LOT 400
手卷 纸本 28×342cm
成交价 RMB 5,577,500

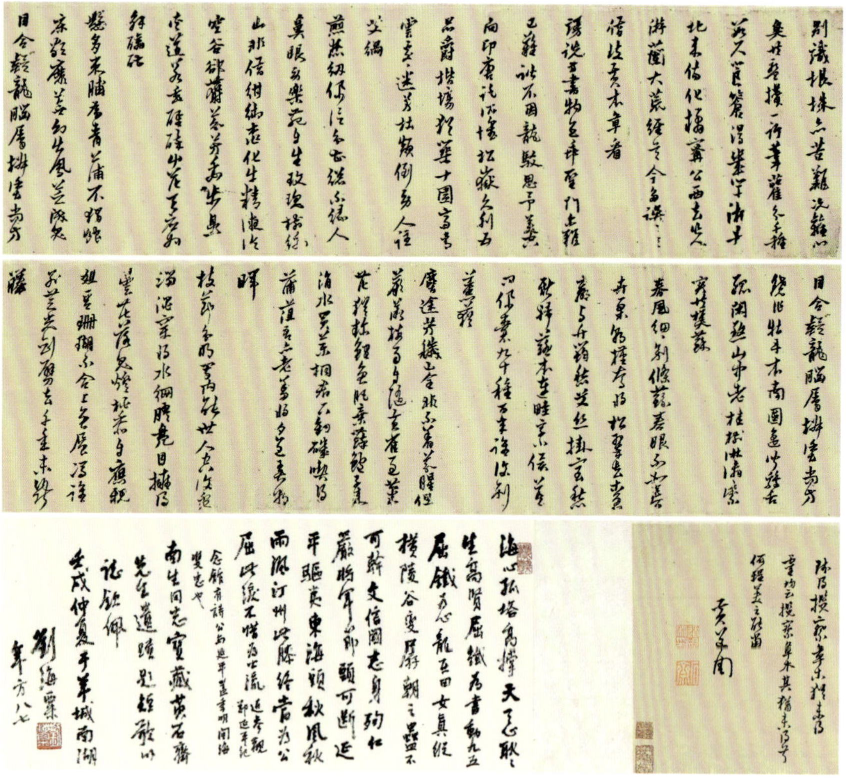

黄道周　行草七言诗
上海明轩　2019/12/20　LOT 194
手卷 水墨绫本　27.5×215cm
成交价　RMB 8,855,000

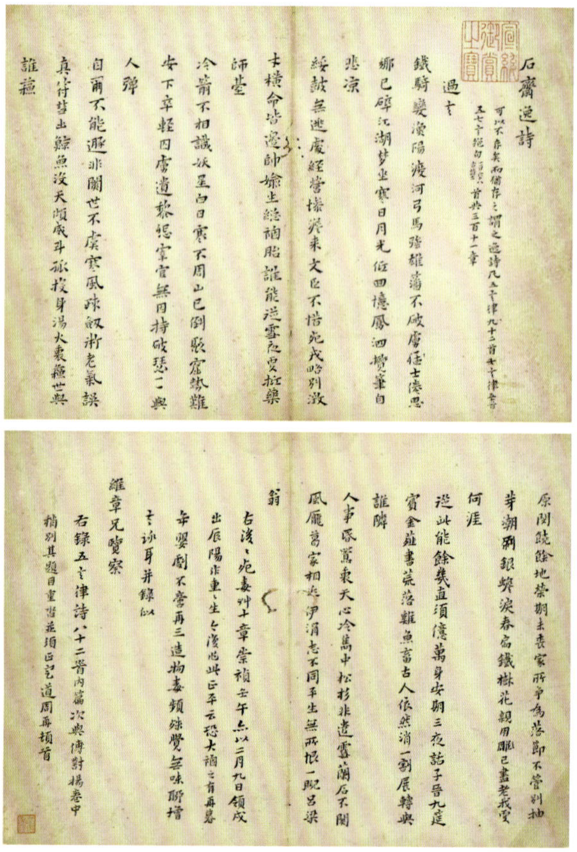

黄道周　石斋逸诗（部分）
佳士得香港　2019/11/25　LOT 985
册页（十八开）水墨纸本　约 27x38.5cmx18
成交价　RMB 38,532,016

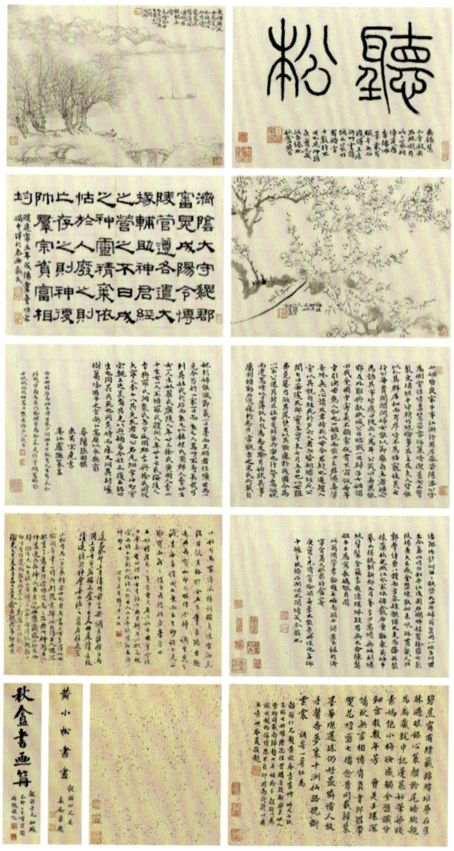

黄易 1793 年作　书画册
中国嘉德　2019/06/04　LOT 1398
册页（七开）水墨纸本　23.3×32.8cm×7
成交价　RMB 7,705,000

焦秉贞 仕女图册
西泠印社 2019/12/14 LOT 1005
册页 设色绢本 画心 26.5×18cm×8
成交价 RMB 6,900,000

金农 1761 年作 林下清风图
北京保利 2019/06/03 LOT 4039
立轴 设色绢本 122×58cm
成交价 RMB 9,200,000

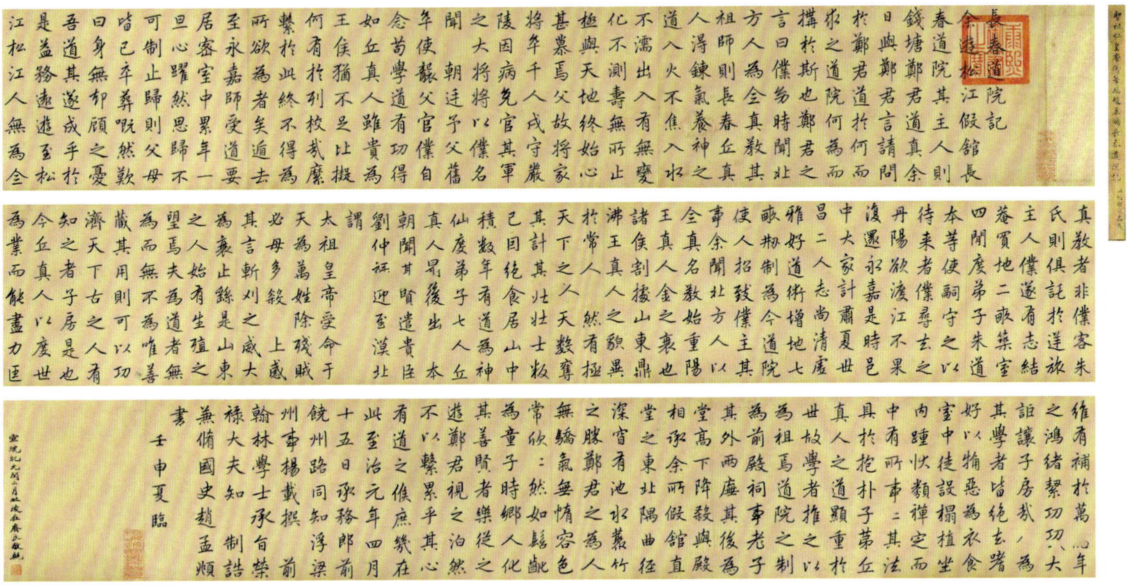

康熙帝 临赵孟頫长春道院记
中国嘉德 2019/06/02 LOT 469
手卷 水墨纸本 26×477cm
成交价 RMB 13,800,000

蓝瑛　1642 年作　山水双册
中国嘉德　2019/03/30　LOT 564
册页 设色绢本 水墨绢本　29.3×25.4cm×24
成交价　RMB 25,538,850

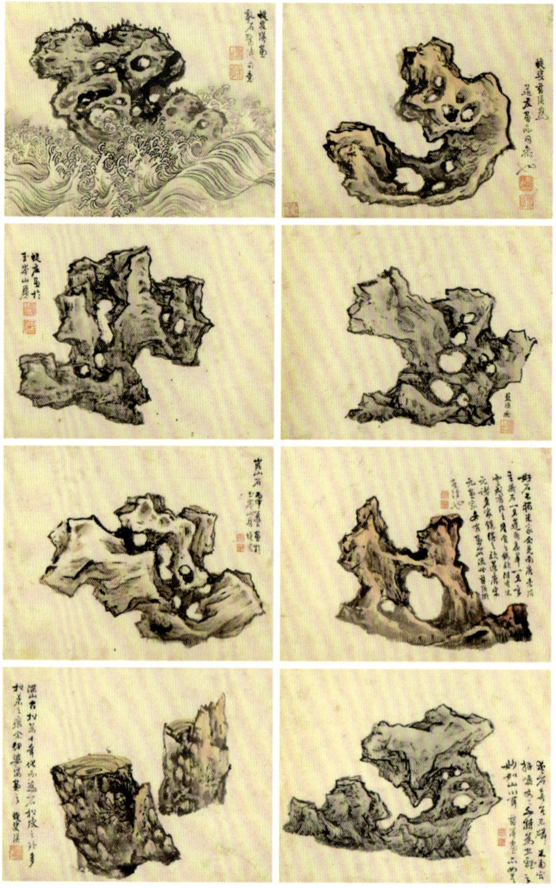

蓝瑛　1656 年作　奇石图
中国嘉德　2019/11/19　LOT 1367
册页（八开）设色纸本　27.5×35.5cm×8
成交价　RMB 5,980,000

李肇亨 李琪枝　山水松景合卷
佳士得香港　2019/11/25　LOT 913
手卷 水墨纸本　26.2x137.1cm；26.2x343cm；26.2x343cm
成交价　RMB 6,035,351

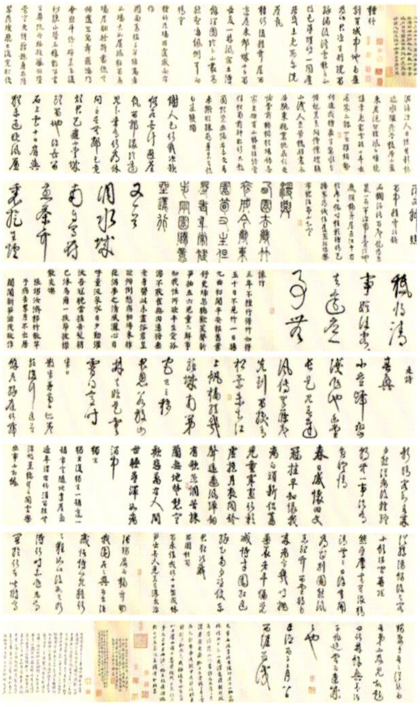

李东阳　种竹诗卷
佳士得纽约　2019/03/19　LOT 10
手卷 水墨纸本　27.5 x 1300 cm
成交价　RMB 31,008,801

吕纪　双鹰图
敬华（上海）2019/12/17　LOT 845
屏轴 水墨绢本　153×67cm
成交价　RMB 5,175,000

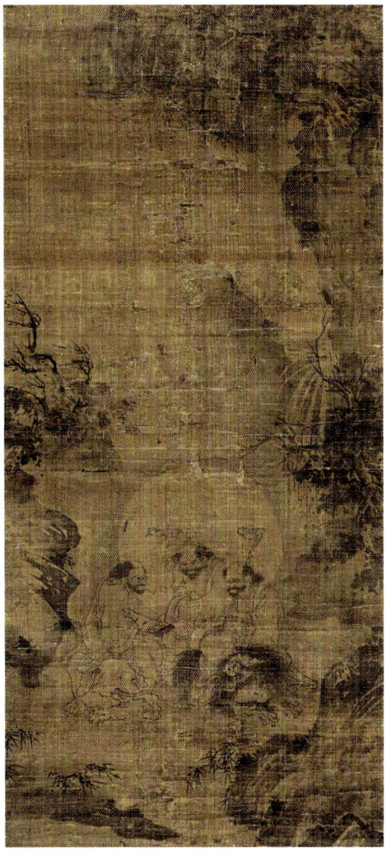

陆仲涧　释迦三尊图
北京荣宝　2019/12/01　LOT 624
立轴 水墨绢本　103.5×48cm
成交价　RMB 5,750,000

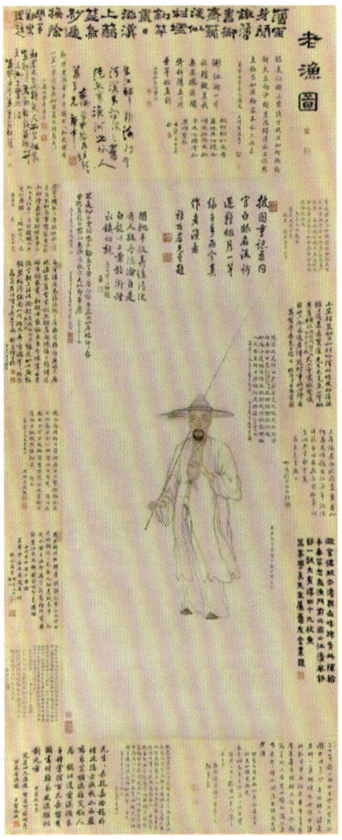

林源　老渔图轴
中国嘉德　2019/06/03　LOT 4665
立轴 水墨纸本 197×80.5cm；画心 132.5×53.5cm
成交价　RMB 5,980,000

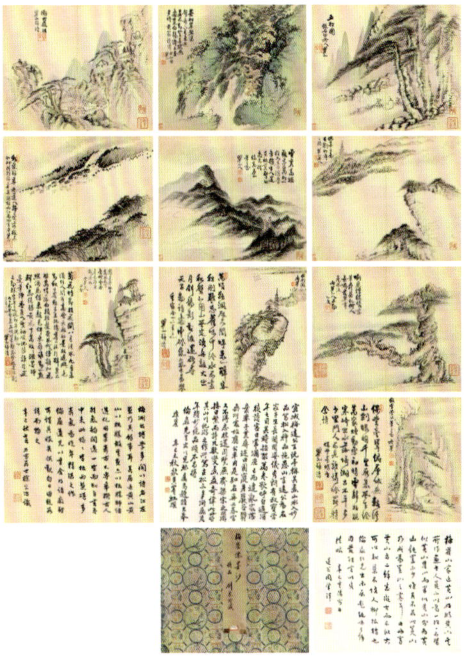

梅清　1695 年　作仿古山水册
中国嘉德　2019/11/19　LOT 1362
册页（十开）设色纸本　28×34cm×10
成交价　RMB 8,625,000

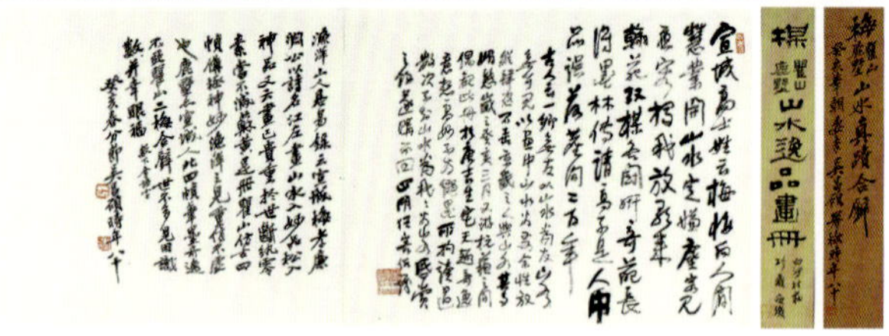

梅清 梅翀　山水合册
中国嘉德　2019/11/19　LOT 1363
册页（八开）设色纸本　27×35cm×8；后跋 31×80cm
成交价　RMB 8,165,000

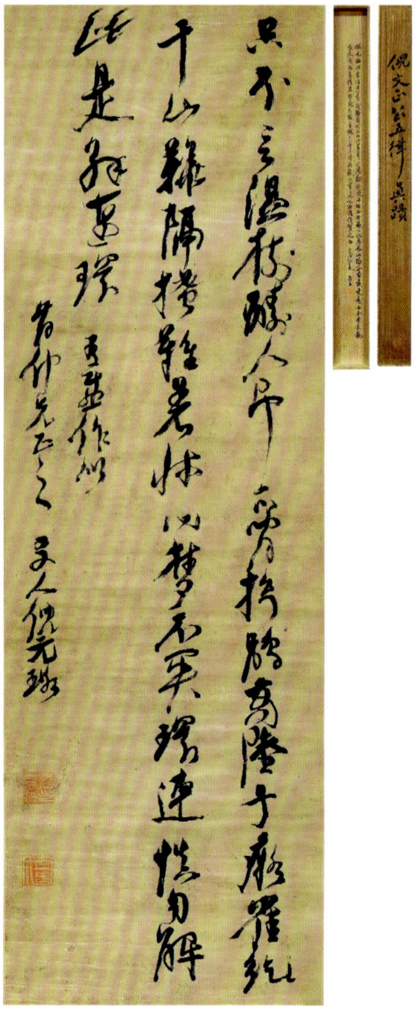

倪元璐　赠肯仲有感诗轴
保利（厦门）　2019/08/04　LOT 164
立轴 水墨绫本　158×52cm
成交价　RMB 7,360,000

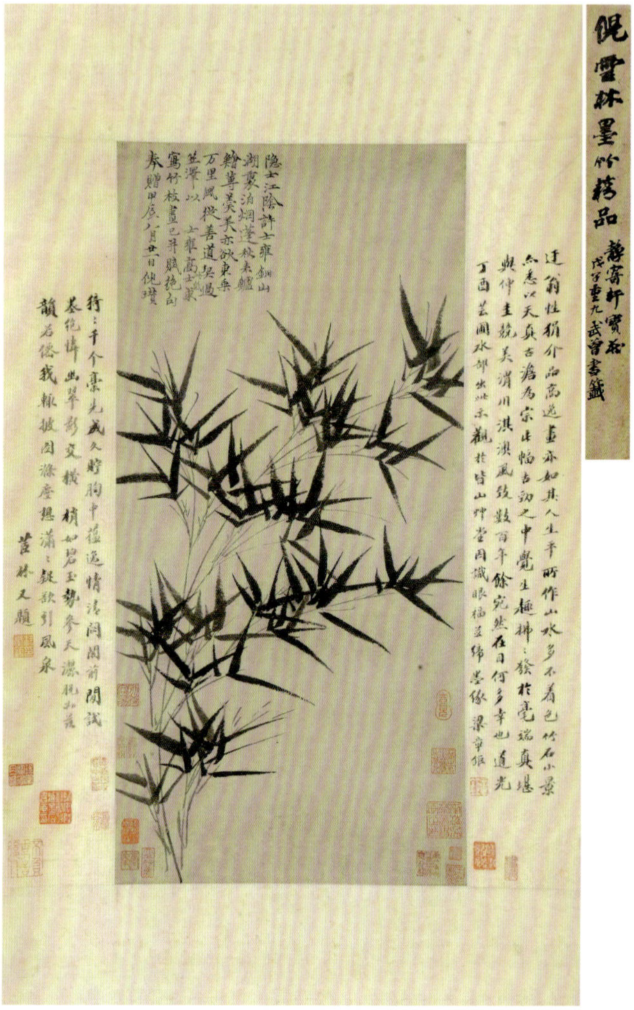

倪瓒　1364 年作 墨竹图
北京保利　2019/06/03　LOT 4045
立轴 水墨纸本　66.5×32cm
成交价　RMB 63,250,000

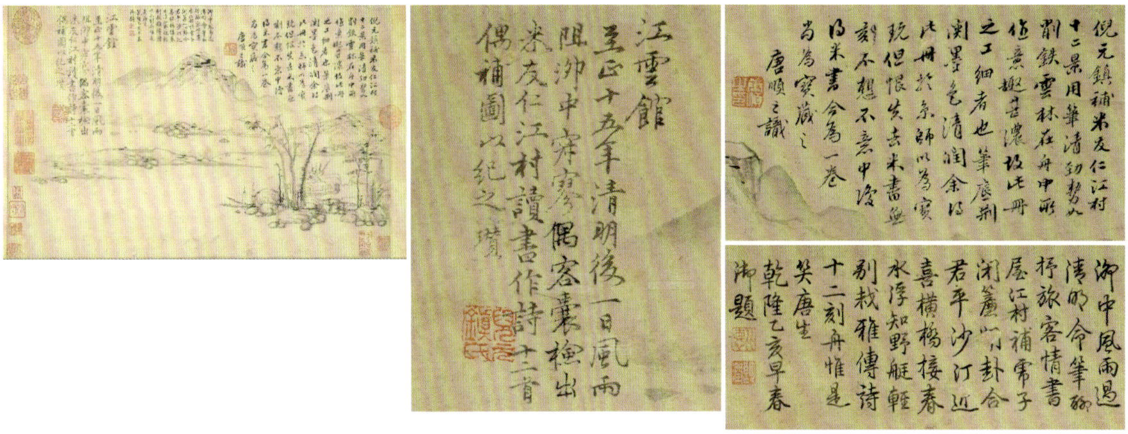

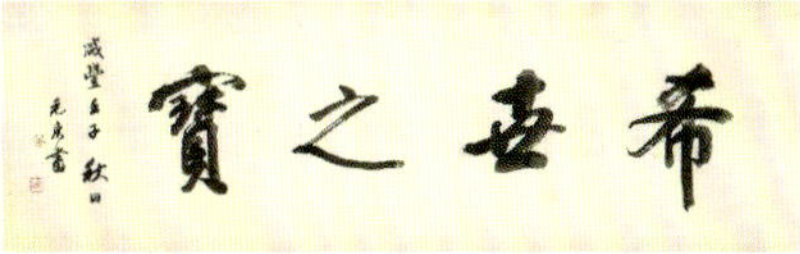

倪瓒 唐顺之 乾隆帝 毛庚题 江云馆图
横滨国际 2019/10/27 LOT 8184
镜心 水墨纸本 江云馆图 29×45cm；毛庚书法 29×92cm
成交价 RMB 12,077,587

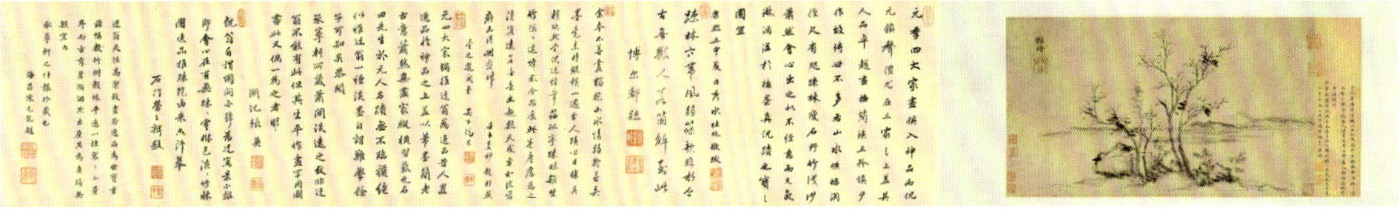

倪瓒 疏篁古木图卷
西泠印社 2019/07/06 LOT 315
手卷 水墨纸本 引首 26×78cm；画 26×74.7cm；书法 26×17cm；跋 26×81cm，26×18cm
成交价 RMB 10,580,000

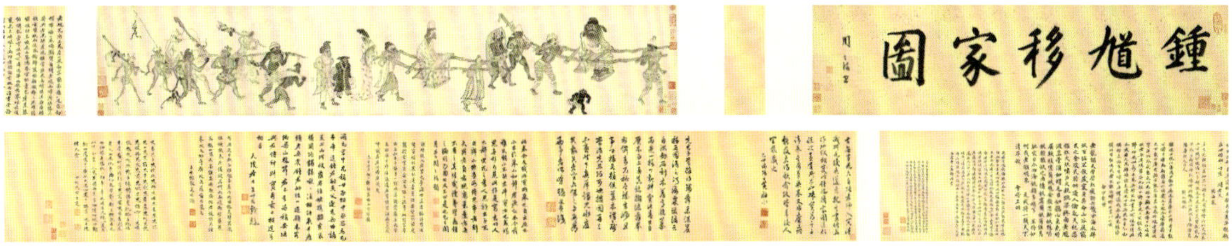

钱谷画 王世贞、王世懋、周天球、黄姬水、张凤翼、王穉登等跋 1557 年作 钟馗移家图
西泠印社 2019/07/06 LOT 303
手卷 设色纸本 引首 116.5×29.5cm；画心 160.5×29.5cm；题跋 114.5×29.5cm，239×29.5cm
成交价 RMB 5,060,000

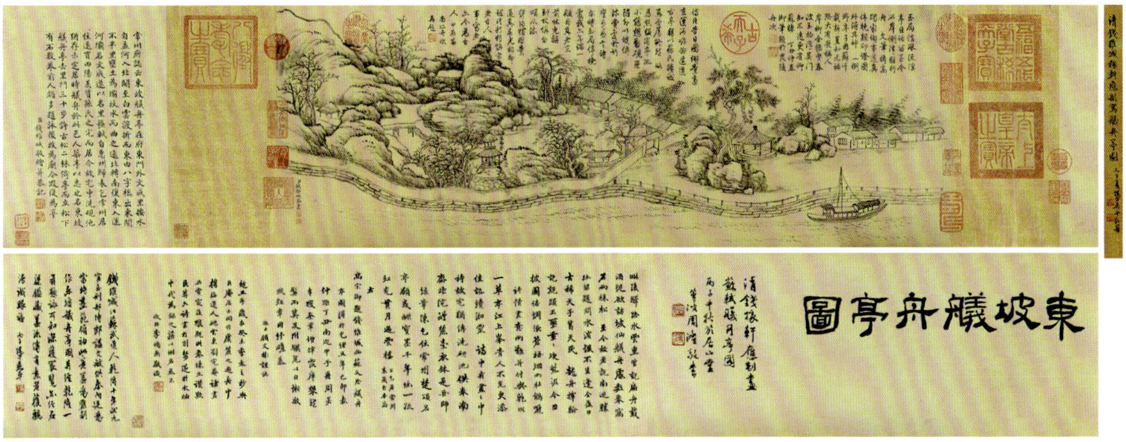

钱维城 苏轼舣舟亭图
中国嘉德 2019/11/19 LOT 1369
手卷 设色纸本 引首 26×78cm；画 26×74.7cm；书法 26×17cm；跋 26×81cm，26×18cm
成交价 RMB 74,750,000

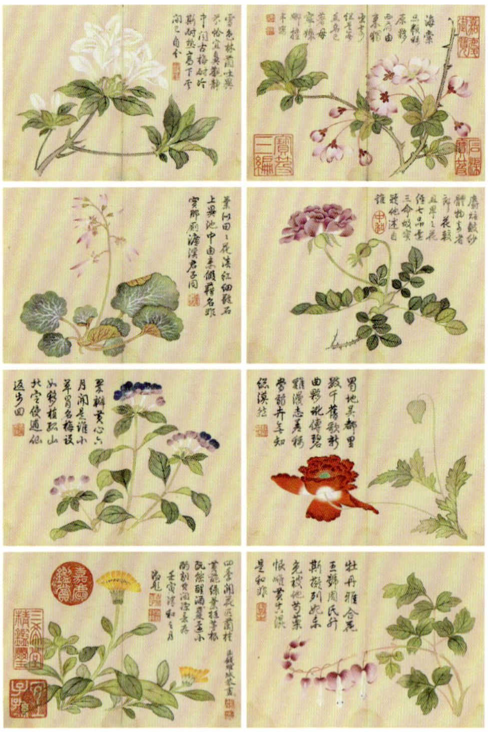

钱维城　花卉册
中国嘉德　2019/11/19　LOT 1370
册页（八开）设色纸本　13×18cm×8
成交价　RMB 36,800,000

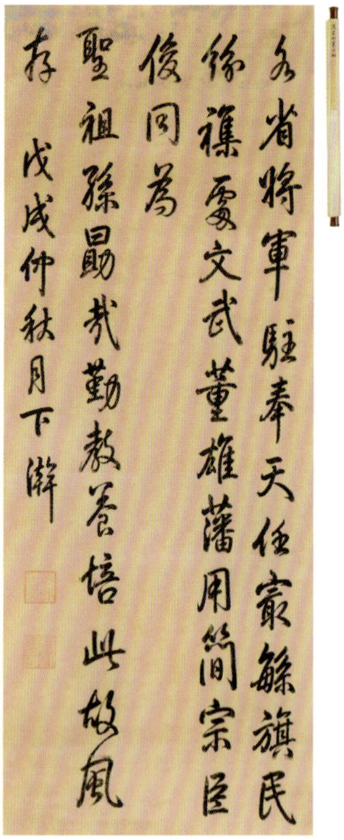

乾隆帝　御笔书法
横滨国际　2019/10/25　LOT 6803
立轴 水墨绢本　141.5×54cm
成交价　RMB 13,246,386

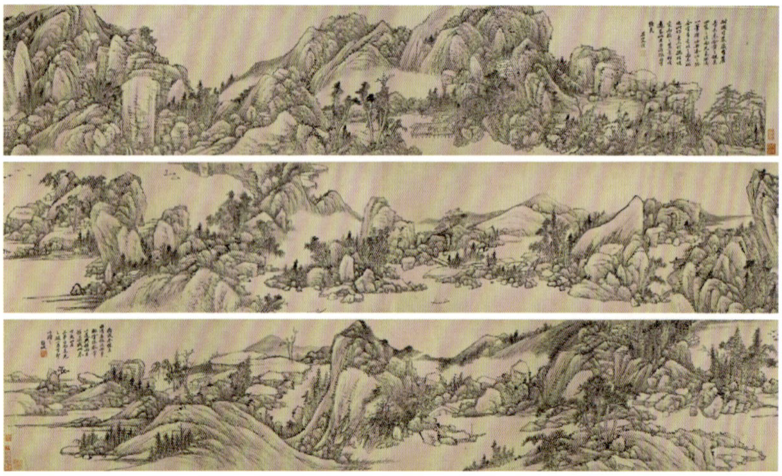

钱维城　仿元四家山水卷
苏富比香港　2019/04/01　LOT 2600
手卷 水墨纸本　33 x 523cm
成交价　RMB 12,595,569

钱选　渊明扶醉
广州华艺　2019/05/27　LOT 131
立轴 设色绢本　27.5×49.5cm
成交价　RMB 31,605,120

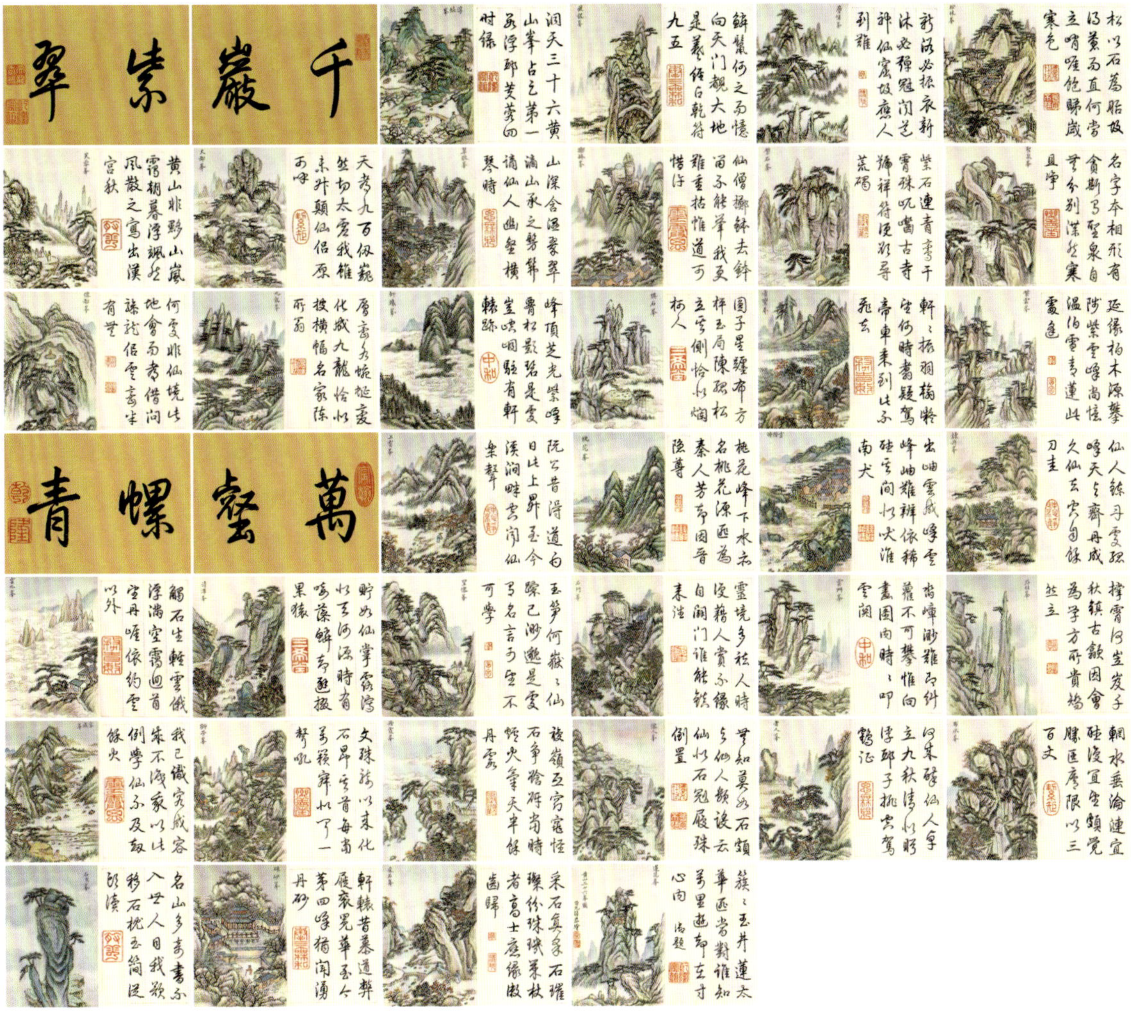

乾隆帝　允禧 御题 黄山三十六峰图
上海明轩　2019/12/20　LOT 204
册页（三十六开）设色纸本　7.5×5cm×36
成交价　RMB 25,300,000

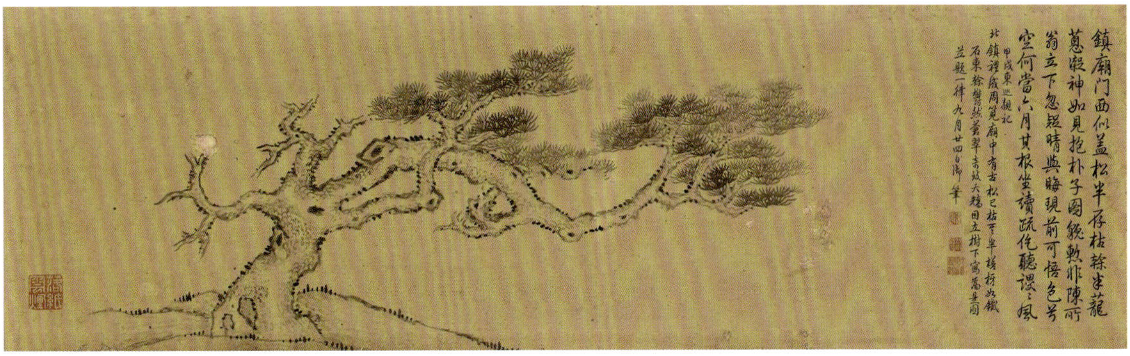

乾隆帝　虬松图
上海中福　2019/06/21　LOT 100
镜框 纸本　24.5×81.5cm
成交价　RMB 5,060,000

任伯年　1885 年作 人物四屏
广州华艺　2019/11/24　LOT 15
立轴 设色纸本　145.5×39.5cm×4
成交价　RMB 6, 864, 650

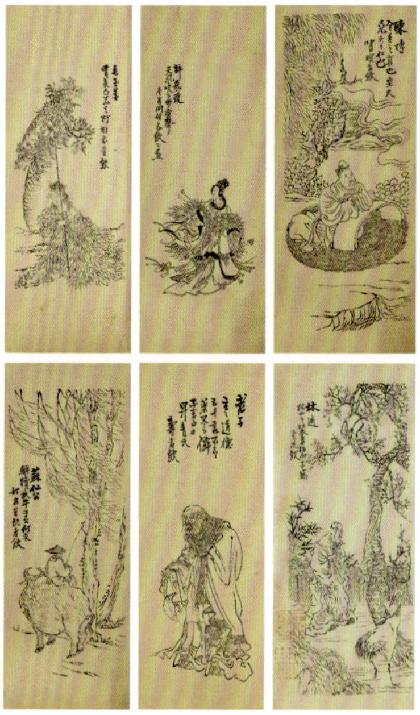

任熊　列仙酒牌（部分）
佳士得香港　2019/11/25　LOT 940
册页（四十八开） 水墨纸本 25x12cmx48
成交价　RMB 5,173,799

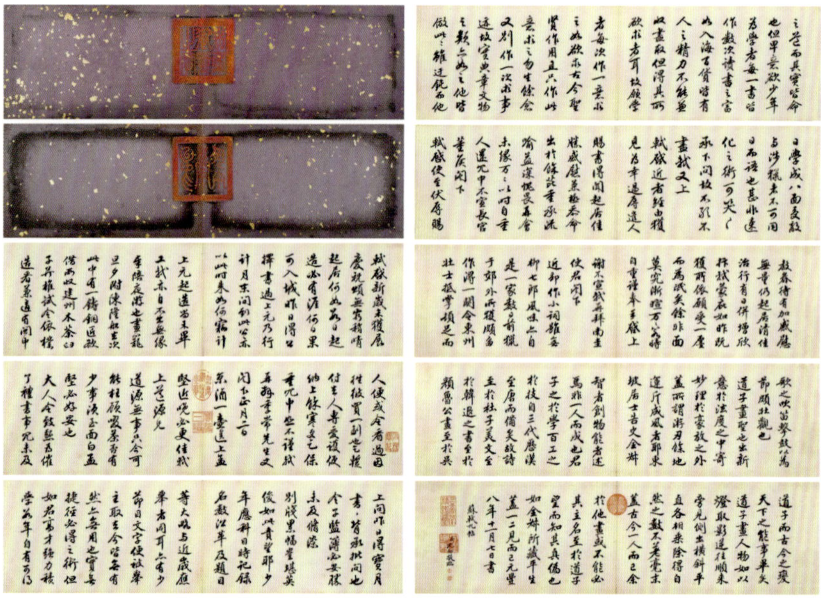

沈初　临苏轼九帖
广州华艺　2019/12/28　LOT 1382
册页 水墨纸本　16×58cm×8
成交价　RMB 12,305,000

沈周　为朱性甫画设色山水长卷
佳士得香港　2019/11/25　LOT 967
手卷 设色纸本 画心 35x1263cm；题跋 35x131cm
成交价　RMB 11,958,521

沈周 江程泛舟图
佳士得香港 2019/11/25 LOT 970
立轴 设色纸本 79 x 21 cm
成交价 RMB 5,496,881

沈周 1475 年作 湾东草堂图
中国嘉德 2019/06/02 LOT 457
立轴 设色纸本 153×63cm
成交价 RMB 16,100,000

石涛 墨竹
苏富比香港 2019/10/06 LOT 2575
立轴 水墨纸本 74.7 x 29.5cm
成交价 RMB 5,541,754

石涛 荷花图
中国嘉德 2019/11/19 LOT 1365
镜心 设色纸本 78×31cm
成交价 RMB 13,800,000

石涛 山水花卉册
中国嘉德 2019/06/02 LOT 462
册页（十开）水墨纸本 设色纸本 32.5×24.5cm×10
成交价 RMB 45,425,000

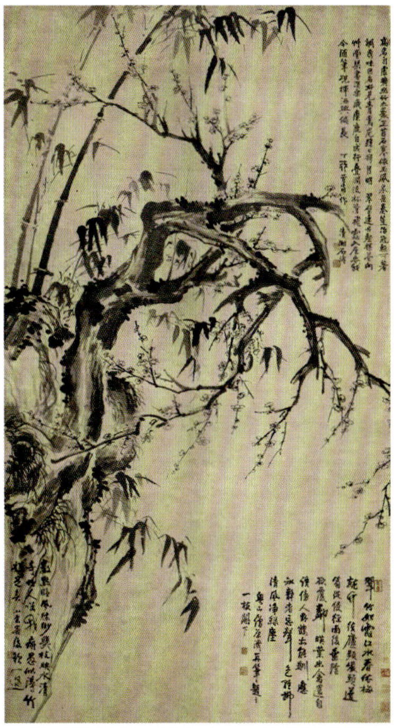

石涛 1687 年作 岁寒双清图
中鸿信 2019/07/17 LOT 1637
立轴 水墨纸本 200×111.2cm
成交价 RMB 5,577,500

石涛 山水册
北京保利 2019/12/03 LOT 3523
册页（八开十六页）水墨纸本 17.1×12.1cm×8
成交价 RMB 25,300,000

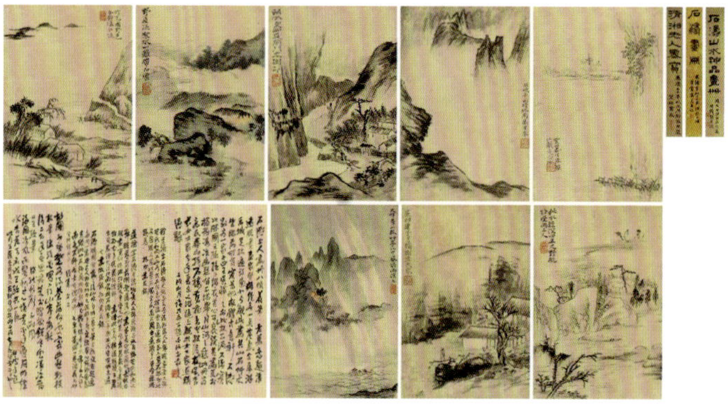

石涛 杜甫诗意册
中国嘉德 2019/11/19 LOT 1375
册页（八开）设色纸本 水墨纸本 画 39×27cm×8；跋 47×67.5cm
成交价 RMB 55,200,000

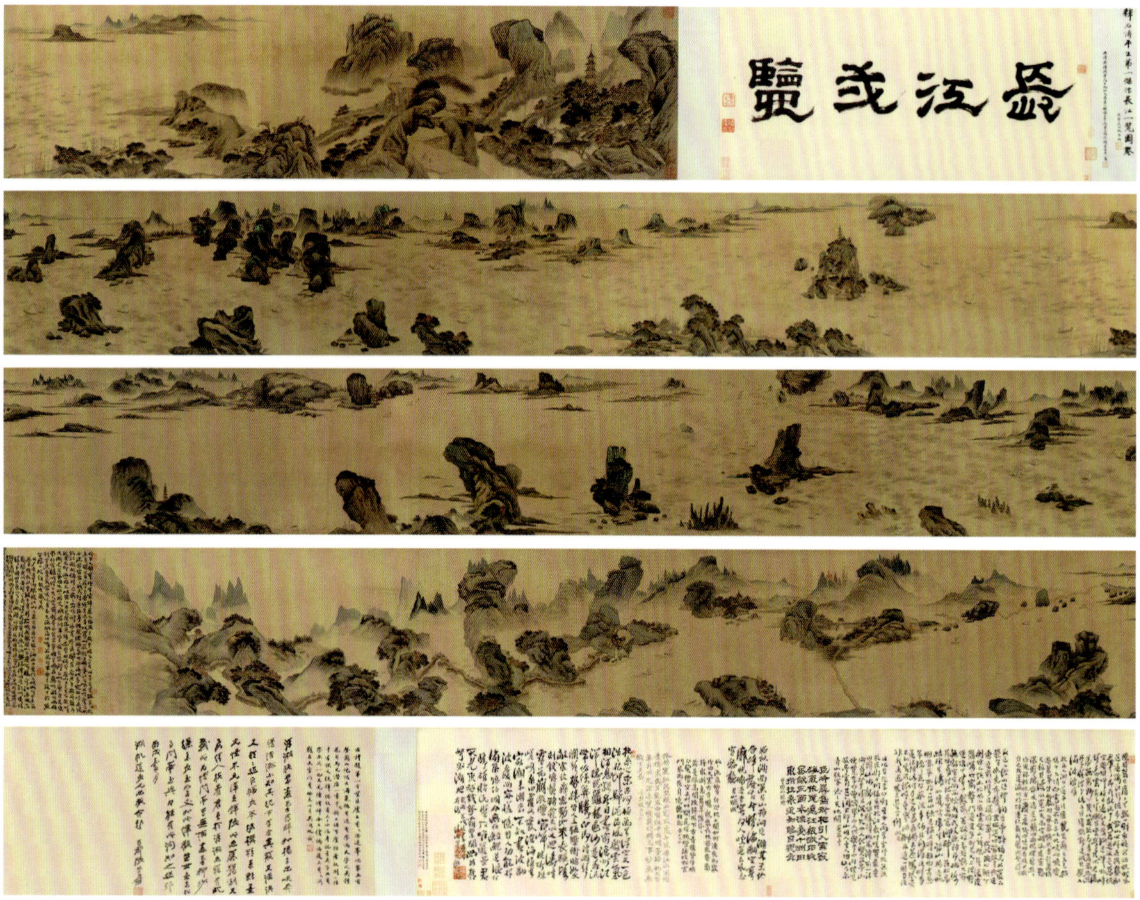

石涛 长江一览
佳士得纽约 2019/03/19 LOT 11
手卷 绢本 56.5 x 1364.6 cm
成交价 RMB 5,144,411

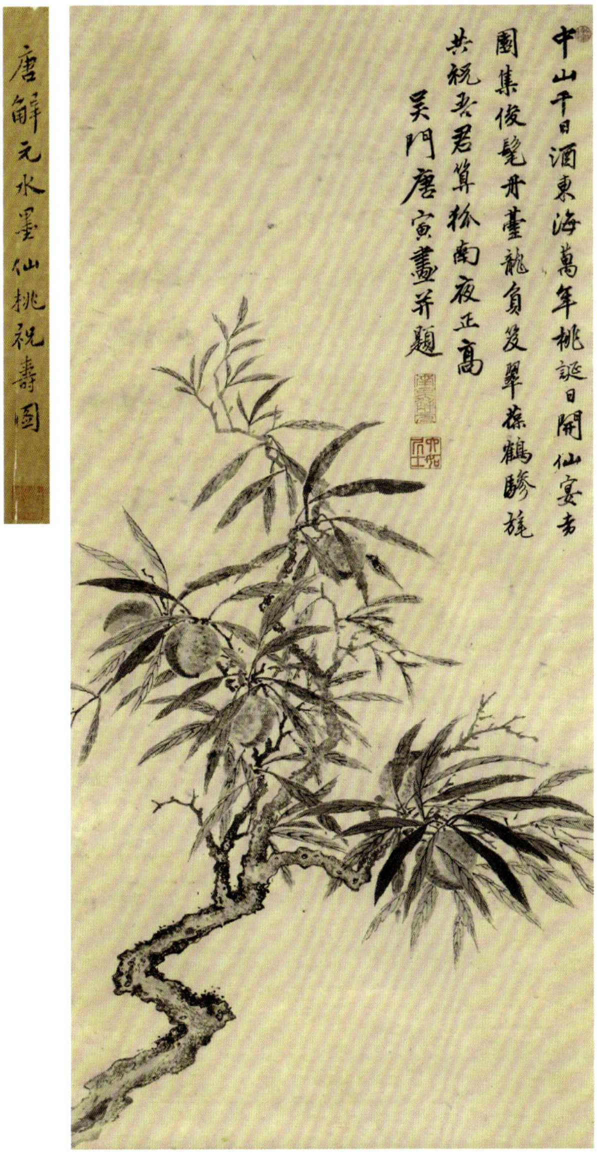

唐寅　蟠桃图
西泠印社　2019/12/14　LOT 941
立轴 水墨纸本　134×63cm
成交价　RMB 12,650,000

唐岱　山水册（部分）
佳士得香港　2019/05/27　LOT 963
册页（二十开）水墨 设色绢本　31.5x23.3cmx20
成交价　RMB 8,922,762

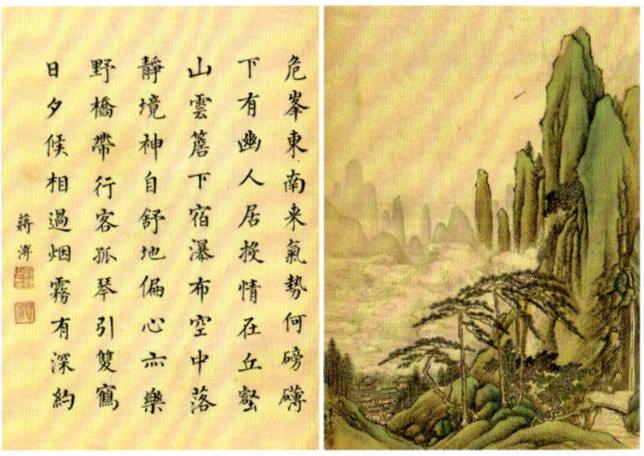

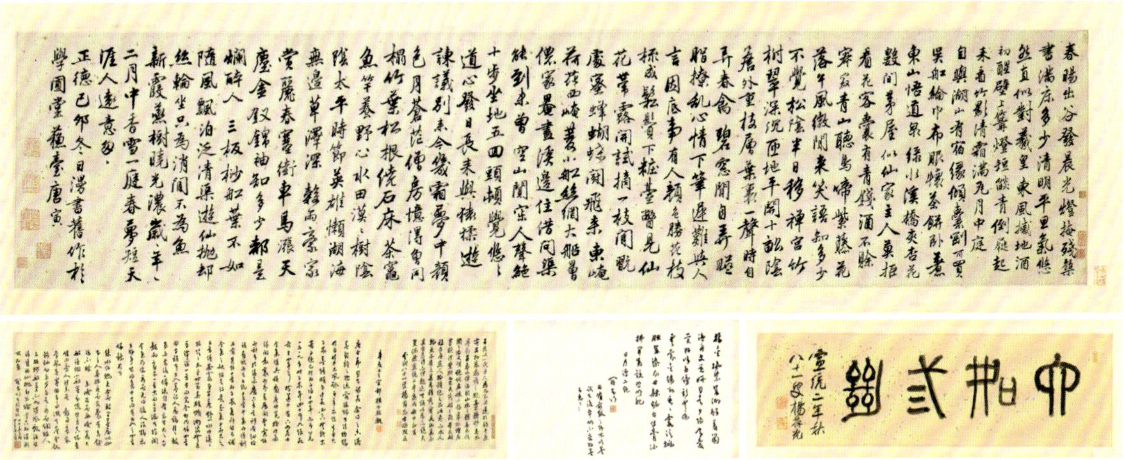

唐寅　七言绝句十五首
上海明轩　2019/04/28　LOT 188
手卷 水墨洒金纸本 画心 27.7×122.6cm
成交价　RMB 11,155,000

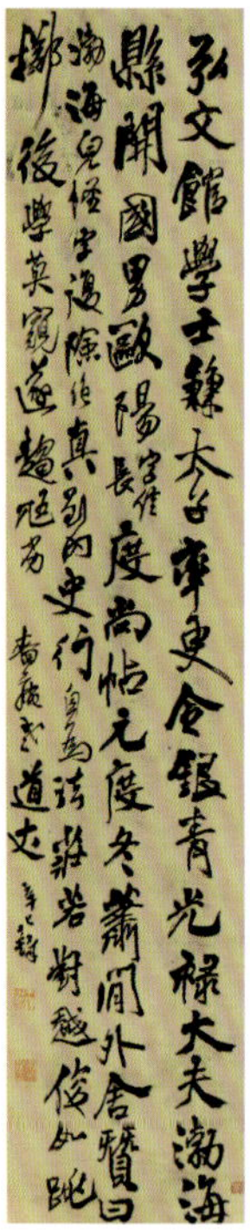

王铎　1641 年作　行书　米芾跋欧阳询（度尚帖）
中国嘉德　2019/11/19　LOT 1373
立轴 水墨绫本　244×47.5cm
成交价　RMB 5,980,000

王铎　1647 年作　行书五言诗
北京保利　2019/06/03　LOT 4025
立轴 水墨绫本　236×51cm
成交价　RMB 5,750,000

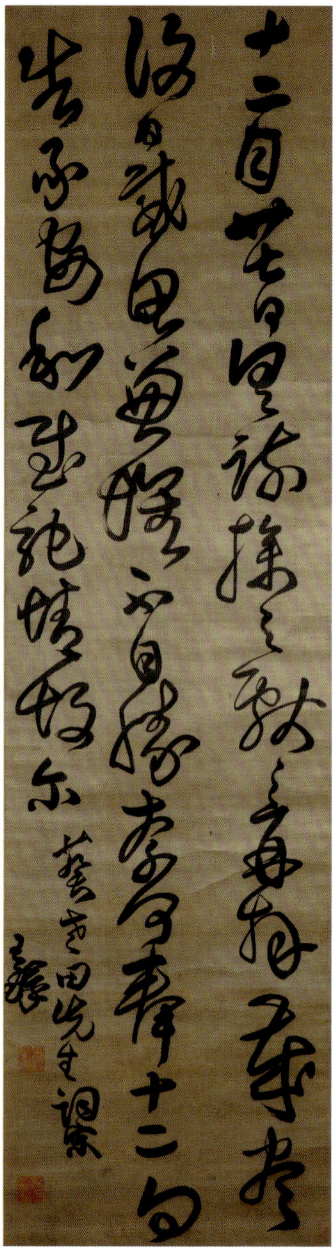

王铎　节录　岁尽帖
荣宝斋（上海）　2019/11/05　LOT 154
立轴 水墨绫本　200×53cm
成交价　RMB 10,580,000

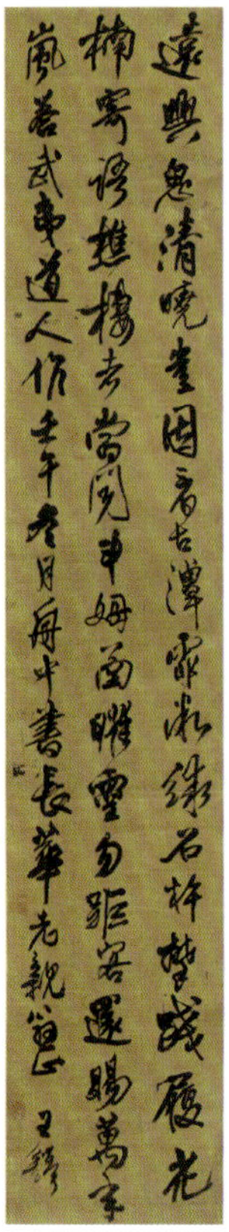

王铎　行书　五言诗
西泠印社　2019/12/14　LOT 912
立轴 绫本　276×51cm
成交价　RMB 5,750,000

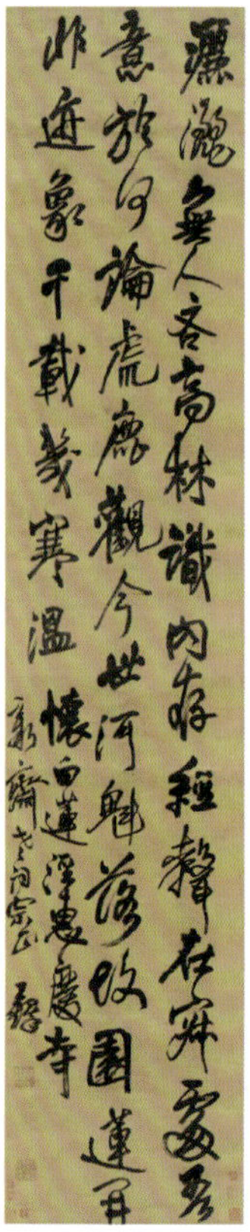

王铎　行书　五言诗
西泠印社　2019/12/14　LOT 913
立轴 绫本　247×50cm
成交价　RMB 5,520,000

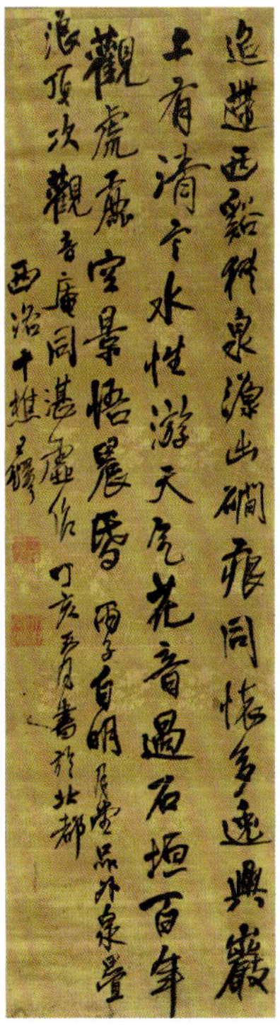

王铎　行书 五言诗
西泠印社　2019/07/06　LOT 287
立轴 绫本　188.5×52cm
成交价　RMB 5,520,000

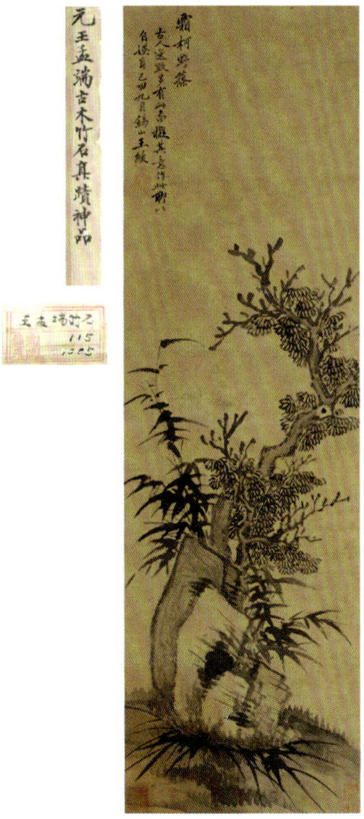

王绂　霜柯野筱图
西泠印社　2019/07/06　LOT 312
立轴 水墨纸本　88×26.5cm
成交价　RMB 5,520,000

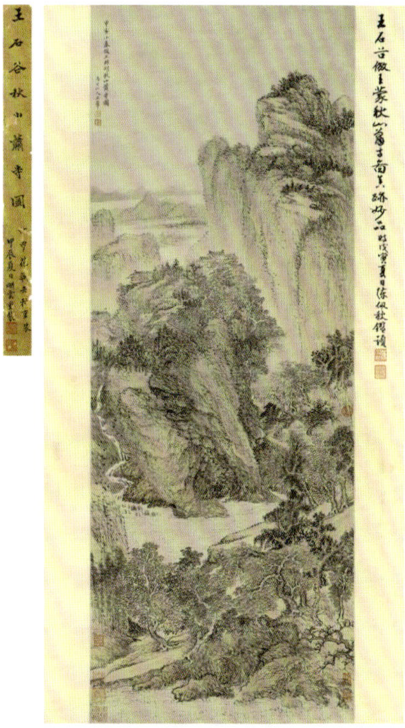

王翚　1674 年作 秋山萧寺图
西泠印社　2019/12/14　LOT 955
立轴 设色纸本　117×44cm
成交价　RMB 11,040,000

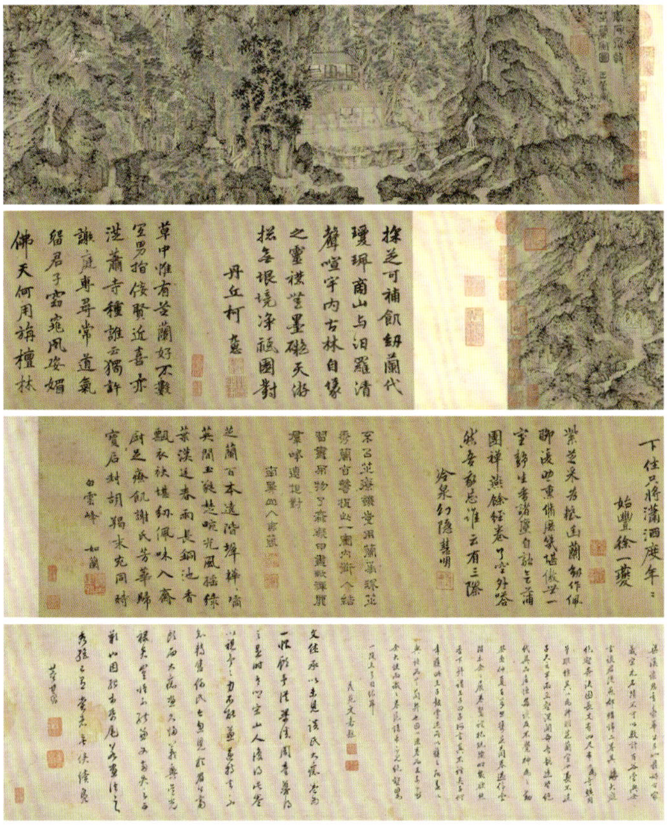

王蒙　芝兰室图
北京保利　2019/12/03　LOT 3541
手卷 设色纸本　画心 25×103cm；题跋 25×228cm
成交价　RMB 146,050,000

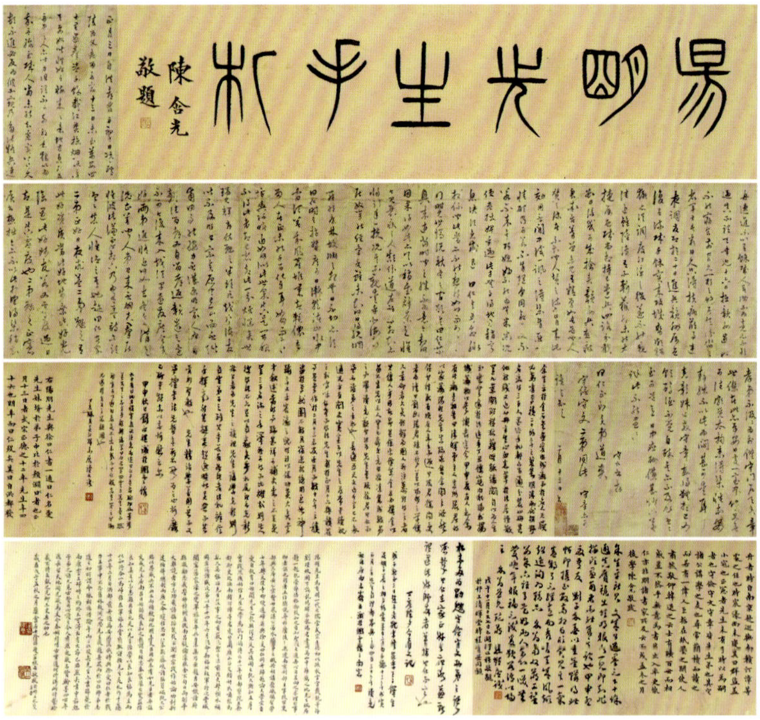

王阳明　1517 年作 草书手札
中鸿信　2019/01/03　LOT 1438
手卷 水墨纸本　引首 25×92cm；画心 25×155cm；题跋① 25×122cm；题跋② 25×79cm
成交价　RMB 8,970,000

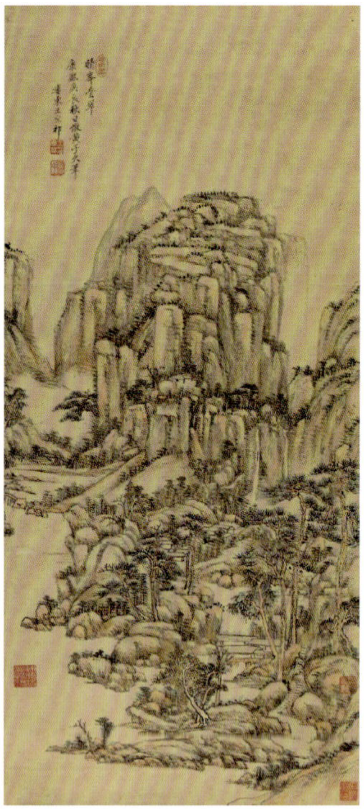

王原祁　1700 年作 晴峰叠翠
中国嘉德　2019/06/02　LOT 463
立轴 设色纸本　102×46.5cm
成交价　RMB 10,120,000

王原祁　万壑松风
北京荣宝　2019/12/01　LOT 628
立轴 水墨纸本　54×33.5cm
成交价　RMB 5,750,000

王原祁　仿黄鹤山樵笔意
荣宝斋（上海）2019/11/05　LOT 156
立轴 水墨纸本　93.5×41cm
成交价　RMB 10,005,000

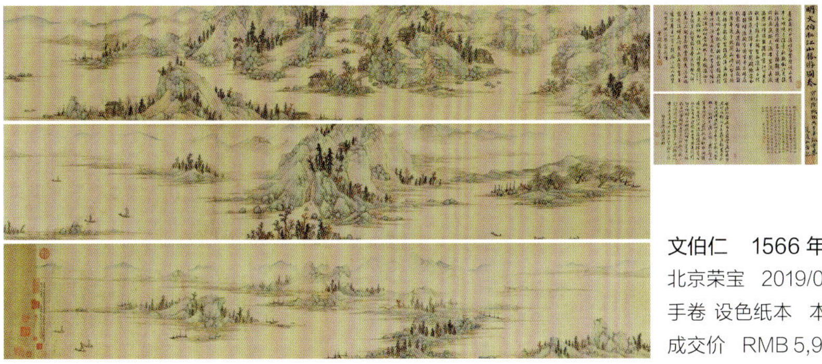

文伯仁　1566 年作 江山胜游图卷
北京荣宝　2019/06/13　LOT 684
手卷 设色纸本　本幅 29×500cm；后跋 29×144cm
成交价　RMB 5,980,000

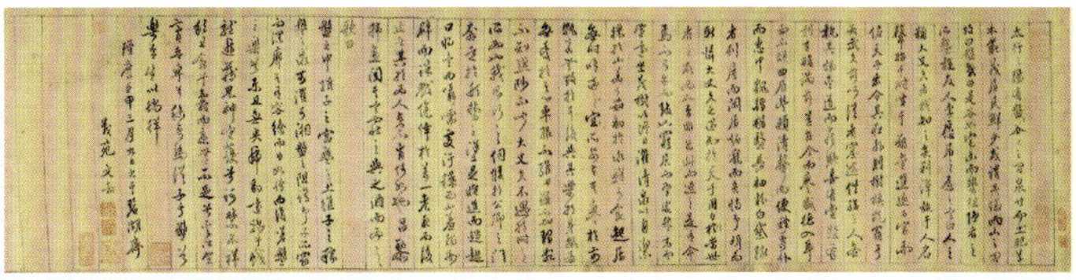

文嘉　盘谷图书画合璧卷
西泠印社　2019/12/14　LOT 937
手卷　设色纸本　画 121.5×23cm；书法 97×23cm
成交价　RMB 20,125,000

文嘉　1548 年作 寒林钟馗图
西泠印社　2019/12/14　LOT 940
立轴 水墨纸本　120.5×41.5cm
成交价　RMB 5,520,000

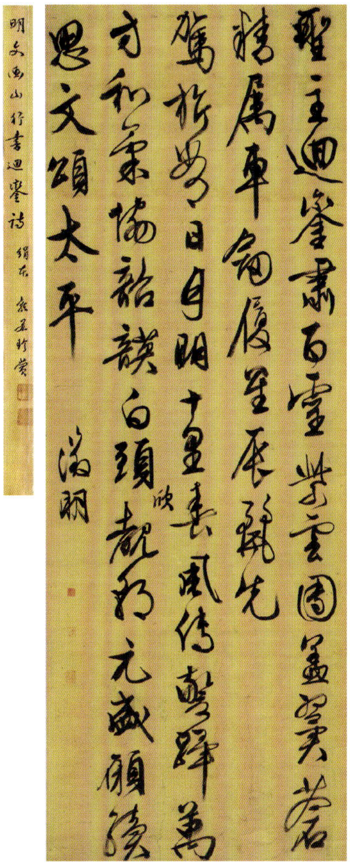

文徵明　草书 七言诗
西泠印社　2019/07/06　LOT 300
立轴 绢本　176×63.5cm
成交价　RMB 8,740,000

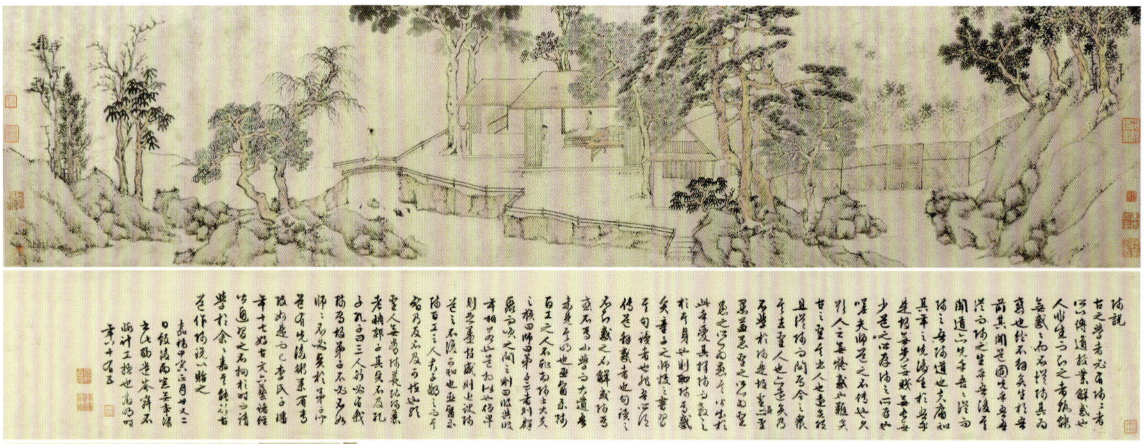

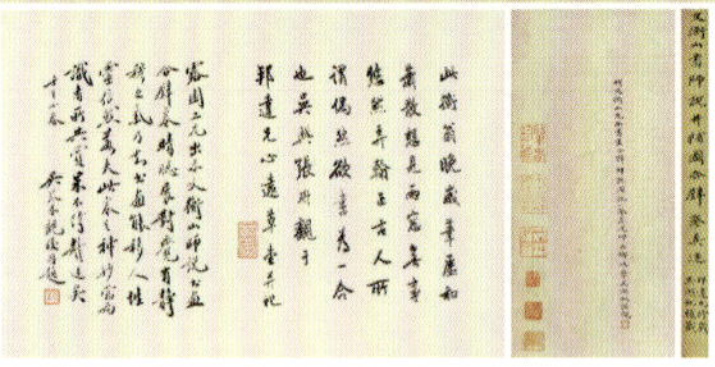

文徵明　1554 年作 师说书画合璧
上海工美　2019/06/09　LOT 119
手卷 设色纸本　画心 24×107cm；书法 22×196cm；尾跋 24×50cm
成交价　RMB 11,960,000

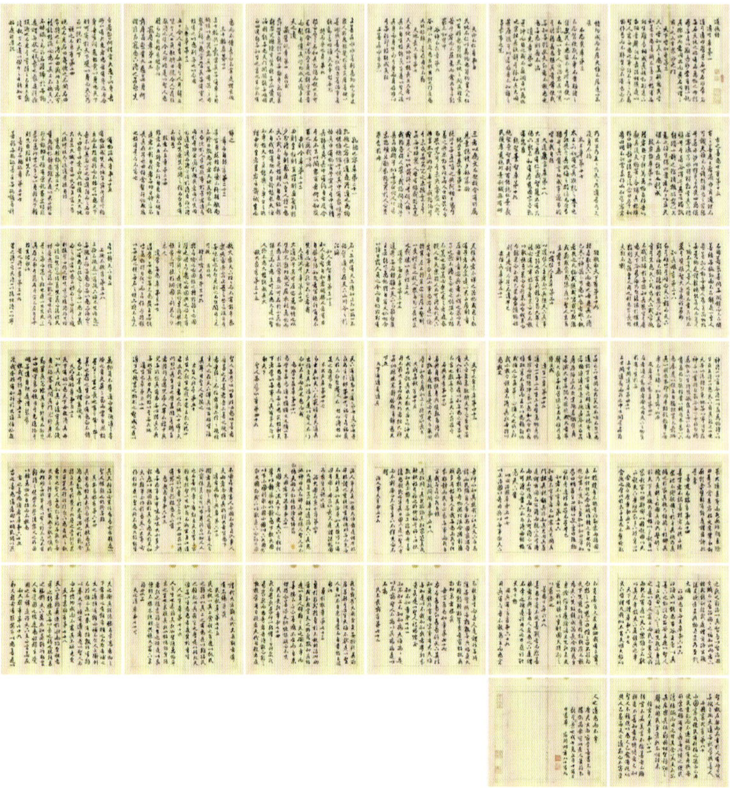

文徵明　1558 年作 行书 道德经
中国嘉德　2019/06/02　LOT 472
册页（三十八开）水墨纸本　28×33.5cm×38
成交价　RMB 8,625,000

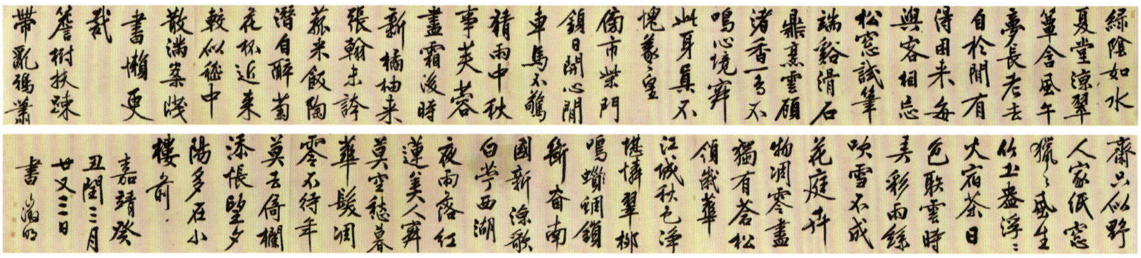

文徵明　行书七言诗卷
佳士得香港　2019/05/27　LOT 923
手卷 水墨纸本　46 x 900 cm
成交价　RMB 71,924,373

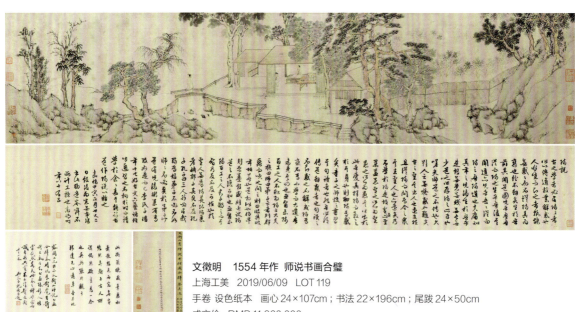

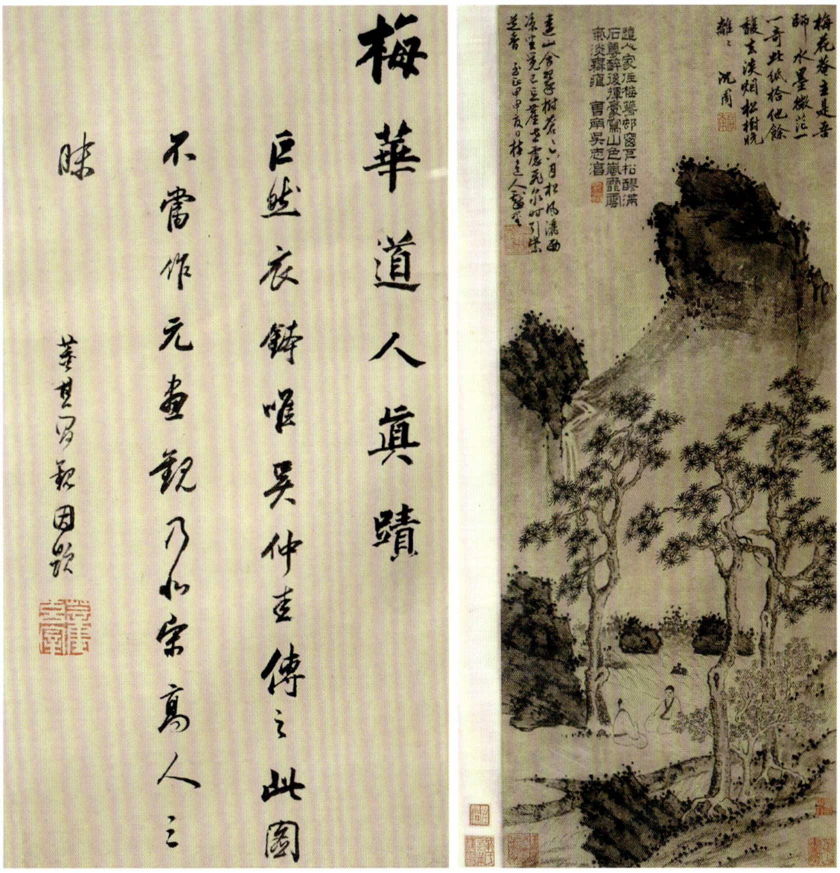

吴镇　1344 年作 松风飞泉
中鸿信　2019/07/17　LOT 1630
立轴 水墨纸本　72×30cm
成交价　RMB 9,775,000

吴镇　1337 年作 秋江归钓图
西泠印社　2019/07/06　LOT 313
立轴 水墨纸本　110×27cm
成交价　RMB 7,475,000

吴镇　枯木竹石图
中鸿信　2019/01/03　LOT 1425
立轴 水墨纸本　122×45cm
成交价　RMB 6,095,000

奚冈　花卉册
中国嘉德　2019/06/04　LOT 1401
册页（十二开）设色纸本　22×28cm×12
成交价　RMB 5,520,000

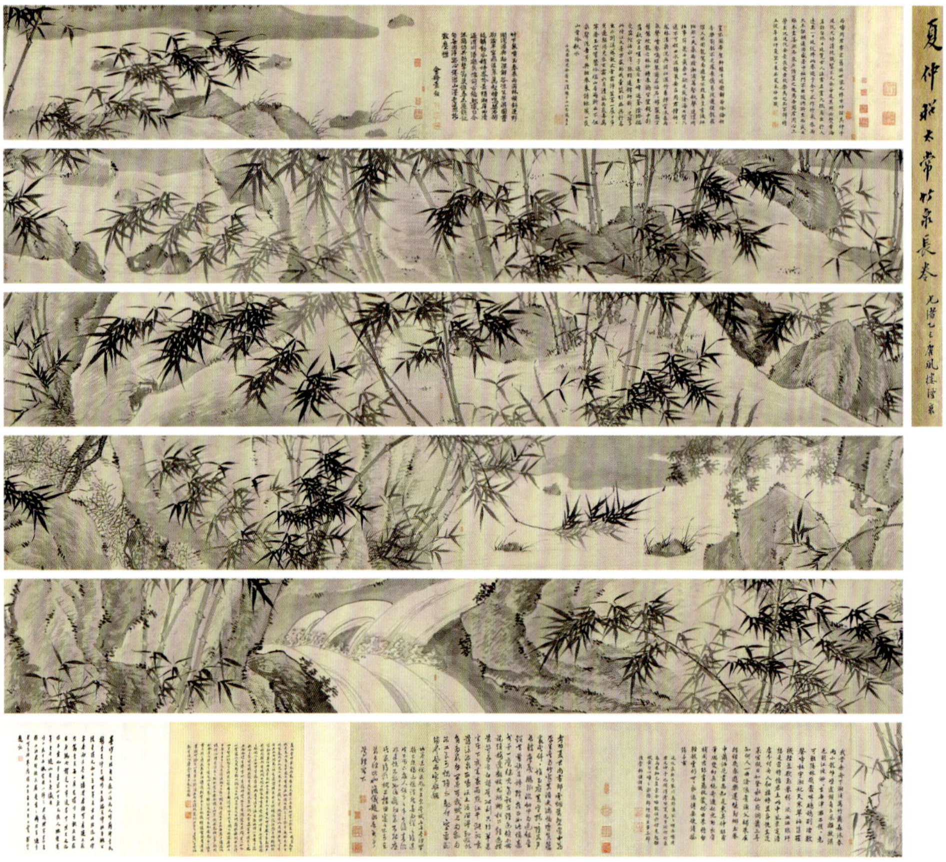

夏泉　1441 年作　竹泉春雨卷
北京保利　2019/06/03　LOT 4040
手卷 水墨纸本　画心 40×1240cm；自跋 40×130cm；题跋 40×253cm
成交价　RMB 28,750,000

项元汴　竹菊图
北京保利　2019/12/03　LOT 3545
立轴 水墨纸本　96.5×23cm
成交价　RMB 44,275,000

徐渭　洛阳春色
中贸圣佳　2019/06/07　LOT 837
立轴 水墨纸本　138x36cm
成交价　RMB 5,060,000

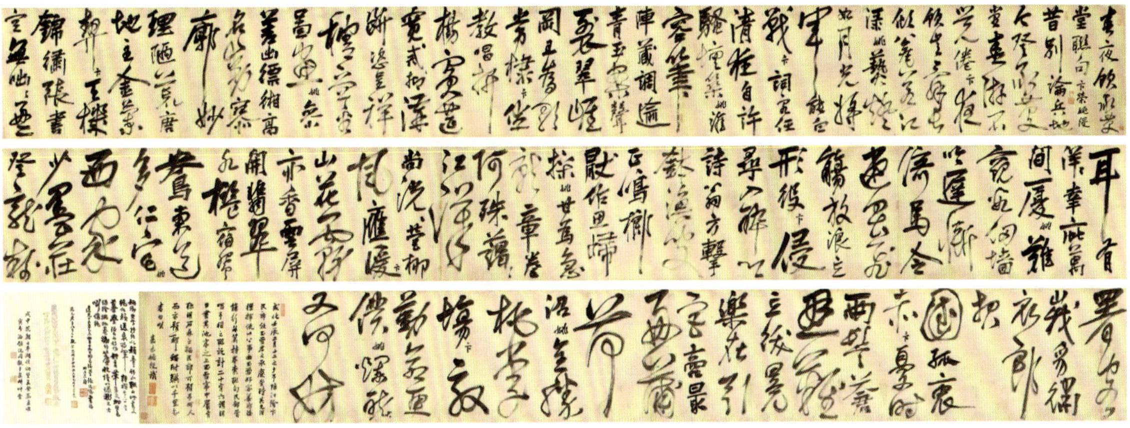

姚绶　行草书卷
佳士得香港　2019/05/27　LOT 951
手卷 水墨纸本　32.5 x 822 cm
成交价　RMB 31,709,292

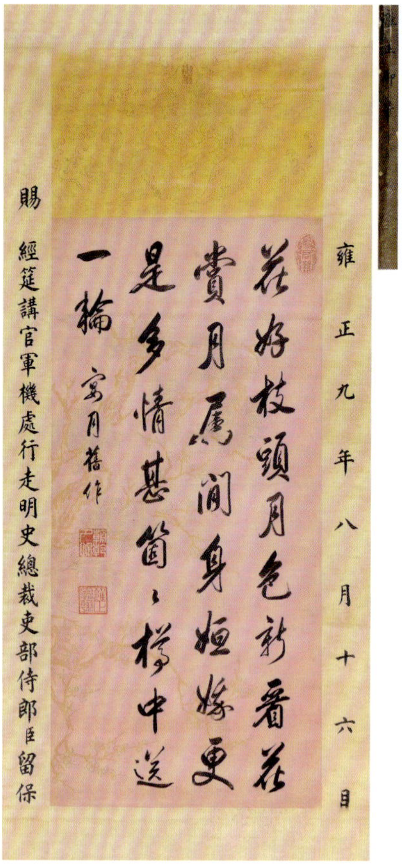

雍正帝　行书宴月旧作
北京保利　2019/12/03　LOT 3544
立轴 水墨绢本　122.5×58cm
成交价　RMB 17,825,000

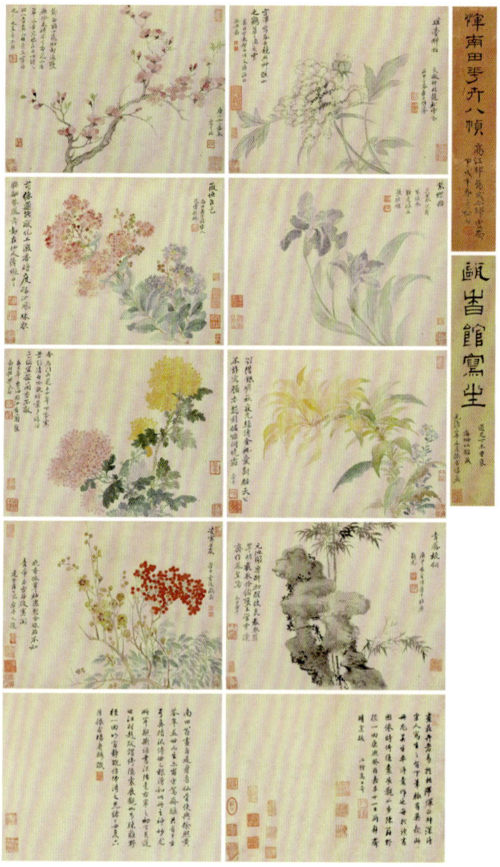

恽寿平　花卉册
北京保利　2019/06/03　LOT 4042
册页（八开）设色纸本　26×34cm×8
成交价　RMB 74,750,000

余省　鱼藻图
苏富比香港　2019/04/01　LOT 2558
手卷 设色纸本　28.5 x 157.8cm
成交价　RMB 17,780,709

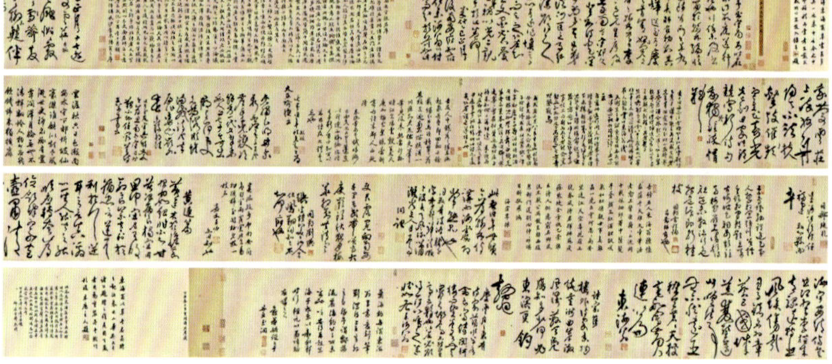

张弼 李东阳等　守南安送行诗卷
苏富比香港　2019/04/01　LOT 2599
手卷 水墨纸本　18.8 x 971.8cm
成交价　RMB 24,002,877

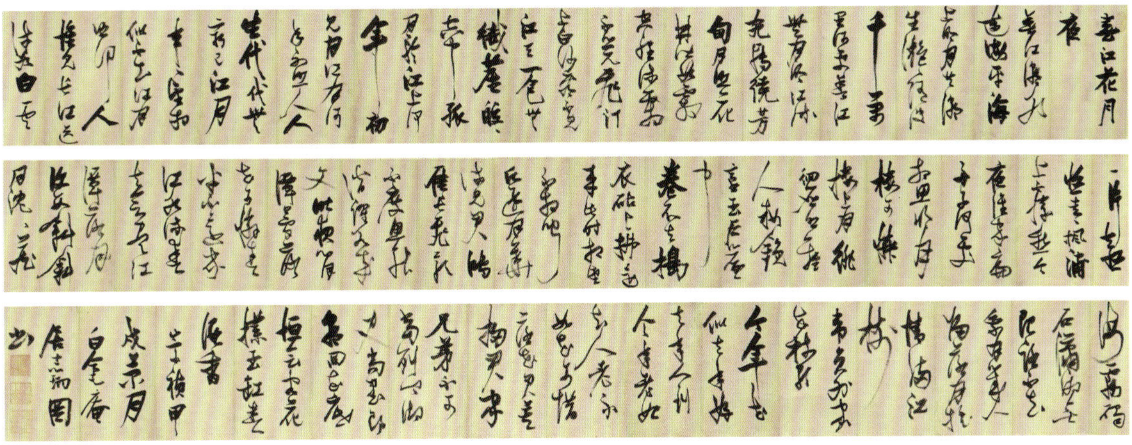

张瑞图 草书 唐人诗卷
西泠印社 2019/12/14 LOT 923
手卷 纸本 28.5×727.5cm
成交价 RMB 14,950,000

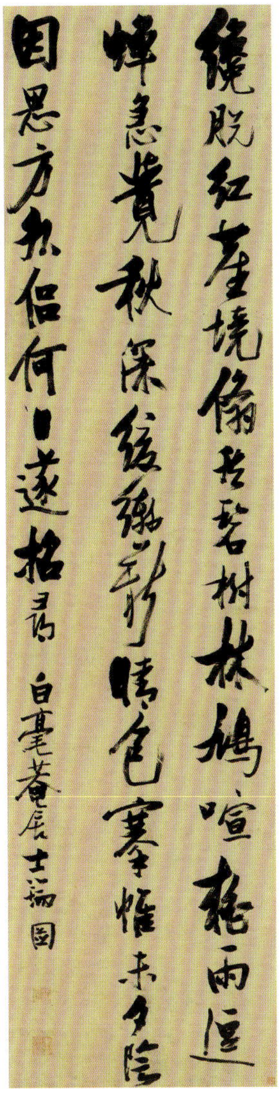

张瑞图 行书五言律诗
中国嘉德 2019/11/19 LOT 1371
立轴 水墨纸本 351×89cm
成交价 RMB 14,950,000

张宗苍 蓬莱仙居图
荣宝斋（上海） 2019/11/05 LOT 155
立轴 设色绢本 162.5×95cm
成交价 RMB 5,107,500

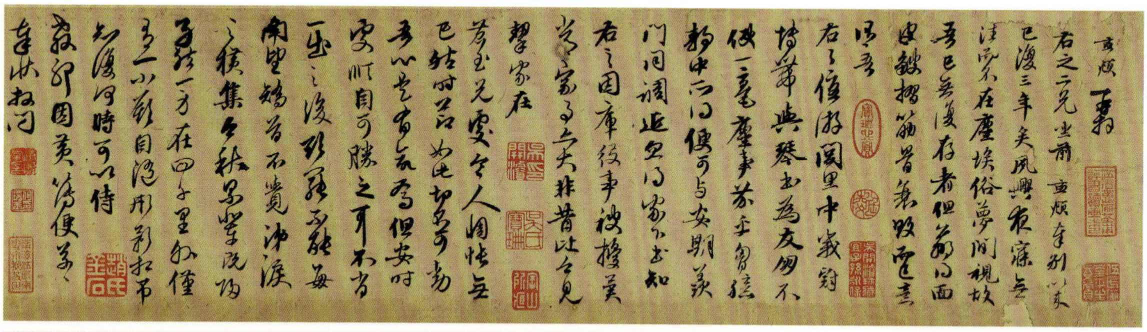

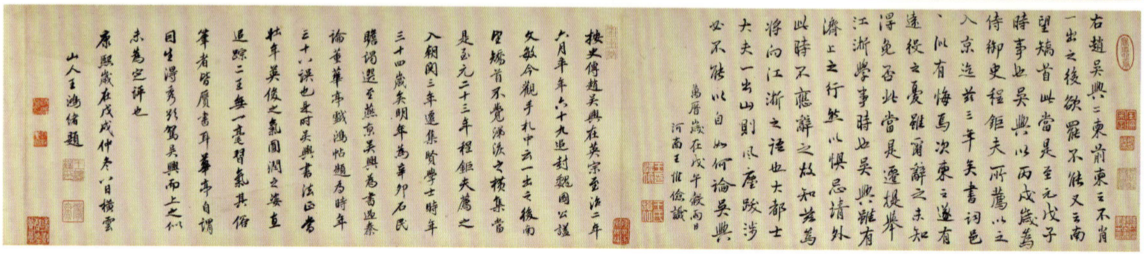

赵孟頫　致郭右之二帖卷

中国嘉德　2019/11/19　LOT 1381

手卷 水墨纸本　奉别帖 16.1×74.8cm；应酬失宜帖 16.1×38.8cm；后跋 20.5×98.3cm

成交价　RMB 267,375,000

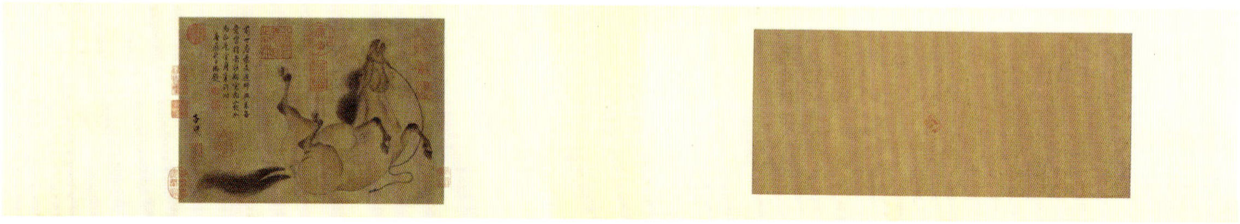

赵孟頫　滚尘马图

西泠印社　2019/07/06　LOT 316

手卷 设色纸本　引首 54.5×22.5cm；画心 38×25.5cm

成交价　RMB 12,650,000

赵之谦　1870 年作 四时花卉屏
西泠印社　2019/07/06　LOT 275
四屏 设色纸本　128.5×32cm×4
成交价　RMB 8,395,000

赵之谦　1870 年作 富贵寿石
北京荣宝　2019/12/01　LOT 630
立轴 设色纸本　画心 168.5×90cm；跋 19×90cm
成交价　RMB 11,385,000

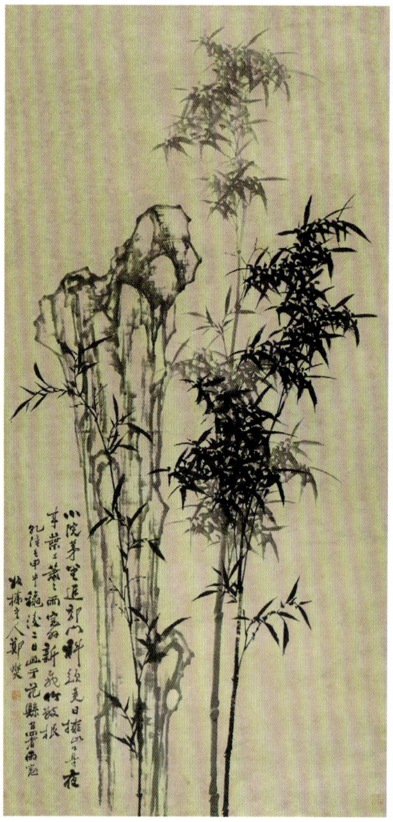

郑板桥　1752年作 竹石图
北京保利　2019/12/03　LOT 3519
立轴 水墨纸本　237×116cm
成交价　RMB 7,360,000

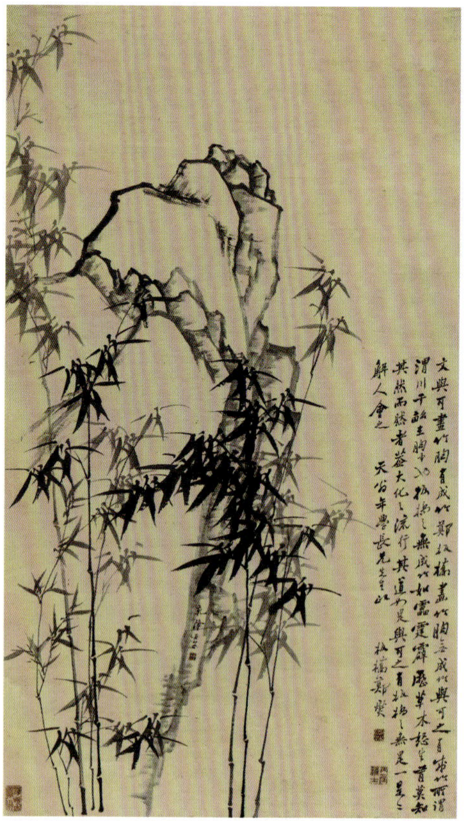

郑板桥　1762年作 竹石图
中国嘉德　2019/11/19　LOT 1389
立轴 水墨纸本　187×106.5cm
成交价　RMB 5,290,000

郑板桥　1763年作 竹石图
广州华艺　2019/08/10　LOT 1389
立轴 水墨纸本　154×83cm
成交价　RMB 18,515,000

郑板桥　空谷幽香图
广州华艺　2019/05/27　LOT 132
立轴 水墨纸本　136×52.5cm
成交价　RMB 8,360,064

郑板桥　人间具庆图
广州华艺　2019/12/28　LOT 1335
立轴 水墨纸本　228×113.5cm
成交价　RMB 24,725,000

郑板桥　行书九言联
中国嘉德　2019/11/19　LOT 1356
镜心 水墨纸本　186×31cm×2
成交价　RMB 7,590,000

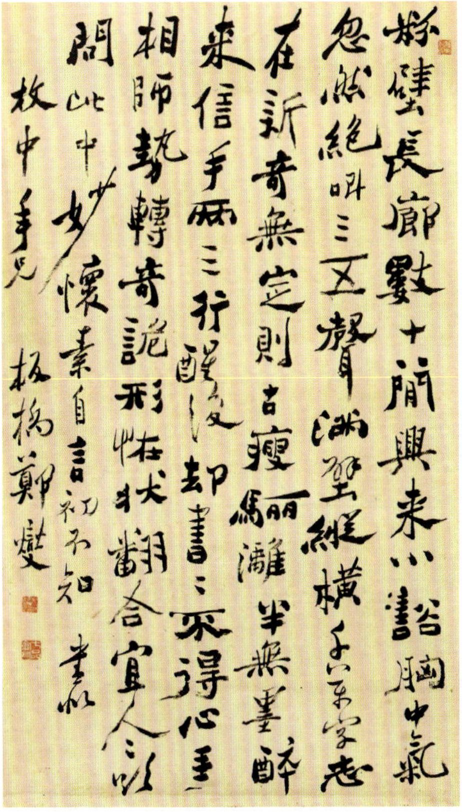

郑板桥　行书 怀素自叙帖 语
中国嘉德　2019/06/02　LOT 459
立轴 水墨纸本　157×90.5cm
成交价　RMB 8,280,000

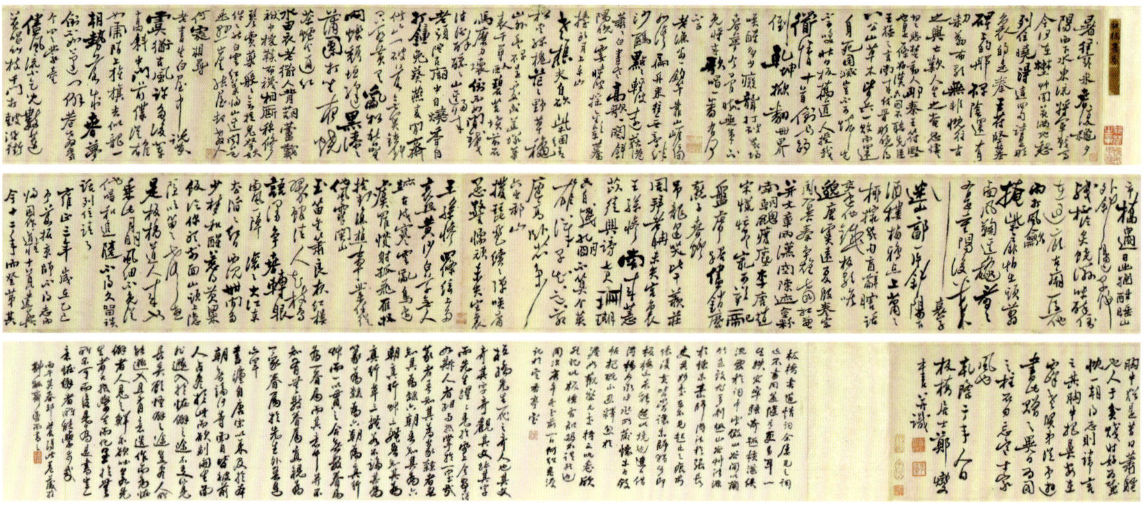

郑板桥　分书 道情十首
中国嘉德　2019/11/19　LOT 1357
手卷 水墨纸本　书法 20×342cm；后跋 21×107cm
成交价　RMB 13,800,000

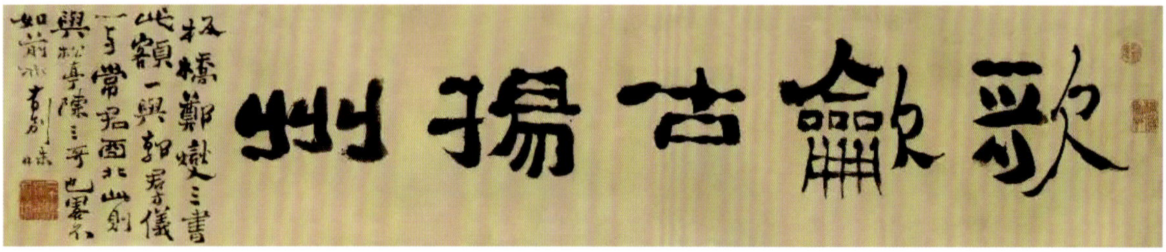

郑板桥　隶书 歌吹古扬州
中国嘉德　2019/06/02　LOT 455
镜心 水墨纸本　33×161.5cm
成交价　RMB 5,865,000

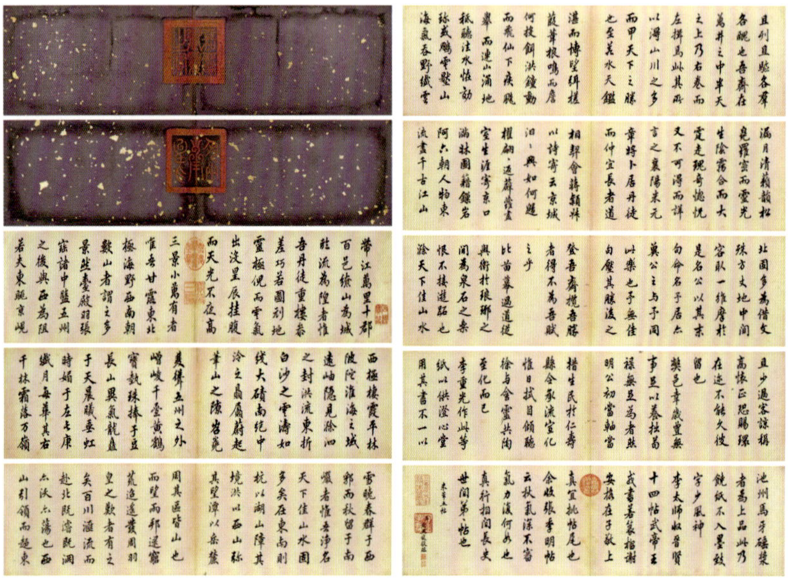

周兴岱　临米芾五帖
广州华艺　2019/08/10　LOT 1378
册页（八开）水墨纸本　16×58cm×8
成交价　RMB 10,350,000

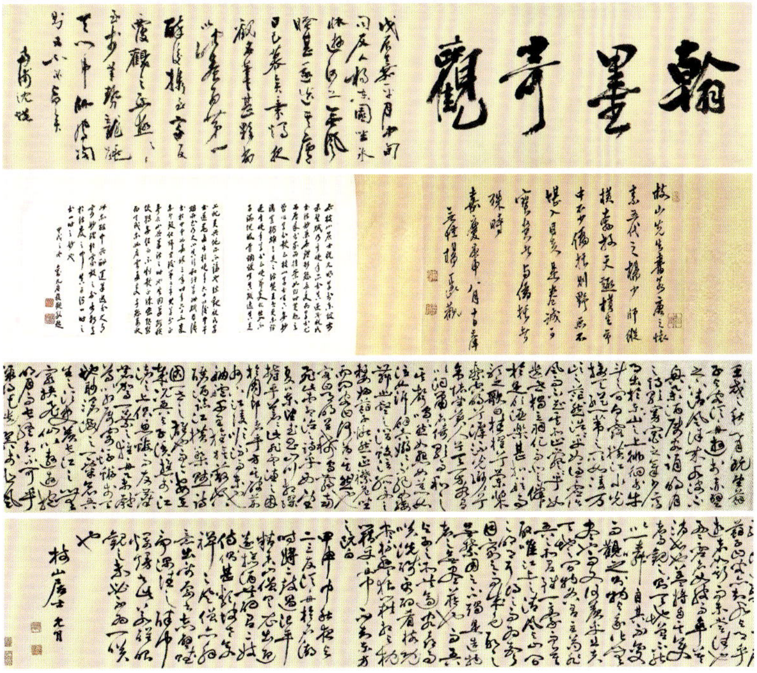

祝允明　1524 年作　草书录 前赤壁赋

上海明轩　2019/12/20　LOT 195

手卷 水墨纸本　书法 30×296.5cm；引首 30×137cm

成交价　RMB 20,470,000

朱厚照　御笔“广运之宝”款婴戏图

北京博美　2019/08/01　LOT 1159

镜片 设色纸本　137×68cm

成交价　RMB 5,175,000

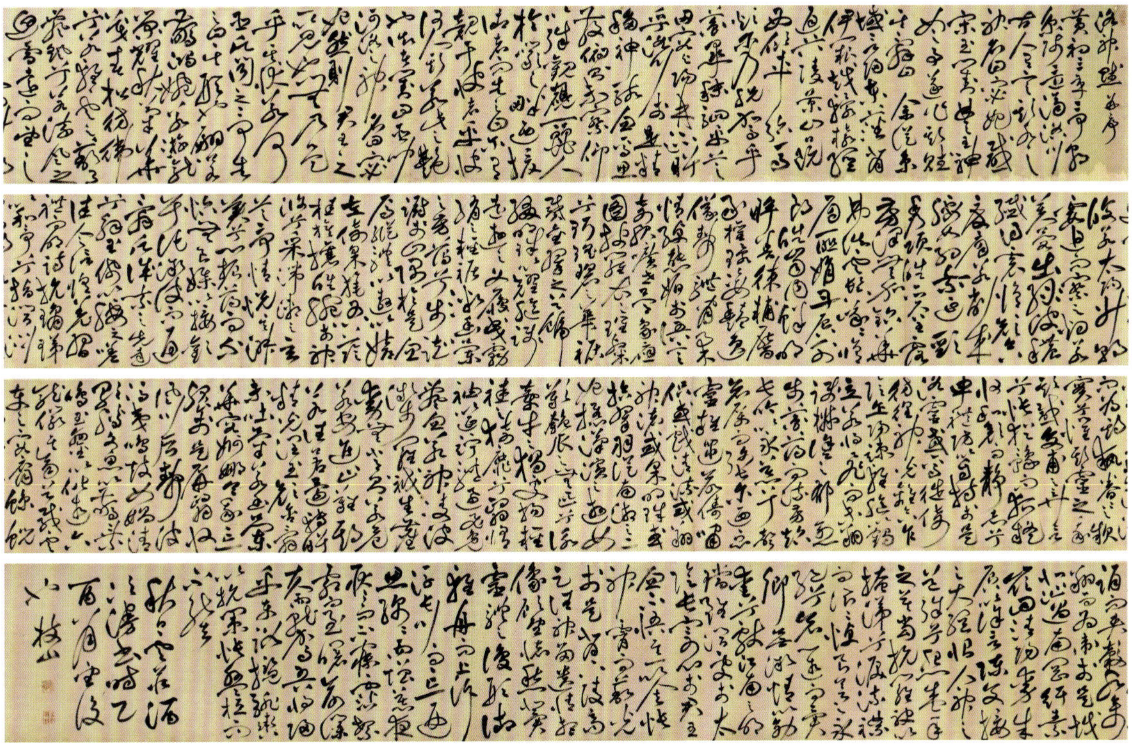

祝允明　草书 洛神赋

苏富比纽约　2019/09/12　LOT 1028

手卷 水墨纸本　32.7 x 849.2cm

成交价　RMB 11,097,960

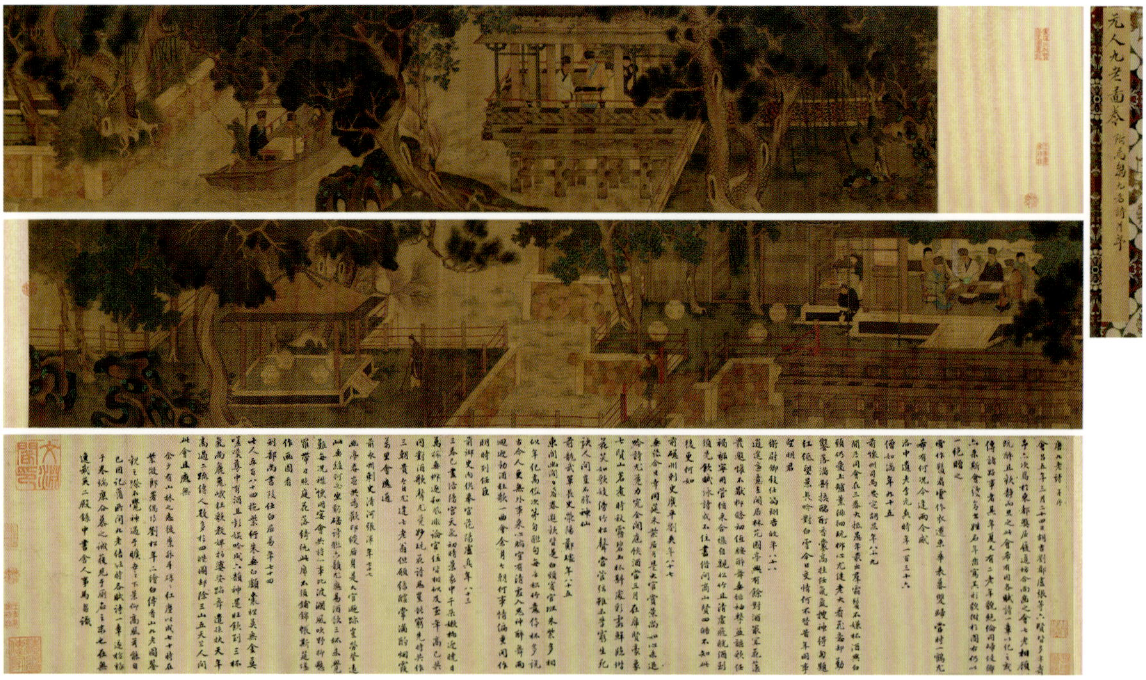

九老图
广州华艺 2019/05/27 LOT 130
手卷 设色绢本 画 24×245cm；后跋 24cm×112cm
成交价 RMB 6,219,072

清宫廷画家合绘寿意图册
北京保利 2019/06/03 LOT 4043
册页（十二开）设色绢本 32×29cm×12
成交价 RMB 57,500,000

清宫廷画家合绘 郡王霍集斯像
北京保利 2019/06/03 LOT 4019
立轴 设色绢本 画心 148×88.5cm；书法 29×88.5cm
成交价 RMB 6,900,000

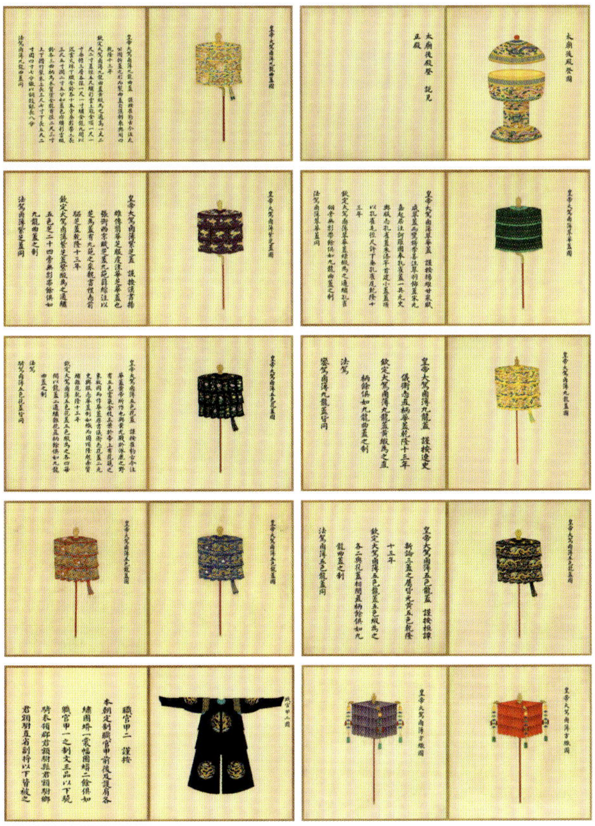

清乾隆御制 皇朝礼器图
广州华艺 2019/12/28 LOT 1379
册页（十开二十页）设色绢本 41×82cm×10
成交价 RMB 14,950,000

宋（旧题崔白）秋兔图
西泠印社 2019/12/14 LOT 978
镜片 设色绢本 100.5×52cm
成交价 RMB 16,675,000

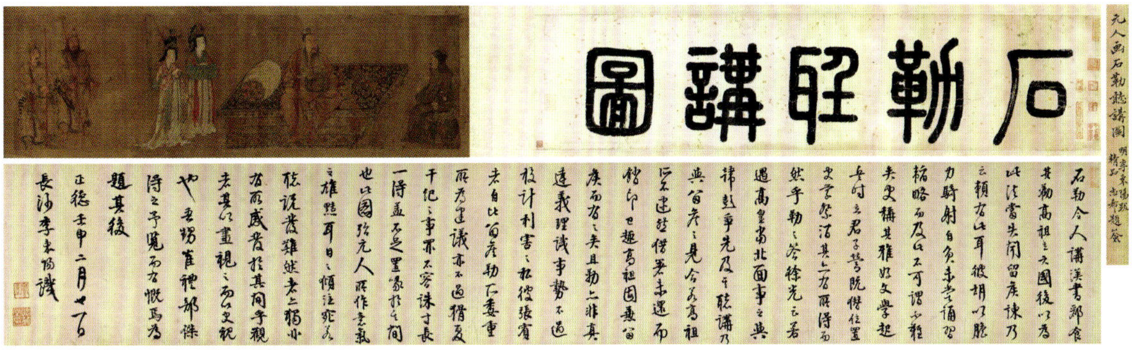

石勒听讲图
中国嘉德 2019/11/19 LOT 1392
手卷 设色绢本 引首 25×107cm；画 27.5×87.5cm；跋 24.5×153.5cm
成交价 RMB 13,800,000

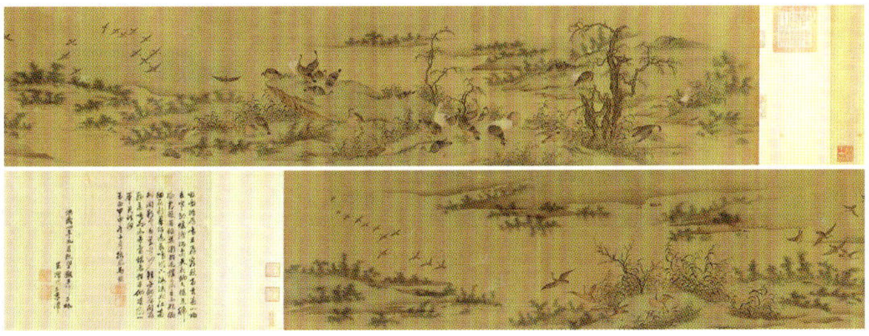

宋 芦雁图
北京匡时 2019/07/13 LOT 830
手卷 绢本 本幅 27.5×235.5cm；题跋 28×36cm
成交价 RMB 23,575,000

陈半丁　荷花
中贸圣佳　2019/06/07　LOT 818B
立轴 设色纸本　246x122cm
成交价　RMB 5,290,000

傅抱石　1942 年作 石涛诗意图
中国嘉德　2019/06/02　LOT 396
立轴 设色纸本　106×58cm
成交价　RMB 14，950，000

傅抱石　1942 年作 幽谷话旧
北京保利　2019/06/04　LOT 2885
立轴 设色纸本　89.5×57cm
成交价　RMB 7,130,000

傅抱石　1943 年作 巴山夜雨
北京荣宝　2019/12/01　LOT 338
立轴 设色纸本　105.5×60cm
成交价　RMB 28,175,000

傅抱石　1943 年作 林泉高逸
北京保利　2019/06/04　LOT 2887
镜心 设色纸本　105.5×43.5cm
成交价　RMB 17,250,000

傅抱石　1943 年作 高人读书图
广州华艺　2019/11/24　LOT 34
立轴 设色纸本　90×38.7cm
成交价　RMB 29,570,800

傅抱石　1943 年作 群老观瀑
北京诚轩　2019/06/01　LOT 70
立轴 设色纸本　104×59.5cm
成交价　RMB 20,585,000

傅抱石　1943 年作 听阮图
西泠印社　2019/12/15　LOT 2972
镜片 设色纸本　87.5×58.5cm
成交价　RMB 9,890,000

傅抱石　1944 年作 爱莲图
上海匡时　2019/12/19　LOT 103
立轴 纸本设色　97×36cm
成交价　RMB 7,245,000

傅抱石　1944 年作 还庄图
北京保利　2019/12/02　LOT 2841
镜心 设色纸本　63×73cm
成交价　RMB 8,280,000

傅抱石　1945 年作 归庄图
西泠印社　2019/12/15　LOT 2971
镜片 设色纸本　85×42.5cm
成交价　RMB 5,175,000

傅抱石　1945 年作 渊明沽酒图
北京保利　2019/12/02　LOT 2723
镜心 设色纸本　78×47.5cm
成交价　RMB 5,750,000

傅抱石 1945 年作 凭栏仕女
北京保利 2019/12/02 LOT 2843
立轴 设色纸本 88×55cm
成交价 RMB 5,175,000

傅抱石 1945 年作 唐人行乐图
广州华艺 2019/11/24 LOT 33
立轴 设色纸本 107×39.5cm
成交价 RMB 14,257,350

傅抱石 1945 年作 秋声赋
北京保利 2019/06/04 LOT 2822
镜心 设色纸本 133.4×33.3cm
成交价 RMB 11,500,000

傅抱石 1946 年作 柳溪仕女
苏富比香港 2019/10/07 LOT 2759
立轴 设色纸本 82 x 54cm
成交价 RMB 22,896,060

傅抱石　1961 年作　湘夫人
佳士得纽约　2019/03/21　LOT 1190
镜心 设色纸本　48.7 x 57 cm
成交价　RMB 5,632,418

傅抱石　1955 年作　秋林论道
中国嘉德　2019/11/18　LOT 908
立轴 设色纸本　132.5×45cm
成交价　RMB 8,970,000

傅抱石　1961 年作　青岛鲁迅公园
广州华艺　2019/08/10　LOT 346
立轴 设色纸本　27.5×45.5cm
成交价　RMB 6,325,000

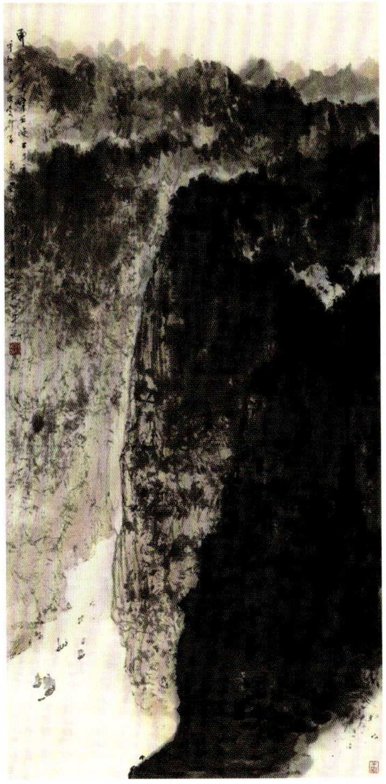

傅抱石　1962 年作　杜甫诗意
中国嘉德　2019/06/02　LOT 362
立轴 设色纸本　137.5×68cm
成交价　RMB 7,820,000

傅抱石　1962 年作 湘夫人
中国嘉德　2019/06/02　LOT 361
立轴 设色纸本　106.5×38cm
成交价　RMB 9,775,000

傅抱石　1962 年作 瘦如黄雀闲如鸥
佳士得纽约　2019/03/20　LOT 817
卷轴 设色纸本　45.2 x 67.8 cm
成交价　RMB 12,301,852

傅抱石　1963 年作　镜泊飞泉
佳士得香港　2019/11/26　LOT 1301
镜框 设色纸本　97.2 x 180.6 cm
成交价　RMB 5,496,881

傅抱石　1963 年作　听泉图
北京保利　2019/12/02　LOT 2844
立轴 设色纸本　110×53cm
成交价　RMB 51,865,000

傅抱石　1962 年作　崖瀑高士图
西泠印社　2019/12/15　LOT 2973
镜片 设色纸本　88.5×48cm
成交价　RMB 9,430,000

傅抱石 1963 年作 峡江烟云
上海朵云轩 2019/12/18 LOT 131
立轴 设色纸本 104×60cm
成交价 RMB 8,165,000

傅抱石 1964 年作 观瀑图
广东崇正 2019/05/23 LOT 61
立轴 设色纸本 95×34cm
成交价 RMB 6,325,000

傅抱石 1964 年作 芙蓉国里尽朝晖
北京保利 2019/06/04 LOT 2908
立轴 设色纸本 68×92cm
成交价 RMB 40,250,000

傅抱石　1965 年作　西风吹下红雨来
北京瀚海　2019/06/15　LOT 360
镜心 设色纸本　96.5×49.5cm
成交价　RMB 6,670,000

傅抱石　蜀山纪游
中国嘉德　2019/11/18　LOT 907
立轴 设色纸本　138×47cm
成交价　RMB 21,275,000

傅抱石　访友图
北京保利　2019/12/02　LOT 2842
镜心 设色纸本　116.5×34cm
成交价　RMB 11,500,000

傅抱石　1964 年作　韶山诗意
广州华艺　2019/08/10　LOT 348
立轴 设色纸本　69×93cm
成交价　RMB 58,075,000

傅抱石　五柳先生
苏富比香港　2019/04/02　LOT 1435
镜框 设色纸本　68.8x100 cm
成交价　RMB 5,287,173

傅抱石　湘夫人
北京保利　2019/12/02　LOT 2722
镜心 设色纸本　68×68cm
成交价　RMB 13,570,000

关山月 1999 年作 乡土情
广州华艺 2019/11/24 LOT 52
镜框 设色纸本 95×181cm
成交价 RMB 8,448,800

高奇峰 丹山白凤
广东崇正 2019/11/28 LOT 25
立轴 设色纸本 144×70cm
成交价 RMB 6,210,000

关山月 1987 年作 南国涛声
中国嘉德 2019/06/02 LOT 395
镜心 设色纸本 108.5×160cm
成交价 RMB 9,200,000

关山月 1980 年作 浮云卷碧山
广州华艺 2019/08/11 LOT 582
镜框 设色纸本 93×233.5cm
成交价 RMB 17,365,000

关山月 1984 年作 人间春色图
中国嘉德 2019/06/02 LOT 394
手卷 水墨纸本 画 31×266.5cm；跋 31×30cm
成交价 RMB 6,900,000

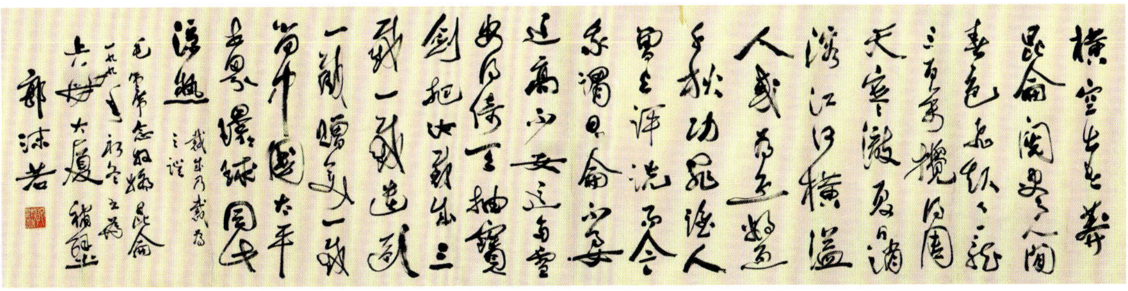

郭沫若 1962 年作 行书毛主席词 念奴娇 · 昆仑
北京保利 2019/12/02 LOT 2824
镜心 水墨纸本 60.5×256.5cm
成交价 RMB 11,270,000

何海霞　映日荷花
中贸圣佳　2019/11/30　LOT 676
立轴 设色纸本　131×66cm×6
成交价　RMB 7,992,500

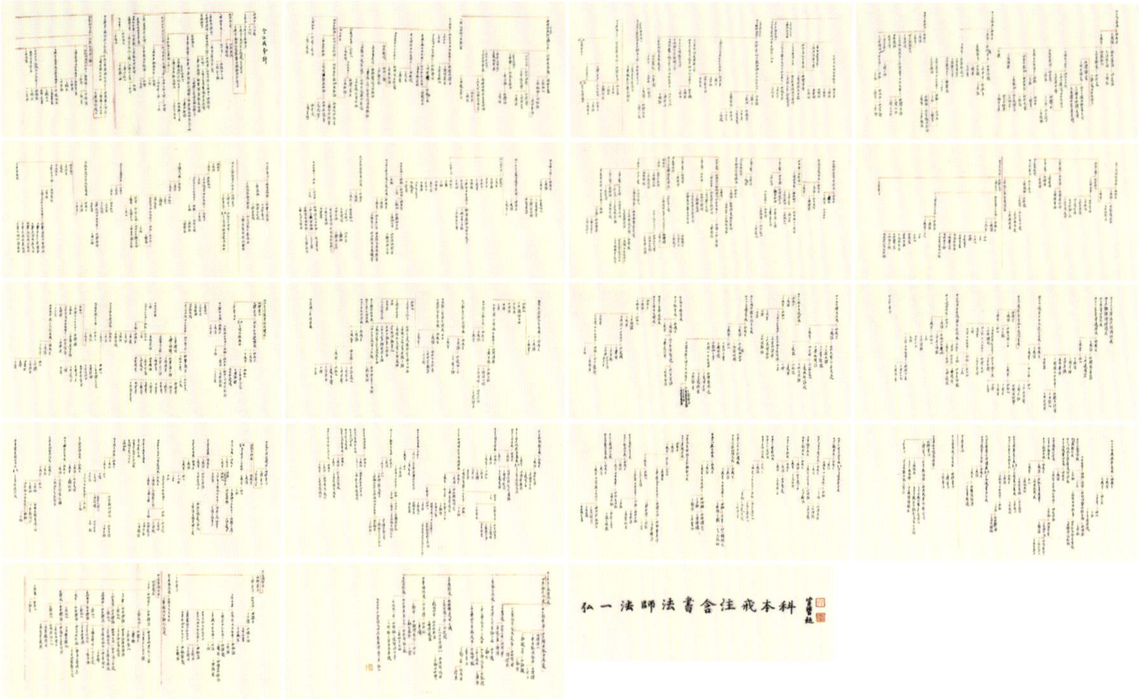

弘一　1935 年作 法书含注戒本科
广州华艺　2019/12/28　LOT 102
册页（十八开）水墨纸本　32×65.5cm×18
成交价　RMB 27,370,000

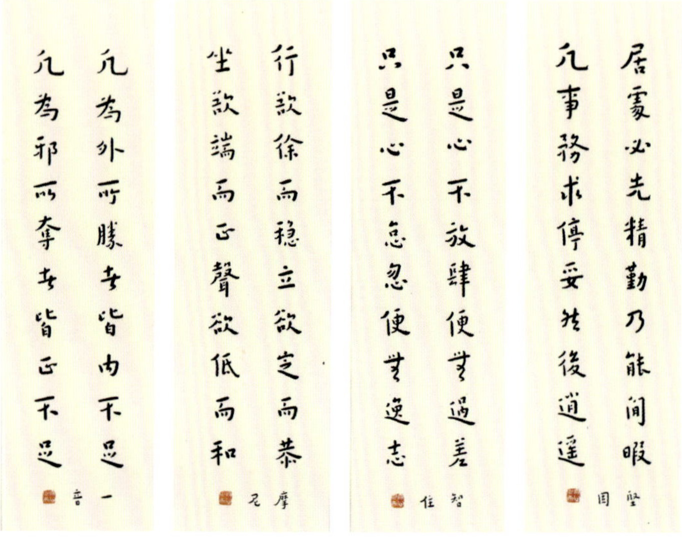

弘一　行书格言
上海匡时　2019/12/19　LOT 129
四屏 镜心 纸本　51.5×15cm×4
成交价　RMB 5,865,000

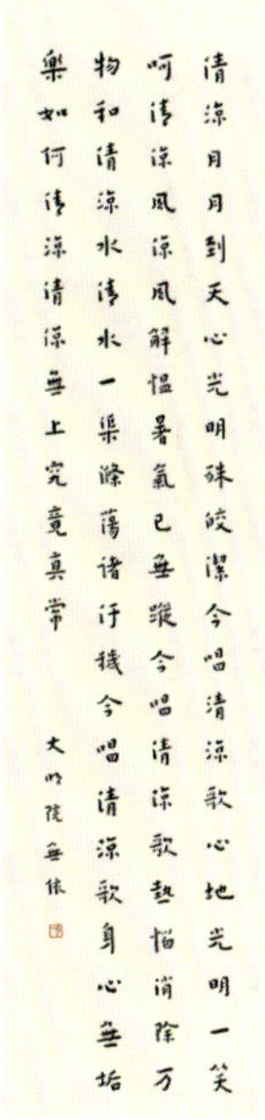

弘一　行书 清凉歌
北京荣宝　2019/12/01　LOT 377
立轴 水墨纸本　133×33cm
成交价　RMB 7,820,000

黄宾虹　1939 年作 山居治学图
西泠印社　2019/07/06　LOT 759 立轴
设色纸本　130×65cm
成交价　RMB 9,660,000

黄宾虹　1946 年作 五湖泛舟
北京保利　2019/06/04　LOT 2817
镜心 设色纸本　113×47cm
成交价　RMB 6,670,000

黄宾虹　1938 年作 拟元人山水卷
苏富比香港　2019/10/07　LOT 2868
手卷 设色纸本　18.6 x 148.7 cm
成交价　RMB 6,437,966

黄宾虹　1942 年作 仿宋山水卷
苏富比香港　2019/04/02　LOT 1407
手卷 设色纸本　引首 22x72.2cm；画心 16.8 x173cm；题跋 21.8x116.5cm
成交价　RMB 17,616,774

黄宾虹　1947 年作　溪山静观
北京保利　2019/12/02　LOT 2757
镜心 设色纸本　111×44cm
成交价　RMB 9,775,000

黄宾虹　1948 年作　新安江纪游
广州华艺　2019/12/28　LOT 53
镜框 水墨纸本　129×66cm
成交价　RMB 9,890,000

黄宾虹　1949 年作　黄山归耕图
北京保利　2019/12/02　LOT 2847
立轴 设色纸本　130.3×64.5cm
成交价　RMB 9,775,000

黄宾虹　1952 年作　溪桥山居图
西泠印社　2019/12/15　LOT 2946
立轴 水墨纸本　99×44cm
成交价　RMB 9,200,000

黄宾虹　1953 年作　黄山松谷纪游
中国嘉德　2019/11/18　LOT 905
立轴 设色纸本　90×48cm
成交价　RMB 11,500,000

黄宾虹　1954 年作　夏山图
中国嘉德　2019/06/02　LOT 363
立轴 设色纸本　92.5×34.5cm
成交价　RMB 5,980,000

黄宾虹　山水
佳士得巴黎　2019/12/12　LOT 24
立轴 设色纸本　84 x 38.5 cm
成交价　RMB 6,813,692

黄宾虹　湖山归帆
中国嘉德（香港）2019/03/30　LOT 279
镜心 设色纸本　82×36.5cm
成交价　RMB 7,086,358

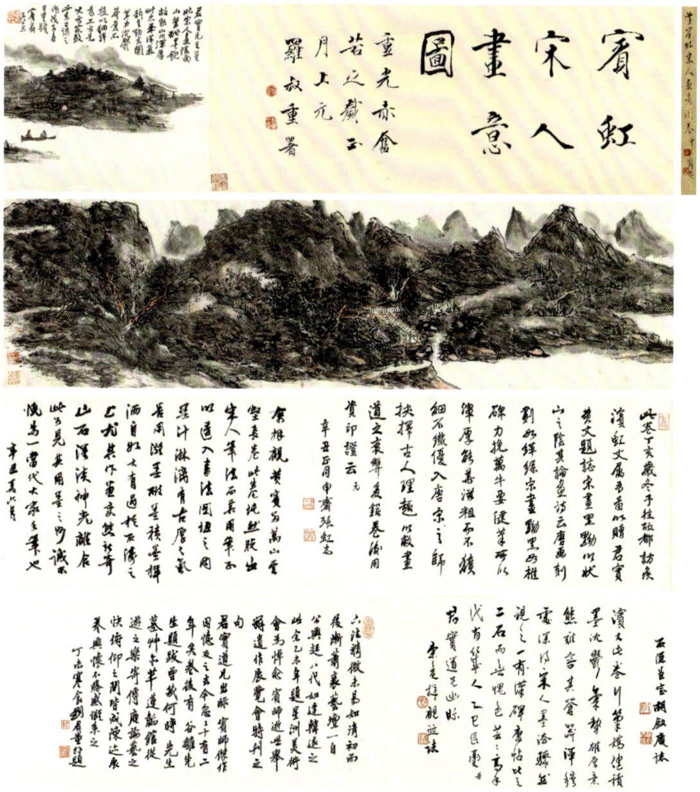

黄宾虹　宋人画意图
中国嘉德　2019/06/02　LOT 357
手卷 设色纸本　引首 24.7×87.5cm；画 24.7×118cm；跋 25×172cm
成交价　RMB 20,700,000

黄胄　1986年作 踏歌行
中国嘉德　2019/06/02　LOT 369
立轴 设色纸本　68×70cm
成交价　RMB 6,325,000

黄胄　风雪夜归人
山东天承　2019/10/23　LOT 753
立轴 设色纸本　180×95cm
成交价　RMB 7,187,500

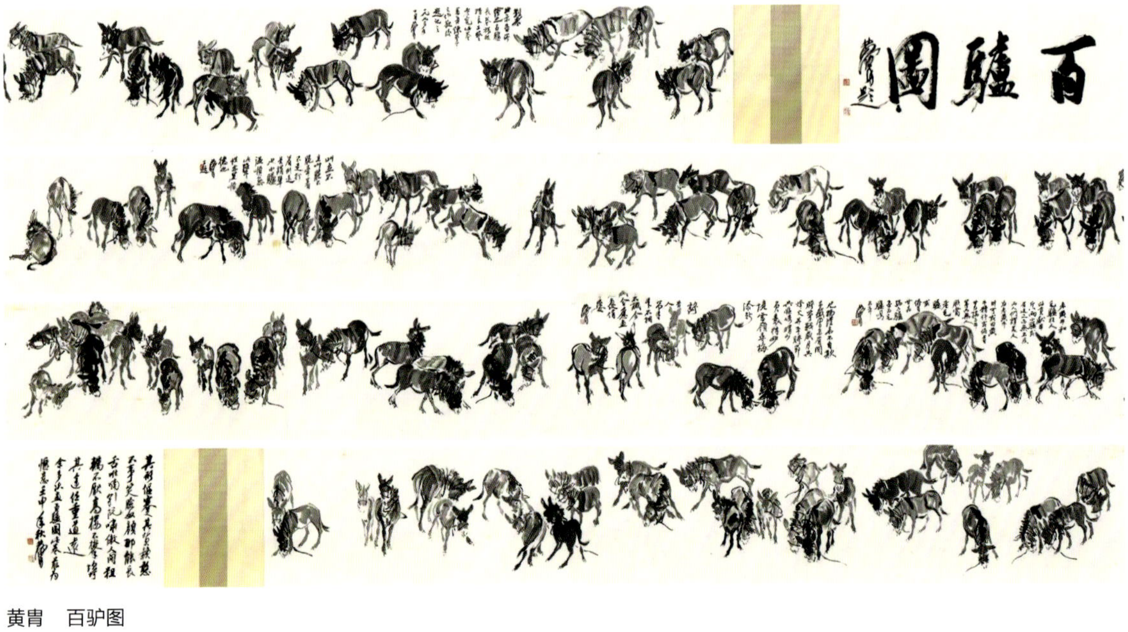

黄胄　百驴图
中国嘉德　2019/06/02　LOT 370
手卷 水墨纸本　引首 69×137cm；本幅 69×1920cm；后纸 68.5×83.5cm
成交价　RMB 6,900,000

黄胄 集市奇观
山东天承 2019/10/23 LOT 754
手卷 设色纸本 48×368.5cm
成交价 RMB 8,050,000

黄胄 驯马
北京保利 2019/12/02 LOT 2884
镜心 设色纸本 97×142cm
成交价 RMB 7,590,000

黄胄 五指山中鱼水情
北京荣宝 2019/06/13 LOT 352
立轴 设色纸本 97×59cm
成交价 RMB 9,200,000

黄胄 踏歌行
中贸圣佳 2019/11/30 LOT 675
立轴 设色纸本 179x97cm
成交价 RMB 8, 567, 500

蒋兆和　给爷爷读报
北京荣宝　2019/12/01　LOT 346
镜心 设色纸本　96×83.5cm
成交价　RMB 6,325,000

李可染　1963 年作 漓江
北京保利　2019/06/04　LOT 2891
立轴 设色纸本　84×49cm
成交价　RMB 6,210,000

李可染　1964 年作 万水千山图
北京保利　2019/12/02　LOT 2819
镜心 设色纸本　97×143cm
成交价　RMB 207,000,000

李可染　1964 年作 峡江山色
上海朵云轩　2019/12/18　LOT 65
立轴 设色纸本　74×51cm
成交价　RMB 8,165,000

李可染　1964 年作 百万雄师过大江
佳士得香港　2019/05/28　LOT 1375
立轴 设色纸本　96.2 x 60.3 cm
成交价　RMB 17,218,985

李可染　1964 年作 看山图
山东天承　2019/10/23　LOT 648
镜心 设色纸本　70×59cm
成交价　RMB 5,520,000

李可染　1972 年作 漓江天下景
北京荣宝　2019/12/01　LOT 309
立轴 设色纸本　145×160.6cm
成交价　RMB 86,250,000

李可染　1972 年作　雨中漓江
广东崇正　2019/11/28　LOT 17
立轴 设色纸本　94.2×57cm
成交价　RMB 9,660,000

李可染　1975 年作　清漓风光图
关西美术　2019/04/18　LOT 608
镜心 设色纸本　100×68.9cm
成交价　RMB 18,997,768

李可染　1976 年作　井冈山
中国嘉德　2019/11/18　LOT 930
镜心 设色纸本　177×127.5cm
成交价　RMB 138,000,000

李可染　1981 年作　山堂清暑图
敬华（上海）2019/12/17　LOT 827
镜框 设色纸本　69×46cm
成交价　RMB 7,475,000

李可染　1985 年作　春江归舟图
广东崇正　2019/05/23　LOT 338
镜片 设色纸本　89×55.5cm
成交价　RMB 5,750,000

李可染　1986 年作　苍岩耸翠图
北京保利　2019/12/02　LOT 2770
镜心 设色纸本　82.6×51.6cm
成交价　RMB 18,400,000

李可染　1987 年作　高岩飞瀑图
广东崇正　2019/05/23　LOT 325
镜片 水墨纸本　128.5×67.5cm
成交价　RMB 55,430,000

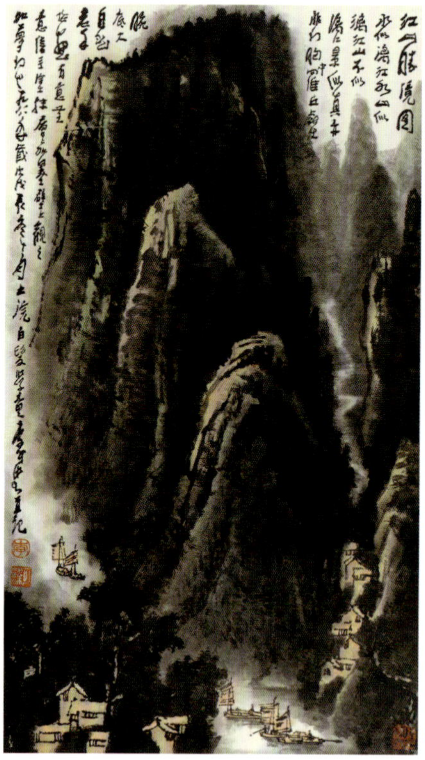

李可染　1988年作　江山胜境图
北京华辰　2019/07/14　LOT 52
镜心 设色纸本　91×52cm
成交价　RMB 17,825,000

李可染　1989年作　乱山丛中百丈泉
北京保利　2019/06/04　LOT 2920
镜心 设色纸本　69×45cm
成交价　RMB 5,980,000

李可染　春雨江南
北京诚轩　2019/11/16　LOT 412
立轴 设色纸本　68×45cm
成交价　RMB 5,980,000

李可染　青山密林
北京保利　2019/12/02　LOT 2755
镜心 设色纸本　68.5×46cm
成交价　RMB 7,935,000

林风眠 1980年作 人体
苏富比香港 2019/10/05 LOT 1028
设色纸本 69.6×70.2cm
成交价 RMB 5,003,284

李可染 革命摇篮井冈山
广州华艺 2019/11/24 LOT 7
立轴 设色纸本 121.5×70.5cm
成交价 RMB 40,659,850

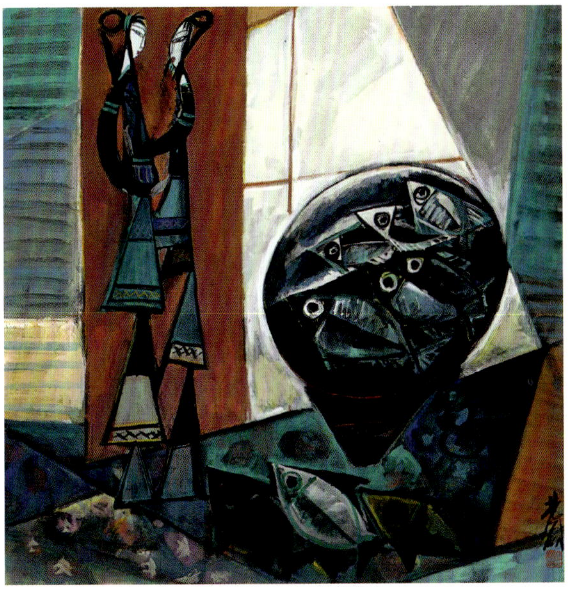

林风眠 1980年作 静物
苏富比香港 2019/10/06 LOT 704
纸本设色 69.5×69cm
成交价 RMB 5,326,366

林风眠 1947 年 宇宙锋
苏富比香港 2019/03/31 LOT 1016
彩墨纸本 68.5×65.2cm
成交价 RMB 10,521,513

林风眠　1982 年作　静物
苏富比香港　2019/10/06　LOT 703
设色纸本　69.9×69.7cm
成交价　RMB 5,541,754

林风眠　1989 年作　瓶中花
上海匡时　2019/06/21　LOT 296
镜心 纸本　68×68cm
成交价　RMB 5,635,000

林风眠　宝莲灯
北京保利　2019/12/02　LOT 2806
镜心 设色纸本　69×64cm
成交价　RMB 7,935,000

林风眠　海
苏富比香港　2019/04/02　LOT 1293
镜框 设色纸本　66.5×67.7cm
成交价　RMB 6,891,915

林风眠　繁花群鸟
北京保利　2019/12/02　LOT 2804
镜心 设色纸本　69×138.5cm
成交价　RMB 8,970,000

林风眠　荷塘
苏富比香港　2019/10/05　LOT 1035
设色纸本　67.8×136.3cm
成交价　RMB 10,280,290

林风眠　金秋
北京匡时　2019/07/13　LOT 822
镜心 纸本　67×68cm
成交价　RMB 5,520,000

刘海粟　1971 年作 五老峰泼彩图
中国嘉德　2019/11/18　LOT 889
立轴 设色纸本　画 136.3×67.5cm；诗堂 30.5×67.3cm
成交价　RMB 7,015,000

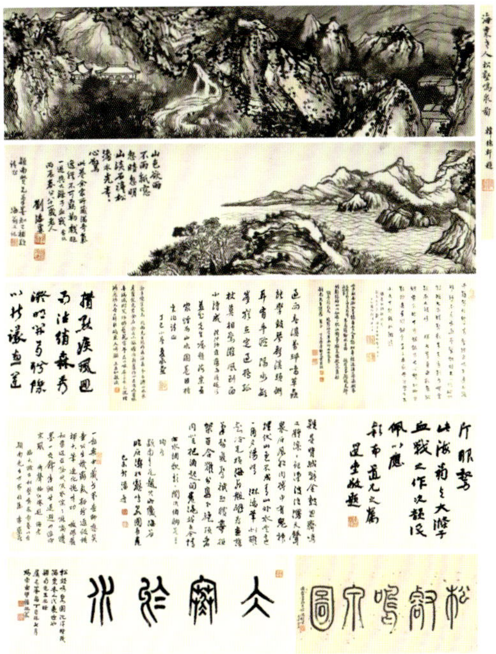

刘海粟　1976 年作 临石涛山水卷
中国嘉德　2019/11/18　LOT 891
手卷 水墨纸本　引首① 26×65.5cm；
引首② 34×100.5cm；画 34.2×250cm；跋 34.2×248cm
成交价　RMB 5,175,000

刘奎龄　1937 年作 动物十二屏
中国嘉德　2019/06/02　LOT 418
立轴 设色纸本　172×46cm×12
成交价　RMB 8,970,000

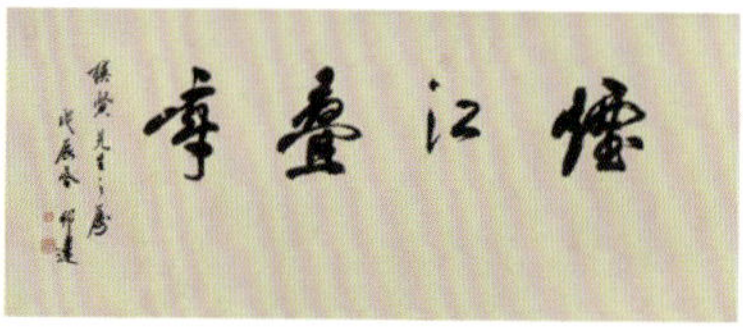

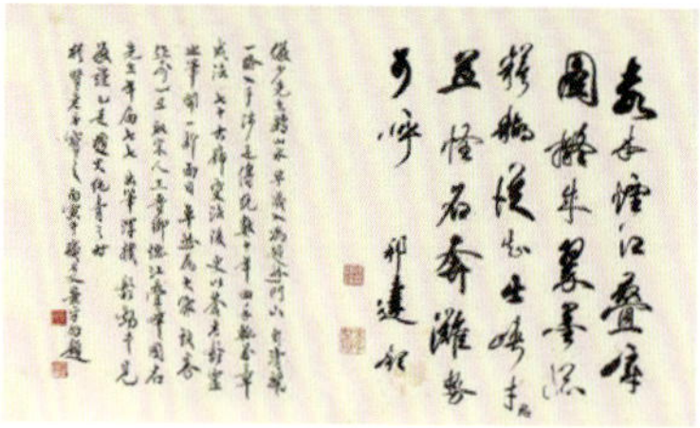

陆俨少　1985 年作 烟江叠嶂图卷
西泠印社　2019/12/15　LOT 2978
手卷 设色纸本　引首 22×82.5cm；画心 22×138cm；题跋 22 ×37cm
成交价　RMB 5,750,000

陆俨少　1991 年作 江深草阁
上海匡时　2019/12/19　LOT 96
镜心 纸本　96.5×178cm
成交价　RMB 6,727,500

陆俨少　1963 年作 山水册
中国嘉德　2019/06/02　LOT 420
镜心（十四开）设色纸本　28.5×35cm×14
成交价　RMB 17,250,000

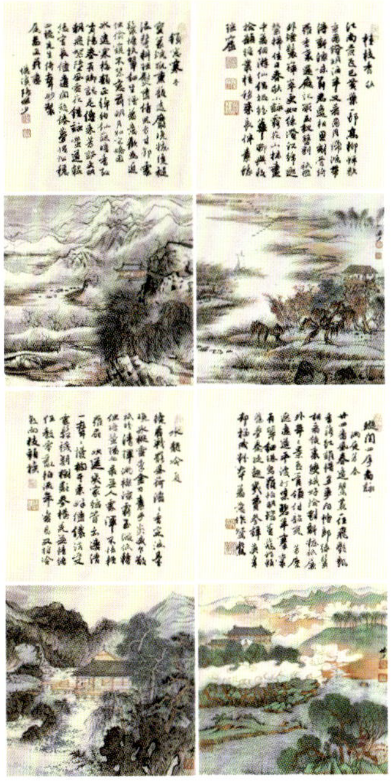

陆俨少　春夏秋冬
上海匡时　2019/06/21　LOT 333
四屏 镜心 纸本　字 32.7×33cm×4；画 32.5×33.2cm×4
成交价　RMB 5,175,000

陆俨少　庐山姊妹峰
中贸圣佳　2019/06/07　LOT 814
镜心 设色纸本　179x96cm
成交价　RMB 9,200,000

陆俨少　唐宋诗意图册
上海匡时　2019/06/21　LOT 308
册页（十开）纸本　23×33cm×10
成交价　RMB 5,347,500

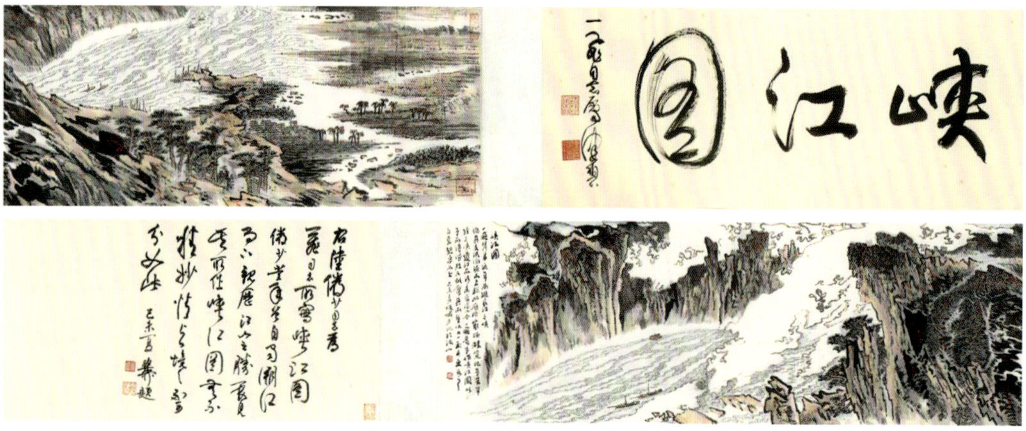

陆俨少　为陆一飞作峡江图卷
西泠印社　2019/07/06　LOT 775
手卷 设色纸本　35×177.5cm
成交价　RMB 5,520,000

陆俨少　峡江行旅图
北京荣宝　2019/12/01　LOT 352
镜框 设色纸本　96×180cm
成交价　RMB 7,820,000

陆俨少　深山采药图
西泠印社　2019/12/15　LOT 3059
镜片 设色纸本　49×100.5cm
成交价　RMB 5,290,000

潘天寿　1944 年作 松荫观瀑
北京保利　2019/06/04　LOT 2892
立轴 设色纸本　99×62cm
成交价　RMB 26,220,000

潘天寿　1954 年作 山亭琴趣
北京诚轩　2019/11/16　LOT 127
立轴 设色纸本　117.5×39.8cm
成交价　RMB 5,750,000

潘天寿　1954 年作 蓬勃盎然
中国嘉德　2019/11/18　LOT 896
立轴 设色纸本　132×55cm
成交价　RMB 15,525,000

潘天寿　1960 年作 指墨秋花
中国嘉德　2019/06/02　LOT 364
立轴 设色纸本　70×41.5cm
成交价　RMB 7,475,000

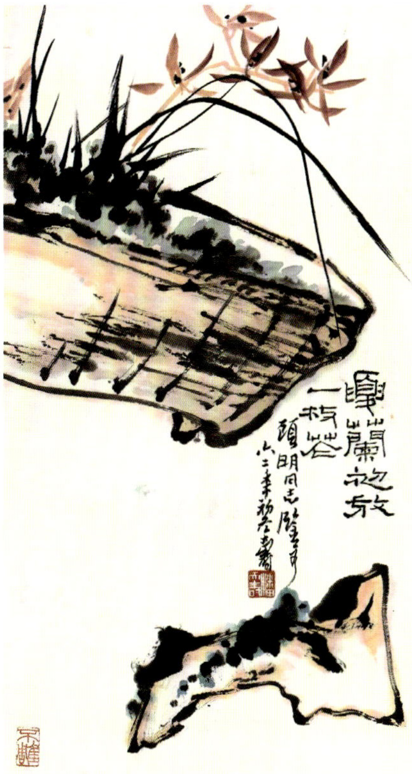

潘天寿　1962 年作 夏兰初放一枝花
中国嘉德　2019/06/02　LOT 366
立轴 设色纸本　75×41cm
成交价　RMB 8,510,000

潘天寿　1958 年作 初晴
中国嘉德　2019/11/18　LOT 902
镜心 设色纸本　140.5×364cm
成交价　RMB 205,850,000

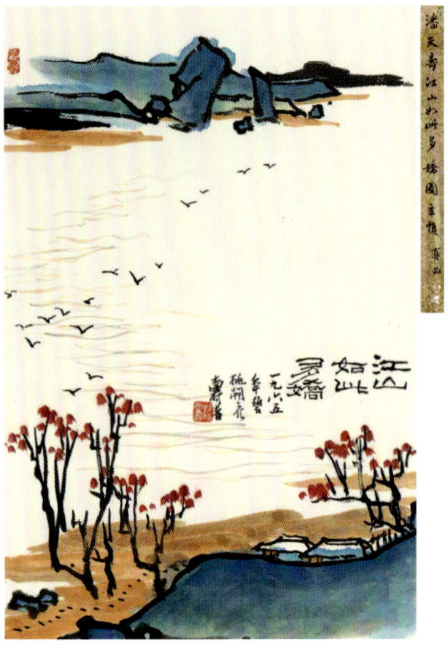

潘天寿　1965 年作 江山如此多娇
中国嘉德　2019/11/18　LOT 901
立轴 设色纸本　61×41cm
成交价　RMB 6,900,000

潘天寿　巨石灵蟾图
北京保利　2019/12/02　LOT 2714
镜心 水墨纸本　98×60cm
成交价　RMB 5,635,000

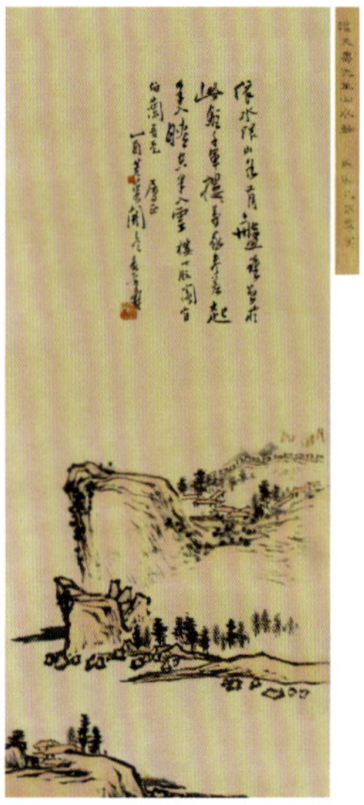

潘天寿　江楼怀古
山东天承　2019/10/23　LOT 638
立轴 设色纸本　124×52cm
成交价　RMB 6,210,000

潘天寿　湖石栖禽
中国嘉德　2019/06/02　LOT 365
立轴 设色纸本　61×34cm
成交价　RMB 8,625,000

潘天寿　双禽栖石图
西泠印社　2019/12/15　LOT 2963
立轴 水墨纸本　66.5×45.5cm
成交价　RMB 7,245,000

潘天寿　午睡
中国嘉德　2019/06/02　LOT 354
立轴 设色纸本　92×77.5cm
成交价　RMB 29,325,000

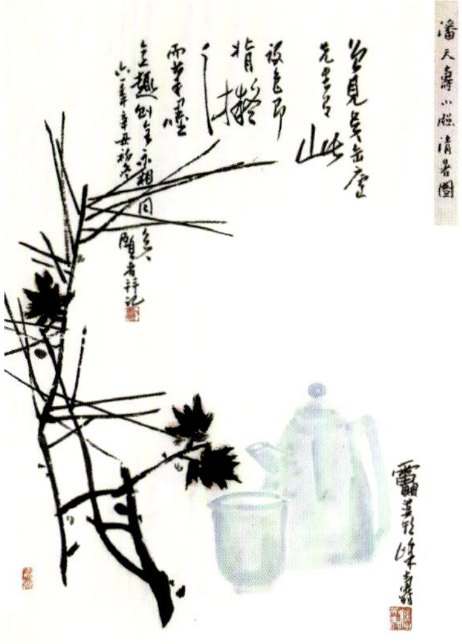

潘天寿 小窗清暑图
中贸圣佳　2019/11/30　LOT 716
立轴 设色纸本　79.5×49cm
成交价　RMB 11,500,000

潘天寿　指墨红荷
广州华艺　2019/08/10　LOT 350
立轴 设色纸本　132×50cm
成交价　RMB 19,550,000

潘天寿　雁荡山花图
北京保利　2019/12/02　LOT 2713
立轴 设色纸本　66×51.5cm
成交价　RMB 5,750,000

潘天寿　岩下游鱼图
广东崇正　2019/05/23　LOT 59
立轴 水墨纸本　60×48cm
成交价　RMB 7,015,000

溥儒　陈少梅 溥伒等　1947 年合作 祝寿合册部分
苏富比香港　2019/04/02　LOT 1390
册页 设色纸本　32.5×32.5cm×12
成交价　RMB 5,336,373

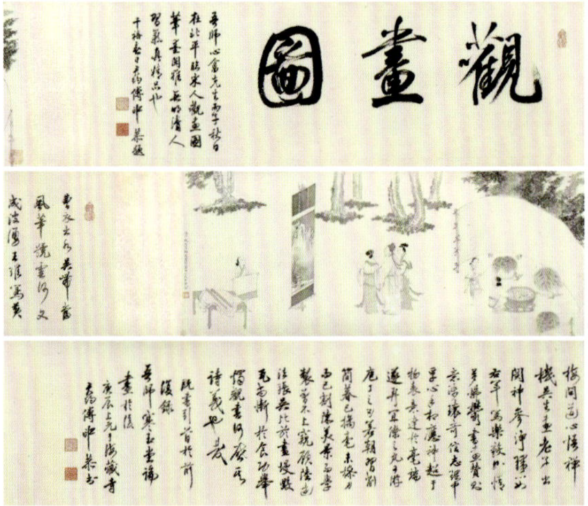

溥儒　1936 年作 观画图
北京保利　2019/12/01　LOT 2112A
手卷 水墨纸本　画 32×82cm；引首 32×99cm；题跋 32×132cm
成交价　RMB 6,095,000

溥儒　四时山水
中国嘉德　2019/11/18　LOT 883
镜心 设色纸本　99×49cm×4
成交价　RMB 5,520,000

溥儒　烟云供养册（部分）
苏富比香港　2019/04/02　LOT 1377
册页（十开）设色纸本　31.5×40cm×10
成交价　RMB 8,447,457

溥儒　龟寿千年册
中国嘉德　2019/11/18　LOT 884
镜心（十二开）设色绢本　20×14cm×12
成交价　RMB 5,060,000

溥儒　百花图卷
北京匡时　2019/07/13　LOT 813
手卷 纸本　25×790cm
成交价　RMB 5,175,000

齐白石　篱边秋色·篆书六言诗
中国嘉德　2019/06/02　LOT 412
成扇 设色纸本、水墨纸本　30×88cm
成交价　RMB 8,050,000

齐白石　1924 年作　富贵耄耋
北京保利　2019/12/02　LOT 2830
立轴 设色纸本　126.5×35cm
成交价　RMB 5,577,500

齐白石　1930 年作　花卉四屏
广州华艺　2019/12/28　LOT 67
立轴 设色纸本　139×22.5cm×4
成交价　RMB 6,785,000

齐白石　1932 年作　写剧图
北京保利　2019/12/02　LOT 2837
立轴 设色纸本　68.6×45.5cm
成交价　RMB 10,810,000

齐白石　1933 年作　钟馗接福
北京荣宝　2019/12/01　LOT 313
立轴 设色纸本　92×55.5cm
成交价　RMB 6,555,000

齐白石　1936 年作　白衣大士
北京荣宝　2019/06/13　LOT 285
立轴 设色纸本　89.5×33.5cm
成交价　RMB 1,400,000

齐白石　1936 年作　工笔花虫册
北京保利　2019/12/02　LOT 2719
册页（八开）设色纸本　34×34cm×8
成交价　RMB 32,200,000

齐白石　1937 年作　喜上眉梢
北京保利　2019/06/04　LOT 2883
立轴 设色纸本　165×43cm
成交价　RMB 6,900,000

齐白石　1941 年作　英雄梅石图
北京华辰　2019/07/14　LOT 53
立轴 设色纸本　181×47.5cm
成交价　RMB 17,940,000

齐白石　1943 年作　寿桃
北京保利　2019/12/02　LOT 2833
立轴 设色纸本　136×60.5cm
成交价　RMB 8,855,000

齐白石　1944 年作　玉堂富贵
广州华艺　2019/08/10　LOT 325
立轴 设色纸本　137×68cm
成交价　RMB 16,675,000

齐白石　1945 年作　贝叶草虫
苏富比香港　2019/10/07　LOT 2901
立轴 设色纸本　103.8 × 34.2 cm
成交价　RMB 9,311,044

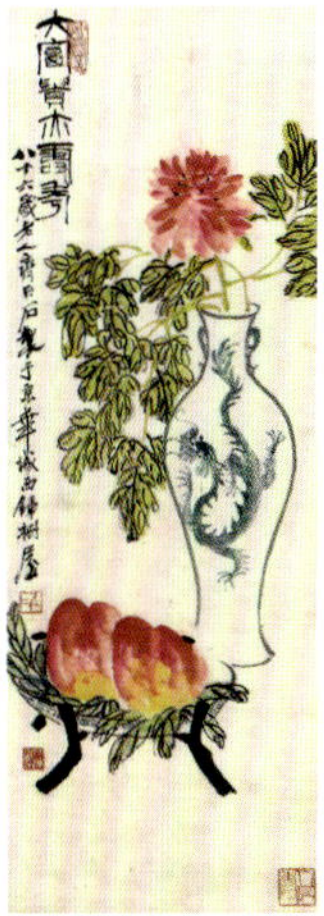

齐白石　1946 年作　大富贵亦寿考
北京保利　2019/12/02　LOT 2857
立轴 设色纸本　138×48cm
成交价　RMB 6,900,000

齐白石　1946 年作　松鹰图
北京荣宝　2019/06/13　LOT 287
立轴 设色纸本　136×64cm
成交价　RMB 7,820,000

齐白石　1948 年作　大富贵亦寿考
北京匡时　2019/07/13　LOT 814
立轴 纸本　95.5×36cm
成交价　RMB 6,900,000

齐白石　1949 年作　福井岁朝来
北京保利　2019/12/02　LOT 2831
立轴 设色纸本　97×34cm
成交价　RMB 5,865,000

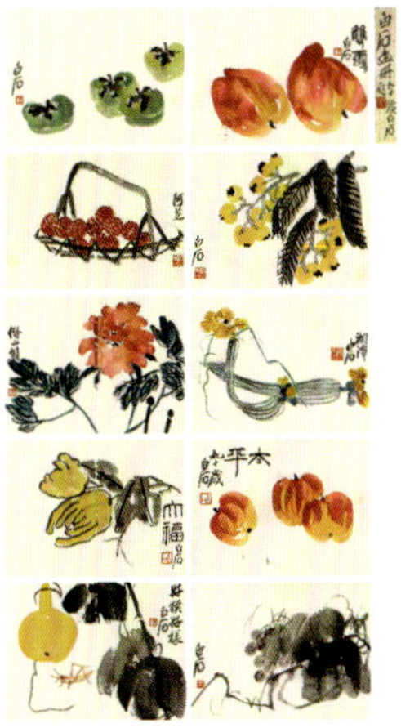

齐白石　1950 年作　十全十美
北京保利　2019/12/01　LOT 2140
册页（十开）设色纸本　28×37.5cm×10
成交价　RMB 15,295,000

齐白石　1951 年作　枇杷双寿
北京保利　2019/06/04　LOT 2913
镜心 设色纸本　108×35.5cm
成交价　RMB 6,440,000

齐白石　1951 年作 向日葵
北京保利　2019/06/04　LOT 2912
立轴 设色纸本　138×35cm
成交价　RMB 7,820,000

齐白石　1953 年作 一帆风顺图
西泠印社　2019/07/06　LOT 645
立轴 设色纸本　102×39.5cm
成交价　RMB 11,040,000

齐白石　和平鸽
上海朵云轩　2019/12/18　LOT 83
立轴 设色纸本　86.5×68cm
成交价　RMB 5,520,000

齐白石　多寿
北京荣宝　2019/12/01　LOT 314
镜心 设色纸本　103×34cm
成交价　RMB 6,670,000

齐白石　岱庙图
中国嘉德　2019/06/02　LOT 406
立轴 设色纸本　113.5×48cm
成交价　RMB 35,650,000

齐白石　得财图
北京保利　2019/12/02　LOT 2834
立轴 设色纸本　88.5×47cm
成交价　RMB 5,577,500

齐白石　枫藤幽居
广州华艺　2019/08/10　LOT 330
立轴 设色纸本　138×37.5cm
成交价　RMB 21,850,000

齐白石　柏寿
中国嘉德　2019/11/18　LOT 869
立轴 设色纸本　104.8×34.5cm
成交价　RMB 6,210,000

齐白石　松梅喜鹊
北京保利　2019/12/02　LOT 2838
立轴 设色纸本　305×71cm
成交价　RMB 28,520,000

齐白石　黛玉葬花
中国嘉德　2019/11/18　LOT 868
立轴 设色纸本　93×33.5cm
成交价　RMB 7,475,000

齐白石　九秋图
中国嘉德　2019/11/18　LOT 871
横披 设色纸本　65×175cm
成交价　RMB 26,450,000

齐白石　四时花鸟
北京荣宝　2019/12/01　LOT 315
立轴 设色纸本　133×31 cm×4
成交价　RMB 6,670,000

齐白石　人长岁天长年
中国嘉德　2019/06/02　LOT 409
立轴 设色纸本　98×34cm×2
成交价　RMB 17,250,000

齐白石　偷桃图
中国嘉德　2019/06/02　LOT 405
立轴 设色纸本　117.5×47.5cm
成交价　RMB 11,040,000

齐白石　花果
中国嘉德　2019/11/18　LOT 877
四屏镜心 设色纸本　65.3×32.3cm×4
成交价　RMB 7,245,000

齐白石　秋水共长天一色
中国嘉德　2019/11/18　LOT 867
立轴 设色纸本　105×49.5cm
成交价　RMB 9,775,000

齐白石　烟帆海潮
北京保利　2019/06/04　LOT 2893
立轴 水墨纸本　132.5×62.5cm
成交价　RMB 6,900,000

齐白石　牡丹
中国嘉德　2019/06/02　LOT 407
镜心 设色纸本　69.5×33cm
成交价　RMB 11,270,000

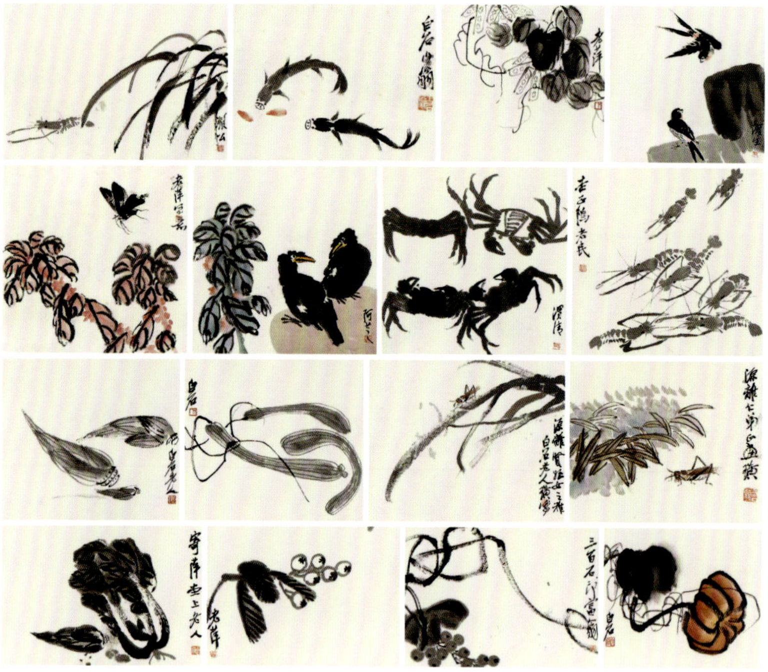

齐白石　园中雅集
北京荣宝　2019/12/01　LOT 316
册页 设色纸本　尺寸不一
成交价　RMB 25,300,000

齐白石　英雄独立
北京保利　2019/06/04　LOT 2911
立轴 水墨纸本　138×58cm
成交价　RMB 13,800,000

齐白石　陈半丁 挖耳图
北京匡时　2019/12/23　LOT 658
立轴 纸本　110×50.5cm
成交价　RMB 5,635,000

启功　1938 年作 米家云山图
北京荣宝　2019/12/01　LOT 166
镜心 设色纸本　128×58.6cm
成交价　RMB 5,750,000

石鲁　1954 年作 移山
北京保利　2019/12/02　LOT 2821
立轴 设色纸本　117×87cm
成交价　RMB 42,550,000

石鲁　1959 年作 春忙图
北京荣宝　2019/12/01　LOT 323
镜心 设色纸本　75×93cm
成交价　RMB 7,820,000

石鲁　秋林放牧
北京匡时　2019/07/13　LOT 804
镜心 纸本　101.3×69.8cm
成交价　RMB 5,520,000

石鲁　1962 年作 牧牛图
北京保利　2019/06/04　LOT 2918
立轴 设色纸本　198×52cm
成交价　RMB 9,200,000

石鲁　华岳雄风
北京保利　2019/06/04　LOT 2919
镜心 设色纸本 诗堂 28×76cm；画心 148.5×76cm
成交价　RMB 12,650,000

石鲁　自古华山一条路
中国嘉德　2019/11/18　LOT 926
镜心 设色纸本　142×69cm
成交价　RMB 8,740,000

王雪涛　富贵吉祥
北京荣宝　2019/12/01　LOT 70
八屏立轴 设色纸本　142×45.5cm×8
成交价　RMB 21,850,000

吴昌硕　1916 年作 花卉四屏
北京荣宝　2019/06/13　LOT 351
立轴 设色纸本　126×40.6cm×4
成交价　RMB 9,890,000

吴昌硕　1917 年作 嫣红映锦
北京荣宝　2019/12/01　LOT 365
镜心 设色纸本　135.5×33cm×4
成交价　RMB 5,980,000

吴昌硕　1917 年作 富贵花开
北京保利　2019/06/04　LOT 2901
立轴 设色纸本　152×82cm
成交价　RMB 7,475,000

吴昌硕　1918 年作 三千年结实之桃
西泠印社　2019/12/15　LOT 2928
立轴 设色纸本　96×45cm
成交价　RMB 5,060,000

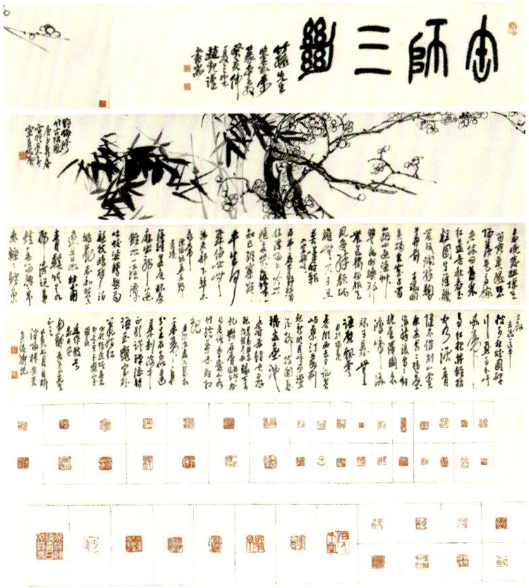

吴昌硕　缶师三绝卷
中国嘉德　2019/06/02　LOT 400
手卷 水墨纸本 引首 23×85cm；画 23×139.5cm；字 18×263.5cm；印 19×213cm
成交价　RMB 6,900,000

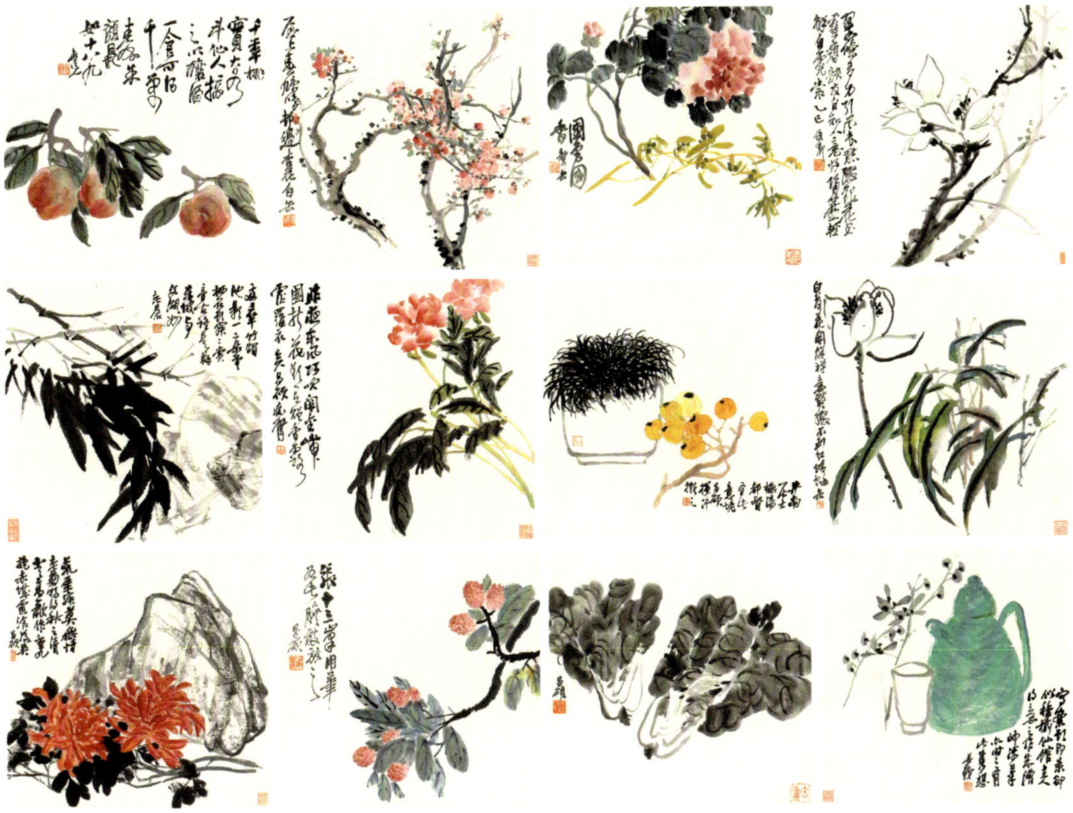

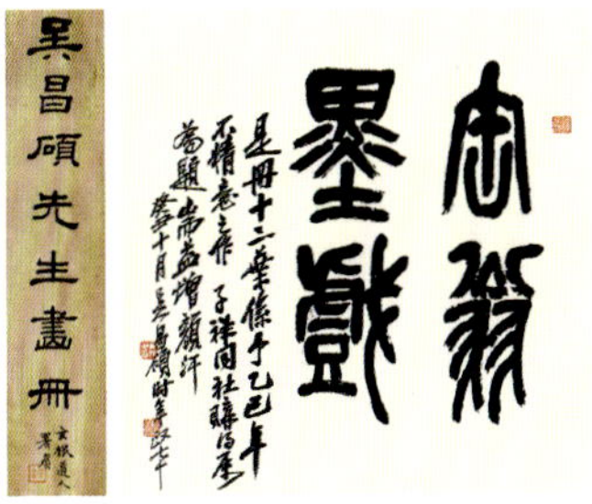

吴昌硕　1905 年作 花卉清供册
中国嘉德　2019/11/18　LOT 893
册页（十二开）设色纸本 画 42×42cm×12；题 41.5×41.5cm
成交价　RMB 25,300,000

吴冠中　1978 年作 桑园
北京保利　2019/06/04　LOT 2849
镜心 设色纸本　69×83cm
成交价　RMB 17,250,000

吴冠中　1983 年作 日照群峰
苏富比香港　2019/10/07　LOT 2772
镜框 设色纸本　96 x 179 cm
成交价　RMB 43,764,149

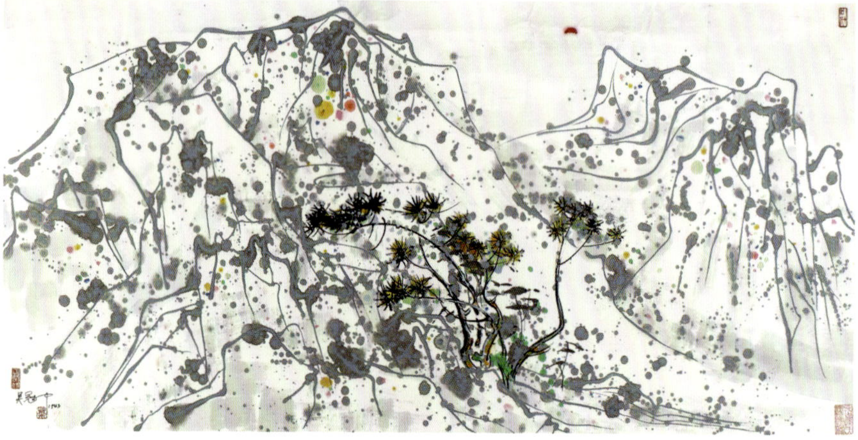

吴冠中　1983 年作 山川松柏
北京瀚海　2019/06/15　LOT 1330
设色纸本　68×138cm
成交价　RMB 11,500,000

吴冠中　1987 年作 奔流
保利香港　2019/04/01　LOT 765
镜心 设色纸本　161×95.5cm
成交价　RMB 10,401,391

吴冠中　1987 年作 榕树与海
保利香港　2019/03/31　LOT 180
水墨 设色纸本　95.5×112.5cm
成交价　RMB 6,118,465

吴冠中　1988 年作 天山脚下
北京荣宝　2019/06/13　LOT 66
镜框 设色纸本　80×95cm
成交价　RMB 7,015,000

吴冠中　1988 年作 玉龙松
北京保利　2019/06/04　LOT 4513
彩墨纸本　93×68.5cm
成交价　RMB 5,750,000

吴冠中　1989 年作 美利坚大峡谷
佳士得香港　2019/11/26　LOT 1262
镜心 设色纸本　123.3 x 170 cm
成交价　RMB 40,569,227

吴冠中　1990 年作 观音
北京荣宝　2019/06/13　LOT 68
镜片 设色纸本　86×68cm
成交价　RMB 5,865,000

吴冠中　1990 年作 绿荫深处
东京中央（香港）2019/05/26　LOT 276
镜心 设色纸本　68.6×136.5cm
成交价　RMB 7,950,548

吴冠中　1992 年作 缠绵
保利香港　2019/04/01　LOT 767
镜心 设色纸本　68×136.5cm
成交价　RMB 8,259,928

吴冠中　1990 年作 老虎
中国嘉德　2019/11/18　LOT 943
镜心 设色纸本　68×137cm
成交价　RMB 6,670,000

吴冠中　1996 年作 野藤明珠
广州华艺　2019/12/28　LOT 75
镜框 水墨纸本　124×247cm
成交价　RMB 51,175,000

吴冠中　20 世纪 80 年代作 墙
苏富比香港　2019/10/07　LOT 2774
镜框 纸本设色　67 x 137 cm
成交价　RMB 9,849,514

吴冠中　20 世纪 80 年代作 双燕
苏富比香港　2019/10/07　LOT 2800
镜框 纸本设色　68.8 x 137.5 cm
成交价　RMB 35,586,585

吴冠中　20 世纪 80 年代作 月下玉龙山
北京保利　2019/12/02　LOT 2772
镜心 设色纸本　95.5×177.5cm
成交价　RMB 17,250,000

吴冠中　弥勒佛
北京荣宝　2019/06/13　LOT 67
镜心 设色纸本　81×149cm
成交价　RMB 17,710,000

吴冠中　江南人家
北京保利　2019/12/02　LOT 2810
镜心 设色纸本　65×130cm
成交价　RMB 7,130,000

吴冠中　狮子林
中国嘉德　2019/06/02　LOT 383
镜心 设色纸本　144×297cm
成交价　RMB 143,750,000

吴冠中　龙翔凤翥
佳士得纽约　2019/03/20　LOT 818
卷轴 设色纸本　68.5 x 135.5 cm
成交价　RMB 6,608,433

吴湖帆　1945 年作　密林巨嶂中堂
山东天承　2019/10/23　LOT 643
镜心 设色纸本　125.5×62cm；130×20.5cm×2
成交价　RMB 18,975,000

吴湖帆　1948 年作　秋岭横云
中国嘉德　2019/06/02　LOT 386
立轴 设色纸本　129.5×60cm
成交价　RMB 25,875,000

吴湖帆　1949 年作　宝带垂虹
上海明轩　2019/04/28　LOT 161
立轴 设色纸本　111.5×52.5cm
成交价　RMB 6,325,000

吴湖帆　1958 年作　庐山瀑布图
西泠印社　2019/12/15　LOT 3082
立轴 设色纸本 45.5×67cm
成交价　RMB 9,200,000

吴湖帆　1958 年作　溪山秋晓图
广州华艺　2019/08/10　LOT 110
镜框 设色纸本　23.5×98cm
成交价　RMB 18,400,000

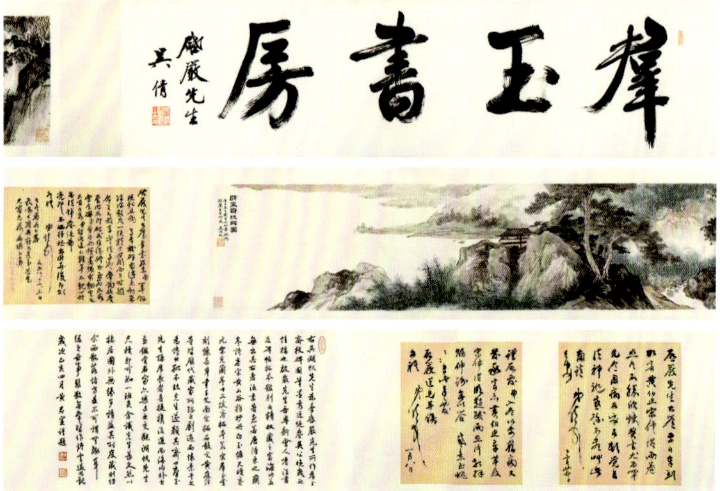

吴湖帆　1960 年作　群玉斋校碑图
上海明轩　2019/12/20　LOT 166
手卷 设色纸本　28×126.5cm
成交价　RMB 6,095,000

吴湖帆　仿沈石田蔬果卷
山东天承　2019/10/23　LOT 645
手卷 设色纸本　30.5×366cm
成交价　RMB 10,005,000

谢稚柳　1944 年作 埜塘消暑图
上海匡时　2019/06/21　LOT 331
立轴 纸本　158×81cm
成交价　RMB 5,175,000

谢稚柳　1978 年作 虬松图
西泠印社　2019/07/06　LOT 778
镜片 设色纸本　169×375cm
成交价　RMB 18,400,000

谢稚柳　1985 年作 竹禽图
中国嘉德　2019/11/18　LOT 947
立轴 设色纸本　164×81.5cm×4
成交价　RMB 22,425,000

徐悲鸿　1930 年作 扶馀国主
北京保利　2019/06/04　LOT 2899
立轴 设色纸本　81.6×50cm
成交价　RMB 22,425,000

徐悲鸿　1932 年作 庐山泉石
北京保利　2019/12/02　LOT 2846
镜心 水墨纸本　111×108cm
成交价　RMB 9,775,000

徐悲鸿　1934 年作 奔马
中国嘉德　2019/06/02　LOT 380
镜心 设色纸本　76×129cm
成交价　RMB 7,820,000

徐悲鸿 1934 年作 郊原三骏
苏富比香港 2019/10/07 LOT 2740
镜框 纸本设色 110×107.5 cm
成交价 RMB 8,234,104

徐悲鸿 1936 年作 三吉图
保利香港 2019/04/01 LOT 772
立轴 设色纸本 76×50cm
成交价 RMB 5,608,593

徐悲鸿 1937 年作 放牧
苏富比香港 2019/10/07 LOT 2738
镜框 设色纸本 130.6×77 cm
成交价 RMB 14,157,274

徐悲鸿 1938 年作 四季有喜
上海匡时 2019/06/21 LOT 288
镜心 纸本 139×54cm
成交价 RMB 7,590,000

徐悲鸿　1938 年作　日暮倚修竹
苏富比香港　2019/10/07　LOT 2881
立轴 纸本设色　109.7×42.5cm
成交价　RMB 7,157,164

徐悲鸿　1938 年作　雄狮侧目
北京保利　2019/12/02　LOT 2774
立轴 设色纸本　113.7×110cm
成交价　RMB 39,675,000

徐悲鸿　1940 年作　暖春
北京保利　2019/06/04　LOT 2880
立轴 设色纸本　109.5×35 cm
成交价　RMB 5,692,500

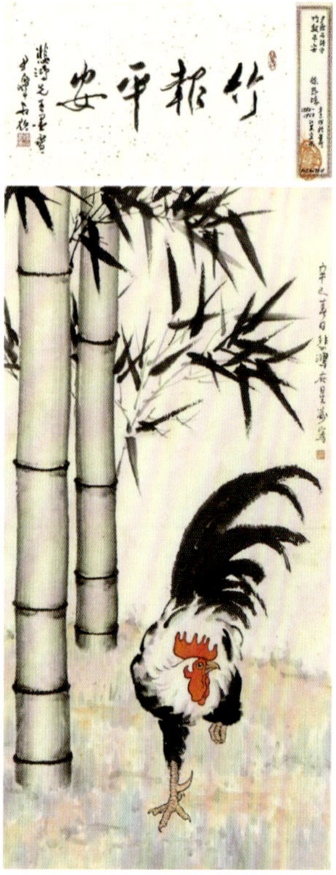

徐悲鸿　1941 年作　竹报平安
北京保利　2019/06/04　LOT 2875
立轴 设色纸本　102×51cm
成交价　RMB 5,635,000

徐悲鸿　1941 年作　柏树仕女
北京匡时　2019/07/13　LOT 820
立轴 纸本　152×77.5cm
成交价　RMB 7,590,000

徐悲鸿　落花人独立
中贸圣佳　2019/11/30　LOT 623
立轴 设色纸本　100×38cm
成交价　RMB 13,685,000

徐悲鸿　1947 年作 双骏图
北京匡时　2019/07/13　LOT 821
立轴 纸本　111.5×72cm
成交价　RMB 6,095,000

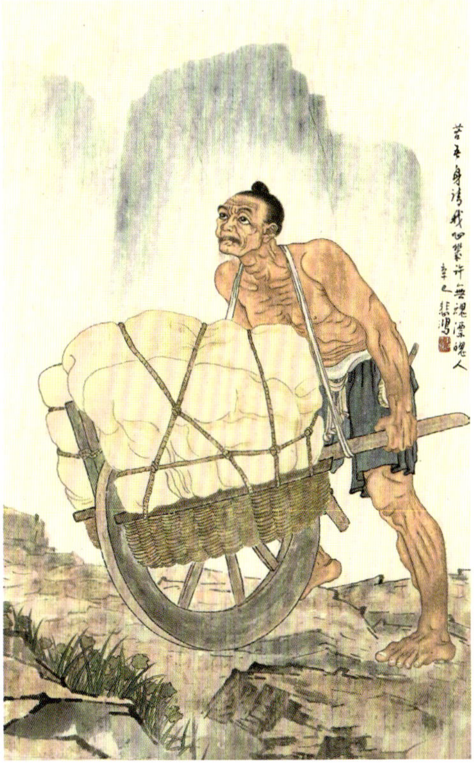

徐悲鸿　1941 年作 推谷图
苏富比香港　2019/04/02　LOT 1393
立轴 纸本设色　104×66.1cm
成交价　RMB 5,854,887

徐悲鸿　1943 年作 雄狮
北京保利　2019/06/04　LOT 2898
立轴 设色纸本　105×60cm
成交价　RMB 20,125,000

徐悲鸿　奔马
北京东方大观　2019/12/03　LOT 233
镜心 设色纸本　77×132cm
成交价　RMB 6,670,000

徐悲鸿　奔马
北京瀚海　2019/06/15　LOT 460
镜心 水墨纸本　68×97cm
成交价　RMB 6,785,000

于非闇　1943 年作 四时有喜
广州华艺　2019/12/28　LOT 47
镜框 设色纸本　134×68cm
成交价　RMB 6,267,500

于非闇　1945 年作 时乐鸟图
苏富比香港　2019/04/02　LOT 1389
镜框 设色纸本　129×61.8cm
成交价　RMB 5,336,373

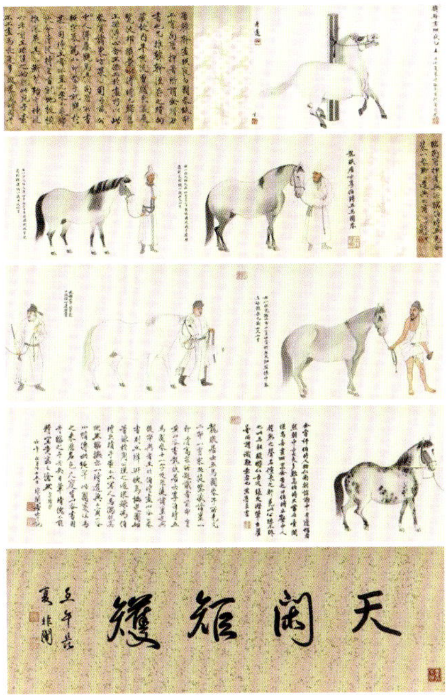

于非闇　临《照夜白》《五马图》合卷
中国嘉德　2019/06/02　LOT 417
手卷 设色纸本 引首 28×85cm
画 1:　28×43.5cm；2:　28×214cm
跋 1:　28×48.5cm；2:　28×49cm
成交价　RMB 5,750,000

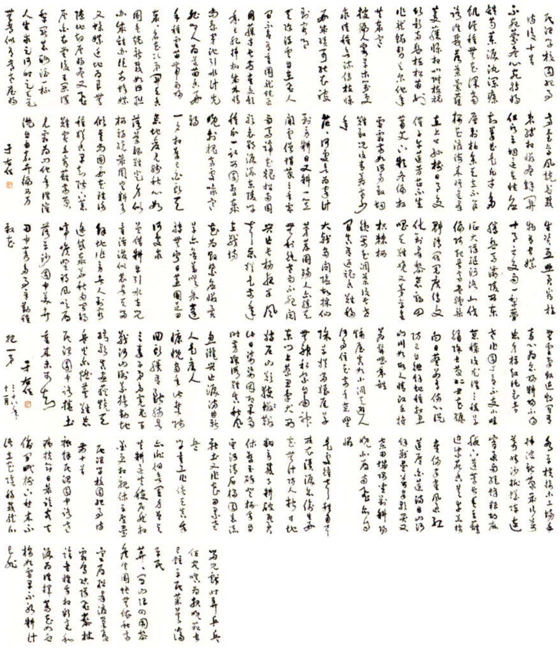

于右任　1949 年作 草书 民治学校园记事诗二十首
上海匡时　2019/06/21　LOT 368
册页（二十七开）纸本 30×32.5cm×27
成交价　RMB 5,347,500

张大千　1928 年作　黄山扰龙松
广州华艺　2019/05/27　LOT 7
立轴 设色纸本　137.5×68.5cm
成交价　RMB 5,097,600

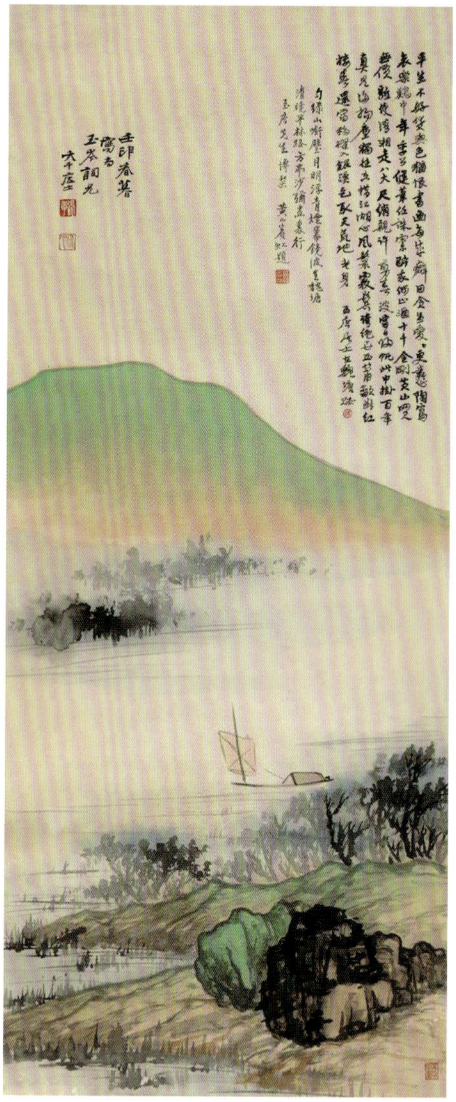

张大千　1932 年作　为谢玉岑作魏塘图
西泠印社　2019/12/15　LOT 3131
镜片 设色纸本　129.5×54.5cm
成交价　RMB 5,175,000

张大千　1935 年作　杜甫诗意图卷
北京保利　2019/06/04　LOT 2834
手卷 设色纸本　画心 45×603cm；引首 45×116cm
成交价　RMB 10,350,000

张大千 1937 年作 陶圃松菊图
广州华艺 2019/12/28 LOT 61
立轴 设色纸本 165×64.5cm
成交价 RMB 22,885,000

张大千 1939 年作 灵猿戏涧
北京保利 2019/06/04 LOT 2864
镜心 水墨纸本 147.5×50cm
成交价 RMB 6,900,000

张大千 1940 年作 太平景象
广州华艺 2019/11/24 LOT 24
立轴 设色纸本 125×54.5cm
成交价 RMB 23,234,200

张大千 1942 年作 白描观音
广州华艺 2019/05/27 LOT 3
立轴 水墨绢本 167×69cm
成交价 RMB 19,370,880

张大千 1944 年作 秋林图
上海明轩 2019/12/20 LOT 66
立轴 设色纸本 117×65cm
成交价 RMB 7,647,500

张大千 1947 年作 云山渔隐
北京保利 2019/06/04 LOT 2129
立轴 设色纸本 107×50cm
成交价 RMB 5,750,000

张大千　1946 年作　春愁
中国嘉德　2019/11/18　LOT 910
立轴 设色纸本　92×47.5cm
成交价　RMB 9,890,000

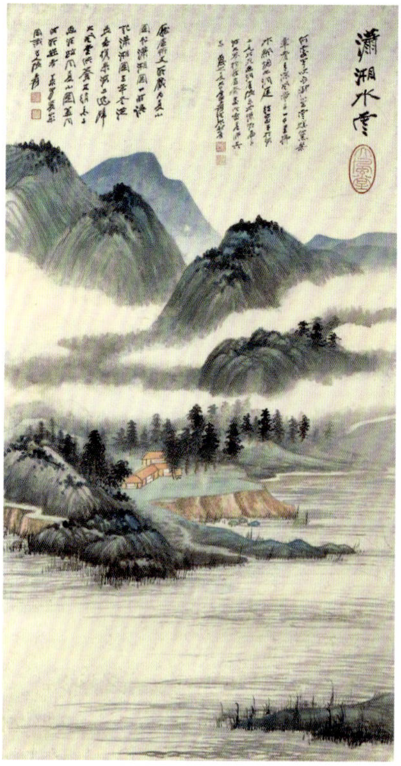

张大千　1946 年作　潇湘水云
苏富比香港　2019/04/02　LOT 1440
镜框 设色纸本　115.2x61cm
成交价　RMB 6,165,996

张大千　1947 年作　仿石涛华阳仙馆
北京保利　2019/11/20　LOT 3245
立轴 设色纸本　167×63 cm
成交价　RMB 6,957,500

张大千　1949 年作　匡庐图 · 行书自作词
中国嘉德　2019/11/18　LOT 866
成扇 设色金笺 水墨金笺　28×82cm
成交价　RMB 7,475,000

张大千　1948 年作 白茶花
广州华艺　2019/11/24　LOT 25
镜框 设色纸本　89.8×44.9cm
成交价　RMB 8,660,020

张大千　1950 年作 寂乡舞
苏富比香港　2019/04/02　LOT 1383
镜框 设色纸本　100x 53.8 cm
成交价　RMB 13,114,083

张大千　1960 年作 策杖寻幽并行书七言联
北京保利　2019/12/02　LOT 2877
立轴 水墨纸本　画 141×69cm；字 136×34cm×2
成交价　RMB 7,590,000

张大千　1948 年作 翠盖风裳
苏富比香港　2019/10/07　LOT 2765
立轴 设色纸本　166.5x84.5 cm
成交价　RMB 8,234,104

张大千　1950 年作　碧荷
广州华艺　2019/05/27　LOT 5
立轴 设色纸本　140×69cm
成交价　RMB 15,802,560

张大千　1950 年作　老树清猿
苏富比香港　2019/04/02　LOT 1247
立轴 设色纸本　131.5 x 60.6 cm
成交价　RMB 13,425,192

张大千　1952 年作　黄山松云
苏富比香港　2019/10/07　LOT 2756
镜框 设色纸本　40.5x180 cm
成交价　RMB 14,157,274

张大千 1947 年作 仿顾恺之醉舞图
北京保利 2019/06/04 LOT 2906
镜心 设色纸本 125×60cm
成交价 RMB 42,550,000

张大千 1949 年作 唐人仕女图
广州华艺 2019/08/10 LOT 212
镜框 设色纸本 112×48cm
成交价 RMB 12,650,000

张大千 1949 年作 执扇仕女
苏富比香港 2019/04/02 LOT 1386
镜框 设色纸本 113.4x42.8 cm
成交价 RMB 5,854,887

张大千 1953 年作 惊才绝艳
广州华艺 2019/05/27 LOT 8
镜框 设色纸本 135.2×57.5cm
成交价 RMB 83,600,640

张大千 1961 年作 秋居图
广州华艺 2019/05/27 LOT 2
镜框 设色纸本 89×48.5cm
成交价 RMB 5,607,360

张大千 1961 年作 松岛泛舟图
东京中央（香港）2019/11/24 LOT 224
立轴 设色纸本 145×73.6cm
成交价 RMB 6,295,612

张大千　1962 年作　黄山奇松通景
北京保利　2019/06/04　LOT 2904
立轴　设色纸本　207×148.5cm×2
成交价　RMB 57,500,000

张大千　1963 年作　桂林龙隐岩
北京保利　2019/12/02　LOT 2766
立轴　设色纸本　180×95.7cm
成交价　RMB 15,525,000

张大千　1967 年作　秋壑松泉
苏富比香港　2019/10/07　LOT 2797
镜框　设色纸本　86x147cm
成交价　RMB 15,234,214

张大千 1969 年作 伊吾闾瑞雪图
苏富比香港 2019/04/02 LOT 1415
镜框 设色纸板 101x196 cm
成交价 RMB 140,573,466

张大千 1970 年作 春山暮雪
北京保利 2019/12/02 LOT 2839
镜心 设色绢本 70×163cm
成交价 RMB 23,000,000

张大千 1975 年作 山岚初晴
保利香港 2019/04/01 LOT 769
镜心 设色纸本 54×96cm
成交价 RMB 8,157,954

张大千 1972 年作 坐忘册
北京保利 2019/12/02 LOT 2840
册页 设色纸本 44×52cm×10
成交价 RMB 23,575,000

张大千　1976 年作　四时花卉
苏富比香港　2019/10/07　LOT 2864
镜框 设色纸本　68.7 x 135.4 cm
成交价　RMB 6,080,224

张大千　1979 年作　云海群峰
北京保利　2019/06/04　LOT 2839
立轴 设色纸本　68.8×136.5cm
成交价　RMB 11,500,000

张大千　1979 年作　春云晓霭
中国嘉德　2019/06/02　LOT 388
镜心 设色纸本　68×136cm
成交价　RMB 10,350,000

张大千　1981 年作　泼墨云山
中国嘉德（香港）2019/10/08　LOT 1557
镜心 设色纸本　75×179.5cm
成交价　RMB 8,391,158

张大千 1982 年作 灵岩山色图
中国嘉德 2019/06/02 LOT 390
镜心 设色纸本 65×149cm
成交价 RMB 17,825,000

张大千 爱痕湖一隅
苏富比香港 2019/04/02 LOT 1302
镜框 设色金箔 31.5 x 60.3 cm
成交价 RMB 8,965,971

张大千 翠岭飞瀑
佳士得香港 2019/05/28 LOT 1241
纸板镜框 设色纸本 45.5 x 52 cm
成交价 RMB 5,500,569

张大千　秋林人醉图
北京荣宝　2019/12/01　LOT 331
立轴 设色纸本　130×49cm
成交价　RMB 5,290,000

张大千　长生殿
北京保利　2019/06/04　LOT 2905
立轴 设色纸本　113×62cm
成交价　RMB 31,625,000

张大千　山居图
北京保利　2019/06/04　LOT 2841
立轴 设色纸本　193×101cm
成交价　RMB 30,475,000

张大千　白云堂图
嘉德（香港）　2019/10/08　LOT 1518
手卷 水墨纸本　引首（一）28.5×96cm；
（二）28.5×81cm；画心 28×167cm；后跋 28×263cm
成交价　RMB 33,340,268

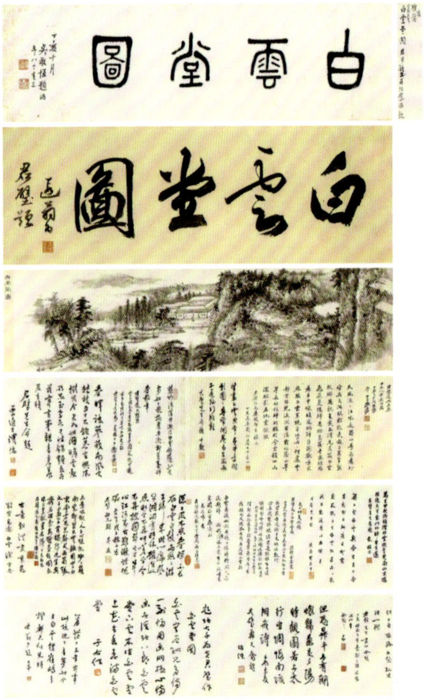

张善孖　1935 年作　黄山神虎图
西泠印社　2019/12/15　LOT 3304
立轴 设色纸本　360×134cm
成交价　RMB 5,750,000

赵少昂　1939 年作 松花月影图
中国嘉德　2019/11/18　LOT 949
横披 设色纸本　105.5×437.5cm
成交价　RMB 5,290,000

赵少昂　白孔雀红柿图
佳士得香港　2019/05/28　LOT 1449
立轴 纸本设色　175 x 81cm
成交价　RMB 6,952,409

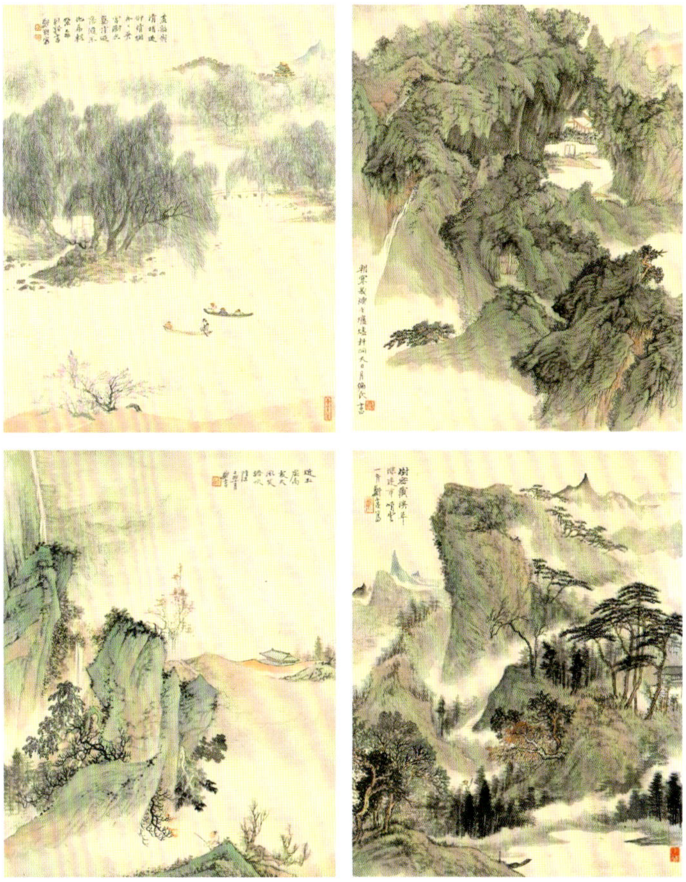

郑午昌　1939 年作 梦窗诗意山水册（部分）
苏富比香港　2019/10/07　LOT 2885
册页（十二开）设色纸本　36×29cm×12
成交价　RMB 14,695,744

曹俊　2018 年作　千年一遇
保利香港　2019/10/06　LOT 553
镜心 纸本水墨矿物颜料　300×94cm×3
成交价　RMB 9,030,591

范曾　1975 年作　遵义人民迎红军
北京保利　2019/12/02　LOT 2817
镜心 设色纸本　112×262cm
成交价　RMB 6,900,000

范曾　1982 年作　八仙图
苏富比香港　2019/10/07　LOT 2775
立轴 设色纸本　143.2×546.4cm
成交价　RMB 6,654,520

范曾 1999 年作 吾马既宝
北京荣宝 2019/12/01 LOT 221
设色纸本 174×368cm
成交价 RMB 8,970,000

郭石夫 2011 年作 香雪
北京荣宝 2019/12/01 LOT 1222
镜心 设色纸本 148×360cm
成交价 RMB 7,820,000

黄永玉 2004 年作 百鹤图
中鸿信 2019/05/30 LOT 5
镜心 设色纸本 130×260cm
成交价 RMB 8,050,000

黄永玉 打牙祭
山东天承 2019/10/23 LOT 755
镜心 设色纸本 68.2×137.8cm
成交价 RMB 6,670,000

任重　2010 年作 西园雅集图
北京保利　2019/12/02　LOT 1319
镜心 设色纸本　96×418cm
成交价　RMB 9,545,000

李华弌　2014 年作 北斗之虚
苏富比香港　2019/10/05　LOT 1036
绢本设色　96×83.5cm
成交价　RMB 5,352,882

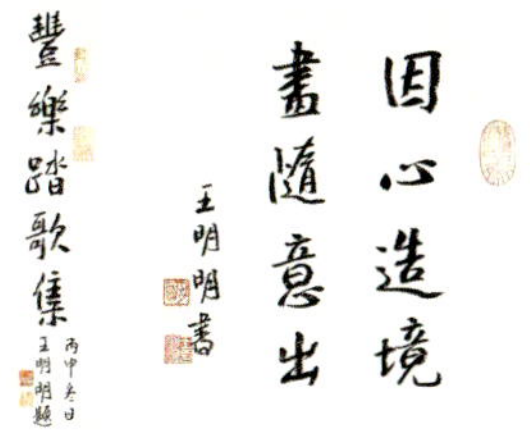

王明明　2016 年作　丰乐踏歌集
中国嘉德（香港）2019/03/30　LOT 446
册页（十六开）设色纸本　27×64cm×16
成交价　RMB 5,098,721

杨善深　1941 年作　合家欢
广州华艺　2019/12/29　LOT 631
镜框 设色纸本　94×173cm
成交价　RMB 5,520,000

流传序列

德鲁奥饭店 (Drouot Hotel)，1966 年，法国巴黎

易・毕朵（Yves Bideau），法国巴黎

尚・克劳德・希耶戴（Jean Claude Riede），法国巴黎

艾立克・爱德华（Eric Edward），法国巴黎

苏富比台北，1993 年 10 月 17 日，LOT18，国巨基金会收藏，中国台湾

罗芙奥香港，2011 年 5 月 30 日，LOT19

佳士得香港，2019 年 11 月 23 日，LOT7

著录

1. 台北市立美术馆《中国－巴黎：早期旅法画家回顾展专辑》，台北市立美术馆，1988 年，第 107 页。
2. 台北市立美术馆《美术论丛 15：中国－巴黎：早期旅法中国画家研究》，台北市立美术馆，1989 年，第 159 页。
3. 淡水艺文中心《常玉》，淡水艺文中心，1994 年，第 17 页。
4. 陈炎峰《华裔美术选集 I——常玉》，艺术家出版社，1995 年，第 82 页。
5. 刘太乃《华人艺术市场》，皇冠出版社，1996 年。
6. 锦绣出版社《中国巨匠美术周刊——常玉》，锦绣出版社，1997 年，第 24 页。
7. 衣淑凡《常玉油画全集》，国巨基金会与大未来艺术出版社，2001 年，第 146 页至第 147 页。
8. 顾跃《世界名画家全集——常玉》，河北教育出版社，2007 年，第 38 页至第 139 页。
9. 德勒斯登国立美术馆《玛丹娜遇见毛泽东》，德勒斯登国立美术馆，2008 年，第 54 页。
10. 苏富比香港《世纪藏臻：二十世纪中国艺术大师作品展》，苏富比香港，2010 年，第 46 页至第 47 页。

展览

中国－巴黎：早期旅法画家回顾展，台北市立美术馆，台北，1988.3.26~1988.6.26

常玉，淡水艺文中心，台北，1994.8.18~1994.9.4

玛丹娜遇见毛泽东，德勒斯登国立美术馆，德国，2008.10.31~2009.1.11

世纪藏臻：二十世纪中国艺术大师作品展，香港会议展览中心，香港，2010.10.2~2010.10.7

常玉 20 世纪 50 年代作 五裸女
佳士得香港　2019/11/23　LOT7
画布 油彩　120×172cm
成交价　RMB 272,811,338

按语

“裸女”是常玉擅长描绘的主题，此幅油画创作于 20 世纪 50 年代，画中五位体态丰腴的模特几乎占了整个空间，绛紫及杏黄的背景与裸女乳白的肌肤形成强烈的色彩对比，给观者带来极大的视觉震撼。五位“女主角”姿态各异，充满魅力与自信，令人神迷。《五裸女》不仅是常玉“裸女”系列的典范之作，艺术家创作生涯中尺幅最大的裸女油画作品，更是目前在公共及私人收藏中，唯一一幅画有五位裸女的珍稀之作。

常玉在 1921 年远赴法国巴黎，进入“大茅屋工作室”学习和创作，接触到当时活跃于巴黎画坛的多位艺术家，其中包括吉斯林 (Moïse Kisling)、贾科梅蒂 (Alberto Giacometti)，藤田嗣治（Léonard Tsugouharu Foujita）等人，他们聚首于文艺中心的蒙帕那斯区，以无比的创作热情和独特的风格形成“巴黎画派”。巴黎画派并没有一个统一的风格，而是在一个自由开放的环境下，让不同文化背景的艺术家在巴黎吸收新养分，发展出具有个人背景特征的作品。无数的中国艺术家努力寻找中西融合的创作风格，《五裸女》便是这个探索旅程的完美典范。常玉以中国意境为中心，表现出古典和现代，水墨和油彩，线条和色彩的圆满结合，把中国的油画创作带入新的领域，对中国现代绘画发展起着承前启后的重要影响。

在《五裸女》中，常玉以流畅快意、浓淡不一的书法线条，勾勒出模特婀娜多姿的身体曲线，这些线条信笔而成，转折处若断若续，规整而兼流动，体态流露出一份古拙的韵味。他又以简率的笔触点出裸女的杏眼红唇，呈现肤如凝脂、唇若点樱的古典美人形象，洋溢着豆蔻初绽的青春气息。常玉在笔法变化及墨韵的运用上，发挥了中国书法中以简练圆熟的线条表现抒情的

诗意。常玉自 20 年代始用水墨与铅笔绘画大量的人体素描，这种讲究轮廓线高度理解力和灵动的控制能力的绘画技巧，无疑影响后期的油画作品呈现出一笔成型、迅捷有力的圆润线描，《五裸女》即为最成熟圆练之作。

《五裸女》的成就在于将中国的“大道至简”艺术观念中融入西方现代主义思维，脱离中西学院派的拘谨刻板，创造出独特的画风，达到文人理想的最高境界：“拙”之美。这种“拙”之美体现在简率的线条表现、直接干脆的用色及纯粹和谐的构图上，令所描绘的女性之美和艺术性超越了常玉以往所有同类作品，是常玉甚至近现代美术史中描写女性人体的典范之作。

31.6% 的增长，成交率为 67.5%，较 2017 年微跌；海外市场表现出众，成交率由 2017 年的 34.2% 升至 62.6%，成交额为 2.0 亿元人民币，较 2017 年同比增长 9.2%，呈现出稳步爬升的态势。

常玉　1930 ~ 1940 年作 盆花
苏富比香港　2019/10/05　LOT 1034
布面 油画　92x60.3cm
成交价　RMB 39,164,269

常玉 1930 年作 中国花布上的粉红裸女
苏富比香港　2019/10/05　LOT 1030
布面 油画　45.2x81.2cm
成交价　RMB 44,786,345

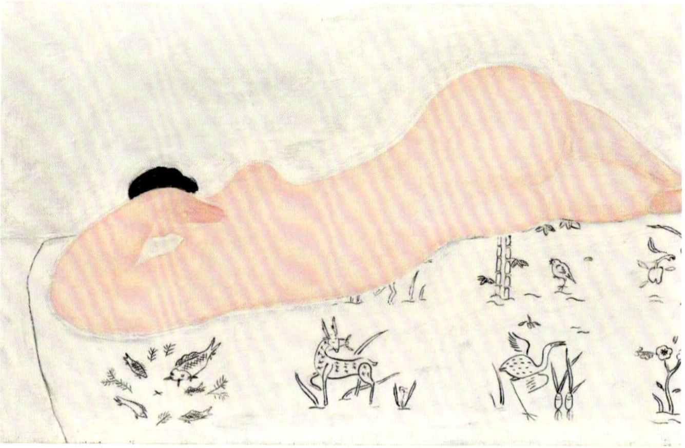

常玉　20 世纪 50 年代作 红桌上的瓶菊
罗芙奥　2019/12/01　LOT 146
纤维板 油彩　62×92cm
成交价　RMB 67,564,800

常玉　1931 年作 白瓶粉红菊
中国嘉德　2019/11/16　LOT 2009
布面 油画　100×70.5cm
成交价　RMB 55,200,000

常玉　20 世纪 50 年代作 五裸女
佳士得香港　2019/11/23　LOT 7
纤维板 油彩　120x172cm
成交价　RMB 272,811,338

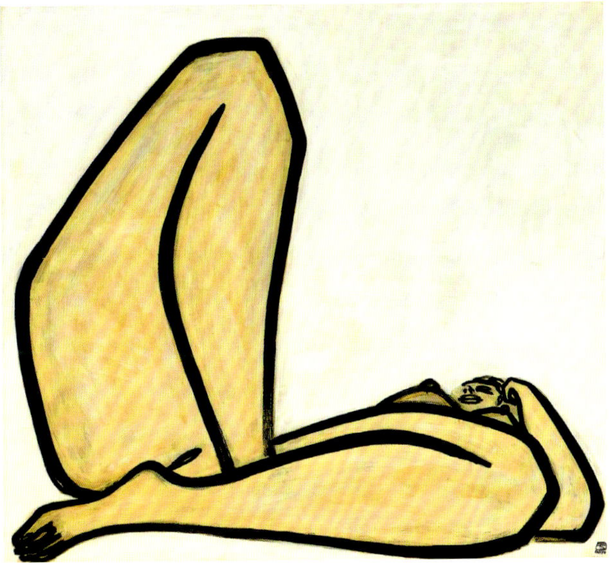

常玉 1965 年作 曲腿裸女
苏富比香港 2019/10/05 LOT 1029
纤维板 油彩 122.5x135cm
成交价 RMB 177,671,766

常玉 约 20 世纪 50 年代作 聚瑞盈香
北京保利 2019/12/03 LOT 1668
木板 油画 64×53cm
成交价 RMB 77,050,000

常玉 粉底白瓶花
保利香港 2019/10/06 LOT 155
画布 油彩 34.5×24cm
成交价 RMB 12,384,810

陈逸飞 琵琶仕女
上海明轩 2019/12/20 LOT 167
画布 油彩 147.5×97cm
成交价 RMB 10,235,000

蔡国强 2002 年作 APEC 景观焰火表演草图 欢乐颂
北京保利 2019/06/04 LOT 4563
纸本 油彩火药爆破 300×400cm
成交价 RMB 6,670,000

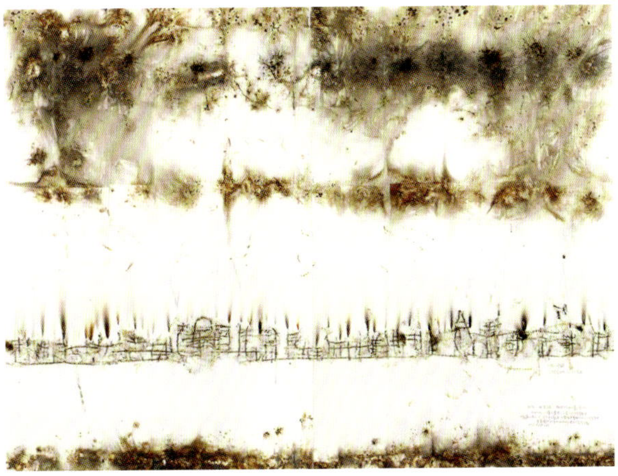

陈逸飞 1996 年作 绿绿的草原
中国嘉德 2019/06/03 LOT 2069
布面 油画 200×250cm
成交价 RMB 14,950,000

陈逸飞　琵琶倩影
上海明轩　2019/12/20　LOT 168
画布 油彩　191×81cm
成交价　RMB 5,750,000

丁衍庸　1969 年作 橘色仕女
中国嘉德　2019/11/16　LOT 2012
布面 油画　91×60.5cm
成交价　RMB 6,095,000

关良　80 年代作 桃子与花
西泠印社　2019/12/14　LOT 1300
布面 油画　71×56cm
成交价　RMB 6,785,000

方力钧　2002 年作 2002.1.10
北京保利　2019/06/04　LOT 4553
布面 油画　399.5×175.5cm×4
成交价　RMB 10,350,000

郭绍纲 恽圻苍　1972 年作
毛主席带领我们在大风大浪中前进
北京保利　2019/06/04　LOT 4519
布面 油画　163×329cm
成交价　RMB 11,500,000

何多苓　1996 年作 无题
北京保利　2019/06/04　LOT 4543
布面 油画　100×81cm
成交价　RMB 5,175,000

何多苓　2017 年作 俄罗斯森林（黄金时代）普希金·自由
保利香港　2019/03/31　LOT 150
画布 油彩　200×150cm
成交价　RMB 5,914,516

靳尚谊　1983 年作 双人体
中国嘉德　2019/11/16　LOT 2032
布面 油画　102×110cm
成交价　RMB 63,250,000

贾蔼力　2006 年作 无名日
中贸圣佳　2019/11/30　LOT 6110
画布 油彩　300×500cm
成交价　RMB 9,647,500

李真　2001 年作 大士骑龙
中国嘉德（香港）2019/10/07　LOT 135
铜塑　248×163×196cm
成交价　RMB 10,042,466

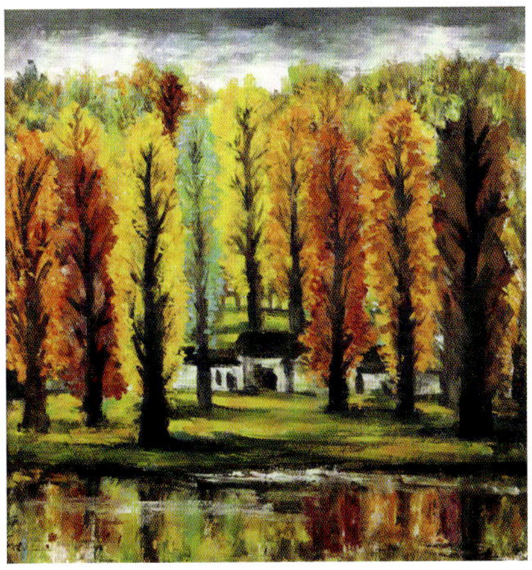

林风眠　1950 年作 风景
广州华艺国际　2019/12/28　LOT 8077
布面 油画　70×70cm
成交价　RMB 7,475,000

林风眠　1960年作 戏剧系列：关羽义释曹操
佳士得香港　2019/05/25　LOT 44
画布 油彩　56.8x41.7cm
成交价　RMB 5,811,678

林风眠　1960年作 戏剧系列：宇宙锋
佳士得香港　2019/05/25　LOT 45
画布 油彩　56.8x41.7cm
成交价　RMB 9,233,870

林寿宇　1958年作 15-7-58
保利香港　2019/03/31　LOT 190
画布 油彩　122×215cm
成交价　RMB 6,118,465

林寿宇　1964年作 1.3.1964-绘画浮雕
邦瀚斯香港　2019/05/27　LOT 8
画布 油彩 铝板 有机玻璃　137.1x116.9cm
成交价　RMB 5,336,913

刘海粟　1957年作 斗鸡
西泠印社　2019/12/14　LOT 1298
布面 油画　92×71cm
成交价　RMB 17,250,000

刘海粟　1957年作 苏州河
西泠印社　2019/12/14　LOT 1297
布面 油画　72×104cm
成交价　RMB 36,340,000

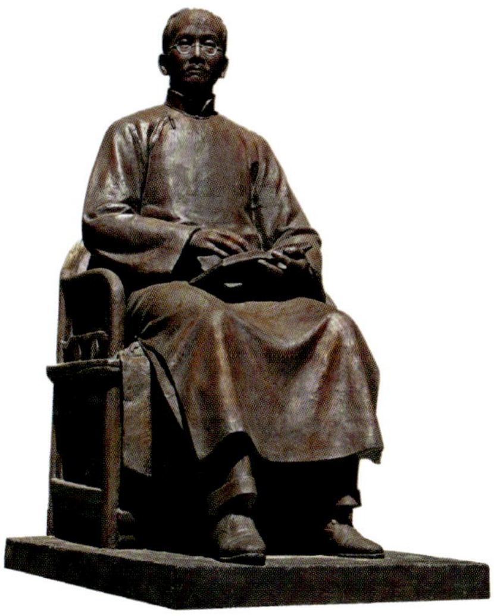

刘开渠 1987 年创作 蔡元培坐像
北京保利 2019/06/04 LOT 4522
铸铜 280×138×195cm
成交价 RMB 7,475,000

刘炜 1999 ~ 2001 年作 无题
中国嘉德 2019/06/03 LOT 2085
布面 油画 200×150cm
成交价 RMB 7,245,000

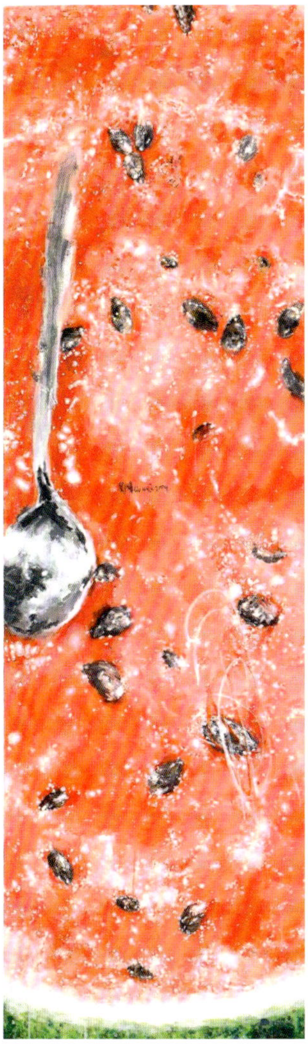

刘炜 2004 年作 西瓜
苏富比香港 2019/10/06 LOT 1139
画布 亚克力 200x60cm
成交价 RMB 6,511,000

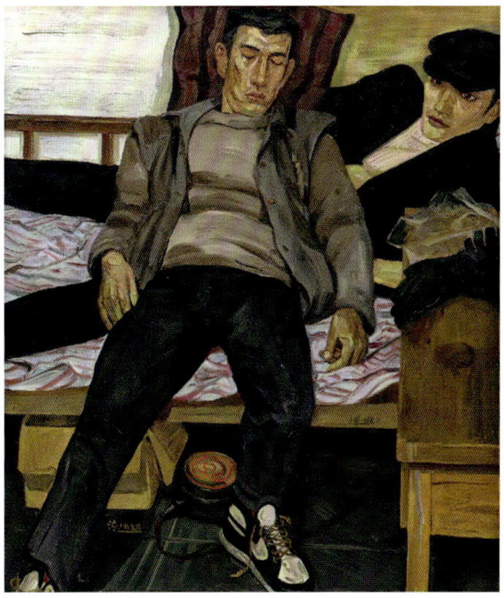

刘小东 1988 年作 休息
中国嘉德 2019/06/03 LOT 2071
布面 油画 138×120cm
成交价 RMB 11,270,000

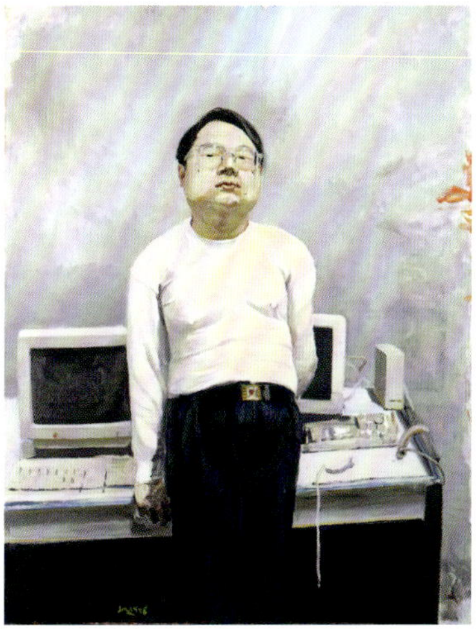

刘小东 1996 年作 电脑领袖
北京保利 2019/06/04 LOT 4548
布面 油画 230×180cm
成交价 RMB 46,000,000

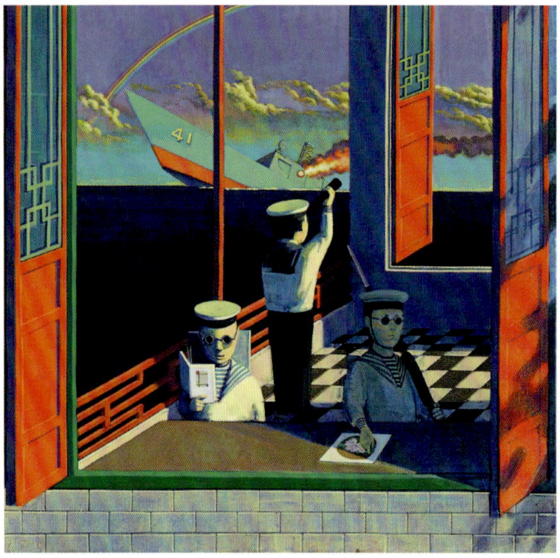

刘野　1995 年作 失去平衡
中国嘉德（香港） 2019/10/07　LOT 19
画布 亚克力彩 油彩　65×65cm
成交价　RMB 19,743,900

刘野　2002 年作 蓝
佳士得香港　2019/11/23　LOT 41
画布 亚克力 油彩　100x80cm
成交价　RMB 15,727,811

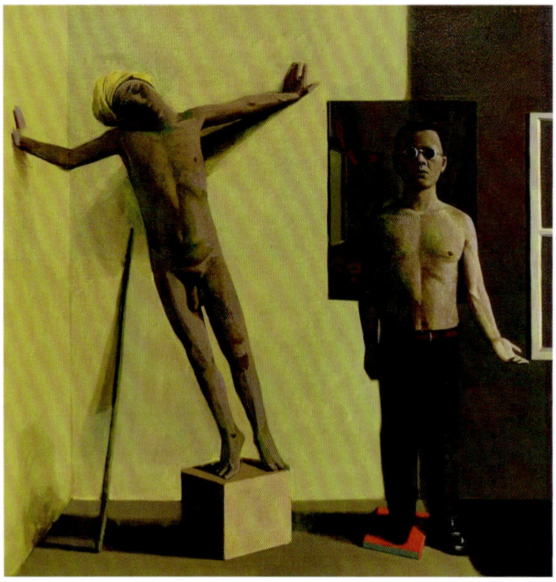

刘野　1991 年作 马拉之死
中国嘉德　2019/06/03　LOT 2090
布面 丙烯　45×45cm
成交价　RMB 5,520,000

刘野　1995 年作　她不怯对蒙德里安
富艺斯香港　2019/11/24　LOT 7
画布 亚克力 油彩　200x170cm
成交价　RMB 23,827,298

刘野　1998~2009 年作 战舰的肖像
佳士得香港　2019/05/25　LOT 67
画布 亚克力　60x360cm
成交价　RMB 17,218,986

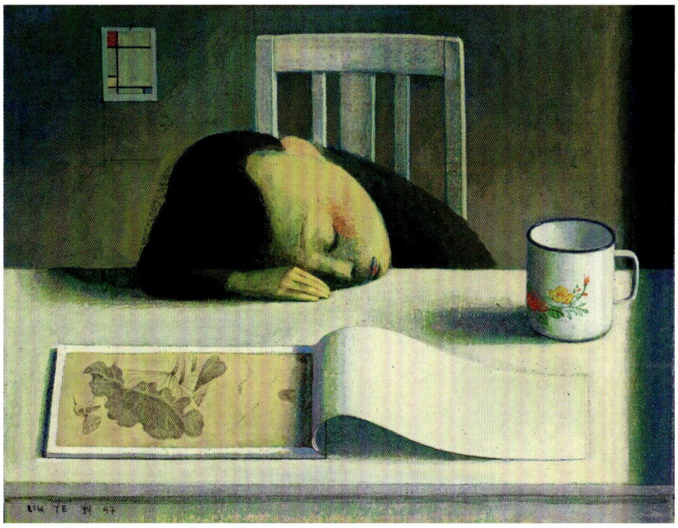

刘野 1997 年作 白日梦
佳士得香港 2019/05/26 LOT 453
画布 亚克力 22x29cm
成交价 RMB 6,330,192

刘野 1999 年作 我是一个士兵
苏富比香港 2019/10/06 LOT 1132
画布 亚克力 60x40cm
成交价 RMB 10,064,902

刘野 2001~2002 年作 烟
苏富比香港 2019/10/06 LOT 1108
画布 亚克力 178x356.5cm
成交价 RMB 46,830,736

刘野 2000 年作 合唱团
佳士得香港 2019/11/24 LOT 407
画布 亚克力 38x45cm
成交价 RMB 10,127,723

刘野 2001 年作 爱是浪漫的
苏富比香港 2019/04/01 LOT 527
画布 亚克力 150x150cm
成交价 RMB 8,136,349

刘野　2007年作 M的肖像
北京保利　2019/12/03　LOT 1654
布面 丙烯　60×45cm
成交价　RMB 8,395,000

刘野　2004年作 美人鱼
中国嘉德　2019/11/16　LOT 2027
布面 丙烯　220×180cm
成交价　RMB 26,220,000

刘野　2007年作 竹子和树的构图
苏富比香港　2019/04/02　LOT 1154
画布 亚克力　300x220cm
成交价　RMB 16,951,087

刘野　2009年作 让我留在黑暗里
佳士得香港　2019/11/23　LOT 42
画布 亚克力　80x60cm
成交价　RMB 18,420,161

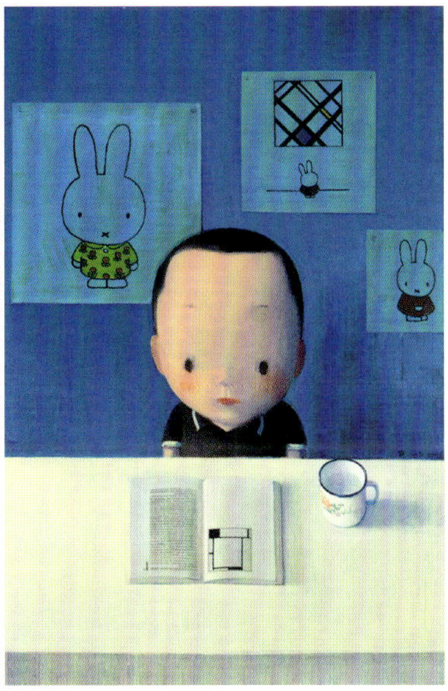

刘野 2003年作 蒙德里安、迪克布鲁纳和我
北京保利 2019/06/04 LOT 4552
布面 丙烯 120×80cm
成交价 RMB 10,580,000

刘野 2010年作 画家与模特
佳士得香港 2019/05/25 LOT 66
画布 亚克力 80x100cm
成交价 RMB 8,922,762

刘野 2003年作 红2号
佳士得香港 2019/11/23 LOT 40
画布 亚克力 195x195cm
成交价 RMB 21,112,511

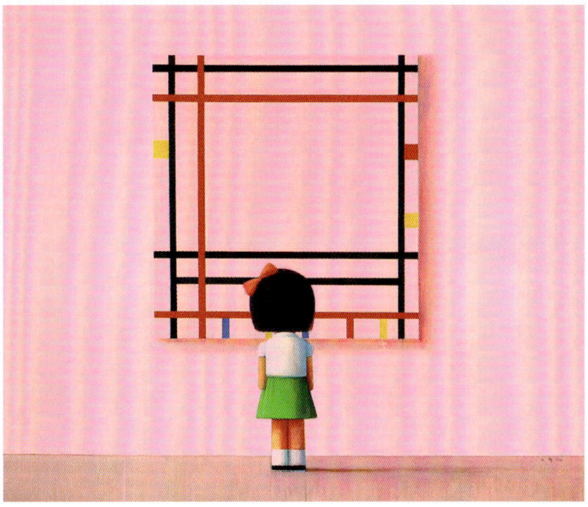

刘野 2006年作 BOOGIE WOOGIE 小女孩在纽约
苏富比香港 2019/04/01 LOT 1148
画布 亚克力 210x210cm
成交价 RMB 19,854,765

刘野 2006年作 国际蓝
保利香港 2019/10/06 LOT 168
画布 亚克力(双联作) 210.5×210cm×2
成交价 RMB 22,705,485

冷军　1995 年作 世纪风景之三
中国嘉德　2019/06/03　LOT 2068
布面 油画　105×199.5cm
成交价　RMB 43,700,000

潘玉良　1956 年作　裸女及面具
佳士得香港　2019/05/25　LOT 39
纸本　彩墨　49x64.5cm
成交价　RMB 10,270,898

冷军　2011 年作 肖像之相——小姜
中国嘉德　2019/11/16　LOT 2020
布面 油画　120×60cm
成交价　RMB 70,150,000

毛旭辉　1993 年作　93 家长三联 A
北京保利　2019/06/04　LOT 4544
布面 油画　137×113cm×3
成交价　RMB 12,650,000

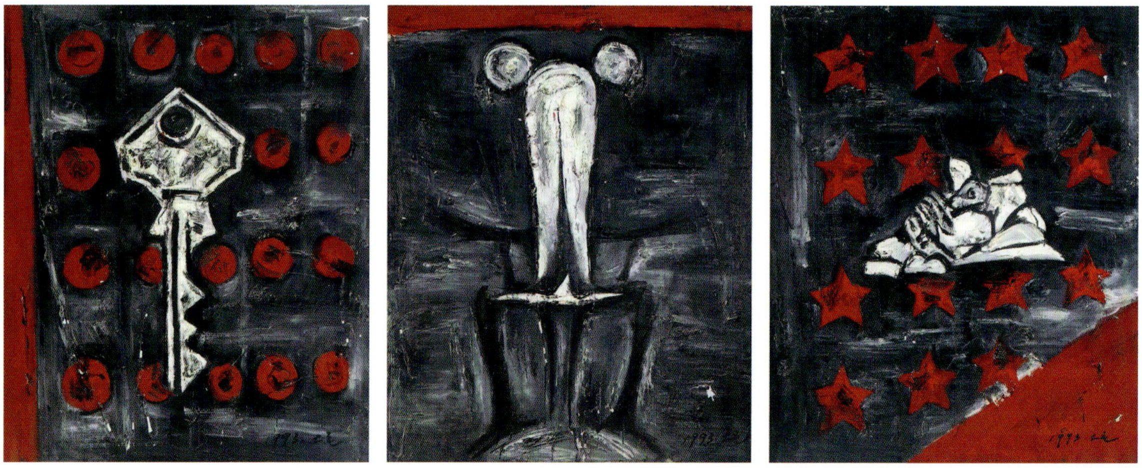

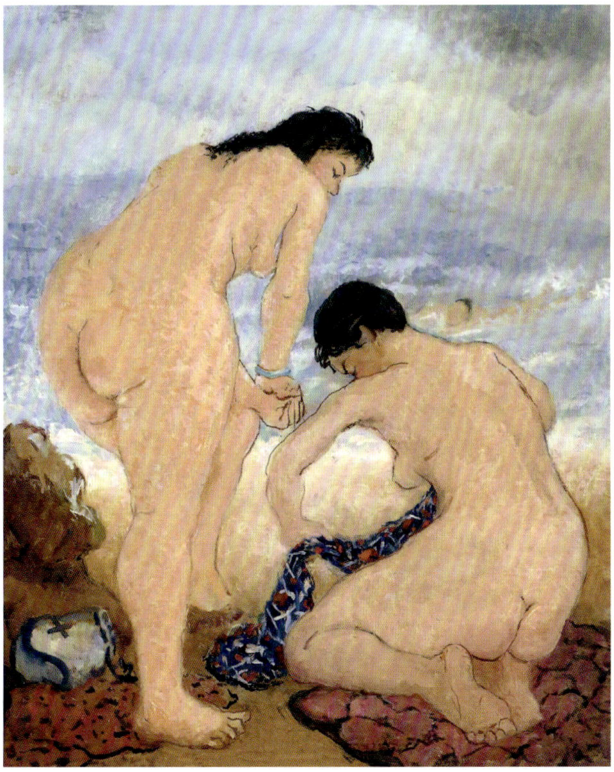

潘玉良 海边浴女
中国嘉德 2019/10/07 LOT 82
画布 油彩 61×50cm
成交价 RMB 15,615,630

潘玉良 约 1940~1945 年作 坐姿裸女
中国嘉德（香港）2019/03/30 LOT 693
纸本 彩墨 100×70cm
成交价 RMB 10,067,814

庞均 1994 年作 梦黄宾虹 NO.3
苏富比香港 2019/10/05 LOT 1037
布面 油画 130x582cm
成交价 RMB 5,757,142

庞均 2018 年作 一江春水千帆过
苏富比香港 2019/03/31 LOT 1033
布面 油画 200x750cm
成交价 RMB 5,336,373

齐梦慧　1975 ~ 1980 年　全国各族人民大团结万岁
中鸿信　2019/05/30　LOT 9
布面 油画　207×440cm
成交价　RMB 6,900,000

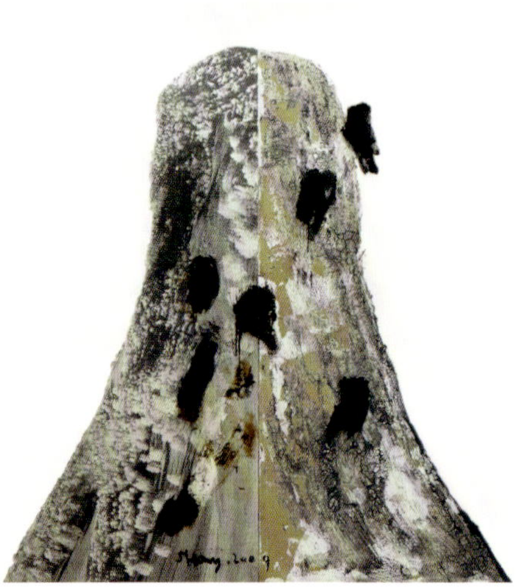

尚扬　2009 年作　董其昌计划 -23
北京瀚海　2019/06/15　LOT 1351
布面 综合材料　300×272cm
成交价　RMB 5,520,000

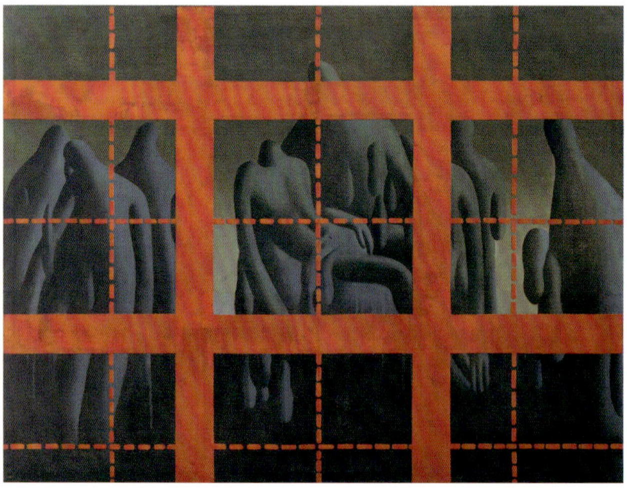

王广义　1987 年作　红色理性——偶像的修正 A
中国嘉德　2019/11/16　LOT 2035
布面 油画　150×200cm
成交价　RMB 23,000,000

王怀庆　1994 年作　空间
中国嘉德（香港）2019/10/07　LOT 86
画布 油彩 复合媒材　101×80cm
成交价　RMB 5,083,157

王式廓　20 世纪 50 年代作　血衣 素描绘稿（一组九件）
中国嘉德　2019/11/16　LOT 1815
纸本 素描　尺寸不一
成交价　RMB 5,520,000

王兴伟　1996 年作　可怜的老汉密尔顿
中国嘉德　2019/06/03　LOT 2073
布面 油画 拼贴　222×177.5cm
成交价　RMB 21,850,000

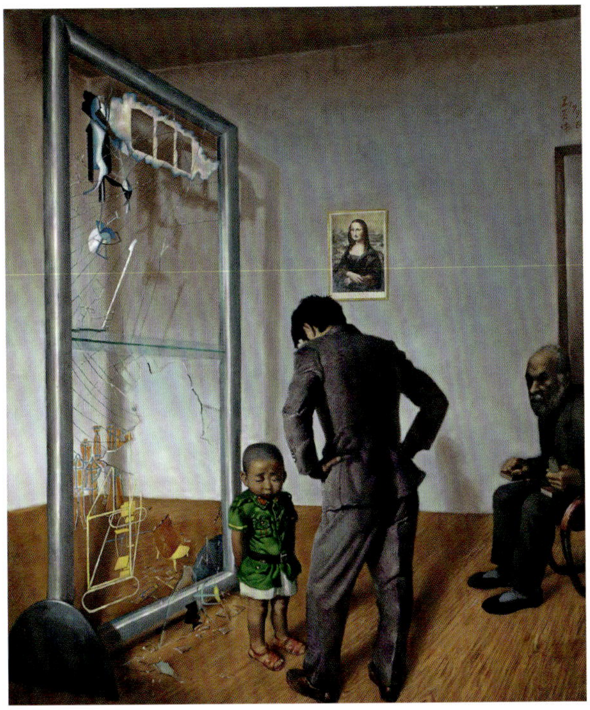

吴大羽　约 20 世纪 50 年代作　采韵系列之罗浮梦晌
北京保利　2019/12/03　LOT 1671
布面 油画　52.8×37cm
成交价　RMB 12,650,000

吴大羽　约1960年作 春风拂清香
西泠印社　2019/07/07　LOT 2952
布面 油画　51.3×38.4cm
成交价　RMB 6,670,000

吴大羽　约1960年作 草长莺飞二月天
中国嘉德　2019/11/16　LOT 2001
布面 油画　53.5×38.5cm
成交价　RMB 6,325,000

吴大羽　约1980年作 彩韵
西泠印社　2019/12/14　LOT 1296
布面 油画　45×32.5cm
成交价　RMB 8,855,000

吴大羽　约1980年作 无题5
保利香港　2019/03/31　LOT 170
布面 油彩 裱于纸板　37×26cm
成交价　RMB 5,608,593

吴大羽 约1980年作 无题120
中国嘉德 2019/06/03 LOT 2056
布面 油画 41×32.5cm
成交价 RMB 5,175,000

吴冠中 1959年作 人寿年丰
苏富比香港 2019/10/05 LOT 1032
布面 油画 100x60.5cm
成交价 RMB 24,926,674

吴冠中 1959年作 鸡冠花
中国嘉德 2019/11/16 LOT 2015
布面 油画 73×51cm
成交价 RMB 14,950,000

吴冠中 1962年作 朱碧琴肖像
北京保利 2019/12/03 LOT 1674
布面 油画 72×54cm
成交价 RMB 12,650,000

吴冠中 1974年作 滨湖乡镇
苏富比香港 2019/10/05 LOT 1012
木板 油彩 46x60cm
成交价 RMB 10,926,454

吴冠中　1974年作　荷塘
苏富比香港　2019/10/05　LOT 1033
纤维板 油彩　33.6x29.5cm
成交价　RMB 6,403,306

吴冠中　1974年作　荷花（一）
苏富比香港　2019/03/31　LOT 1008
布面 油画　120.5x90.5cm
成交价　RMB 113,012,719

吴冠中　1974年作　高粱溪流
北京保利　2019/06/04　LOT 4509
木板 油画　61×46cm
成交价　RMB 10,235,000

吴冠中　1975年作　黄山三岛
北京保利　2019/06/04　LOT 4510
木板 油画　68×40.5cm
成交价　RMB 14,720,000

吴冠中　1977~1996年作　桂林
保利香港　2019/03/31　LOT 181
木板 油彩　42.5×44cm×2
成交价　RMB 20,394,884

吴冠中 1976 年作 景山白皮松
佳士得香港 2019/05/25 LOT 35
纸本 水粉 50.4 x 39 cm
成交价 RMB 5,500,569

吴冠中 1975 年作 竹林春笋
佳士得香港 2019/05/25 LOT 33
画布 油彩 73.5 x 55 cm
成交价 RMB 17,737,500

吴冠中 1976 年作 渔港
北京保利 2019/06/04 LOT 4511
木板 油画 46×61cm
成交价 RMB 22,425,000

吴冠中 1976 年作 龙须岛
西泠印社 2019/07/07 LOT 2958
木板 油画 46×61cm
成交价 RMB 6,670,000

吴冠中 1981 年作 新疆白桦林
苏富比香港 2019/04/02 LOT 1283
设色纸本 镜框 105.2x102cm
成交价 RMB 17,158,492

吴冠中 1987 年作 印度妇女
北京保利 2019/06/04 LOT 4512
布面 油画 53.5×46cm
成交价 RMB 8,050,000

吴冠中　1989 年作　巴黎蒙马特（五）
佳士得香港　2019/05/25　LOT 34
布面 油彩　61 x 50.5 cm
成交价　RMB 14,107,902

吴冠中　1990 年作　姐妹
广州华艺国际　2019/12/28　LOT 8075
布面 油画　92×60cm
成交价　RMB 20,125,000

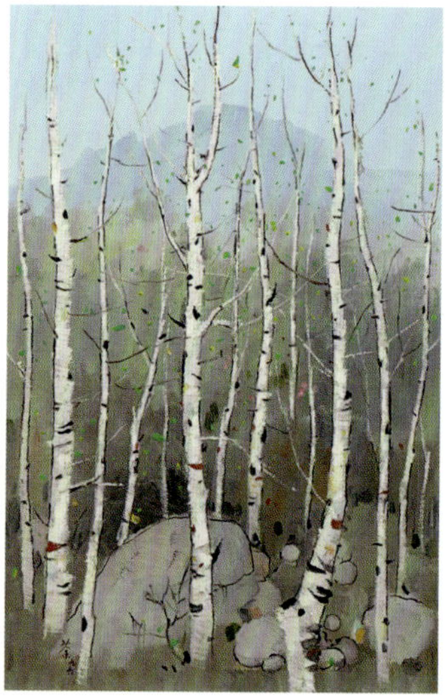

吴冠中　1996 年作　北国春
苏富比香港　2019/03/31　LOT 1009
布面 油画　93x60.4cm
成交价　RMB 21,928,821

吴冠中　1996 年作　池塘人家（故乡）
北京保利　2019/03/31　LOT 179
木板 油彩　61.4×46cm
成交价　RMB 9,177,698

吴冠中　1996 年作　鲁迅故里
北京保利　2019/10/06　LOT 152
木板 油彩　60.5×73.3cm
成交价　RMB 19,093,249

吴冠中　1992 年作　黑松
保利香港　2019/03/31　LOT 178
画布 油彩　73.1×60.1cm
成交价　RMB 9,177,698

吴作人　1932 年作　提篮子的少女
北京保利　2019/06/03　LOT 2066
布面 油画　74×54cm
成交价　RMB 8,280,000

杨飞云　2000 年作　湖水
北京保利　2019/06/04　LOT 4531
布面 油画　115.5×81cm
成交价　RMB 5,750,000

尤劲东　1980 年作　法尼娜·法尼尼 连环画原稿（五十五幅）
广州华艺国际　2019/12/28　LOT 8103
纸本 丙烯　25×42cm，20×33cm×54
成交价　RMB 5,577,500

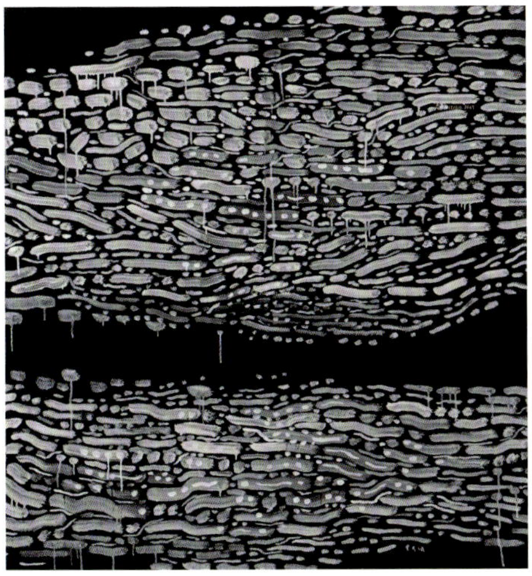

余友涵　1990 年作　流动 1990-1
中国嘉德　2019/06/03　LOT 2079
布面 油画　131×131cm
成交价　RMB 7,130,000

岳敏君　1993 年作　风筝
苏富比香港　2019/10/06　LOT 1121
布面 油画　181x248cm
成交价　RMB 6,618,694

曾梵志　1989 年作　黄昏之一
北京保利　2019/06/04　LOT 4546
布面 油画　80×100cm
成交价　RMB 13,800,000

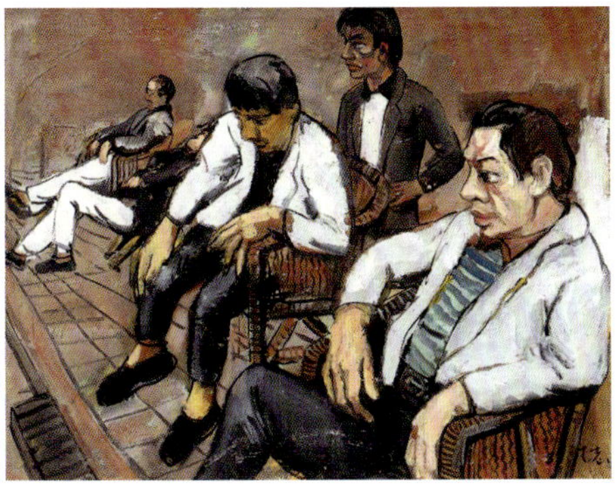

曾梵志　1989 年作 无题
中国嘉德　2019/06/03　LOT 2084
布面 油画　90×110cm
成交价　RMB 5,750,000

曾梵志　1996 年作 面具系列 1 号
富艺斯香港　2019/11/24　LOT 6
画布 油彩　200x180cm
成交价　RMB 17,365,658

曾梵志　1997 年作 面具系列 16 号
苏富比香港　2019/10/06　LOT 1107
布面 油画　150x130cm
成交价　RMB 9,311,044

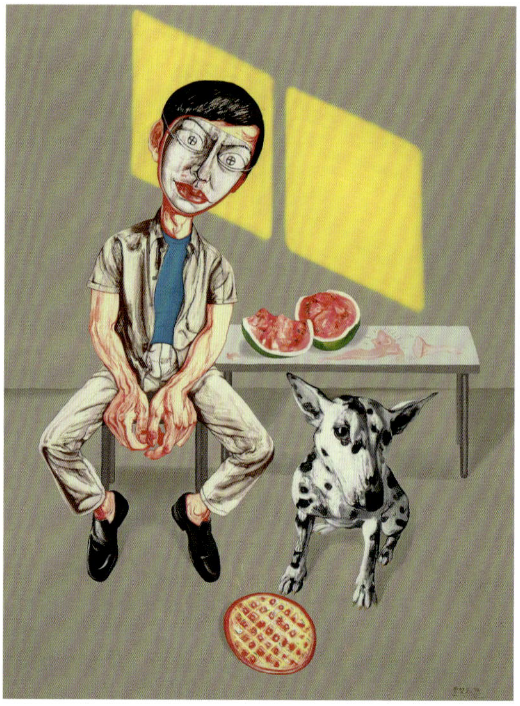

曾梵志　1996 年作 面具
佳士得香港　2019/05/25　LOT 68
画布 油彩　198.7x149.4cm
成交价　RMB 20,330,070

曾梵志　2005 年作 风景
苏富比香港　2019/10/06　LOT 1122
布面 油画　165.5x250.5cm
成交价　RMB 5,326,366

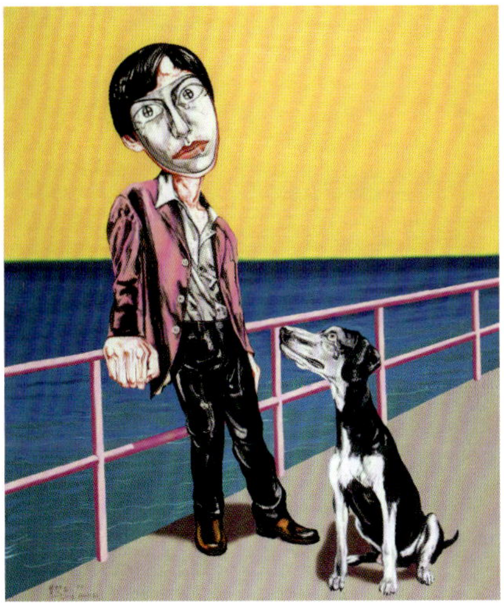

曾梵志 1998 年作 面具系列
北京保利 2019/12/03 LOT 1656
布面 油画 169×144.3cm
成交价 RMB 18,400,000

曾梵志 2001 年作 无题（面具系列）
苏富比香港 2019/04/01 LOT 1149
布面 油画 218.8x144cm
成交价 RMB 9,484,485

曾梵志 2005 年作 无题（培根）
富艺斯伦敦 2019/10/03 LOT 163
布面 油画 250.6x170cm
成交价 RMB 6,509,134

曾梵志 2006 年作 沉思的安迪·沃霍尔同志
中国嘉德 2019/11/16 LOT 2026
布面 油画 200×200cm
成交价 RMB 5,980,000

曾梵志 2006 年作 无题
苏富比香港 2019/04/01 LOT 1162
布面 油画 200x200cm
成交价 RMB 8,447,457

张晓刚　1989年作 生生息息·明天将要来临
保利香港　2019/03/31　LOT 152
画布 油彩　99×79cm
成交价　RMB 9,177,698

张晓刚　1990年作 重复的空间13号
中国嘉德　2019/06/03　LOT 2083
布面 油画 综合材料　128.5×99cm
成交价　RMB 6,670,000

张晓刚　1998年作 血缘系列11号－大家庭
富艺斯香港　2019/05/26　LOT 18
布面 油画　148.7x189.9cm
成交价　RMB 9,462,881

张晓刚　1998年作 大家庭16号（血缘系列）
苏富比香港　2019/10/06　LOT 1124
布面 油画　200x250cm
成交价　RMB 29,234,434

张晓刚　1999年作 血缘：大家庭
苏富比香港　2019/04/01　LOT 1159
布面 油画　149.6x189.2cm
成交价　RMB 8,965,971

张晓刚 2000 年作 血缘系列：大家庭第 10 号
佳士得香港 2019/05/25 LOT 69
画布 油彩 200x300cm
成交价 RMB 10,996,818

张晓刚 2003 年作 失忆与记忆：男人
广州华艺国际 2019/11/24 LOT 633
布面 油画 200×260cm
成交价 RMB 9,001,424

张晓刚 2006 年作 父女 1 号
苏富比香港 2019/10/06 LOT 1125
布面 油画 200x260.5cm
成交价 RMB 5,003,284

赵半狄 1990 年作 鹦鹉与扇子
中国嘉德 2019/06/03 LOT 2072
布面 油画 200×175.5cm
成交价 RMB 13,800,000

赵无极　1950 年作 轻舟上的一对恋人
中诚国际　2019/12/08　LOT 192
画布 油彩　46.3×55.2cm
成交价　RMB 6,750,823

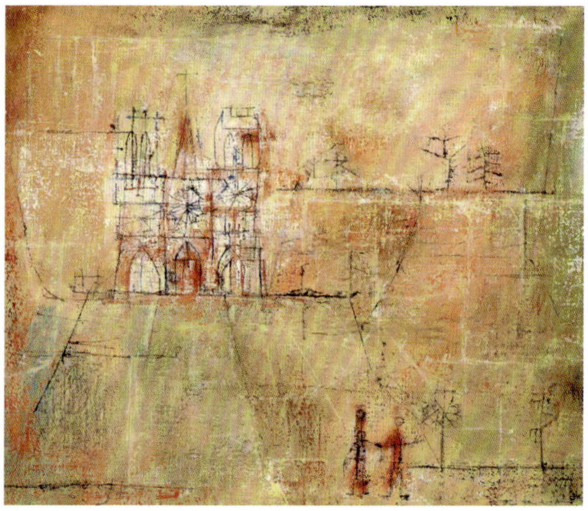

赵无极　1951 年作 24.09.51
佳士得香港　2019/05/25　LOT 309
画布 油彩　45.5x54cm
成交价　RMB 7,367,220

赵无极　1951 年作 无题
佳士得香港　2019/05/25　LOT 37
画布 油彩　54x73cm
成交价　RMB 10,478,304

赵无极　1951 年作 无题
佳士得香港　2019/11/24　LOT 303
画布 油彩　46x55cm
成交价　RMB 5,496,881

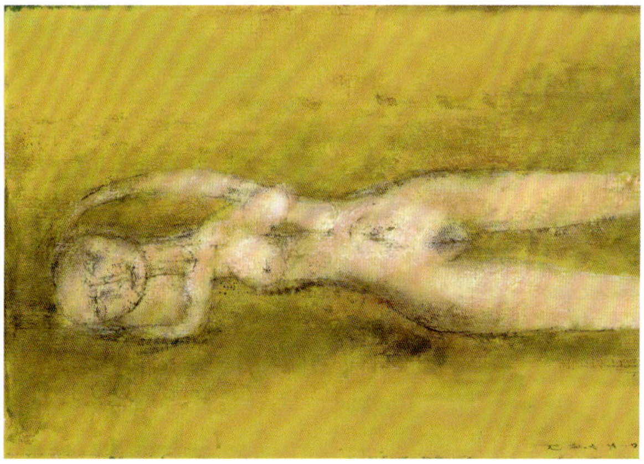

赵无极　1952 年作 仰卧的裸女
佳士得香港　2019/05/25　LOT 48
画布 油彩　54x81.4cm
成交价　RMB 16,181,958

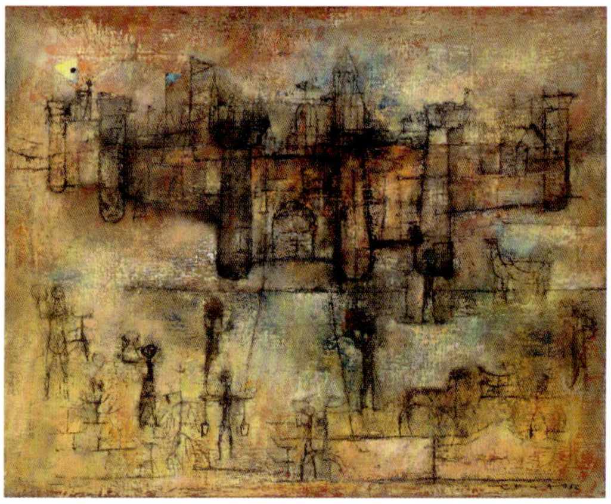

赵无极　1952 年作 旧城重光
佳士得香港　2019/11/23　LOT 34
画布 油彩　65.3x81.2cm
成交价　RMB 30,266,501

赵无极 1959~1969 年作 31.3.59/1.3.69
中国嘉德 2019/06/03 LOT 2059
布面 油画 60×73cm
成交价 RMB 9,200,000

赵无极 1954 年作 淹没的城市
苏富比香港 2019/10/05 LOT 1020
布面 油画 59.5x73cm
成交价 RMB 28,157,494

赵无极 1955 年作 他方
富艺斯香港 2019/05/26 LOT 13
布面 油画 130x97cm
成交价 RMB 44,972,448

赵无极 1956 年作 银河—09.11.1956
佳士得上海 2019/09/21 LOT 307
画布 油彩 162.2x114cm
成交价 RMB 56,400,000

赵无极 1956 年作 苏醒的城市
佳士得香港 2019/11/23 LOT 14
画布 油彩 65x100.2
成交价 RMB 31,343,441

赵无极　1957 年作 宁静时刻
苏富比巴黎　2019/06/05　LOT 4
布面 油画　54x65cm
成交价　RMB 14,805,288

赵无极　1958 年作 无题
苏富比巴黎　2019/12/04　LOT 17
布面 油画　81x75cm
成交价　RMB 16,936,781

赵无极　1958 年作 无题
苏富比香港　2019/03/31　LOT 1026
布面 油画　114.3x162.6cm
成交价　RMB 100,216,658

赵无极　1959 年作 21.04.59
苏富比香港　2019/10/05　LOT 1021
布面 油画　130x162cm
成交价　RMB 93,851,731

赵无极　1960 年作 11.03.60
佳士得香港　2019/05/25　LOT 32
画布 油彩　73x100cm
成交价　RMB 13,589,388

赵无极　1960 年作 01.09.60
北京保利　2019/06/04　LOT 4516
布面 油画　81×65cm
成交价　RMB 28,750,000

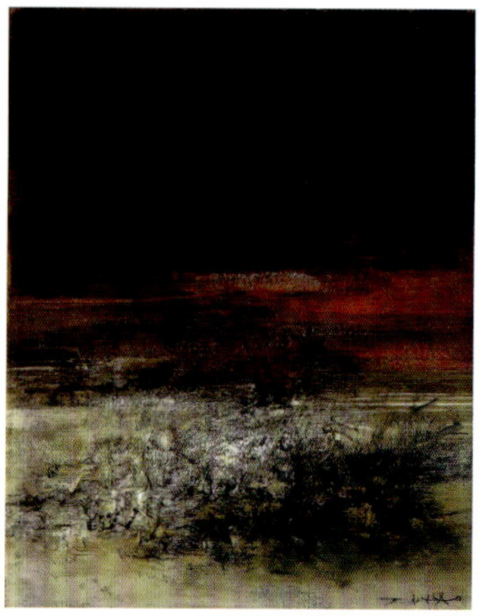

赵无极　1961 年作 19.01.61
苏富比香港　2019/03/31　LOT 1030
布面 油画　113.6x161.9cm
成交价　RMB 68,718,660

赵无极　1961 年作 2.6.1961
北京保利　2019/06/04　LOT 4515
布面 油画　73×116cm
成交价　RMB 29,900,000

赵无极　1962 年作 01.10.62
苏富比香港　2019/10/05　LOT 1022
布面 油画　60x92cm
成交价　RMB 21,695,854

赵无极　1962 年作 16.1.62
佳士得巴黎　2019/06/04　LOT 9
布面 油画　65x53.5cm
成交价　RMB 6,512,029

赵无极　1963 年作 01.04.63
广州华艺国际　2019/08/10　LOT 853
布面 油画　55×50cm
成交价　RMB 6,900,000

赵无极　1959 年作 24.12.59
佳士得香港　2019/11/23　LOT 15
画布 油彩　160.7x111.8cm
成交价　RMB 78,257,640

赵无极　1964 年作 21.04.64
佳士得香港　2019/05/25　LOT 47
画布 油彩　80.5x130cm
成交价　RMB 23,959,668

赵无极　1967 年作 3.12.67
苏富比巴黎　2019/06/05　LOT 20
布面 油画　59.5x81cm
成交价　RMB 10,668,235

赵无极　1968 年作 29.05-31.10.68
富艺斯香港　2019/11/24　LOT 12
画布 油彩　81×100cm
成交价　RMB 29,211,998

赵无极　1966 年作 17.01.66
佳士得香港　2019/05/25　LOT 36
画布 油彩　146x114cm
成交价　RMB 85,165,925

赵无极　1968 ~ 1977 年作 1.12.68（13.2.77）
罗芙奥　2019/06/02　LOT 232
画布 油彩　162×114cm
成交价　RMB 64,333,440

赵无极 1970 年作 27.03.70
佳士得香港 2019/11/23 LOT 16
画布 油彩 130x195cm
成交价 RMB 43,625,045

赵无极 1970 年作 14.09.70
富艺斯香港 2019/05/26 LOT 12
布面 油画 73.1x91.8cm
成交价 RMB 8,425,853

赵无极 1969 ~ 1975 年作 22.8.69 ~ 2.10.75
苏富比巴黎 2019/12/04 LOT 16
布面 油画 53.5x81cm
成交价 RMB 9,452,634

赵无极 1973 年作 24.01.73
中国嘉德（香港）2019/10/07 LOT 88
画布 油彩 96×106cm
成交价 RMB 15,615,630

赵无极 1987–1988 年作 三联作
佳士得香港 2019/05/25 LOT 38
画布 油彩 200x162cm，200x486cm，200x486cm
成交价 RMB 153,825,820

赵无极　1976 年作 20.09.76
佳士得香港　2019/05/26　LOT 310
画布 油彩　65.1x54cm
成交价　RMB 5,500,569

赵无极　1975 年作 28.04.75
保利香港　2019/10/06　LOT 156
画布 油彩　115.5×89cm
成交价　RMB 11,352,743

赵无极　1979 年作 23.4.79
中诚国际　2019/06/09　LOT 191
画布 油彩　65×54cm
成交价　RMB 5,258,880

赵无极　1992 年作 10.03.92
苏富比巴黎　2019/06/05　LOT 17
布面 油画　96.5x130cm
成交价　RMB 17,563,324

赵无极　1985 年作 10.03.85
佳士得香港　2019/11/23　LOT 35
画布 油彩　97x195cm
成交价　RMB 23,266,391

赵无极 1999 年作 01.03.99
中国嘉德（香港） 2019/03/30 LOT 708
画布 油彩 162×130cm
成交价 RMB 32,588,605

赵无极 2001 年作 25.5.2001
罗芙奥 2019/06/03 LOT 233
画布 油彩 146×114cm
成交价 RMB 10,371,840

赵无极 2002 年作 22.05.2002
富艺斯香港 2019/05/26 LOT 15
布面 油画 73x92cm
成交价 RMB 6,351,797

周春芽 1993 年作 石头系列：与石头联接的树
佳士得香港 2019/05/25 LOT 72
画布 油彩 195x130cm
成交价 RMB 28,107,780

周春芽 1992 年作 裸女和石头
中国嘉德 2019/06/03 LOT 2087
布面 油画 150×120cm
成交价 RMB 9,775,000

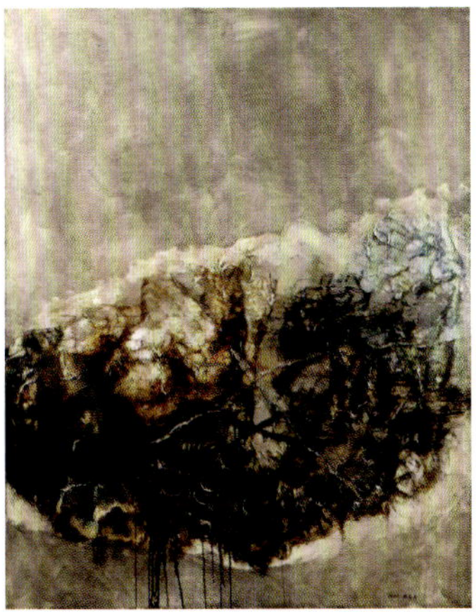

周春芽 1994 年作 石头系列：褐色风景
中国嘉德 2019/11/16 LOT 2025
布面 油画 150×120cm
成交价 RMB 8,280,000

周春芽　1999 年作　红色山石
保利香港　2019/10/06　LOT 169
画布 油彩　150×120cm
成交价　RMB 12,384,810

周春芽　2011 年作　桃花春色
北京保利　2019/12/03　LOT 1657
布面 油画　200×250cm
成交价　RMB 6,900,000

周春芽　晚樱与桃花
保利厦门　2019/08/04　LOT 165
画布 油彩　200×400cm
成交价　RMB 11,270,000

周春芽　2006 年作　通往龙泉山的小路
苏富比香港　2019/04/01　LOT 577
布面 油画　200x250cm
成交价　RMB 8,447,457

周春芽　2015 年作　奇石
景薰楼　2019/12/07　LOT 2108
布面 油画　200x250cm
成交价　RMB 7,772,569

周春芽　2006 年作　桃花风景系列：苏州桃花
保利香港　2019/03/31　LOT 149
画布 油彩　200×250cm
成交价　RMB 9,483,621

朱德群 1957 年作 花之系列之二
保利香港 2019/10/06 LOT 149
画布 油彩 65.4×62cm
成交价 RMB 5,573,165

朱德群 1966 年作 第 229 号
佳士得香港 2019/05/25 LOT 50
画布 油彩 130x195cm
成交价 RMB 33,180,575

朱德群 1967 年作 第 248 号构图
苏富比香港 2019/10/05 LOT 1044
布面 油画 120x60cm
成交价 RMB 8,987,962

朱德群 1960 年作 第 70 号
佳士得香港 2019/11/23 LOT 36
画布 油彩 130x65cm
成交价 RMB 8,727,701

朱德群 1963 年作 164 号
富艺斯香港 2019/11/24 LOT 13
画布 油彩 120x60cm
成交价 RMB 6,380,870

朱德群 1987 年作 地心深处
保利香港 2019/10/06 LOT 150
画布 油彩 130×195cm
成交价 RMB 10,320,675

朱德群　1968 年作 第 282 号
保利香港　2019/03/31　LOT 171
画布 油彩　97×130cm
成交价　RMB 10,299,416

朱德群　1981 年作 塘畔
北京瀚海　2019/06/15　LOT 1546
布面 油画　81×65cm
成交价　RMB 6,095,000

朱德群　1993 年作 稳
佳士得香港　2019/05/25　LOT 49
画布 油彩　200x200cm
成交价　RMB 11,515,332

朱德群　晴
佳士得香港　2019/11/23　LOT 19
画布 油彩　162x130cm
成交价　RMB 30,125,000

朱德群　2006 年作 扩张
中国嘉德（香港）2019/03/30　LOT 711
画布 油彩　130×195cm
成交价　RMB 9,869,050

朱德群　1997 年作 喜悦
佳士得香港　2019/11/23　LOT 20
画布 油彩　130x195cm
成交价　RMB 10,881,581

朱铭 1990 年作 关公
苏富比香港 2019/10/05 LOT 1043
木雕 73x83x216.4cm
成交价 RMB 8,234,104

朱曜奎 悬泉飞瀑
开禧国际（北京） 2019/08/31 LOT 327
布面 油画 60×80cm
成交价 RMB 6,583,000

朱曜奎 富水长流
开禧国际（北京） 2019/08/31 LOT 333
布面 油画 73×115cm
成交价 RMB 9,080,000

朱曜奎 扬帆致远
开禧国际（北京） 2019/08/31 LOT 329
布面 油画 60×80cm
成交价 RMB 5,902,000

朱曜奎 1978 年作 榕荫深处
北京匡时 2019/12/23 LOT 503
布面 油画 150×450cm
成交价 RMB 40,250,000

朱曜奎　春韵
开禧国际（北京） 2019/08/31　LOT 326
布面 油画　50×65cm
成交价　RMB 6,242,500

朱曜奎　晨曲
开禧国际（北京） 2019/08/31　LOT 325
布面 油画　60×80cm
成交价　RMB 5,902,000

朱曜奎　江南春色
开禧国际（北京） 2019/08/31　LOT 331
布面 油画　60×120cm
成交价　RMB 8,853,000

朱乃正 1974 年作 老书记和新队长
北京保利 2019/06/04 LOT 4581
布面 油画 150×180cm
成交价 RMB 8,625,000

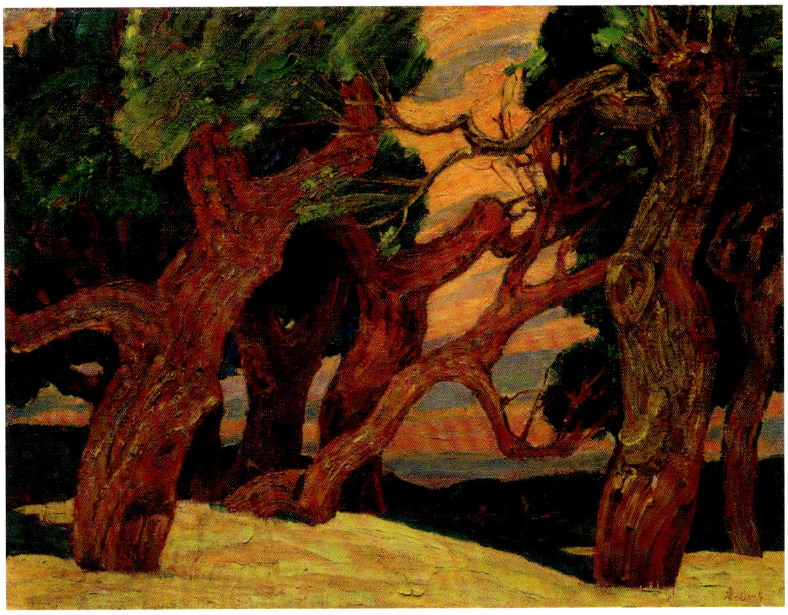

詹建俊 1988 年作 沙丘上的胡柏林
西泠印社 2019/12/14 LOT 1325
布面 油画 90×120cm
成交价 RMB 6,095,000

清乾隆　料胎黄地画珐琅凤舞牡丹包袱瓶

苏富比香港　2019/10/08　LOT 1

高 18.2cm

成交价　RMB 185,849,331

流传序列

传爱新觉罗·奕䜣（1833 ~ 1898）收藏，中国北京

亚伯·巴尔（A.W.Bahr，1877 ~ 1959）收藏，中国上海

保罗·白纳德伉俪（Paul and Helen Bernat）收藏，美国布鲁克兰

苏富比香港，1988 年 11 月 15 日，LOT75，私人收藏，中国香港

苏富比香港，2000 年 10 月 29 日，LOT2，私人收藏，中国台湾

苏富比香港，2019 年 10 月 8 日，LOT1

著 录

1. 香港苏富比《香港苏富比二十年》，香港苏富比，1993 年，图版 430。
2. 香港苏富比《香港苏富比三十年》，香港苏富比，2003 年，图版 439。
3. 耿宝昌《雅器天成——清翫雅集珍藏陶瓷器掇英》，《清翫雅集廿周年庆收藏展：器物》，清翫雅集，2012 年，第 15 页。

展 览

清翫雅集廿周年庆收藏展：器物，台北，2012 年

按 语

清乾隆料胎黄地画珐琅凤舞牡丹包袱瓶，玻璃为胎，形采包袱，束口皱褶，凸饰红带系结，丰腴饱满。沿边缀小花璎珞，随起伏曲褶而绘，摹拟锦布结集，妙不可言。巧施珐琅彩，黄地明亮，犹如晨光和煦，祥云中，天凤临，仪态雍容盈万方。飞凤顶红冠，翎毛柔密轻巧，多彩缤纷，描金添饰，细腻入微。曦照下，金翅展，牡丹雏菊丛上飞，翔舞颂升平。鞓红魏紫中，一蕾独含苞，内书“乾隆年制”四字款，佐证御匠技艺。

此包袱瓶，由清宫造办处玻璃厂制胎，后送至珐琅作由宫廷画师以珐琅彩绘制纹饰，于作坊中烧造而成，无论造型、绘画、尺寸、制作工艺，均拔萃超群，是存世料胎画珐琅器中最为重要之例。以玻璃制作包袱式瓶，过程繁复，难度极高。本品仿效锦缎包覆椭圆形瓶身，瓶口巾褶层叠丰厚，瓶颈粉红袱系柔软飘逸，整体浑然天成，自然逼真。瓶身凤舞牡丹纹，凤羽设色缤纷，丰润耀眼，更以描金细缀，光彩辉映。牡丹纹以粉红、藕荷二色为主，柔美富丽，技艺风格得自清初六大家之一恽寿平所创花卉画派。

珐琅的制作始于康熙三十二年（1693 年），玻璃厂则设立于三十五年（1696 年），最晚至四十四年（1705 年）时，宫廷造办处已能烧成玻璃胎画珐琅。康熙晚期至乾隆中期，清宫档案记载造办处上呈大量精美铜胎及瓷胎画珐琅器，其中大量传承至今，料胎画珐琅器却寥寥可数。料胎，多作为鼻烟壶或小型花插、笔筒、案头水盂等的胎体，高度多不超过 11 厘米。本品与香港艺术馆藏例存世仅见大尺寸之料胎画珐琅器相比，造型繁复胜于他例，彰显造办处匠人技艺高超。北京及台北两岸故宫博物院，均无类同藏品，其珍稀度可见一斑。凤舞牡丹包袱瓶，是紫禁城内各作坊匠师通力而成的结晶。虽造于乾隆初年，仍带有雍正遗风，如彩地，源自铜胎画珐琅，雍正一朝应用于瓷上。包袱瓶流云的画法，使用桃形开光写款方式，有雍正遗韵。此纹饰设计，不仅华美夺目，且寓意祥瑞。“包袱”音同“包福”，凤舞牡丹纹，祝意富贵吉祥，彩云漫天，寓指盛世吉兆。瓶身书乾隆年款于牡丹花苞，仿若花开自得，此类范制年款是葫芦瓜身的匏艺，早在雍正朝铜胎画珐琅器，可见相似年款。该瓶为研究中国陶瓷史之料器领域提供了重要实例，丰富了中国工艺美术史的史料内容。

北宋 定窑白釉透雕刻划牡丹纹腰圆枕
保利香港 2019/10/07 LOT 3314
高 12.5cm；长 27.5cm
成交价 RMB 7,637,300

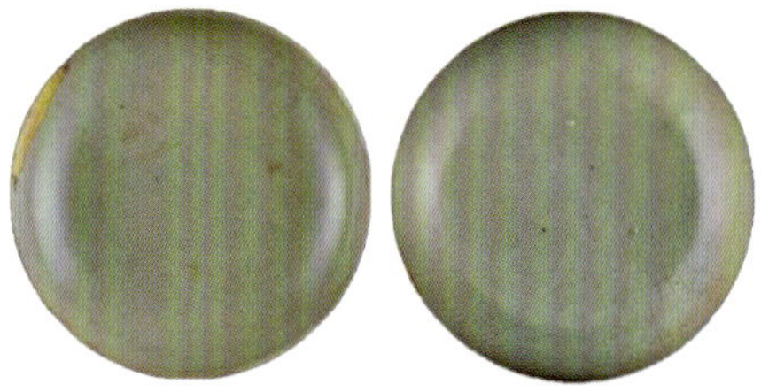

北宋 汝窑天青釉圆洗
北京匡时 2019/04/03 LOT 251
直径 12.2cm
成交价 RMB 12,746,803

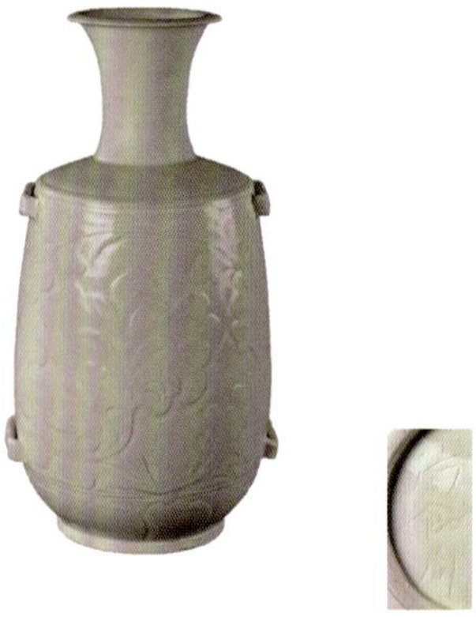

北宋 定窑白釉刻划缠枝花纹穿带瓶
横滨国际 2019/05/28 LOT 294
高 29.4cm
成交价 RMB 31,612,070

南宋 龙泉窑粉青釉纸槌瓶
中贸圣佳 2019/11/30 LOT 625
高 27cm
成交价 RMB 9,080,000

南宋－元 官窑粉青釉四足海棠式花盆
苏富比香港 2019/04/03 LOT 105
高 15 cm
成交价 RMB 32,976,524

南宋－元 官窑粉青釉六足六方花盆
苏富比香港 2019/04/03 LOT 104
高 16.5 cm
成交价 RMB 10,424,500

南宋 建窑"供御"款鹧鸪斑盏
新加坡国际 2019/12/15 LOT 3098
成交价 RMB 5,681,513

北宋 钧窑天蓝釉紫红斑茶盏
新加坡国际 2019/12/15 LOT 3081
成交价 RMB 5,681,513

北宋 耀州窑青釉剔刻缠枝花纹莲瓣口葫芦式执壶
北京保利 2019/06/05 LOT 5466
高 19.7cm
成交价 RMB 30,475,000

南宋 建窑黑釉兔毫盏
西泠印社 2019/12/15 LOT 4192
高 5.6cm；口径 12.2cm
成交价 RMB 5,980,000

南宋～元 官窑粉青釉六瓣葵口盘（肯里夫官窑盘）
北京保利 2019/06/05 LOT 5481
口径 13cm
成交价 RMB 32,775,000

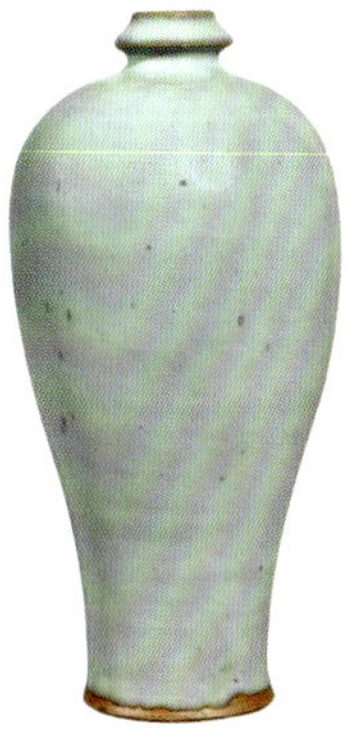

金 钧窑天蓝釉梅瓶
苏富比香港 2019/04/02 LOT 3085
高 29.1 cm
成交价 RMB 5,081,679

明嘉靖 青花庭院婴戏图罐
广州华艺国际 2019/11/24 LOT 1010
腹径 39cm
成交价 RMB 5,386,110

明嘉靖 青花群仙祝寿图葫芦瓶
北京保利 2019/06/05 LOT 5534
高 56cm
成交价 RMB 18,400,000

明成化 青花婴戏图碗
保利香港 2019/10/07 LOT 3406
口径 21.5cm；高 10.3cm
成交价 RMB 13,416,878

明成化 青花折枝花纹小罐
北京保利 2019/06/05 LOT 5531
腹径 5.5cm
成交价 RMB 5,750,000

明成化 青花缠枝萱花纹碗
苏富比香港 2019/10/08 LOT 1002
口径 14.9 cm
成交价 RMB 50,919,518

明成化 青花缠枝西番莲纹碗
佳士得香港 2019/11/27 LOT 2923
口径 15.2 cm
成交价 RMB 11,958,521

明宣德 青花折枝花果纹碗
苏富比香港 2019/04/03 LOT 5
高 28 cm
成交价 RMB 12,479,432

明宣德 青花缠枝灵芝纹碗
北京保利 2019/12/04 LOT 5657
口径 28.9cm
成交价 RMB 9,890,000

元 青花鱼藻纹盘
苏富比香港 2019/10/08 LOT 3005
口径 29.5 cm
成交价 RMB 8,216,156

明宣德 青花花卉吉祥纹莲子碗
东京中央（香港） 2019/11/25 LOT 829
高 9cm；口径 15.6cm
成交价 RMB 7,018,059

明宣德 青花缠枝花纹碗
苏富比香港 2019/04/03 LOT 6
口径 19.5 cm
成交价 RMB 9,397,034

明宣德 青花缠枝莲纹碗
苏富比香港 2019/04/03 LOT 10
口径 17.3cm
成交价 RMB 7,342,102

明宣德 青花云龙纹十棱葵瓣式洗
北京保利 2019/12/04 LOT 5659
口径 18.7cm
成交价 RMB 69,000,000

明宣德 青花缠枝莲纹碗
苏富比香港 2019/04/03 LOT 7
口径 29.8cm
成交价 RMB 20,699,161

明宣德 青花缠枝牡丹纹碗
苏富比香港 2019/04/03 LOT 11
口径 29.9 cm
成交价 RMB 6,828,368

明宣德 青花龙穿缠枝花纹盘
苏富比香港 2019/04/03 LOT 8
口径 19.5cm
成交价 RMB 8,164,074

明宣德 青花淡描海水深色龙纹高足碗
苏富比香港 2019/10/08 LOT 3606
口径 15.6 cm
成交价 RMB 67,274,647

明永乐 青花月季花纹碗
苏富比香港 2019/10/08 LOT 113
口径 19.9 cm
成交价 RMB 6,474,022

明永乐 青花折枝花果纹梅瓶
福建静轩 2019/01/07 LOT 113
高 36.8cm
成交价 RMB 25,300,000

明永乐 青花海水应龙纹罐
苏富比香港 2019/04/03 LOT 4
高 11.4 cm
成交价 RMB 22,754,093

明永乐 青花葡萄折枝花纹菱花式折沿盘
北京保利 2019/06/05 LOT 5527
口径 45cm
成交价 RMB 19,550,000

明永乐 青花折枝灵芝纹石榴尊
苏富比香港 2019/04/03 LOT 3629
高 18.7 cm
成交价 RMB 18,849,722

明永乐 青花缠枝番莲纹折沿盆
苏富比香港 2019/04/03 LOT 3
口径 25.6 cm
成交价 RMB 28,918,890

明永乐 青花伊斯兰花纹绶带耳扁腹葫芦瓶
北京保利 2019/12/04 LOT 5655
高 26cm
成交价 RMB 8,280,000

明永乐 青花卷草纹阿拉伯文无当尊
苏富比香港 2019/04/03 LOT 102
高 17.2 cm
成交价 RMB 20,185,428

明永乐 青花紫菀石竹图如意耳扁瓶
保利（厦门） 2019/08/04 LOT 918
高 30cm
成交价 RMB 6,900,000

清 青花海水云龙纹双耳扁瓶
苏富比纽约 2019/03/20 LOT 534
高 39.4 cm
成交价 RMB 6,155,493

清乾隆 粉青釉暗刻青花团花“寿”字抱月瓶
北京保利 2019/12/04 LOT 5711
高 50.5cm
成交价 RMB 16,100,000

清乾隆 青花缠枝莲托八吉祥纹铺首耳壶
苏富比香港 2019/04/03 LOT 16
高 49.5 cm
成交价 RMB 8,369,568

清乾隆 青花莲花八吉祥纹抱月瓶
佳士得香港 2019/05/29 LOT 2810
高 49.5 cm
成交价 RMB 5,293,164

清乾隆 青花莲花八吉祥纹抱月瓶
佳士得香港 2019/11/27 LOT 3021
高 47.3 cm
成交价 RMB 8,727,701

清乾隆 青花花卉纹出戟八方尊
保利（厦门） 2019/01/06 LOT 925
高 36cm
成交价 RMB 6,900,000

清乾隆 青花缠枝莲托八吉祥铺首耳壶
北京保利 2019/12/04 LOT 5731
高 50cm
成交价 RMB 5,750,000

清乾隆 青花缠枝花纹贯耳壶
佳士得香港 2019/11/27 LOT 2908
高 51.5 cm
成交价 RMB 5,281,493

清乾隆 青花开光折枝花果纹执壶
苏富比香港 2019/04/03 LOT 18
高 26.7 cm
成交价 RMB 6,314,635

清乾隆 青花折枝花果纹蒜头瓶
苏富比香港 2019/04/03 LOT 14
高 27.7 cm
成交价 RMB 5,492,663

清乾隆 青花仙人过海图灯笼瓶
苏富比纽约 2019/09/11 LOT 622
高 41.5 cm
成交价 RMB 9,909,400

清乾隆 青花缠枝番莲纹绶带耳尊
苏富比香港 2019/04/03 LOT 3306
高 18.3 cm
成交价 RMB 12,479,432

清乾隆六年 唐英制 青花缠枝莲纹题写供养铭文花觚
苏富比香港 2019/10/08 LOT 3023
高 65.5 cm
成交价 RMB 18,668,957

清乾隆 青花折枝花果纹天圆地方葫芦瓶
北京华辰 2019/07/14 LOT 279
高 29cm
成交价 RMB 7,245,000

清乾隆 青花开光九桃五福贯耳方瓶（一对）
北京保利 2019/06/05 LOT 5572
高 30cm
成交价 RMB 9,430,000

清乾隆 青花缠枝花纹贯耳壶
苏富比香港 2019/04/03 LOT 3633
高 52 cm
成交价 RMB 7,136,608

清乾隆 青花折枝花果纹梅瓶
广州华艺国际 2019/11/24 LOT 1113
高 34cm
成交价 RMB 9,188,070

清乾隆 青花折枝花果纹六方瓶
北京保利 2019/12/04 LOT 5732
高 66.5cm
成交价 RMB 12,075,000

清乾隆 青花缠枝花纹梅瓶
中贸圣佳 2019/11/30 LOT 634
高 35.1cm
成交价 RMB 12,650,000

清乾隆 青花缠枝番莲纹天球瓶
佳士得香港 2019/11/27 LOT 3019
高 61 cm
成交价 RMB 7,112,291

清康熙 青花云龙纹盖罐（一对）
北京保利 2019/12/05 LOT 7112
高 11.2cm
成交价 RMB 6,325,000

清雍正 青花缠枝花纹双耳扁瓶
保利（厦门） 2019/01/06 LOT 926
高 28.5cm
成交价 RMB 5,980,000

元 青花云龙纹高足碗
苏富比香港 2019/04/03 LOT 106
口径 11.5cm
成交价 RMB 5,287,169

清雍正 青花花鸟图如意耳扁瓶
保利（厦门）2019/01/06 LOT 927
高 27cm
成交价 RMB 6,440,000

清雍正 青花花鸟图如意耳扁瓶
株式会社东京中央 2019/03/12 LOT 129
高 26cm
成交价 RMB 5,743,511

清雍正 青花折枝花果纹壶
佳士得香港 2019/05/29 LOT 3109
高 57 cm
成交价 RMB 32,199,719

清雍正 青花花卉菊瓣纹花浇
西泠印社 2019/07/06 LOT 4340
高 22cm
成交价 RMB 5,865,000

元 青花缠枝牡丹纹罐
东京中央（香港）2019/05/27 LOT 929
高 22.2cm
成交价 RMB 5,962,911

元 青花缠枝莲纹碗
中贸圣佳 2019/11/30 LOT 610
口径 29.5cm
成交价 RMB 13,620,000

清雍正 黄地青花缠枝莲纹六方贯耳壶
佳士得香港 2019/11/27 LOT 2909
高 44 cm
成交价 RMB 9,248,410

明正德 黄地青花折枝栀子花纹盘
苏富比香港 2019/04/03 LOT 12
口径 19.8cm
成交价 RMB 5,800,902

清康熙 青花釉里红折枝菊纹苹果尊
苏富比纽约 2019/09/11 LOT 620
高 10 cm
成交价 RMB 5,917,327

清乾隆 青花釉里红海水云龙纹双耳抱月瓶
保利香港 2019/04/02 LOT 3517
高 38.7cm
成交价 RMB 28,552,838

清乾隆 青花加矾红彩海水祥云苍龙教子纹梅瓶
苏富比香港 2019/04/03 LOT 3619
高 27.4 cm
成交价 RMB 25,836,491

清乾隆 青花釉里红海水云龙纹天球瓶
保利香港 2019/10/07 LOT 3324
高 48.1cm
成交价 RMB 49,539,240

清乾隆 青花加矾红彩云龙戏珠纹长颈瓶
西泠印社 2019/07/06 LOT 1867
高 25cm
成交价 RMB 5,175,000

清乾隆 青花釉里红云龙纹双耳抱月瓶
北京保利 2019/12/04 LOT 5712
高 32cm
成交价 RMB 8,625,000

清雍正 青花釉里红海水云龙纹天球瓶
北京保利 2019/06/05 LOT 5552
高 51.5cm
成交价 RMB 147,200,000

清乾隆 青花釉里红狮子戏球纹瓶
佳士得香港 2019/11/27 LOT 3058
高 32.9 cm
成交价 RMB 5,496,881

清乾隆 青花釉里红加胭脂紫彩缠枝西番莲纹赏瓶
中贸圣佳 2019/06/07 LOT 937
高 37.8cm
成交价 RMB 9,200,000

清乾隆 釉里红团螭龙灵芝纹葫芦瓶
北京保利 2019/12/04 LOT 5713
高 30.2cm
成交价 RMB 17,250,000

清乾隆 釉里红螭龙穿折枝西番莲纹双系尊
中贸圣佳 2019/11/30 LOT 633
直 11.4cm；高 9.8cm
成交价 RMB 9,200,000

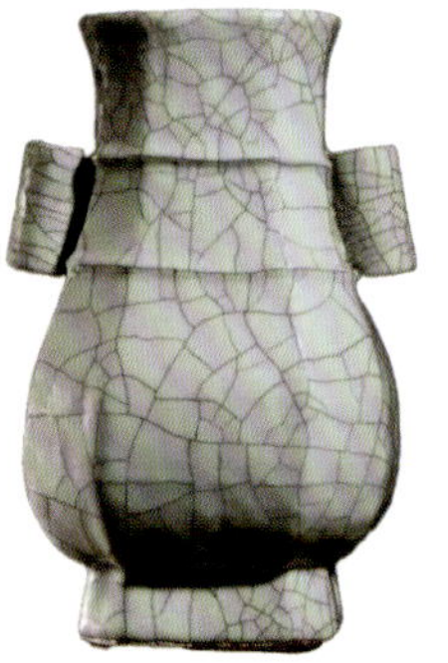

明 仿哥釉贯耳六方壶
JADE 株式会社（日本美协） 2019/10/21 LOT 79
高 23cm
成交价 RMB 7,597,192

清乾隆 仿哥釉凸刻莲瓣纹蒜头瓶
中国嘉德 2019/11/17 LOT 3467
高 40.2cm
成交价 RMB 5,290,000

清乾隆 仿官釉牺耳尊
北京华辰 2019/07/14 LOT 304
高 25cm
成交价 RMB 5,750,000

清雍正 仿哥釉瓜棱胆式瓶
佳士得纽约 2019/03/20 LOT 826
高 21 cm
成交价 RMB 6,201,760

明永乐 龙泉窑青釉刻桃树图梅瓶
西泠印社 2019/12/15 LOT 4182
高 38.6cm
成交价 RMB 5,980,000

明永乐 龙泉窑青釉玉壶春瓶
保利（厦门） 2019/08/04 LOT 511
高 33.5cm
成交价 RMB 7,820,000

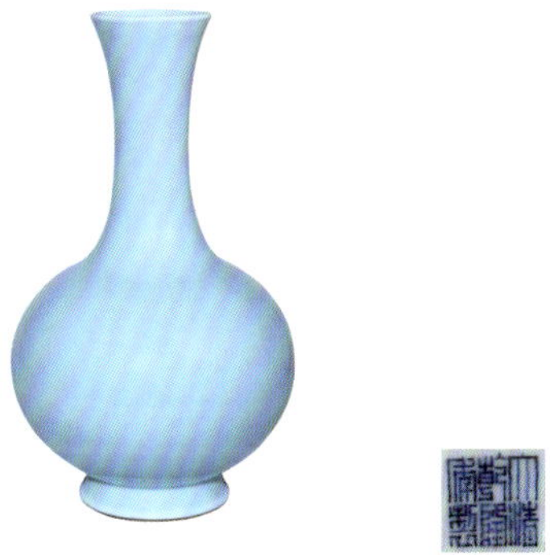

清乾隆 天蓝釉长颈撇口瓶
北京保利 2019/06/05 LOT 5399
高 38.2cm
成交价 RMB 13,800,000

清乾隆 仿汝釉天球瓶
北京博美 2019/08/01 LOT 1157
高 72.5cm
成交价 RMB 6,440,000

清乾隆 冬青釉凸刻夔龙纹长颈撇口瓶
北京保利 2019/12/04 LOT 5770
高 38.7cm
成交价 RMB 9,775,000

清乾隆 粉青釉凸刻“子孙万代”图葫芦瓶
保利香港 2019/04/02 LOT 3514
高 31.3cm
成交价 RMB 29,572,582

清乾隆 粉青釉凸刻蕉叶镂空缠枝花纹六方套瓶
保利（厦门） 2019/01/06 LOT 999
高 40cm
成交价 RMB 149,500,000

清乾隆 粉青釉凸刻菊瓣纹执壶
北京保利 2019/06/05 LOT 5395
长 19.3cm
成交价 RMB 29,900,000

清乾隆 粉青釉凸刻仿古铜夔龙纹罍式尊
北京保利　2019/06/05　LOT 5387
高 38cm
成交价　RMB 44,275,000

清乾隆 粉青釉凸刻夔龙纹双耳扁壶
保利（厦门）2019/08/04　LOT 928
高 23.5cm
成交价　RMB 19,205,000

清乾隆 粉青釉凸刻蕉叶纹六联转心瓶
北京保利　2019/12/04　LOT 5768
高 24.5cm
成交价　RMB 6,900,000

清乾隆 粉青釉凸刻夔龙纹如意耳蒜头口尊
保利（厦门）2019/08/04　LOT 929
高 18cm
成交价　RMB 31,050,000

清乾隆 粉青釉凸刻夔龙灵芝纹杏圆贯耳瓶
北京保利　2019/12/04　LOT 5771
高 30.5cm
成交价　RMB 7,935,000

清乾隆 粉青釉镂空缠枝牡丹纹玉壶春式套瓶
北京保利　2019/12/04　LOT 5766
高 32.5cm
成交价　RMB 69,000,000

清乾隆 仿汝釉撇口长颈瓶
保利香港 2019/04/02 LOT 3513
高 37.3cm
成交价 RMB 11,013,237

清乾隆 仿汝釉葵花式螭耳盘口瓶
苏富比香港 2019/10/08 LOT 3107
高 19.9 cm
成交价 RMB 8,325,039

清雍正 仿“铁骨大观釉”汉壶式铺首尊
北京保利 2019/06/05 LOT 5553
高 59cm
成交价 RMB 7,935,000

清雍正 仿汝釉如意耳玉壶春瓶
中国嘉德 2019/03/23 LOT 3614
高 21cm
成交价 RMB 9,315,000

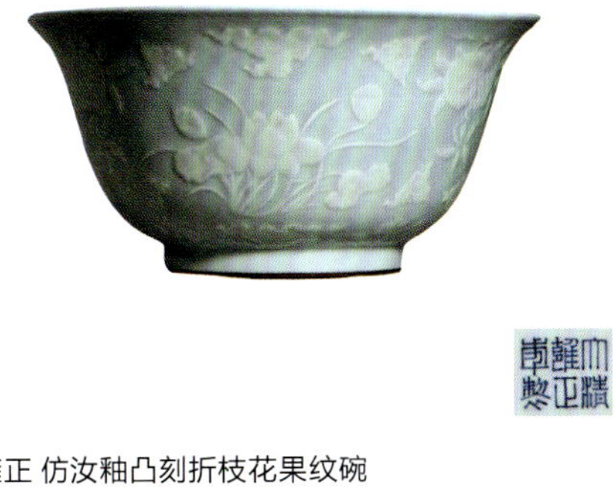

清雍正 仿汝釉凸刻折枝花果纹碗
广州华艺国际 2019/11/24 LOT 1118
直径 34.5cm
成交价 RMB 5,914,160

清雍正 粉青釉带盖梅瓶
北京保利 2019/12/04 LOT 5765
高 28cm
成交价 RMB 7,475,000

元 龙泉窑粉青釉摩羯耳盘口瓶
北京保利　2019/06/05　LOT 5480
高 27cm
成交价　RMB 5,750,000

元－明初 龙泉窑青釉刻划牡丹纹梅瓶
保利（厦门）2019/08/04　LOT 517
高 46cm
成交价　RMB 5,750,000

清雍正 粉青釉凸弦纹撇口瓶
北京保利　2019/12/04　LOT 5767
高 28cm
成交价　RMB 41,400,000

清雍正 粉青釉凸刻菊瓣弦纹瓶
北京保利　2019/12/04　LOT 5769
高 23.7cm
成交价　RMB 20,700,000

清乾隆 仿汝釉海棠式象耳尊
苏富比香港　2019/10/08　LOT 3022
高 37 cm
成交价　RMB 6,147,372

清雍正 粉青釉菊瓣蒜头瓶
苏富比香港　2019/10/08　LOT 137
高 25.4 cm
成交价　RMB 5,058,539

元 官窑米黄釉八瓣葵花式洗
北京保利 2019/12/04 LOT 5757
口径 10.2cm
成交价 RMB 10,925,000

清嘉庆 浇黄釉锥拱“苍龙教子”图天球瓶
北京保利 2019/06/05 LOT 5576
高 29.5cm
成交价 RMB 5,520,000

明嘉靖 浇黄釉金钟碗
北京保利 2019/12/04 LOT 5673
口径 12.3cm
成交价 RMB 5,405,000

明初 钧窑天蓝釉六方花盆
苏富比香港 2019/04/03 LOT 3308
高 16.4cm
成交价 RMB 10,424,500

清乾隆 霁蓝釉天球瓶
保利香港 2019/10/07 LOT 3323
高 56cm
成交价 RMB 5,366,751

清雍正 霁蓝釉菊瓣执壶
北京保利 2019/12/05 LOT 5394
长 18.4cm
成交价 RMB 18,975,000

明初 钧窑天蓝釉菱花式花盆
保利香港 2019/04/02 LOT 3507
高 20.2cm；口径 28cm
成交价 RMB 8,157,954

清雍正 天蓝釉锥把瓶
北京保利 2019/12/04 LOT 5762
高 15.2cm
成交价 RMB 6,900,000

清雍正 茶叶末釉绶带耳尊
保利香港 2019/10/07 LOT 3326
高 18.1cm
成交价 RMB 17,659,290

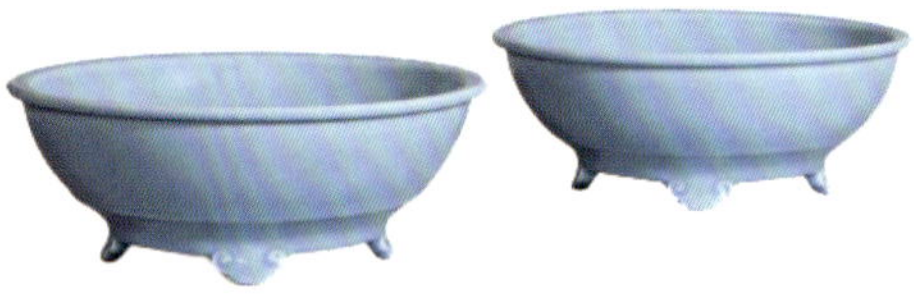

清雍正 天蓝釉四如意云头足花盆托（一对）
北京保利 2019/12/04 LOT 5791
口径 27.8cm
成交价 RMB 5,060,000

清康熙 豇豆红釉塑贴绿蟠螭瓶、镗锣洗、苹果尊、莱菔瓶、柳叶瓶、印泥盒、菊瓣瓶、太白尊（共八件）
北京保利 2019/12/04 LOT 5760
尺寸不一
成交价 RMB 35,075,000

明宣德 宝石红釉盘
北京保利 2019/12/04 LOT 5672
口径 20.4cm
成交价 RMB 5,175,000

清雍正 炉钧釉弦纹瓶
佳士得香港 2019/05/29 LOT 2807
高 27.7 cm
成交价 RMB 6,848,706

清雍正 窑变釉螭耳盘口瓶
北京保利 2019/06/05 LOT 5385
高 27.5cm
成交价 RMB 5,750,000

清雍正 炉钧釉蚰耳簋式炉
北京保利 2019/12/04 LOT 5798
横 16.2cm
成交价 RMB 5,060,000

清乾隆 窑变釉缸
北京保利 2019/06/05 LOT 5386
腹径 44cm
成交价 RMB 5,520,000

清雍正 炉钧釉绶带耳尊
保利香港 2019/10/07 LOT 3325
高 17.7cm
成交价 RMB 21,673,418

元一明初 钧窑玫瑰紫釉鼓钉三足洗
佳士得香港 2019/05/29 LOT 2753
高 19.8 cm
成交价 RMB 12,552,360

元 钧窑天蓝釉紫红斑折沿盘
北京保利 2019/06/05 LOT 5494
口径 18.5cm
成交价 RMB 6,440,000

元一明初 钧窑月白釉鼓钉三足洗
苏富比香港 2019/04/03 LOT 1
高 22cm
成交价 RMB 5,081,676

元一明初 钧窑内天青外玫瑰紫釉三足鼓钉洗
北京保利 2019/06/05 LOT 5496
口径 20.5cm
成交价 RMB 17,250,000

清乾隆 粉彩仿珐花荷塘瓔珞纹盖罐(一对)
保利香港 2019/04/02 LOT 3003
高 46cm
成交价 RMB 10,197,442

清乾隆 粉彩“日日进喜”喜鹊登梅图盖碗
北京保利 2019/12/04 LOT 5715
口径 11.2cm
成交价 RMB 5,405,000

清乾隆 粉彩百鹿图螭耳尊
北京保利 2019/06/05 LOT 6933
高 43cm
成交价 RMB 11,960,000

清乾隆 粉彩锦上添花开光山水图题御制诗轿瓶(一对)
保利(厦门) 2019/01/06 LOT 939
均高 20cm
成交价 RMB 5,520,000

清道光 粉彩进宝图双耳瓶
北京匡时 2019/04/02 LOT 245
高 28.5cm
成交价 RMB 6,118,465

清嘉庆 绿地粉彩缠枝西番莲福寿三多纹小天球瓶
中国嘉德 2019/11/17 LOT 3459
高 31cm
成交价 RMB 5,290,000

清乾隆 瓷胎剔红开光粉彩松鹤图双联瓶
北京博美 2019/08/01 LOT 1152
高 18.4cm
成交价 RMB 6,440,000

清乾隆 粉彩开光山水图执壶
苏富比香港 2019/10/08 LOT 3608
通高 17.4 cm
成交价 RMB 18,668,957

清乾隆 粉彩夹茶叶末釉象耳转心瓶
苏富比香港 2019/04/03 LOT 3613
高 40.2 cm
成交价 RMB 7,547,595

清乾隆 黄地粉彩描金莲蝠纹镂空连环折沿盘（一对）
保利香港 2019/04/02 LOT 3018
口径 39.5cm
成交价 RMB 10,707,314

清嘉庆 凸雕粉彩通景山水图笔筒
东京中央（香港）2019/11/25 LOT 838
高 13.4cm
成交价 RMB 5,160,338

清嘉庆 粉彩百花不露地灯笼瓶
佳士得纽约 2019/09/13 LOT 1134
高 33.6 cm
成交价 RMB 6,174,118

清嘉庆 粉彩九桃结树图小天球瓶
北京保利　2019/12/04　LOT 5719
高 32.5cm
成交价　RMB 5,175,000

清雍正 粉彩过枝桃树蝙蝠图碗
东京中央（香港）2019/11/25　LOT 834
口径 14.3cm；高 6.5cm
成交价　RMB 11,056,584

清嘉庆 胭脂地粉彩番莲八吉祥纹藏草瓶
保利（厦门）2019/08/04　LOT 925
高 25.5cm
成交价　RMB 5,117,500

清嘉庆 黄地夹白地粉彩婴戏图螭耳瓶
北京保利　2019/06/05　LOT 5577
高 75.8cm
成交价　RMB 18,630,000

清嘉庆 黄地夹白地粉彩群仙祝寿图螭耳瓶
保利香港　2019/10/07　LOT 3007
高 30.2cm
成交价　RMB 7,224,473

清嘉庆 粉彩万花献瑞图长颈撇口瓶
上海明轩　2019/04/28　LOT 164
高 31.1cm
成交价　RMB 7,245,000

清嘉庆五年 黄地锦上添花粉彩百子龙舟图螭耳抱月瓶
北京中汉　2019/06/04　LOT 41
高 26.2cm
成交价　RMB 7,705,000

清雍正 粉彩“安居乐业”图碗一对
邦瀚斯纽约　2019/03/18　LOT 522Y
口径 9.5cm
成交价　RMB 7,049,504

清雍正 粉彩梅树灵芝图碗
苏富比香港　2019/10/08　LOT 3605
口径 10.1 cm
成交价　RMB 26,290,791

清雍正 粉彩蜜蜂牡丹图碗
中国嘉德（香港）2019/10/07　LOT 290
口径 14.2cm
成交价　RMB 5,707,782

清乾隆 松石绿地粉彩“苍龙教子”图天球瓶
苏富比香港　2019/04/03　LOT 3614
高 50.8 cm
成交价　RMB 18,644,229

清乾隆 绿地粉彩折枝花云蝠纹花口包袱尊
中国嘉德　2019/11/17　LOT 3472
高 31cm
成交价　RMB 5,405,000

清乾隆 粉彩描金开光镂空团螭宝相花纹内胆绘“时时报喜”图螭耳转心瓶
北京保利 2019/12/04 LOT 5716
高 38cm
成交价 RMB 92,000,000

清乾隆 松石绿地粉彩描金宝相花纹包袱花觚
北京保利 2019/06/05 LOT 5412
高 31.5cm
成交价 RMB 5,750,000

清乾隆 绿地粉彩开光四季花纹题御制诗灯笼瓶
北京保利 2019/12/04 LOT 5717
高 40.2cm
成交价 RMB 13,800,000

清嘉庆 松石绿地粉彩螭龙穿花纹如意万代耳花口瓶
中国嘉德 2019/06/02 LOT 2723
高 34.5cm
成交价 RMB 29,900,000

清康熙 珊瑚红地珐琅彩荷莲图碗
佳士得香港 2019/11/27 LOT 2988
口径 11 cm
成交价 RMB 78,257,640

清乾隆 料胎黄地画珐琅凤舞牡丹包袱瓶
苏富比香港 2019/10/08 LOT 1
尺寸 18.2cm
成交价 RMB 185,849,331

清雍正 斗彩芝仙贺寿图盘（一对）
中国嘉德（香港） 2019/10/07 LOT 262
口径 20.6cm
成交价 RMB 5,810,989

清雍正 斗彩八仙人物图碗（一对）
苏富比香港 2019/10/08 LOT 3603
口径 10.7 cm
成交价 RMB 6,691,789

清雍正 斗彩“三多”纹碗
苏富比香港 2019/10/08 LOT 3018
口径 16cm
成交价 RMB 5,820,722

清雍正 斗彩串枝花纹菊瓣尊
北京保利 2019/12/04 LOT 5786
高 27 cm
成交价 RMB 8,050,000

清雍正 斗彩加矾红彩缠枝花纹碗（一对）
中贸圣佳 2019/06/07 LOT 959
口径 12.1cm；高 6.3cm
成交价 RMB 8,050,000

清嘉庆 蓝地描金云蝠龙纹奔巴壶
北京保利 2019/12/04 LOT 5730
高 19.5cm
成交价 RMB 7,475,000

明成化 白地绿彩锥拱云龙纹盘
北京保利 2019/12/04 LOT 5660
口径 20.5cm
成交价 RMB 14,950,000

明成化 白地绿彩锥拱云龙纹盘
邦瀚斯伦敦 2019/05/16 LOT 108
直径 20.3cm
成交价 RMB 7,715,369

清乾隆 白地黑彩题御制“雪事八咏”诗笔筒
北京保利 2019/06/05 LOT 5566
高 9.4cm
成交价 RMB 8,050,000

清康熙 黑地素三彩绣球花纹太白尊
西泠印社 2019/12/15 LOT 4350
高 8.9cm；底径 12.5cm
成交价 RMB 7,475,000

清嘉庆 粉青地描金勾连花卉福寿对蝶纹盒式螭耳瓶
北京保利 2019/12/04 LOT 5772
高 29.5cm
成交价 RMB 10,235,000

清乾隆 黄地紫、绿彩勾莲托八吉祥五蝠捧寿折沿盘
北京保利 2019/12/05 LOT 7139
口径 41cm
成交价 RMB 5,175,000

民国 汪野亭绘 粉彩山水图四条屏
北京保利 2019/12/05 LOT 5950
均横 21cm、纵 81cm
成交价 RMB 6,785,000

民国 王步绘青花芦雁图瓶
北京荣宝 2019/12/01 LOT 1873
高 22.5cm
成交价 RMB 9,200,000

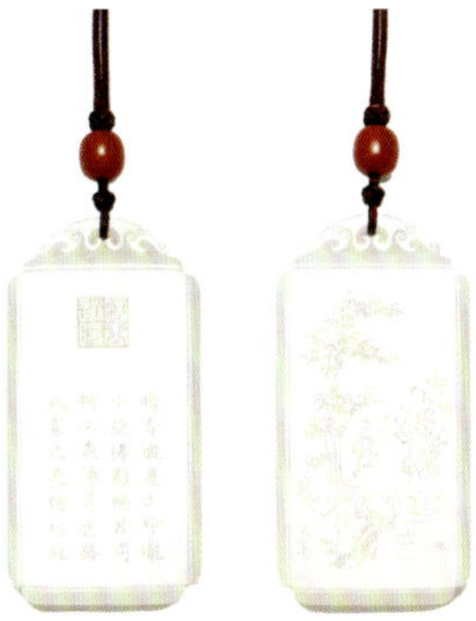

当代 易少勇制 暗香送暖
上海明轩 2019/04/28 LOT 32
长 7.7cm，宽 4cm，厚 1.2cm，重 81g
成交价 RMB 5,520,000

清乾隆 白玉凤纹龙首衔环盖瓶
北京古玩城 2019/06/06 LOT 164
高 42.5cm
成交价 RMB 5,290,000

清乾隆 白玉凤饰龙鋬觥
佳士得香港 2019/05/29 LOT 3027
高 18.4cm
成交价 RMB 6,330,192

清乾隆 白玉菱花式花觚
苏富比香港 2019/10/08 LOT 121
高 20.8cm
成交价 RMB 10,926,454

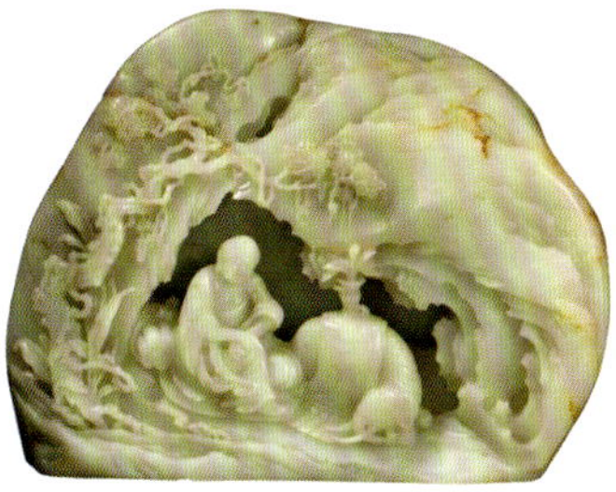

清乾隆 白玉雕迦理迦尊者山子
佳士得纽约 2019/03/20 LOT 823
宽 22cm
成交价 RMB 7,421,779

清乾隆 白玉高士雅集图大山子
北京保利 2019/12/04 LOT 5709
高 29cm，宽 31cm，重 21.5kg
成交价 RMB 8,625,000

清中期 白玉夜游赤壁插屏
北京古玩城 2019/01/19 LOT 2175
长 15.5cm，宽 1.8cm，高 21cm
成交价 RMB 6,900,000

清乾隆 御制痕都斯坦风格白玉浮雕十二圆觉菩萨造像花纽壶
西泠印社 2019/12/14 LOT 2135
高 14.5cm，长 22.3cm，宽 13.7cm
成交价 RMB 6,670,000

清乾隆 御制白玉雕正面龙纹福寿如意
中鸿信 2019/07/16 LOT 2437
长 35.5cm
成交价 RMB 7,377,500

清乾隆 白玉岁岁平安盖盒
苏富比香港 2019/10/08 LOT 107
高 14.1cm
成交价 RMB 6,403,306

清 白玉光素渣斗
苏富比香港 2019/10/08 LOT 103
高 17.9cm
成交价 RMB 10,926,454

西汉 白玉朱雀形灯
中国嘉德（香港）2019/10/07 LOT 942
高 17cm
成交价 RMB 17,679,765

西汉 玉马
中国嘉德 2019/10/07 LOT 862
宽 8cm
成交价 RMB 5,294,955

东周 黄玉瑞兽玉珮饰
苏富比香港 2019/04/03 LOT 3620
长 22cm
成交价 RMB 22,965,849

清乾隆 御制黄玉浮雕螭龙圆方双联瓶
苏富比香港 2019/04/03 LOT 3622
高 22.9cm
成交价 RMB 14,151,111

石家河文化 黄玉人头
佳士得香港 2019/11/27 LOT 2752
高 3cm
成交价 RMB 5,281,493

清 青玉云龙纹瓮
苏富比纽约 2019/09/10 LOT 20
长 30.2cm
成交价 RMB 9,412,194

清 青玉第十六阿必达尊者山子
苏富比纽约 2019/09/10 LOT 17
高 24.5cm
成交价 RMB 5,197,779

清雍正或乾隆 青玉雕岁岁平安图山子
苏富比纽约 2019/09/10 LOT 7
长 15.5cm
成交价 RMB 5,619,220

红山文化时期 青玉猪龙
佳士得纽约 2019/03/21 LOT 1180
宽 13cm
成交价 RMB 15,555,235

当代 天然翡翠“翠玉白菜”
广州华艺国际 2019/12/28 LOT 6107
尺寸约 18cm
成交价 RMB 7,015,000

清乾隆 翡翠雕花果鸣虫兽耳衔环瓶
西泠印社 2019/07/06 LOT 891
高 31.2cm，带座高 36cm
成交价 RMB 5,520,000

现代 翡翠世外桃源摆件
北京古玩城 2019/01/19 LOT 2073
长 94cm，宽 43cm，高 106cm
成交价 RMB 15,755,000

现代 翡翠山高水长摆件
北京古玩城 2019/01/19 LOT 2231
成交价 RMB 19,090,000

汉至六朝 玉瑞兽
苏富比纽约 2019/03/19 LOT 134
长 5.8cm
成交价 RMB 5,015,631

红山文化 玉猪龙
佳士得香港 2019/11/27 LOT 2706
高 11.8cm
成交价 RMB 5,496,881

良渚文化 红沁大玉琮
北京古天一 2019/12/03 LOT 2026
高 5cm，长 8.5cm，宽 8.5cm
成交价 RMB 5,520,000

良渚文化 三层人神兽面纹玉琮
佳士得香港 2019/11/27 LOT 2719
高 7.8cm
成交价 RMB 28,112,621

良渚文化 神人兽面纹九节大玉琮
西泠印社 2019/12/15 LOT 3506
高 24.7cm，上端射径 7.8cm，孔径 5.2cm；下端射径 7.6cm，孔径 5cm
成交价 RMB 5,788,500

当代 郭懋介 田黄石 春江水暖薄意摆件
福建东南 2019/10/12 LOT 22
高 5.6cm，重 124g
成交价 RMB 7,475,000

新石器时代 良渚文化兽面纹玉琮
苏富比香港 2019/04/02 LOT 3020
高 10cm
成交价 RMB 8,343,754

新石器时代红山文化 玉猪龙
苏富比香港 2019/11/29 LOT 728
高 7cm
成交价 RMB 7,911,022

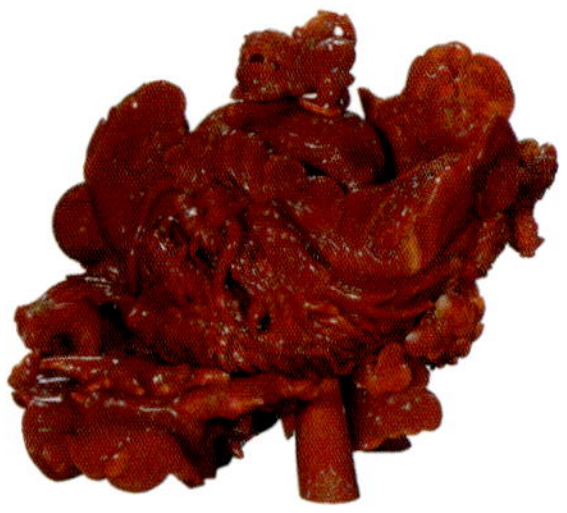

清 珊瑚狮纽香熏
北京古玩城 2019/12/05 LOT 230
高 11.5cm
成交价 RMB 6,670,000

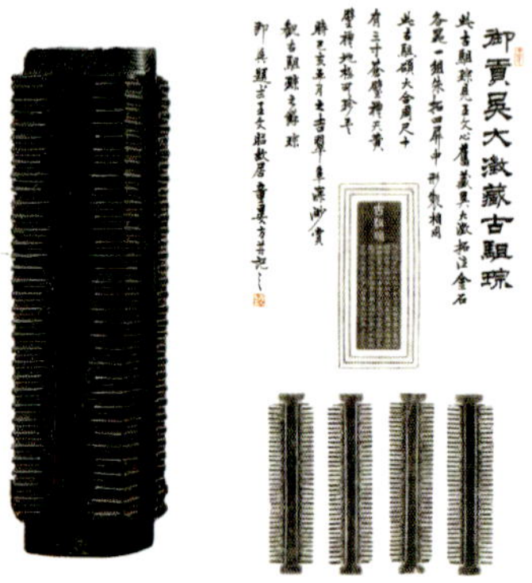

良渚文化 御贡——吴大澂藏古驵琮
西泠印社 2019/07/06 LOT 812
玉琮高 28.5cm，长 7.2cm，宽 7.2cm，内径约 5.7cm；
原盒高 42cm，长 19.5cm，宽 13cm
成交价 RMB 8,970,000

清乾隆 翠玉雕山水图插屏
苏富比纽约 2019/09/10 LOT 10
宽 21.2cm
成交价 RMB 7,557,851

1959 年 潘秉衡制 三色碧玺万寿无疆杯
北京银座 2019/11/29 LOT 374
11×11×13cm
成交价 RMB 9,315,000

唐末或五代 铜鎏金如意轮观世音菩萨坐像
苏富比纽约 2019/10/06 LOT 553
高 16.5cm
成交价 RMB 13,962,433

元末明初 铜释迦牟尼诞生等身像
北京博美 2019/12/31 LOT 1257
高 80cm
成交价 RMB 5,520,000

9 世纪 合金铜释迦牟尼佛陀立像
广州华艺国际 2019/05/27 LOT 1023
高 69cm
成交价 RMB 12,744,000

11 或 12 世纪 大理国 观音菩萨立像
广州华艺国际 2019/08/10 LOT 1018
高 41cm
成交价 RMB 9,200,000

明早期 铜阿弥陀佛坐像
西泠印社 2019/12/15 LOT 4733
高 130cm
成交价 RMB 18,975,000

明 铜释迦牟尼像
北京古玩城 2019/12/05 LOT 476
高 75cm
成交价 RMB 25,300,000

约 15 世纪 叶衣佛母
广州华艺国际　2019/12/28　LOT 1023
高 28.5cm
成交价　RMB 7,187,500

明永乐 铜鎏金绿度母坐像
北京保利　2019/06/05　LOT 5591
高 19cm
成交价　RMB 14,375,000

明 铜鎏金宝冠佛
厦门博乐德　2019/07/31　LOT 640
高 82cm
成交价　RMB 5,902,000

清乾隆“六品佛楼”铜九顶佛坐像
西泠印社　2019/07/07　LOT 3564
高 37.5cm
成交价　RMB 9,200,000

清乾隆 六品佛楼金刚界性佛
中鸿信　2019/01/02　LOT 3433
高 36.5cm
成交价　RMB 5,750,000

17 世纪 扎纳巴扎尔铜鎏金白无量寿佛
中国嘉德　2019/06/03　LOT 4642
17.5×17.5×22.5cm，2.5kg
成交价　RMB 6,670,000

清乾隆 铜鎏金释迦牟尼佛
厦门博乐德 2019/01/09 LOT 331
高 38.1cm
成交价 RMB 5,290,000

清康熙 铜鎏金无量寿佛像
北京保利 2019/06/05 LOT 5588
高 42cm
成交价 RMB 8,280,000

清康熙 铜鎏金无量寿佛像
北京保利 2019/12/04 LOT 5728
高 42cm
成交价 RMB 8,970,000

清康熙 铜鎏金无量寿佛像
北京古玩城 2019/12/05 LOT 477
高 42cm
成交价 RMB 10,350,000

约 17 世纪 铜鎏金宝帐大黑天像
邦瀚斯纽约 2019/03/19 LOT 928
高 27.5cm
成交价 RMB 6,642,831

14 世纪 普巴金刚与金刚亥母（丹萨替寺）
北京保利 2019/12/05 LOT 7212
高 26cm
成交价 RMB 17,825,000

17 或 18 世纪 铜鎏金白胜乐金刚
广州华艺国际 2019/05/27 LOT 1016
高 24cm
成交价 RMB 7,648,082

明 15 世纪 鎏金铜大黑天金刚立像
佳士得香港 2019/05/29 LOT 2707
高 31cm
成交价 RMB 7,989,437

明永乐宫廷 铜鎏金摧破金刚
中国嘉德 2019/06/02 LOT 3145
高 21cm
成交价 RMB 5,175,000

清乾隆 喜金刚（六品佛楼）
北京保利 2019/12/05 LOT 7211
高 37.5cm
成交价 RMB 10,005,000

清乾隆 大威德金刚像
保利（厦门）2019/01/06 LOT 1024
高 53cm
成交价 RMB 5,175,000

17 世纪 铜鎏金大威德金刚双身像
邦瀚斯香港 2019/11/26 LOT 13
高 49cm
成交价 RMB 10,173,157

12 世纪 大理国 鎏金铜阿嵯耶观音像
佳士得纽约 2019/03/20 LOT 813
高 45.7cm
成交价 RMB 13,115,198

明初 14 或 15 世纪 鎏金铜菩萨坐像
佳士得伦敦 2019/05/14 LOT 116
高 37.5cm
成交价 RMB 6,418,050

明永乐 铜鎏金弥勒菩萨坐像
北京保利 2019/12/04 LOT 5666
高 21cm
成交价 RMB 6,670,000

明永乐 鎏金铜观音及佛母坐像
佳士得巴黎 2019/06/12 LOT 208
高 10cm
成交价 RMB 6,971,701

明永乐 铜鎏金四臂文殊菩萨坐像
北京保利 2019/12/04 LOT 5665
高 21cm
成交价 RMB 18,975,000

17~18 世纪 释迦牟尼
北京保利 2019/06/06 LOT 6304
高 27.5cm
成交价 RMB 8,625,000

清康熙 御制铜鎏金释迦牟尼佛
中国嘉德 2019/11/18 LOT 3586
高 82cm，宽 63cm
成交价 RMB 63,250,000

清乾隆 宝生持唐卡（须弥福寿之庙）
北京保利 2019/12/05 LOT 7210
长 147cm，宽 71cm
成交价 RMB 5,750,000

14 世纪下半叶 西藏黑金刚曼荼罗唐卡
苏富比纽约 2019/03/21 LOT 936
83.8×75cm
成交价 RMB 16,402,470

宋 杨枝观音像
中贸圣佳 2019/12/01 LOT 1665
高 46.5cm
成交价 RMB 5,750,000

五代或北宋 木雕菩萨立像一对
佳士得香港 2019/05/29 LOT 2713
观音高 144cm，整体高 171.5cm
成交价 RMB 39,065,709

2~3 世纪 石灰泥塑加彩菩萨像
东京中央（香港） 2019/11/25 LOT 856
高 83cm
成交价 RMB 5,263,544

北齐 贴金石灰岩佛立像
佳士得纽约 2019/03/22 LOT 1610
高 70.5cm
成交价 RMB 9,861,815

明早期 御制漆金彩绘铜关帝坐像
保利香港 2019/04/02 LOT 3508
高 187cm，宽 124cm，长 95.3cm
成交价 RMB 47,927,977

辽 彩塑佛首
苏富比香港 2019/04/02 LOT 3050
高 77cm
成交价 RMB 7,928,943

金 木雕加彩释迦牟尼佛坐像
苏富比香港 2019/10/08 LOT 3629
高 122cm
成交价 RMB 15,234,214

唐 大理石雕菩萨立像
苏富比纽约 2019/03/19 LOT 120
总高 94cm
成交价 RMB 5,015,631

清乾隆五十四年 奉成造金银混搭吉祥白螺
中国嘉德 2019/11/18 LOT 6023
长 23cm，宽 16cm
成交价 RMB 5,750,000

清乾隆 金质嘎巴拉碗
中国嘉德 2019/06/03 LOT 6026
底座长 23.6cm，高 9.5cm；嘎巴拉碗长 17.8cm，宽 13.5cm；总高 24cm，总重 2458g
成交价 RMB 6,670,000

清康熙 玉璇款寿山冻石雕华严三大士像
东京中央（香港） 2019/11/25 LOT 867
左：高 9.5cm；中：高 8.9cm；右：高 11cm
成交价 RMB 6,811,646

清 御制 木胎漆金药师佛坐像
佳士得香港 2019/05/29 LOT 2704
造像高 172.7cm，漆木底座高 68.5cm
成交价 RMB 27,070,752

明 16或17世纪 黄花梨万字纹围子六柱架子床
佳士得香港 2019/05/29 LOT 3119
高 221cm，宽 226cm，深 157.5cm
成交价 RMB 5,293,164

明末清初 黄花梨透雕螭龙纹架子床
北京印千山 2019/01/11 LOT 1166
长 210cm, 宽 146cm, 高 224cm
成交价 RMB 6,900,000

明末清初 黄花梨有束腰方腿小榻
中国嘉德 2019/11/17 LOT 4637
长 190.7cm, 宽 81cm, 高 44.5cm
成交价 RMB 6,325,000

明晚期 黄花梨素围板罗汉床
北京保利 2019/06/05 LOT 5444
长 201.6cm, 宽 90.2cm, 高 80cm
成交价 RMB 17,825,000

清 黄花梨攒格围子六柱架子床
中贸圣佳 2019/12/01 LOT 2829
长 224cm，宽 148cm，高 232cm
成交价 RMB 5,675,000

清早期 黄花梨团螭花卉纹六柱架子床
北京保利 2019/12/04 LOT 5623
长 213.4cm，宽 143.5cm，高 236.2cm
成交价 RMB 10,925,000

明万历 孙克弘制 黄花梨刻诗文苍松葡萄图四柱架子床
中贸圣佳 2019/12/01 LOT 2809
长 204.5cm，宽 118.5cm，高 202cm
成交价 RMB 49,372,500

清早期 黄花梨龙鹤麒麟纹六柱架子床
中贸圣佳 2019/06/07 LOT 656
长 227cm，宽 157.5cm，高 225cm
成交价 RMB 8,510,000

清早期 黄花梨攒斗四簇云龙纹六柱架子床
中国嘉德（香港）2019/10/07 LOT 1015
长 217cm，宽 149cm，高 227cm
成交价 RMB 15,615,630

清中晚期 黄花梨无束腰直枨树皮纹六足榻
中国嘉德 2019/06/03 LOT 4313
长 234cm，宽 92.3cm，高 46.5cm
成交价 RMB 7,475,000

明末清初 黄花梨圆角柜
中贸圣佳 2019/06/07 LOT 653
长 102cm，宽 52cm，高 179cm
成交价 RMB 5,750,000

晚明 黄花梨冰裂纹透棂格柜
佳士得香港 2019/05/29 LOT 3124
高 197.4cm，宽 109.5cm，深 50cm
成交价 RMB 14,626,416

明末清初 黄花梨福字纹大四出头官帽椅成对
中国嘉德 2019/11/17 LOT 4636
座宽 67.5cm，座深 67cm，高 119.5cm
成交价 RMB 20,700,000

明末清初 黄花梨麒麟引凤纹四出头官帽椅
北京保利 2019/06/05 LOT 5435
座宽 65.4cm, 座深 49.5cm, 高 107.6cm
成交价 RMB 11,730,000

明末清初 黄花梨四出头官帽椅（一对）
中贸圣佳 2019/06/07 LOT 640
座宽 62.3cm, 座深 52cm, 高 110cm
成交价 RMB 5,750,000

明末清初 黄花梨高靠背南官帽椅（一对）
中贸圣佳 2019/12/01 LOT 2824
座宽 57cm，座深 56.2cm，高 105.3cm
成交价 RMB 6,583,000

清乾隆 黄花梨、紫檀嵌寿山石螭龙捧寿纹两出头官帽椅
中贸圣佳 2019/12/01 LOT 2827
座宽 56.3cm，座深 47.4cm，高 93cm
成交价 RMB 5,561,500

清早期 黄花梨瑞兽纹高靠背大四出头官帽椅（一对）
中贸圣佳 2019/12/01 LOT 2813
座宽 60.5cm，座深 47.5cm，高 120cm
成交价 RMB 20,430,000

17 世纪 黄花梨矮靠背扶手椅一对
佳士得纽约 2019/03/22 LOT 1664
高 97.8cm，宽 56.5cm，深 46cm
成交价 RMB 7,584,448

明末清初 黄花梨螭龙捧寿纹五抹落地式围屏
上海明轩 2019/12/20 LOT 110
长 726cm，高 323cm，宽 3.2cm
成交价 RMB 7,475,000

明末清初 黄花梨镶大理石插屏
中贸圣佳 2019/06/07 LOT 654
高 112.5cm，宽 105cm，厚 30.5cm
成交价 RMB 9,430,000

清早期 黄花梨螭龙纹围屏（十二扇）
北京保利 2019/06/05 LOT 5445
每扇高 304.8cm，宽 55.6cm，厚 2.7cm
成交价 RMB 10,925,000

明末 黄花梨独板翘头案
中国嘉德（香港）2019/10/07 LOT 987
长 173.3cm，宽 34.2cm，高 83.8cm
成交价 RMB 9,423,225

明末清初 黄花梨夹头榫大画案
中国嘉德 2019/11/17 LOT 4635
长 219.5cm，宽 96cm，高 81.2cm
成交价 RMB 20,700,000

明末清初 黄花梨卷云纹带托泥画案
北京保利 2019/12/04 LOT 5608
长 218cm, 宽 62cm, 高 85cm
成交价 RMB 13,800,000

明末清初 黄花梨嵌石面剑腿酒桌
佳士得香港 2019/05/29 LOT 3125
高 79.4cm，宽 97.7cm，深 47.7cm
成交价 RMB 6,537,597

明末清初 黄花梨有束腰四足半月桌
中国嘉德 2019/06/03 LOT 4309
长 109.5cm, 宽 53.5cm, 高 85cm
成交价 RMB 7,015,000

明末清初 黄花梨卷云纹画案
中贸圣佳 2019/06/07 LOT 652
长 203.5cm, 宽 60.6cm, 高 78.8cm
成交价 RMB 5,060,000

明末清初 黄花梨如意云纹独板面翘头案
中贸圣佳 2019/06/07 LOT 655
长 244.4cm, 宽 50.6cm, 高 93cm
成交价 RMB 23,690,000

明末清初 黄花梨镶瘿木十字枨小画桌
中贸圣佳 2019/06/07 LOT 650
长 89cm, 宽 52.2cm, 高 72cm
成交价 RMB 5,405,000

17 世纪　黄花梨夹头榫画案
佳士得纽约　2019/03/22　LOT 1665
高 81.3cm，宽 215.9cm，深 60.9cm
成交价　RMB 8,235,124

17 世纪　黄花梨束腰小长方桌
佳士得纽约　2019/03/22　LOT 1669
高 76.8cm，宽 78.2cm，深 35cm
成交价　RMB 6,283,095

17 或 18 世纪　黄花梨霸王枨半桌
邦瀚斯伦敦　2019/05/16　LOT 79
长 105.5cm，宽 66.6cm，高 80cm
成交价　RMB 9,821,806

清　黄花梨替木式牙头独板翘头案
中贸圣佳　2019/12/01　LOT 2825
长 218cm，宽 48.5cm，高 86cm
成交价　RMB 14,755,000

清早期　黄花梨有束腰整挖漩涡枨八仙桌（一对）
北京保利　2019/12/04　LOT 5605
长 95.7cm，宽 95cm，高 85.7cm
成交价　RMB 5,290,000

清早期　黄花梨螭龙纹独板面翘头案
中贸圣佳　2019/12/01　LOT 2833
长 293cm，宽 42cm，高 95cm
成交价　RMB 9,080,000

清早期 黄花梨夔龙纹画案
中贸圣佳 2019/12/01 LOT 2818
长 168.5cm，宽 69.7cm，高 81.3cm
成交价 RMB 6,356,000

明 黄花梨螭龙纹大方台
北京保利 2019/06/05 LOT 5595
面 49×49cm，肩 57.5×57.5cm，高 141cm，重 88.6kg
成交价 RMB 31,050,000

明 黄花梨有束腰带托泥四足方香几
中国嘉德（香港）2019/10/07 LOT 990
长 52.5cm, 宽 52.5cm, 高 88.5cm
成交价 RMB 17,163,731

清乾隆 紫檀锦地西番莲纹方桌
北京保利 2019/12/04 LOT 5615
长 87.7cm，宽 87.7cm，高 87cm
成交价 RMB 5,175,000

清乾隆 御制紫檀雕兽面龙纹条桌成对
中国嘉德 2019/06/03 LOT 4327
长 270cm, 宽 54.3cm, 高 90.5cm×2
成交价 RMB 32,200,000

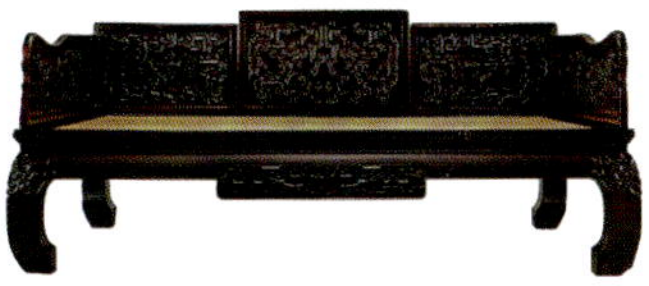

清乾隆 紫檀雕夔龙纹五屏式罗汉床
北京保利 2019/12/04 LOT 5622
长 228.6cm, 宽 161.3cm, 高 95.9cm
成交价 RMB 15,525,000

清乾隆　紫檀夔龙如意纹海棠形画桌
保利香港　2019/04/02　LOT 3604
长 159cm，宽 57cm，高 93cm
成交价　RMB 10,707,314

清乾隆　紫檀有束腰西番莲条桌
北京保利　2019/06/05　LOT 5596
长 90.5cm, 宽 161cm, 高 47cm
成交价　RMB 6,670,000

清乾隆　紫檀西番莲夔龙团寿五扇屏风
北京保利　2019/06/05　LOT 5597
宽 175cm, 高 170cm
成交价　RMB 6,325,000

清雍正—乾隆　紫檀雕仙槎瘤根纹直足长方榻
北京保利　2019/06/05　LOT 5594
长 218cm, 宽 126cm, 高 53cm
成交价　RMB 9,775,000

清乾隆　紫檀雕夔纹嵌汉玉璧御制诗插屏
苏富比香港　2019/04/03　LOT 3506
总高 22.2cm，玉璧 10.3cm
成交价　RMB 11,558,541

民国　红木嵌云石九九灵芝冲天独座八椅四几
上海朵云轩　2019/06/23　LOT 1785
椅 61×47×111cm×8，几 47.5×47.5×78cm×4
成交价　RMB 7,130,000

清早期 铁梨木镶大理石鼓腿膨牙罗汉床
北京保利 2019/06/05 LOT 5443
长 214.6cm，宽 118.1cm，高 88.9cm
成交价 RMB 5,980,000

清乾隆 御制御用剔彩云龙福庆有余纹宝座
佳士得伦敦 2019/05/14 LOT 60
高 111.1cm，宽 115.5cm，深 85.7cm
成交价 RMB 53,611,011

清 雕漆屏风一组十二扇
北京古玩城 2019/06/06 LOT 305
宽 690cm, 高 248.5cm
成交价 RMB 13,800,000

清乾隆 青金石嵌百宝蝙蝠“大吉”葫芦屏连紫檀座一对
佳士得伦敦 2019/11/05 LOT 116
高 48.2cm×2
成交价 RMB 6,582,196

清康熙 1699 年款彩南澳总兵府将军贺寿大屏风
佳士得巴黎 2019/12/12 LOT 42
总长约 624cm
成交价 RMB 16,449,532

商代晚期 兽面纹觚尊
大唐国际 2019/11/24 LOT 10
宽 30cm；高 37cm；口径 24cm；
成交价 RMB 24,338,844

商代晚期 封子父鸮卣
大唐国际 2019/05/26 LOT 84
高 19cm；口径 9cm
成交价 RMB 18,554,159

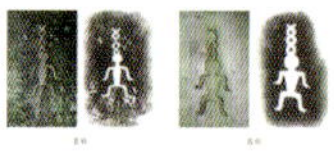

商晚期 青铜奚卣
西泠印社 2019/12/15 LOT 3585
带提梁高 29.8cm
成交价 RMB 25,300,000

西周 兽面纹方彝 兽面纹方尊（一组）
大唐国际 2019/11/24 LOT 12
方彝宽 18.5cm；高 27.5cm；口径 16cm
方尊宽 18.5cm；高 20.5cm；口径 19cm
成交价 RMB 25,352,963

西周 神面纹亚束提梁卣
大唐国际 2019/05/26 LOT 86
宽 22cm；高 19cm
成交价 RMB 17,577,625

西周早期 凰鸟纹天猪提梁卣
大唐国际 2019/05/26 LOT 11
宽 26cm；高 41cm
成交价 RMB 19,042,427

西周早期 青铜颖簋及端方原题跋颖簋全形绘立轴
西泠印社 2019/07/06 LOT 811
器高 15cm；立轴 85×39cm
成交价 RMB 6,670,000

商代晚期 兽面纹夔龙扁足鼎
大唐国际 2019/11/24 LOT 11
高 29cm；径 22cm
成交价 RMB 6,248,047

商代晚期 妇鼎
大唐国际 2019/05/26 LOT 83
宽 25.5cm；高 31cm
成交价 RMB 6,934,261

商晚期 安阳 公元前 11 世纪 勺方鼎
佳士得纽约 2019/03/22 LOT 1506
高 20.7cm
成交价 RMB 7,421,779

商晚期 青铜饕餮纹鬲鼎
佳士得香港 2019/11/27 LOT 2802
高 21.7cm
成交价 RMB 10,881,581

晚商或西周早期 青铜壴鼎
佳士得香港 2019/11/27 LOT 2803
高 24.5cm
成交价 RMB 6,573,821

春秋早期 青铜芮公鼎
西泠印社 2019/12/15 LOT 3584
高 28cm
成交价 RMB 11,730,000

商晚期 戴润斋旧藏青铜妇甗
浙江佳宝 2019/12/13 LOT 473
口宽 22.2cm；耳宽 24.7cm；高 36cm
成交价 RMB 5,175,000

明 掐丝珐琅葡萄纹宫廷御用镜
北京景星麟凤 2019/04/20 LOT 1040
直径 44cm；厚 0.9cm；重 8950g
成交价 RMB 9,085,000

商 宁壶
中贸圣佳 2019/06/07 LOT 977
长 13.4cm；高 24cm
成交价 RMB 5,750,000

战国 龙形灯
大唐国际 2019/11/24 LOT 72
宽 22cm；高 28.5cm；口径 20cm
成交价 RMB 5,294,955

六朝 镶嵌水晶青铜辟邪
大唐国际 2019/11/24 LOT 73
长 36.5cm；高 31cm
成交价 RMB 6,142,148

清康熙 御制大铜甪端成对
北京保利 2019/12/04 LOT 5725
高 78.5cm
成交价 RMB 10,695,000

清乾隆 御制铜铸如意耳活环大供瓶（一对）
北京博美 2019/08/01 LOT 1160
高 93cm
成交价 RMB 9,775,000

清乾隆 铜雕龙纹大朝天耳炉（一对）
北京保利 2019/12/04 LOT 5726
宽 36cm；高 38cm
成交价 RMB 5,175,000

清康熙 浮雕云龙冲天耳三足炉
中贸圣佳 2019/11/30 LOT 699
直径 28cm；高 16.8cm
成交价 RMB 9,080,000

清康熙 铜甪端形大熏炉（一对）
苏富比纽约 2019/03/20 LOT 720
高 78.7cm
成交价 RMB 5,015,631

明景泰 铜胎掐丝珐琅缠枝莲纹象足炉
广州华艺 2019/05/27 LOT 1111
直径 16.5cm
成交价 RMB 9,175,680

清乾隆 铜胎掐丝珐琅百花石榴纹大瓶
中贸圣佳 2019/11/30 LOT 702
高 144.4cm
成交价 RMB 5,107,500

西汉 鎏金银镶绿松石龙纹加彩复合镜
大唐国际 2019/05/26 LOT 100
直径 18cm
成交价 RMB 8,973,749

西汉 铜鎏金奔马
广州华艺 2019/05/27 LOT 1214
高 45cm; 长 45cm
成交价 RMB 19,370,880

17 或 18 世纪 宫廷御用“牡丹凤凰”铜香炉
阔乐拍卖 2019/06/04 LOT 200
高 24cm，宽 59cm
成交价 RMB 28,485,912

清早期 铜鎏金胡人献宝大方炉
北京保利 2019/12/04 LOT 5727
长 34cm
成交价 RMB 7,475,000

清乾隆 局部鎏金兽面纹朝冠耳炉
中贸圣佳 2019/06/07 LOT 904
长 19.1cm; 高 16.5cm
成交价 RMB 6,900,000

清康熙 御制铜鎏金百寿莲纹朝冠耳象足炉
中贸圣佳 2019/11/30 LOT 697
直径 56.2cm; 高 63cm
成交价 RMB 11,406,750

唐 银局部鎏金花鸟纹莲瓣式盘
佳士得纽约 2019/09/12 LOT 551
直径 24.5cm; 重 1052g
成交价 RMB 24,548,967

元 金刻缠枝牡丹纹龙首柄杯
佳士得纽约 2019/09/12 LOT 571
宽 11.2cm; 重 72.1g
成交价 RMB 17,805,903

清乾隆 御铭宋代端石七光砚
西泠印社 2019/12/16 LOT 5468
20.9×12.5×9.2cm
成交价 RMB 13,800,000

清乾隆 御制紫砂御题诗澄泥海天初月 砚带原配紫檀盒
广东崇正 2019/05/23 LOT 1937
16×11.2×2.7cm
成交价 RMB 5,520,000

清康熙 御制寿山石“渊鉴挥毫”玺
佳士得香港 2019/05/29 LOT 3009
5.8x5.8x9.4cm，重 605g
成交价 RMB 16,700,472

清雍正 周庸恭镌款寿山石雕螭龙纹方玺“和硕怡亲王章”
西泠印社 2019/07/06 LOT 1355
长 10cm; 宽 10cm; 高 9.5cm
成交价 RMB 5,750,000

清 杨澥 寿山田黄石平顶方章
中国嘉德 2019/11/17 LOT 4428
3.5×3.5×7cm，223g
成交价 RMB 5,865,000

清 赵之谦刻 “生逢尧舜君不忍便永诀”寿山高山石自用印章
中国嘉德 2019/06/02 LOT 4196
3.6×3.6×6.5cm
成交价 RMB 9,545,000

清 田黄冻石六面平素方章
西泠印社 2019/12/13 LOT 313
2.2×2×5.3cm，重 61.3g
成交价 RMB 5,060,000

清嘉庆 御制田黄薄意雕山水“含韵斋”玺
北京保利 2019/06/05 LOT 5570
2×2×5.5cm，重 53g
成交价 RMB 5,980,000

当代 江秀影 田黄石 白居易诗意图薄意随形章
福建东南 2019/05/12 LOT 170
10.8×8.4×3.6cm，重约 536g
成交价 RMB 6,670,000

战国秦汉 淡青白玉覆斗印“宋婴”及印谱
中国嘉德（香港）2019/10/07 LOT 386
宽 2.2cm
成交价 RMB 6,430,229

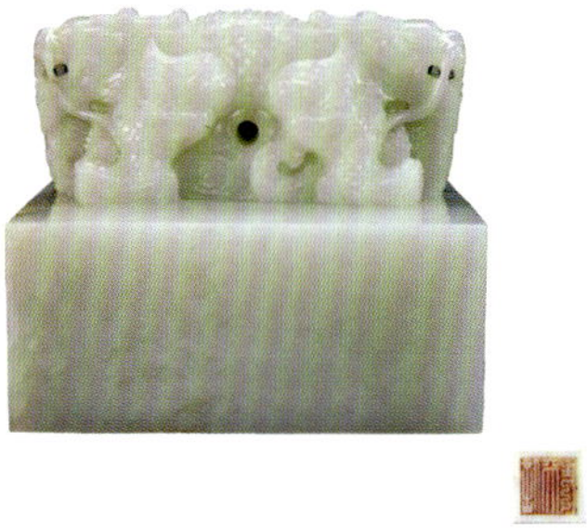

清乾隆 1786 年御制白玉交龙纽“信天主人”宝玺
北京保利 2019/06/05 LOT 5569
12.9×12.9×11cm，重 3555g
成交价 RMB 94,300,000

清嘉庆 御制白玉交龙纽“周甲延禧之宝”方玺
佳士得香港 2019/05/29 LOT 3011
9.7x9.6x9.6cm
成交价 RMB 17,737,500

当代 崔磊 黄罕勇 吴灶发 和田玉籽料团龙穿云纽印章
北京博观 2019/12/08 LOT 17665
13.0×6.9×6.9cm，重 1383g
成交价 RMB 6,670,000

清乾隆 松石绿地轧道粉彩飞鹤纹暗八仙甲子万年笔筒
中鸿信 2019/07/17 LOT 3432
高 15cm
成交价 RMB 6,810,000

清乾隆或嘉庆 白玉雕御游图笔筒
苏富比纽约 2019/03/20 LOT 574
高 16cm
成交价 RMB 13,962,433

清乾隆 1795 年御用题诗碧玉“樊桐仙侣”笔筒
佳士得香港 2019/11/27 LOT 2847
高 12.5cm
成交价 RMB 5,496,881

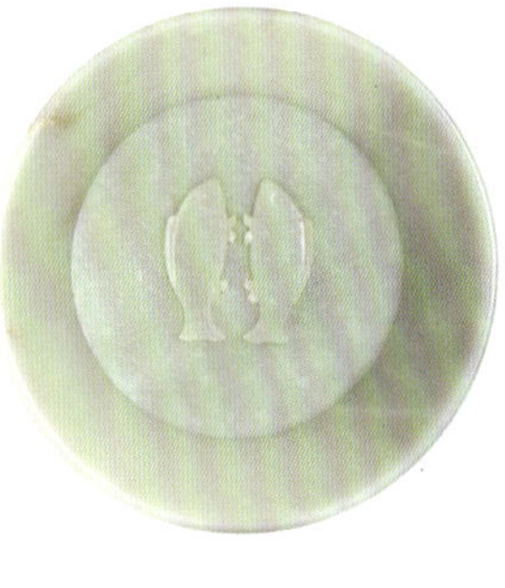

清乾隆 青白玉御题诗双鱼洗
佳士得纽约 2019/03/20 LOT 806
直径 25.4cm
成交价 RMB 19,621,963

清乾隆 白玉雕寿字八宝纹双龙活环耳洗
横滨国际 2019/10/26 LOT 3734
长 30.5cm; 宽 22cm; 高 10.3cm
成交价 RMB 5,493,354

宋　鹤林松峻铭伏羲式古琴
清末民国　诗梦斋戊午诗文铭楠木琴案
中国嘉德　2019/06/03　LOT 4405
通长 124cm，肩宽 20cm，尾宽 13cm ; 131.7×39×73.5cm
成交价　RMB 9,200,000

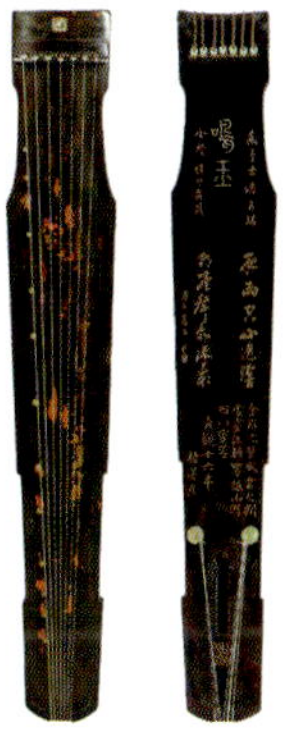

唐一宋　“鸣玉”仲尼式古琴
中国嘉德　2019/11/17　LOT 4503
通长 120cm; 肩宽 18.3cm; 尾宽 13cm
成交价　RMB 6,325,000

明永乐　剔红松下品香图圆盒
北京博美　2019/01/10　LOT 658
直径 26.7cm ; 高 8cm
成交价　RMB 5,520,000

明永乐　剔红雕牡丹纹盖盒
株式会社东京中央　2019/03/12　LOT 15
高 8cm ; 直径 26.5cm
成交价　RMB 5,633,059

明永乐　剔红高士庭园葵口大盘
北京保利　2019/12/04　LOT 5667
宽 34.5cm
成交价　RMB 5,175,000

清乾隆　剔红道教神仙图经匣
佳士得纽约　2019/03/30　LOT 809
高 33.9cm
成交价　RMB 7,015,106

元 剔红三友庭园图方盘
广州华艺 2019/05/27 LOT 1125
长 30.5cm
成交价 RMB 20,390,400

明 15 或 16 世纪 剔红缠枝牡丹纹纸槌瓶
佳士得纽约 2019/03/30 LOT 807
高 15.9cm
成交价 RMB 6,445,764

当代 蒋蓉制 牡丹
上海匡时 2019/06/21 LOT 49
宽 18cm；高 11cm
成交价 RMB 5,520,000

明宣德 御制澄泥浮雕狮纹蟋蟀盆
中国嘉德 2019/06/02 LOT 2728
高 10.4cm；直径 14cm
成交价 RMB 9,200,00

现代 顾景舟制 汉铎壶
上海明轩 2019/04/28 LOT 121
高 9.5cm；宽 15cm；容量 470ml
成交价 RMB 5,175,000

清康熙 陈鸣远制 宜兴紫砂笸箩形杯
佳士得香港 2019/11/27 LOT 2824
高 5.3cm
成交价 RMB 5,496,881

明 时大彬制 菱瓣圆壶、扁圆壶
北京保利 2019/06/03 LOT 1694
容量分别为 330cc；380cc
成交价 RMB 21,850,000

现代 顾景舟制 匏尊
江苏和信 2019/12/28 LOT 1137
17×12cm
成交价 RMB 5,520,000

现代 顾景舟制 扁樱
北京瀚海 2019/06/14 LOT 1227
长 16cm；高 8.5cm
成交价 RMB 5,750,000

现代 顾景舟制 掇球壶
上海朵云轩 2019/12/18 LOT 1064
长 17.5cm；宽 10.9cm；高 12cm
成交价 RMB 11,500,000

清早期 陈鸣远制 子式先生上款 紫泥松鼠柿子壶
西泠印社 2019/12/15 LOT 4571
8.5cm；15.5cm
成交价 RMB 26,220,000

清康熙 陈鸣远制铭诗句春雪梅瓣壶
中国嘉德 2019/11/17 LOT 2844
宽 15.3cm
成交价 RMB 7,705,000

清乾隆 棋楠仿天然木雕麒麟摆件
北京保利 2019/12/02 LOT 1024
高 47cm；长 58cm；宽 35cm
成交价 RMB 5,980,000

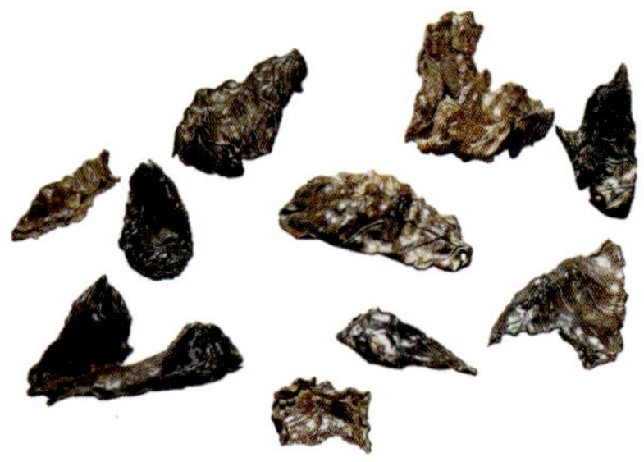

当代 韩智华制 海南包头雕秋叶禅摆件
北京保利 2019/12/02 LOT 1048
重量约共 304.7g
成交价 RMB 5,290,000

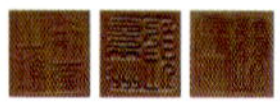

现代 顾景舟制 三足高腰线提梁壶套组（五件）
北京保利 2019/12/02 LOT 1186
尺寸不一
成交价 RMB 7,015,000

当代 蒋蓉制 白藕酒具（十一头）
荣宝斋（上海）2019/11/05 LOT 2
酒具容量 650cc
成交价 RMB 6,242,500

清　玉质鼻烟壶一组四十件
西泠印社　2019/07/06　LOT 1620
尺寸不一
成交价　RMB 6,210,000

鉴藏印

1. 邓邦述：群碧楼、宋刻本、正闇收藏
2. 袁克文：八经阁
3. 傅增湘：双鉴楼收藏宋本、从其所好、群碧楼印、藏园居士、沅叔审定、傅沅叔藏书记、双鉴楼、书潜、长春室主、江安傅增湘沅叔收藏善本、双鉴楼主、沅叔藏书、龙龛精舍、沅叔金石文字

流传序列

此刻本初藏邓邦述（1868～1939）群碧楼，著录于《群碧楼善本书目》第一卷第一部，并标注为十册，邓邦述去世后，其藏书部分出售北京、苏州的四家书肆及中央研究院，大部分为民国藏书家袁克文（1890～1931）、王体仁（1873～1938）等购藏，此书即入袁克文之八经阁中。袁世凯（1859～1916）逝世后，袁克文生计日渐窘迫，以抵押珍藏善本和卖字疗饥，藏书被傅增湘（1872～1949）大量购入，该刻本或在此时转藏傅增湘的藏园，并作为傅增湘校勘《周易》诸刻的重要版本之一，后匿迹于世。

上海博古斋，2012年4月29日，LOT 1282

北京匡时，2019年7月13日，LOT 1227

著 录

1. 袁克文《寒云书影》，上海仓圣明智大学影印本，1917年。
2. 邓邦述《群碧楼善本书录》卷一，群碧楼邓氏家刻书，1928年，第1页。
3. 邵懿辰、邵章《增订四库简目标注》，上海古籍出版社，1959年，第7页。
4. 《中国古籍善本书目》编辑委员会《中国古籍善本总目》，线装书局，2005年，第9页。
5. 莫友芝、傅增湘《藏园订补郘亭知见传本书目》，中华书局，2009年，第9页。
6. 中国国家图书馆、中国国家古籍保护中心《第三批国家珍贵古籍名录》6972号，国家图书馆出版社，2012年。

按 语

《周易》被奉为中国五经之首，为中国最重要典籍之一。三国至两晋，王弼、韩康伯为《周易》作注，至唐代，孔颖达奉太宗之命编成《周易正义》，成为后世科举取士的依据。而《周易兼义》则是正经与《正义》合刊，方为《周易兼义》。此《周易兼义》刊刻于宋末元初，是合刊后的最早版本，为北京大学藏本外现存的第二部全本，经邓邦述、袁克文、傅增湘三位藏书大家悉心护佑，得以流传至今，并入选第三批国家珍贵古籍名录。

卷中袁克文题跋中所谓"宋刊十行本"，在清代阮元的《十三经注疏》之《重刻宋版注疏总目录》中有考证："有宋十行注疏者，即南宋岳珂《九经三传沿革例》所载，建本附释音注疏也，其书刻于宋南渡之后，由元入明，是以十行本为诸本最古之册。"另外清代陈鳣亦言："注疏合刻起于南北宋之间，以其每半叶十行，又谓之'十行本'。近世通行者，曰'闽本'、曰'监本'、曰'毛本'，每半叶皆九行。"阮元与陈鳣都提到的"十行本"，即指"周易兼义"此本，故称"宋刊十行本"，可见此书为《周易兼义》的最初刻本。清代李元阳、阮元所刻《十三经注疏》均以此书为底本校勘而出，所以可称其为《周易兼义》的"祖本"，其文献价值与历史价值不言而喻。

此书含唐代孔颖达撰《正义》九卷，是孔颖达在经注的基础上，融汇各家经学见解加以注解而成，历代科举取士皆以经书及其注疏为依据，书后附唐代王弼撰《略例》，分为上下两卷，唐代陆德明撰《音义》，分为经典释文、周易上经泰传、周易上经噬嗑传、周易下经咸传、周易下经夬传、周易下经丰传、周易系辞上、周易系辞下、周易说卦、周易序卦十卷，至此，周易注本体系已臻完善。该刻本流传有序，著录翔实，为研究我国出版史提供重要佐证史料。

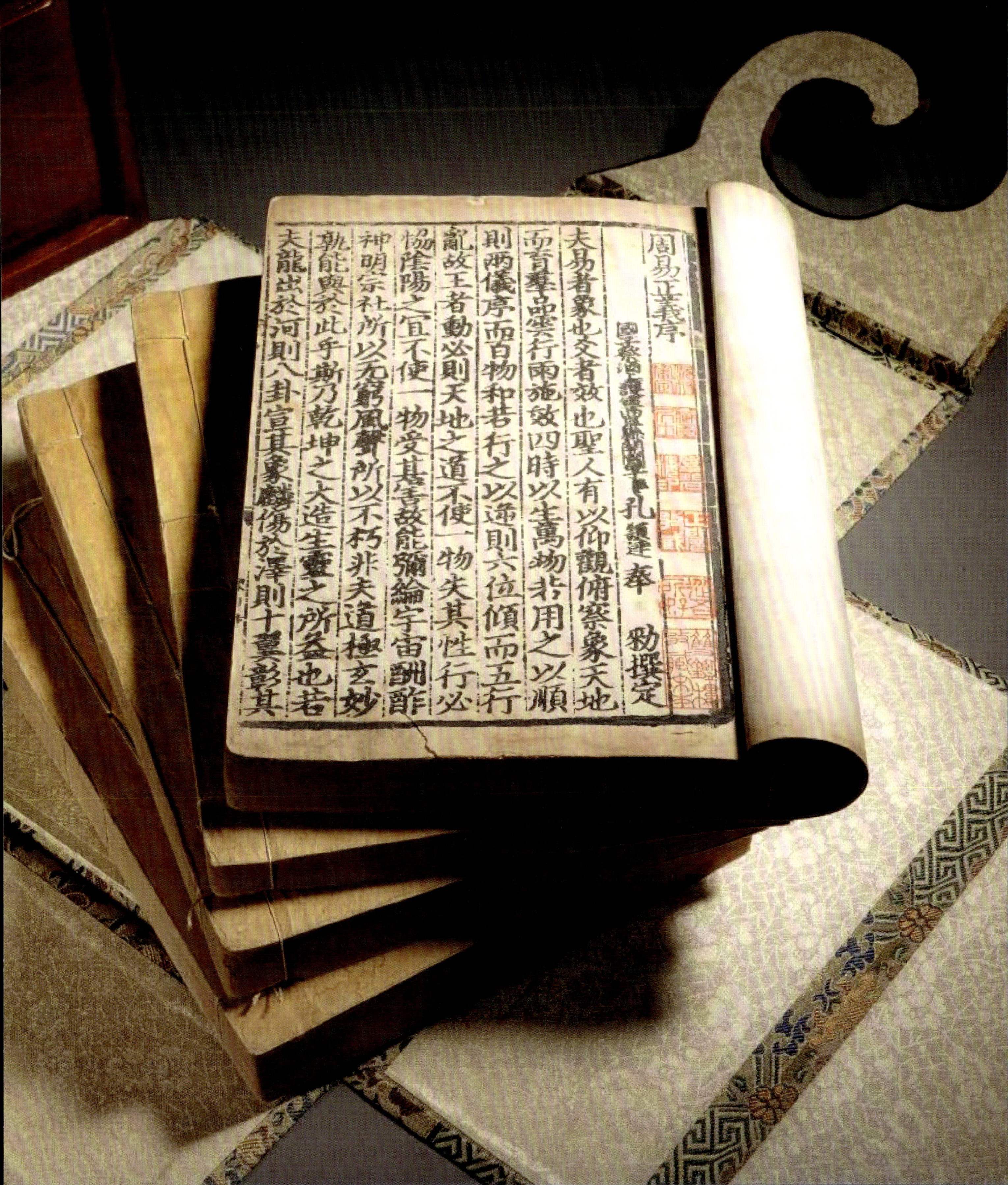
周易正義序
國子祭酒上護軍曲阜縣開國子臣孔穎達奉 勅撰定
夫易者象也爻者效也聖人有以仰觀俯察象天地
而育羣品雲行雨施效四時以生萬物若用之以順
則兩儀序而百物和若行之以逆則六位傾而五行
亂故王者動必則天地之道不使一物失其性行必
協陰陽之宜不使一物受其害故能彌綸宇宙酬酢
神明宗社所以无窮風聲所以不朽非夫道極玄妙
孰能與於此乎斯乃乾坤之大造生靈之所益也若
夫龍出於河則八卦宣其象麟傷於澤則十翼彰其

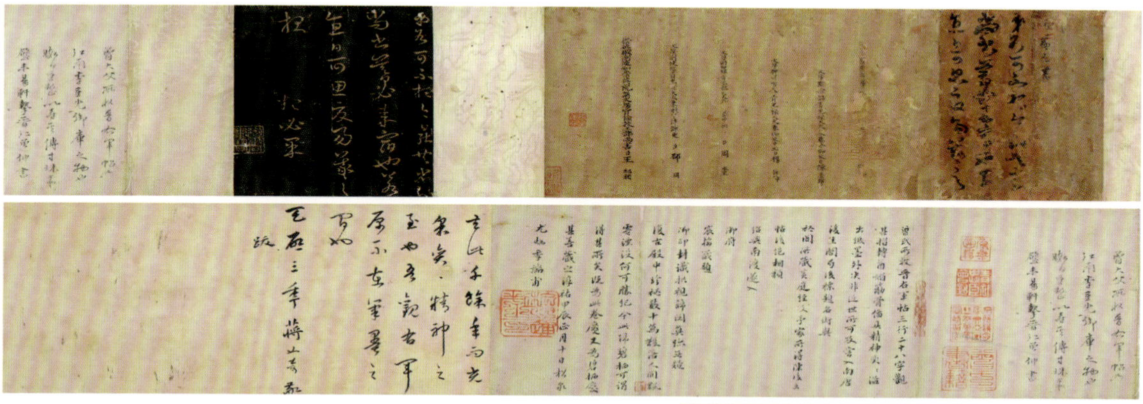

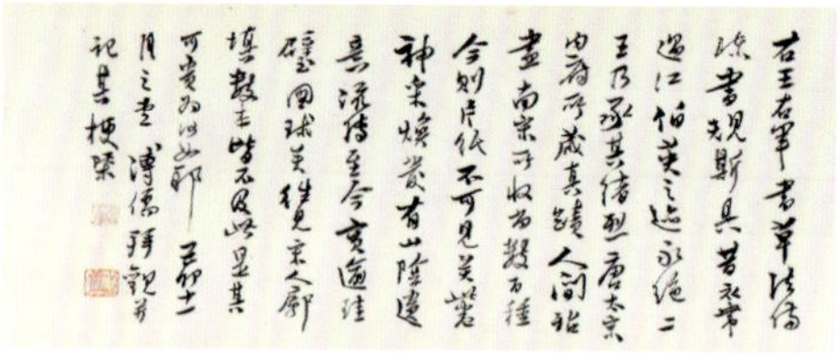

宋摹本并拓本 王羲之“来宿帖”
中贸圣佳 2019/06/07 LOT 848
手卷 水墨纸本 本幅 23×81.5cm；题跋 23×85cm；溥儒 23.5×44cm
成交价 RMB 5,750,000

启功旧藏金石碑帖 法书影本 672 种
中国嘉德 2019/11/18 LOT 2406
纸本 尺寸不一
成交价 RMB 29,325,000

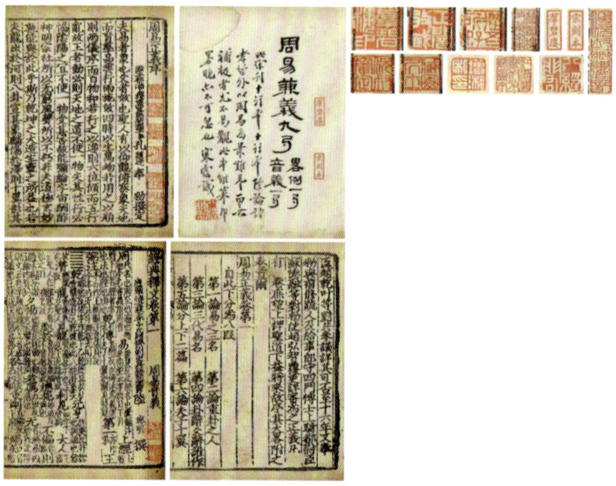

邓邦述、袁克文、傅增湘旧藏《周易兼义》九卷 略例一卷 音义一卷
北京匡时 2019/07/13 LOT 1227
黄麻纸 21×15.6cm
成交价 RMB 14,950,000

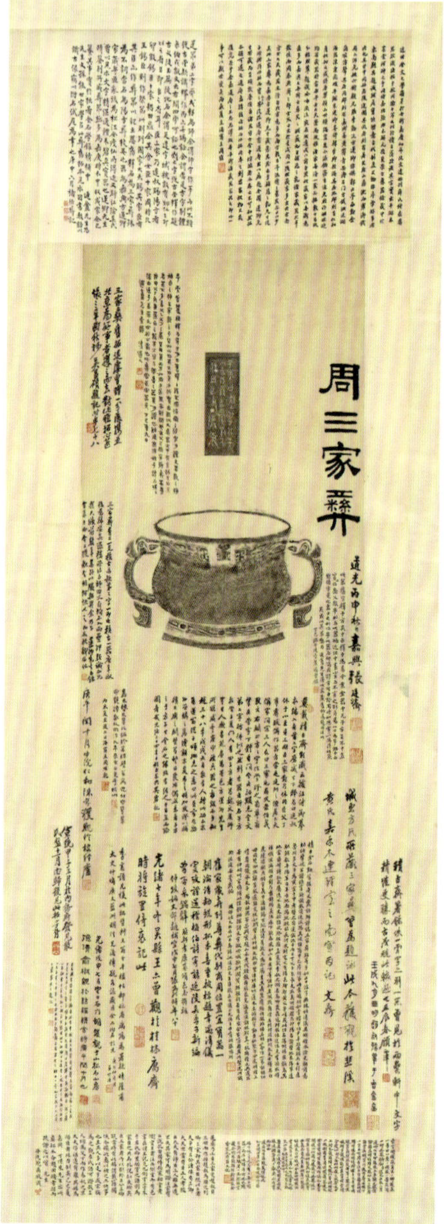

张廷济、吴昌硕、王国维、罗振玉等二十二家题《周三家彝》拓本
西泠印社 2019/12/13 LOT 48
碑帖印谱 159.8×58.5cm
成交价 RMB 5,405,000

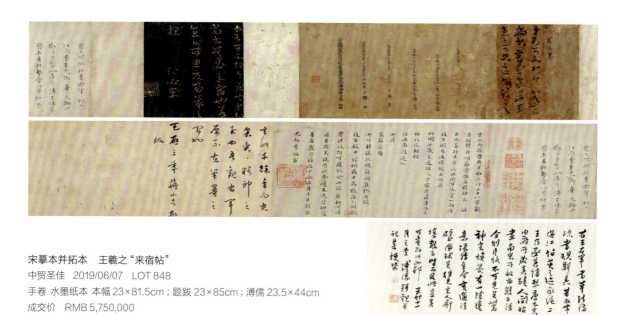

章太炎先生《检论》手稿
中国嘉德 2019/11/18 LOT 2187
纸本 22.3×13.2cm
成交价 RMB 5,175,000

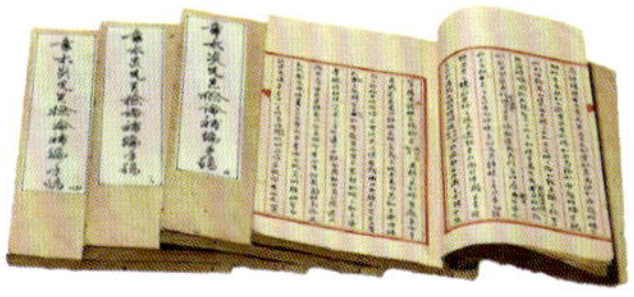

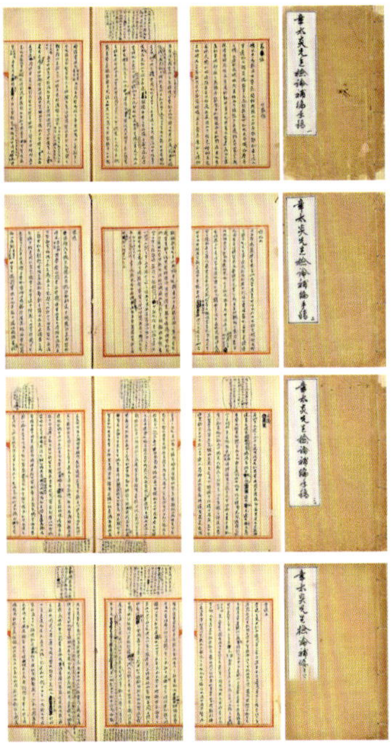

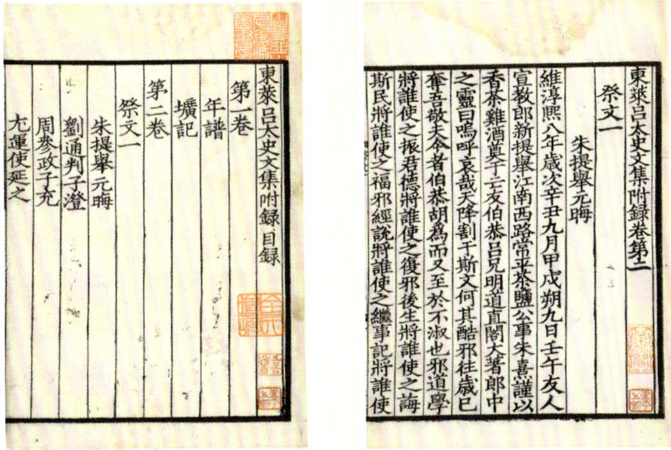
東萊呂太史文集附録 目録
第一卷
年譜
壙記
第二卷
祭文一
朱提舉元晦
劉通判子澄
周參政子充
尤運使延之

東萊呂太史文集附録卷第二
祭文一
朱提舉元晦
維淳熙八年歲次辛丑九月甲戌朔九日壬午友人
宣教郎新提舉江南西路常平茶鹽公事朱熹謹以
香茶雞酒寘于亡友伯恭呂兄明道直閣大著郎中
之靈曰嗚呼哀哉天降割于斯文何其酷邪往歲已
奪吾敬夫今者伯恭胡爲而又至於不淑也邪道學
將誰使之振君德將誰使之復邪後生將誰使之誨
斯民將誰使之福邪經說將誰使之繼事記將誰使

东莱吕太史文集二册
上海匡时 2019/12/19 LOT 1001
白麻纸 31×19cm
成交价 RMB 9,200,000

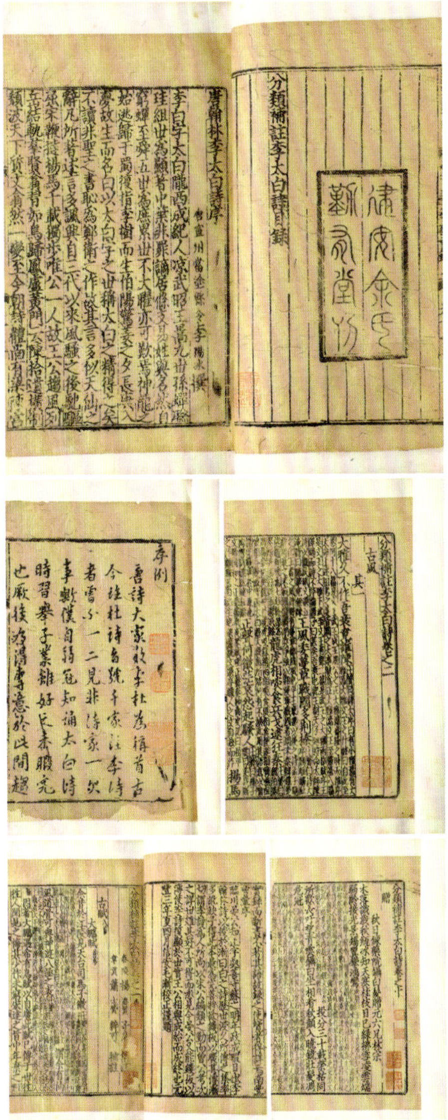

分类补注李太白诗二十五卷
上海匡时 2019/12/19 LOT 1002
16册 黄麻纸本 27×16cm
成交价 RMB 9,200,000

傅山 致魏一鳌书札十八通
中国嘉德 2019/11/19 LOT 1377
手卷 水墨纸本 引首 27×111.5cm；书法 27×425cm；后跋 27×70cm
成交价 RMB 13,800,000

过云楼藏　吴昌硕信札
上海朵云轩　2019/12/18　LOT 650
册页八十九开　尺寸不一
成交价　RMB 9,430,000

张大千　致张目寒信札（十卷五十通）
北京保利　2019/12/01　LOT 2017
手卷 水墨纸本　尺寸不一
成交价　RMB 10,120,000

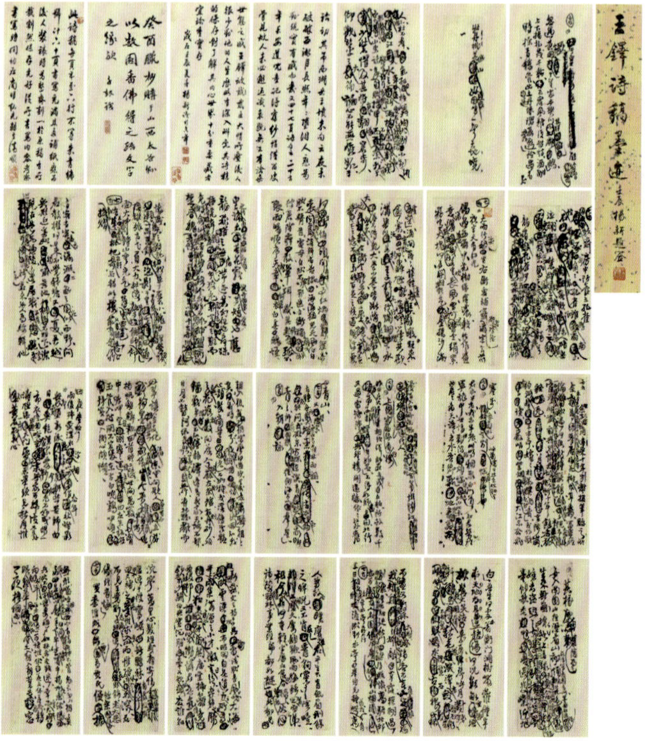

王铎　诗稿墨迹
北京荣宝　2019/12/01　LOT 626
水墨纸本 册页 六十开　29.5×14cm×60
成交价　RMB 20,585,000

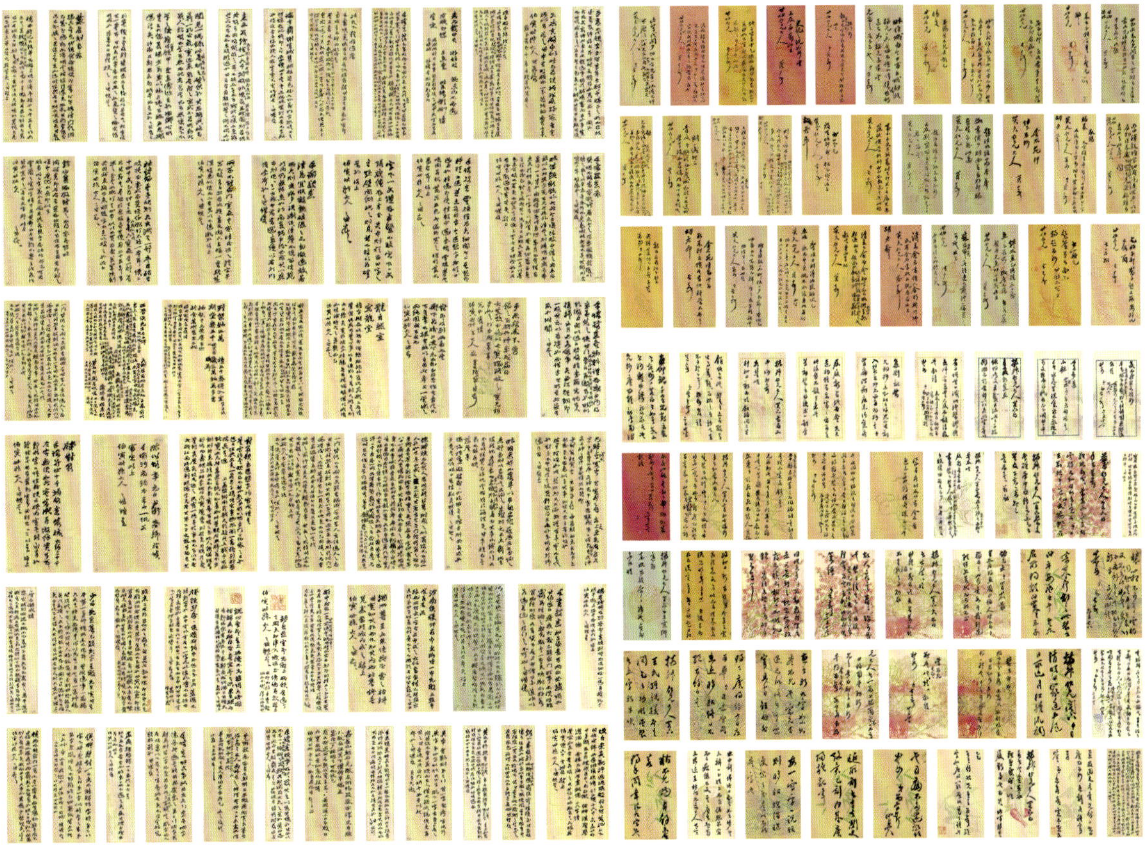

赵之谦 潘祖荫 互致信札三册
西泠印社 2019/12/14 LOT 1026
册页 纸本 尺寸不一
成交价 RMB 9,200,000

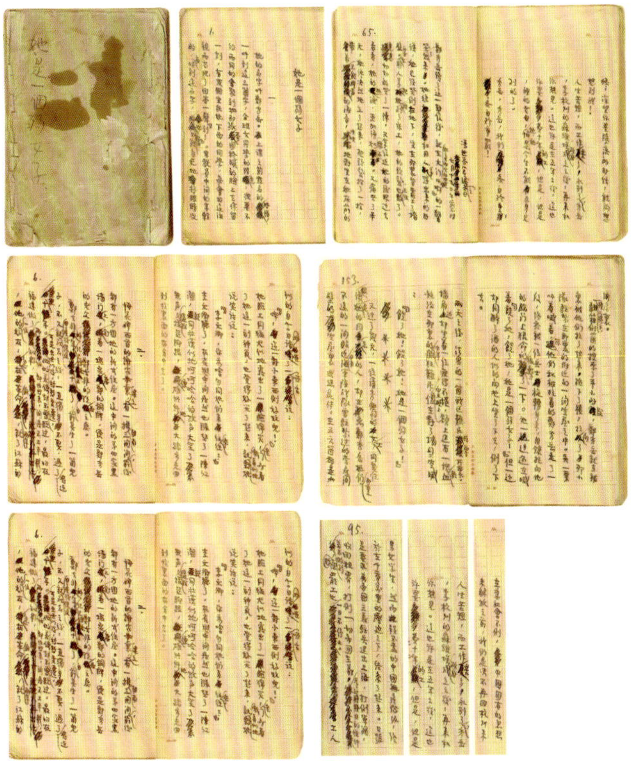

郁达夫 唯一存世完整著作手稿 名作中篇小说《她是一个弱女子》完整创作稿
西泠印社 2019/07/07 LOT 2403
线装一册 三百一十页 21×15cm
成交价 RMB 8,970,000

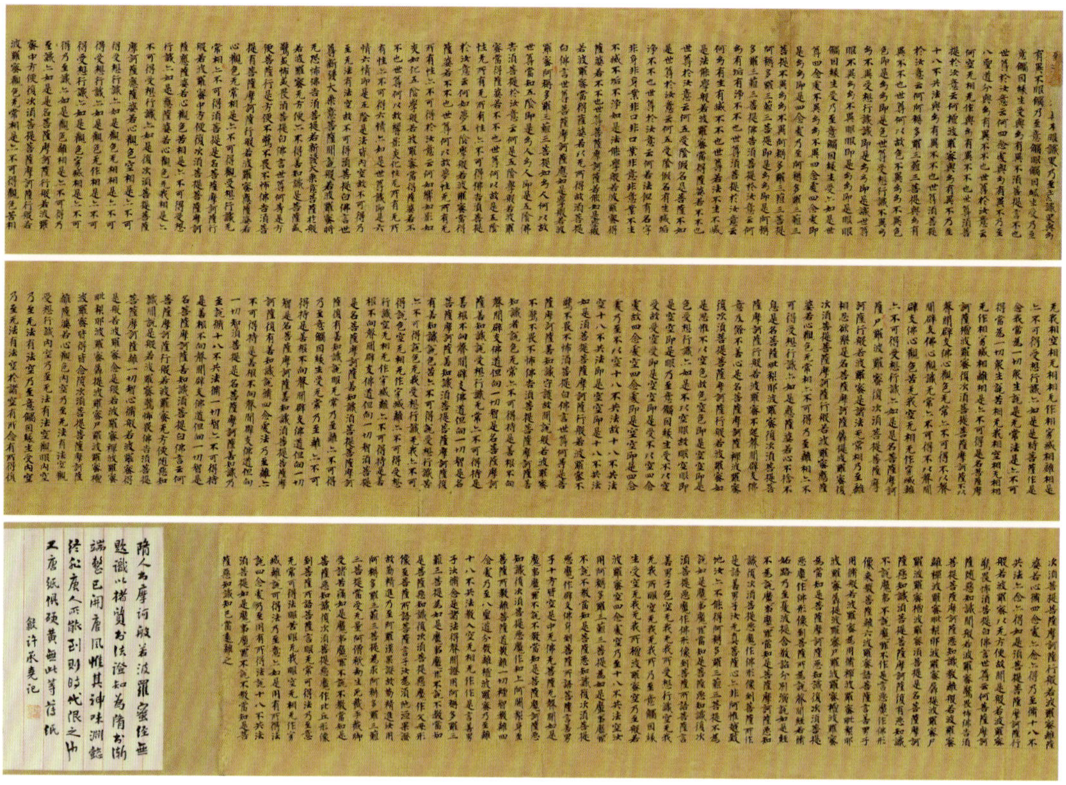

6 世纪 南北朝时期写本 敦煌写经 摩诃般若波罗蜜经卷第四 幻学品第十一
北京荣宝 2019/12/01 LOT 841
手卷 水墨纸本 25.5×301.1cm
成交价 RMB 8,050,000

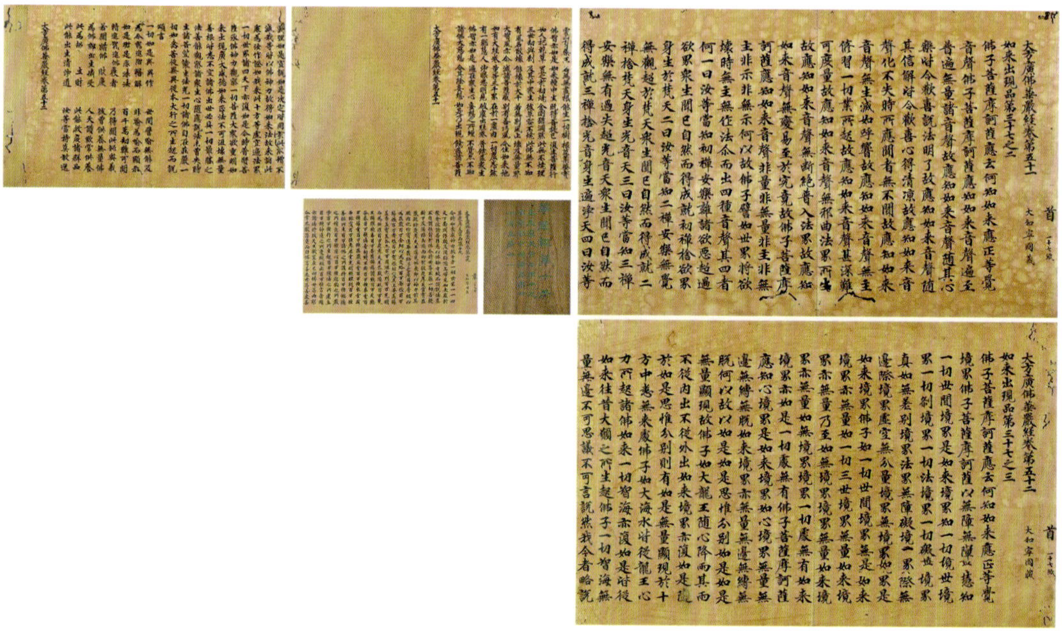

宋代写本 大方广佛华严经 卷五十一、卷五十二
中国嘉德 2019/06/03 LOT 2421
纸本 285×455cm
成交价 RMB 5,750,000

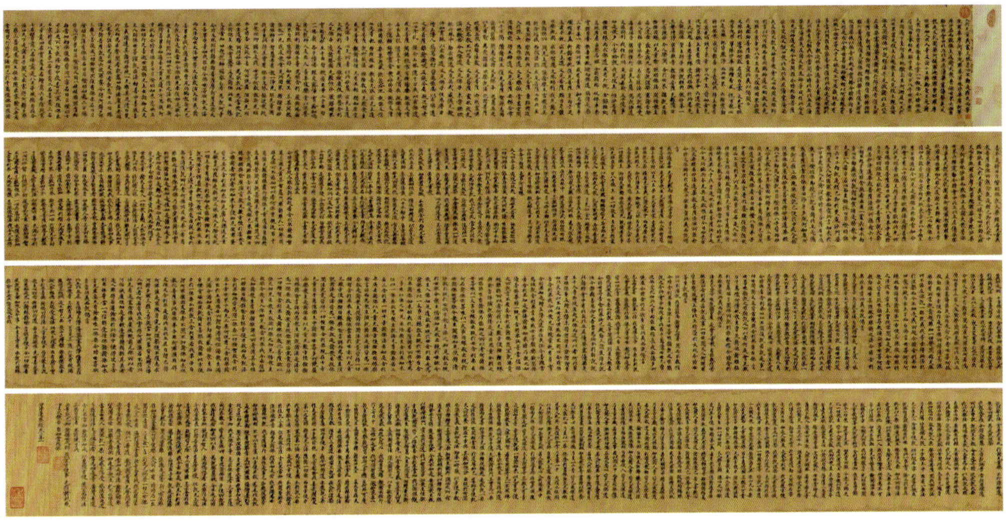

8 世纪 敦煌写经 唐代写本 妙法莲华经卷第一 序品第一
北京荣宝 2019/06/13 LOT 777
手卷 水墨纸本 25×860cm
成交价 RMB 7,245,000

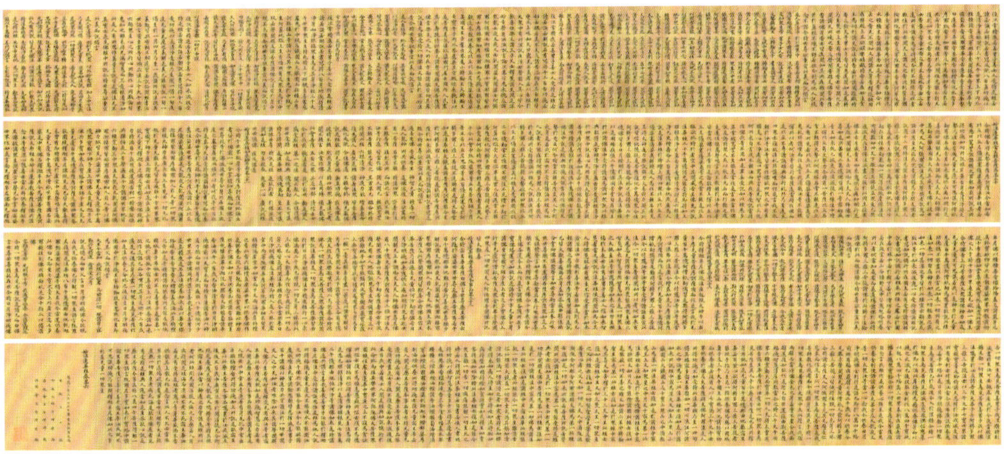

唐代 敦煌写经《妙法莲华经》
横滨国际 2019/10/27 LOT 8360
手卷 水墨纸本 25×857cm
成交价 RMB 5,610,234

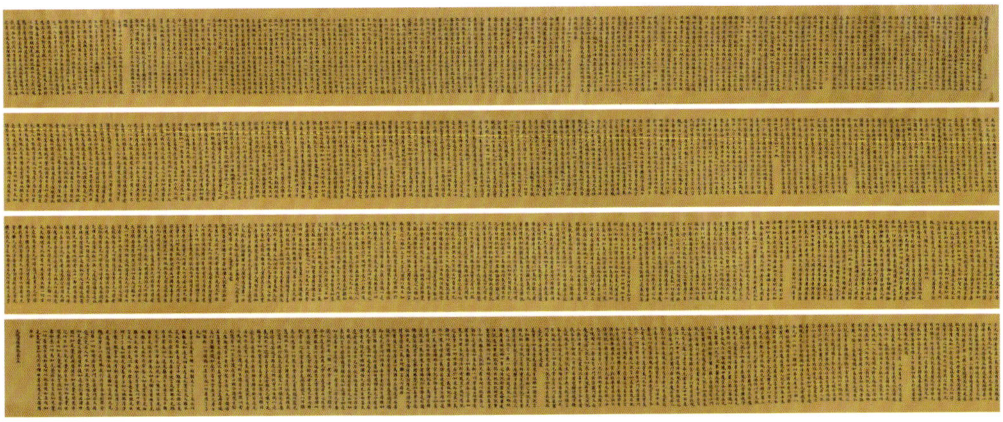

7~8 世纪 敦煌写经 初唐写本 大般涅盘经卷第十五 梵行品之二
北京荣宝 2019/06/13 LOT 778
手卷 水墨纸本 26.5×1130cm
成交价 RMB 11,040,000

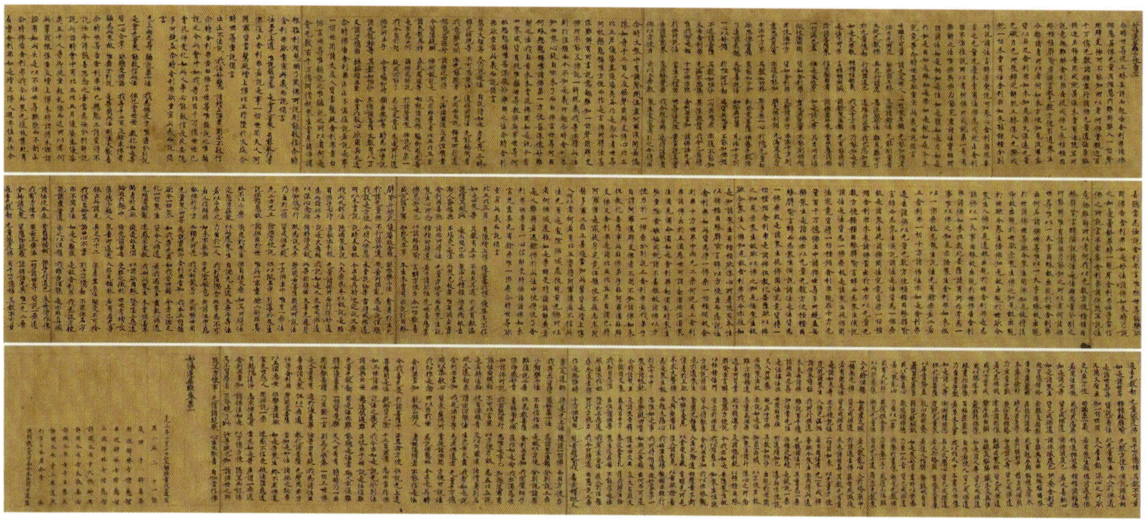

唐 676 年宫廷写经 妙法莲华经方便品第一
株式会社东京中央 2019/03/13 LOT 1010
卷装 染黄纸 25.8×482.5cm
成交价 RMB 5,154,433

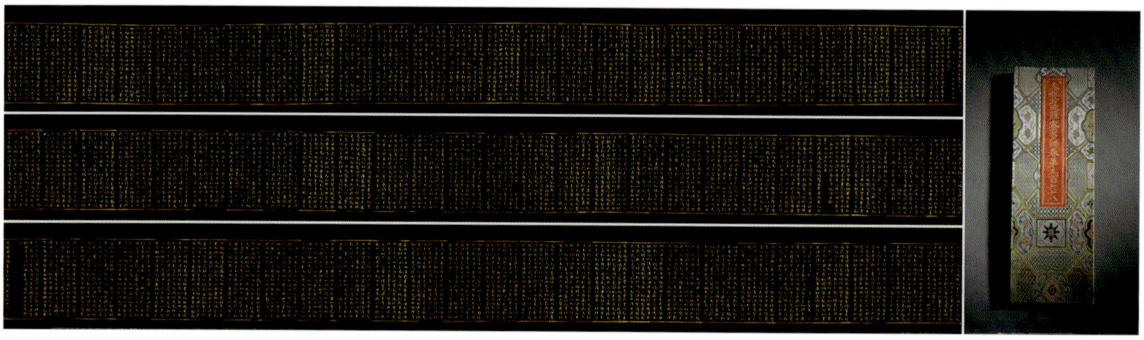

明宣德 御制《大般若波罗蜜多经卷第五百六十八》
北京荣宝 2019/06/13 LOT 782
羊脑笺描金 40.5×14.5cm
成交价 RMB 9,200,000

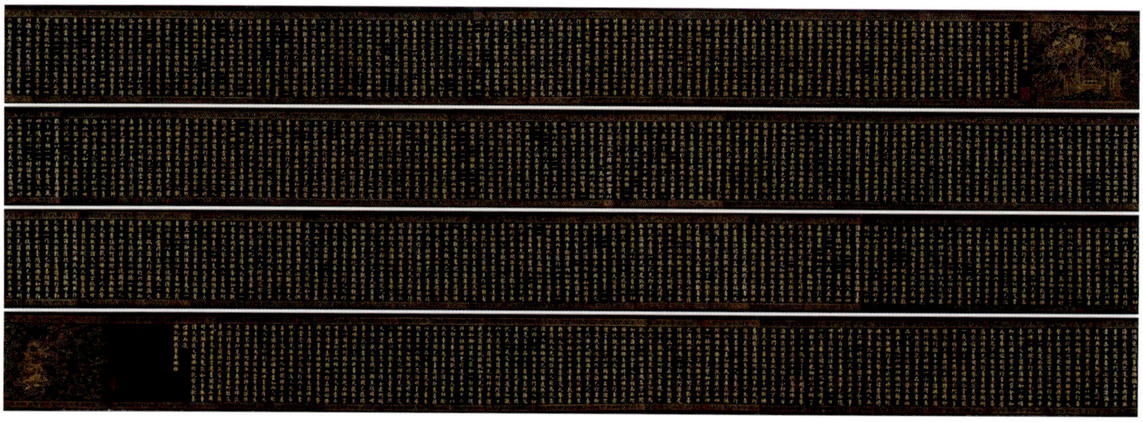

清乾隆 宫廷写本 磁青描金《佛说观无量寿佛经》
北京荣宝 2019/06/13 LOT 781
磁青描金 19×10.5cm
成交价 RMB 5,290,000

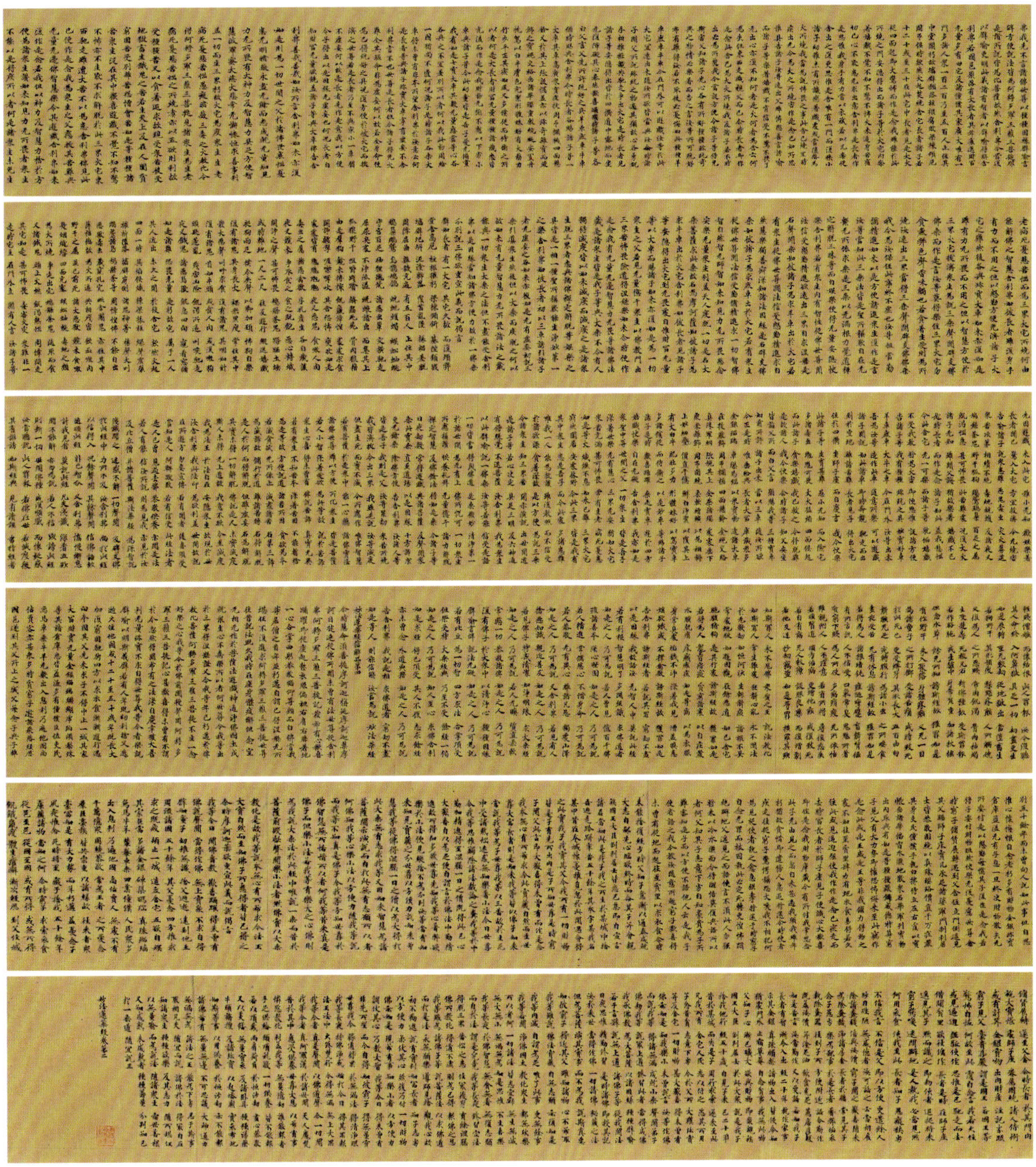

7~8 世纪唐代写本 敦煌写经 妙法莲华经卷二 康有为旧藏妙法莲华经卷
北京荣宝 2019/12/01 LOT 844
手卷 水墨纸本 24.4×840cm
成交价 RMB 5,750,000

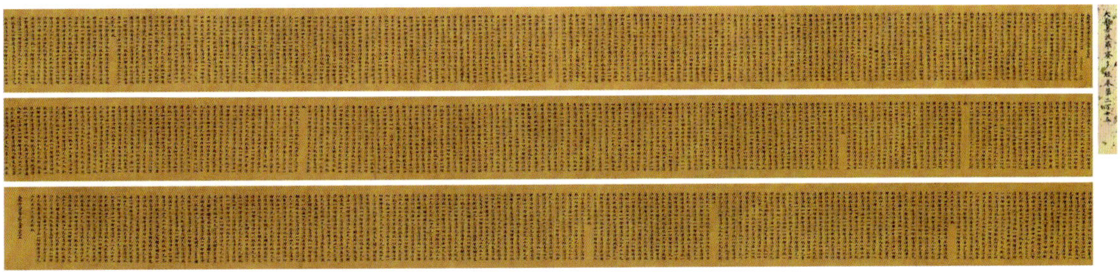

唐人 大般若波罗蜜多经 卷二百廿五
中国嘉德 2019/06/02 LOT 478
手卷 水墨纸本 25.4×1012cm
成交价 RMB 6,900,000

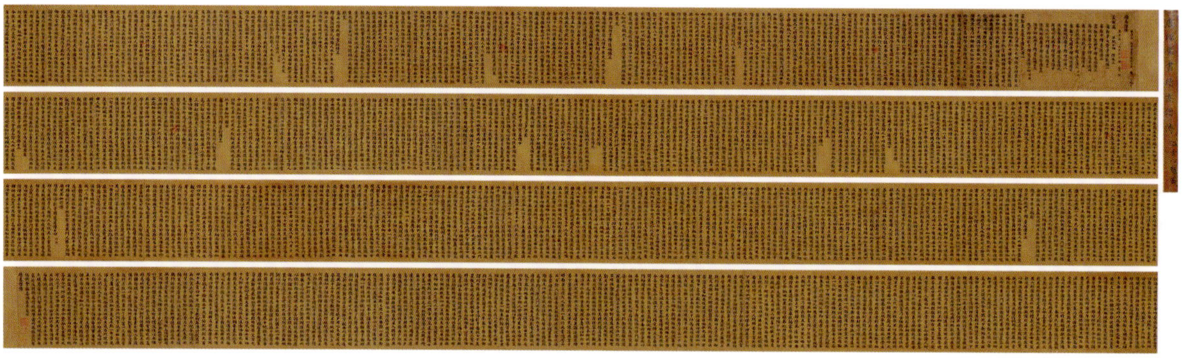

宋人写经 续高僧传
北京保利 2019/06/03 LOT 4041
手卷 水墨纸本 24.5×1500cm
成交价 RMB 23,000,000

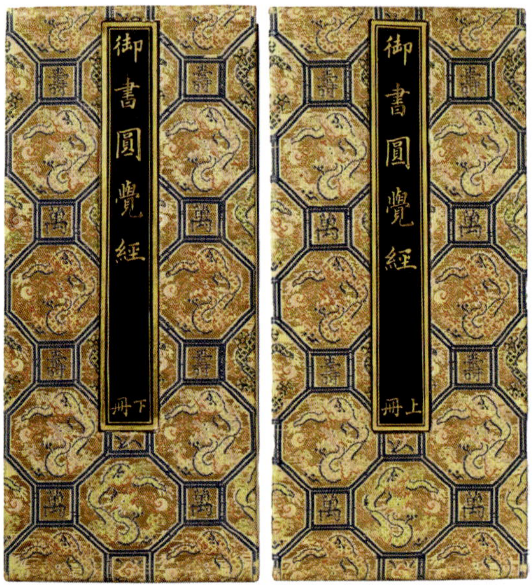

清乾隆 1746 年御书《大方广圆觉修多罗了义经》两册全
苏富比纽约 2019/03/20 LOT 548
经折装 长 21.5cm；宽 9.8cm
成交价 RMB 18,029,161

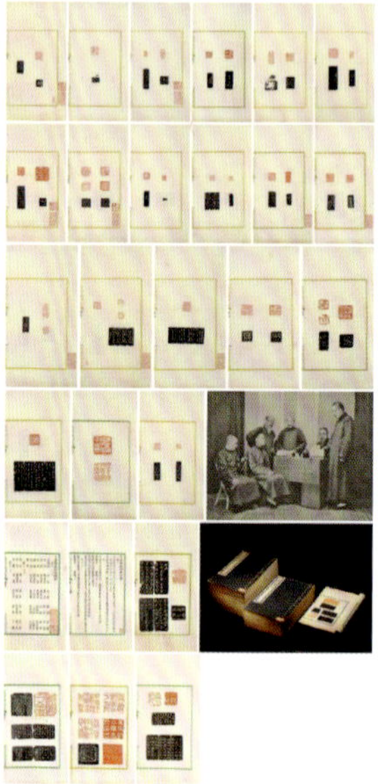

民国 丁仁、高野侯等人萃辑《丁丑劫余印存》(成字部) 二十册全
中国嘉德 2019/06/02 LOT 4063
纸本 30.5×17.5cm×20
成交价 RMB 7,245,000

20 世纪 10 年代至 20 世纪 40 年代 号字级一条龙·古董普洱圆茶
保利香港 2019/10/06 LOT 1652
总重量约 2150g
成交价 RMB 8,772,574

1920 年 福元昌号
东京中央（香港） 2019/05/27 LOT 830
重量 2236g
成交价 RMB 22,745,481

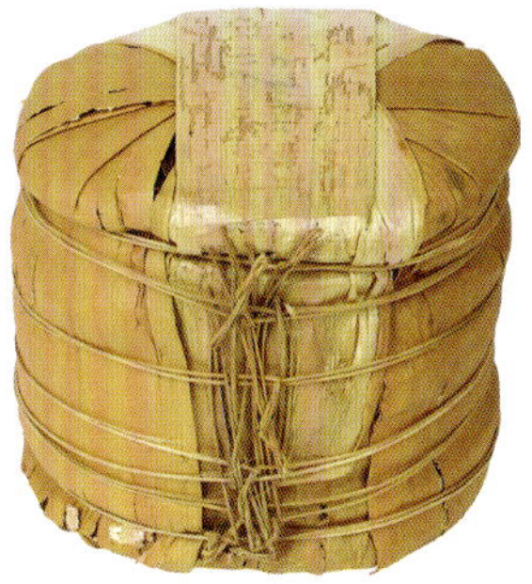

约 20 世纪 20 年代 百年 宋聘号 · 蓝标
仕宏拍卖 2019/05/25 LOT 128
一筒七片 约 2320g
成交价 RMB 14,233,209

20 世纪 50 年代 大字红印青饼
仕宏拍卖 2019/05/25 LOT 160
一筒七片 约 2323g
成交价 RMB 5,798,715

20 世纪 80 年代 纯干仓薄纸 8582 青饼
仕宏拍卖 2019/05/25 LOT 149
六筒（共 42 片）约 2491g；
2569g；2504g；2506g；2530g；2519g
成交价 RMB 6,431,302

20 世纪 20 年代 百年 同兴号 · 向质卿
仕宏拍卖 2019/05/25 LOT 154
一筒七片 约 2312g
成交价 RMB 9,197,068

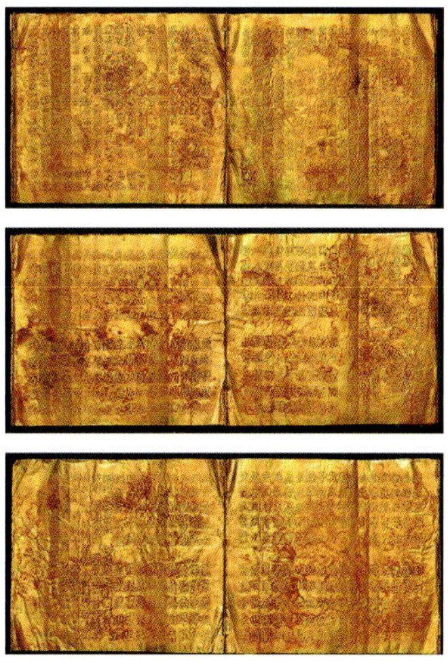

明代 纯金叶观世音经（共十一片）
大唐国际 2019/11/24 LOT 159
长 13cm；宽 11cm；重 15g
成交价 RMB 6,565,744

艳彩紫粉红色钻石配钻石戒指

苏富比香港　2019/10/07　LOT 1820

18K 白金及玫瑰金镶嵌 10.64 克拉方形艳彩紫粉红色钻石，指环尺寸 :5¼

成交价 RMB 139,850,531

GIA 证书及报告

GIA 证书编号 2195940932，日期 2019 年 6 月 14 日，指钻石为艳彩紫粉红色，天然颜色，内部无瑕。该钻石纯净度为 Type IIA 类型，几乎不含氮元素，澄净亮白。

重 量

超过 10 克拉的白钻已属难求，而 10 克拉以上的彩钻更是凤毛麟角。2002 年 GIA 的一份调查研究显示，在 1400 份粉色钻石评级报告中，仅有 1% 的彩钻重量超过 10 克拉。而这颗重达 10.64 克拉的艳彩紫粉色钻石实为罕见。

颜 色

粉色钻石的致色原因是当今宝石学家研究的重要课题之一。目前推测天然粉色钻石里存在所谓的“颜色中心”，是原子层面晶体结构不规则后选择性吸收光波的结果。在钻石形成的过程中，碳原子被施压后整层平衡滑动偏移，而这些颜色中心也会随之运动而产生未知的颜色结构。2002 年 GIA 的一份研究报告显示，超过 1400 颗天然粉色钻石中仅有 4% 可达到“艳彩”级别。此颗粉钻中带的伴色紫色让粉色看上去更加甜美迷人。

净 度

顶级宝石的透明度高晶体干净，宝石界通常会用“完美晶体”来形容。此颗 10.64 克拉艳彩紫粉色钻石净度评级为内部无暇，用“完美晶体”来描述确为恰当。由于钻石是在地球高温高压的环境下形成，它们往往带有独特的胎记，即形成过程中被困在钻石内部的矿物质或杂质。而当钻石随火山运动从地壳到地球表面的过程中会再次经历各种撞击，大部分的晶体会被击碎成大小不一的颗粒。因此 10 克拉以上无内含物和瑕疵的钻石才十分稀有，粉色钻石尤是如此。这颗 10.64 克拉艳彩紫粉红色钻石被评定为 Type IIa，此类钻石的化学结构中不含红外线可检测的氮或硼微量原素，占所有已开采钻石不足百分之二，十分罕有。

切 工

彩色钻石的切工是生产钻石过程中最具挑战性的一环。当钻石未经切割打磨之前颜色分布通常是不均匀的，因此在选择切割形状时要充分了解钻石中颜色分布具体情况。即使用现今最先进的技术，通常需要数月甚至几年的时间才能完成。这颗粉钻也是经过一系列的分析检测后才确认切工方案，力求在保证颜色饱和度与晶体结构的前提下最大程度将钻石的璀璨色彩呈现出来。该粉钻最终将祖母绿形切工与雷地恩式切工相结合，既具备优雅的外形，又充分展现钻石的彩色效果，使颜色更加浓郁强烈。

按 语

粉色作为自然界不常见的颜色，在很长的历史阶段中并未得到广泛重视，直到文艺复兴时期艺术家们才把粉色的概念具体表现出来。英文里粉色的名词出现在 17 世纪晚期，此种颜色开始逐渐受到欧洲资产阶级的欢迎。彼时服饰与室内设计均以淡粉色装饰为潮流，法国蓬巴杜夫人，便是一名淡粉色系的极度爱好者。在 1757 年，法国瓷器制造商将一种新出的粉色命名为“蓬巴杜粉红”（Rose Pompadour），一时间粉色成为新奇、优雅及贵族的象征。近代，粉色与女性气质有了明显链接，并进而引申为爱情的象征。相对一些单色宝石来说，钻石的颜色十分丰富，几乎囊括彩虹的所有颜色。然而彩色钻石产量极为稀少，绝大部分被开采的钻石是无色或者略带棕黄色调。当市面上出现鲜艳迷人的彩色钻石，无论是粉色、蓝色、红色、绿色或者紫色都会令藏家趋之若鹜，因此历史上的著名彩色钻石也常常与权贵相提并论。粉色钻石自始以来被视为稀世珍宝，历史上享誉盛名的粉钻包括“光明之海”“眼之光”和“阿格拉钻石”，近代著名的粉钻有“威廉姆森钻石”等。

粉红色代表无私的爱、同情和怜悯，具有抚慰心灵的作用，是一种介乎于白色和红色之间柔和的颜色。丰满的白色可以很好地平衡红色的能量，在保持其浓郁度的同时又能中和它自带的暴烈感，这颗 10.64 克拉紫粉红色艳彩钻石，其纯粹的粉色，即使温柔，带给人的感情却依然强烈。

翡翠耳环
佳士得香港　2019/05/28　LOT 2031
镶金，最大蛋面 15.2x11.6x6.7mm
成交价　RMB 7,989,437

缅甸抹谷“鸽血红”红宝石配钻石耳环
邦瀚斯香港　2019/11/25　LOT 673
总重约 6.40 克拉；长 37mm
成交价　RMB 6,619,255

海瑞·温斯顿设计　哥伦比亚祖母绿配钻石耳环
保利香港　2019/10/06　LOT 2014
铂金及18K金镶嵌各重约8.28及14.74克拉祖母绿配镶钻石共28颗，总重34.03克拉，耳环长68mm
成交价　RMB 8,875,781

天然珍珠及钻石耳环
佳士得香港　2019/11/26　LOT 2043
珍珠 12.85~13.00x18.15 及 12.60~12.65x18.00mm
耳环 53mm
成交价　RMB 6,143,045

有色钻石及钻石耳环
佳士得香港　2019/11/26　LOT 2046
8.75 及 8.07 克拉钻石，镶金，耳环 43mm
成交价　RMB 8,081,537

钻石耳环
佳士得香港　2019/11/26　LOT 2049
17.62 及17.01 克拉钻石耳环，配2.09、2.01、1.50及1.50 克拉钻石，镶铂金，耳环 49mm
成交价　RMB 28,112,621

翡翠及钻石戒指
佳士得香港 2019/05/28 LOT 2030
配钻石，镶金，翡翠 19.0x16.0x7.9mm，戒指 6½ 号
成交价 RMB 8,196,842

“倾城”淡彩棕粉钻戒指
西泠印社 2019/07/07 LOT 3414
18K 白金镶嵌 8.95 克拉梨形切割淡彩棕粉钻
配镶1.04克拉白钻作点缀，戒圈尺寸13，重约15.89 克
成交价 RMB 5,750,000

淡彩紫粉色钻石配钻石戒指
中贸圣佳 2019/12/01 LOT 8097
18K 金镶嵌3.18克拉雷迪恩形切割的淡彩紫粉色钻石戒指
周围镶配无色钻石约为2.00克拉，指环尺寸13
成交价 RMB 5,448,000

淡彩棕粉钻石戒指
西泠印社 2019/12/15 LOT 3687
18K白金镶嵌8.79克拉粉钻，配镶 0.71/0.72 克拉
心形白钻，戒圈尺寸15，重约10.15克
成交价 RMB 5,750,000

天然彩紫粉红色钻石配钻石戒指
中国嘉德（香港）2019/10/08 LOT 1229
4.58克拉天然彩紫粉红色钻石
成交价 RMB 23,028,730

天然淡彩黄粉色钻石配钻石戒指
保利（厦门）2019/01/06 LOT 1284
18K白金镶嵌，配镶粉色钻石0.3克拉，钻石0.59及
5.48克拉，戒面尺寸约27.1×23.6mm，指环大小13
成交价 RMB 6,785,000

天然浓彩粉色钻石配钻石戒指
中国嘉德　2019/11/19　LOT 5009
18K白金、玫瑰金镶嵌5.57克拉梨形浓彩粉色钻石
配镶钻石，钻石总重约1.05克拉，指环尺寸12
成交价　RMB 49,450,000

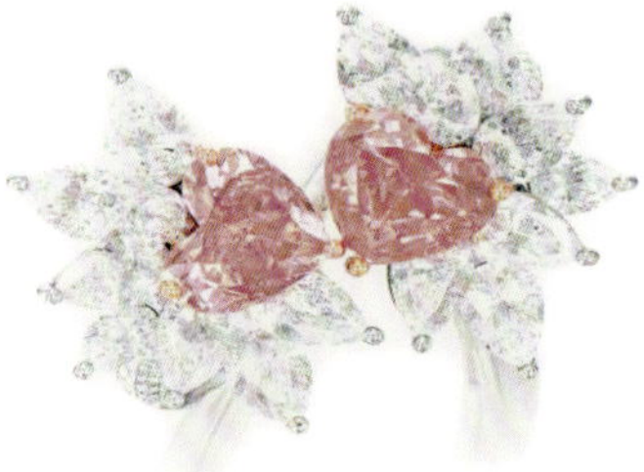

鲜彩紫粉红色钻石配浓彩紫粉红色钻石及钻石戒指
富艺斯香港　2019/11/25　LOT 611
鲜紫粉钻重1.01克拉，深紫色粉红钻石重1.02克拉
成交价　RMB 5,411,624

艳彩紫粉红色钻石配钻石戒指
苏富比香港　2019/10/07　LOT 1820
18K白金及玫瑰金镶嵌10.64克拉方形艳彩紫粉红色钻石
指环尺寸 5¼
成交价　RMB 139,850,531

艳彩紫粉色钻石配钻石戒指
北京保利　2019/12/05　LOT 9575
18K 白金及玫瑰金镶嵌2.02克拉梨形切割艳彩紫粉色钻石
配镶钻石1.34克拉，主石尺寸约为9.63×6.46×4.24mm
指环大小14
成交价　RMB 14,030,000

慕莎依芙设计　有色钻石及粉红钻戒指
佳士得香港　2019/11/26　LOT 2054
3.24 克拉正方形鲜彩蓝色 IF 钻石
配0.61至0.41克拉粉红钻，镶铂金，戒指6号
成交价　RMB 48,208,770

有色钻石及钻石戒指
佳士得香港　2019/11/26　LOT 1966
2.76 克拉梨形浓彩紫粉红色VVS1钻石
配钻石，镶铂金及金，戒指6号
成交价　RMB 8,620,007

"缅甸抹谷鸽血红"天然红宝石配钻石戒指
富艺斯香港 2019/11/25 LOT 639
一颗枕形红宝石重 5.22 克拉，戒指 6 号
成交价 RMB 5,519,318

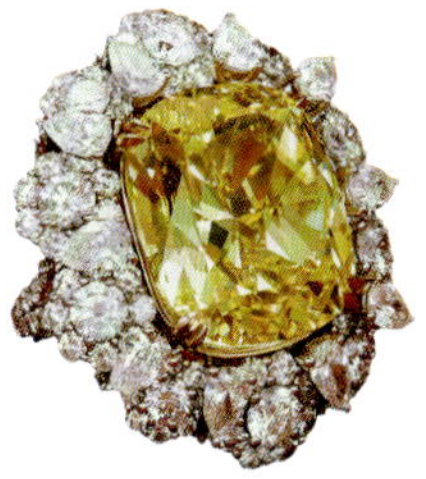

浓彩黄色 IF 净度无瑕钻石配钻石戒指/吊坠
北京保利 2019/12/05 LOT 9504
18K 白金及黄金镶嵌 41.08 克拉无瑕钻石
配镶钻石 12.84 克拉，指环大小 13
成交价 RMB 12,650,000

天然浓彩黄色 VS1 净度钻石配钻石戒指
中国嘉德（香港）2019/03/31 LOT 991
27.88 克拉的天然浓彩黄色钻石
成交价 RMB 8,780,850

天然艳彩黄色钻石配钻石戒指
中国嘉德（香港）2019/10/08 LOT 1228
20.02 克拉天然艳彩黄色钻石
成交价 RMB 16,824,850

艳彩黄色 VS1 净度钻石配钻石戒指
北京保利 2019/12/05 LOT 9574
18K 白金及黄金镶嵌 17.24 克拉钻石，配镶钻石 2.64 克拉
尺寸为 15.38×13.82×8.88mm，指环尺寸 13
成交价 RMB 8,050,000

天然深彩橘色钻石配钻石戒指
中国嘉德（香港）2019/10/08 LOT 1122
1.72克拉的彩深橘色钻石
成交价 RMB 13,278,480

喀什米尔蓝宝石配钻石戒指
北京保利　2019/12/05　LOT 9615
铂金镶嵌 5.54 克拉喀什米尔蓝宝石
主石尺寸约为 11.86×9.06×5.38mm，指环大小 13
成交价　RMB 5,520,000

蓝宝石配钻石戒指
中国嘉德（香港）2019/03/31　LOT 971
49.06 克拉的缅甸蓝宝石
成交价　RMB 13,893,750

彩蓝绿钻石戒指
西泠印社　2019/12/15　LOT 3704
18K 白金镶嵌 4.38 克拉彩蓝绿钻，配镶 1.58 克拉白钻
戒圈尺寸 13，重约 5.13 克
成交价　RMB 7,475,000

蒂芙尼设计 D 色 TYPE IIA 钻石戒指
保利香港　2019/10/06　LOT 2138
铂金镶嵌 10.57 克拉祖母绿切割钻石
配镶梯形切割钻石 配镶梯形切割钻石，戒指 5½ 号
成交价　RMB 7,740,506

海瑞·温斯顿设计　钻石戒指
苏富比香港　2019/10/07　LOT 1785
11.09 克拉马眼形钻石，镶嵌铂金，指环尺寸 4¼
成交价　RMB 5,110,978

海瑞·温斯顿设计　D 色 Type IIa 钻石戒指
保利香港　2019/10/06　LOT 2137
18K 金镶嵌 8.41 克拉祖母绿切割 D 色钻石
配镶梯形切割钻石，戒指尺寸 4½ 号
成交价　RMB 5,160,338

天然钻石配钻石戒指
中贸圣佳 2019/12/01 LOT 8096
18K 金镶嵌 10.99 克拉的天然钻石戒指
无色钻石共约 1.00 克拉，指环13号
成交价 RMB 5,107,500

天然E色VS2净度钻石配钻石戒指
中国嘉德 2019/11/19 LOT 5001
18K白金镶嵌10.06克拉祖母绿切割E色钻石
配镶钻石，指环尺寸18
成交价 RMB 7,015,000

钻石戒指
佳士得香港 2019/11/26 LOT 1857
13.89 克拉榄尖形钻石，镶铂金，戒指5½号
成交价 RMB 5,389,187

钻石戒指
佳士得香港 2019/11/26 LOT 1974
10.15 克拉长方形钻石，镶铂金，戒指5¾号
成交价 RMB 7,112,291

陈智安设计 钻石戒指
佳士得香港 2019/11/26 LOT 2053
5.84 及 5.84 克拉榄尖形戈尔康达钻石
镶铂金及金，戒指6号
成交价 RMB 7,435,373

祖母绿及钻石戒指
佳士得香港 2019/11/26 LOT 2026
12.59 克拉枕形哥伦比亚天然祖母绿
配钻石，镶金，戒指6号
成交价 RMB 5,281,493

近代 宋美龄传家"祖母绿"原石(一对)
中鸿信 2019/01/03 LOT 4382
重14.15克拉、14.31克拉
成交价 RMB 9,200,000

哥伦比亚木佐祖母绿配钻石戒指
北京保利 2019/12/05 LOT 9436
18K白金及黄金镶嵌14.51克祖母绿,配镶钻石2.81克拉
尺寸为17.93×13.53×8.89mm,指环大小14
成交价 RMB 5,290,000

59圈口满绿冰种翡翠圆条手镯
西泠印社 2019/12/15 LOT 3818
镯内径约59,外径约85mm,重约114.43克
成交价 RMB 6,325,000

天然翡翠手镯
天成国际 2019/11/27 LOT 162
手镯外直径、内直径及厚度分别约
85.81mm、60.50mm、13.25mm
成交价 RMB 40,923,720

"金风玉露"金镶翡翠蛋面项链戒指耳钉套组
西泠印社 2019/07/07 LOT 3370
项链蛋面尺寸约12.5×11×6mm至16×14×6mm
戒指蛋面尺寸约18.6×15×7.2mm
耳钉蛋面尺寸约13.8×12.8×6.5mm
成交价 RMB 5,980,000

宝格丽设计 蓝宝石、月亮石及钻石项链及耳环套装
佳士得香港 2019/11/26 LOT 1987
4颗55.51、38.24、14.99及14.24克拉蓝宝石
配月亮石及钻石,镶金,项链420mm,耳环35mm
成交价 RMB 6,789,209

海瑞·温斯顿设计 哥伦比亚祖母绿配钻石
项链、戒指、手链及耳环套装
保利香港 2019/10/06 LOT 2170
共重139.40克拉，项链长约405mm
戒指6号，手链长约175mm，耳环长约48mm
成交价 RMB 15,997,046

卡地亚设计 天然珍珠、粉红钻及钻石项链
手链、戒指及耳环套装
佳士得香港 2019/11/26 LOT 2044
配钻石，镶铂金及金，项链380mm，手链175mm
戒指6½号，耳环42mm
成交价 RMB 9,804,641

“佛手福天”满绿冰种翡翠吊坠
西泠印社 2019/12/15 LOT 3819
佛手尺寸约72×45×23mm，重约115.16克
成交价 RMB 10,235,000

“佛日”金镶满绿翡翠观音吊坠
西泠印社 2019/12/15 LOT 3807
18K白金镶嵌翡翠，配镶钻石
尺寸约66×45×10mm，重约84.03克
成交价 RMB 9,775,000

翡翠“金枝玉叶”配钻石吊坠
中国嘉德（香港）2019/03/31 LOT 949
51.56×30.11×6.55mm
成交价 RMB 7,285,122

缅甸天然翡翠珠配钻石项链
保利香港 2019/10/06 LOT 2133
翡翠珠直径约17.82~16.80mm
配以18K金镶嵌圆形钻石链扣
钻石重约5克拉，珠链470mm
成交价 RMB 25,801,688

“合璧隋珠”天然缅甸翡翠圆珠长项链
西泠印社 2019/12/16 LOT 3822
直径约 9~13mm，项链总长度约 550mm
重约103.5克，配镶嵌红宝石的18K白金链扣
成交价 RMB 6,555,000

“天作之合”翡翠珠及尖晶石项链
佳士得香港 2019/11/26 LOT 2007
翡翠珠15.9至12.3mm
配尖晶石，镶金，项链1110mm
成交价 RMB 66,034,371

翡翠珠及钻石项链
佳士得香港 2019/05/28 LOT 2029
翡翠珠13.3至9.8mm，配红宝石及钻石，镶金，项链565mm
成交价 RMB 13,174,577

缅甸天然翡翠珠配红宝石及钻石项链
保利香港 2019/10/06 LOT 2201
翡翠珠直径约14.76~12.40mm
配18K金镶嵌圆形切割钻石及红宝石链扣
珠链 521mm
成交价 RMB 28,897,890

天然满绿翡翠珠链
保利（厦门）2019/08/04 LOT 1121
珠链长约 290mm，最大珠径约 12.8mm，最小珠径约9.8mm
成交价 RMB 10,350,000

哥伦比亚木佐祖母绿配钻石项链
北京保利 2019/12/05 LOT 9667
18K白金镶嵌 5 颗总重约 50.13 克拉祖母绿
配镶钻石，最大主石尺寸约为14.34×13.66×9.63mm
成交价 RMB 8,050,000

海瑞·温斯顿设计 钻石吊坠项链
佳士得香港 2019/11/26 LOT 2038
18.50克拉钻石，项链405mm
成交价 RMB 17,558,609

海瑞·温斯顿设计 钻石项链
佳士得香港 2019/11/26 LOT 2048
7颗7.10至3.24克拉心形钻石，镶铂金
项链440mm
成交价 RMB 5,281,493

胡茵菲设计 浓彩黄色钻石配钻石项链
苏富比香港 2019/10/07 LOT 1713
100.02克拉钻石，18K白金及黄金镶嵌
项链长度约440mm
成交价 RMB 40,697,563

D色钻石挂坠
保利香港 2019/10/06 LOT 2027
铂金镶嵌15.21克拉心形D色钻石
配镶榄尖形钻石，挂坠长约28mm
成交价 RMB 8,050,127

钻石项链
苏富比香港 2019/10/07 LOT 1815
18K白金镶嵌15.08克拉钻石，项链长度约635mm
成交价 RMB 8,234,104

圆形D/FL Type IIa钻石
佳士得香港 2019/11/26 LOT 2051
10.21克拉钻石
成交价 RMB 7,758,455

百达翡丽　18K粉金双冠世界时间手表
佳士得香港　2019/11/27　LOT 2201
直径 35.5mm
成交价　RMB 62,978,554

百达翡丽　18K粉金万年历方形按纽计时腕表
佳士得香港　2019/11/27　LOT 2352
直径 35mm
成交价　RMB 6,143,045

百达翡丽　订制版 18K白金双面表盘腕表
富艺斯香港　2019/11/25　LOT 845
直径 43.5mm
成交价　RMB 16,288,718

百达翡丽　铂金自动上弦腕表
富艺斯香港　2019/11/25　LOT 956
直径 42mm
成交价　RMB 5,196,236

百达翡丽　粉红金双表盘腕表
苏富比香港　2019/10/08　LOT 2356
直径 43.5mm
成交价　RMB 9,849,514

百达翡丽　铂金万年历计时链带腕表
苏富比香港　2019/10/08　LOT 2328
长 36mm× 宽 37mm，腕链周长约 180mm
成交价　RMB 5,003,284

百达翡丽　18K白金双表盘手表
佳士得香港　2019/11/27　LOT 2344
直径 44mm
成交价　RMB 17,343,221

约 1790 年 搪瓷镀金自动音乐时钟
苏富比伦敦　2019/07/03　LOT 20
钟高 89mm；整高 1090mm
成交价　RMB 10,759,997

卡地亚 黄金镶钻石、蓝宝石及红宝石自由鸟座钟
黄金镶绿宝石、贝母及青金石鸟笼
保利香港　2019/10/07　LOT 2399
整体白钻跟黄钻总重超过100克拉
超过100粒的彩色宝石重量超过35克拉
成交价　RMB 14,964,979

2019年高价拍品榜单

Top 10 High Value Lots in 2019

2019年综合TOP 10

序号	地区	拍卖行	拍卖会及专场	Lot号	作品名称	拍卖时间	人民币成交价（含佣金）
1	香港	佳士得香港	佳士得香港2019秋季拍卖会 20世纪及当代艺术夜场	7	常玉《五裸女》	20191123	272,811,338
2	北京	中国嘉德	中国嘉德2019秋季拍卖会 大观——中国书画珍品之夜·古代	1381	赵孟頫《致郭右之二帖卷五》	20191119	267,375,000
3	北京	北京保利	北京保利2019秋季拍卖会 中国近现代书画夜场	2819	李可染《万水千山图》	20191202	207,000,000
4	北京	中国嘉德	中国嘉德2019秋季拍卖会 大观——中国书画珍品之夜·近现代	902	潘天寿《初晴》	20191118	205,850,000
5	香港	苏富比香港	苏富比香港2019秋季拍卖会 珐琅珠宝乐从堂系列	1	清乾隆 料胎黄地画珐琅凤舞牡丹包袱瓶	20191008	185,849,331
6	香港	苏富比香港	苏富比香港2019秋季拍卖会 现代艺术夜场	1029	常玉《曲腿裸女》	20191005	177,671,766
7	香港	佳士得香港	佳士得香港2019春季拍卖会 20世纪与当代艺术夜场	38	赵无极《三联作》	20190525	153,825,820
8	厦门	保利（厦门）	保利厦门2019秋季拍卖会 玄览——清乾隆外粉青釉浮雕芭蕉叶镂空缠枝花卉纹内青花六方套瓶	999	清乾隆 粉青釉凸刻蕉叶镂空缠枝花纹六方套瓶	20190106	149,500,000

9	北京	北京保利	北京保利 2019 春季拍卖会 禹贡Ⅱ——雍正御器厂三希	5552	清雍正 青花釉里红海水云龙纹天球瓶	20190605	147,200,000
10	北京	北京保利	北京保利 2019 秋季拍卖会 仰之弥高——中国古代书画夜场	3541	王蒙 《芝兰室图》	20191203	146,050,000

中国书画—国画

序号	地区	拍卖行	拍卖会及专场	Lot 号	作品名称	拍卖时间	人民币成交价（含佣金）
1	北京	北京保利	北京保利 2019 秋季拍卖会 中国近现代书画夜场	2819	李可染 《万水千山图 》	20191202	207,000,000
2	北京	中国嘉德	中国嘉德 2019 秋季拍卖会 大观——中国书画珍品之夜・近现代	902	潘天寿 《初晴》	20191118	205,850,000
3	北京	北京保利	北京保利 2019 秋季拍卖会 仰之弥高——中国古代书画夜场	3541	王蒙 《芝兰室图》	20191203	146,050,000
4	北京	中国嘉德	中国嘉德 2019 春季拍卖会 大观—中国书画珍品之夜・近现代	383	吴冠中 《狮子林》	20190602	143,750,000
5	香港	苏富比香港	苏富比香港 2019 年春季拍卖会 中国书画专场	1415	张大千 《伊吾闾瑞雪图》	20190402	140,573,466
6	北京	中国嘉德	中国嘉德 2019 秋季拍卖会 大观——中国书画珍品之夜・近现代	930	李可染 《井冈山》	20191118	138,000,000
7	北京	北京荣宝	北京荣宝 2019 秋季艺术品拍卖会 中国书画・荣名为宝	309	李可染 《漓江天下景》	20191201	86,250,000
8	香港	广州华艺	华艺国际（香港）2019 春季拍卖会 大千世界——纪念张大千诞辰 120 周年作品集珍	8	张大千 《惊才绝艳》	20190527	83,600,640
9	香港	广州华艺	华艺国际（香港）2019 秋季拍卖会 翰墨归宗・中国书画	18	董诰 《金陵十景图册》	20191124	75,188,361
10	北京	中国嘉德	中国嘉德 2019 秋季拍卖会 大观——中国书画珍品之夜古代	1369	钱维城 《苏轼舣舟亭图》	20191119	74,750,000

中国书画— 书法

序号	地区	拍卖行	拍卖会及专场	Lot 号	作品名称	拍卖时间	人民币成交价（含佣金）
1	北京	中国嘉德	中国嘉德 2019 秋季拍卖会 大观——中国书画珍品之夜·古代	1381	赵孟頫《致郭右之二帖卷》	20191119	267,375,000
2	香港	佳士得香港	佳士得香港 2019 春季拍卖会 中国古代书画专场	923	文徵明《行书七言诗》	20190527	71,924,373
3	香港	佳士得香港	佳士得香港 2019 秋季拍卖会 中国古代书画专场	985	黄道周《石斋逸诗》	20191125	38,532,016
4	香港	佳士得香港	佳士得香港 2019 春季拍卖会 中国书画专场	951	姚绶《行草书卷》	20190527	31,709,292
5	纽约	佳士得纽约	佳士得纽约亚洲艺术周 中国书画专场	10	李东阳《种竹诗卷》	20190319	31,008,801
6	香港	佳士得香港	佳士得香港 2019 秋季拍卖会 中国古代书画精品	1000	八大山人《临河集序》	20191125	27,035,681
7	香港	佳士得香港	佳士得香港 2019 春季拍卖会 中国古代书画专场	927	八大山人《宋之问诗》	20190527	26,033,724
8	香港	苏富比香港	苏富比香港 2019 春季拍卖会 中国古代书画	2599	张弼 李东阳等《守南安送行诗卷》	20190401	24,002,877
9	上海	上海明轩	上海明轩 2019 秋季拍卖会 一间屋	195	祝允明 草书录《前赤壁赋》	20191220	20,470,000
10	杭州	西泠印社	西泠印社 2019 秋季十五周年拍卖会 中国书画古代作品专场	923	张瑞图《唐人诗卷》	20191124	14,950,000

油画及中国当代艺术

序号	地区	拍卖行	拍卖会及专场	Lot 号	作品名称	拍卖时间	人民币成交价（含佣金）
1	香港	佳士得香港	佳士得香港 2019 秋季拍卖会 20 世纪及当代艺术夜场	7	常玉《五裸女》	20191123	272,811,338
2	香港	苏富比香港	苏富比香港 2019 秋季拍卖会 现代艺术夜场	1029	常玉《曲腿裸女》	20191005	177,671,766
3	香港	佳士得香港	佳士得香港 2019 春季拍卖会 20 世纪与当代艺术夜场	38	赵无极《 三联作》	20190525	153,825,820

4	香港	苏富比香港	苏富比香港 2019 春季拍卖会现代艺术夜场	1008	吴冠中《荷花（一）》	20190331	113,012,719
5	香港	苏富比香港	苏富比香港 2019 春季拍卖会现代艺术夜场	1026	赵无极《无题》	20190331	100,216,658
6	香港	苏富比香港	苏富比香港 2019 秋季拍卖会现代艺术夜场	1021	赵无极《21.04.59》	20191005	93,851,731
7	香港	佳士得香港	佳士得香港 2019 春季拍卖会 20 世纪与当代艺术夜场	36	赵无极《17.01.66》	20190525	85,165,925
8	香港	佳士得香港	佳士得香港 2019 秋季拍卖会 20 世纪及当代艺术夜场	15	赵无极《 24.12.59》	20191123	78,257,640
9	北京	北京保利	北京保利 2019 秋季拍卖会现当代艺术夜场	1668	常玉《聚瑞盈香》	20191203	77,050,000
10	北京	中国嘉德	中国嘉德 2019 秋季拍卖会 20 世纪及当代艺术夜场	2020	冷军《肖像之相——小姜》	20191116	70,150,000

陶瓷器

序号	地区	拍卖行	拍卖会及专场	Lot 号	作品名称	拍卖时间	人民币成交价（含佣金）
1	香港	苏富比香港	苏富比香港 2019 秋季拍卖会珐琅珠宝乐从堂系列	1	清乾隆料胎黄地画珐琅凤舞牡丹包袱瓶	20191008	185,849,331
2	厦门	保利(厦门)	保利厦门 2019 秋季拍卖会玄览——清乾隆外粉青釉浮雕芭蕉叶镂空缠枝花卉纹内青花六方套瓶	999	清乾隆粉青釉凸刻蕉叶镂空缠枝花纹六方套瓶	20190106	149,500,000
3	北京	北京保利	北京保利 2019 春季拍卖会禹贡Ⅱ——雍正御器厂三希	5552	清雍正青花釉里红海水云龙纹天球瓶	20190605	147,200,000
4	北京	北京保利	北京保利 2019 秋季拍卖会禹贡Ⅱ——乾隆御制洋彩“时时报喜”转心瓶五福	5716	清乾隆粉彩描金开光镂空团螭宝相花纹内胆绘“时时报喜”图螭耳转心瓶	20191204	92,000,000
5	香港	佳士得香港	佳士得香港 2019 秋季拍卖会圆梦——康熙珐琅彩千叶莲碗	2988	清康熙珊瑚红地珐琅彩荷莲图碗	20191127	78,257,640
6	北京	北京保利	北京保利 2019 秋季拍卖会十面观止——玫茵堂、十面灵璧山居诸名藏珍瓷雅蓄	5766	清乾隆粉青釉镂空缠枝牡丹纹玉壶春式套瓶	20191204	69,000,000
7	北京	北京保利	北京保利 2019 秋季拍卖会禹贡Ⅰ——大明·格古	5659	明宣德青花云龙纹十棱葵瓣式洗	20191204	69,000,000

8	香港	苏富比香港	苏富比香港 2019 年秋季拍卖会 中国重要艺术	3606	明宣德 青花淡描海水深色龙纹高足碗	20191008	67,274,647
9	香港	苏富比香港	苏富比香港 2019 秋季拍卖会 重要私人收藏明宣成瓷珍	1002	明成化 青花缠枝萱花纹碗	20191008	50,919,518
10	香港	保利香港	保利香港 2019 秋季拍卖会 十面观止——十面灵璧山居甄选中国历代名瓷	3324	清乾隆 青花釉里红海水云龙纹天球瓶	20191007	49,539,240

玉石器

序号	地区	拍卖行	拍卖会及专场	Lot 号	作品名称	拍卖时间	人民币成交价（含佣金）
1	香港	佳士得香港	佳士得香港 2019 秋季拍卖会 云中玉筵——重要亚洲私人古玉珍藏：新石器时代篇	2719	良渚文化 三层人神兽面纹玉琮	20191127	28,112,621
2	香港	苏富比香港	苏富比香港 2019 春季拍卖会 中国重要艺术	3620	东周 黄玉瑞兽玉珮饰	20190403	22,965,849
3	北京	北京古玩城	北京古玩城 2019 春季艺术品拍卖会 艺珍专场	2231	现代 翡翠山高水长摆件	20190119	19,090,000
4	香港	中国嘉德（香港）	中国嘉德香港 2019 秋季拍卖会 玄礼四方——中国古代玉器	942	西汉 白玉朱雀形灯	20191007	17,679,765
5	北京	北京古玩城	北京古玩城 2019 春季艺术品拍卖会 艺珍专场	2073	现代 翡翠世外桃源摆件	20190119	15,755,000
6	纽约	佳士得纽约	佳士得纽约亚洲艺术周 鬃金饰玉——欧云伉俪珍藏	1180	青玉猪龙	20190321	15,555,235
7	香港	苏富比香港	苏富比香港 2019 春季拍卖会 中国重要艺术	3622	清乾隆 御制黄玉浮雕螭龙圆方双联瓶	20190403	14,151,111
8	香港	苏富比香港	苏富比香港 2019 秋季拍卖会 利国伟爵士藏重要中国艺术珍品	103	清 18 世纪 白玉光素渣斗	20191008	10,926,454
9	香港	苏富比香港	苏富比香港 2019 秋季拍卖会 利国伟爵士藏重要中国艺术珍品	121	清乾隆 白玉菱花式花觚	20191008	10,926,454
10	纽约	苏富比纽约	苏富比纽约亚洲艺术拍卖周 云逸雅集：大都会艺术博物馆之中国艺术、佛罗伦萨及赫伯特欧云伉俪惠赠	20	清 青玉云龙纹瓮	20190910	9,412,194

佛像唐卡

序号	地区	拍卖行	拍卖会及专场	Lot 号	作品名称	拍卖时间	人民币成交价（含佣金）
1	北京	中国嘉德	中国嘉德 2019 秋季拍卖会 旃檀林——佛教艺术集萃	3586	清康熙 御制铜鎏金释迦牟尼佛	20191118	63,250,000
2	香港	保利香港	保利香港 2019 春季拍卖会 十面观止——十面灵璧山居甄藏历代名瓷 山中商会、十面灵璧山居藏明早期铜漆金关帝坐像	3508	明早期 御制漆金彩绘铜关帝坐像	20190402	47,927,977
3	香港	佳士得香港	佳士得香港 2019 春季拍卖会 “梵华古韵”专场	2713	五代或北宋 木雕菩萨立像一对	20190529	39,065,709
4	香港	佳士得香港	佳士得香港 2019 春季拍卖会 “梵华古韵”专场	2704	清 18 世纪 御制木胎漆金药师佛坐像	20190529	27,070,752
5	北京	北京古玩城	北京古玩城华夏天天 2019 秋季拍卖会 工艺品杂项专场	476	明 铜释迦牟尼像	20191205	25,300,000
6	杭州	西泠印社	西泠印社 2019 秋季十五周年拍卖会 华藏宝相・历代佛教艺术专场	4733	明早期 铜阿弥陀佛坐像	20191215	18,975,000
7	北京	北京保利	北京保利 2019 秋季拍卖会 禹贡Ⅰ——大明・格古	5665	明永乐 铜鎏金四臂文殊菩萨坐像	20191204	18,975,000
8	北京	北京保利	北京保利 2019 秋季拍卖会 摧破我执——重要佛教美术	7212	14 世纪 普巴金刚与金刚亥母（丹萨替寺）	20191205	17,825,000
9	北京	景星麟凤	大唐西市 2019 春季艺术品拍卖会 金妆宝供——香炉佛像专场	1950	释迦牟尼坐像	20190420	16,675,000
10	纽约	苏富比纽约	苏富比纽约亚洲艺术周 印度、喜马拉雅和东南亚艺术	936	14 世纪下半叶 西藏黑金刚曼荼罗唐卡	20190321	16,402,470

古典家具

序号	地区	拍卖行	拍卖会及专场	Lot 号	作品名称	拍卖时间	人民币成交价（含佣金）
1	伦敦	佳士得伦敦	佳士得伦敦 2019 春季拍卖会 南面威仪——御制御用剔彩云龙福庆有余纹宝座	60	清 御制御用剔彩云龙福庆有余纹宝座	20190514	53,611,011
2	北京	中贸圣佳	中贸圣佳 2019 秋季艺术品拍卖会 斫木明清家具专场	2809	孙克弘制 明万历 黄花梨刻诗文苍松葡萄图四柱架子床	20191201	49,372,500

3	北京	中国嘉德	中国嘉德 2019 春季拍卖会 清隽明朗——明清古典家具精品	4327	清乾隆 御制紫檀雕兽面龙纹条桌成对	20190603	32,200,000
4	北京	北京保利	北京保利 2019 春季拍卖会 禹贡Ⅲ——乾隆御制“信天主人”宝玺 五福五代清宫秘翫	5595	明 黄花梨螭龙纹大方台	20190605	31,050,000
5	北京	中贸圣佳	中贸圣佳 2019 春季艺术品拍卖会 斫木——明清家具专场	655	明末清初 黄花梨如意云纹独板面翘头案	20190607	23,690,000
6	北京	中国嘉德	中国嘉德 2019 秋季拍卖会 清隽明朗——明清古典家具精品	4636	明末清初 黄花梨福字纹 大四出头官帽椅成对	20191117	20,700,000
7	北京	中国嘉德	中国嘉德 2019 秋季拍卖会 清隽明朗——明清古典家具精品	4635	明末清初 黄花梨夹头榫大画案	20191117	20,700,000
8	北京	中贸圣佳	中贸圣佳 2019 秋季艺术品拍卖会 斫木——明清家具专场	2813	清早期 黄花梨瑞兽纹高靠背 大四出头官帽椅（一对）	20191201	20,430,000
9	北京	北京保利	北京保利 2019 春季拍卖会 逍遥座——十面灵璧山居甄选重要明式家具	5444	明晚期 黄花梨素围板罗汉床	20190605	17,825,000
10	香港	中国嘉德（香港）	中国嘉德香港 2019 秋季拍卖 洪氏藏明清古典家具集萃	990	明 黄花梨有束腰带托泥四足方香几	20191007	17,163,731

金属器

序号	地区	拍卖行	拍卖会及专场	Lot 号	作品名称	拍卖时间	人民币成交价（含佣金）
1	苏黎世	阔乐拍卖	阔乐拍卖 2019 春季艺术品拍卖会 中国，喜马拉雅地区专场	200	17 或 18 世纪 珍稀的宫廷御用“牡丹凤凰”铜香炉	20190604	28,485,912
2	香港	大唐国际	大唐国际 2019 秋季拍卖会 高古艺术专场	12	西周 兽面纹方彝 兽面纹方尊（一组）	20191124	25,352,963
3	杭州	西泠印社	西泠印社 2019 秋季十五周年拍卖会 中国历代青铜器专场	3585	商晚期 青铜奚卣	20191215	25,300,000
4	纽约	佳士得纽约	佳士得纽约 2019 秋季拍卖会 金紫银青——中国早期金银器粹珍	551	唐 银局部鎏金花鸟纹莲瓣式碗	20190912	24,548,967
5	香港	大唐国际	大唐国际 2019 秋季拍卖会 高古艺术专场	10	商代晚期 兽面纹觚尊	20191124	24,338,844
6	香港	广州华艺	华艺国际（香港）2019 春季拍卖会 余香集——宫廷及重要艺术珍品	1214	西汉 铜鎏金奔马	20190527	19,370,880

7	香港	大唐国际	大唐国际 2019 秋季拍卖会 高古艺术专场	11	西周早期 凰鸟纹天猪提梁卣	20190526	19,042,427
8	香港	大唐国际	大唐国际 2019 春季拍卖会 高古艺术专场	84	商代晚期 子？鸮卣	20190526	18,554,159
9	纽约	佳士得纽约	佳士得纽约亚洲艺术周 金紫银青——中国早期 金银器粹珍	571	元 金刻缠枝牡丹纹 龙首柄杯	20190912	17,805,903
10	香港	大唐国际	大唐国际 2019 春季拍卖会 高古艺术专场	86	西周 神面纹亚束提梁卣	20190526	17,577,625

文房雅玩

序号	地区	拍卖行	拍卖会及专场	Lot 号	作品名称	拍卖时间	人民币成交价（含佣金）
1	北京	北京保利	北京保利 2019 春季拍卖会 禹贡Ⅲ——乾隆御制“信天主人”宝玺 五福五代清官秘翫	5569	清乾隆 1786 年御制白玉交龙纽 “信天主人”宝玺	20190605	94,300,000
2	纽约	佳士得纽约	佳士得纽约亚洲艺术周 髹金饰玉——欧云伉俪珍藏	806	清乾隆 青白玉御题诗双鱼洗	20190320	19,621,963
3	香港	佳士得香港	佳士得香港 2019 春季 拍卖会 浮生闲趣	3011	清嘉庆 御制白玉交龙纽 “周甲延禧之宝”方玺	20190529	17,737,500
4	香港	佳士得香港	佳士得香港 2019 春季 拍卖会 浮生闲趣	3009	清康熙 御制寿山石 “渊鉴挥毫”玺	20190529	16,700,472
5	纽约	苏富比纽约	苏富比纽约亚洲艺术周 “中国艺术珍品”专场	574	清乾隆或嘉庆 白玉雕御游图笔筒	20190320	13,962,433
6	杭州	西泠印社	西泠印社 2019 秋季 十五周年拍卖会 文房清玩——历代名砚暨 古墨专场	5468	清乾隆 御铭宋代端石七光砚	20191216	13,800,000
7	福州	福建东南	福建东南 2019 春季艺术品 拍卖会 补天遗珍・寿山石雕珍品 夜场	530	田黄石 九螭献宝方章	20190512	10,925,000
8	北京	北京古天一	北京古天一 2019 秋季 拍卖会 清玩聚珍	1175	田黄乌鸦皮巧雕九龙纹 纽印	20191203	10,695,000
9	北京	中国嘉德	中国嘉德 2019 春季拍卖会 清宁——金石篆刻艺术	4196	赵之谦刻 “生逢尧舜君不忍 便永诀” 寿山高山石自用印章	20190602	9,545,000
10	北京	中鸿信	中鸿信 2019 春季拍卖会 中华风物专场	3432	清乾隆 松石绿地轧道粉彩飞鹤纹 暗八仙甲子万年笔筒	20190717	6,810,000

竹木牙角

序号	地区	拍卖行	拍卖会及专场	Lot 号	作品名称	拍卖时间	人民币成交价（含佣金）
1	横滨	横滨国际	横滨国际 2019 夏季拍卖会 文房珍玩、佛教艺术专场	1216	奇楠沉水沉香	20190421	34,461,068
2	横滨	横滨国际	横滨国际 2019 八周年纪念拍卖会 古典家具、漆器甄藏专场	3308	伽罗沉香山子摆件	20190728	16,469,382
3	横滨	横滨国际	2019 八周年纪念拍卖会 古典家具、漆器甄藏专场	1001	伽罗（沉水）沉香山子	20190421	14,211,509
4	北京	北京保利	北京保利 2019 秋季拍卖会 金坚玉润，不负我闻——“皇家楼”藏沉香专场	1040	海南熟结绿奇楠	20191202	9,430,000
5	北京	北京保利	北京保利 2019 秋季拍卖会 金坚玉润，不负我闻——“皇家楼”藏沉香专场	1024	清乾隆 棋楠仿天然木雕麒麟摆件	20191202	5,980,000
6	北京	北京保利	北京保利 2019 秋季拍卖会 金坚玉润，不负我闻——“皇家楼”藏沉香专场	1048	韩智华 海南包头雕秋叶禅摆件	20191202	5,290,000
7	北京	北京保利	北京保利 2019 秋季拍卖会 金坚玉润，不负我闻——“皇家楼”藏沉香专场	1025	清乾隆御制沉香雕开光高浮雕松山纹方瓶	20191202	4,830,000
8	北京	北京保利	北京保利 2019 秋季拍卖会 金坚玉润，不负我闻——“皇家楼”藏沉香专场	16	越南芽庄沉水白奇楠	20191202	3,795,000
9	上海	上海明轩	上海明轩 2019 春季艺术品拍卖会 一间屋	28	清雍正 竹根雕三多如意	20190428	3,565,000
10	北京	中贸圣佳	中贸圣佳 2019 春季艺术品拍卖会 璀璨——中国书画及古代艺术珍品夜场	974	清乾隆 竹雕寿星山子	20190607	3,220,000

鼻烟壶

序号	地区	拍卖行	拍卖会及专场	Lot 号	作品名称	拍卖时间	人民币成交价（含佣金）
1	杭州	西泠印社	西泠印社 2019 年春季拍卖会 中国古代玉器专场	1620	清 玉质鼻烟壶一组四十件	20190706	6,210,000
2	北京	北京保利	北京保利 2019 春季拍卖会 禹贡Ⅲ——乾隆御制“信天主人”宝玺 五福五代清宫秘翫	5582	清乾隆 御制涅白料胎画琅彩花卉鼻烟壶	20190605	4,025,000
3	厦门	北京博美	北京博美 2019 秋季拍卖会 《璀夜集》——中国书画及古代艺术珍品专场	1186	清嘉庆 御制松石绿地洋彩开光菊石图鼻烟壶	20191231	3,220,000

4	合肥	安徽龙裔玉冰	安徽龙裔玉冰 2019 秋季拍卖会 玉宴·古玉专场	185	清代 鼻烟壶一组九只	20191221	1,725,000
5	北京	北京保利	北京保利 2019 秋季拍卖会 挹古芳——宫廷艺术与重要瓷器、玉器、工艺品	7016	清乾隆 白玉佛像烟壶	20191205	920,000
6	北京	北京中汉	北京中汉 2019 秋季拍卖会 瓷器工艺品	82	黄地洋彩福禄万代葫芦形双联鼻烟壶	20191116	812,000
7	上海	上海明轩	上海明轩 2019 秋季艺术品拍卖会 一间屋	179	清乾隆 青花墨彩山水高士图鼻烟壶 青花粉彩八仙过海图鼻烟壶 两只	20191220	667,000
8	新加坡	新加坡国际	新加坡国际 2019 大型艺术品拍卖会 雅玩珍赏·中国书画与瓷杂专场	1216	清道光和田羊脂玉宫廷巧雕蛤蜊鼻烟壶	20191215	631,279
9	香港	苏富比香港	中国艺术品——旧香港家庭收藏的鼻烟壶和玉器	516	蓝色翡翠鼻烟壶	20191129	560,906
10	纽约	邦瀚斯纽约	邦瀚斯纽约 2019 秋季拍卖会中国精美鼻烟壶	193	饰面蓝色翡翠鼻烟壶	20190909	457,088

古籍文献及手稿

序号	地区	拍卖行	拍卖会及专场	Lot 号	作品名称	拍卖时间	人民币成交价（含佣金）
1	北京	中国嘉德	中国嘉德 2019 秋季拍卖会 启功旧藏金石碑帖 法书影本 672 种	2406	启功旧藏金石碑帖、法书影本 672 种	20191118	29,325,000
2	北京	北京保利	北京保利 2019 春季拍卖会 百代标程——从宋人至金农	4041	宋人写经续高僧传	20190603	23,000,000
3	北京	北京荣宝	北京荣宝 2019 秋季艺术品拍卖会 中国书画·古代	626	王铎 诗稿墨迹	20191201	20,585,000
4	纽约	苏富比纽约	苏富比纽约亚洲艺术周 “中国艺术珍品”专场	548	清乾隆 御书《大方广圆觉修多罗了义经》 两册全	20190320	18,029,161
5	北京	北京匡时	2019 春季拍卖会 古籍善本	1227	邓邦述、袁克文、傅增湘旧藏《周易兼义》九卷 略例一卷 音义一卷	20190713	14,950,000
6	北京	中国嘉德	中国嘉德 2019 秋季拍卖会 大观——中国书画珍品之夜·古代	1377	傅山 致魏一鳌书札十八通	20191119	13,800,000
7	北京	北京荣宝	北京荣宝 2019 春季艺术品拍卖会 一念莲花开·敦煌写经及佛教艺术专场	778	7~8 世纪 敦煌写经 初唐写本 大般涅盘经卷第十五 梵行品之二	20190613	11,040,000
8	北京	北京保利	北京保利 2019 秋季拍卖会 翰墨千秋——名家书法夜场	2017	张大千 致张目寒信札 十卷五十通	20191201	10,120,000
9	上海	上海朵云轩	2019 秋季艺术品拍卖会 近现代书法专场	650	过云楼藏 吴昌硕信札	20191218	9,430,000

10	北京	北京荣宝	北京荣宝 2019 春季艺术品拍卖会 一念莲花开·敦煌写经及佛教艺术专场	782	明宣德 御制《大般若波罗蜜多经卷》第五百六十八	20190613	9,200,000

邮品钱币

序号	地区	拍卖行	拍卖会及专场	Lot 号	作品名称	拍卖时间	人民币成交价（含佣金）
1	北京	中国嘉德	中国嘉德 2019 春季拍卖会 邮品	6847	“无产阶级文化大革命”全面胜利万岁（未发行）邮票四方连	20190605	9,775,000
2	北京	北京诚轩	北京诚轩 2019 春季拍卖会 机制币	2172	民国二十一年孙中山像背帆船下三鸟金本位壹圆银币样币（一枚）	20190606	4,600,000
3	杭州	西泠印社	西泠印社 2019 秋季拍卖会 中国历代钱币专场暨郭若愚先生旧藏钱币专题	6220	清 福州船政成功金牌	20191216	4,255,000
4	杭州	西泠印社	西泠印社 2019 春季拍卖会 中国历代钱币专场	5359	第一版人民币纸币全套六十二枚	20190708	4,255,000
5	上海	上海泓盛	上海泓盛 2019 春季拍卖会 现代金银币 勋章 奖章 近代机制币（银币、铜圆）	174	1889 年广东省造光绪元宝库平七钱三分“光边”加厚试铸样币一枚	20190505	3,565,000
6	北京	北京古玩城	北京古玩城 2019 春季艺术品拍卖会 瓷器工艺品	367	清 金条一组 45 个	20190606	3,450,000
7	北京	北京古玩城	北京古玩城 2019 春季艺术品拍卖会 瓷器工艺品	366	清 金锭一组 100 个	20190606	3,450,000
8	北京	北京诚轩	北京诚轩 2019 春季拍卖会 机制币	2353	1896 年湖北省造“本省”光绪元宝库平七钱二分银币 一枚	20190606	3,220,000
9	北京	北京诚轩	北京诚轩 2019 秋季拍卖会 机制币	2522	民国十八年孙中山像背地球双旗图壹圆银币试铸样币 /PCGS SP63+	20191120	3,105,000
10	北京	中国嘉德	中国嘉德 2019 春季拍卖会 邮品	6846	全国山河一片红（撤销发行）邮票横双连	20190605	2,990,000

珠宝尚品

序号	地区	拍卖行	拍卖会及专场	Lot 号	作品名称	拍卖时间	人民币成交价（含佣金）
1	香港	苏富比香港	苏富比香港 2019 秋季拍卖会 瑰丽珠宝与翡翠首饰	1820	艳彩紫粉红色钻石配钻石戒指	20191007	139,850,531

2	香港	佳士得香港	佳士得香港 2019 秋季拍卖会 香港瑰丽珠宝与翡翠首饰	2007	“天作之合”翡翠珠及尖晶石项链	20191126	66,034,371
3	北京	中国嘉德	中国嘉德 2019 秋季拍卖会 瑰丽珠宝与翡翠	5009	天然浓彩粉色钻石配钻石戒指	20191119	49,450,000
4	香港	佳士得香港	佳士得香港 2019 秋季拍卖会 香港瑰丽珠宝与翡翠首饰	2054	有色钻石及粉红钻戒指 慕莎依芙设计	20191126	48,208,770
5	香港	天成国际	天成国际 2019 秋季拍卖会 珠宝及翡翠	162	天然翡翠手镯	20191127	40,923,720
6	香港	苏富比香港	苏富比香港 2019 秋季拍卖会 瑰丽珠宝与翡翠首饰	1713	胡茵菲设计 浓彩黄色钻石配钻石项链	20191007	40,697,563
7	香港	保利香港	保利香港 2019 秋季拍卖会 璀璨珠宝专场	2201	缅甸天然翡翠珠配红宝石及钻石项链	20191006	28,897,890
8	香港	佳士得香港	佳士得香港 2019 秋季拍卖会 香港瑰丽珠宝与翡翠首饰	2049	钻石耳环	20191126	28,112,621
9	香港	保利香港	保利香港 2019 秋季拍卖会 璀璨珠宝专场	2133	缅甸天然翡翠珠配钻石项链	20191006	25,801,688
10	香港	中国嘉德（香港）	中国嘉德（香港）2019 秋季拍卖会 瑰丽珠宝与翡翠	1229	天然彩紫粉红色钻石配钻石戒指	20191008	23,028,730

Chapter 5

Global Antique and Art Industry Events in 2019

第五章　行业全球大事记

一月大事记

January

福建出台文件，引导社会力量参与文物保护利用

1 月 2 日，福建省出台《福建省鼓励社会力量参与文物保护利用实施意见》和《福建省文物建筑认养管理规定》两部文件。

前者明确了社会力量参与文物保护利用的总体要求和基本原则，积极鼓励和引导社会力量，通过认领、资助、志愿服务等形式参与到文物保护利用的各个环节；后者明确了文物建筑认养是指社会组织、企业及个人作为认养主体，通过一定程序，对特定文物建筑实施保护、利用、管理的行为。

福建省两个文件的出台，进一步引导了社会力量参与文物保护利用工作，为参与者创造条件、提供支持，统筹推进了该省文物保护利用传承，为建立健全社会参与文物保护利用提供了新机制，在社会力量参与文物保护利用方面具有示范表率作用。

中国社会科学院中国历史研究院在京成立

1 月 3 日，中国社会科学院中国历史研究院在京成立。中国历史研究院以中国社会科学院所属相关研究所为基础组建，下设中国历史研究院院部和考古研究所、古代史研究所、近代史研究所、世界历史研究所、中国边疆研究所、历史理论研究所，承担统筹指导全国历史研究工作，整合资源和力量制定新时代中国历史研究规划，组织实施国家重大项目，讲好中国历史、传播中国文化等职责。

全国文物局长会议部署 2019 年文物工作要点

1 月 8 日，全国文物局长会议在北京召开。会议的主题是：坚持以习近平新时代中国特色社会主义思想为指引，深入贯彻习近平总书记关于文物工作系列重要论述精神，深入贯彻党的十九大精神，树牢“四个意识”，坚定“四个自信”，坚决做到“两个维护”，全面落实中办、国办《关于加强文物保护利用改革的若干意见》《关于实施革命文物保护利用工程(2018 ~ 2022年)的意见》，

总结 2018 年工作，部署 2019 年任务，抓主抓重，攻坚克难，提振精神，担当善为，全面开启新时代文物事业改革发展新征程。

文化和旅游部党组书记、部长雒树刚，国家文物局党组书记、局长刘玉珠等领导出席会议并就 2019 年文物工作的中心任务作重要讲话。

《国家文物保护专项资金管理办法》 出台

1 月 11 日，财政部与国家文物局联合印发《国家文物保护专项资金管理办法》（以下简称《办法》）。《办法》全文共 7 章 40 条，主要包括补助范围和支出内容、分配办法、申报与审批、资金使用管理、资金监管与绩效评价等具体内容和流程。

与 116 号文相比，主要变化内容包括：调整支持范围、优化分配方式、完善管理机制、强化绩效导向等四个方面。《办法》修订的总体思路是，认真贯彻中央关于文物保护利用改革、加强文物工作的部署，充分体现文物保护项目审批改革和财政预算管理改革的要求，努力遵循文物保护活动规律，注重突出革命文物、文物安全等重点领域，适当向革命老区、民族地区、边疆地区、贫困地区倾斜，明确支持文物保护由抢救性保护向抢救性保护与预防性保护并重转变，推动我国文物保护利用和中华优秀传统文化的传承发展。

“先驱之路 ：留法艺术家与中国现代美术（1911 ~ 1949）”大展开幕

1 月 12 日，由中央美术学院主办，中央美术学院美术馆、龙美术馆联合主办的“先驱之路：留法艺术家与中国现代美术（1911 ~ 1949）”大展在中央美院美术馆开幕。

本次展览以一个主展和三个专题研究展的方式，重点展出从 40 余家公私机构及个人借展来的 40 余位留法艺术家 200 余件作品。该展览是近年来规模最大的 20 世纪早期留学现象学术研究展，展览建立在对 20 世纪前半叶留法中国艺术家的史料钩沉与学术研究的基础之上，是对一代留法艺术家的学术研究和成果展示，对于完整地建构中国现代美术历史有着重要的学术意义。

中美再次签署限制进口中国文物政府间谅解备忘录

1 月 15 日，国家文物局局长刘玉珠和美国驻华大使布兰斯塔德 (Terry Ed-ward Branstad) 在北京签署《中华人民共和国政府和美利坚合众国政府对旧石器时代到唐末的归类考古材料以及至少 250 年以上的古迹雕塑和壁上艺术实施进口限制的谅解备忘录》，有效期 5 年。

中美再次签署限制进口中国文物政府间谅解备忘录，反映了两个大国在文化遗产领域携手合作，共担全球责任的共同决心，对于在全球范围内打击文物盗窃、盗掘和走私，扩大政府间合作，保护文物安全将起到积极作用。截至 2019 年 1 月，我国已与包括美国在内的 21 个国家签署了此类政府间文件。

日本东京国立博物馆推出“颜真卿：超越王羲之的名笔”特展

1月16日，日本东京国立博物馆推出“颜真卿：超越王羲之的名笔”特展，此次展览筹备了六年时间，是东京国立博物馆2019年的开年大展，展览主要聚焦唐代书坛，探究颜真卿诞生的背景与巨大成就，展出颜真卿诸多书法作品以及其他名家名品共计170余件。其中，最引人注目的当属从台北故宫博物院借展而来的《祭侄文稿》和《怀素自叙帖》。台北故宫称，回台后它们将在台北故宫文物库房休息3年以上，再以不同的专题展览形式展出。

此次展览以《祭侄文稿》为节点，分为两大会场。第一会场以书体的演变开场，展示历代篆、隶、行、楷的经典之作。第二会场介绍颜真卿对后世书法创作的影响，如北宋苏轼《行书李白仙诗卷》、日本平安时代空海《金刚般若经开题残卷》以及北宋李公麟的画作《五马图》卷等。

《北京市非物质文化遗产条例》出台

1月20日，北京市第十五届人民代表大会第二次会议通过《北京市非物质文化遗产条例》（以下简称《条例》），自2019年6月1日起施行。《条例》共7章61条，涉及北京市非物质文化遗产的调查与保存、代表性项目名录、传承与分类保护、传播与发展、法律责任等各个方面。

《条例》鼓励成立非物质文化遗产相关行业组织，支持其研究、挖掘、宣传相关非物质文化遗产的历史文化内涵，并依法开展行业服务、加强行业自律、维护行业的合法权益。鼓励和支持在非物质文化遗产保护领域开展国内外的合作与交流。鼓励和支持公民、法人和其他组织依法参与非物质文化遗产保护、保存工作。该《条例》为加强北京非物质文化遗产保护、保存工作，传承北京历史文脉，弘扬中华优秀传统文化，推进全国文化中心建设，具有重要意义。

中沙合作塞林港遗址考古发掘再获重要发现

1月22日，中国国家文物局水下文化遗产保护中心与沙特国家考古中心联合组队，对沙特塞林港遗址开展的第二次联合发掘任务圆满结束，取得令人瞩目的重要成果。本次考古工作，是将田野考古、水下考古、遥感考古的方法三位一体，从陆地、海洋、空中对塞林港遗址进行全面的调查、发掘与研究，取得超乎预期的成果。而且将常规考古手段与科技新方法相结合，大大拓展了考古学研究的视野。此次发掘任务发现了大型建筑遗址，调查、测绘一批珊瑚石墓葬，通过水下考古发现并确认了泊船的海港和出入港湾的航道，发现为港口提供淡水资源的季节河，同时出土包括中国瓷器在内的诸多文物精品，为海上丝绸之路研究提供了十分珍贵的考古资料。

《长城保护总体规划》 出台， 为长城保护传承利用长效机制提供重要依据

1 月 22 日，文化和旅游部、国家文物局联合印发《长城保护总体规划》（以下简称《规划》）。《规划》是实施《长城保护条例》的重要进展，是国家统一部署、多方鼎力协作的重要成果。规划为建立长城保护传承利用长效工作机制，督促各省（区、市）将长城保护作为一项长期任务持之以恒地坚持提供了重要遵循。 规划阐释了长城价值和长城精神，强调了长城文化景观的特性，提出规划核心是长城价值的保护展示，规划目标是长城精神、抗战精神、长征精神的传承弘扬。规划明确了长城保护传承利用相关工作原则、目标、内容及管理要求。

被掠圆明园旧藏虎蓥重回祖国在国博展出

1 月 29 日，“虎蓥：新时代·新命运”展览在国家博物馆开幕。虎蓥为西周晚期文物，具有重要的历史、科学和艺术价值。虎蓥原为清宫旧藏，1860 年被某英国军官劫掠后由其家族收藏。2018 年 11 月 23 日，经多方努力，虎蓥终于顺利归国。本展览由“西周礼器 皇家旧藏”“山河破碎 流失海外”“跨国追索 回归祖国”等三个单元组成,全面介绍青铜“虎蓥”的相关历史文化知识。国博策划推出的此展览将青铜虎蓥回归的故事更好地传播开来，引导社会各界更多地关心支持文物事业，对增强中华民族文化自信具有重要意义。

二月大事记
February

湖北省政府印发《荆楚大遗址传承发展工程实施方案（2019～2023年）》

2月2日，湖北省政府印发《荆楚大遗址传承发展工程实施方案（2019～2023年）》（以下简称《实施方案》），对加强荆楚大遗址传承发展，建设文化旅游强省做出安排部署。湖北省现有楚纪南故城、龙湾、盘龙城、屈家岭、石家河、铜绿山、走马岭、容美土司、擂鼓墩等9处大遗址和万里茶道（湖北段）列入国家文物局《大遗址保护“十三五”专项规划》。

《实施方案》分工程对象、总体目标、主要任务、保障措施四部分，对实施荆楚大遗址传承发展工程进行了系统谋划，并提出项目库名单40处。实施荆楚大遗址传承发展工程是湖北省贯彻落实中央传承发展中华优秀传统文化和加强文物保护利用改革的决策部署，是实现荆楚优秀传统文化创造性转化、创新性发展的重大举措，对于推进湖北省文化旅游高质量发展具有重要意义。

安徽省2019年设立2亿元革命老区红色文化保护专项资金

2月4日，安徽省省级财政统筹设立2亿元革命老区红色文化保护专项资金，大力推进革命文物的保护利用。该专项资金将实施于鄂豫皖区委员会旧址、刘邓大军泗河驻地旧址等10多处革命文物维修工程，开展独山与金寨革命旧址、濉溪小李庄淮海战役总前委等6处革命旧址安（消）防项目。另外，还将建立全省革命文物资源库，编制全省革命文物简介，推进金寨县革命博物馆建设。

12件敦煌藏经洞出土的唐代藏文写经获修复

2月12日，甘肃省敦煌市档案馆表示，12件敦煌莫高窟藏经洞出土的唐代藏文写经完成修复，文献的数字档案也已建立。这些古藏文文献涉及历史著作、法律文书等诸多内容，其中佛经约占九成。这批用古藏文抄写的经文是唐代吐蕃占领敦煌时期的作品，2010年，这批文献入选第三批《中国档案文献遗产名录》。因年代久远等原因，这批距今1000多年的文献出现纸张发黄、纸质变脆、霉变、破损等病害。经项目申报和研究论证，2018年10月，保护专家开始现场修复。此举对文物的保护、研究和利用起到积极作用。

首届“弗里兹洛杉矶艺博会”举办

2 月 14 日，首届“弗里兹洛杉矶艺博会”在美国西部派拉蒙电影工作室举办。本届艺博会是继 2003 年弗里兹伦敦、2012 年弗里兹纽约艺博会以来的第三个弗里兹艺术博览会。与纽约、伦敦展会相比，洛杉矶展会的画廊阵容更为精简，共有 70 家画廊参展。艺博会在画廊选择上，当地画廊占到很大比例，且在展位安排上放在重要的位置。世界顶尖画廊在洛杉矶展会上竞相亮相，为收藏家和艺术爱好者呈献一系列精彩的艺术作品。此次呈现的作品以美国艺术家作品为主，尤其是对洛杉矶艺术家作品的关注。

“中乌联合考古成果展”在乌兹别克斯坦开展

2 月 22 日，由中国西北大学、乌兹别克斯坦科学院考古研究所、乌兹别克斯坦国家历史博物馆联合主办的“中乌联合考古成果展——月氏与康居的考古发现”，在乌兹别克斯坦首都塔什干市乌兹别克斯坦国家历史博物馆开幕。经过中乌双方考古学家多年来的共同努力，初步确认了古代康居和月氏考古学文化遗存的特征及分布范围，在丝绸之路考古研究领域取得了重要的突破和进展。此次中乌联合考古成果展分为“康居文化的考古发现”和“月氏文化的考古发现”2 个单元 14 个展柜，共 120 件（组）文物和 40 余幅照片，通过展览向国际社会展示中乌考古合作研究的阶段性新成果。

我国将斥资 3 亿元开展布达拉宫古籍文献保护利用工作

2 月 25 日，西藏布达拉宫管理处宣布，自 2019 年起，我国将在十年内累计投入 3 亿元专项资金，开展迄今为止布达拉宫最大规模的古籍文献保护与利用专项工作。目前布达拉宫官藏在册的汉、藏、满、蒙、梵等多文种珍贵古籍文献近 4 万函。这些珍贵古籍文献基本涵盖了藏民族古籍文献的所有形式，内容可大致归纳为经藏、律藏、论藏等三藏典籍；大、小五明；佛本生传记；各语种医药学、史学、戏剧；各类志书、目录等。布达拉宫古籍文献保护与利用工程整体实施方案由中国文化遗产研究院承担，项目主要分为古籍文献可预防性保护、抢救性保护修复、数字化保护、展示利用四个部分。整体实施方案已陆续展开。

三月大事记

March

中国流失文物艺术品返还交接仪式在美举行

3 月 1 日，中国流失文物艺术品返还交接仪式在美国印第安纳波利斯举行。中国国家文物局与美国联邦调查局代表签署并互换文物返还证书。此次返还的中国流失文物艺术品于 2014 年 4 月由美国联邦调查局印第安纳波利斯分局查获，共 361 件（套），时间跨度从新石器时代直至清代，涉及石器、玉器、青铜器、陶器、钱币、木雕建筑构件等多个门类。

此次文物返还是 2019 年 1 月中美再次签署限制进口中国文物政府间谅解备忘录后的首次中国流失文物返还，也是自 2009 年备忘录签署以来，美方第三次、也是规模最大一次中国流失文物返还。这批中国文物艺术品的返还是中美双方长期精诚合作的成果，不仅标志着双方在文物追索返还行动上的相向而行和相互支持，也进一步增进两国之间的理解和信任，为保障全球文化遗产安全提供典范。

国家文物智库建设工作启动

3 月 12 日，为贯彻落实中办、国办《关于加强文物保护利用改革的若干意见》，国家文物智库建设工作正式启动，国家文物局对国家文物智库建设作出规划和实施安排。国家文物智库由国家文物智库基地、文物政策调查研究联系点、文物政策研究智库专家组成，将紧紧围绕新时代文物事业改革发展大局，针对文物行业重点难点热点问题，探讨破解路径，提供决策建议，分类别、分层次开展智库培育、试点和建设，举办年度智库研讨论坛，开辟报网融合智库专栏。

国家文物智库建设相关研究成果将定期编发《文物调研》和《文物决策参考》。此举对健全文物调研工作机制、提升文物政策理论研究水平、服务文物事业改革发展决策、加强文物行业依法行政等方面具有现实意义。

故宫珍宝亮相克里姆林宫博物馆

3 月 15 日，“繁盛的中国 18 世纪”故宫珍宝展在俄罗斯首都莫斯科克里姆林宫博物馆正式开展，来自中国北京故宫的百余件珍宝向俄罗斯观众展示中国清代的宫廷生活和政治生活场景。本次展览主要以清朝乾隆皇帝在位期间的重要历史事件为主线，向俄罗斯观众全方位介绍了乾隆皇帝的一生。展品包括乾隆皇帝穿过的龙袍、坐过的龙椅以及宫廷服饰、绘画、书法作品和历史文件等。本次展览是继 2006 年以来故宫博物院和克里姆林宫博物馆进行的第二次合作。作为纪念中俄建交 70 周年文化交流活动的重要项目，该展让俄罗斯民众进一步加深了对中国历史和文化的理解。

2019 年 “马斯特里赫特欧洲艺术和古董博览会” 开幕

3 月 16 日，2019 年“马斯特里赫特欧洲艺术和古董博览会”（以下简称 TEFAF Maastricht）在荷兰马斯特里赫特展览和会议中心举行。此次博览会共有 276 家参展商参展，今年 TEFAF Maastricht 的参展商分八大领域：古典艺术、古董、设计、高级珠宝、当代艺术、绘画、纸上艺术和部落艺术。此次展览会艺术品贯穿了 7000 年的艺术史，为私人和机构收藏家提供了收藏机会。TEFAF Maastricht 经过精选，有 39 家新参展商，其中有 13 家当代艺术机构。 TEFAF Maastricht 长期以来一直被认为是世界领先的古董艺术博览会之一。凭借 TEFAF Maastricht 当代艺术的全新阵容，它巩固了其作为涵盖所有领域和时期的世界领先艺术博览会的地位。

“四川古蜀文明特展” 在罗马开幕

3 月 25 日，“三星堆：人与神的世界——四川古蜀文明特展”在罗马图拉真市场及帝国广场博物馆开幕。展出的 145 件（套）文物艺术品，来自四川广汉三星堆博物馆、成都金沙遗址博物馆、四川博物院、四川省文物考古研究院、成都博物馆、成都文物考古研究院、绵阳博物馆、茂县羌族博物馆等 8 家文博单位，展品包括黄金制品、青铜造像、玉石器、“巴蜀图语”、漆木器、陶质人物俑、动物俑以及极富生活气息的画像砖等。众多重量级文物的集中展示，为意大利民众呈现了古代中国四川地区丰富多彩的社会生活与精神世界，并带领人们感悟古蜀先民非凡的艺术想象力与创造力。本次展览不仅是东西方两大古老文明穿越时空的一次对话，也寄托了两地文博人增进不同文化、不同文明相互了解的历史使命。

第七届 “香港巴塞尔艺术展” 在香港会议展览中心开幕

3 月 28 日，第七届“巴塞尔艺术展香港展会”（以下简称“香港巴塞尔”）在香港会议展览中心开幕，来自全球 36 个国家和地区的 242 家画廊亮相，其中 21 家首次参展。作为亚洲最大的艺术博览会，“香港巴塞尔”持续关注亚洲艺术与市场，参展的画廊超过半数来自亚洲及亚太区内。2019 年的“香港巴塞尔”，由“艺廊荟萃”的主画廊单元以及亚洲视野、艺术探新、策展角落、艺聚空间和光映现场等多个展区组成，艺术品创作时间由 20 世纪初至最近期的当代。为期 5 天的展会共吸引 8.8 万名访客，创下新纪录。

2018 年度全国十大考古新发现揭晓

3 月 29 日，中国文物报社和中国考古学会联合召开新闻发布会，公布了 2018 年度全国十大考古新发现，它们分别是广东英德青塘遗址、湖北沙洋城河新石器时代遗址、陕西延安芦山峁新石器时代遗址、新疆尼勒克吉仁台沟口遗址、山西闻喜酒务头商代墓地、陕西澄城刘家洼东周遗址、江苏张家港黄泗浦遗址、河北张家口太子城金代城址、重庆合川钓鱼城范家堰南宋衙署遗址、辽宁庄河海域甲午沉舰遗址（经远舰）水下考古调查等十个项目。此次评出的“十大考古新发现”，既是 2018 年度全国考古发现中的杰出代表，也是当代中国考古学理念、技术和方法的集中展示。从类型上看，既有传统的聚落、城址、墓葬等类型，也有洞穴遗址、古河道遗址、衙署遗址、沉舰遗址等并不多见的类型。这些项目都在各自领域解决了重大的学术问题，实现了新突破。

“时间开始了—— 2019 乌镇当代艺术邀请展”开幕

3 月 30 日，“时间开始了—— 2019 乌镇当代艺术邀请展”在乌镇开幕，本次展览共邀请了来自全球 23 个国家和地区的 60 位（组）艺术家出席，共计 90 件（套）作品参与展出，不仅涵盖装置、影像、行为、绘画等较常见的艺术类型，还包括声音、气味、交互（设计）、网络艺术等仍在探索中的艺术形式。展出作品有 35 件，其中 30 件作品是为展览主题或针对所在地的人文环境而创作。该展由主题展和青年单元两部分组成，策展团队以“时间开始了”为展览主题，以此感悟艺术家是如何理解各自所处时代的特征。该展以乌镇的自然环境、人文底蕴与独特的文化模式为源，使当代艺术的价值在乌镇得到进一步发挥。

四月大事记
April

安东尼·葛姆雷：用VR让观众“登月”

4月5日，英国当代艺术家安东尼·葛姆雷（Antony Gormley）和天文学家普里亚姆瓦达·那塔拉印（Priyamvada Natarajan）进行了名为“Lunatick”的艺术项目合作，运用VR技术让观众从一座太平洋岛屿通往月球以及更遥远的地方。项目中，安东尼·葛姆雷将整个月球视为一件艺术作品，并由此产生灵感。为了确保体验的精确性，天文学家普里亚姆瓦达·那塔拉印提供了科学知识，NASA则为Acute Art的程序员团队提供数据，以便将数据转化为一种对月球表面的奇妙再现。观众带上VR头盔，能够在虚拟的失重状态下从“月球表面”弹起，真实感体验极强。该项目是艺术与新科技的有效结合，拓展了艺术表现的新领域。

第二届"中国·中东欧国家文化遗产论坛"在洛阳开幕

4月10日，由国家文物局、河南省人民政府主办的第二届“中国·中东欧国家文化遗产论坛”在洛阳开幕。该论坛是中国与中东欧各国共同创建的合作平台，是落实《中国·中东欧合作索菲亚纲要》、深化拓展“16+1合作”的创新举措。本次论坛期间，来自中国以及波黑、保加利亚、捷克、拉脱维亚、立陶宛、黑山、北马其顿、波兰、罗马尼亚、塞尔维亚、斯洛伐克等中东欧国家的政府官员和专家学者围绕“世界文化遗产申报与管理、考古研究和文物保护”的主题，聚焦“文化遗产与城市发展”进行为期两天的专业交流与对话，共同探索合作的重点方向、领域和途径，共同推动中国与中东欧国家未来在文化遗产领域的务实合作。

"全球博物馆馆长论坛"在中国国家博物馆举办

4月11日，以“丝绸之路国家博物馆的功能与使命”为主题的全球博物馆馆长论坛在中国国家博物馆开幕。来自五大洲24个国家的40余位国际一流博物馆馆长或代表、国内50余位博物馆馆长或代表和相关专家学者出席论坛。该论坛为期两天，设有丝绸之路国家博物馆藏品与展览交流、智慧博物馆建设、展览的多样性呈现三个分议题。期间由中国国家博物馆与12个“一带一路”沿线国家的国家级博物馆联合举办的“殊方共享——丝绸之路国家博物馆文物精品展”，也在中国国家博物馆开幕。本次展览共展出文物234件（套），分陆上丝绸之路和海上丝绸之路两大单元，全景式展现丝绸之路不同文明、文化之间对话交流、相互借鉴的珍贵史实和重要意义。

澳门举行 “意大利文艺复兴素描展”

4月11日，由澳门艺术博物馆和英国大英博物馆主办，苏州博物馆、澳门圣若瑟大学创意产业学院支持的，“大英博物馆馆藏意大利文艺复兴素描展”在澳门艺术博物馆开幕，同时也拉开了澳门大型国际综合文化艺术盛会“艺文荟澳”的序幕。该展览按人物、运动、光线、服饰、自然界和故事分为6个主题，共展出42位15至16世纪意大利文艺复兴时期大师所创作的52件素描佳作，呈现文艺复兴艺术的变革与创新。除被誉为文艺复兴画坛三杰的达·芬奇、米开朗基罗和拉斐尔的作品外，还有米开朗基罗的老师基兰达奥、对后世巴洛克与洛可可风格有极大影响的柯勒乔，以及威尼斯画派的代表人物提香的素描作品，均为首次在澳门展出。主办方通过举办一系列展览延伸环节，包括策展人导赏、3D打印技术及体验、素描绘画工作坊和课程，让观众从更多角度了解文艺复兴时期的艺术。

巴黎圣母院大火摧毁塔尖

4月15日，法国著名建筑巴黎圣母院发生火灾，哥特式塔尖遭烈火摧毁，事件震惊全球。调查人员初步研判巴黎圣母院的起火原因是“电线短路”造成的。庆幸的是，圣母院珍藏的耶稣荆棘冠与圣路易祭袍都已被抢救出来，大多数艺术品预计将被运往卢浮宫，专家们将修复艺术品的轻微损伤，再将其存放。事件发生后全球许多机构及个人都为圣母院修复捐款，但因种种原因，重建方案仍争议不断。中国国家主席习近平16日就法国巴黎圣母院发生火灾向法国总统马克龙致慰问电，向全体法国人民表示诚挚的慰问，中国人民同法国人民一样，对此次火灾深感痛恻。

2019年度全国优秀古迹遗址保护项目揭晓

4月18日，由中国古迹遗址保护协会、清华大学建筑学院和清华大学建筑设计研究院主办的“4·18国际古迹遗址日主题活动”在清华大学召开。活动公布了2019年度全国优秀古迹遗址保护项目，分别为：山西省灵丘县觉山寺塔修缮项目、福建东山关帝庙维修项目、贵州海龙屯海潮寺修缮项目、上海武康路100弄1～4号文物建筑修缮项目、南京长江大桥公路桥维修文物保护项目。特别推荐了浙江泰顺廊桥——文兴桥、文重桥、薛宅桥灾后修复项目，以及浙江古月桥修缮两个项目。专家对获奖项目进行了点评，获奖项目代表介绍分享了经验做法。本次活动的成功举办，向社会展示了近年来的优秀案例成果，促进行业经验交流，引领文物保护行业的健康发展。

“归来——意大利返还中国流失文物展” 开幕

4 月 24 日，由中华人民共和国文化和旅游部、国家文物局联合主办，中国国家博物馆承办的“归来——意大利返还中国流失文物展”在中国国家博物馆开幕。2019 年 3 月 23 日，在习近平主席、孔特总理的见证下，中意两国代表在罗马交换了 796 件（套）中国文物艺术品返还证书。4 月 10 日，这批中国文物艺术品历经 12 年回归之路，终于抵达北京，重回祖国怀抱。此次文物返还，是中国流失文物追索返还工作中历时最长的案例，也是近 20 年来最大规模的中国流失文物回归。

这批 796 件（套）中国文物艺术品主要是源自我国甘肃、陕西、四川、山西、河南和江苏等地的出土与传世文物，时代跨度从新石器时代至民国时期，具有较高的历史、文化和科学价值。该展览彰显了中意两国人民间深厚的情谊，展示两国联合打击文物非法贩运的丰硕成果，为在世界范围内促进流失文物返还原属国树立了典范。

中式美学亮相韩国 “丝路文化月”

4 月 24 日，首尔中国文化中心“丝路文化月”重点活动之一“茶花琴香·东方生活美学展”在韩国开幕。本次美学展共分为四季茶席区、创意茶具展区、茶品介绍区和古琴演绎区 4 个主题，分别在首尔中国文化中心和中日韩三国合作秘书处展演，展期持续至 5 月 16 日。除展演外，本次活动还包括在韩国多地举行的中韩茶道、传统音乐等领域交流活动。通过本次活动加深了对中国文化的了解和对东方文明的认同，深入理解了“一带一路”倡议中蕴含的“人和”理念。进一步促进了中韩茶道、香道等领域艺术互鉴，增进了中韩文化交流与合作。

第二届国际当代艺术博览会 Art Chengdu 揭幕

4 月 28 日，由绽放文创、子子文化投资主办，成都传媒集团新闻培训中心承办的国际当代艺术博览会 2019Art Chengdu 拉开帷幕，开启为期五天的艺术盛会。本届国际当代艺术博览会 Art Chengdu 呈献来自亚洲、欧洲、美洲共 46 家优秀画廊及艺术机构，参展数量同比去年首届新增 15 家，28 家首度参展的画廊，其中 5 家国际画廊及 7 家成都本土画廊属首次亮相，充分突显展会日趋显现的国际性与致力促进成都本土艺坛发展的决心。为期 5 天的展览时间共计接待 5.8 万人次入场，展会期间，举办了近 30 场文化艺术活动，营造了“成都艺术周”的文化氛围，使成都愈发蓬勃的艺术生态成为全国瞩目的焦点。

四川出台 《关于加强文物保护利用改革的实施意见》

4 月 29 日，为进一步做好文物保护利用和文化遗产保护传承工作，根据中央办公厅、国务院办公厅印发的《关于加强文物保护利用改革的若干意见》，四川就该省实际情况出台《关于加强文物保护利用改革的实施意见》(以下简称《实施意见》)。《实施意见》包括总体要求、重点任务和组织保障三部分，第一部分主要明确了文物保护利用改革的指导思想、基本原则和总体目标，第二部分重点明确了当前四川文物保护利用改革的重点任务，第三部分主要从加强组织领导、完善法规体系、加大资金投入和加强督促落实等方面强调了文物保护利用改革的保障措施。《实施意见》是做好四川省新时代文物工作的任务书和路线图，对于在新时期推动四川文化强省建设具有重要意义。

文化和旅游部、 国家文物局就加强地方文物行政执法工作发出通知

4 月 29 日，文化和旅游部、国家文物局就加强地方文物行政执法工作发出通知。通知从四个方面分别指出：充分认识加强文物行政执法的重要意义、明确文物行政执法责任及职责分工、加强文物行政执法协同机制、强化文物行政执法能力。强调各地要结合文物行政执法的特点创新执法方式，积极探索和推进“互联网 + 执法”，通过全国文化市场技术监管和服务平台应用，促进办案流程和执法工作网上运行管理。加强文化市场综合执法智能监控和大数据监控，依托互联网、云计算、大数据等技术，充分运用移动执法、自动监控、卫星遥感、无人机等科技手段，实时监控、实时留痕，提升监控预警能力和科学办案水平。

五月大事记
May

湖北荆州出土西汉简牍和战国楚简

5月6日，作为“考古中国”重大项目，湖北省荆州地区近来出土一批西汉简牍和战国楚简，前者总数量4546枚，保存好、种类丰富、价值重大，是历年来湖北省荆州地区单座墓葬出土简牍数量最多的一次。这批出土的简牍主要内容有：历谱、编年记、律令、经方、遣册、日书等。历谱简有两种，分别在其首简的简背上书写有篇题《历》和《日至》。编年记简70枚，记载秦昭王至汉文帝时期的国家大事，每年一简。所记内容与传世文献记载基本相符，有少量歧异。此批出土文物所载内容对西周初年若干史实、楚国历史大事以及西汉社会生活等各方面都具有重要学术价值。

国家文物局公布《博物馆馆藏资源著作权、商标权和品牌授权操作指引》

5月8日，在第二届数字中国建设峰会闭幕式上，国家文物局公布了该局组织编制的《博物馆馆藏资源著作权、商标权和品牌授权操作指引》（以下简称《指引》）。《指引》的使用坚持尊重文物、合理适用、因地制宜的原则，以适应文物合理利用改革发展形势为出发点和立足点，清晰规划了博物馆馆藏资源著作权、商标权和品牌授权操作路线图。该《指引》的出台为盘活文物资源，促活博物馆发展积极性，激发社会创造活力，解决文物资源授权的制度瓶颈等方面具有积极意义。

第58届 “威尼斯双年展” 在军械库和绿城花园开幕

5月8日，第58届“威尼斯双年展”在军械库和绿城花园开幕，主题是“愿你生活在有趣的时代”。本届双年展共邀请了79组来自全球38个国家的艺术家参与，同时设有90场国家馆展览。

此次中国国家馆展览名为“Re-睿”，由中国对外文化集团有限公司组织实施，展出中国艺术家费俊的手机App作品《睿·寻》、耿雪的影像装置作品《金色之名》、陈琦的中国传统黑白水印木刻作品《2012生成与弥散》以及何翔宇的空间装置作品《我们所创造的一切都不是我们自己》等，这些作品不仅可以激发观众的多维体验，更可展现科技、环保与艺术的融合理念和实践。中国国家馆不仅是中国艺术家向世界展示中国的舞台，也已成为世界了解中国，认识中国当代艺术风貌的重要窗口。

国务院公布2019年立法工作计划，含水下文物保护管理条例修订

5月11日，国务院办公厅发布《关于印发国务院2019年立法工作计划的通知》(以下简称《通知》)，公布了2019年立法工作计划，明确了55项立法项目及负责起草的单位。《通知》显示，国务院2019年立法工作将围绕打好三大攻坚战，推动经济高质量发展，加强社会主义文化建设，提高保障和改善民生水平，加强和创新社会治理，有效维护国家安全，深化国防和军队改革，深入推进依法行政、加强政府自身建设等8个方面科学合理安排立法项目。其中，在围绕加强社会主义文化建设方面，将提请全国人大常委会审议著作权法修订草案，修订水下文物保护管理条例。

“大美亚细亚——亚洲文明展”在京开幕

5月13日，“大美亚细亚——亚洲文明展”在中国国家博物馆开幕。该展由文化和旅游部、国家文物局主办，中国国家博物馆和中国文物交流中心承办。展览以“多元文明并置，古今文明相通”两条主线，分为“美成在久 日出东方”“美在通途 行久致远”“美美与共 天下大同”“美人之美 礼尚往来”四个部分，展出来自49个国家的400多件（套）珍贵文物艺术品。展览采取“传统展示+多媒体技术”相结合的方式，展示亚洲历史悠久、文化融合、多元共生的文明特征，彰显亚洲文明之间对话、交流、互鉴的轨迹，反映地缘相近、民心相通、和平相处的亚洲文化。该展有助于增进亚洲各国友谊、促进民心相通，更好地弘扬亚洲文明成果、增强亚洲文化自信。

“亚洲数字艺术展”开幕，建构艺术与科技对话的平台

5月16日，由中国对外文化集团有限公司、北京海淀区人民政府、中央美术学院主办的“亚洲数字艺术展”在北京开幕，此次展览由“主题展”“视听艺术展”“文化＋科技展”三部分组成，邀请了来自12个国家和地区的30位艺术家，是首次以“亚洲”为主题的大型艺术展览。该展览通过数字影像、数字交互装置、人工智能设备、虚拟现实等多种不同融合科技与艺术的创新形式，解读和展现对于文化的理解、对历史的思考和对未来的想象。

来自世界各国的艺术家、科学家以及高科技企业的代表们，共同发起成立“文化与科技国际联盟”的倡议。“文化与科技”的融合不断成为社会的新话题、新潮流，也催生了新的产业业态，创造了新的文化消费需求，成为文化和旅游融合的新方向、新内容。

2019 年 “5·18 国际博物馆日” 中国主会场开幕式在湖南省博物馆举行

5 月 18 日，由国家文物局、湖南省人民政府主办的 2019 年“5·18 国际博物馆日”中国主会场活动在湖南省博物馆举行。开幕式上，“博物馆网上展览”“博物馆在移动”等项目启动上线；“百城、百台、百馆、百物、百人”融媒体传播推介活动与主会场现场连线启动；由湖南省博物馆联合全国 22 家文博单位举办的“根·魂——中华文明物语”特别展览，以及“齐白石绘画作品展”“潇湘古琴文化展”等专题展览开幕。同时，公布了 2018 年度“全国最具创新力博物馆”、第十六届（2018 年度）全国博物馆十大陈列展览精品推介活动获奖名单。

2019 年“5·18 国际博物馆日”的主题是“作为文化中枢的博物馆：传统的未来（Museums as Cultural Hubs: The Future of Tradition）”。按照国家文物局的统一部署，各地博物馆围绕主题，在 5 月 18 日前后组织开展众多内容丰富、形式多样的宣传活动，搭建博物馆与公众沟通、互动的平台，为社会奉献一场精彩纷呈的文化盛宴，以增进公众对博物馆作为“文化中枢”的理解和认同。

达·芬奇手稿《大西洋古抄本》全文“数字化”

5 月 22 日，数据可视化公司 The Visual Agency 发布了莱昂纳多·达·芬奇手稿《大西洋古抄本》全 12 卷共 1119 页的完整数字化版本。《大西洋古抄本》是诸多达·芬奇的手稿集册中最大的一部，年代分布为 1478 年到 1519 年，这部多样化的作品集揭示了达·芬奇许多创造性发明的草图及图解，包含的类别非常广泛，有飞行、武器、乐器、数学、植物学等等。该数字化项目由数据可视化公司与安布罗西亚纳画廊合作完成。数据可视化公司为此设计了一个易于使用且按颜色编码的在线应用程序，允许用户按年份、主题和标题进行分类浏览。此举成为研究与体验该文本与图画集的新方式，使人们能够更为深入地了解达·芬奇的艺术。

中国当选联合国教科文组织新一届附属委员会委员国

5 月 22 日，在法国巴黎召开的联合国教科文组织《关于禁止和防止非法进出口文化财产和非法转让其所有权的方法的公约》（简称“1970 年公约”）第五届缔约国大会上，中国成功当选新一届附属委员会委员国，任期四年。这是自 2013 ~ 2015 年当选首届附属委员会委员国以来，中国再次当选。

1970 年公约是打击文化财产非法贩运和流失文物追索返还领域最重要的国际法律文件。附属委员会是 1970 年公约的履约监督机制，主要职能为落实 1970 年公约各项目标，审议关于公约执行情况的国家报告，交流实践经验以及开展能力建设等，对推进公约改革完善，增强公约的执行力和影响力具有核心推动作用。当选 1970 年公约附属委员会委员国，对于我国深入参与 1970 年公约研究，增强对该公约的话语权，引导公约朝着有利于文物原属国的方向发展具有重要意义。

梵蒂冈博物馆藏中国文物展在故宫开幕

5 月 28 日，由故宫博物院与梵蒂冈博物馆合作的“传心之美——梵蒂冈博物馆藏中国文物展”于故宫博物院神武门展厅开幕。该展览从梵蒂冈博物馆的藏品中精选出 78 件中国文物展品，涵盖了天主教艺术、佛教艺术和世俗艺术三个方面。展览的一大亮点是文物中充满中国审美情趣的天主教艺术品。西方世界耳熟能详的宗教故事换上了东方面容、衣着及场景；中国传统的瓷器、珐琅器上则出现了圣经故事、教堂等。为了丰富展览内容，故宫博物院提供了 12 件与梵蒂冈博物馆展品相关的文物共同展出，其中包括两件国家一级文物：明末清初画家吴历的画作和清代宫廷画家郎世宁的作品。展览展示了梵蒂冈博物馆藏中国文物的独特魅力，印证了中梵之间历史文化的交融与交流。

文化和旅游部、国家文物局印发《关于加强地方文物行政执法工作的通知》

5 月 31 日，文化和旅游部、国家文物局印发了《关于加强地方文物行政执法工作的通知》(以下简称《通知》)。《通知》以问题为导向，提出了三项工作要求：一是进一步落实文物行政执法责任；二是进一步明确文物行政执法职责；三是进一步促进文物行政执法能力建设。在加强地方文物行政执法方面，从对文物行政执法主体的合法性、对文物行政执法授权或委托提出了硬性要求。此《通知》对进一步推动深化文化市场综合行政执法改革，厘清综合执法队伍和行政管理部门关系，落实党中央、国务院的有关部署和要求，切实解决地方文物执法力量薄弱、执法责任落实不到位，以及有法不依、执法不严等问题，进一步加强文物执法工作等方面具有现实指导意义。

六月大事记
June

“中非世界遗产能力建设与合作论坛” 在巴黎开幕

6 月 3 日，“联合国教科文组织・中国・非洲世界遗产能力建设与合作论坛”在巴黎联合国教科文组织总部开幕。与会人员围绕“世界遗产与可持续发展”的主题，聚焦“世界遗产保护工具和机制、世界遗产与社区、共同保护中国和非洲的遗产”进行交流与对话。该论坛的举办，是落实 2016 年发布的关于中国非洲共同保护世界遗产的《恩戈罗恩戈罗宣言》，以及 2018 年中非合作论坛北京峰会关于加强中非各领域能力建设的具体举措。会后形成了关于中国与非洲世界遗产能力建设与合作的建议书与行动计划。

浦东美术馆与英国泰特美术馆开启合作

6 月 11 日，在英国伦敦泰特现代美术馆，上海陆家嘴集团与英国泰特美术馆签署了合作谅解备忘录。计划 2021 年年中开幕的浦东美术馆，将在开馆两年内带来三场泰特美术馆馆藏大展。根据合作谅解备忘录，泰特将从成功运营一个国际级美术馆的角度为浦东美术馆提供为期三年的培训和咨询服务，内容包括观众服务、美术馆运营、艺术品处理、展览管理、观众拓展和教育等，并举办一个泰特美术馆馆藏开幕大展。在开馆之后的两年内，双方还将合作在浦东美术馆展出两个源自泰特美术馆的展览，并继续保持战略合作关系。

中国文物保护基金会首个海外公募项目竣工完成

6 月 14 日，中国文物保护基金会首个海外公募项目——英国纽卡斯尔北洋水师水兵墓地修缮工程，竣工典礼在圣约翰墓园举行。该项目于 2016 年 11 月 30 日在京正式启动。中国文物保护基金会发动社会力量来参与和关注此项目，面向公众进行公开募集，并组织修缮，唤起公众对北洋水师的历史记忆。修缮工作于 2017 年 6 月 20 日正式开始，至 2018 年 12 月 21 日完成施工。此次修缮工作由国家文物局委托中国文物保护基金会负责，按照“修旧如旧”的原则，对墓碑和墓池进行了整修。

苏富比被高溢价收购，开启私有化时代

6 月 17 日，世界著名拍卖行苏富比发表声明称，将接受 BidFair USA 的全资收购和私有化方案，该公司为法国电信、媒体大亨帕特里克·德拉希全资拥有。此收购成交价高达 37 亿美元，其中包括苏富比目前约 10 亿美元的债务，收购报价比苏富比 2019 年 6 月 14 日的收盘价溢价 61%，比公司 30 个交易日的成交量加权平均股价溢价 56.3%。苏富比是世界范围内少有的公开上市的拍卖行，也是纽约证券交易所上市企业中历史最悠久的公司之一，此番收购苏富比再次被私有化，将使苏富比有机会在更灵活的私人环境中加速实现过去几年制定的增长计划。伴随着苏富比的退市，艺术市场也失去了一个公开交易的经济领头羊。

芝加哥艺术博物馆向拍场释出 300 件中国文物艺术品

6 月 20 日，美国芝加哥艺术博物馆宣布，为完善博物馆收藏，其收藏的 300 件以明清瓷器为主的中国文物艺术品于 9 月纽约亚洲艺术周期间上拍，拍卖前在亚洲巡展。此次释出的中国文物艺术品经过芝加哥艺术博物馆为期两年多的系统评估流通至市场。该博物馆向市场释放藏品的主要筛选条件是重复件，或是同类器物中有更完美、更有代表性的作品。此次上拍的藏品大都是存放在库房中从来没有被展出过的文物艺术品。按照规定，此次藏品的回款，不得用于运营成本，只能用来购买新的藏品。

百余俄罗斯冬宫文物助阵“丝路岁月：大时代下的小故事”特展

6 月 21 日，为纪念丝绸之路申遗成功 5 周年，由国家文物局、浙江省人民政府主办的“丝路岁月：大时代下的小故事”特展在杭州的中国丝绸博物馆开幕。该展汇聚国内外文博机构 500 余件展品，串起了 13 个时代不同、民族不同、身份不同、人生经历不同的人物所遗留下来的“小故事”，重塑活跃在丝绸之路上的形形色色的人群真实的生活状态。500 余件展品中，有 107 件文物借展自俄罗斯艾尔米塔什博物馆，这部分展品主要为巴泽雷克墓地和诺因乌拉墓地出土文物。其余展品也均为大型墓葬或水下考古遗址出土文物，如悬泉置遗址、擂台张君墓、李贤墓、史君墓出土文物以及“南海一号”出水文物。

商代史父丁卣等一万余件追缴文物被移交山西文物部门

6 月 25 日，山西公安机关打击文物犯罪，追缴文物第二次移交仪式在山西博物院举行，山西公安机关向文物部门移交文物 12780 件，其中国家一级文物 55 件、二级文物 114 件、三级文物 420 件。包括追缴回的国家一级文物，春秋时期的瓦楞纹铜簋、西周的伐簋、商代史父丁卣

等青铜重器。此次移交是在山西省公安厅 4 月 9 日向山西省文物局移交 12633 件文物的 77 天后，又一次重大移交行动。山西公安机关通过两次正式移交文物中的精品，将作为“山西青铜博物馆”陈展主体，向社会公众公开展示。

海口综保区首例回流文物入库并将开展保税展示

6 月 27 日，23 件从澳门入境的清朝服饰在海口综合保税区拆箱，进入区内文化保税仓库以保税监管状态储存，这是海口综合保税区首例回流文物入境保税业务，该批文物此后在综保区内开展保税展示活动。此次回流文物总货值逾 200 万港币，通过利用海口综保区独特功能在区内外开展保税展示活动，依托海口综保区暂缓缴交进口环节税的优势，为企业节省一定资金成本，提升了国际文化艺术品入境效率。这批文物做工精美，较为稀有，具备较高的历史、文化和艺术价值，能够为本地居民和游客带来丰富的艺术享受。

埃及 4000 年历史的金字塔正式向游客开放

6 月 28 日，埃及文物部在首都开罗西南法尤姆市举行仪式，宣布古埃及第 12 王朝法老辛努塞尔特二世的金字塔正式向游客开放。辛努塞尔特二世金字塔建在天然形成的基岩上，底座长 107 米，高 48.65 米，斜坡坡度为 42 度。金字塔内部为石头砌成的墙壁，外围包裹着泥质砖块。辛努塞尔特二世金字塔的东边建有神庙，南边有金字塔的入口，塔内有两个墓室，其中一个墓室中存放着一具红色花岗岩制成的石棺，但目前尚未找到墓主人辛努塞尔特二世的木乃伊。此次开放是在该金字塔及周边地区的修复工作基础上，首次对公众开放。

七月大事记

July

甘肃印发《关于加强文物保护利用改革的实施意见》

7月5日，甘肃省印发《关于加强文物保护利用改革的实施意见》（以下简称《实施意见》）。《实施意见》分为工作目标、主要任务和实施保障三个部分，明确了新时代全省文物保护利用改革的工作目标，提出到2025年，全省文物治理体系和治理能力现代化初步实现，走出一条符合甘肃省省情的文物保护利用之路，为建设幸福美好新甘肃、开创富民兴陇新局面做出新贡献。《实施意见》结合省情和全省文物保护利用工作实际，细化为16项35条具体任务，提出了规范涉案文物保护管理、建立文物督察约谈制度、依法加强文物保护公益诉讼、建设文物保护利用示范区、开展文物保护志愿活动、落实非国有博物馆支持政策等特色内容，明确了加强组织领导、完善法律法规、加强督促落实三个方面的保障措施，体现了较强的针对性和可操作性，具有一定创新性。

“良渚古城遗址”成功列入《世界遗产名录》

7月6日，在阿塞拜疆首都巴库举行的联合国教科文组织第43届世界遗产委员会会议通过决议，根据世界遗产第3、4条标准，将中国世界文化遗产提名项目“良渚古城遗址”列入《世界遗产名录》。至此，我国世界遗产总数达到55处。

世界遗产委员会认为，良渚古城遗址展现了一个存在于中国新石器时代晚期的以稻作农业为经济支撑、并存在社会分化和统一信仰体系的早期区域性国家形态，印证了长江流域对中国文明起源的杰出贡献；此外，城址的格局与功能性分区，以及良渚文化和外城台地上的居住遗址分布特征，都高度体现了该遗产的突出普遍价值。遗址真实地展现了新石器时代长江下游稻作文明的发展程度，揭示了良渚古城遗址作为新石器时期早期区域城市文明的全景，符合世界遗产真实性和完整性要求。

财政部、海关总署、税务总局公布第三批国有公益性收藏单位名单

7月8日，根据《国有公益性收藏单位进口藏品免税暂行规定》（财政部 海关总署 国家税务总局公告2009年第2号）的规定，对享受该项税收优惠政策的第三批国有公益性收藏单位名单进行公告。此次名单包括新增单位36家，如中国印刷博物馆、审计博物馆、中国海关博物馆等；

还涉及14家更名单位，如文化和旅游部恭王府博物馆（原文化部恭王府管理中心）、河北博物院（原河北省博物馆、河北省民俗博物馆）、大连博物馆（原大连现代博物馆）等。上述公布单位将享受国有公益性收藏单位进口藏品免税政策，对完善与丰富馆藏具有重要意义。

伦勃朗《夜巡》修复工作启动，接受公众全程在线观看

7月8日，荷兰国立博物馆启动了该馆有史以来最大的研究与复原项目——荷兰画家伦勃朗的名画《夜巡》的修复工作。值得注意的是，为了能够让人们继续欣赏这幅画作，并且了解作品的修复，博物馆决定将修复过程对公众开放。除了现场参观，全球的艺术爱好者还可以通过数字接口全程在线观看《夜巡》的修复过程。此修复项目名为“夜巡行动”（Operation Night Watch），是至今针对《夜巡》最深入和全面的研究和修复计划，目的是为了今天和未来的人们，能将作品长期保存下去。项目耗资300万欧元，预计将持续数年。

“三国志展”在日本东京国立博物馆开幕

7月8日，为纪念《中日文化交流协定》签署40周年，在国家文物局、中国驻日本大使馆的支持下，由中国文物交流中心与日本东京国立博物馆、九州国立博物馆、日本放送协会（NHK）、日本放送协会文化促进会社（NHK PROMO-TIONS）、朝日新闻社合作主办的“三国志展”在日本东京国立博物馆开幕。本次“三国志展”是东京国立博物馆举办的最大规模的中国主题展之一，其中85%的展品是首度在日本公开展出。此次展览是继2008年中国文物交流中心组织的“大三国志展”在日本巡展后的又一次“三国”主题大型展览。展览经过中日双方专家三年的策划研究，从全国18个省（市、自治区）46家收藏单位选取了220余件（套）展品，从政治、经济、军事、文化、生活等多方面展示东汉、三国分立、西晋时期的历史风貌，并结合后世的三国演义故事，呈现出历经时光沉淀而内涵更为深厚、魅力更加彰显的庞大三国文化体系，对促进中日两国文化交流具有重要意义。

第九届“海峡两岸文化遗产保护论坛”在台北举行

7月13日，由中华文物交流协会、中华翰维文化推广协会主办，国家文物局水下文化遗产保护中心协办的“第九届海峡两岸文化遗产保护论坛”在台北举行。海峡两岸文化遗产保护论坛在推动两岸文化遗产领域专业交流合作方面做出了重要贡献。水下文化遗产是中华文明的重要见证，亦是两岸共同珍视、合力守护的宝贵财富。

本次论坛两岸首次以水下考古与水下文化遗产保护为主题进行专业研讨，填补了两岸文化遗产交流合作20余年来的空白。近年来，两岸水下考古工作共同发展、成果迭出，水下文化遗产保护日益成为两岸共同关注、重点推动的热点领域。

“天下龙泉——龙泉青瓷与全球化” 展在故宫开幕

7月15日，“天下龙泉——龙泉青瓷与全球化”展览在故宫博物院斋宫开幕。本次展览由故宫博物院、浙江省博物馆、丽水市人民政府联合主办，共展出来自42家国内外文博机构的833件（套）文物。

展览以龙泉青瓷为视角阐述中外文化的交流、互鉴与发展，共分四个单元。第一单元为千年龙泉，讲述了龙泉窑千年来自身的发展过程，揭示其得以影响世界的内因。第二单元为国家公器，阐释龙泉青瓷在不同历史时期与官府的联系，体现了龙泉青瓷与中国文化的内在关联。第三单元为风行天下，展示龙泉青瓷在中国境内和世界各地的行销和输出情况，这是12至15世纪世界贸易体系的重要组成部分。最后一单元为交融辉映，展示国内外各窑场模仿烧造的龙泉青瓷，勾勒出龙泉青瓷生产技术传播、互鉴发展的轨迹。此次举办的古代中外文化交流文物展览，是对构建人类命运共同体、面向全球化的重要举措，也是对“一带一路”倡议的具体实践。

江苏无锡发现商周时期遗址

7月23日，无锡梅里遗址考古学术研讨成果新闻发布会公布，江苏省无锡市梅村街道发现面积约6万平方米的梅里遗址，经专家认定为商周时期遗址，距今已有3000多年历史，并出土大量文物遗存。经过两次考古发掘，共清理和发掘零散分布的灰坑、灰沟、水井、建筑基址等遗迹近200处，获得了大量的印纹硬陶、软陶、夹砂陶和原始瓷等文物。梅里遗址的文化因素兼具马桥文化和湖熟文化，其中还有部分中原文化因素，这一时期和类型的遗址在本地区尚属首次发现，与历史记载的“泰伯奔吴”“泰伯居梅里”等有一定的关联性。此次梅里遗址的发现，为文献和史料提供了考古依据，对探讨吴文化起源及早期面貌特征具有重要意义。

新疆发现首个河湖沿岸青铜时代聚落遗址

7月24日，西北大学与新疆考古所联合组成的东天山考古队在新疆巴里坤哈萨克自治县海子沿乡边缘发现了一座距今3300年前青铜时代大型聚落遗址，这是在新疆发现的首个河湖沿岸的青铜时代聚落遗址。通过残留的大量牛、马、羊的骨骼残块，判定该遗址人群是以定居农业兼畜牧业为生，与此前巴里坤山北麓发掘的几处遗址属于同时期遗存。

此遗址是天山东部目前已知的海拔最低、距离河湖最近的大规模房址之一，该遗址的进一步研究对于完善东天山地区考古学文化时空框架和年代谱系，复原该地区青铜时代社会状况与聚落形态，探讨该地区农业人群与牧业人群生产技术、物资传播与交流、人群迁徙等学术问题提供了重要线索。

中、哈、吉三国启动联合编制 “丝绸之路：长安——天山廊道的路网” 保护管理状况报告

7月24日，中国、哈萨克斯坦、吉尔吉斯斯坦三国联合编制“丝绸之路：长安——天山廊

道的路网”保护管理状况报告协调工作会议在西安召开。本次会议旨在落实第 42 届世界遗产委员会会议决议，加强合作，推动“丝绸之路：长安——天山廊道的路网”整体保护，共同编制并提交 2019 年度遗产保护状况联合报告。会议就联合保护状况报告的编写工作方案和时间进度达成一致意见，并就三国长期合作机制和近期行动计划形成初步共识。中、哈、吉三国在“丝绸之路：长安——天山廊道的路网”跨国联合申遗及后续保护管理过程中开展的紧密合作，为其他丝绸之路廊道申遗提供经验和借鉴之用。

山西青铜博物馆正式开馆

7 月 27 日，中国首座省级青铜博物馆——山西青铜博物馆正式开馆，当天开馆仪式上还举行了“中国青铜器保护研究中心”揭牌仪式和《中国出土青铜器全集》捐赠仪式。博物馆包括基本陈列、教育互动、数字青铜、临时展览和文创空间 5 个展览服务体系，展示面积 1.1 万平方米。基本陈列《吉金光华》共展出文物 2200 余件，上起陶寺，下至秦汉，跨越整个青铜时代，演绎了中国青铜文明的辉煌乐章。

展品主要来自山西省多年来考古发掘出土文物和近年打击文物犯罪专项斗争追缴的文物。展示内容分“华夏印迹”“礼乐春秋”“技艺模范”三部分。山西青铜博物馆展示山西青铜文化，讲述中国青铜文明，将成为展现山西文化的一张新名片。

国家博物馆暑期首开夜场

7 月 28 日起，为支持北京夜间经济发展，国家博物馆在暑期每周日延长至晚 9 点闭馆。夜场期间，国博还将为各项展览专门安排讲解。为了进一步丰富市民文化生活，繁荣“夜经济”，北京多家博物馆延长夜间开放时间，并推出相关配套活动。诸如，北京自然博物馆举办“博物馆之夜”，围绕世园会“绿色生活，美丽家园”理念，举办以“绿地球之夜”为主题的系列活动；中国园林博物馆将举办“仲夏夜之梦——夜宿最美博物馆”活动；北京郭守敬纪念馆推出多场“暑期消夏”系列活动，包括“电影之夜”“相声之夜”“夏夜跳蚤市场”等。文博机构的此番新举措，为助力京城夜经济发展做出了应有贡献。

公安部国家文物局部署开展打击文物犯罪专项行动

7 月 31 日，公安部和国家文物局在京召开电视电话会议，部署全国公安机关和文物部门从即日起开展为期 5 个月的打击文物犯罪专项行动。会议强调全力开展破案攻坚，追查追缴被盗文物，坚决遏制文物犯罪案件多发势头，切实保护国家文物安全。

会议总结了 2018 年公安部会同国家文物局部署开展的为期 6 个月的打击文物犯罪专项行动，取得了显著成效，共侦破文物犯罪案件 1200 余起、抓获犯罪嫌疑人 2000 余名、追缴文物 8400 余件。2018 年破获盗掘文物案件数和抓获犯罪嫌疑人数同比分别上升 79.56%、110.32%。2019 年各级公安机关将继续保持严打高压态势，统筹侦查资源，实行专案侦办，重点案件督办，开展积案攻坚，掀起侦查打击新高潮。

八月大事记
August

甘肃省简牍博物馆开工

8月2日，甘肃省简牍博物馆开工建设，预计将于2021年建成并向公众开放。博物馆的建成将改变甘肃简牍文物“藏在深闺”难展示的窘境，对甘肃省简牍文物保护、研究、管理、利用的整体水平提升提供保障。甘肃是简牍大省，自1907年以来，共有8万多枚简牍出土。其中又以汉简为最，总量达7万多枚，占全国出土汉简总数的80%以上。甘肃简牍既是我国中古时期的百科全书，也是古丝绸之路开拓兴盛的实物佐证，具有极高的历史、科学和艺术价值。目前，甘肃简牍博物馆集中保存了4万多枚简牍以及相伴出土的1万余件文物。甘肃省简牍博物馆将包括陈列展览厅、社会公共教育室、观众互动室、学术报告厅、数字化科技展示厅、文物藏品库房区、文物保护技术修复中心等区域，主要承担甘肃出土简牍的收藏保管、保护修复、整理研究和展示利用等工作。

安徽破获盗掘楚墓大案，追回国家一级文物26件

8月4日，安徽省淮南市公安局宣布破获一起盗掘战国楚墓大案，抓获犯罪嫌疑人29人，追回被盗文物75件。经安徽省文物鉴定站鉴定，有国家一级文物26件、二级文物32件、三级文物16件、一般文物1件，时代均为战国时期。其中“虎座凤鸣鼓”等漆木器十分罕见。被盗掘的一级文物包括“虎座凤鸣鼓”一套4件，“阜平君铭文虎形青铜座”一套2件，“编磬”一套18件，“兽首云纹圆形漆木磬座”一套2件。

宋代沉船“南海一号”共出土18万余件文物

8月6日，国家文物局召开第三期“考古中国”重大研究项目新进展工作会，发布“南海一号”保护发掘项目重要考古工作成果。“南海一号”宋代沉船发现于1987年，2007年运用沉箱进行整体打捞，安置于广东海上丝绸之路博物馆。2014年启动系统性的保护发掘工作，至2019年，船货清理取得阶段性成果。

沉船中共出土18万余件文物，展现了我国宋代繁盛的海外贸易体系，对研究我国乃至整个东亚、东南亚的古代造船史、陶瓷史、航运史、贸易史等有着重要意义，为海上丝绸之路的千年传承、我国与沿线国家的商业与文化交流提供了坚实论据。“南海一号”整体打捞和保护发掘工作伴随我国水下考古30余年的发展历程，是我国水下考古事业快速发展的缩影，堪称世界水下文化遗产保护的典范之作。

浙江义乌桥头遗址发现距今9000年左右上山文化环壕——台地聚落

8月13日，浙江义乌桥头遗址发现距今9000年左右上山文化环壕——台地聚落。桥头遗址为一处相对独立的环壕——台地聚落单元，遗址的东、南、北三侧为人工挖掘的环壕，遗址西侧被河流冲刷破坏，中部形成略呈正方形的不完整台地。桥头遗址是一处重要而又特征鲜明的新石器时代早期聚落遗址，不仅丰富了对上山文化的认识，也将使得对钱塘江上游地区乃至整个中国东南地区距今9000年前后文化面貌的认识提升到一个新的高度。大量制作精美、器型丰富的出土陶器，对于认识当时人类的制陶工艺、彩陶技术的起源以及精神信仰等问题提供了新的材料。墓葬出土的人骨对于了解新石器时代早期中国南方地区的人种以及不同人种的迁徙与交流提供了珍贵的资料。随着桥头遗址考古工作的进一步深入开展，将更加清晰完整地揭示出距今9000年前后本地区人类的生产模式、社会形态与精神信仰。

中国成功追索流失日本曾伯克父青铜组器

8月23日，流失日本的曾伯克父青铜组器在国家文物局和中国驻日本使馆的全力配合下，顺利抵京。曾伯克父青铜组器，是我国近年来在国际文物市场成功制止非法交易、实施跨国追索的价值最高的一批回归文物。

文物的成功回归，是文物部门与公安机关、驻外使馆通力协作，选取最优追索工作方案共同努力的结果；是我国依据相关国际公约，在日本政府的配合协助下，实现的流失日本文物的回归，为国际流失文物追索返还领域贡献了新的实践案例。此外，由于铸有“曾伯克父甘娄”之名的青铜器此前从未有发现，因此这批春秋早期曾伯克父青铜组器不但对此前的曾国墓葬考古发现有着重要的补充印证作用，也对研究曾国宗法世系、礼乐制度具有重要价值。

“智慧博物馆” 展亮相2019中国国际智能产业博览会

8月26日，由国家文物局主办，重庆市文物局承办的“智慧博物馆”展亮相2019中国国际智能产业博览会（以下简称“智博会”）。智博会以“智能化：为经济赋能,为生活添彩”为主题，集中展示全球智能产业的新产品、新技术、新业态和新模式等。

“智慧博物馆”展区，不仅展示了近年来文物科技保护的成就和互联网+中华文明行动计划成果，也展示了国家文物保护装备产业基地研发、应用、集成、展示、服务、交易等方面取得的成绩。同时，在智慧博物馆方面，突出运用数字化、网络化、系统化、人工智能等现代信息技术，从智慧服务、智慧保护和智慧管理三个方面，为公众呈现一个立足传统、面向未来、文化传承、科技赋能的智慧博物馆。

上海喜马拉雅美术馆创始人因涉嫌非法集资被逮捕

8月29日，证大集团董事长、上海喜马拉雅美术馆创始人、上海收藏家戴志康向警方投案自首，其因涉嫌挪用资金、非法 P2P 借贷诈骗被调查，该案件涉及证大旗下“捞财宝”在线借贷平台。此前，当局强制关闭了证大旗下的两个借贷部门，希望通过加强对国内影子借贷行业的监管来缓和当前的债务泡沫。根据上海市公安局的通报，涉案人承认公司经营过程中存在设立资金池、挪用资金等违法违规行为，且已无法兑付。

警方已逮捕了另外四十名与此案有关的嫌疑人，并扣押或冻结了他们的资金。涉案人是中国现代和古典艺术收藏家。2005 年，他创立了上海喜马拉雅美术馆，位于由矶崎新设计的证大喜马拉雅中心内。证大集团还经营着专注于当代水墨画的上海证大朱家角艺术馆。此次事件对民间机构收藏具有警示作用。

2019 年版第五套人民币面世， 中央美术学院人民币艺术研究中心正式成立

8月30日，中国人民银行发行 2019 年版第五套人民币 50 元、20 元、10 元、1 元纸币和 1 元、5 角、1 角硬币。在新版人民币发行前一天，中央美术学院人民币艺术研究中心揭牌仪式在中国印钞造币总公司与中央美术学院的见证下举行。此外，为配合人民币及国家形象的研究与设计，中央美术学院在设计学院、艺术管理与教育学院相继开设了国家形象设计、国家形象与政策研究的硕士研究生专业，以保障国家形象研究与设计的人才培养和梯队建设。中国印钞造币总公司与中央美术学院共同成立人民币艺术研究中心和实践基地，对全面提升人民币艺术设计水平有着重要意义。

第八届 “中国北京国际美术双年展” 在中国美术馆开幕

8月30日，由中国文学艺术界联合会、北京市人民政府、中国美术家协会共同主办的第八届“中国北京国际美术双年展”在北京中国美术馆开幕。本届北京双年展共有参展国 113 个，参展艺术家 595 人，参展作品共计 640 件，其中外国（含特展）作品 446 件，中国（含港澳台地区）作品 194 件。除了主题展以外，第八届北京双年展还设有“白俄罗斯当代艺术特展”“韩国当代艺术特展”“新西兰当代艺术特展”“上合组织国家当代艺术特展”“从西班牙到南美洲当代艺术特

展”“美国当代艺术特展”6个特展。

该双年展的主题为“多彩世界与共同命运”，通过世界文明多样性的展示，促进人类命运共同体的构建。参展的中外作品，充分体现了世界多样性文明交流互鉴的精神，既保持着东西方各国不同文明的艺术特色，又吸收了其他国家文明的艺术元素。

“大运河文化带文化遗产创新创意设计大赛” 在京落幕

8月31日，由国家文物局、中共北京市委宣传部指导，中国文物保护基金会、中共北京市通州区区委、区政府主办，北京市通州区委宣传部承办的“大运河文化带文化遗产创新创意设计大赛”闭幕式暨颁奖典礼活动在京举办。

本次大赛以“美好·应运而生”为主题，是2019年2月中办、国务院印发《大运河文化保护传承利用规划纲要》后，第一个全流域八个省市共同参与的文化品牌活动，也是第一个着眼于大运河沿线地区文化遗产保护利用和创意设计的文化活动。大赛共产生2500余件文创作品，其中189件作品获奖。本次大赛在推进中国大运河文化遗产资源的保护、传承和利用，落实博物馆公益事业，让文化创新融入美好生活等方面，起到了有益作用。

九月大事记

September

中美贸易战致使文物艺术品首当其冲

9月1日，美国对中国进口产品加征10%惩罚性关税在文物艺术品这一类别正式实施。具体加征关税品类包括：画作、素描、雕刻、雕塑、版画、邮票以及逾100年历史的古董。此外，关于动物学、植物学、矿物学、解剖学、考古学、历史的收藏品，进入美国时同样要缴交关税。值得注意的是，此次进口关税适用于世界上任何地方的所有中国艺术品，而不仅仅是从中国进口的中国艺术品。

中国对美国单方面加税行为做出实质性回应，采取反制措施。对原产于美国的文物艺术品加征5% ~10%的关税，艺术类别相关的物品包括：雕版画、印制画、石印画、陶塑像、唐卡以外的手绘油画、粉画、手绘油画及其他画的复制品、拼贴画、各种材料制的雕塑品原件、超过一百年的古物、碧玺、软玉、翡翠、天然及养殖珍珠、景泰蓝雕塑、活页夹或宗卷夹附件、陶塑像、纸扇、神纸、书籍、小册子、儿童图画书、插图、乐谱原稿、印刷图片、非手工钩编的装饰品、非钩编的刺绣装饰品、画笔、毛笔、 相框、画框、胶片、宣纸、壁纸等。其中，大部分艺术品类关税加收从12月15日12时01分起实施。中方采取加征关税措施，是应对美方单边主义、贸易保护主义的被迫之举，对文物艺术品市场造成不容小觑的影响。

《中国博物馆发展》 在日本发布

9月2日，国际博协第二十五届大会在国立京都国际会馆开幕。会议上中国博物馆协会在京都正式发布由关强主编的《中国博物馆发展》一书。此书由中国博物馆协会与加拿大洛德文化资源有限公司联合编辑出版，该书收录了来自不同国家24位作者的文章。作者包括博物馆理论研究者、重要博物馆的馆长、著名建筑师等，内容涵盖了中国博物馆发展的多元背景分析、博物馆与中国现代社会文化、中国博物馆走向世界的进程，有回顾和分析，也有对问题和挑战的讨论，更不乏许多鲜活生动的博物馆案例分析。

该书是近年来对中国博物馆发展的客观总结以及对未来发展的美好展望，打开了一扇让世界更好了解中国博物馆的窗口，让世界更为深入了解中国博物馆快速发展背后的动因，同时也搭建了一个中外博物馆学者相互交流信息和观点的平台。

“上海艺博会” 首次双馆举办

9月13日，第二十三届“上海艺术博览”于上海世贸商城和上海跨国采购会展中心两馆同时举办，110家画廊艺术机构云集上海，其中15个国家和地区的50余家海外机构参展占比为上海艺博会历史之最，而上海艺博会也是首次实现双馆展出。在上海世贸商城展示现当代艺术精品，定位有着一定艺术品收藏经验的藏家群体；而在上海跨国采购会展中心将展出水墨、油画、陶瓷等传统艺术以及文创产品，有效降低收藏门槛，让更多观展者在欣赏艺术的同时能够有更多的机会收藏艺术品，以此带来更清晰的定位和展区划分。其中，上海世贸商城是上海艺博会从创办之初到第十九届的举办地，如今回到出发地，触发了上海艺博会对自身文化使命的思考。

“回归之路——新中国成立70周年流失文物回归成果展” 在中国国家博物馆开幕

9月17日，由文化和旅游部、国家文物局主办的“回归之路——新中国成立70周年流失文物回归成果展”在中国国家博物馆开幕。此次展览以新中国成立以来文物回归典型案例为呈现重点，以流失文物追索返还工作制度建设为串联主线，通过回归文物和文献影像等辅助展品的展示呼应，勾勒描绘出流失文物七十载回家之路的壮丽图卷。

展览分为四个部分，共展出中华人民共和国成立70年来300余批次、15万余件回归文物情况，精心遴选25个具有代表性的文物回归案例，统筹调集全国12个省市、18家文博单位的600余件文物。此次展览从一个独特侧面讲述了中华民族从站起来、富起来到强起来的历史进程，弘扬了爱国主义精神。

2019博物馆馆藏资源授权峰会在京召开， 发行相关授权操作指引文件

9月19日，由国家文物局指导的“2019博物馆馆藏资源授权峰会”在北京召开。本次峰会由中国文物交流中心、中国博物馆协会、中国玩具和婴童用品协会、中国版权协会、中国工业设计协会主办，以“新时代 新文创 赋能美好生活”为主题，旨在让博物馆馆藏文物“活”起来，赋予新创意，赋能美好生活，促进文博事业实现高质量发展。

会上，由国家文物局编制、文物出版社出版的《博物馆馆藏资源著作权、商标权和品牌授权操作指引》正式发行。《指引》进一步明确了博物馆委托社会力量进行文化创意产品开发的相关程序，旨在对于保护文博单位文创产品的知识产权，规范馆藏资源开发利用。此次峰会对规范开展博物馆馆藏资源授权，更好激活我国丰富的文物资源存量，更好调动各方文创开发主体力量，更好发挥市场资源配置作用等方面具有现实意义。

陕西神木石峁遗址发现人类已知时代最早口簧

9月21日，由陕西省考古研究院，神木市委、市政府主办的“石峁遗址皇城台考古新发现暨口簧国际研讨会”在神木召开。会上报告了石峁考古工作的重要阶段性成果。其中在石峁皇城台地点发掘出土的口簧与相关遗物，是目前已知世界范围内时间（龙山时代晚期）最早，数量最大的一次口簧发现，是世界音乐史上的重大发现，可看作是近现代流行于世界各地的口弦类乐器的祖先，其传播与流布或与古代族群的流动、迁徙以及文化交流有着密切的关系，是探讨欧亚草原廊道早期人群活动的重要线索。此次考古发现证明，石峁遗址所在的中国北方是世界口簧的祖源地，口簧也成了中国北方文化因素沿欧亚草原向西、向北产生影响的重要实证以及同欧亚草原东部地区文化交流的重要载体。

中国（上海）自贸试验区版权服务中心和上海国际艺术品保税服务中心启动运行

9月24日，中国（上海）自贸试验区版权服务中心和上海国际艺术品保税服务中心启动运行。上海国际艺术品保税服务中心建筑面积6.83万平方米，设计展现中西方文化的“交融互鉴”，是目前全球面积最大的艺术品综合保税仓库，几乎可以接纳全球任何体积和重量艺术品。

中国（上海）自贸试验区版权服务中心，是在国家版权局、上海市版权局支持下，浦东新区建设的功能性平台，是全国首个在自贸区内设立的版权专业服务平台，其主要功能是开展版权快速登记、快速监测预警、快速维权等服务。启动仪式上，全球知名拍卖行、美术馆及金融机构，纷纷与上海自贸文投签署了战略合作协议，基于上海国际艺术品保税服务中心，实现涵盖“艺术品物流仓储”“展览展示”“金融服务”“IP衍生”“版权服务”等的系列合作，不断资源互补、优势叠加、创新发展。

11件圆明园出土文物开始修复

9月24日，圆明园启动“修复1860”二期工作，修复的文物包括10件精品瓷器和1尊佛像，分别是：康熙祭蓝釉盘、康熙青花莲瓣石榴纹碗、康熙青釉莲瓣碗、康熙釉里红夔龙纹碗、康熙釉里红二龙戏珠纹碗、康熙青花龙纹碗、康熙釉里红龙纹碗、康熙黄釉绿彩龙纹碗、雍正青花碗、乾隆梵文青花高足碗和“地天母”佛像。涵盖康熙、雍正、乾隆三个朝代共计11件。雍正朝官窑瓷器在圆明园遗址出土较少，非常珍贵，该期修复工作也是首次修复雍正青花碗。这批瓷器文物具有重要的历史价值、艺术价值、经济价值以及科学研究价值。完成修复后，文物将在圆明园内展出，游客可以通过圆明园线上数字博物馆在线观看。同时，一期已完成修复的6件文物也开始在园内开展。

“庆祝中华人民共和国成立 70 周年主题国际巡展” 在柏林开幕

9 月 26 日，由中国国务院新闻办公室和中国驻德国大使馆主办、柏林中国文化中心承办的“庆祝中华人民共和国成立 70 周年主题国际巡展”在柏林中国文化中心隆重开幕。展期至 2019 年 10 月 20 日。本次展览分为“中国人民站起来”“改革开放春风里”“砥砺奋进新时代”三个部分，展出图片 60 幅，力求通过生动鲜活的照片，呈现 70 年来中国人民为创造美好生活进行的共同奋斗和取得的伟大成就，展现中国特色社会主义的艰辛探索、成功经验和世界意义，以利于各国人民更好地了解中国的昨天、今天和明天。中国人民愿与世界人民携手，努力实现人类命运共同体、创建美好未来的共同愿景。

十月大事记
October

“第二届 ‘中国白’ 国际陶瓷艺术大奖赛获奖作品展” 在法国揭幕

10 月 6 日，第二届“中国白”国际陶瓷艺术大奖赛获奖作品展在法国尼斯揭幕。今年共有来自 40 个国家和地区的 569 位陶瓷艺术家参赛，参赛作品达 785 件。获奖作品以白瓷特有的细腻质感，结合创意技巧与现代科技，展现出中国陶瓷艺术的魅力，获得现场中外观众称赞。陶瓷文化是具有国际性的中国传统艺术门类，相较于水墨书法等更加直观，西方受众几乎没有审美障碍。本届比赛获奖作品的艺术创作和能力表达更加系统和丰富，更具个人风格，一些作品还借助现代科技，展现了中国白瓷艺术的创新和发展。

国务院发布通知核定并公布第八批全国重点文物保护单位

10 月 7 日，国务院向各省、自治区、直辖市人民政府，国务院各部委、各直属机构发布《关于核定并公布第八批全国重点文物保护单位的通知》。通知指出，国务院核定文化和旅游部、国家文物局确定的第八批全国重点文物保护单位（共计 762 处）以及与现有全国重点文物保护单位合并的项目（共计 50 处），现予公布。

通知要求，各地区、各部门要依照《中华人民共和国文物保护法》等法律法规和《国务院关于进一步加强文物工作的指导意见》的要求，进一步贯彻“保护为主、抢救第一、合理利用、加强管理”的工作方针。既要注重有效保护、夯实基础，又要注意合理利用、发挥效益，在保护利用中实现传承发展，认真做好全国重点文物保护单位的保护、管理和利用工作。确保文物安全特别是文物消防安全，努力开创文物工作新局面，走出一条符合国情的文物保护利用之路，为坚定文化自信、实现“两个一百年”奋斗目标和中华民族伟大复兴的中国梦做出更大贡献。

罗丹博物馆宣布在深圳建立分馆

10 月 7 日，巴黎罗丹博物馆在法国尼斯举行的中法文化论坛上宣布将于深圳建立分馆。这座新的艺术中心将在接下来的两到三年内建成，并将得到国家文物局、法国文化部和私人资金的支持。罗丹博物馆将向深圳分馆出借超过 50 件罗丹作品，馆方还同意出售给新的艺术中心约 40 件罗丹的青铜作品。自 2018 年夏天起，罗丹博物馆馆长卡特琳·舍维约（Catherine Chevillot）为了寻找中国分馆所在地，探访了广东省的几座城市，最终博物馆将深圳的多元文化特征和族群多样性，以及城市中文化和教育的重要性作为决定在此推进该项目的原因。

中巴签署文化遗产领域合作协议

10 月 8 日，在国务院总理李克强和巴基斯坦总理伊姆兰·汗的共同见证下，国家文物局副局长顾玉才与巴基斯坦驻华大使哈什米在京签署《中华人民共和国国家文物局与巴基斯坦伊斯兰共和国国家遗产部关于加强文化遗产领域交流与合作的协议》。近年来，中巴两国文化遗产主管部门密切沟通，就两国间首个文化遗产领域综合性合作协议达成一致。协议鼓励并支持两国在平等互利基础上，开展文化遗产保护与修复、考古研究、人员培训、信息交流，博物馆藏品保护管理、学术研究、陈列展示及教育，世界遗产申报、保护、管理、监测，防止文物非法贩运等诸多领域的交流合作，通过机制性合作，促进中巴两国文明互鉴，推动两国为“亚洲文化遗产保护行动”贡献共同的力量。

亚洲当代艺术展成交额下滑， 主办方决定取消 2020 年春季展

10 月 14 日，第十五届亚洲当代艺术展落下帷幕。 作为亚洲最受欢迎，历史最悠久且最大型的酒店艺术博览会，亚洲当代艺术展展示了来自亚洲和全球的精选当代艺术品，即使面对不太稳定的经济大环境，专业藏家和艺术品买家仍坚持莅临展览细赏艺术品和购买由 220 位艺术家创作的作品，但展览的整体销量仍出现下滑迹象。主办方表示，示威活动以及其对香港整体经济的一连串影响并不会在短时间内完全平复，已参展多年的参展商亦因此而表示忧虑，故宣布取消 2020 年春季展，并退出 2020 年香港艺术周。该艺博会的退出是对香港时局与全球经济做出的保守性回应，将进一步影响到亚洲艺术市场的生态格局。

《中国民间收藏陶瓷大系》 在京发布

10 月 15 日，《中国民间收藏陶瓷大系》（12 卷本）新书发布会在北京宁夏大厦举行。该套图书是“十二五”国家重点图书出版规划项目，反映了中国民间古陶瓷收藏的基本面貌。2015 年 1 月底图书编纂工作正式启动，由中国收藏家协会负责组织专家进行藏品遴选、图书编辑，河北美术出版社负责出版发行，历时近五年终于圆满完成。

该书按地域分为 12 卷，收录藏品 3120 件（套），是首次系统著录民间收藏古陶瓷精品的一套图书。这套书不仅反映了盛世收藏、珍宝回流的民间收藏状况和成果，同时也从一个侧面反映

了各地文化经济发展的基本状况。这套图书的出版对提升中国民间陶瓷收藏质量以及让学术界了解民间陶瓷藏品具有重要意义。

第五届“巴黎国际艺术博览会暨第五届巴黎亚洲艺术博览会”同日开幕，中国艺术家作品频现

10 月 16 日，第五届“巴黎国际艺术博览会”在巴黎第八区举办。本届博览会展出 42 家来自世界各地画廊的代表作品。博览会每年为艺术家或艺术组织提供非营利的项目空间，今年，博览会则从 150 个参展申请中甄选出 8 个非盈利项目。此外，第五届“巴黎亚洲艺术博览会”ASIA NOW 同日举办，包括 50 余家亚洲著名的画廊，展示 250 多位来自中国、韩国、日本、中亚和东南亚艺术家的作品。法国的这两项艺博会对促进中国当代文化交流具有积极的推动作用。

“2019 台北艺术博览会” 开幕

10 月 17 日，以“光之再现”为主题的“2019 台北艺术博览会”开幕。该艺博会由台湾画廊协会主办，为期 5 天。博览会期间，举办“向大师致敬系列”特展，探讨摄影、影像与声音收藏的艺术论坛，以及“谁的艺术博览会”等 4 场艺术讲座，其中共荟萃了海内外 141 家画廊。从传统油画到抽象艺术，从当代水墨到先锋装置，大陆艺术家及团队作品成为博览会上的亮点。博览会使得海峡两岸共享中华文化底蕴，促进台湾藏家更易理解大陆艺术家的创作观念。两岸交流互鉴，将进一步提升中华文化在全球的能见度和影响力。

首届 “一带一路” 艺术上海国际博览会上海世博展览馆举办

10 月 23 日，首届“一带一路”艺术上海国际博览会在上海世博展览馆举办，博览会共分为“经典”“当代”和“未来”三个板块。板块中除了 41 个国家、100 多家画廊及机构携其精品画作参展，还有许多主题展，包括“无远弗届”中国当代工笔画名家展、一带一路沿线 20 多个国家的“伟大文明版画展”、江南文化世博、水乡主题展和当代铜艺术主题展，涵盖了中外经典艺术作品、现当代艺术作品、潮流艺术作品、大型公共空间艺术。该博览会突出了上海的城市气质和文化积淀，在展示艺术品的同时，艺术上海正适应时代发展，新增加了让艺术交流更便捷、艺术欣赏更方便的新模式，为打造成“艺术的进口博览会”做出实质性贡献。

安尼施·卡普尔中国首次大型展览在京亮相

10 月 25 日，作为当代国际最具影响力的艺术家之一，安尼施·卡普尔 (Anish Kapoor) 受邀在北京中央美术学院美术馆和北京太庙艺术馆同时举办大型展览，此次展览作为卡普尔在中国的首次美术馆级个展，呈现了艺术家横跨 35 年的重要艺术创作。每件作品都涵盖了卡普尔对世界和自我意识的探索、对时间和空间的追求，从而形成一场现象与精神之间的对话。

对于中国观众而言，卡普尔的艺术除了强烈的现场感染力之外，还传递出一种极具亲和力的"东方性"。印度与中国两个古老文明在历史交流中共同沉淀与分享的思想价值，充分体现在卡普尔先生的艺术观念与实践中。此次个展对如何将中国丰富的传统思想资源转换为一种现代感的当代形式，提供了一个有意义的参照。

苏富比拍卖正式从纽交所退市

10 月 28 日，纽约证券交易所的两份公告发布，苏富比拍卖正式从纽约证券交易所退市，标志着苏富比拍卖正式私有化。同日，苏富比拍卖发出任命通知：Charles F. Stewart 担任苏富比拍卖首席执行官一职，与此同时，Tad Smith 不再担任苏富比拍卖首席执行官一职。在此之前，Charles F. Stewart 为美国 Altice 公司的联合总裁兼首席财务官。首席执行官任命，使公众对他在全球拍场布局充满期待，尤其是在高端拍品、获得私人珍藏委托、亚洲市场等年报核心贡献点上。苏富比拍卖此番退市与新任命，将对全球文物艺术品市场起到不可忽视的影响，同时也加大了业界对该公司的关注度与期待度。

十一月大事记

November

“科技艺术四十年——从林茨到深圳” 登陆深圳

11月2日，由设计互联、中央美术学院与奥地利林茨电子艺术节共同主办的“科技艺术四十年——从林茨到深圳”于深圳海上世界文化艺术中心举办。这是被誉为科技艺术朝圣地的林茨电子艺术节（Ars Electronica）首次来到设计之都深圳。展览在追溯全球科技艺术四十年历史和中国科技艺术发展脉络的同时，亦邀请中国观众进入一场别开生面的属于未来世界的艺术之旅，深度透视正在影响全球每个人的颠覆性革命。

该展览是设计互联继“数字之维”展览之后，推出的又一个关注数字文明、科技艺术的重磅大展。展览致力于探索艺术、科技与人类社会发展之间的关系，审视和思考颠覆了每个人的日常和未来的数字革命，想象并共同塑造人与机器共生的未来世界。面对当下科技艺术展鱼龙混杂的局面，此展的观念与技术为行业提供了有意义的借鉴作用。

北京798艺术园区与毕加索博物馆、贾科梅蒂基金会开展五年合作计划

11月5日，北京798文化公司与巴黎毕加索博物馆、贾科梅蒂基金会在法国文化部长弗兰克·里斯特（Franck Riester）的见证下，于上海总领事馆签署合作协议，开启“798CUBE”五年合作计划项目。在为期5年的合作中，中法团队将共同策划10次不同形式的毕加索或贾科梅蒂艺术展，同时开展学术研究、公共教育、艺术品修复、观众拓展和公共文化场馆人才培养等多方面交流活动。该项目将于2020年6月在798CUBE艺术中心迎来开幕展。此举对盘活三方馆藏资源，加强中法文化深度交流具有积极意义。

余德耀美术馆开启公共化新路程

11月6日，上海余德耀美术馆宣布，即日起该馆不再是私人美术馆。上海余德耀美术与洛杉矶郡艺术博物馆以及卡塔尔博物馆群三馆合作为私人美术馆迈向公共化提供全新的思考方式。三方共同建立基金会，用于保存余德耀捐赠的大部分中国当代艺术藏品，余德耀个人不再具有处置藏品的权利，这些藏品会永久地留在中国，并永久可供中国乃至世界各地的展览和学术研究所用。

这项伙伴关系旨在鼓励上海、洛杉矶和多哈三座在文化领域处于领导地位的城市之间进行艺术和思想交流，每个博物馆都将带来独特的专业知识、藏品和观众，从而打造出一个真正实现全球视野的多站点展览计划。此举为私人美术馆迈向公共化的重要一步，具有参考意义。

中法双方签署合作文件，就巴黎圣母院修复开展合作

11 月 6 日，中法双方在京签署合作文件，就巴黎圣母院修复开展合作，中国专家将参与巴黎圣母院修复工作。根据这份文件，中法双方将在 2020 年确定巴黎圣母院保护修复合作的主题、模式及中方专家人选，尽早选派中国专家与法国团队共同参与现场修复工作。文件还明确中法双方将就陕西秦始皇陵兵马俑保护开展技术与科学交流及培训项目。

2019 年 4 月巴黎圣母院发生火灾后，中法文化遗产主管部门间多次函件来往，讨论合作设想。巴黎圣母院是法国乃至欧洲的文明象征之一，其火灾后修复工作受到法国国内的高度重视和国际社会的高度关注。秦始皇陵兵马俑是享有国际盛誉的中国文化遗产，其保护研究也一直广受国际关注。选取巴黎圣母院和秦始皇陵兵马俑这两个两国各自最具标志性的文化遗产开展保护修复和研究，将极大拓展中法文化遗产合作的深度，在世界范围内产生积极示范效应。

国家文物局、应急管理部联合印发《关于进一步加强文物消防安全工作的指导意见》

11 月 8 日，国家文物局、应急管理部联合印发了《关于进一步加强文物消防安全工作的指导意见》(以下简称《指导意见》)，这是两部门认真汲取巴西国家博物馆、法国巴黎圣母院、意大利皇家马厩与马术学院和日本首里城等世界重要文化遗产火灾事故教训，针对我国文物、博物馆单位防火形势，进一步加强和改进文物消防安全工作的重要举措。《指导意见》在全面总结我国文物消防工作经验做法，认真梳理分析当前存在问题的基础上，针对文物、博物馆单位防火特点，按照标准化、规范化、精细化要求，从健全责任体系、强化安全管理、整治火灾隐患、加强基础建设、增强应急能力、开展宣传教育和严格督察问责等七个方面，提出了 22 项具体意见和要求。此举对强化文物消防安全责任，健全消防组织，落实岗位职责，大力检查整治文物火灾隐患，科学编制应急处置预案，提升处置火灾事故能力等方面具有指导性意义。

首届“上海国际收藏级设计展”开幕

11 月 8 日，由现代传播集团与完美跨界集团联合创始并主办的“上海国际收藏级设计展 Unique Design Shanghai”开幕。此展为中国首个专注于国际收藏级设计的平台，该展会选址上海的西岸新地标——上海油罐艺术中心。该展分为“国际顶尖设计画廊”“设计在当代中国”“设计

与建筑快闪书店”和“创意设计表演与论坛”四个板块，其中“国际顶尖设计画廊”板块由 9 家国内外顶尖设计画廊参展，为中国观众创造接触具有收藏价值设计的机会；“设计在当代中国”特别策展单元，聚焦当下成熟和新锐的中国限量设计作品，向公众展示当代中国设计的力量；“创意设计表演与论坛”将设计语汇与舞台艺术大胆结合，增强互动式体验乐趣；“设计与建筑快闪书店”为公众带来对设计的书本认知。此展打通建筑、设计与艺术的多元创意领域，为构建中国可收藏设计市场生态树立了全新标杆。

蓬皮杜艺术中心暨上海西岸美术馆在沪成立

11 月 8 日，经过数十年进驻中国的筹备，巴黎蓬皮杜中心与西岸美术馆合作项目在新近落成的西岸美术馆揭幕。该场馆位于黄浦江畔的一条长达 11 公里的“文化长廊”上，法国总统参加了开幕典礼。该项目是中法两国之间极具意义的一次文化交流，两国目前签署五年协议，协议期间，蓬皮杜艺术中心的策展人将根据美术馆的藏品，每年在上海举办三个常设展和两个临时展。展览将会带动在巴黎与之已有合作的一些法国画廊来到中国，由此可以吸引人们对法国当代艺术体系的关注。除了支付运营成本外，西岸集团还将每年支付蓬皮杜中心约 275 万欧元。作为当代艺术领域级别最高、周期最长的中外文化交流合作项目之一，该项目将对中国与法国当代艺术发展与文化交流产生重要影响。

圆明园马首铜像捐赠仪式在京举行

11 月 13 日，文化和旅游部、国家文物局在中国国家博物馆隆重举行圆明园马首铜像捐赠仪式。文化和旅游部部长雒树刚为圆明园马首铜像揭幕，并为马首铜像捐赠者何鸿燊的代表何超琼颁发荣誉证书。2007 年 8 月，国家文物局获悉圆明园马首铜像即将在香港苏富比拍卖有限公司拍卖的消息，第一时间表达了终止公开拍卖的坚定立场和促成文物回归的良好意愿，何鸿燊得知相关情况后，出资抢救流失文物，结束了马首铜像百余年的离散漂泊。此后，马首铜像一直在港澳地区公开展示。

马首铜像的归来，见证着中华民族从屈辱颠沛到富强兴盛的历史脚步，为中华人民共和国成立 70 周年和澳门回归祖国 20 周年献上了一份独特的厚礼，也将带动社会各方面力量关注和支持我国流失文物回归事业，激励海内外爱国同胞们倍加呵护祖国文化。

大兴安岭发现距今约 7000 年岩画

11 月 21 日，黑龙江省大兴安岭呼中区碧水镇场辖区 24 号线一处沿河峭壁上发现 3 幅距今约 7000 年岩画。岩画是绘制在石头上的图画，是人类没有文字之前文化的最大载体，它承载的神秘信息甚至成为了一个个不可破译的密码碎片，它展示的古老文明内容为艺术史、史前史、人类学等多学科的研究提供了无比形象化的资料。此次发现的岩画两幅呈十字纹，一幅呈 X 形纹，共有 3 幅。此类岩画颜料为赭石粉和动物鲜血混合，用手指快速绘制而成，色彩鲜艳，易于识别。这在大兴安岭地区岩画中属于保存比较清晰完整的岩画。这 3 幅岩画距离呼中区新、旧石器古人类文化遗址——北山洞遗址仅 4 千米，为北山洞遗址的历史文化与旅游开发提供了重要依据。

“2019 艺术品贸易国际合作论坛” 在京举办

11 月 22 日，“2019 艺术品贸易国际合作论坛”（IFAT 2019）在国家对外文化贸易基地（北京）举办。论坛由文化和旅游部产业发展司委托，国家对外文化贸易基地、北京文投国际控股有限公司主办。论坛以“艺术品贸易与消费”为主题，通过主旨演讲、国际对话、市场报告、案例分享、精品对接等形式，探讨全球艺术品贸易发展趋势，研究艺术品产业国际合作模式，挖掘艺术品国际交易商机。同日，国际艺术品贸易服务平台举行了揭牌仪式。该服务平台是国家对外文化贸易基地（北京）重点打造的文化艺术品全产业链综合性服务平台。论坛同期举办了国际艺术品贸易服务平台、文物保护理念、艺术生活化等一系列座谈与研讨活动，推出了基地艺术贸易企业展、吴冠中艺术作品展、艺术与生活作品展、之蓝序列 Learn From Nature 文创展、国际音乐艺术作品展、青年艺术家作品展、珐琅彩作品展。该论坛对加强艺术国际贸易合作交流、刺激艺术品消费、规范艺术品交易规则等方面做出了实际贡献。

常玉 《五裸女》 创拍卖新纪录

11 月 23 日，香港佳士得“二十世纪及当代艺术晚间拍卖”开槌，其中常玉最大裸女画《五裸女》以估价 2.5 亿至 5.5 亿港元高价上拍，最终落槌于 2.66 亿港元，加佣金 3.03 亿港元，成功刷新常玉拍卖纪录的同时，也超越吴冠中《周庄》（2.36 亿港元），成为仅次于赵无极《1985 年 6 月至 10 月》（5.1 亿港元）的亚洲油画第二高价。《五裸女》创作于 20 世纪 50 年代，不但是常玉尺幅最大的裸女油画，亦是人物数量最多，且唯一一幅绘有五位裸女的杰作。而裸女脚边的小动物和花卉图纹，更难得地把常玉平生创作的三大主题——裸女、花卉、动物，统统聚于一堂，因而在常玉作品中具有独特价值。而在此之前，《五裸女》曾在 1993 年和 2011 年两度拍卖，两次都刷新亚洲油画的价格纪录。在经济大背景和香港环境的双重影响下，能拍出如此高价，对振奋市场起到积极作用。

土耳其向中国返还非法流失文物， 两国开启流失文物返还合作

11 月 25 日，中国流失文物返还仪式在土耳其首都安卡拉安纳托利亚文明博物馆举行。此次 2 件返还文物分别为唐代石窟寺壁画和北朝晚期至隋代随葬陶俑，均属于中国法律法规规定的

禁止出境文物。据此，国家文物局 2018 年 12 月向土耳其政府提供了关于文物价值与权属的有力证据，以及中国文物市场和文物进出境管理法律法规，声明我国依据国际公约和双边协定要求文物返还的坚定立场。2019 年 9 月，土耳其政府最终决定将上述文物返还中国。此次文物返还，是中土两国政府在国际公约和双边协定框架下，首次成功开展流失文物追索返还实务合作，对于进一步深化两国打击文物非法贩运、流失文物追索返还政府间合作具有重要意义。

“2019 北京·中国文物国际博览会” 开幕

11 月 27 日，以“文物、收藏与生活”为主题的“2019 北京 · 中国文物国际博览会”，在全国农业展览馆拉开帷幕（以下简称文物博览会），本文物博览会由中国国际贸易促进委员会北京市分会主办，期间还举办免费惠民讲座、免费鉴定等系列活动。博览会总面积达 3410 平方米，共设 101 个展位。来自北京、上海、厦门、深圳、中国台湾、中国香港以及芬兰、巴基斯坦、印度等地区和国家共计 70 余户古玩经销商、拍卖公司、博物馆、国有文物商店和艺术品机构参展。参展品类包括家具、瓷器、玉器、佛造像、古董珠宝类。此文物博览会对推进大众收藏活动，激发文化市场活力具有促进作用。

“世界文化遗产保护与可持续发展研讨会” 在京召开

11 月 27 日，由中国文化遗产研究院主办的“世界文化遗产保护与可持续发展研讨会”在北京召开，来自海内外世界文化遗产地代表 30 余人参加会议。研讨会专家发言分为实践探索和理念思考两部分，与会专家学者就各自在国内外世界文化遗产的管理监测、保护利用、可持续发展等方面进行的实践和理念思考进行了分享交流。会议以不同类型的世界遗产地作为研究对象，通过深入研究各遗产地的保护与管理模式，探讨可持续发展的状况，尝试提出具有建设性、借鉴价值的思路和建议。

第三届文明古国论坛部长级会议通过 《北京宣言》

11 月 27 日，在北京举行的第三届文明古国论坛部长级会议由中国文化和旅游部主办，来自中国、秘鲁、埃及、希腊、伊朗、亚美尼亚、伊拉克、意大利等国部长级官员出席会议，就保护文化遗产、深化文化合作等内容展开深入对话与交流，审议通过了《北京宣言》。宣言强调，所有的文明构成了人类共同的遗产，文明没有高低、优劣之分，不同国家、不同民族、不同文明之间要相互尊重，应共同努力推动人类进步和世界和平可持续发展。宣言重申，继续努力建设有共同目标的文明古国共同体，通过合作创新发展机遇，推进“共商、共建、共享”，促进文化间的对话、平等和包容，促进文化交流，支持和保护文化权利，增进民心相通。此会议通过对话与交流，使历史文明和传统在当代社会发展中焕发活力，为促进不同文明、不同种族、不同宗教间的相互了解和包容发挥积极作用。

巴塞尔艺博会取消阿布扎比峰会

11 月 27 日，巴塞尔艺术展宣布取消原定于 2020 年 2 月开幕的阿布扎比峰会，巴塞尔官方将取消理由宣称为时间太紧。该新项目名称为“Art Basel In-side”，由巴塞尔艺术展商业计划和合作部门组织，由其母公司 MCH 集团与阿布扎比文化和旅游部联合举办。峰会由策展人和艺术史学家马克－奥利维尔·瓦勒（Marc-Olivier Wahler）策划，并计划向每位参与者收取 15000 美元费用，门票将用于餐饮和住宿。这一为期三天的新项目计划邀请数百名艺术工作者，以及来自科技和金融等领域的学者和思想领袖共聚阿布扎比，探讨可持续发展和人工智能等全球性问题。该峰会的取消，将对巴塞尔艺博会的荣誉形象与阿布扎比的文化旅游业产生一定影响。

十二月大事记
December

仰韶文化发现世界最早丝织品

12 月 3 日，中国丝绸博物馆、郑州市文物考古研究院共同召开仰韶时代丝绸发现新闻发布会，称在黄河流域的郑州市荥阳仰韶文化遗址发现的丝织物，经研究证实，是目前中国发现的最早的丝织品。出土残片中有一块“绫罗绸缎”中的罗织物，经过了染色处理，在织法上采用了较为复杂的绞经结构。为防止掉色，古人对这块染色罗进行了脱胶，生丝脱胶后成为熟丝，这块罗也是目前世界范围内发现的时代最早的熟丝丝绸制品。丝绸文明是中华文明重要的特质和文化符号，此次考古科研发现对研究中国丝绸文化、传承中华 5000 年文明有着非常重要的意义。

澳大利亚废除联邦艺术部

12 月 5 日，澳大利亚总理斯科特·莫里森（Scott Morrison）宣布，将取消联邦政府的通讯与艺术部。此举是联邦服务重大结构调整的一部分，该重组将使联邦部门的总数从 18 个减为 14 个。文化政策发展和资助管理将很快由新的基建、交通、区域发展和通讯部负责。莫里森表示“减少部门数量将缓解官僚主义造成的低效，改善决策力并最终为澳大利亚人民提供更好的服务”。此次决定也意味着在艺术资助上会有更严重的削减，艺术家和艺术组织的活动与经营会受到一定程度的限制。

中美就文化遗产合作《行动计划》达成共识

12 月 11 日，中国国家文物局与美国国务院代表团在北京就中美 2019 年至 2024 年文化遗产合作具体安排举行深入磋商。中国外交部、公安部、文化和旅游部、海关总署和美国国务院、国土安全部、联邦调查局、美国驻华使馆相关官员参加会议。会议根据年初签署的中美关于实施文物进口限制的谅解备忘录，讨论研究今后五年内中美以防止文物非法进出境为核心开展全方位文化遗产合作的《行动计划》。经过充分讨论，中美双方就文化遗产合作《行动计划》达成一致意见，将在今后五年以此为纲领，在打击文物走私、推动博物馆交流、促进文化遗产保护以及鼓励人员交往等四大领域开展务实合作。

徐悲鸿艺术专项基金在京设立并揭牌

12 月 12 日，为弘扬优秀传统文化，中国艺术节基金会新设立的徐悲鸿艺术专项基金在北京举行揭牌仪式。徐悲鸿艺术专项基金将以徐悲鸿起始的中国百年艺术教育、艺术历程作为主轴，系统向海内外介绍中国文化艺术思想，彰显和传承徐悲鸿的艺术理念和爱国情怀，弘扬中华优秀传统文化，研究徐悲鸿思想和艺术遗产。通过徐悲鸿艺术专项基金开展各种社会文化、艺术教育、海内外展览与文化交流以及艺术沙龙、社会公益等系列活动，促进民族文化的发展，增强中国经典艺术的民族凝聚力与国际影响力，使之成为中国与世界沟通与交流的纽带之一。

夏河丹尼索瓦人研究入选 2019 世界十大考古发现

12 月 12 日，由中国科学院青藏高原研究所、兰州大学和德国马普进化人类学研究所学者领衔、多家境内外科研院所参与的青藏高原丹尼索瓦人研究入选美国考古杂志《考古》（Archaeology）评选的 2019 年度世界十大考古发现。该研究是本次世界十大考古发现中唯一的一项旧石器考古研究成果，也是唯一的一项来自中国的考古发现。研究成果在科学杂志《自然》(Nature) 在线发表。研究揭示，一件发现于中国甘肃省甘南州夏河县白石崖溶洞的古人类下颌骨化石距今已有 16 万年，是除西伯利亚阿尔泰山地区丹尼索瓦洞以外发现的首例丹尼索瓦人化石，也是目前青藏高原的最早人类活动证据。

西汉海昏侯墓考古发掘获世界考古论坛奖

12 月 14 日，第四届世界考古论坛在上海举行。此次论坛公布了世界考古论坛奖，其中西汉海昏侯墓的考古发掘从 140 多个推荐项目中脱颖而出，被评为 10 项重大田野考古发现奖之一。海昏侯刘贺墓由墓葬本体及车马坑构成，不仅是目前中国考古发掘的面积最大、保存最好、内涵最丰富、出土文物最多的汉代列侯墓葬，而且是中国长江以南地区发现的唯一带有真车马陪葬坑的墓葬。

海昏侯墓考古出土了 5200 多枚竹简和近百版木牍，使多种古代文献在两千年后重现，是我国简牍发现史上的又一次重大发现。迄今已出土的 1 万余件（套）文物，形象再现了西汉时期高等级贵族的奢华生活，具有极高的历史价值、艺术价值和科学价值。此外，海昏侯墓考古工作，采用了一些全新的理念，先进行顶层设计，确立以聚落考古、大遗址考古为思路的海昏侯墓考古工作技术路线考古工作。做到了发掘精细化、资料影像化、信息数字化，保证了考古发掘、文物保护、科学研究、展示利用的权威、规范和科学性。

柏林艺博会因资金问题暂停

12 月 16 日，受不稳定金融因素影响，总部位于科隆的博览会公司 Koelnmesse 取消了柏林最重要的当代艺术博览会 Art Berlin。Koelnmesse 于 2017 年收购了柏林当代艺术博览会 Art Berlin（原名为 Art Berlin Contem-porary）。2019 年的 Art Berlin 于 9 月 12 日至 15 日于前滕珀尔霍夫机场举行。组织方无法在此举办之后的博览会，因其未能继续与该场地签约。大约有 110间画廊参加了今年与柏林艺术周同期的Art Berlin博览会。该公司宣布将专注于运营时间更长、成立于 1967 年的科隆博览会，第 54 届展会将于 2020 年 4 月 23 日至 26 日举行。柏林艺博会的暂停，可视为全球经济背景下相关艺术机构做出的保守性措施。

内地与澳门部署合作建设澳门故宫文化遗产保护传承中心

12 月 17 日，国家文化和旅游部部长雒树刚与澳门特区行政长官崔世安在澳门签署《关于建设“澳门故宫文化遗产保护传承中心”合作备忘录》，内地与澳门将合作建设澳门故宫文化遗产保护传承中心，共同推进文物保护、文创研发和教育推广工作。该中心设在澳门回归贺礼陈列馆，具有文物保护、文创研发和教育推广三大功能，并设有文物展示空间、教育推广演示空间，以及故宫文创产品展示区及文物修复区等。该中心将有助于内地与澳门继续深化文化领域的合作深度和广度，共同探索创新合作模式，实现互惠互补的战略目标，推动澳门文化事业和文化产业发展，提升澳门作为“世界旅游休闲中心”的内涵。

北京天竺综合保税区国际文物交流平台发布暨揭牌仪式在京举办

12 月 18 日，北京天竺综合保税区国际文物交流平台（以下简称国际文物交流平台）发布暨揭牌仪式在国家对外文化贸易基地（北京）举办。活动由北京天竺综合保税区管理委员会、中国文物交流中心、北京市文化投资发展集团有限责任公司主办。国际文物交流平台是坚持创造性转化、创新性发展，广泛动员各方力量参与文物保护利用，引导更多文物保护利用力量，发掘更多文物资源潜能的有益探索。平台对促进保税区对外文化贸易发展，完善国家对外文化贸易基地功能，促进文化“走出去”与“引进来”，推动国家对外文化贸易高质量发展等方面具有重要作用。国际文物交流平台将引入内容丰富、形式多样、品质上佳的文物出入境展览，丰富群众的文化消费需求。

全国首个文物保护工程行业协会在沪成立

12 月 19 日，上海市文物保护工程行业协会成立大会在沪举行。上海市文物保护工程行业协会由上海市从事文物保护工程规划、勘察、设计、施工、管理的单位自愿组成，协会性质为实行行业服务和自律管理的非营利性社会团体法人，登记管理机关为上海市民政局，业务主管单位是上海市文化和旅游局。协会旨在履行行业服务、行业代表、行业自律、行业协调的基本职能；

为会员提供服务，维护会员合法权益，保障行业公平竞争，沟通会员与政府、社会的联系，促进行业经济发展，起到服务企业、规范行业、发展产业的作用。协会将对加强行业标准化建设，净化市场环境，促进行业繁荣，提升整体社会影响力等方面起到示范带头作用。

沿黄河九省区 45 家博物馆成立黄河流域博物馆联盟

12 月 23 日，黄河流域博物馆联盟在河南省会郑州成立，沿黄河九省区 45 家博物馆将携手共讲黄河故事，联合推出黄河文明系列巡回展，担当起保护、传承、弘扬黄河文化的使命。成立仪式上，45 家博物馆馆长集体表决通过了联盟首批成员候选单位及《联盟章程》，推选河南博物院为联盟首届召集单位，每两年进行一次召集单位换届选举。该联盟是在国家文物局和黄河流域九省区文物局指导下，由河南博物院提出倡议，与青海省博物馆、四川博物院、甘肃省博物馆、宁夏回族自治区博物馆、内蒙古博物院、陕西历史博物馆、山西博物院、山东博物馆共同发起成立的。联盟对加强黄河文化遗产的学术研究和交流，不断挖掘和揭示黄河文化蕴含的时代价值，在征集、收藏、研究、展示、教育和创意等方面调整思路、提升水平，推动黄河文化的创造性转化、创新性发展等方面将发挥积极作用。

沈阳故宫博物院与韩国国立古宫博物馆举行交流展签约仪式

12 月 24 日，沈阳故宫博物馆与韩国国立古宫博物馆举行交流展签约仪式，沈阳故宫博物院院长李声能、副院长李理出席签约仪式。签约仪式后，“沈阳故宫藏清代珍宝展”在韩国国立古宫博物馆开展。展览汇集了沈阳故宫所藏的瓷器、服饰、武备、雕刻、书画等 123 件（套）珍贵藏品，其中馆藏文物共 120 件（套），辅助展品共 3 件（套）。本次展览分为“后金崛起”“龙兴盛地”“帝王气象”“锦绣宫闱”“皇室雅赏”“皇室宗教”六个单元，向韩国民众直观展示清代文物从清初的实用性转至盛世的艺术性，介绍大清王朝从崛起至兴盛的发展过程。韩国国立古宫博物馆将于 2020 年 9 月在沈阳故宫博物院举办“朝鲜王室珍宝展”，展览时间将持续到 11 月 15 日。精选韩国国立古宫博物馆馆藏的 100 余件（套）珍贵藏品，全方位展示朝鲜王室的悠久历史。

国家文物局启动国家文物保护利用示范区创建工作

12 月 27 日，为深入贯彻落实中共中央办公厅、国务院办公厅《关于加强文物保护利用改革的若干意见》，更好统筹文物保护利用与经济社会发展，创新文物保护利用机制，国家文物局作出部署，启动国家文物保护利用示范区创建工作。国家文物保护利用示范区，是指依托不同类型文物资源，通过创新工作机制，对文物资源的有效保护、合理利用和推动经济社会高质量发展具有全国性示范引领意义的特定区域；依托市级、县级行政区划，以市级、县级人民政府为建设主体，自愿申请、自主创建。为规范有关创建工作，国家文物局印发了《国家文物保护利用示范区创建管理办法（试行）》。此项工作的展开，对文物保护区的规范创建和持续性发掘提出了指导性意见，将利于文物保护工作的进一步落实。

秦始皇帝陵兵马俑一号坑新发掘陶俑 220 余件

12 月 30 日，秦始皇帝陵博物院透露，2009 年至 2019 年该院对一号坑进行了第三次正式发掘，发掘面积 400 平方米，发掘陶俑 220 余件，陶马 12 匹，车迹 2 乘以及大量的兵器、建筑遗迹。秦兵马俑陪葬坑是秦始皇帝陵园外围的一组大型陪葬坑，其中一号坑面积最大，平面呈长方形，总面积 14260 平方米。按照排列密度估计，全部发掘后可出土陶俑、陶马约 6000 余件。此次发掘共出陶俑 220 余件，根据陶俑的冠式和铠甲、服饰的不同，将陶俑可分为高级军吏俑、中级军吏俑、下级军吏俑、一般武士俑等。经过初步分析和研究，认为原有的下级军吏俑可以继续细分为两个类型，为俑坑军阵的排列提供了新的依据和方法。一号坑的第三次发掘工作为秦俑、秦史的研究提供了许多新的宝贵材料，在一些方面取得了突破性的进展。

Chapter 6

Commentary: Arts & Culture Policies

第六章　年度收藏与拍卖行业政策法规点评

年度收藏与拍卖行业政策法规点评

Commentary: Arts & Culture Policies

一《中华人民共和国电子商务法》

十三届全国人大常委会第五次会议通过，自2019年1月1日起施行。旨在保障电子商务各方主体的合法权益，规范电子商务行为，维护市场秩序，促进电子商务持续健康发展。

《中华人民共和国电子商务法》对通过互联网等信息网络销售商品或者提供服务的经营活动建立了基本规范。提出：国家平等对待线上线下商务活动，促进线上线下融合发展；电子商务经营者应当遵守法律和商业道德，公平参与市场竞争，履行消费者权益保护、网络安全与个人信息保护等方面的义务，承担产品和服务质量责任，接受政府和社会的监督；推动形成有关部门、电子商务行业组织、电子商务经营者、消费者等共同参与的电子商务市场治理体系。

对于收藏与拍卖行业，法律明确了经营者责任和消费者权益保护的核心原则，强调了互联网不是法外之地的基本逻辑，构建了符合电子商务特点的协同管理体系。以往网络平台上无资质、不报审经营，虚假鉴定，销售、拍卖假货等行为，被置于监管之下。

关注：有法可依了，更需要有法必依、执法必严、违法必究，才能保障合法经营者和消费者权益，维护市场秩序和社会公平。

扫码阅读该项法规

二《关于全面推进“双随机、一公开”监管工作的通知》

由国家市场监督管理总局发布。旨在全面推进市场监管部门“双随机、一公开”监管工作，加强抽查的统一化、制度化、规范化，有效支撑事中事后监管。

《通知》提出要统一各项制度（统一编制随机抽查事项清单、统一建立检查对象名录库和执法检查人员名录库、统一制定随机抽查工作规范、统一监管工作信息化平台建设），规范检查流程，厘清责任边界，加强组织实施。并公布了《市场监管总局随机抽查事项清单（第一版）》，将“文物经营活动经营资格的检查”列入“拍卖等重要领域市场规范管理检查”范围。

对于收藏与拍卖行业，“双随机、一公开”监管可以防止执法人员任性监管、随意检查，保障市场主体权益；但纳入检查范围，也就意味着需要加强管理，惩治违法行为，维护市场公平秩序。从这一点上说，原来的检查不是多了，而是少了。

关注：通过检查监管，清除“害群之马”，防止“劣币驱除良币”。

扫码阅读该项通知

三《关于优化综合保税区文物进出境管理有关问题的通知》

由海关总署、国家文物局联合发布。旨在优化综合保税区文物监管模式，简化审批及监管手续，提升文物进出境管理水平，促进综合保税区高水平开放、高质量发展。

《通知》提出，海关、文物行政部门和各文物进出境审核机构应建立完善沟通渠道和长效工作机制，按照“一线申报、一线监管”的原则，优化文物出境审核和临时进境复出境登记查验管理，维护国家文物安全。文物从境内区外进入综合保税区，或者已办理临时进境审核登记手续的文物由综合保税区进入境内区外，除按要求办理海关手续外，无需向文物进出境审核机构申报。

《通知》明确，按照“放管服”要求，创新综合保税区文物进出境服务，实施入区登记审核，缩短行政审批时限，便利文物进出境交流。支持符合条件的区内企业采取关税保证保险、企业增信担保、企业集团财务公司担保等多元化税收担保方式开展出区展示，缓解企业资金压力，便捷文物展览展示。对于申请由综合保税区出境和临时进境复出境的文物，文物进出境审核机构可提供延伸服务，在综合保税区内开展登记查验和审核工作，便利企业在综合保税区内开展文物存储、展示等活动。

对于收藏与拍卖行业，综合保税区的通关便利和保税政策是两大利好，近年来已在文物拍卖等领域日渐发挥积极作用，帮助拍卖企业节省了时间，减低了成本，但在出区展示、交易等政策保障方面还有待进一步优化。

关注：将文物进境保税（缓税、免税）的部分政策红利从综合保税区延伸至全国，促进海外文物回流。

扫码阅读该项通知

四 《博物馆馆藏资源著作权、商标权和品牌授权操作指引（试行）》

由国家文物局发布。旨在激发博物馆创新活力，盘活用好馆藏文物资源，推动博物馆逐步开放共享文物资源信息，规范博物馆文化创意产品开发相关授权工作。

《指引》是在近年来我国博物馆文化创意产品开发得到大发展、但同时也遇到很多“瓶颈”的背景下出台的。一方面，2016 年国务院办公厅转发文化部、国家发展和改革委员会、财政部、国家文物局《关于推动文化文物单位文化创意产品开发的若干意见》，国家文物局、国家发展和改革委员会、科学技术部、工业和信息化部、财政部印发《“互联网 + 中华文明”三年行动计划》以来，通过调动文化文物单位积极性（如给予试点单位相应自主权、探索建立收入分配和激励机制等），发挥各类市场主体作用，加强文化资源梳理与共享，提升文化创意产品开发水平，完善营销体系，加强品牌建设和保护，促进跨界融合，博物馆文化创意产品开发呈现出欣欣向荣的景象，出现了一批“叫好”又“叫卖”的明星产品，社会效益和经济效益持续增长；另一方面，受限于绝大多数博物馆作为公益一类事业单位的属性，其文化创意产品开发遇到了无资金起步、少知识产权、收入无法记账、分配面临追责等种种“离奇”的难题，经常处于不配套、不协调、令人无所适从的政策窘境。此外，博物馆与社会机构的合作关系、职能分工、权益边界等不清晰，也为文化创意产品开发的持续健康发展造成了诸多障碍。

《指引》主要针对博物馆馆藏资源著作权、商标权和品牌授权（涉及商用）进行指导，包括五个部分：一是总则（目的、依据、适用范围、授权原则、术语与定义）；二是授权内容（著作权授权、商标权授权、品牌授权、其他授权）；三是授权模式（直接授权和委托授权，独占许可、排他许可和普通许可，授权期限）；四是授权流程（明确可授权的内容、发布授权合作信息、选择合适的被授权方、合作洽谈、签订合同、跟踪反馈与监督管理和保密、授权档案管理与纠纷解决）；五是权利与义务（权利与义务、质量控制、产权确权及归属、违约行为及其相关责任）。期望明确博物馆资源授权的方向和路径，充分利用市场规律和各项政策，不断激发博物馆的活力，解决制约博物馆文化创意产品开发工作中的相关制度瓶颈。

对于收藏与拍卖行业，则更多期待博物馆能够“打开大门”，以更加积极有为的心态，开放更多富有价值的馆藏资源，特别是深度研究、广度解读、高度阐释的文物信息和知识，而不仅仅是器物照片和简单说明，以此打通文物行业联通社会的道路，引导社会各种要素、多方力量的有序参与，推动中华传统文化创造性转化、创新性发展，进一步促进文物“活起来”。

关注：第一，博物馆如何处理好与授权（合作）伙伴的关系，理想的状态是：博物馆做好研究、解读和授权，把设计、研发和营销交给市场，而不是混淆或相反；第二，博物馆能否推出具有高度文化价值和实用价值、可被收藏与拍卖的文化创意作品。

扫码阅读该项指引

五《关于促进文化和科技深度融合的指导意见》

由科技部、中央宣传部、中央网信办、财政部、文化和旅游部、国家广播电视总局颁布。旨在提升文化科技创新能力，转变文化发展方式，推动文化事业和文化产业更好更快发展，满足人民精神文化生活新期待，增强人民群众的获得感和幸福感。

《意见》提出了加强文化共性关键技术研发、完善文化科技创新体系建设、加快文化科技成果产业化推广、加强文化大数据体系建设、推动媒体融合向纵深发展、促进内容生产和传播手段现代化、提升文化装备技术水平、强化文化技术标准研制与推广等八个方面的重点任务。

对于收藏与拍卖行业，《意见》明确了加强文化创作、生产、传播和消费等环节共性关键技术研究；开展知识产权保护与侵权追踪、文化艺术品鉴定等文化管理技术研发；以数字化、网络化、智能化为技术基点，重点突破文化艺术、文物保护利用等领域系统集成应用技术；发展适用于文化遗产保护和传承的数字化技术和新材料、新工艺；对全国公共文化机构、高等科研机构和文化生产机构各类藏品数据，分门别类标注中华民族文化基因，建设物理分散、逻辑集中、数据共享、安全可信的文化大数据体系；面向社会开放文化大数据，鼓励公民、法人和其他组织依法开发利用，将中华文化元素和标识融入内容创作生产、创意设计以及国土空间规划、生态文明建设、制造强国建设、网络强国建设和数字中国建设，让文化遗产“活起来”；加强智能化的文化遗产保护与传承、数字化采集、文化体验、公共文化服务和休闲娱乐等专用装备研制等具体工作。概言之，一是以技术进步保障传承，二是以数据共享维护权益，三是以新型业态激发潜力。

关注：第一，文物艺术品的“DNA”（基因）如何更有效地定义和保护；第二，“文化艺术品鉴定管理技术”言之何物？作用几何？第三，文物收藏、保护、利用科技何时能独立作为一个章节全面阐释？比如：文物劣化机理分析，文物风险监测预警与防控，文物保护修复工艺与材料，文物知识多模态挖掘与展示传播等等。

扫码阅读该项意见

六《关于进一步激发文化和旅游消费潜力的意见》

由国务院办公厅印发。旨在提升文化和旅游消费质量水平，增强居民消费意愿，以高质量文化和旅游供给，增强人民群众的获得感、幸福感。

《意见》提出了 9 项激发文化和旅游消费潜力的政策举措。一是推出消费惠民措施；二是提高消费便捷程度；三是提升入境旅游环境；四是推进消费试点示范；五是着力丰富产品供给；六是推动景区提质扩容；七是发展假日和夜间经济；八是促进产业融合发展；九是加强市场监管执法。明确了博物馆设施改造提升、鼓励文创产品开发与经营、拓宽文创产品展示和销售渠道等相关任务。并从政策保障、组织领导等方面提出了若干保障措施。

对于收藏与拍卖行业，应积极顺应新时代国家促进文化旅游融合发展的大形势，以诚信、规范、专业的经营和科学、理性、合法的收藏，壮大产业，赢得尊重，持续、健康、繁荣发展。

关注：文物艺术品流通与交易也应作为具有潜力的消费来培育。

扫码阅读该项意见

七《关于请核查 XXX 公司“2019 年秋季拍卖会·中国历代青铜器专场”文物拍卖标的审核情况的函》

由国家文物局发给浙江省文物局。要求对某公司拟拍卖疑似出土文物进行核查。

函件指出，文物拍卖标的审核是《中华人民共和国文物保护法》赋予省级文物行政部门的重要行政监管职能，是国家保护国有文物安全、保障文物市场秩序的关键制度设计。

据相关法律规定：拍卖企业拍卖的文物，在拍卖前应当经省级文物行政部门审核，并报国务院文物行政部门备案。依法应当上交国家的出土（水）文物，以出土（水）文物名义进行宣传的标的物，被盗窃、盗掘、走私的文物或者明确属于历史上被非法掠夺的中国文物等，不得作为拍卖标的。国家文物局专门制订了《文物拍卖管理办法》和《文物拍卖标的审核办法》。

函件要求，认真对照 2017 年该公司违法拍卖安徽博物院被盗商代青铜鬲案件中文物拍卖标的审核工作存在的问题，高度重视群众举报反映的情况，切实履行法定职责，严格按照规定的程序、标准，开展文物拍卖标的审核工作，对上述拍卖标的审核情况进行核查，并将核查结论上报。

对于收藏与拍卖行业，不收藏和买卖被盗、走私文物是“底线”“红线”，出土（水）文物、馆藏文物均属于被盗文物，涉及刑事犯罪，无论其经过几手买卖，无论其是否辗转境外，都永远不可能“洗白”。据了解，有关标的已被公安机关查扣，并在进一步调查中。而经浙江省文物局再次核查，又撤拍了 29 件标的。

关注：警告坊间关于国家将放开出土（水）文物买卖限制的流言发布者，触及文物“红线”，就是刑事犯罪。

扫码阅读该项函书

八《关于转发〈上海市民间收藏文物鉴定咨询推荐单位工作规程〉的通知》

由国家文物局印发。旨在规范民间收藏文物鉴定咨询行为，维护民间收藏文物鉴定市场秩序。

《规程》是上海市文物局总结 2017 年以来组织开展公益性民间收藏文物鉴定咨询活动的经验做法，在原试行规程的基础上修订的，包括推荐单位的性质和应具备的条件、鉴定专业人员公示、鉴定申请人身份登记、不予鉴定的情形、鉴定意见告知、鉴定机构管理等内容。《规程》特别强调，要“运用专业知识和技能，无偿为鉴定咨询申请人提供民间收藏文物鉴定咨询服务”。

国家文物局在转发《通知》中指出，上海市民间收藏文物鉴定咨询服务模式和制度的建立，有效遏制了借文物鉴定名义实施诈骗活动的市场乱象，既以实际举措维护、保障了文物收藏爱好者的正当权益，又增强了人民群众依法收藏文物的意识，取得了良好的社会效益，是构建“多层次文物鉴定服务体系”的重要创新实践。要求各地结合实际，积极探索开展民间收藏文物鉴定工作。

近年来，因文物鉴定“无门槛”“无标准”“无责任”引起的社会纠纷频发，个别毫无常识和良知的人员，借一些收藏者“一夜暴富”的非理性收藏心态，以文物鉴定（特别是“科技鉴定”）、境外拍卖之名，行坑蒙拐骗之实，屡屡得逞，成为收藏界的“毒瘤”，必须剜除。在国家文物局早年7家民间收藏文物鉴定试点的基础上，上海市从供给侧改革入手，通过政府购买服务等方式，组织国有文物商店、文物科研机构、国有文化企业、社会团体，规范开展民间收藏文物鉴定咨询公益性服务工作，值得肯定和赞扬。

对于收藏与拍卖行业，一要坚持理性收藏观念，将获得知识、陶冶性情作为文物收藏的首要目标，敬畏历史，尊重常识，相信科学，崇尚学习，摒弃不切实际的幻想，避免上当受骗；二要建立健康的市场秩序，培育独立、公正的第三方鉴定咨询机构，不断完善鉴定程序和标准，规范鉴定人员管理，提供鉴定服务水平，为收藏、交易、担保、质押等活动保驾护航。

关注：第一，文物鉴定机构资质、人员资格管理制度；第二，文物鉴定规程；第三，文物标本库及其社会服务；第四，文物科技鉴定理论与实践体系。

扫码阅读该项通知

九《关于印发落实“证照分离“改革全覆盖试点工作实施方案的通知》

由国家文物局发布。旨在进一步简政放权，激发市场潜力，服务社会公众。

《方案》对设立文物商店审批、拍卖企业经营文物拍卖许可、馆藏文物修复、复制、拓印单位资质认定、文物保护工程资质审批等事项，提出了精简审批材料（不再要求拍卖企业提供历次股权变动情况记录等材料）、清理证明事项（不再要求文物商店设立申请人提供文物保管技术条件证明；不再要求拍卖企业提供营业执照复印件、拍卖经营批准证书复印件等证明材料）、事中事后监管（加强日常经营状况监测，发现问题及时依法查处并公开结果，依法及时处理投诉举报，健全年度报告和公示制度，加强社会监管）等优化审批服务改革措施。

对于收藏与拍卖行业，政府的放权措施接二连三，企业的负担逐年减轻，关键是要对得起政府、市场和消费者的托付，守法诚信经营，把政府对企业的服务，连通、延伸到公众的身上，使市场更有活力、消费者更有信心、企业取得更大发展。

关注："放得下" 也要"管得住"。

扫码阅读该项通知

十《国家文物保护利用示范区创建管理办法（试行）》

由国家文物局印发。旨在更好统筹文物保护利用与经济社会发展，创新文物保护利用机制，构建国家统筹、央地协同、地方建设的改革工作模式，强化顶层设计，扶持地方首创，推动实现创新性制度成熟定型，在全国树立一批文物保护利用改革的示范标杆。

《办法》规定了国家文物保护利用示范区的定义、类别、建设主体、申请条件、确定程序、实施方案、年度报告、创建周期、检查督导、评估授牌等内容。

《办法》明确，国家文物保护利用示范区以市、县级人民政府为建设主体，分为综合性和专题性两种类型，鼓励各地成为科学保护典范、融合发展示范、改革创新先锋，在文物治理能力和治理体系现代化建设上走在全国前列。国家文物局加强与有关部门会商协调，统筹对国家文物保护利用示范区创建的宏观指导和制度供给，在文物保护利用重大项目、文物安全防范、文物科技、人才培养等方面加大支持力度。国家文物保护利用示范区创建周期一般不超过三年。

专题性示范区将瞄准文物保护利用改革中的突出问题、薄弱环节，聚焦文物安全、资源管理、考古前置、乡村振兴、博物馆活力、民间收藏等重点难点，在某一个或几个方面集中发力，率先实现突破、取得经验。

对于收藏与拍卖行业，期待能至少出现一个民间收藏与文物市场领域的专题性文物保护利用示范区，在民间收藏引导、文物流通便利、文物鉴定供给、文物进境保税等方面进行专项创新实践，形成可复制、可推广的经验做法。

关注：民间收藏文物是文物事业的重要组成部分，法律制度不健全，政策措施不平衡，各方共识未达成，的确需要先行先试，改革创新，"杀出一条血路来"。

扫码阅读该项办法

Chapter 7

Appendix

第七章 附录

全国文物评估鉴定机构
Art Authentication Organizations in China

涉案文物鉴定评估机构名单

《最高人民法院 最高人民检察院 关于办理妨害文物管理等刑事案件适用法律若干问题的解释》于2016年1月1日起正式施行。该司法解释第十五条明确表示，对案件涉及的有关文物鉴定、价值认定等专门性问题难以确定的，由司法鉴定机构出具鉴定意见，或者由国务院文物行政部门指定的机构出具报告。其中，对于文物价值，也可以由有关价格认证机构做出价格认证并出具报告。根据此条司法解释，国家文物局于2016年1月4日确定了首批涉案文物鉴定评估机构。为满足司法机关对涉案文物鉴定评估工作的需要，充分发挥文物鉴定评估对依法打击文物违法犯罪活动的支撑作用，国家文物局于2016年9月30日公布第二批涉案文物鉴定评估机构名单。

批次	机构名称	电话	地址
第一批	北京市文物进出境鉴定所	010-64014608	北京市东城区府学胡同36号
	天津市文物管理中心	022-23395236	天津市和平区大理道44号
	山西博物院	0351-4050840	山西省太原市万柏林区滨河西路北段13号
	内蒙古博物院	0471-4608462	内蒙古自治区呼和浩特市新城区新华东街27号
	辽宁省文物保护中心	024-24846318	辽宁省沈阳市沈河区朝阳街少帅府巷48号
	浙江省文物鉴定站	0571-87081576	浙江省杭州市西湖区天目山路99号科贸大楼
	安徽省文物鉴定站	0551-62826619	安徽省合肥市安庆路268号
	国家文物出境鉴定河南站	0371-65963495	河南省郑州市人民路11号
	湖南省文物鉴定中心	0731-84441768	湖南省长沙市芙蓉区五一大道399号
	广东省文物鉴定站	020-87047999	广东省广州市水荫四横路32号楼5-7楼
	国家文物出境鉴定四川站	028-86120526	四川省成都市少城路6号
	陕西省文物鉴定研究中心	029-85360103	陕西省西安市雁塔区雁塔西路193号陕西省文物局内103、105室
第二批	北京市古代建筑研究所	010-83168738	北京市西城区东经路21号
	河北省博物院	0311-86045642	河北省石家庄市长安区东大街4号
	山西省文物交流中心	0351-7225133	山西省太原市迎泽区小南关西街6号
	辽宁省文物总店	024-23224679	辽宁省沈阳市和平区民主路68号
	吉林省博物院	0431-81959567	吉林省长春市净月高新技术产业开发区永顺路1666号
	黑龙江省博物馆	0451-53636187	黑龙江省哈尔滨市南岗区红军街50号
	上海市文物保护研究中心	021-54651200	上海市徐汇区岳阳路48号
	南京博物院	025-84800448	江苏省南京市玄武区中山东路321号
	苏州文物商店	0512-65224972	江苏省苏州市姑苏区人民路1208号

第二批	淮安市博物馆	0517-83645659	江苏省淮安市清河区健康西路 146-1
	福建省文物鉴定中心	0591-87118174	福建省福州市台江区白马中路 15 号
	江西省文物商店	0791-86778942	江西省南昌市东湖区民德路 349 号
	山东省文物鉴定中心	0531-85058086	山东省济南市历下区经十路 11899 号
	湖北省博物馆	027-86783171	湖北省武汉市武昌区东湖路 160 号
	湖南省文物考古研究所	0731-84441768	湖南省长沙市开福区东风路东风二村巷 18 号
	广西壮族自治区博物馆	0771-2707025	广西壮族自治区南宁市青秀区民族大道 34 号
	国家文物进出境审核海南管理处	0898-66961649	海南省海口市龙华区龙昆南路 76 号金霖花园 45 栋
	重庆市文化遗产研究院	023-63526660	重庆市渝中区枇杷山正街 72 号
	重庆中国三峡博物馆	023-63679011	重庆市渝中区人民路 236 号
	贵州省博物馆	0851-86822214	贵州省贵阳市云岩区北京路 168 号
	云南省文物总店有限公司	0871-63158542	云南省昆明市五华区青年路 371 号 4 楼
	西藏文物鉴定中心	0891-6826335	西藏自治区拉萨市城关区天海路 16 号
	甘肃省文物考古研究所	0931-2138656	甘肃省兰州市城关区和平路 165 号
	甘肃省博物馆	0931-2346308	甘肃省兰州市七里河区西津西路 3 号
	青海省博物馆	0971-6118691	青海省西宁市城西区西关大街 58 号
	青海省文物考古研究所	0971-8176135	青海省西宁市城东区为民巷 15 号
	宁夏回族自治区博物馆	0951-5015460	宁夏回族自治区银川市金凤区人民广场东街 6 号
	新疆维吾尔自治区文物总店	0991-2825161	新疆维吾尔自治区乌鲁木齐市天山区解放南路 39 号
	新疆维吾尔自治区博物馆	0991-4533451	新疆维吾尔自治区乌鲁木齐市沙依巴克区西北路 581 号

民间收藏文物鉴定试点单位

为积极回应社会关切，引导规范民间收藏文物鉴定行为，国家文物局于 2014 年 10 月 24 日发布通知，批准 7 家文博单位面向社会公众开展民间收藏文物鉴定试点工作。此举旨在通过引导国有文博单位参与民间收藏文物鉴定活动，探索民间收藏文物鉴定管理制度，逐步建立民间收藏文物鉴定程序及标准，以规范民间收藏文物鉴定行为，引导公众树立正确的文物价值观。

机构名称	电话	地址
天津市文物开发咨询服务中心	022-23119579 022-23396363	天津市和平区大理道 44 号
黑龙江省龙博文物司法鉴定所	0451-53636187	黑龙江省哈尔滨市南岗区红军街 62 号
西泠印社艺术品鉴定评估中心	0571-86018223	浙江省杭州市西湖区孤山路 31 号
厦门市文物鉴定中心	0592-5052004	福建省厦门市思明区湖滨北路 36 号文物大楼四楼
湖南省文物鉴定中心	0731-84444472 0731-84441768	湖南省长沙市芙蓉区五一大道 399 号

广东省文物鉴定站	020-87047999	广东省广州市水荫四横路32号楼5-7楼
云南文博文物评估鉴定有限公司	0871-63160925	云南省昆明市青年路371号文化科技大楼4楼401室

国家文物进出境审核管理机构名录

依据《中华人民共和国文物保护法》第六十一条，和《中华人民共和国文物保护法实施条例》第四十五条，由国家文物局指定的文物进出境审核机构决定是否受理文物出境许可证的申请；由相关文物进出境审核机构具体审核并做出决定；经审核允许出境的文物，由相关文物进出境审核机构发给由国家文物局签发的文物出境许可证。

机构名称	电话	地址
北京管理处	010-64014608	北京市东城区府学胡同36号
天津管理处	022-23396363	天津市和平区贵州路58号
河北管理处	0311-85286812	河北省石家庄市长安区东大街4号
上海管理处	021-64045311	上海市徐汇区岳阳路48号
江苏管理处	025-84841206	江苏省南京市玄武区中山东路321号
浙江管理处	0571-87081576	浙江省杭州市下城区校场路26号
安徽管理处	0551-62827802	安徽省合肥市庐阳区安庆路268号
福建管理处	0591-87118174	福建省福州市台江区白马中路25号
山东管理处	0531-85058187	山东省济南市历下区经十路11899号
河南管理处	0371-65963945	河南省郑州市金水区人民路11号
湖北管理处	027-65399532	湖北省武汉市武昌区公正路23号
广东管理处	020-87047165	广东省广州市天河区水荫四横路32号5-7楼
云南管理处	0871-67204783	云南省昆明市官渡区广福路6393号
陕西管理处	029-85360103	陕西省西安市高新区科技一路35号
辽宁管理处	024-24846318	辽宁省沈阳市浑南区智慧三街157号
四川管理处	028-86120526	四川省成都市青羊区蜀都大道少城路6号
山西管理处	0351-5687506	山西省太原市迎泽区文庙巷33号
内蒙古管理处	0471-4608271	内蒙古自治区呼和浩特市新城区新华东街27号
西藏管理处	0891-6826335	西藏自治区拉萨市城关区天海路16号
海南管理处	0898-66987097	海南省海口市龙昆南路76号
重庆管理处	023-63679223	重庆市渝中区人民路236号

全国重要美术馆及文物艺术类博物馆
Important Museums in China

全国重要文物艺术类博物馆 *

*注：全国主要文物艺术类博物馆名单摘自国家文物局网站公布的《2019 年度全国博物馆名录（2020.5.28 更新）》，仅收录其中质量等级为一、二级的省、市级文物艺术类博物馆以及县级文物艺术类特色博物馆。

序号	名称	质量等级	地址
		北京市	
1	故宫博物院	一级	东城区景山前街 4 号
2	中国国家博物馆	一级	东城区东长安街 16 号
3	首都博物馆	一级	西城区复兴门外大街 16 号
4	恭王府博物馆	一级	西城区前海西街 17 号
5	周口店北京人遗址博物馆	一级	房山区周口店大街 1 号
6	孔庙和国子监博物馆	二级	东城区国子监街 15 号
7	明十三陵博物馆	二级	昌平区十三陵镇明十三陵 - 定陵
8	北京古代建筑博物馆	二级	西城区东经路 21 号
9	大钟寺古钟博物馆	二级	海淀区北三环西路甲 31 号
		天津市	
10	天津博物馆	一级	河西区平江道 62 号
11	元明清天妃宫遗址博物馆	二级	河东区大直沽中路
		河北省	
12	河北博物院	一级	石家庄市东大街 4 号
13	邯郸市博物馆	一级	邯郸市中华北大街 45 号
14	河北美术馆	二级	石家庄市裕华区槐安东路 113 号
15	石家庄市博物馆	二级	石家庄市建设北大街 11 号
16	唐山博物馆	二级	唐山市工人文化宫院内龙泽南路 22 号
17	武强年画博物馆	二级	武强县武强镇新开街 1 号
18	秦皇岛市山海关长城博物馆	二级	秦皇岛市山海关区一关路
19	张家口市博物馆	二级	张家口市桥东区东兴街 14 号
20	承德市避暑山庄博物馆	二级	承德市双桥区避暑山庄丽正门
21	沧州市博物馆	二级	沧州市运河区浮阳南大道 31 号
22	廊坊博物馆	二级	廊坊市和平路 238-1 号

23	磁州窑博物馆	二级	磁县磁州路中段路北
山西省			
24	山西博物院	一级	太原市滨河西路北段 13 号
25	大同市博物馆	二级	大同市御东新区太和路
26	晋城博物馆	二级	晋城市凤台东街 1263 号
27	吕梁市汉画像石博物馆	二级	吕梁市离石区龙凤南大街 39 号
28	山西祁县乔家大院民俗博物馆	二级	晋中市祁县东观镇乔家堡
29	榆社县化石博物馆	二级	晋中市榆社县迎春南路 27 号
30	山西省艺术博物馆	二级	太原市起凤街一号
31	太原市晋祠博物馆	二级	太原市晋源区晋祠镇
32	长治市博物馆	二级	长治市太行西街 259 号
33	运城博物馆	二级	运城市盐湖区禹西路与魏南街交汇处
34	河边民俗博物馆	二级	定襄县河边镇
35	山西省民俗博物馆	二级	太原市迎泽区文庙巷文庙
内蒙古自治区			
36	鄂尔多斯博物馆	一级	鄂尔多斯市康巴什新区文化西路南 5 号
37	内蒙古博物院	一级	呼和浩特市新华东街 27 号
38	赤峰市博物馆	二级	赤峰市新城区富河街 10A
39	内蒙古自治区将军衙署博物院	二级	呼和浩特市新城区新华大街 31 号（鼓楼西侧）
40	鄂尔多斯青铜器博物馆	二级	鄂尔多斯市东胜区准格尔南路 3 号
41	呼伦贝尔民族博物馆	二级	内蒙古自治区呼伦贝尔市海拉尔区阿里河路老年大学旁边
42	通辽市博物馆	二级	内蒙古自治区通辽市科尔沁区建国路文化体育广场北侧
43	阿拉善博物馆	二级	阿拉善盟阿拉善左旗浩特镇政通路与额鲁特东路交叉口西南 150 米
44	巴林右旗博物馆	二级	赤峰市巴林右旗大板镇大板街南
45	呼和浩特博物馆	二级	呼和浩特市新城区通道北路 62 号
46	包头博物馆	二级	包头市昆区阿尔大街 25 号
辽宁省			
47	大连现代博物馆	一级	大连市沙河口区会展路 10 号
48	辽宁省博物馆	一级	沈阳市沈河区市府大路 363 号
49	旅顺博物馆	一级	大连市旅顺口区斯大林路
50	沈阳故宫博物院	一级	沈阳市沈河区沈阳路 171 号
51	鞍山市博物馆	二级	鞍山市铁东区千山中路 41 号
52	锦州市博物馆	二级	锦州市古塔区北三里 1 号

53	张氏帅府博物馆	二级	沈阳市沈河区朝阳街少帅府巷 46 号
54	沈阳新乐遗址博物馆	二级	沈阳市皇姑区黄河北大街龙山路、新开河以北
		吉林省	
55	吉林省博物院	一级	长春市净月高新技术产业开发区永顺路 1666 号
56	伪满皇宫博物院	一级	长春市光复北路 5 号
57	白城市博物馆	二级	白城市金辉北街文化中心 C 座
58	吉林市博物馆	二级	吉林市丰满区吉林大街 100 号
59	延边博物馆	二级	延吉市长白西路 8627 号
		黑龙江省	
60	大庆市博物馆	一级	大庆市高新开发区文苑街 2 号
61	黑龙江省博物馆	一级	哈尔滨市南岗区红军街 50 号
62	哈尔滨市阿城金上京历史博物馆	二级	哈尔滨市阿城区金源文化旅游区
63	佳木斯市博物馆	二级	黑龙江省佳木斯市前进区长安东路 52 号
64	黑龙江流域博物馆	二级	黑龙江省萝北县名山岛
65	黑龙江省民族博物馆	二级	哈尔滨市南岗区文庙街 25 号
66	齐齐哈尔市博物馆	二级	齐齐哈尔市建华区中华路 1 号
67	伊春市博物馆	二级	伊春市伊春区新兴西大街 1 号
		上海市	
68	上海博物馆	一级	人民大道 201 号
69	上海鲁迅纪念馆	一级	上海市虹口区甜爱路 200 号
70	嘉定博物馆	二级	嘉定镇博乐路 215 号
71	上海市松江区博物馆	二级	上海市松江区中山东路 233 号
72	上海市历史博物馆	二级	南京西路 325 号
73	青浦区博物馆	二级	上海市青浦区青浦镇华青南路 1000 号
		江苏省	
74	常州博物馆	一级	常州市新北区龙城大道 1288 号
75	南京博物院	一级	南京市中山东路 321 号
76	南京市博物总馆	一级	南京市秦淮区中华路 257 号
77	南通博物苑	一级	南通市濠南路 19 号
78	苏州博物馆	一级	苏州市姑苏区东北街 204 号
79	扬州博物馆	一级	扬州市文昌西路 468 号
80	常熟博物馆	二级	常熟市北门大街 1 号
81	淮安市博物馆	二级	淮安市健康西路 146-1
82	江阴市博物馆	二级	江阴市澄江中路 128 号

83	连云港市博物馆	二级	连云港市朝阳东路 68 号
84	无锡博物院	二级	无锡市钟书路 100 号
85	徐州博物馆	二级	徐州市和平路 101 号
86	徐州汉兵马俑博物馆	二级	徐州市云龙区兵马俑路 1 号
87	镇江博物馆	二级	镇江市润州区伯先路 85 号
88	苏州碑刻博物馆	二级	苏州市姑苏区人民路 613 号
89	徐州汉画像石艺术馆	二级	徐州市泉山区湖东路
浙江省			
90	杭州博物馆	一级	杭州市上城区粮道山 18 号
91	宁波博物馆	一级	宁波市鄞州区首南中路 1000 号
92	温州博物馆	一级	温州市鹿城区市府路 491 号
93	浙江自然博物馆	一级	杭州市下城区朝晖街道西湖文化广场 6 号
94	浙江省博物馆	一级	杭州市西湖区孤山路 25 号
95	中国丝绸博物馆	一级	杭州市玉皇山路 73-1 号
96	杭州南宋官窑博物馆	二级	杭州市上城区南复路 60 号
97	杭州市余杭博物馆	二级	杭州市余杭区临平南大街 95 号
98	湖州市博物馆	二级	湖州市仁皇山新区吴兴路 1 号
99	保国寺古建筑博物馆	二级	宁波市江北区保国寺
100	绍兴博物馆	二级	绍兴市越城区偏门直街 75 号
101	杭州市萧山区博物馆	二级	杭州市萧山区北干街道北干山南路 651 号
102	余姚博物馆	二级	宁波市余姚市舜水南路（龙泉山西麓广场）
103	杭州工艺美术博物馆	二级	杭州市拱墅区小河路 336 号
104	杭州西湖博物馆	二级	杭州市上城区南山路 89 号
105	永康市博物馆	二级	金华市永康市文博路 1 号
106	丽水市博物馆	二级	丽水市莲都区括苍路 701 号
107	嘉兴博物馆	二级	嘉兴市南湖区海盐塘路 485 号
108	宁波市天一阁博物馆	二级	宁波市天一街 5 号
109	衢州市博物馆	二级	衢州市新桥街 98 号
110	绍兴市上虞博物馆	二级	上虞区人民中路 228 号
111	余姚市河姆渡遗址博物馆	二级	余姚市河姆渡镇芦山寺村
安徽省			
112	安徽博物院	一级	合肥市怀宁路 268 号（新馆）、合肥市安庆路 268 号（老馆）
113	安徽中国徽州文化博物馆	一级	黄山市屯溪区机场迎宾大道 50 号
114	安庆市博物馆	二级	安庆市沿江东路 150 号

115	寿县博物馆	二级	淮南市寿县寿春镇西大街
116	皖西博物馆	二级	六安市佛子岭中路
117	歙县博物馆	二级	歙县新安碑园内
118	阜阳市博物馆	二级	阜阳市颍州区清河东路 335 号
119	宿州市博物馆	二级	宿州市埇桥区通济一路 8 号
120	马鞍山市博物馆	二级	马鞍山市太白大道 2006-1 号
121	蚌埠市博物馆	二级	蚌埠市东海大道市民广场
122	淮北市博物馆	二级	淮北市相山区博物馆路 1 号
123	淮南市博物馆	二级	淮南市洞山中路 15 号
福建省			
124	福建博物院	一级	福州市鼓楼区湖头街 96 号
125	福建・中国闽台缘博物馆	一级	泉州市丰泽区北清东路 212 号
126	上杭县博物馆	二级	福建省上杭县临江镇临江路 52 号
127	三明市博物馆	二级	三明市贵溪洋新区城市文化广场
128	厦门市博物馆	二级	厦门市思明区体育路 95 号
129	龙岩市博物馆	二级	龙岩市人民广场左侧
130	德化县陶瓷博物馆	二级	泉州市德化县浔中镇唐寨山
131	福州市博物馆	二级	福州市晋安区文博路 8 号
132	晋江市博物馆	二级	晋江市世纪大道 382 号
133	泉州市博物馆	二级	泉州市丰泽区北清东路西湖公园北侧
134	漳州市博物馆	二级	漳州市龙文区迎宾路与龙文路交接处
135	福州市长乐区博物馆	二级	福州市长乐区吴航街道爱心路 198 号
136	福建省昙石山遗址博物馆	二级	福州市闽侯县甘蔗街道昙石村 330 号
江西省			
137	江西省博物馆	一级	南昌市新洲路 2 号
138	江西客家博物院	二级	赣州市赣县区县城杨仙大道 1 号
139	九江市博物馆	二级	九江市浔阳区浔阳东路 16 号
140	江西省庐山博物馆	二级	九江市庐山市芦林 1 号
141	宜春市博物馆	二级	宜春市卢洲北路 536 号
142	萍乡博物馆	二级	萍乡市安源区滨河东路 376 号
143	婺源博物馆	二级	上饶市婺源县文公北路
144	赣州市博物馆	二级	江西省赣州市章贡区长宁路
145	景德镇中国陶瓷博物馆	二级	景德镇市紫晶路 1 号
146	八大山人纪念馆	二级	南昌青云谱区青云谱路 259 号

147	景德镇陶瓷博物馆	二级	景德镇市莲社北路 169 号
		山东省	
148	青岛市博物馆	一级	青岛崂山区梅岭东路 51 号
149	青州博物馆	一级	青州市范公亭西路 1 号
150	山东博物馆	一级	济南市经十路 11899 号（燕山立交桥东 2 千米）
151	潍坊市博物馆	一级	潍坊市东风东街 6616 号
152	烟台市博物馆	一级	烟台市芝罘区毓岚街 2 号
153	东营市历史博物馆	二级	东营市广饶县月河路 270 号
154	济南市博物馆	二级	济南市历下区经十一路 30 号
155	临沂市博物馆	二级	临沂市北城新区兰陵路 10 号
156	威海市文登区博物馆	二级	威海市文登区柳营街 57 号
157	济南市章丘区博物馆	二级	济南市章丘区清照路
158	山东大学博物馆	二级	济南市历城区山大南路 27 号中心校区知新楼 27 楼
159	泰安市博物馆	二级	泰安市泰山区朝阳街 7 号（岱庙内）
160	诸城市博物馆	二级	诸城市和平北街 125 号
161	淄博市博物馆	二级	淄博市张店区商场西街 153 号
162	莒县博物馆	二级	莒县振兴东路 208 号
163	齐文化博物馆	二级	淄博市临淄区临淄大道 308 号
		河南省	
164	河南博物院	一级	郑州市农业路 8 号
165	开封市博物馆	一级	河南省开封新区五大街与六大街郑开大道北侧
166	洛阳博物馆	一级	洛阳市洛龙区聂泰路
167	南阳市汉画馆	一级	南阳市卧龙区汉画街 398 号
168	郑州博物馆	一级	郑州市中原区嵩山南路 168 号
169	洛阳周王城天子驾六博物馆	二级	洛阳市西工区人民东路与中州中路交叉口王城广场
170	三门峡市博物馆	二级	三门峡市陕州公园内
171	巩义市博物馆	二级	郑州市巩义市杜甫路 82 号
172	安阳博物馆	二级	安阳市文峰区文明大道
173	平顶山博物馆	二级	平顶山市新华区长安大道中段
174	周口市博物馆	二级	周口市川汇区文昌大道东段 02 号
175	信阳博物馆	二级	信阳市平桥区前进街道
176	新郑市博物馆	二级	河南省新郑市轩辕路西段 228 号
177	新安县千唐志斋博物馆	二级	洛阳市新安县铁门镇

178	驻马店市博物馆	二级	驻马店市通达路中段
179	洛阳龙门博物馆	二级	洛阳市洛龙区龙门石窟
180	鹤壁市博物馆	二级	鹤壁市淇滨区湘江路 12 号
181	洛阳古代艺术博物馆	二级	洛阳市机场路 45 号
182	南阳市博物馆	二级	南阳市卧龙路 766 号
183	三门峡市虢国博物馆	二级	三门峡市六峰北路
184	许昌市博物馆	二级	许昌市许都路东段
185	郑州市大河村遗址博物馆	二级	郑州市连霍高速与中州大道交叉口东南隅
186	洛阳民俗博物馆	二级	中国河南洛阳市新街九都东路口
187	内乡县衙博物馆	二级	内乡县城东大街
		湖北省	
188	湖北省博物馆	一级	武汉市武昌区东湖路 160 号
189	武汉博物馆	一级	武汉市江汉区青年路 373 号
190	荆州博物馆	一级	荆州市荆中路 166 号
191	武当博物馆	二级	武当山特区博物馆路 14 号
192	黄冈市博物馆	二级	黄冈市黄州区公园路 7 号
193	鄂州市博物馆	二级	鄂州市鄂城区寒溪路 7 号
194	黄石市博物馆	二级	黄石市下陆区团城山广会路 12 号
195	十堰市博物馆	二级	十堰市北京北路 91 号
196	随州市博物馆	二级	随州市擂鼓墩大道 98 号
197	襄阳市博物馆	二级	襄阳市襄城区北街 1 号
198	宜昌博物馆	二级	宜昌市西陵区夷陵大道 115 号
199	湖北明清古建筑博物馆	二级	武汉市黄陂区木兰湖畔
200	恩施土家族苗族自治州博物馆	二级	湖北省恩施市舞阳大道博物馆路 2 号
		湖南省	
201	湖南省博物馆	一级	长沙市开福区东风路 50 号
202	长沙简牍博物馆	一级	长沙市天心区白沙路 92 号
203	常德博物馆	二级	常德市武陵区武陵大道南段 282 号
204	郴州市博物馆	二级	郴州市博物馆路 5 号
205	益阳市博物馆	二级	益阳市康富南路 18 号
206	湘潭市博物馆	二级	湘潭市岳塘区人大西北角
207	岳阳博物馆	二级	岳阳市岳阳楼区龙舟路 14 号
208	长沙市博物馆	二级	长沙市开福区新河三角洲滨江文化园
209	株洲市博物馆	二级	株洲市芦淞区建设中路文化园内

210	龙山县里耶古城（秦简）博物馆	二级	湖南省湘西土家族苗族自治州龙山县里耶镇
广东省			
211	广东省博物馆	一级	广州市天河区珠江新城珠江东路 2 号
212	西汉南越王博物馆	一级	广州市解放北路 867 号
213	深圳博物馆	一级	深圳市福田区同心路 6 号
214	孙中山故居纪念馆	一级	广东省中山市翠亨村
215	广州博物馆	一级	广州市越秀山镇海楼
216	广东民间工艺博物馆	一级	广州市中山 7 路
217	潮州市博物馆	二级	潮州市人民广场西侧
218	东莞市博物馆	二级	东莞市莞城区新芬路 36 号
219	广州艺术博物院	二级	广州市麓湖路 13 号
220	惠州市博物馆	二级	惠州市江北市民乐园西路 3 号
221	番禺博物馆	二级	广州市番禺区银平路 121 号
222	广东海上丝绸之路博物馆	二级	阳江市江城区试验区十里银滩
223	东莞展览馆	二级	东莞市南城街道鸿福路 97 号
224	佛山市顺德区博物馆	二级	佛山市顺德区大良街道碧水路北侧
225	东莞市可园博物馆	二级	东莞市城区可园路 32 号
226	南越王宫博物馆	二级	广州市越秀区北京路与中山四路交界处
227	河源市博物馆	二级	河源市源城区滨江大道龟峰公园内龟峰山北麓
228	广东中国客家博物馆	二级	中国广东省梅州市梅江区东山大道 2 号
229	江门市博物馆	二级	江门市蓬江区白沙大道西 37 号
230	韶关市博物馆	二级	韶关市武江区工业西路 90 号
231	云浮市博物馆	二级	云浮市世纪大道中博物馆大楼
232	肇庆市博物馆	二级	肇庆市端州区江滨路
233	珠海市博物馆	二级	珠海市吉大景山路 191 号九洲城
广西壮族自治区			
234	广西民族博物馆	一级	南宁市青环路 11 号
235	广西壮族自治区博物馆	一级	南宁市青秀区民族大道 34 号
236	桂海碑林博物馆	二级	桂林市七星区龙隐路 1 号
237	南宁博物馆	二级	南宁市良庆区龙堤路与宋厢路交汇处附近西
238	梧州市博物馆	二级	梧州市万秀区大学路 20 号
239	桂林博物馆	二级	桂林市秀峰区西山路 4 号
240	柳州市博物馆	二级	柳州市解放北路 37 号

海南省			
241	海南省博物馆	一级	海口市国兴大道 68 号
重庆市			
242	重庆中国三峡博物馆	一级	渝中区人民路 236 号
243	重庆市万州区博物馆	二级	重庆市万州区高笋塘女人广场（新城路北）
244	云阳县博物馆	二级	重庆市云阳县双江街道云阳青少年活动中心
245	巫山博物馆	二级	重庆市巫山县巫峡镇平湖西路 369 号
四川省			
246	成都金沙遗址博物馆	一级	成都市青羊区金沙遗址路 2 号
247	成都武侯祠博物馆	一级	成都市武侯祠大街 231 号
248	成都杜甫草堂博物馆	一级	成都市青羊区青华路 37 号
249	四川博物院	一级	成都市浣花南路 251 号
250	三星堆博物馆	一级	广汉市西安路 133 号
251	成都永陵博物馆	二级	成都市金牛区永陵路 10 号
252	新都杨升庵博物馆	二级	成都市新都区桂湖中路 109 号
253	宜宾市博物院	二级	宜宾市翠屏区真武山 7 组 46 号
254	泸州市博物馆	二级	泸州市江阳区江阳西路 37 号
255	眉山三苏祠博物馆	二级	眉山市东坡区沙縠行南段 72 号
256	四川宋瓷博物馆	二级	遂宁市船山区西山路 613 号
257	四川省建川博物馆	二级	成都市大邑县安仁古镇迎宾路
贵州省			
258	贵州省博物馆	二级	贵阳市云岩区北京路 168 号
259	贵州省民族博物馆	二级	贵阳市迎宾大道遵义路筑城广场
260	黔东南州民族博物馆	二级	黔东南苗族侗族自治州凯里市广场路 5 号
云南省			
261	云南省博物馆	一级	昆明市官渡区广福路 6393 号
262	云南民族博物馆	一级	昆明市滇池路 1503 号
263	楚雄彝族自治州博物馆	二级	楚雄市鹿城南路 471 号
264	昆明市博物馆	二级	昆明市官渡区拓东路 93 号
265	大理白族自治州博物馆	二级	大理市下关洱河南路 8 号
266	红河哈尼族彝族自治州博物馆	二级	蒙自市天马路 65 号
267	玉溪市博物馆	二级	玉溪市红塔区红塔大道 30 号
西藏自治区			
268	西藏博物馆	一级	拉萨市民族南路 2 号

陕西省			
269	宝鸡青铜器博物院	一级	宝鸡市滨河大道中华石鼓园
270	汉阳陵博物馆	一级	西安经济技术开发区泾河工业园机场路东段
271	秦始皇帝陵博物院	一级	西安市临潼区
272	陕西历史博物馆	一级	西安市雁塔区小寨东路91号
273	西安碑林博物馆	一级	西安市碑林区三学街15号
274	西安半坡博物馆	一级	西安市半坡路155号
275	西安博物院	一级	西安市碑林区友谊西路72号
276	西安大唐西市博物馆	一级	西安市莲湖区劳动南路118号
277	汉中市博物馆	二级	汉中市汉台区东大街26号
278	茂陵博物馆	二级	兴平市南位镇茂陵村南
279	法门寺博物馆	二级	宝鸡市扶风县法门寺佛文化景区
280	安康博物馆	二级	安康市汉滨区黄沟路
281	宝鸡市周原博物馆	二级	宝鸡市岐山县京当镇
282	乾陵博物馆	二级	咸阳市乾县
283	咸阳博物院	二级	咸阳市中山街53号
284	耀州窑博物馆	二级	铜川市王益区黄堡镇新宜南路25号
285	昭陵博物馆	二级	咸阳市礼泉县烟霞镇
甘肃省			
286	敦煌研究院	一级	敦煌市莫高窟
287	甘肃省博物馆	一级	兰州市七里河区西津西路3号
288	天水市博物馆	一级	天水市秦州区伏羲路110号
289	临夏州博物馆	二级	临夏回族自治州临夏市折桥镇
290	张掖市甘州区博物馆	二级	张掖市县府街86号
291	兰州市博物馆	二级	兰州市城关区庆阳路240号
292	平凉市博物馆	二级	平凉市崆峒区城东宝塔梁
青海省			
293	青海省博物馆	一级	西宁市西关大街58号
294	中国青海柳湾彩陶博物馆	二级	海东市乐都区高庙镇柳湾村
宁夏回族自治区			
295	宁夏回族自治区博物馆	一级	银川市金凤区人民广场东街6号
296	固原博物馆	一级	固原市西城路133号
新疆维吾尔自治区			
297	新疆维吾尔自治区博物馆	一级	乌鲁木齐市西北路581号

298	吐鲁番博物馆	一级	吐鲁番市木纳尔路 1268 号
299	巴音郭楞蒙古自治州博物馆	二级	新疆库尔勒市人民广场

全国重要美术馆 *

*注：2016 年 5 月 11 日《国务院办公厅转发文化部等部门关于推动文化文物单位文化创意产品开发若干意见的通知》（国办发〔2016〕36 号）印发以来，文化部、国家文物局确定（以下称：文创开发试点）或备案（以下称：文创开发试点备案）了 154 家试点单位。本名单仅收录其中的美术馆。

序号	名称	质量等级	地址
1	中国美术馆	文创开发试点	北京市东城区五四大街 1 号
2	中央美术学院美术馆	文创开发试点	北京市朝阳区花家地南街 8 号
3	中国美术学院美术馆	文创开发试点	浙江省杭州市上城区南山路 218 号
4	北京画院美术馆	文创开发试点备案	北京市朝阳区朝阳公园南路 12 号院北京画院院内
5	河北美术馆	文创开发试点备案	河北省石家庄市槐安东路 113 号（世纪公园北门对面）
6	中华艺术宫（上海美术馆）	文创开发试点备案	上海市浦东新区上南路 205 号
7	上海刘海粟美术馆	文创开发试点备案	上海市延安西路 1609 号
8	上海当代艺术博物馆	文创开发试点备案	上海市黄浦区花园港路 200 号
9	江苏省美术馆	文创开发试点备案	江苏省南京市长江路 333 号
10	南京书画院（金陵美术馆）	文创开发试点备案	江苏省南京市秦淮区剪子巷 50 号
11	宁波美术馆	文创开发试点备案	浙江省宁波市江北区人民路 122 号（老外滩）
12	江西省美术馆	文创开发试点备案	江西省南昌市高新大道 1978 号
13	山东美术馆	文创开发试点备案	山东省济南市经十路 11777 号（燕山立交桥东 2 千米）
14	济南市美术馆	文创开发试点备案	山东省济南市腊山河西路与威海路交叉口
15	河南省美术馆	文创开发试点备案	河南省郑州市郑东新区商务内环路 1 号
16	广西美术馆	文创开发试点备案	广西壮族自治区南宁市五象新区秋月路西段
17	广东美术馆	文创开发试点备案	广东省广州市越秀区二沙岛烟雨路 38 号
18	深圳美术馆	文创开发试点备案	广东省深圳市爱国路东湖一街 32 号（东湖公园内）
19	深圳关山月美术馆	文创开发试点备案	广东省深圳市红荔路 6026 号
20	重庆美术馆	文创开发试点备案	重庆市渝中区临江路 1 号国泰艺术中心
21	四川美术馆	文创开发试点备案	四川省成都市人民西路 6 号
22	陕西省美术博物馆	文创开发试点备案	陕西省西安市长安北路 14 号

全国重要文物艺术品收藏组织
Art Collection Organizations in China

中国大陆地区

单位名称	联系电话	地址
中国收藏家协会	010-84027307	北京市朝阳区朝阳公园南路 19 号郡王府内敦煌艺术馆
中国文物学会	010-84020901	北京市西城区西黄城根北街 21 号
中国文物保护基金会	010-64025850	北京市东城区五四大街 29 号
中国博物馆协会	010-64031809	北京市西城区阜成门内大街宫门口二条 19 号北京鲁迅博物馆院内中国博物馆协会
中国书法家协会	010-59759345	北京市朝阳区北沙滩 1 号院 32 号楼 B 座
中国美术家协会	010-59759390	北京市朝阳区北沙滩 1 号院 32 号楼 B 座 18 层
中国文学艺术界联合会	010-64810112	北京市朝阳区安苑北里 22 号
中国艺术研究院	010-64891166	北京市朝阳区惠新北里甲 1 号
中国艺术科技研究所	010-87930700	北京市东城区雍和宫大街戏楼胡同 1 号柏林寺
中国国家画院	010-68412606	北京市海淀区西三环北路 54 号
北京画院	010-65025171	北京市朝阳区朝阳公园南路 12 号院
李可染艺术基金会	010-67203123 010-67206303 13801326799	北京市朝阳区弘燕路山水文园东园 3 号楼底商 101 室
李可染画院	010-56916301 010-68250507	北京市大兴区北兴路西红门星光生态文化休闲公园 1 号
北京收藏家协会	010-63370493	北京复兴门外大街 16 号首都博物馆内
天津市收藏家协会	022-86218642	天津市水上公园内东门入口左侧“雅阁轩”三楼
河北省收藏家协会	0311-86212249	河北省石家庄市桥西区中华南大街 380 号盛景大厦 18 楼
山东省文物保护与收藏协会	0531-85058016	山东省济南市历下区经十路 11899 号
山西省收藏家协会	0351-4085545	山西省太原市迎泽区迎泽大街 248 号
辽宁省收藏家协会	024-23928181	辽宁省沈阳市沈河区青年大街 215 号 62B
上海市收藏协会	021-62583256	上海市中山南路 1551 号
上海市工商联收藏俱乐部	021-65879910	上海市中山西路 518 号 3 楼 3126 天山茶城古瓷轩
上海市收藏鉴赏家协会	021-64877449	上海市南丹东路 300 弄 3 号 103 室
江苏省收藏家协会	025-85597900	江苏省南京市秦淮区瞻园路 19 号中国秦淮古玩城三层 306、307 室
浙江省收藏协会	0571-86053603	浙江省杭州市下城区文晖路 269 号通盛嘉苑 1 栋 902 室
六安市收藏家协会	0564-3334315	安徽省六安市交通路 28 号
河南省收藏家协会	0371-65865531	河南省郑州市经五路 1 号附 5 号
湖北省收藏家协会	027- 86812800	武汉市武昌区徐东古玩城五楼

湖南省收藏协会	0731-4443953	湖南长沙市清水塘路25号
广东省收藏家协会	020-83333406	广东省广州市解放北路542号
广西收藏协会	0771-2564939	广西壮族自治区南宁市民主路北四里12-3号
海南省收藏家协会	0898-6928942	海南省海口市琼山区国兴大道68号省博物馆
重庆收藏协会	023- 63528552	重庆市枇杷山正街72号
贵州省收藏协会	0851-8532755	贵州省贵阳市南明区都司高架桥路23号
遵义市收藏家协会	0851-28687276	贵州省博物馆内一楼
云南省收藏家协会	0871-5389989	云南省昆明市人民西路124号昆明潘家湾文化市场办公楼二楼
陕西省收藏家协会	029-84352528	陕西省西安市东新街2号
甘肃省收藏协会	0931-4607166	甘肃兰州市城关区陇西路金城大剧院西侧
宁夏收藏家协会	0951-5025665	宁夏回族自治区银川市解放东街5号楼
新疆维吾尔自治区收藏家协会	0991-8877177	新疆维吾尔自治区乌鲁木齐市人民路1号文华大厦

港澳台地区

敏求精舍（中国香港）	协会简介："敏求精舍"是一个成立于1960年的收藏家团体，其成员是一群醉心于中国文物艺术品收藏的香港藏家。他们以《论语·述而篇》"我非生而知之者，好古敏而求之者也"的经典论述，给收藏社团命名为"敏求精舍"，又以"研究艺事，品鉴文物"作为"敏求"的宗旨。"敏求"的会友荟萃了一批既是社会栋梁之材，又是收藏佼佼者的知名人士。他们的藏品不但等级高，影响大，在一定程度上可以说享誉世界。为弘扬中华文化，"敏求精舍"经常与不同机构合作举办讲座、研讨会及展览，也组织会友到世界各地参观学习，举办会友藏珍展览，有力推动香港艺术市场的发展，有效地防止中华文物精品的流失，使中国的民间收藏最早与世界接轨，在香港社会中所发挥的作用不容忽视。
清翫雅集（中国台湾）	协会简介："清翫雅集"成立于1992年，由一群台湾知名的收藏家共同发起。团体立名引籍明朝嘉靖年间书刊"清翫"为典，以凸显其崇尚博雅的古风，而"翫"乃玩的古字，寓意观赏与研习。与该会创建的思想与目的相辅相成。"清翫雅集"成员的收藏涵盖多个领域，非常丰富，每个成员均有其专精的系列收藏，他们的藏品也先后在北京故宫博物院、台北历史博物馆、首都博物馆举办过多次大展。

开设文物艺术相关专业高校
Higher Education in the Arts

省份	开设院校	历史学类			艺术学理论类	美术学类				设计学类		院校等级
		文博类	考古学	文物保护/修复技术		绘画（中国画、油画、版画、水彩等）/美术（非师范）	雕塑	摄影	书法学	工艺美术	公共艺术	
北京	北京大学	√	√		√							985[1]/211[2]/“双一流”[4]
	中国人民大学					√						985/211/“双一流”
	清华大学				√	√	√	√		√		985/211/“双一流”
	北京工业大学					√				√		211/“双一流”
	北京航空航天大学					√						985/211/“双一流”
	北京服装学院					√	√	√			√	
	北京印刷学院					√		√				
	北京师范大学								√			985/211/“双一流”
	首都师范大学		√			√			√			“双一流”
	北京语言大学					√						
	中国传媒大学							√				211/“双一流”
	中央财经大学								√			211/“双一流”
	中央美术学院				√	√	√	√	√		√	“双一流”
	中国戏曲学院					√						
	北京电影学院							√				
	中央民族大学	√				√						985/211/“双一流”
	北京联合大学	√				√						
	北京城市学院							√	√	√		
	首都师范大学科德学院							√				
	中国人民解放军艺术学院					√						军事院校[3]

省份	开设院校	历史学类			艺术学理论类	美术学类				设计学类		院校等级
		文博类	考古学	文物保护/修复技术		绘画（中国画、油画、版画、水彩等）/美术（非师范）	雕塑	摄影	书法学	工艺美术	公共艺术	
天津	南开大学	√				√						985/211/“双一流”
	天津科技大学										√	
	天津工业大学									√		“双一流”
	天津理工大学							√				
	天津师范大学	√				√		√				
	天津商业大学					√						
	天津美术学院					√	√	√	√	√	√	
	天津体育学院运动与文化艺术学院									√		
	南开大学滨海学院						√					
	天津师范大学津沽学院							√				
河北	河北大学					√			√			
	河北工程大学	√										
	华北理工大学					√						
	河北科技大学					√					√	
	河北农业大学					√						
	河北师范大学		√			√	√		√			
	保定学院	√				√			√	√		
	廊坊师范学院						√		√			
	衡水学院					√						
	邯郸学院								√			
	邢台学院					√						
	燕山大学						√				√	
	河北经贸大学					√						
	河北传媒学院					√	√	√	√			
	河北美术学院					√	√		√	√	√	
	河北科技学院										√	
	华北理工大学轻工学院					√						
	河北师范大学汇华学院								√			
	河北东方学院	√										
山西	山西大学		√			√	√				√	
	太原科技大学					√				√		

省份	开设院校	历史学类			艺术学理论类	美术学类				设计学类		院校等级
		文博类	考古学	文物保护/修复技术		绘画（中国画、油画、版画、水彩等）/美术（非师范）	雕塑	摄影	书法学	工艺美术	公共艺术	
山西	太原理工大学			√		√		√		√		211/“双一流”
	山西师范大学	√							√			
	太原师范学院					√			√			
	山西大同大学			√		√	√		√			
	晋中学院							√	√			
	忻州师范学院								√			
	山西应用科技学院								√			
	太原理工大学现代科技学院							√				
	山西师范大学现代文理学院								√			
	太原学院								√			
	山西大学商务学院									√		
	山西传媒学院							√				
内蒙古	内蒙古大学	√				√	√					211/“双一流”
	内蒙古师范大学	√	√			√	√				√	
	赤峰学院		√									
	呼伦贝尔学院							√	√			
	呼和浩特民族学院							√				
	内蒙古大学创业学院					√						
	内蒙古师范大学鸿德学院							√				
	内蒙古艺术学院					√						
辽宁	辽宁大学		√					√				211/“双一流”
	大连理工大学						√					985/211/“双一流”
	沈阳航空航天大学					√						
	大连工业大学						√	√				
	大连医科大学							√				
	辽宁师范大学					√						
	沈阳师范大学	√				√	√				√	
	渤海大学	√				√						
	鞍山师范学院							√	√			

省份	开设院校	历史学类			艺术学理论类	美术学类				设计学类		院校等级
		文博类	考古学	文物保护/修复技术		绘画(中国画、油画、版画、水彩等)/美术(非师范)	雕塑	摄影	书法学	工艺美术	公共艺术	
辽宁	鲁迅美术学院			√		√	√	√	√	√		
	沈阳大学					√	√				√	
	辽宁科技学院					√						
	沈阳工学院									√		
	大连工业大学艺术与信息工程学院										√	
	沈阳城市学院							√				
	大连艺术学院					√	√			√		
	沈阳科技学院					√						
	辽宁传媒学院							√			√	
吉林	吉林大学	√	√			√						985/211/“双一流”
	延边大学					√						211/“双一流”
	吉林建筑大学								√			
	东北师范大学						√					211/“双一流”
	北华大学					√	√					
	通化师范学院					√	√					
	吉林师范大学					√						
	吉林工程技术师范学院									√		
	长春师范大学	√				√			√			
	吉林艺术学院				√	√	√	√	√	√	√	
	长春工程学院										√	
	吉林警察学院					√						
	长春大学					√						
	长春光华学院							√				
	吉林建筑大学城建学院						√				√	
	长春建筑学院										√	
	吉林动画学院					√		√		√		
	东北师范大学人文学院					√						
黑龙江	黑龙江大学		√			√						
	哈尔滨理工大学					√					√	
	佳木斯大学					√				√		

省份	开设院校	历史学类			艺术学理论类	美术学类				设计学类		院校等级
		文博类	考古学	文物保护/修复技术		绘画（中国画、油画、版画、水彩等）/美术（非师范）	雕塑	摄影	书法学	工艺美术	公共艺术	
黑龙江	哈尔滨师范大学			√		√		√	√	√		
	齐齐哈尔大学					√						
	牡丹江师范学院					√					√	
	哈尔滨学院					√		√			√	
	大庆师范学院					√						
	黑龙江工商学院							√				
	黑河学院					√			√			
上海	复旦大学	√										985/211/“双一流”
	上海应用技术大学					√						
	华东师范大学					√	√				√	985/211/“双一流”
	上海师范大学					√	√	√				
	上海戏剧学院					√						
	上海大学					√	√					211/“双一流”
	上海工程技术大学							√				
	上海视觉艺术学院					√	√	√		√	√	
江苏	南京大学		√									985/211/“双一流”
	江南大学										√	211/“双一流”
	南京林业大学							√			√	“双一流”
	南京师范大学	√				√		√				211/“双一流”
	江苏师范大学					√			√			
	淮阴师范学院								√			
	南京艺术学院				√	√	√	√	√	√	√	
	常州工学院										√	
	扬州大学							√			√	
	三江学院					√		√				
	南京工程学院									√		
	南京晓庄学院					√						
	江苏理工学院							√				
	泰州学院					√						

省份	开设院校	历史学类			艺术学理论类	美术学类				设计学类		院校等级
		文博类	考古学	文物保护/修复技术		绘画（中国画、油画、版画、水彩等）/美术（非师范）	雕塑	摄影	书法学	工艺美术	公共艺术	
江苏	无锡太湖学院					√						
	中国传媒大学南广学院							√				
	南京师范大学泰州学院							√				
	南京师范大学中北学院							√				
浙江	浙江大学	√										985/211/“双一流”
	浙江工业大学										√	
	浙江农林大学							√				
	杭州师范大学					√			√		√	
	绍兴文理学院								√			
	丽水学院							√				
	中国美术学院			√	√	√	√	√	√	√	√	“双一流”
	浙江科技学院							√				
	浙江财经大学							√				
	浙江传媒学院							√				
	宁波大学科学与技术学院									√		
	温州商学院									√		
安徽	安徽大学		√			√						211/“双一流”
	安徽工业大学										√	
	安徽工程大学									√		
	安徽师范大学					√	√	√	√	√		
	阜阳师范学院					√						
	淮北师范大学					√			√			
	安徽财经大学					√						
	宿州学院								√			
	淮南师范学院							√				
	安徽三联学院							√				
	安徽新华学院					√						
	安徽师范大学皖江学院							√				
福建	厦门大学		√			√						985/211/“双一流”
	华侨大学					√						

省份	开设院校	历史学类			艺术学理论类	美术学类				设计学类		院校等级
		文博类	考古学	文物保护/修复技术		绘画（中国画、油画、版画、水彩等）/美术（非师范）	雕塑	摄影	书法学	工艺美术	公共艺术	
福建	福州大学					√	√			√		211/“双一流”
	闽江学院					√	√					
	泉州师范学院								√			
	闽南师范大学										√	
	福建技术师范学院									√		
	莆田学院									√		
江西	南昌大学					√						211/“双一流”
	景德镇陶瓷大学		√			√	√				√	
	江西师范大学	√										
	上饶师范学院								√			
	宜春学院								√			
	井冈山大学	√										
	景德镇学院	√					√			√		
	江西科技师范大学	√								√		
	九江学院					√						
	景德镇陶瓷大学科技艺术学院					√	√					
山东	山东大学	√	√									985/211/“双一流”
	青岛科技大学					√					√	
	济南大学							√				
	青岛理工大学					√						
	齐鲁工业大学							√				
	青岛农业大学					√						
	山东师范大学							√				
	曲阜师范大学	√				√			√			
	聊城大学								√			
	临沂大学								√			
	泰山学院	√										
	山东艺术学院				√	√	√	√	√	√		
	山东工艺美术学院				√	√	√	√		√	√	
	青岛大学					√						

省份	开设院校	历史学类			艺术学理论类	美术学类				设计学类		院校等级
		文博类	考古学	文物保护/修复技术		绘画（中国画、油画、版画、水彩等）/美术（非师范）	雕塑	摄影	书法学	工艺美术	公共艺术	
山东	潍坊学院	√							√			
	齐鲁理工学院								√			
	济南大学泉城学院							√				
	齐鲁师范学院								√			
	齐鲁理工学院					√						
	北京电影学院现代创意媒体学院					√		√				
河南	华北水利水电大学										√	
	郑州大学		√			√	√		√			211/“双一流”
	河南理工大学					√						
	郑州轻工业学院					√	√			√		
	中原工学院							√				
	河南科技学院									√		
	河南大学	√	√			√		√	√			
	河南师范大学		√			√						
	信阳师范学院					√						
	周口师范学院					√						
	安阳师范学院		√			√		√	√			
	许昌学院					√						
	南阳师范学院						√			√		
	洛阳师范学院					√						
	商丘师范学院					√	√	√				
	河南财经政法大学					√						
	安阳工学院					√						
	黄河科技学院							√				
	河南科技学院新科学院									√		
湖北	武汉大学		√									985/211/“双一流”
	武汉科技大学					√					√	
	中国地质大学（武汉）									√		211/“双一流”
	武汉纺织大学							√				
	湖北工业大学										√	

省份	开设院校	历史学类			艺术学理论类	美术学类				设计学类		院校等级
		文博类	考古学	文物保护/修复技术		绘画（中国画、油画、版画、水彩等）/美术（非师范）	雕塑	摄影	书法学	工艺美术	公共艺术	
湖北	华中师范大学					√						211/“双一流”
	湖北师范大学								√			
	湖北民族学院					√						
	汉江师范学院					√						
	湖北文理学院					√						
	湖北美术学院				√	√	√	√	√	√	√	
	中南民族大学	√				√						
	江汉大学					√					√	
	汉口学院									√		
	武昌理工学院									√		
	武昌工学院							√				
	武汉工商学院					√						
	湖北商贸学院							√				
	湖北民族学院科技学院					√						
	武汉工程科技学院							√				
	武汉传媒学院					√		√				
	武汉学院									√		
	武汉设计工程学院									√		
湖南	湖南科技大学					√	√					
	湖南师范大学					√				√		211/“双一流”
	衡阳师范学院					√						
	湖南人文科技学院								√			
	湖南第一师范学院								√			
	长沙师范学院								√	√		
	中南林业科技大学涉外学院								√			
广州	中山大学		√									985/211/“双一流”
	汕头大学										√	
	暨南大学								√			
	韶关学院					√						
	岭南师范学院								√			

省份	开设院校	历史学类			艺术学理论类	美术学类				设计学类		院校等级
		文博类	考古学	文物保护/修复技术		绘画（中国画、油画、版画、水彩等）/美术（非师范）	雕塑	摄影	书法学	工艺美术	公共艺术	
广州	肇庆学院								√	√		
	广州美术学院				√	√	√	√		√		
	广东技术师范学院									√		
	广州大学					√						
	广东培正学院					√				√		
	中山大学南方学院										√	
	北京理工大学珠海学院									√		
	广州工商学院										√	
广西	桂林电子科技大学								√			
	桂林理工大学									√		
	广西师范大学					√			√		√	
	广西师范学院								√			
	玉林师范学院					√						
	广西艺术学院				√	√	√	√	√	√	√	
	南宁学院									√		
	桂林旅游学院									√		
	北海艺术设计学院					√	√	√				
	北京航空航天大学北海学院					√						
海南	海南大学					√						211/“双一流”
	海南热带海洋学院	√										
	海南师范大学					√						
	海口经济学院							√				
	三亚学院						√					
	琼台师范学院								√	√		
重庆	重庆大学					√						985/211/“双一流”
	西南大学					√	√					211
	重庆师范大学	√				√		√				
	长江师范学院						√					
	四川美术学院				√	√	√	√	√	√	√	
	重庆工商大学							√				
	重庆人文科技学院						√					

省份	开设院校	历史学类			艺术学理论类	美术学类				设计学类		院校等级
		文博类	考古学	文物保护/修复技术		绘画（中国画、油画、版画、水彩等）/美术（非师范）	雕塑	摄影	书法学	工艺美术	公共艺术	
重庆	四川外国语大学重庆南方翻译学院					√						
	重庆第二师范学院										√	
四川	四川大学	√	√			√						985/211/“双一流”
	西南交通大学					√						211
	四川师范大学					√			√			
	西华师范大学	√				√						
	四川音乐学院				√	√	√	√			√	
	西南民族大学	√				√	√	√				
	成都学院					√						
	四川传媒学院						√	√		√	√	
	成都文理学院					√						
	四川文理学院								√			
	成都师范学院								√			
	阿坝师范学院								√		√	
	四川电影电视学院										√	
	四川文化艺术学院	√				√	√	√				
贵州	贵州大学					√	√	√				211/“双一流”
	贵州师范大学					√		√	√			
	贵州民族大学	√							√			
	贵州商学院				√							
	贵州大学科技学院					√						
云南	云南大学					√						211/“双一流”
	昆明理工大学					√						
	大理大学					√						
	云南师范大学	√							√			
	昭通学院								√	√		
	曲靖师范学院								√			
	保山学院									√		
	红河学院					√		√		√		
	云南艺术学院					√	√	√	√			

省份	开设院校	历史学类			艺术学理论类	美术学类				设计学类		院校等级
		文博类	考古学	文物保护/修复技术		绘画（中国画、油画、版画、水彩等）/美术（非师范）	雕塑	摄影	书法学	工艺美术	公共艺术	
云南	云南民族大学									√		
	玉溪师范学院					√						
	楚雄师范学院						√		√	√		
	文山学院									√		
	云南师范大学商学院							√				
	昆明医科大学海源学院								√			
	云南艺术学院文华学院					√	√	√				
西藏	西藏大学					√						211/“双一流”
	西藏民族大学	√										
陕西	西北大学	√	√	√								211/“双一流”
	西安交通大学						√		√			985/211/“双一流”
	西北工业大学								√			985/211/“双一流”
	西安理工大学						√	√				
	西安建筑科技大学					√	√	√				
	西安工程大学							√				
	陕西师范大学	√				√						211/“双一流”
	咸阳师范学院					√			√			
	西安美术学院				√	√	√	√	√	√	√	
	西安文理学院	√									√	
陕西	西安培华学院									√		
	西安交通大学城市学院								√			
	西北大学现代学院							√				
	西安建筑科技大学华清学院					√		√				
甘肃	兰州大学	√										985/211/“双一流”
	兰州交通大学					√						
	西北师范大学					√			√			
	兰州城市学院									√		
	陇东学院					√						
	天水师范学院	√				√				√		

省份	开设院校	历史学类			艺术学理论类	美术学类				设计学类		院校等级
		文博类	考古学	文物保护/修复技术		绘画（中国画、油画、版画、水彩等）/美术（非师范）	雕塑	摄影	书法学	工艺美术	公共艺术	
甘肃	河西学院					√						
	兰州财经大学					√					√	
	西北民族大学	√		√		√						
	甘肃政法学院					√						
	兰州财经大学长青学院									√		
	兰州交通大学博文学院									√		
宁夏	宁夏师范学院					√						
	北方民族大学					√	√					
	宁夏理工学院					√						
新疆	新疆师范大学	√				√						
	伊犁师范学院					√						
	新疆艺术学院					√	√	√				

① 1998 年 5 月，时任国家主席江泽民同志在北京大学百年校庆时提出“为了实现现代化，我国要有若干所具有世界先进水平的一流大学”。1999 年，国务院批转教育部《面向 21 世纪教育振兴行动计划》，“创建若干所具有世界先进水平的一流大学和一批一流学科”，“985 工程”正式启动，分期开展。在随后的几年时间里，陆续有 39 所高校进入重点建设行列。

② “211 工程”即面向 21 世纪、重点建设 100 所左右的高等学校和一批重点学科的建设工程。1995 年，经国务院批准，原国家计委、原国家教委和财政部联合下发《“211 工程”总体建设规划》，“211 工程”正式启动，最终选定 112 所建设高校。

③ 军事院校是军队所属的以培养军事人才为主要任务的学历教育院校和非学历教育院校的统称。

④ 中央全面深化改革领导小组于 2015 年 8 月会议审议通过《统筹推进世界一流大学和一流学科建设总体方案》，将“211 工程”“985 工程”及“优势学科创新平台”等重点建设项目统一纳入世界一流大学和一流学科建设。2017 年 9 月 21 日，教育部、财政部、国家发展改革委联合发布《关于公布世界一流大学和一流学科建设高校及建设学科名单的通知》，正式确认公布“双一流”建设高校及建设学科名单，首批双一流建设高校共计 137 所，其中世界一流大学建设高校 42 所（A 类 36 所，B 类 6 所），世界一流学科建设高校 95 所，双一流建设学科共计 465 个。

中国文物艺术品拍卖机构 *
Auction Houses in China

*注：中国文物艺术品拍卖机构名单来自国家文物局公布的《文物拍卖企业信息表（2017.12.13 更新）》，不包含暂停资质的文物拍卖企业。等级评估名单来自中国拍卖行业协会“中拍协 [2019] 54 号”公布的《2019 年拍卖企业等级评估结果公示的名单》；行业自律公约成员名单来自中拍协公布的《文物艺术品拍卖企业自律公约成员名单》首批 56 家，及其他陆续加入的文物艺术品拍卖企业；标准化达标企业名单来自中拍协“中拍协 [2015] 14 号”公布的《关于第二届中国文物艺术品拍卖标准化达标企业评定结果的公告》。

序号	省份	拍卖机构	等级评估	行业自律公约成员	标准化达标企业
1	北京市	北京翰海拍卖有限公司	AAA	√	√
2	北京市	北京华辰拍卖有限公司	AAA	√	√
3	北京市	北京荣宝拍卖有限公司	AAA	√	√
4	北京市	北京瑞平国际拍卖有限公司	AAA	√	√
5	北京市	北京中招国际拍卖有限公司	AAA	√	√
6	北京市	中都国际拍卖有限公司	AAA	√	√
7	北京市	中国嘉德国际拍卖有限公司	AAA	√	√
8	北京市	北京嘉禾国际拍卖有限公司	AAA	√	
9	北京市	中鸿信国际拍卖有限公司	AAA	√	
10	北京市	东方国际拍卖有限责任公司	AAA	√	
11	北京市	北京保利国际拍卖有限公司	AA	√	√
12	北京市	北京诚轩拍卖有限公司	AA	√	√
13	北京市	北京匡时国际拍卖有限公司	AA	√	√
14	北京市	北京长风拍卖有限公司	AA	√	√
15	北京市	太平洋国际拍卖有限公司	AA	√	√
16	北京市	北京银座国际拍卖有限公司	AA	√	√
17	北京市	北京传是国际拍卖有限责任公司	AA	√	
18	北京市	北京海华宏业拍卖有限责任公司	AA	√	
19	北京市	北京建亚世纪拍卖有限公司	AA	√	
20	北京市	北京永乐国际拍卖有限公司	AA	√	
21	北京市	中宝拍卖有限公司	AA	√	
22	北京市	中联国际拍卖中心有限公司	AA	√	
23	北京市	北京中鼎国际拍卖有限公司	AA		
24	北京市	鼎丰国际拍卖有限公司	AA		

25	北京市	中安太平（北京）国际拍卖有限公司	AA		
26	北京市	中联环球国际拍卖（北京）有限公司	AA		
27	北京市	北京巨力国际拍卖有限公司	AA		
28	北京市	北京德宝国际拍卖有限公司	A	√	√
29	北京市	北京中拍国际拍卖有限公司	A	√	√
30	北京市	北京中汉拍卖有限公司	A	√	
31	北京市	北京泰和嘉成拍卖有限公司	A	√	
32	北京市	中贸圣佳国际拍卖有限公司		√	√
33	北京市	北京东方大观国际拍卖有限公司		√	
34	北京市	北京东方利德拍卖有限公司		√	
35	北京市	北京东正拍卖有限公司		√	
36	北京市	北京歌德拍卖有限公司		√	
37	北京市	北京海王村拍卖有限责任公司		√	
38	北京市	北京华夏传承国际拍卖有限公司		√	
39	北京市	北京嘉德在线拍卖有限公司		√	
40	北京市	北京九歌国际拍卖股份有限公司		√	
41	北京市	北京琴岛荣德国际拍卖有限公司		√	
42	北京市	北京市古天一国际拍卖有限公司		√	
43	北京市	北京天琅文晖拍卖有限公司		√	
44	北京市	北京文博苑国际拍卖有限公司		√	
45	北京市	北京宣石国际拍卖有限公司		√	
46	北京市	北京亚洲宏大国际拍卖有限公司		√	
47	北京市	北京印千山国际拍卖有限公司		√	
48	北京市	北京盈时国际拍卖有限公司		√	
49	北京市	北京卓德国际拍卖有限公司		√	
50	北京市	汉秦（北京）国际拍卖有限公司		√	
51	北京市	品盛（北京）国际拍卖有限公司		√	
52	北京市	朔方国际拍卖（北京）有限公司		√	
53	北京市	北京包盈国际拍卖有限责任公司			
54	北京市	保信利诚拍卖（北京）有限公司			
55	北京市	北京八方荟萃拍卖有限公司			
56	北京市	北京百衲国际艺术品拍卖有限公司			
57	北京市	北京宝纶国际拍卖有限公司			
58	北京市	北京宝瑞盈国际拍卖有限公司			

59	北京市	北京宝裕国际拍卖有限公司			
60	北京市	北京博宝拍卖有限公司			
61	北京市	北京传观国际拍卖有限公司			
62	北京市	北京大晋浩天国际拍卖有限公司			
63	北京市	北京鼎兴天和国际拍卖有限公司			
64	北京市	北京东联盛世宝国际拍卖有限公司			
65	北京市	北京东拍国际拍卖有限公司			
66	北京市	北京东西方国际拍卖有限责任公司			
67	北京市	北京梵堂艺术品拍卖有限公司			
68	北京市	北京富比富国际拍卖有限公司			
69	北京市	北京富古台国际拍卖有限公司			
70	北京市	北京古玩城国际拍卖有限公司			
71	北京市	北京古吴轩国际拍卖有限公司			
72	北京市	北京观唐皕榷国际拍卖有限公司			
73	北京市	北京亨申世纪拍卖有限公司			
74	北京市	北京恒盛鼎国际拍卖有限公司			
75	北京市	北京恒元泰国际拍卖有限公司			
76	北京市	北京弘宝国际拍卖有限公司			
77	北京市	北京宏正国际拍卖有限公司			
78	北京市	北京洪阡拍卖有限公司			
79	北京市	北京华夏鸿禧国际拍卖有限公司			
80	北京市	北京华夏天天拍卖有限公司			
81	北京市	北京吉古国际拍卖有限公司			
82	北京市	北京际华春秋拍卖有限公司			
83	北京市	北京佳银国际拍卖有限公司			
84	北京市	北京今典联合国际拍卖有限公司			
85	北京市	北京金槌宝成国际拍卖有限公司			
86	北京市	北京金锤声国际拍卖有限公司			
87	北京市	北京金仕德国际拍卖有限公司			
88	北京市	北京景星麟凤国际拍卖有限公司			
89	北京市	北京巨力国际拍卖有限公司			
90	北京市	北京聚宝金鼎国际拍卖有限公司			
91	北京市	北京骏璟伟业国际拍卖有限公司			
92	北京市	北京匡德国际拍卖有限公司			

93	北京市	北京隆荣国际拍卖有限公司			
94	北京市	北京美三山拍卖有限公司			
95	北京市	北京明珠双龙国际拍卖有限公司			
96	北京市	北京盘古拍卖有限公司			
97	北京市	北京旗标典藏拍卖有限公司			
98	北京市	北京启石国际拍卖有限公司			
99	北京市	北京冉东国际拍卖有限公司			
100	北京市	北京荣盛轩国际拍卖有限公司			
101	北京市	北京儒嘉拍卖有限公司			
102	北京市	北京瑞宝行国际拍卖有限公司			
103	北京市	北京桑杰国际拍卖有限公司			
104	北京市	北京尚古品逸国际拍卖有限公司			
105	北京市	北京晟永国际拍卖有限公司			
106	北京市	北京盛佳国际拍卖有限公司			
107	北京市	北京适珍国际拍卖有限公司			
108	北京市	北京收藏在线拍卖有限公司			
109	北京市	北京双宝通国际拍卖有限公司			
110	北京市	北京天雅恒逸国际拍卖有限公司			
111	北京市	北京维塔维登国际拍卖有限公司			
112	北京市	北京文津阁国际拍卖有限责任公司			
113	北京市	北京伍伦国际拍卖有限公司			
114	北京市	北京西荣阁拍卖有限公司			
115	北京市	北京新华拍卖有限公司			
116	北京市	北京新民勤拍卖有限公司			
117	北京市	北京玄和国际拍卖有限公司			
118	北京市	北京亚洲宸泽拍卖有限公司			
119	北京市	北京一峰翰林国际拍卖有限公司			
120	北京市	北京艺典臻藏国际拍卖有限公司			
121	北京市	北京艺融国际拍卖有限公司			
122	北京市	北京银河国际拍卖有限公司			
123	北京市	北京盈昌国际拍卖有限公司			
124	北京市	北京湛然国际拍卖有限公司			
125	北京市	北京至诚国际拍卖有限公司			
126	北京市	北京中博国际拍卖有限公司			

127	北京市	北京中海艺澜国际拍卖有限公司			
128	北京市	北京中和正道国际拍卖有限公司			
129	北京市	北京中恒信拍卖有限公司			
130	北京市	北京中天信达拍卖有限公司			
131	北京市	北京中豫国际拍卖有限公司			
132	北京市	大维德（北京）国际拍卖有限公司			
133	北京市	大象（北京）国际拍卖有限公司			
134	北京市	东方国蕴拍卖有限公司			
135	北京市	东方求实国际拍卖（北京）有限公司			
136	北京市	东方融讯（北京）国际拍卖有限公司			
137	北京市	东方御藏国际拍卖（北京）有限公司			
138	北京市	宏善拍卖（北京）有限公司			
139	北京市	冀德国际拍卖有限公司			
140	北京市	嘉珑国际拍卖有限公司			
141	北京市	金远见（北京）国际拍卖有限公司			
142	北京市	龙泽德拍卖（北京）有限公司			
143	北京市	舍得拍卖（北京）有限公司			
144	北京市	无与伦比（北京）国际拍卖有限公司			
145	北京市	亚洲上和（北京）拍卖有限公司			
146	北京市	中古陶（北京）拍卖行有限公司			
147	北京市	中恒一品（北京）国际拍卖有限公司			
148	北京市	中惠拍卖有限公司			
149	北京市	重锤国际拍卖（北京）有限责任公司			
150	天津市	天津蓝天国际拍卖行有限责任公司	AAA	√	√
151	天津市	海天国际拍卖（天津）有限公司	AA	√	
152	天津市	天津市同方国际拍卖行有限公司	AA	√	
153	天津市	天津国际拍卖有限责任公司	AA	√	
154	天津市	天津鼎天国际拍卖有限公司	A	√	√
155	天津市	天津星宇国际拍卖有限公司	A		
156	天津市	瀚琮国际拍卖（天津）有限公司			
157	天津市	天津滨海健业拍卖有限公司			
158	天津市	天津博世嘉拍卖行有限公司			
159	天津市	天津德隆国际拍卖有限公司			
160	天津市	天津瀚雅拍卖有限公司			

161	天津市	天津融德堂艺术品拍卖行有限公司			
162	河北	河北嘉海拍卖有限公司	AA		
163	河北	巨力国际拍卖有限公司	AA		
164	河北	河北新陆拍卖有限公司	AA		
165	河北	张家口正源拍卖有限责任公司	AA		
166	河北	河北仕邦拍卖有限公司	A		
167	河北	河北盖伦拍卖有限公司	A		
168	河北	唐山远通拍卖有限公司	A		
169	河北	大马河北拍卖有限公司			
170	河北	河北翰如拍卖有限公司			
171	河北	石家庄盛世东方国际拍卖有限公司			
172	山西	山西百业拍卖有限公司	AAA	√	
173	山西	山西晋宝拍卖有限公司	AA	√	√
174	山西	山西融易达拍卖有限公司	AA		
175	山西	山西兴晋拍卖股份有限公司	AA		
176	山西	山西省晋中市拍卖行	AA		
177	山西	山西晋通拍卖有限公司	A	√	
178	山西	吕梁信源拍卖行	A		
179	山西	山西晋德拍卖有限责任公司		√	
180	辽宁	辽宁建投拍卖有限公司	AA	√	
181	辽宁	富佳斋拍卖有限公司	AA		
182	辽宁	辽宁国际商品拍卖有限公司	A	√	
183	辽宁	辽宁华安拍卖有限公司	A		
184	辽宁	辽宁友利拍卖有限公司			
185	辽宁	辽宁中正拍卖有限公司			
186	吉林省	吉林正则拍卖有限公司	AA		
187	吉林省	长春保利拍卖有限公司	A		
188	吉林省	吉林省虹桥拍卖有限公司			
189	黑龙江	黑龙江省全库拍卖有限责任公司	AA		
190	黑龙江	黑龙江中融拍卖有限公司	A		
191	黑龙江	佳木斯三江拍卖有限公司	A		
192	黑龙江	黑龙江嘉瑞拍卖有限公司			
193	上海	上海大众拍卖有限公司	AAA	√	√
194	上海	上海东方国际商品拍卖有限公司	AAA	√	√

195	上海	上海朵云轩拍卖有限公司	AAA	√	√
196	上海	上海国际商品拍卖有限公司	AAA	√	√
197	上海	上海拍卖行有限责任公司	AAA	√	√
198	上海	上海青莲阁拍卖有限责任公司	AAA	√	√
199	上海	上海长城拍卖有限公司	AAA	√	√
200	上海	上海泓盛拍卖有限公司	AAA	√	√
201	上海	上海华夏拍卖有限公司	AAA	√	
202	上海	上海黄浦拍卖行有限公司	AAA	√	
203	上海	上海老城隍庙拍卖行有限公司	AAA	√	
204	上海	上海金沪拍卖有限公司	AAA		
205	上海	上海大公拍卖有限公司	AAA		
206	上海	上海申之江拍卖有限公司	AAA		
207	上海	上海中南拍卖有限公司	AAA		
208	上海	上海诚信拍卖有限公司	AAA		
209	上海	上海奇贝拍卖有限公司	AAA		
210	上海	上海壹信拍卖有限公司	AAA		
211	上海	上海博古斋拍卖有限公司	AA	√	√
212	上海	上海驰翰拍卖有限公司	AA	√	
213	上海	上海宝江拍卖有限公司	AA		
214	上海	上海产权拍卖有限公司	AA		
215	上海	上海技术产权拍卖有限公司	AA		
216	上海	上海捷利拍卖有限公司	AA		
217	上海	上海金槌商品拍卖有限公司	AA		
218	上海	上海奉贤拍卖行	AA		
219	上海	上海中财拍卖有限公司	AA		
220	上海	上海鑫一拍卖有限公司	A		
221	上海	上海天豪拍卖有限公司	A		
222	上海	上海嘉泰拍卖有限公司	A		
223	上海	荣宝斋（上海）拍卖有限公司		√	√
224	上海	上海宝龙拍卖有限公司		√	
225	上海	上海道明拍卖有限公司		√	
226	上海	上海泛华拍卖有限公司		√	
227	上海	上海工美拍卖有限公司		√	
228	上海	敬华（上海）拍卖股份有限公司		√	

229	上海	上海联合拍卖有限公司		√	
230	上海	上海明轩国际艺术品拍卖有限公司		√	
231	上海	上海铭广拍卖有限公司		√	
232	上海	上海中福拍卖有限公司		√	
233	上海	上海嘉禾拍卖有限公司		√	
234	上海	上海聚德拍卖有限公司			
235	上海	上海恒利拍卖有限公司			
236	上海	上海博海拍卖有限公司			
237	上海	宝库（上海）拍卖有限公司			
238	上海	上海富铭拍卖有限公司			
239	上海	上海汉霖拍卖有限公司			
240	上海	上海和韵拍卖有限公司			
241	上海	上海宏大拍卖有限公司			
242	上海	上海鸿生拍卖有限公司			
243	上海	上海华宇拍卖有限公司			
244	上海	上海汇元拍卖有限公司			
245	上海	璟祥拍卖（上海）有限公司			
246	上海	上海金艺拍卖有限公司			
247	上海	上海康华拍卖有限公司			
248	上海	上海匡时拍卖有限公司			
249	上海	上海融汇拍卖有限公司			
250	上海	上海尚敷精舍拍卖有限公司			
251	上海	上海天赐玉成拍卖有限公司			
252	上海	上海天衡拍卖有限公司			
253	上海	上海熙雅拍卖有限公司			
254	上海	上海新华拍卖有限公司			
255	上海	上海阳明拍卖有限公司			
256	上海	上海雅藏拍卖有限公司			
257	上海	上海元贞拍卖有限公司			
258	上海	上海自贸区拍卖有限公司			
259	上海	上海中亿拍卖有限公司			
260	江苏	江苏省拍卖总行有限公司	AAA	√	
261	江苏	江苏省实成拍卖有限公司	AAA	√	
262	江苏	南京经典拍卖有限公司	AA	√	√

263	江苏	苏州市吴门拍卖有限公司	AA	√	√
264	江苏	南京嘉信拍卖有限公司	AA	√	√
265	江苏	苏州东方艺术品拍卖有限公司	AA	√	√
266	江苏	江苏景宏国际拍卖有限公司	AA	√	
267	江苏	江苏苏天拍卖有限公司	AA		
268	江苏	江苏五爱拍卖有限公司	AA		
269	江苏	江苏锦泰拍卖有限公司	AA		
270	江苏	苏州天润拍卖有限公司	AA		
271	江苏	徐州市德音拍卖有限公司	AA		
272	江苏	江苏保利拍卖有限公司	AA		
273	江苏	江苏爱涛拍卖有限公司	A	√	√
274	江苏	江苏淮海国际拍卖有限公司	A	√	
275	江苏	常州市武进拍卖有限公司	A		
276	江苏	江苏华林拍卖有限公司	A		
277	江苏	江苏天诚拍卖有限公司	A		
278	江苏	南京十竹斋拍卖有限公司		√	
279	江苏	南京正大拍卖有限公司		√	
280	江苏	江苏沧海拍卖有限公司		√	
281	江苏	江苏聚德拍卖有限公司		√	
282	江苏	江苏凤凰国际拍卖有限公司			
283	江苏	江苏观宇艺术品拍卖有限公司			
284	江苏	江苏嘉恒国际拍卖有限公司			
285	江苏	江苏九德拍卖有限公司			
286	江苏	江苏旷世国际拍卖有限公司			
287	江苏	江苏磊峰拍卖有限公司			
288	江苏	江苏两汉拍卖有限公司			
289	江苏	江苏龙城拍卖有限公司			
290	江苏	江苏五彩石拍卖有限公司			
291	江苏	江苏真德拍卖有限公司			
292	江苏	江苏中山拍卖有限公司			
293	江苏	南京海德国际拍卖有限公司			
294	江苏	荣宝斋（南京）拍卖有限公司			
295	江苏	无锡阳羡拍卖有限公司			
296	浙江	浙江国际商品拍卖中心有限责任公司	AAA	√	√

297	浙江	浙江三江拍卖有限公司	AAA	√	√
298	浙江	温州汇丰拍卖行有限公司	AAA	√	
299	浙江	浙江嘉泰拍卖有限公司	AAA		
300	浙江	浙江一通拍卖有限公司	AA	√	
301	浙江	浙江皓翰国际拍卖有限公司	AA		
302	浙江	浙江汇通拍卖有限公司	AA		
303	浙江	浙江省省直拍卖行	AA		
304	浙江	浙江浙商拍卖有限公司	AA		
305	浙江	浙江永健拍卖有限公司	AA		
306	浙江	湖州浙北拍卖有限公司	AA		
307	浙江	嘉兴市正联产权拍卖有限公司	AA		
308	浙江	浙江华鼎拍卖有限公司	AA		
309	浙江	浙江佳宝拍卖有限公司	A	√	√
310	浙江	浙江世贸拍卖中心有限公司	A	√	
311	浙江	浙江大地拍卖有限公司	A		
312	浙江	浙江鸿嘉拍卖有限公司	A		
313	浙江	浙江经典拍卖有限公司	A		
314	浙江	浙江中财拍卖行有限公司	A		
315	浙江	浙江中钜拍卖有限公司	A		
316	浙江	西泠印社拍卖有限公司		√	√
317	浙江	宁波富邦拍卖有限公司		√	
318	浙江	浙江美术传媒拍卖有限公司		√	
319	浙江	浙江长乐拍卖有限公司		√	
320	浙江	浙江嘉瀚拍卖有限公司		√	
321	浙江	杭州开源拍卖有限公司			
322	浙江	杭州天工艺苑拍卖有限公司			
323	浙江	杭州旺田国际拍卖有限公司			
324	浙江	绍兴翰越堂拍卖有限公司			
325	浙江	浙江横店拍卖有限公司			
326	浙江	浙江嘉浩拍卖有限公司			
327	浙江	浙江骏成拍卖有限公司			
328	浙江	浙江丽泽拍卖有限公司			
329	浙江	浙江六通拍卖有限公司			
330	浙江	浙江隆安拍卖有限公司			

331	浙江	浙江南北拍卖有限公司			
332	浙江	浙江其利拍卖有限公司			
333	浙江	浙江盛世拍卖有限公司			
334	浙江	浙江中赢拍卖有限公司			
335	安徽	安徽盘龙企业拍卖集团有限公司	AA		√
336	安徽	安徽省盛唐拍卖有限公司	AA		
337	安徽	安徽邦德拍卖有限公司	A		
338	安徽	安徽君诚拍卖有限公司	A		
339	安徽	安徽古今天元拍卖有限公司			
340	安徽	安徽星汉拍卖有限公司			
341	安徽	安徽艺海拍卖有限责任公司			
342	福建	福建省贸易信托拍卖行有限公司	AAA	√	√
343	福建	福建省顶信拍卖有限公司	AAA	√	
344	福建	福建省华夏拍卖有限公司	AAA		
345	福建	厦门特拍拍卖有限公司	AAA		
346	福建	厦门华茂青拍卖有限公司	AAA		
347	福建	福建省开源拍卖有限公司	AA		
348	福建	福建省拍卖行	AA	√	
349	福建	福建运通拍卖行有限公司	AA		
350	福建	福建静轩拍卖有限公司		√	
351	福建	保利（厦门）国际拍卖有限公司			
352	福建	福建东南拍卖有限公司			
353	福建	福建省伯雅拍卖有限公司			
354	福建	福建省大明拍卖有限公司			
355	福建	福建省定佳拍卖有限公司			
356	福建	福建省居正拍卖行有限公司			
357	福建	厦门谷云轩拍卖有限公司			
358	福建	厦门华辰拍卖有限公司			
359	福建	厦门市方分拍卖有限公司			
360	山东	佳联国际拍卖有限公司	AA		
361	山东	山东同亨拍卖有限公司	AA		
362	山东	山东新世纪拍卖行有限公司	A		
363	山东	保利（山东）国际拍卖有限公司	A		
364	山东	山东诚信拍卖有限公司	A		

365	山东	山东英大拍卖有限公司	A		
366	山东	迦南国际拍卖有限公司			
367	山东	青岛中艺拍卖有限公司			
368	山东	荣宝斋（济南）拍卖有限公司			
369	山东	山东天下收藏拍卖有限公司			
370	河南	河南拍卖行有限公司	AAA		
371	河南	郑州拍卖总行	AAA	√	
372	河南	河南省豫呈祥拍卖有限责任公司	AA	√	
373	河南	河南省方迪拍卖有限公司	AA		
374	河南	河南省清风拍卖行有限公司	AA		
375	河南	信阳市诚信拍卖有限责任公司	AA		
376	河南	河南汇源拍卖有限公司	AA		
377	河南	河南金帝拍卖有限公司	A	√	√
378	河南	河南省新恒丰拍卖行有限公司	A	√	
379	河南	河南省金霖拍卖有限责任公司	A		
380	河南	河南裕恒泰拍卖有限公司	A		
381	河南	河南豫财拍卖有限公司	A		
382	河南	河南福德拍卖有限公司			
383	河南	河南和同拍卖有限公司			
384	河南	河南鸿远拍卖有限公司			
385	河南	河南厚铭拍卖有限公司			
386	河南	河南华宝拍卖有限公司			
387	河南	河南省匡庐拍卖有限公司			
388	河南	河南中嘉拍卖有限公司			
389	河南	嘉信诚（郑州）拍卖有限公司			
390	河南	洛阳市佳德拍卖有限公司			
391	湖北	湖北诚信拍卖有限公司	AAA	√	√
392	湖北	湖北德润古今拍卖有限公司	AAA		
393	湖北	湖北中盛拍卖有限公司	A		
394	湖北	湖北嘉宝一品拍卖有限公司			
395	湖北	武汉市大唐拍卖有限责任公司			
396	湖北	武汉中信拍卖有限公司			
397	湖南	湖南省国际商品拍卖有限公司	A	√	
398	湖南	湖南省大丰和拍卖有限公司	A		

399	湖南	湖南晟大拍卖有限公司	A		
400	湖南	湖南雅丰拍卖有限公司			
401	广东	广东省拍卖行有限公司	AAA	√	√
402	广东	广州华艺国际拍卖有限公司	AAA	√	√
403	广东	深圳市拍卖行有限公司	AAA	√	√
404	广东	广东崇正拍卖有限公司	AAA	√	√
405	广东	安华白云拍卖行有限公司	AAA	√	
406	广东	广东浩宏拍卖有限公司	AAA	√	
407	广东	广东华友拍卖行有限公司	AAA		
408	广东	广东衡益拍卖有限公司	AA	√	√
409	广东	广州市皇玛拍卖有限公司	AA	√	√
410	广东	广东旭通达拍卖有限公司	AA	√	
411	广东	广东保利拍卖有限公司	AA		
412	广东	广东光德拍卖有限公司	AA		
413	广东	广东省古今拍卖有限公司	A	√	√
414	广东	东莞市同理拍卖有限公司	A		
415	广东	惠州市大众拍卖有限公司	A		
416	广东	中山市康信拍卖有限公司	A		
417	广东	深圳市东宝拍卖有限公司	A		
418	广东	广州市银通拍卖行有限公司		√	√
419	广东	广东凤凰拍卖有限公司		√	
420	广东	广东精诚所至艺术品拍卖有限公司			
421	广东	广东侨鑫拍卖有限公司			
422	广东	广东小雅斋拍卖有限公司			
423	广东	深圳市华夏典藏拍卖有限公司			
424	广西	广西正槌拍卖有限责任公司	AAA		
425	广西	广西华盛拍卖有限公司	AA		
426	广西	广西泓历拍卖有限公司			
427	广西	广西邕华拍卖有限责任公司			
428	广西	荣宝斋（桂林）拍卖有限公司			
429	海南	海南恒鑫拍卖有限公司	A		
430	海南	海南荣丰华拍卖有限公司	A		
431	海南	海南安达信拍卖有限公司			
432	四川	四川嘉诚拍卖有限公司	AAA	√	√

433	四川	四川盈信天地拍卖有限公司	AAA		
434	四川	成都市金沙拍卖有限公司	AA		
435	四川	四川达州市万星拍卖有限公司	AA		
436	四川	四川联拍拍卖有限公司	AA		
437	四川	四川绵阳众益拍卖有限公司	AA		
438	四川	四川东方拍卖有限责任公司	A		
439	四川	四川中天拍卖有限责任公司	A		
440	四川	四川嘉兰地拍卖有限公司	A		
441	四川	达州新华拍卖有限公司	A		
442	四川	四川眉山阳光拍卖有限公司	A		
443	四川	四川内江拍卖中心有限公司	A		
444	四川	四川翰雅拍卖有限公司		√	
445	四川	成都八益拍卖有限公司		√	
446	四川	成都诗婢家拍卖有限责任公司			
447	四川	四川德轩拍卖有限责任公司			
448	四川	四川嘉宝拍卖有限公司			
449	四川	四川省梦虎拍卖有限责任公司		√	
450	四川	四川世玺拍卖有限公司			
451	四川	四川重华拍卖有限公司			
452	云南	云南中元拍卖有限公司	AA		
453	云南	云南典藏拍卖集团有限公司	A	√	
454	云南	西双版纳远腾拍卖有限公司	A		
455	云南	云南昊鹏拍卖有限公司	A		
456	云南	昆明雅士得拍卖有限公司			
457	重庆	重庆恒升拍卖有限公司	AAA	√	√
458	重庆	重庆市拍卖中心有限公司	AAA		
459	重庆	重庆华夏文物拍卖有限公司	A	√	√
460	陕西	陕西天龙国际拍卖有限公司	AAA	√	√
461	陕西	陕西宝隆拍卖有限责任公司	A		
462	陕西	陕西诚挚拍卖有限责任公司	A		
463	陕西	陕西大德拍卖有限责任公司	A		
464	陕西	陕西金花拍卖有限责任公司	A		
465	陕西	陕西华夏国际拍卖有限公司			
466	陕西	陕西秦商拍卖有限责任公司			

467	陕西	陕西瑞晨拍卖有限公司			
468	陕西	陕西盛世长安拍卖有限公司			
469	陕西	陕西天一国际拍卖有限公司			
470	陕西	西安力邦拍卖有限公司			
471	江西	赣州金房拍卖有限公司	A		
472	甘肃	未来四方集团拍卖有限公司	AAA	√	√
473	甘肃	甘肃鼎泰拍卖有限公司	A		
474	宁夏	宁夏锦德拍卖行有限公司	A		
475	宁夏	宁夏力鼎拍卖有限公司			
476	内蒙古	内蒙古万鼎拍卖有限公司	A		
477	香港	邦瀚斯国际（香港）拍卖有限公司			
478	香港	宝港国际拍卖有限公司			
479	香港	保利香港拍卖有限公司			
480	香港	淳浩拍卖有限公司			
481	香港	东京中央拍卖（香港）有限公司			
482	香港	富艺斯拍卖有限公司			
483	香港	佳士得香港有限公司			
484	香港	利得丰香港有限公司			
485	香港	拍得高拍卖（国际）有限公司			
486	香港	普艺拍卖有限公司			
487	香港	仕宏拍卖有限公司			
488	香港	苏富比（香港）国际拍卖有限公司			
489	香港	天成国际拍卖有限公司			
490	香港	万昌斯拍卖行有限公司			
491	香港	香港佳富拍卖行有限公司			
492	香港	北京匡时国际拍卖（香港）有限公司			
493	香港	中国嘉德（香港）国际拍卖有限公司			
494	香港	香港怡和国际拍卖有限公司			
495	香港	香港中怡国际拍卖有限公司			
496	澳门	澳门新亚太国际拍卖有限公司			
497	台湾	帝图科技文化股份有限公司			
498	台湾	金仕发拍卖有限公司			
499	台湾	景薰楼国际拍卖股份有限公司			
500	台湾	罗芙奥股份有限公司			

501	台湾	门得扬拍卖股份有限公司			
502	台湾	沐春堂拍卖股份有限公司			
503	台湾	台北富博斯国际艺术有限公司			
504	台湾	台北宇珍国际艺术有限公司			
505	台湾	台湾富德国际拍卖股份有限公司			
506	台湾	台湾壶禄堂拍卖公司			
507	台湾	台湾世家国际拍卖有限公司			
508	台湾	新光国际艺术有限公司			
509	台湾	艺流国际拍卖股份有限公司			
510	台湾	易拍好股份有限公司			
511	台湾	中诚国际艺术股份有限公司			
512	台湾	新象艺术文创有限公司			

海外地区主要文物艺术品拍卖机构
Overseas Auction Houses

序号	国家	拍卖机构
1	爱尔兰	Sheppard's Irish Auction House
2	爱沙尼亚	Baltic Auction Group
3	奥地利	Galerie Zacke Vienna
4	奥地利	Leitz Photographica Auction
5	比利时	Carlo Bonte Auctions
6	比利时	DVC
7	比利时	Galerie Moderne
8	比利时	Rob Michiels Auctions
9	比利时	Veilinghuis Loeckx
10	波兰	Desa Unicum
11	德国	Auction Team Breker
12	德国	Auktionshaus Eppli
13	德国	Auktionshaus Dr. Fischer
14	德国	Auktionshaus Geble
15	德国	Auktionshaus Rheine
16	德国	Badisches Auktionshaus
17	德国	Ginhart
18	德国	Hampel Fine Art Auctions
19	德国	Hargesheimer Kunstauktionen D ü sseldorf
20	德国	Henry's Auktionshaus AG
21	德国	Historia Auktionshaus
22	德国	Jeschke Van Vliet
23	德国	Karl & Faber
24	德国	Kastern
25	德国	Kiefer Buch-und Kunstauktio
26	德国	Kunst & Kuriosa
27	德国	Kunstauktionshaus Schlosser
28	德国	Lempertz
29	德国	Nagel
30	德国	Neumeister
31	德国	Ruef

32	德国	Schmidt Kunstauktionen Dresden OHG
33	德国	Sigalas
34	德国	Stahl
35	德国	Van Ham
36	俄罗斯	Anticvarium
37	法国	Art Richelieu
38	法国	Artcurial
39	法国	Artprecium
40	法国	Beaussant Lef è vre
41	法国	Boisgirard-Antonini
42	法国	Christie's Paris
43	法国	Cornette De Saint-Cyr
44	法国	Expertisez.com
45	法国	Fauve Paris
46	法国	Lebrech & Associes
47	法国	Leclere - Maison De Ventes
48	法国	Osenat
49	法国	Pescheteau Badin
50	法国	Sotheby's Paris
51	法国	Thierry De Maigret
52	法国	Tajan
53	荷兰	AAG Arts & Antiques Group
54	荷兰	Oriantal Art Auctions
55	荷兰	Venduhuis de Jager
56	荷兰	Venduehuis der Notarissen
57	荷兰	Zeeuws Veilinghuis-Auctionhouse Zeeland
58	捷克共和国	Antikvity
59	捷克共和国	Arcimboldo
60	捷克共和国	Auction House Zezula
61	摩纳哥	Accademia Fine Art
62	葡萄牙	Marques dos Santos
63	葡萄牙	Veritas Art Auctioneers
64	瑞士	Dogny Auction
65	瑞士	Galartis SA
66	瑞士	Gen è ve Ench è res

67	瑞士	Piguet Hôtel des Ventes
68	瑞士	Koller Auctions
69	瑞士	Schuler Auktionen AG
70	西班牙	La Suite Subastas
71	西班牙	Marbella Online Art Auction
72	西班牙	Sala Moyua de Brancas
73	意大利	Ansuini Aste
74	意大利	Aste Boetto
75	意大利	Cambi Casa d'Aste
76	意大利	Capitolium Art
77	意大利	Casa d'Aste Martini
78	意大利	Colasanti Casa d'Aste
79	意大利	IL Ponte Casa D'Aste
80	意大利	Lucas Aste
81	意大利	Pandolfini Casa d'Aste
82	意大利	Sotheby's Milan
83	意大利	Wannenes
84	英国	Baldwin's
85	英国	Bolton Auction Rooms
86	英国	Bonhams Edinburgh
87	英国	Bonhams London
88	英国	British Bespoke Auctions
89	英国	Bromley Fine Art
90	英国	Canterbury Auction Galleries
91	英国	Cheffins
92	英国	Chiswick Auctions
93	英国	Christie's London
94	英国	Dreweatts & Bloomsbury
95	英国	Eastbourne Auction Rooms
96	英国	Ewbank's
97	英国	Fellows
98	英国	Gardiner Houlgate
99	英国	Gorringes
100	英国	Halls Fine Art Auctioneers
101	英国	Henry Aldridge & Son

102	英国	International Autograph Auctions
103	英国	Lawrences
104	英国	London Auction
105	英国	Lyon & Turnbull
106	英国	MacDougall's
107	英国	Mallams Ltd.
108	英国	McTear's
109	英国	Nicholas Mellors Auctioneers
110	英国	Peter Wilson
111	英国	Rosebery s London
112	英国	Sotheby's London
113	英国	Sworders
114	英国	Toovey's
115	加拿大	Dupuis Fine Jewellery Auctioneers Inc.
116	加拿大	Eins Auction & Appraisal
117	加拿大	Gosby Auction
118	美国	Ander's Auction
119	美国	Antique Reader
120	美国	Apex Art & Antiques Auctioneer Inc
121	美国	Artingstall & Hind
122	美国	Bonhams New York
123	美国	Bonhams San Francisco
124	美国	California Asian Art Auction Gallery USA
125	美国	Christie's New York
126	美国	Converse Auctions
127	美国	Doyle New York
128	美国	Eddie's Auction
129	美国	Empire Auction House
130	美国	Leslie Hindman Auctioneers
131	美国	Maven Auction
132	美国	Phillips
133	美国	Pook & Pook，INC.
134	美国	Royal Fine Antiques Asia
135	美国	Skinner
136	美国	Sotheby's New York

137	美国	William's Auction, LLC
138	澳大利亚	Bonhams Sydney
139	澳大利亚	Barsby Auctions
140	澳大利亚	Graham's Auction
141	澳大利亚	Lugosi Auctioneers & Valuers
142	澳大利亚	Mossgreen PTY LTD
143	澳大利亚	WA Art Auctions
144	亚美尼亚	Arman Antiques LLC
145	以色列	Pasarel
146	以色列	Tiroche Auction House
147	韩国	K Auction
148	日本	iART 拍卖公司
149	日本	JADE 株式会社（日本美协）
150	日本	东京国际拍卖有限公司
151	日本	东京新日本拍卖股份有限公司
152	日本	关西美术竞卖株式会社
153	日本	横滨国际拍卖公司
154	日本	株式会社东京中央拍卖
155	日本	日本每日拍卖行
156	日本	日本伊斯特拍卖有限公司
157	日本	日本童梦艺术拍卖会
158	新加坡	33 拍卖公司
159	新加坡	新加坡国际拍卖有限公司
160	新加坡	新加坡臻冠国际拍卖公司

全球重要文物艺术品交易行业协会
Important Art Market Associations

中国大陆地区

协会名称	地址	电话	网址
中国拍卖行业协会	北京市朝阳区北辰东路 8 号院北辰汇园大厦 H 座 A2511 室	010-64931499 010-64932499	www.caa123.org.cn
北京拍卖行业协会	北京市西城区北礼士路甲 98 号阜成大厦 B 座 305 室	010-68337868	www.bjpmhyxh.com
北京画廊协会	北京市朝阳区望京阜通东大街 6 号方恒国际中心 A 座 1808 室	010-84783776	
河北省拍卖行业协会	河北省石家庄市和平西路 448 号五矿大厦 1312	0311-86045287	www.hebaa.cn
山西省拍卖行业协会	太原市迎泽大街 229 号三楼 352 室（省供销社贸易大楼）	0351-4185257	www.sxspx.cn
内蒙古拍卖行业协会	呼和浩特市赛罕区如意和大街 52 号内蒙古世和大酒店 12 楼	0471-6935861	www.nmpx.cn
辽宁省拍卖行业协会	沈阳市皇姑区宁山东路 36 号 412 室	024-86894299	www.lnspx.org.cn
吉林省拍卖行业协会	吉林省长春市安达街 982 号	0431-88549466	www.jlpm.info
黑龙江拍卖行业协会	黑龙江省哈尔滨市道里区经纬五道街 16 号	0451-84283460	www.hljpm.com
上海市拍卖行业协会	上海市黄浦区乔家路 2 号（近中华路）	021-64226596	www.staa.com.cn
江苏省拍卖行业协会	江苏省南京市中山北路 101 号后楼 301 室	025-83301180	www.js-auction.com
浙江省拍卖行业协会	浙江省杭州市武林路 100 号鸿鼎商务楼 510 室	0571-87913705	www.zjpmw.com
安徽省拍卖行业协会	合肥市政务区祁门路 1688 号兴泰金融广场 1803 室（祁门路与翡翠路交口）	0551-63542827	www.aaa123.org.cn
福建省拍卖行业协会	福建省福州市五四路 210 号国际大厦 9 层 A 区	0591-87872331	www.fjaac.com
江西省拍卖行业协会	江西省南昌市洪城路 8 号长青国贸大厦 21 楼 2102 室	0791-86286850	www.jxpmxh.com
山东省拍卖行业协会	山东省济南市历下区佛山苑小区一区 9 号楼	0531-86041244	www.sdaa123.org.cn
河南省拍卖行业协会	河南省郑州市任砦北街 2 号 1 号楼 218 房间	0371-63937879	www.pai.org.cn
湖北省拍卖行业协会	湖北省武汉市硚口区建设大道 439 号湖北商业广场 725、628 室	027-83616662	www.hbpm123.cn
湖南省拍卖行业协会	湖南省长沙市五一大道 351 号省政府机关二院机关印刷厂 205	0731-82212852	www.hnpx.org.cn
广东省拍卖行业协会	广东省广州市越秀区水荫路 2 号恒鑫大厦西座 903 室	020-87396612	www.gdaa.cn
广西拍卖行业协会	广西南宁市桃源路 59 号	0771-5323043	www.gxpm123.com

四川省拍卖行业协会	四川省成都市文武路 38 号新时代广场 12 楼 D1	028-86617321	www.saa123.com
云南省拍卖行业协会	云南省昆明市西山区广福路与前卫西路交叉口奥宸财富广场 C2 座 1109 室	0871-63625025	www.ynpm.cn
重庆市拍卖行业协会	重庆市渝中区上清寺太平洋广场 B 座 1502 室	023-63616169	www.cqspx.com
陕西省拍卖行业协会	陕西省西安市碑林区长安大街三号 B 座 1702 室	029-87294521	www.sxpmxh.com
贵州省拍卖行业协会	贵州省贵阳市中华北路 188 号外贸大楼三楼	0851-6571340	www.gzspm.com
天津市拍卖行业协会	天津市河北区昆纬路与胜利路交口北斗花园（昆纬路小学对面）7 号楼 2 门 701	022-26418556	www.tjaa123.org.cn
中国收藏家协会	北京市朝阳区朝阳公园南路 19 号郡王府内敦煌艺术馆	010-84027307	www.zcxn.com/index.html
西藏自治区拍卖行业协会	西藏自治区拉萨市金珠西路 54 号金藏林卡 A1 幢		
甘肃省拍卖行业协会	甘肃省兰州市城关区南关什字世纪广场 C 座 2506 室	13919266222	http://www.gsaa.org.cn/w/Default.htm
宁夏拍卖行业协会	宁夏回族自治区银川市金凤区上海西路 101 号 - 粮食大厦 317 室	0951-5024310	http://www.nxpm.com.cn/xhgk.asp
青海省拍卖行业协会	青海省西宁市北大街 26 号天桥商务中心 10 楼	0971-8277844	www.qhspx.com/
新疆维吾尔自治区拍卖行业协会	新疆维吾尔自治区乌鲁木齐市新华南路 17 号	0991-28326133	http://16795546.shop.cnlist.org

港台地区

协会名称	地址	电话	网址
香港画廊协会	香港上环荷李活道 248 号地下	+852 3480 5051	www.hk-aga.org
台湾画廊协会	台湾省台北市松山区光复南路 1 号 2 楼之 1 室	+8862 2742 3968	www.aga.org.tw

海外地区

协会名称	协会简介	地址	网址
CINOA – Confédération International des Négociants en Oeuvres d'Art	CINOA（艺术品和古董经销商协会国际联合会），1935 年成立于比利时首都布鲁塞尔，是全球性的艺术品和古董经销商联合会，参会成员包括来自 22 个国家，32 个协会的 5000 多家文物艺术品经销商，其交易内容广泛，从古代文物到当代艺术应有尽有。CINOA 要求会员以丰富的学术知识为基础，秉持“高品质、专业化、全方位”的行业准则，致力于在全球范围内形成高等级的行业道德标准，传播艺术市场咨询，以及促进世界艺术品的自由流通。1976 年起，CINOA 设立年度奖项，以鼓励成员国中在学术著作或艺术品保护领域做出杰出贡献的学者及艺术工作者，同时也表彰在艺术品领域及艺术市场贡献突出的博物馆研究员和公众人物。		www.cinoa.org

ILAB – International League of Antiquarian Booksellers	ILAB（国际古书商联合会）是珍贵书籍交易商的全球性网络，从印刷术发明到如今的 21 世纪，ILAB 在所有领域、所有专业都能提供优质的书籍、精准的描述和专业的价格。ILAB 的会员们共享全球范围内的品质、知识、建议和经验。		https://ilab.org
ADAA – Art Dealers Association of America	ADAA（美国艺术经销商协会）是艺术品领域非营利性的画廊会员组织，成立于 1962 年。协会致力于在行业内推广最高标准的鉴赏能力、学术水平和行业规范。协会成员主要涉足绘画、雕塑、版画、素描和照片，时间跨度覆盖文艺复兴时期直至今天。每个协会成员都是自身领域的行业翘楚，如今，ADAA 已经在美国 25 座城市拥有 175 家画廊会员。	205 Lexington Avenue, Suite #901, New York, NY 10016	www.artdealers.org
NAADAA – National Antique & Art Dealers Association of America, Inc.	NAADAA（美国国家古董及艺术品经销商协会）是美国主要艺术品交易商组成的非营利性组织。其成员承诺维护通过正当道德的途径购买、出售或收集古董艺术品的行为。多年的研究和实践经验使 NAADAA 的成员积累了丰富的专业素养，并在各自领域里树立了威望。	220 East 57th Street, New York NY, 10022	https://naadaa.org
NAA – National Auctioneers Association	NAA（美国拍卖行业协会）成立于 1949 年，是全球最大的拍卖行业专业人士的协会，协会成员服务于广泛的拍卖业务。协会致力于为其成员提供教育规划和各类资源，同时，协会成员遵守严格的职业道德规范，并与网络拍卖的专业人士进行广泛合作。	8880 Ballentine St. Overland Park, KS 66214, United States	www.auctioneers.org
FEAGA – Federation of European Art Galleries Association	FEAGA（欧洲画廊协会联盟）代表着活跃在欧盟及瑞士的现当代艺术画廊的利益，在各国之间协助游说，例如降低增值税税率和艺术家转售权利等问题。	President: Adriaan Raemdonck, Galerie De Zwarte Panter, Hoogstraat 70-72, B-2000 Antwerpen, Belgium	www.europeangalleries.org
BAMF – British Art Market Federation	BAMF（英国艺术市场联合会）成立于 1996 年，在与政府沟通时，代表了英国庞大而多元化的文物及艺术品市场的利益。BAMF 的成员共同组成了英国文物及艺术品市场的中坚力量，如：英国古董经销商协会 (British Antique Dealers' Association)、邦瀚斯、佳士得、苏富比、伦敦艺术经销商协会 (SLAD)、艺术品拍卖师和估价协会 (SOFAA) 等。	52 Ailesbury Park, Newbridge, Co Kildare, Ireland	https://tbamf.org.uk
SLAD – Society of London Art Dealers	SLAD（伦敦艺术经销商协会）成立于 1932 年，是英国主要艺术品交易商共同发起的协会。134 家会员的经营范围涵盖了古典绘画艺术、雕塑、当代艺术等，协会章程要求会员秉承诚信、专业的准则，以专业素养和可信度获得买家的信赖。	CK International House, 1 – 6 Yarmouth Place, Mayfair, London, W1J 7BU	www.slad.org.uk

LAPADA – Association of Art & Antique Dealers	从1974年成立以来，LAPADA（艺术品和古董交易商协会）已拥有超过600名会员，成为英国最大的专业艺术品和古董交易商协会。虽然协会的大部分会员来自英国，但是近几年陆续有来自16个国家的50名会员申请加入。LAPADA对会员资格要求严格：丰富的行业经验、高质量的艺术品收藏、专业的文物艺术品研究水平等。如今，LAPADA的会员收藏涵盖了从古代文物到当代艺术的各个品类。	535 Kings Road, London, SW10 OSZ	https://lapada.org
SOFAA – Society of Fine Art Auctioneers And Valuers	SOFAA（艺术品拍卖师和估价师协会）成立于1973年，为全英国范围的专业机构提供服务。协会成员致力于提供全面而专业的古董、艺术品、珠宝和不动产拍卖及估价服务。	2 Kingfisher Court, Bridge Road, East Molesey, Surrey KT8 9HL	https://sofaa.org